東京大学東洋文化研究所報告

宋代江南経済史の研究

斯波義信 著

東洋文化研究所紀要　別冊

口絵1　長江下流域の水利モデル；五代

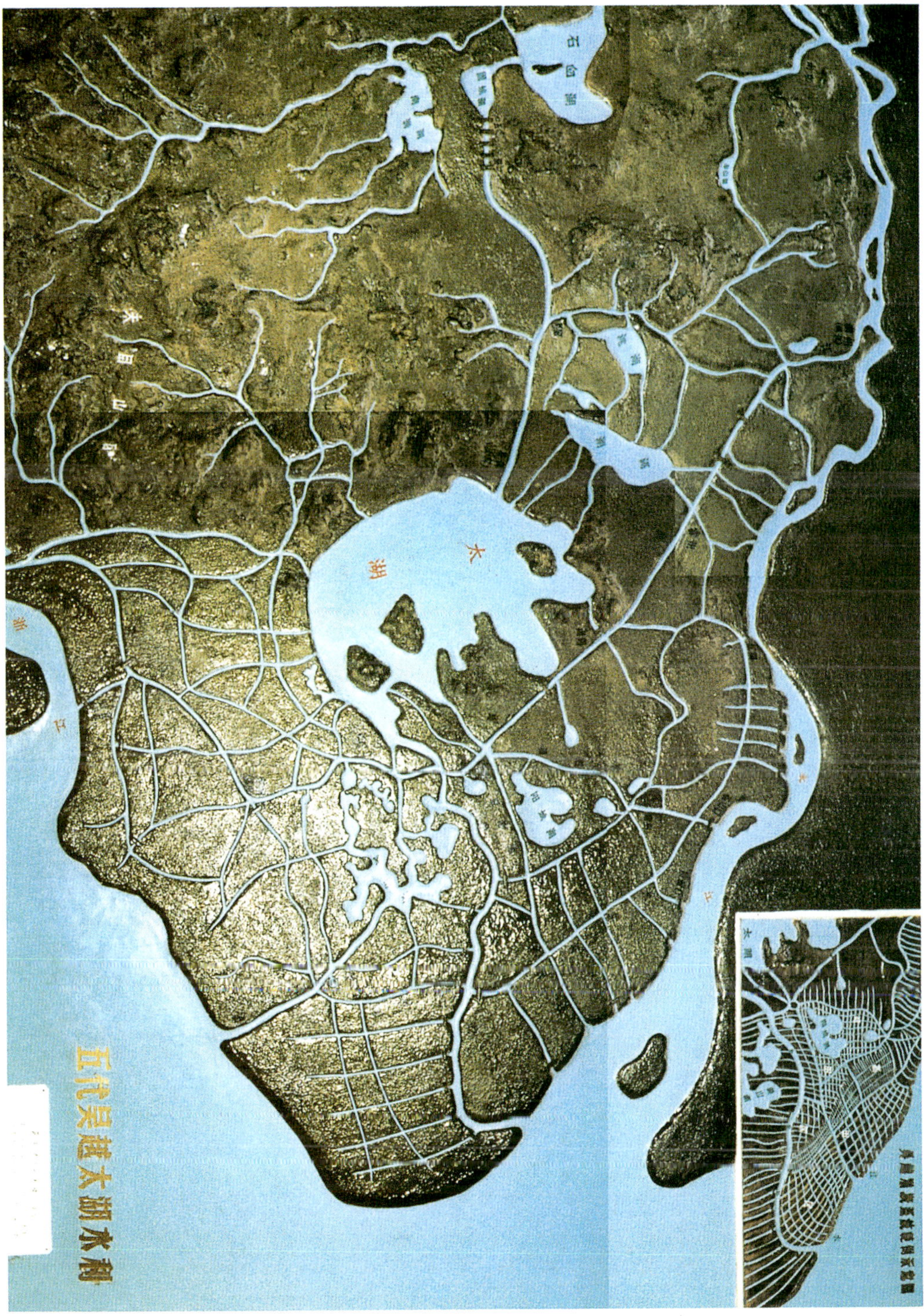

南京博物院蔵（大野仁氏撮影）

口絵２　南宋の淮南東西路

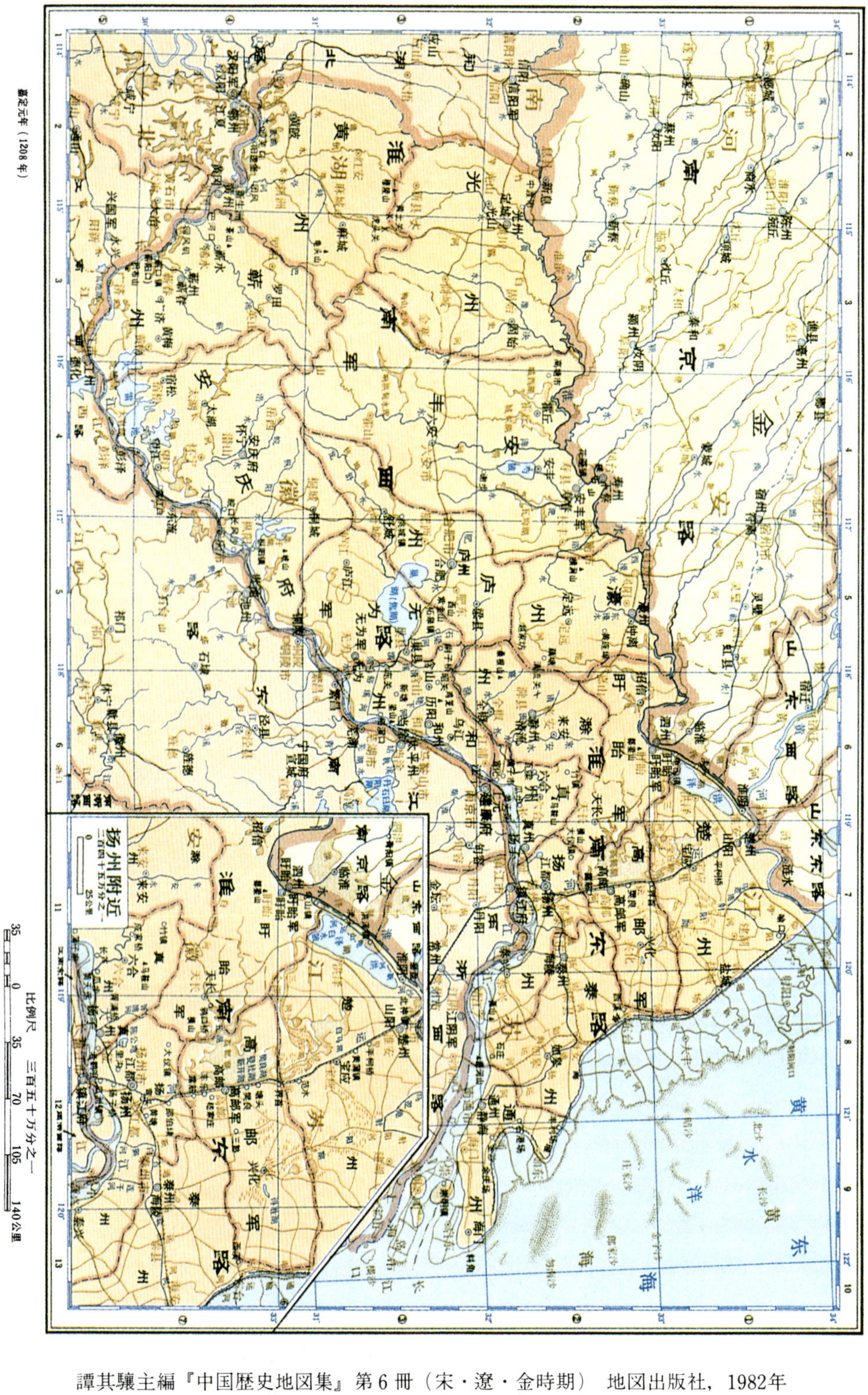

譚其驤主編『中国歴史地図集』第６冊（宋・遼・金時期）地図出版社，1982年

口絵３　南宋の江南西路

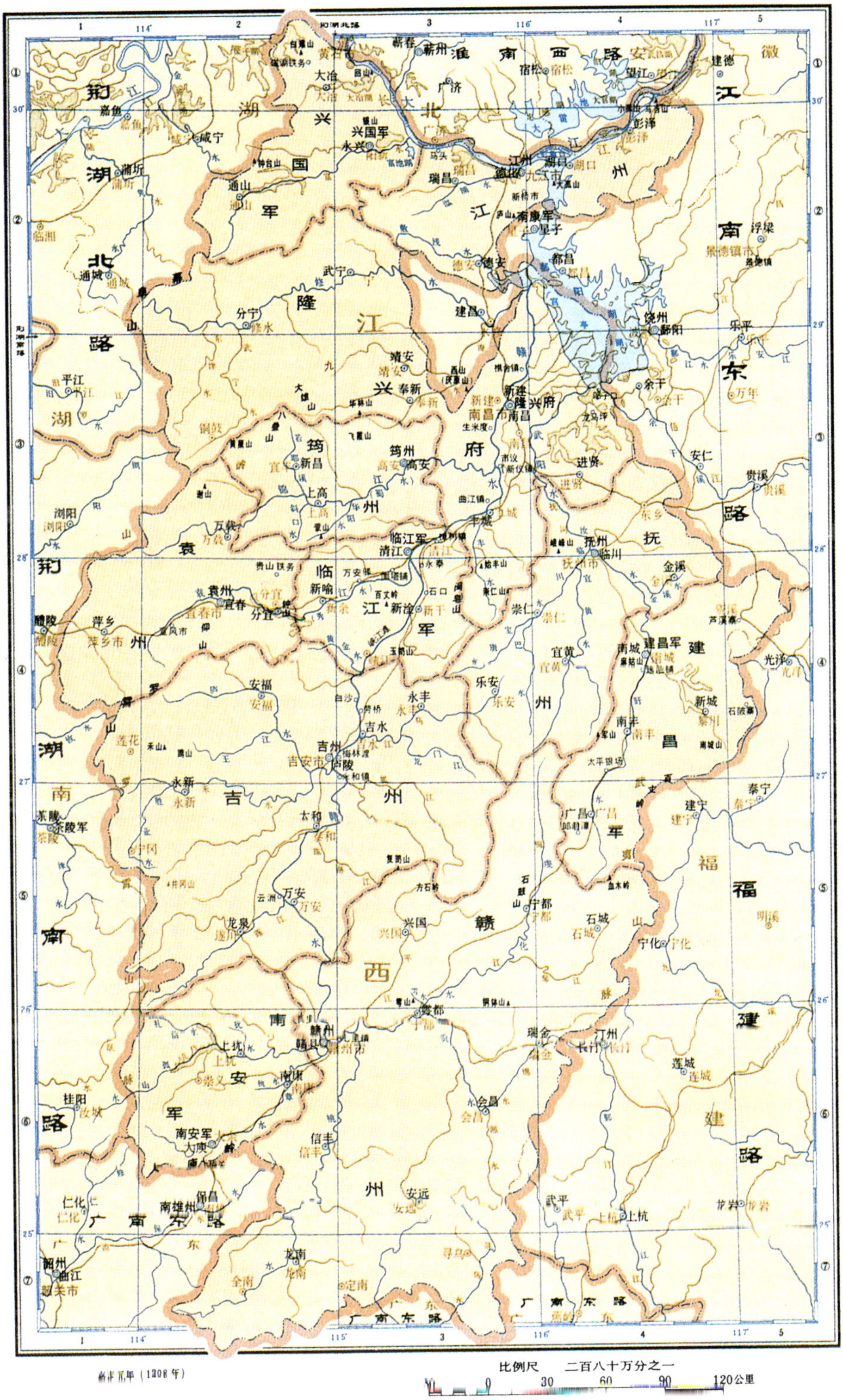

譚其驤主編『中国歴史地図集』第６冊（宋・遼・金時期）地図出版社，1982年

口絵４　南宋の西浙東西路，江南東路

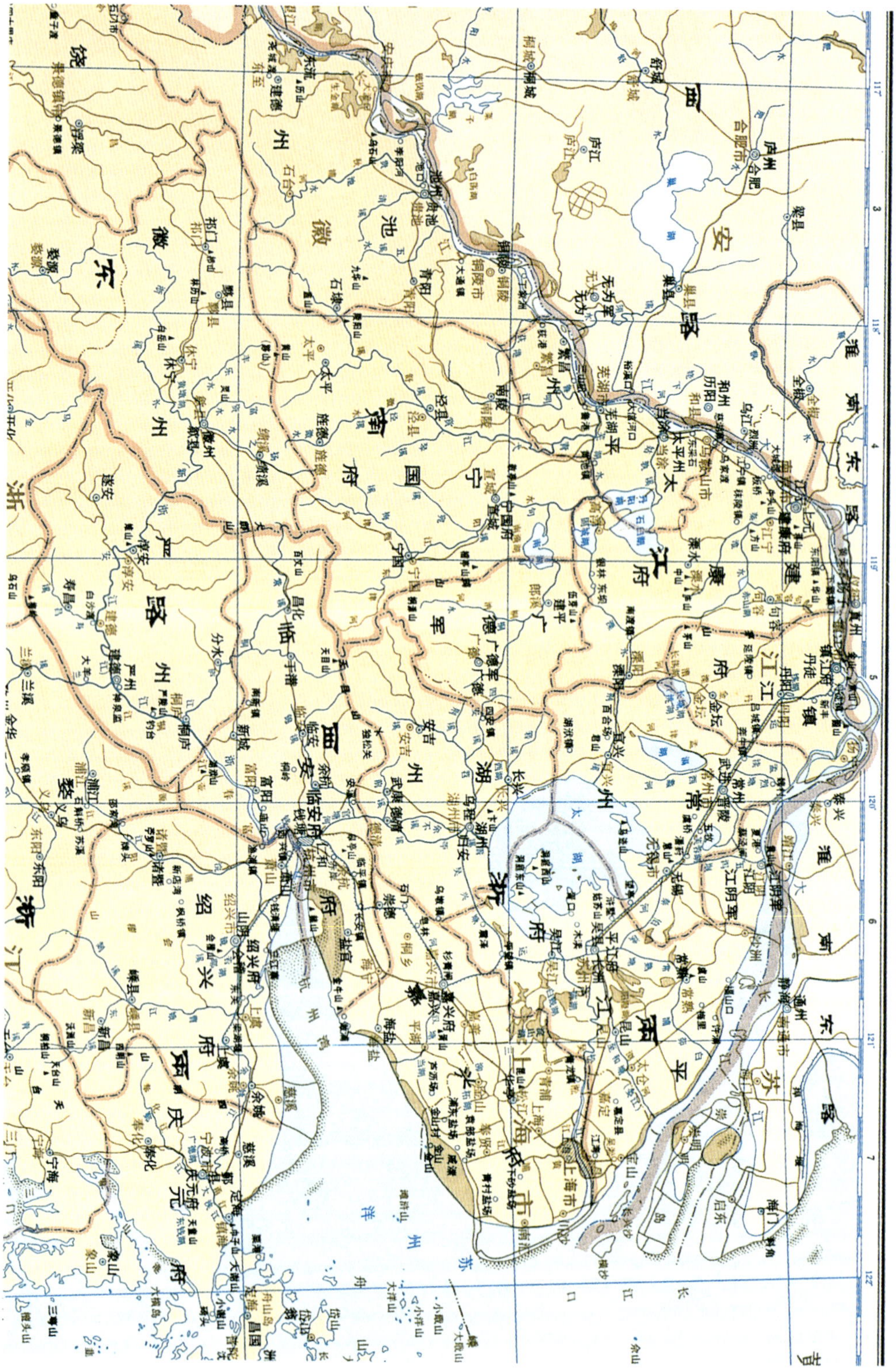

譚其驤主編『中国歴史地図集』第６冊（宋・遼・金時期）地図出版社，1982年

はしがき

前著の『宋代商業史研究』(一九六八年刊、七九年再版)は、発足したばかりの東京大学の新制大学院に入学したころ、直接に指導していただいた周藤吉之教授の御指示もあって、宋代の商業とその社会とのかかわりの実態を復元するための基礎研究に従い、その成果をまとめたものである。このころ周藤先生は宋史食貨志各章のうちの農業関係の分野全体についての徹底的な訳註をすすめられ、宋代の農業社会史、土地制度、農村支配政策の全般につき、緻密で包括的な一次史料の発掘を通じて、基本の事実関係を公開しつつ全体像を復元するという、前人未踏の大業に取り組んでおられたが、宋代経済史の全体的視野からみて需要流通サイドの考察に必要な基礎事実の詳細な研究を、テーマとして課して下さったと思われる。

この課題の包摂する諸問題は奥行きがひろく、前著にひきつづいて終生の努力を傾けて責を果さなければならないことを自覚しているが、その一方で、研究の当初から直面してきた問題、すなわち経済地理学的な枠組みを参照することによって、質量ともに後世に比べて甚だ散漫なデータ・ベースを整序し、挙証の面でも、推論の面でも、穏当でかつ合理的な概括を下す必要性ないし可能性、が前著刊行以後の筆者の強い関心事であった。

たとえば米穀流通の供給と需要両サイドをみても、また農村市場の生成・分化・拡散のプロセスをみても、実態の局面は、資料を博捜すればするほど、多様で複合的な様相を呈することが分かってくるし、純経済的指標に加えて、社会文化的な要因、たとえば遷都、京畿の設定、財政機構と措置、戦乱、災疫、外交、外国貿易、人口動態、移住、技術移転、文化生態条件、が個々の実態に複合的に相関していることも判明するのである。中国社会のサイズは巨大であり、空間的差違は時代的差違よりもむしろ大きいかもしれない。その一方こうした地域、地方、あるいは時期ごとの特殊状況によって生ずる偏差といえども、国ぐるみ、時代ぐるみのマクロな変化と連動して生じていることは事実であろう。そうだとすれば、問わるべきは、いかなる変数が全体と局所の変化や偏差に共通に作用しているのか、また地域や地方やある時期の変化は、どの程度まで全体の一部を表明しているか、である。

このように現実の多岐で複合的な相関を認めた上で、概括を進めるためには、偏差のよって生ずる空間・時間・状況ごとの文脈に照らして、資料の証言を整序することが求められるほか、全体と局所の変化にともにかかわる重要な指標を選定して、因果の複合関係を推論する手続きが必要である。残念なことに、こうした視野を伴う研究はまだ萌芽状態に留まっている。たとえば、国の農政、財政にはじまり、土地制度、財産制、ギルド、幣制などにいたる公私の制度枠組みの研究にしても、依拠資料の性質を反映してたぶんに法制史的、制度史的であり、主として国レヴェルの次元にまた全時代の特色に焦点があてられている。また経済成長の推論にしても、超マクロな発展モデルが参照され、実態の入りくんだ複合相関を解くミドル・レヴェルの理論が必ずしも与えられていない。

宋代の経済的、社会的諸変化が、つづく元・明・清の一千年期の成長に大きな影を落していることは紛れもないが、にもかかわらず残存資料にはいちじるしい偏り、散漫性がつきまとい概括を困難にしている。たとえ煩雑にみえても、限られた資料をより精密に位置づけ、然るべき指標を選出して、個と全体の関りを一望に供する推論と史料学が積み上げられなければならない。事例研究や地域史的手法は、全体論的展望 holistic perspective に裏づけられる限り、こうした目的に利用できるのである。

本書は観察を長江下流域に局限した一つの事例研究、地域研究である。対象は地方でもなく、国全体でもなく、その中間レヴェルの、国と社会が接合する、地域とその歴史である。江南を採り上げたのは、資料の残存が良好であり、社会経済的にも他地域を圧する重い機能を果したがゆえであるが、まさにその故にこそ、江南の事例が宋の経済の典型であるとは毛頭考えていない。むしろ他地域の事例研究が積み重ねられて、全体の脈絡が解かれるにいたるまでの、経過的な試みなのである。地域の発展を全体との関連で測定するための指標として、人口密度、集落分布、作物分布、都市化水準、技術要素（交通・水利・農法・手工業など）、社会移動性などに焦点をおいて、できるかぎり指標を相関させて具体的な実態に迫るべくつとめたが、率直にいっていずれも必ずしも徹底した分析にまでは至っていない。

本書はまだ未熟なものであり、内容の責任はすべて筆者個人にある。ただし研究の過程では多くの先学諸賢の学恩に深く浴しており、感謝の念にたえない。大学院では、指導教官の周藤吉之、松本善海、西嶋定生、山本達郎、榎一雄諸教授から、商業史と並んで経済の地域差問題を究めるよう教示をいただいたことは、今も新鮮に記憶している。東洋文庫の研究生として提出した報告は、この地域差を論じた最初のものであるが、榎教授は御多忙のなかをこれを読んで下さり、コメントと共に励まして下さった。

当時、経済地理的考察や分析は本邦では稀であったので、いきおい外国の研究、なかんずく西欧の地域史、Annales School の業績、米国の地域史、人類学、経済人類学を通じて、方法的、史料的な教示を仰ぐことになった。一九五〇年代から、西欧の中国学者としては先駆的にしかも一貫して地域史研究の有用性を主張してこられた Denis Twitchett 教授の論著にこの提言を見出したときは、暗夜に光明を見た思いであった。やがてたまたま在日中の同教授が Stanford 大学の G. William Skinner 教授に指導を仰ぐことを斡旋して下さり、市古宙三教授、Marius Jansen 教授の御援助で渡米し、以後、二〇年近く、Skinner 教授から地域社会分析法の手ほどきをうけ、数次の国際学会参加と討論、および同教授編著への登載の機会を与えていただいたことは、筆者の研究生活の上で忘れ得ぬところである。

当時の欧米の学問潮流は構造主義の横溢する中で「新社会史」が唱導され、holistic perspective 全体論的構想と cultural relativity 文化相対主義が重んぜられ、問題史的テーマ選択および、社会史の地平開拓、地域の細密研究を、社会科学と歴史学の学際対話を通じて進める方向にあったので、本書の研究に裨益するところが大きかった。宋代政治社会史家の劉子健教授からは、エリートの行動類型を規定するさまざまな文化社会的要因の複合性を学び、Mark Elvin 博士からは、社会経済の進化と均衡を同時的に説明するための理論手法についてもっとも新鮮で貴重な啓示を得た。また Ramon H. Myers 博士からは農業社会分析の手法とともに、新古典派からAnnales Schoolに至る諸理論のなかで、中国経済史研究に効用ある理論を学んだ。ことに一九七五・七六年にわたる一年間、Hoover Institutionに滞在したとき、Skinner教授とMyers博士から、筆者の「寧紹地域史」研究に絶大の激励と援助を蒙り、明清期の資料収集に没頭したが、本書ではこの成果をまとめて公表するに至らず、両氏の御好意に副えぬことを恥ずる次第である。

近十年来、欧米の中国学者の手になる重厚な地域史研究が続々上梓され、本書でも多大の裨益をうけているが、なかんずく何炳棣教授の人口史・社会移動史研究、Evelyn S. Rawski教授の明清の地域研究、Robert Hartwell教授の宋代の開封経済圏、人口と社会移動の地域研究、Harriet Zurndorfer教授の宋～明の徽州研究、Susan Mann教授の清末の釐金研究、William Rowe教授の明清の漢口研究、James Lee教授の明清の雲南・貴州の研究、John Chaffee教授の宋の科挙研究、Robert Hymes教授の宋代江西の社会史研究、Richard von Glahn教授の宋代四川の研究、Pierre-Étienne Will教授の明清の湖北研究、Bin Wong教授の清代の荒政と搶米風潮の地域研究、Philip Kuhn教授の清の団練研究、R. Keith Schoppa教授の民国期浙江の研究、全漢昇・王業鍵教授の清代の物価・課税の地域動向の研究は、直接・間接にあまたの教示を得た労作である。たまたま一九八四年八月、イタリア、ベラジオ市で開かれた、中国経済史における空間・時間動態と周期、九八〇―一九八〇と題する会議では、地域史に造詣の深いAlbert Feuerwerker, Robert Dernberger, Robert Hartwell, Douglas North, Michel Cartier, G. W. Skinner, Pierre-Étienne Will, Ramon Myers, Yeh-chien Wang, Thomas Rawski, William Rowe, Thomas Gotshang, Peter Shran, Ts'ui-lung Liu, Paul Smith, James Lee, Marie Claire Bergère, Sherman Cochran, 呉承明 R. Bin Wongの諸教授が一堂に会し、この議論を通じて地域史の可能性、理論、方法、実証上の効用と隘路を展望することができた。

右の呉承明教授、王業鍵教授、劉翠溶教授に加えて、中国の学者から与えられた学恩にも感謝を捧げたい。傅衣凌教授は筆者の論著を読んで励ましの言葉を賜り、譚其驤教授からも歴史地理学の広い分野で教示を得た。また陳橋驛教授からは精緻な地域史研究の成果を中心に、個人的に親しく絶大の学恩に与った。梁庚堯教授の南宋の農村経済についての周到網羅的な研究も、本書で随処に啓示を得た貴重な労作である。樊樹志教授、劉石吉教授の明清の市鎮研究、李伯重教授の唐～明清の江南経済史の研究からは鋭利で具体的な多くの啓示を受けた。

本書には、筆者自ら作製した図・表のほか、譚其驤教授、陳橋驛教授、高谷好一教授、石原潤教授、本田治教授、妹尾達彦教授、魏嵩山教授、葛劒雄博士等の作製された図・表を掲げさせていただいた。諸教授からは本書の随処で有益な示唆に与っており、掲載に快諾を与えられた諸教授および関係の各出版社に対し感謝を捧げる次第である。

なお、以前在職した大阪大学文学部の史学科の諸教授、経済学部そして関西、関東の社会経済史学会関係の諸教授からは、方法上で有益な示唆に預った。東洋文化研究所では、着任匆々の筆者に対し、紀要別冊刊行の機会を与えて下さり激励をいただいた同僚教官諸氏に深謝申し上げる。さらに本書刊行に当り諸般の御世話になった山崎利男所長はじめ、刊行委員会各委員（委員長戸田禎佑教授）、また木内義一事務長、木村源蔵調査掛をはじめとして、研究所教職員から蒙った御高配に衷心感謝申し上げる。印刷については、汲古書院社長坂本健彦氏以下、同社の方々に格別にお世話になり感謝に耐えない。

一九八七年九月一日

斯　波　義　信

目次

宋代江南経済史の研究

序章　宋代の社会経済と地域偏差

一　考察の端緒
――なぜ空間が問われるか――

1　はじめに

経済史の一般的課題といえば、生産、分配、交換、消費にかかわる人間の複合した活動のために、いかにして乏しい物資やサーヴィスが活用されてきたか、またこの問題処理の性格がどのような変化をとげ、その原因は何であり、経済以外の人間の活動とどのように関係してきたかを、共時的かつ通時的に解くことにあると要約できよう。(1)

しかし、前近代の経済景況は純経済的な因果関係の連鎖のみならず、一般に外生因とされる外寇、災害、疫病、外国貿易、人口動態、さらには社会心理、社会政治、文化生態と深く関ることがますます判明してきているから、経済史の探究には経済人類学、経済社会学のスタンスを兼ね備えて臨むことが、より適合的であるという主張(2)が当然に起りうるといえる。またこの主張をより包括的なレヴェルでとらえ直してみると、一九六〇年代、七〇年代から明らかな存在になってきた革新的な構造史ないし構造論的歴史の主張、そしてそこに新たに拓け広がりつつある方法・手法、問題領域に見られる現代の歴史意識に行き当るのである。

この立場では事件史的な短期波動と、政治的激変を耐え抜く安定した社会構造との相互作用に目が向けられ、そこに事件史が組みこまれているより長期の動態や構造、そしてそれらの周期的循環の制約作用が浮び上がる。さてこのように歴史を事件史（個人的時間）、動態史＝景気変動史（社会的時間）、構造史（地理的時間）の三要素で捉えたとき、基本枠組みとして重んぜられるのは構造史と動態史である。この主張には「全体論的観照」holistic perspective と「文化の相対性」cultural relativity の自覚が共有されている。前者を表明するものとして人文科学者と社会科学者との学際的対話のフォーラムが求められ、データ抽出から推論、比較、概括に至る両者の方法上の相互補完の作用が慫慂され、人類全体、人間集団総体を公平に網羅する歴史が求められる。また後者の主張から、民族主義的でも、一国中心的でも、西欧中心の普遍史ないし中華中心の普遍史でもない、人類学的関心での普遍史により近い広域的観察と比較が一方で求められ、その一方で普遍的人間、日常的大衆の生活レヴェルでの、多岐で複合的な階級、文化、宗教、社会組織の存在形態の剔出が求められる。(3)

　中国学という職能分野の枠内における経済史の役割は、経済そのものというよりは「中国を知る」ことに置かるべきであろうし、また歴史家としての訓練にもとづいて接近するからには、歴史家が長ずる物語史 narrative history の手法(4)による概括をフルに活用し、詳細な事実を発見して供することが一義的な目標となるであろう。この基本態度は上述の、新しい現代の歴史意識の下でも依然として変らない。しかしたとえば、新しい問題史として総体としての人間 human collectivity の日常生活の記録が問われ、あるいは主要な諸変革が、さまざまな環境から派生してくる生活の形態や性格とどのように接合（コンジャンクティヴ）しているかが問われるとき、既存の中国学は果してその枠内からフルに解答を引き出せるほど自足的ではないし、その一方、寡占するエリートが自己保存の目的で残した「官様文章」の資料を骨子とする既成の文献学から自然にまた自足的に基礎データが供せられる状況でもない。

　最近 William T. Rowe 教授(5)、および Geoffrey Barraclough 教授(6)が、それぞれ独立にではあるが、広義の社会史にかかわる学問潮流における国際規模での中国学の動向を通観し、そのなかで本邦の貢献の位置づけを試みているが、共にこの種の省察にとって有益である。すなわち、過度に西欧中心的でもなく、過度に民族主義的でもなく、今日でいう広義の社会史の基本事実の発掘に着目し、長期持続の波動に相当する内在的成長変化の叙述に取り組むという点では、加藤繁、内藤虎次郎教授を先駆とする本邦の中国社会研究は、欧米や中国の動向に比べて半世紀は先行しており、それだけに中国史の全時代について、主要な内在的な激変のいくつかの画期を捉え、それに呼応する社会構造的変化の複合局面を、通時的、共時的に、ほぼ平均した密度で観察し、基本事実を定立してきた。

顧みるに、中国経済史の開拓者である加藤教授は、Gustav Schmoller, William James Ashley, William Cunningham 教授ら一九世紀歴史学派の枠組み、ことにその歴史主義の内的・外的批判の方法を重んじ、事実を博捜し、入念・正確に知識をふやしてゆく方法を採用して、以後の中国経済史研究の基本となる史料学を樹立した。[7] 歴史学派に固有の相対主義、有機体思想、社会全体把握の主張、実践的国民経済学の主張、文化・心理要素への配慮は、いずれも教授の研究上の構想に影を落し、たとえば中国という経済空間単位の広大と偏差や、進化と断絶の周期の複雑性、そして文化社会要素の重要性を指摘している。[8] しかし教授の基本姿勢はむしろ徹底した歴史主義、経験主義にあり、数次の現地調査体験と関連文献の博捜から得た知識の帰納を通じて、遡及的に明末、唐末～宋（および先秦末）における社会制度の変化を捉える一方で、この展望を普遍史的比較、単系発展説に結びつけて解釈することには一貫して消極的であった。

その歴史主義はさて措き、歴史派経済学の観照法は、後年に歴史家側からの歴史批判、そして Max Weber の方法論的批判を招き、Marx 史学の普遍史的単系因果の発展論とも相い容れぬものであったが、同様の学説の効用をめぐる事情は本邦の中国学にも存した。研究者の多くを惹きつけた新鮮な課題は、中国史における「近代性」の性格、または近代の起源の比定への問いであった。西欧史の三区分発展モデルを採るにせよ、あるいは Marxian-Weberian のマクロ進化のモデルを採るにせよ、思考枠組としては段階進化の発展図式に力点が置かれた。この新しい方法が、中国各時期の内在発展史の全国レヴェルの推移について基礎事実を発掘し、それらの分析に必要な概念化を一挙に進め、中国社会の歴史の歩みが決して停滞ではなく一連の明確な成長パターンが存することを突きとめた貢献は、Mark Elvin,[9] W. Rowe,[10] G. Barraclough[11] 教授の論議にも明らかに言及されている。

すなわち、近代の始源への問いは時代区分の洗練を求め、内在発展の動態とその段階的諸画期との相互関連性への問いは、農業に立脚する王朝政権 agrarian regime を支えた社会制度、すなわち土地保有、財産制（所有、譲渡、移転）、農業労働の形態、身分制秩序、村落の秩序の性格と変遷への、詳細をきわめる考察を促した。また国と社会の交渉への問いは、独裁君主制パラダイムに導かれた政府内部の権力配分とその変化（貴族制を克服する独裁制）の研究レヴェルでも、アジア的専制と共同体パラダイムを参照した社会組織の研究次元でも、階級関係をこえる身分制的な専制機構の研究次元でも、また行政力の浸透 bureaucratization と社会的成長 secularization の相関を究める次元でも、深層に迫る洞察をもたらした。さらに商業と資本主義に向けられた問いは、中国社会史上、いちじるしい商業的集約が産み出された宋、明末、一九世紀後半という画期を探り当て、その規模と性格を問うとともに、産業資本主義に向けての始源をどこに比定し、前提条件とその障碍因はどのようであったかについての論議を深めた。

Rowe 教授[12]らが正しく指摘するように、今日の新しい社会史の問いかけの下にあっても、われわれが中国史の各時代について実質的な基礎知識の体系を共有でき、社会構造の長期波動と変遷の概略についての達観的な展望が可能であり、しかも有用な分析上の概念、モデル、パラダイムの多くを兼備できるのは、これらの先行する歴史主義的でありかつ分析的な研究に多くを負っていることはいうまでもない。

しかしその一方、近年の歴史意識の下で広げられつつある対象領域、および改善されつつある方法や手法に照らして全体を見直した場合、望まれる知識水準の目標はまだはるか彼方にあり、埋められるべき事実上、手法上の空白はなお莫大であることを同時に認めないわけにはいかない。すでに一九五〇年代から、Denis Twitchett 教授は、中央レヴェルあるいは全国ぐるみの社会制度的知識への関心から一歩踏み出し、地方社会の日常的事象の発掘と研究の必要性を強調しつづけてきた[13]。同教授によると、唐・宋時代のように早くから社会的激変の画期としての比定がすすみ、当然にかなり万遍なく細部の実証が拓けている領域ですら、今日的な意味での社会史研究の到達水準を西欧史のそれと比べてみれば、あたかも百年前に Frederic Seebohm 教授（1833—1912）が英国中世の荘園について著した名著 *The English Village Community*（1883）や Paul Gavrilovitch Vinogradoph 教授（1854—1925）の *Villainage in England*（1892）のレヴェルに相当する、という率直な判断を下している。[14] 推測するにその含意は、近百年来の、西欧の社会経済史研究で確立されてきている地域史的方法枠組み、人口史研究、家族復元、徹底した農村社会復元、これらを抑えた社会史的研究の成果との格差、落差に言及したものと思われる。

一方、この提言とは独立に、一九五〇年代ころ以降の本邦の中国研究においても、地域的、空間的偏差、あるいは時期ごとに異なる現象の地域的変容について、時を逐って関心が集まりつつあることも指摘できるのである。それは、産業史や商業史、資本主義始源研究という、それ自体に環境的要素の複合、そして社会ピラミッドの成層の複合と深く関りをもつ分野の研究からおのずからはじまり、関連する市民的、農民的大衆的運動や中間層エリート支配の構造分析におよび、さらには社会制度上の土地保有、財産制、税制、あるいは技術史、定住史の研究にも広がりつつあるのである。[15]

2 地域偏差問題へのスタンス

空間偏差への関心が近年に漸増してきたことは明らかであるが、その関心の動機は研究者の採るスタンス如何によってまだまちまちである。史料をコントロールして概括に導く訓練に長じている歴史家は、偏差にみちた詳細な事実に直面したとき、それを歴史家一流の概括法に対する「挑戦」と受けとめても、あえて「問題」史をそこに見出すには至らない傾きがある。歴史家は時代性、時代格そしてそれらを表明する社会制度の枠組みについてことさらに関心があり、ことに単系直線的進化論をスタンスに採る場合は、一義的に重んぜられるのは、必ずしも地方的な微細な差違ではなくて、時代性や基本的社会制度の概括に資するような、内在発展の全国的視野ないし規模での動態と変化の相位である。すなわちマクロ進化の動態がいずれかといえば主であり、偏差はむしろその従である。研究が進み、専門が時期別、課題別に効率的な分化をとげればとげるほど、観察と挙証は細かくなり、比例的に細部の偏差が露呈されてくる道理であるが、歴史家はこの細部の複合と概括上の構想との間にある空白を必ずしも積極的に採り上げ、埋めようとはしない。ただし研究の蓄積水準がまだ疎密ひとしくないとき、事象の一般化と洞察力に長じた歴史家の物語史手法によってこそ、かえって真相の過不足ない解釈に至ることも実例が多いのではあるが。

一方、歴史地理学、経済地理学、社会地理学、経済人類学、社会心理学等々の、社会科学的スタンスを備える研究者の眼から見ると、事象の偏差が確認され、いくつかのパラメーターの間の有意な複合相関が認められれば、そこに機能するシステムの系列を考え、変数相関に注意することで生成と変化の条理を見出すべくつとめるであろう。このスタンスからすると空間偏差は挑戦というよりは問題それ自体である。前節で構造論的歴史が問う、事件史に対する動態、および構造の周期循環的制約に触れたが、ひとしく内在発展といっても、この立場のそれは段階進化の、また全国レヴェルの尺度で測るのでは必ずしもなく、むしろ長・中・短期の時間スケール（尺度）、そして整序された空間単位に立脚し、システムと変数相関を求め、ミドル・レヴェルのモデルを積み上げて解釈を下すものである。

さて、先学の中国経済史の研究史を顧みると、この空間偏差テーマに啓示的な概括を与えてきたものは、かえって主として歴史家の労作であった。おそらく桑原隲蔵教授の「歴史上より観たる南北支那」（一九二五）[16]がその先鞭に当り、これをフォロー・アップしたというべき加藤繁教授の「経済史上より観たる北支那と南支那」（一九四四）[17]、宮崎市定教授の「中国経済開発史の概要」（一九六四）[18]、岡崎文夫・池田静夫教授共著の『江南文化開発史』（一九四〇）[19]がまず挙げられる。いずれも程度の差はあれ、人口史の動態、ことに南進型の経過ですすんだ内地コロニーの植民、基本技術変化（交通・農業・産業）、資源利用の集約への傾斜（労働・資本集約）、社会の商業化、エリート・モビリティと社会文化の浸透を、華北から華中・華南、内陸から海岸部への生態的利用空間の重点移動として捉えている。またその際政治史的あるいは段階進化的時代区分に必ずしも拘泥しておらず、生態空間に即した歴史の叙述が成り立つことを示している。すなわち、Fernand Braudel 教授の「地中海世界史」に通ずる構想である。
歴史家以外では、農業経済史家の天野元之助教授の『中国農業史研究』（一九六二、七九）[20]『中国農業の地域的展開』（一九七九）[21]が、春秋戦国、三国六朝、唐宋、人民中国に画期を認めた上で、華北、華中、華南、東北という地域別考察を加え、農具・品種・作物パターン・施肥・土地利用・土地保有・商業化の指標を立て、空間的な農業資源利用の集約化のプロセスを明示している。歴史家であるほかに人口学者であり社会史家である何炳棣教授（後述）は、新石器時代〜漢代の華北黄土平原農業、唐末〜宋の江南の灌漑稲作農業、明末清初の新大陸作物の導入と中西部山地の農業拓殖という、技術変化と資源利用の空間的推移に着眼したほか、人口史的辺境運動を詳細に考察し、中国史家としては始めて土地、人口相関の動態を通時、共時的に論証する手法を示した[22]。

また K. A. Wittfogel 教授の門弟であり、師の水力社会論を各省レヴェルの考察に敷衍した社会人類学者の冀朝鼎教授は、著述の *Key Economic Areas in Chinese History* (1935)[23] を通じて、王朝時代別、各地域別の水利投資の密度分布と変遷を考え、黄土丘陵、黄河流域、長江流域へと広がる水利を媒介とした資源利用の拡散過程を示し、水利および水運が供する経済的、政治的統合力な勘案して、経済地理的にコア地域の歴史的移転の推移を指摘した。一方河川国家 riverine state という観照を、冀教授とは全く異なる地理学の立場から、定住史、都市化プロセスについて採り上げた章生道 Sen-dou Chang 教授は、地理学的な通史観察にもとづいて、古来の中国人の内地植民運動に共通してみられる定住パターンに着眼し、そのいちじるしい特色は、一貫した定住の低地志向性にあり、中国人は由来、低地民、しかも水際の民であり、河川国家の民であるという重要な指摘をしている[24]。

すなわち、中国人の定住史では植民に際して四通八達した河川系の機能がつねに交通の便益（アクセス）を提供しただけでなく、河川系は自然沖積の作用によって分流点、河口部に肥沃な土壌とこれにかかわる資源のより稠密な集積をもたらして定住の条件をつくり出し、長期にみて生ずる都市化が社会統合の機能を進めた。一八九〇年次、福建省の五八県中、五三は海抜四〇〇米以下の低地（中国全体、ことに中南部では四〇〇米以下は低地）に、しかも五〇近くが河畔に位置していた。一八九〇年代に、一八省一二七六の全県治のうち、九一三（七二％）は、四〇〇米以下の低地に分布していた。県邑の名称の大半がそれ自体に水際の立地を証明しているばかりでなく、低地オリエンテーションは古来の歴史に徴して一貫していた。[25] Hans Bielenstein 教授の歴史地理学的研究もこれを証しているし、Evelyn Rawski 教授の明清時代の福建・湖南・江蘇の地域研究も、開発に交通アクセスが深く関っていたことを主張している。[26] 章教授の指摘は、歴史的推移の深層部にある、文化生態的、地文的状況のなかに機能しているシステムの存在を剔出したものである。

唐宋変革期に関らせて視野を絞ると、まず宮崎市定教授の『五代宋初の通貨問題』（一九四三）[27]が注目される。貨幣史そしてこれに関る物価史や賃金史は、人口史や社会移動研究と並んで、構造や動態の周期的循環を占い、また部分社会と全体社会の統合水準を相関的に占うに資する絶好の対象である。この研究は、五代から北宋初という、地域単位の政治社会分立の極限から、より効率的な集権的統一に回帰する時期につき、通貨統一への収斂の動態に着眼して考察する。傭兵の常備軍を編成して民生の保護を効率化し、生産労働を生産活動に解放するためには、普遍的流通手段に成長しつつある銅銭の支配がその要となり、その目的で地域単位で営まれた資源開発と隔地取引の振興は、地方政権の下に銅貨の蓄積と兵備の増強をもたらす。こうして顕在化してくる資源の特化と、これに合せて自然に生ずる商業と貿易は、より集権的な制度取り決めの下でこそ、有効な飛躍が望まれることになり、ここに北宋の統一が生れ、そこでもより一層通貨統一による社会統合の強化がはかられる。

宮崎教授の観照では、政府が流通メディアを介する経済システムの統合により一層近づくことができたのは、内外産の貴金属地金ストックの統制による銅銀複本位貨幣供給に一応成功した清朝であるが、[28] 唐宋変革期はこの清朝タイプの貨幣流通様式が古典的に成立するプロト・タイプ期と見ているようである。宋朝では卑金属の銅を中心に鉄を副とする貨幣統制の樹立による流通の同質化が期待され、銅資源の潤沢によって大半の通貨統一が可能になり、信用制度もこれに合せて成長するが、経済的、政治的な辺境の特殊事情が克服されず、また国内の商業、貿易の勃興が不可避に誘引した内外産の銀地金ストックの相対的比重増が、統一的政策の徹底を不首尾に終らせたことを示唆している。こうして貨幣史から接近する場合、政治統合とは齟齬を生ずる地域際的な通貨システム

図1　A. D. 2年（前漢元始2年）の人口分布

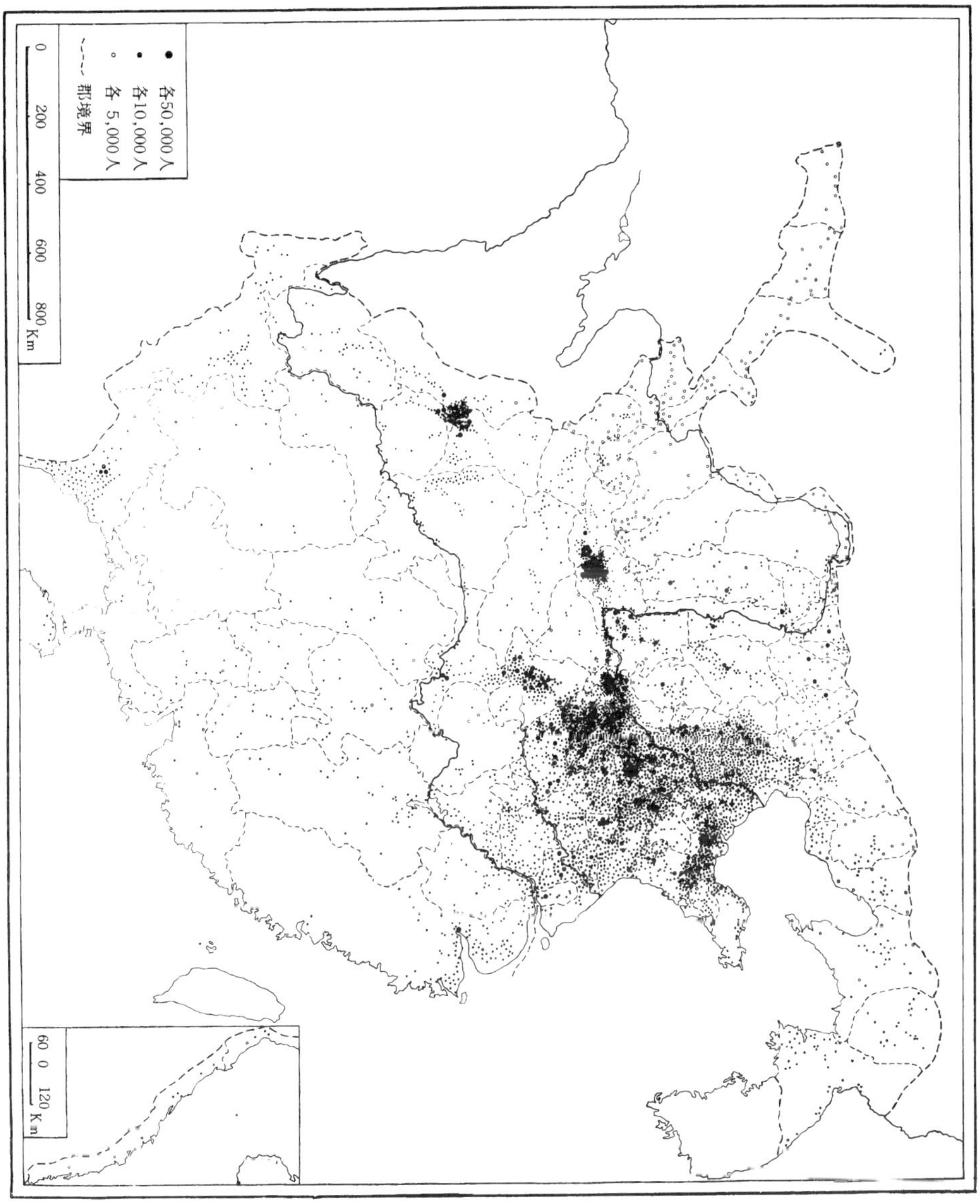

葛剣雄著『西漢人口地理』北京　人民出版社　1986

図2　A. D. 2年の人口密度分布

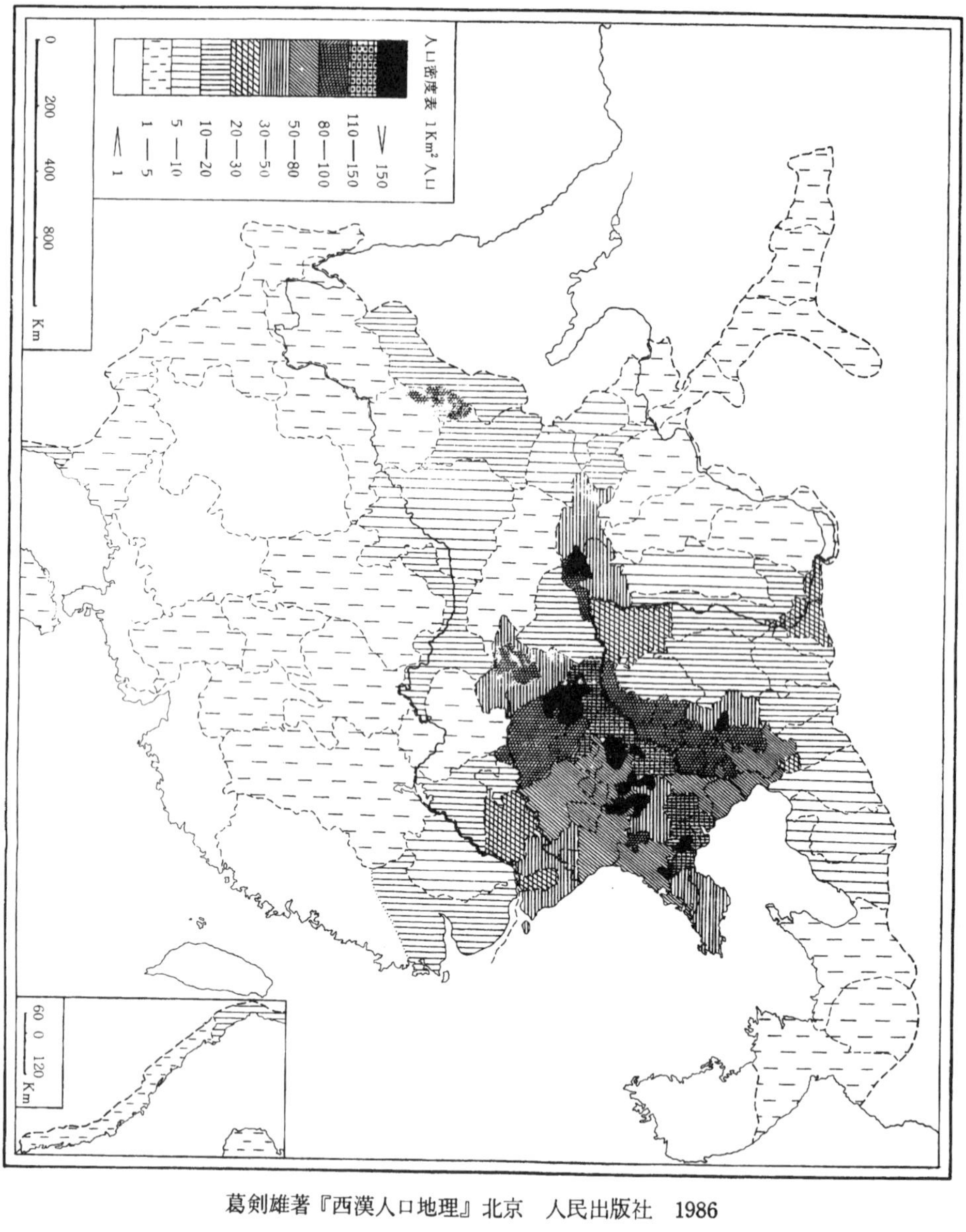

葛剣雄著『西漢人口地理』北京　人民出版社　1986

図3　A. D. 742—756（唐天宝年代）の人口分布

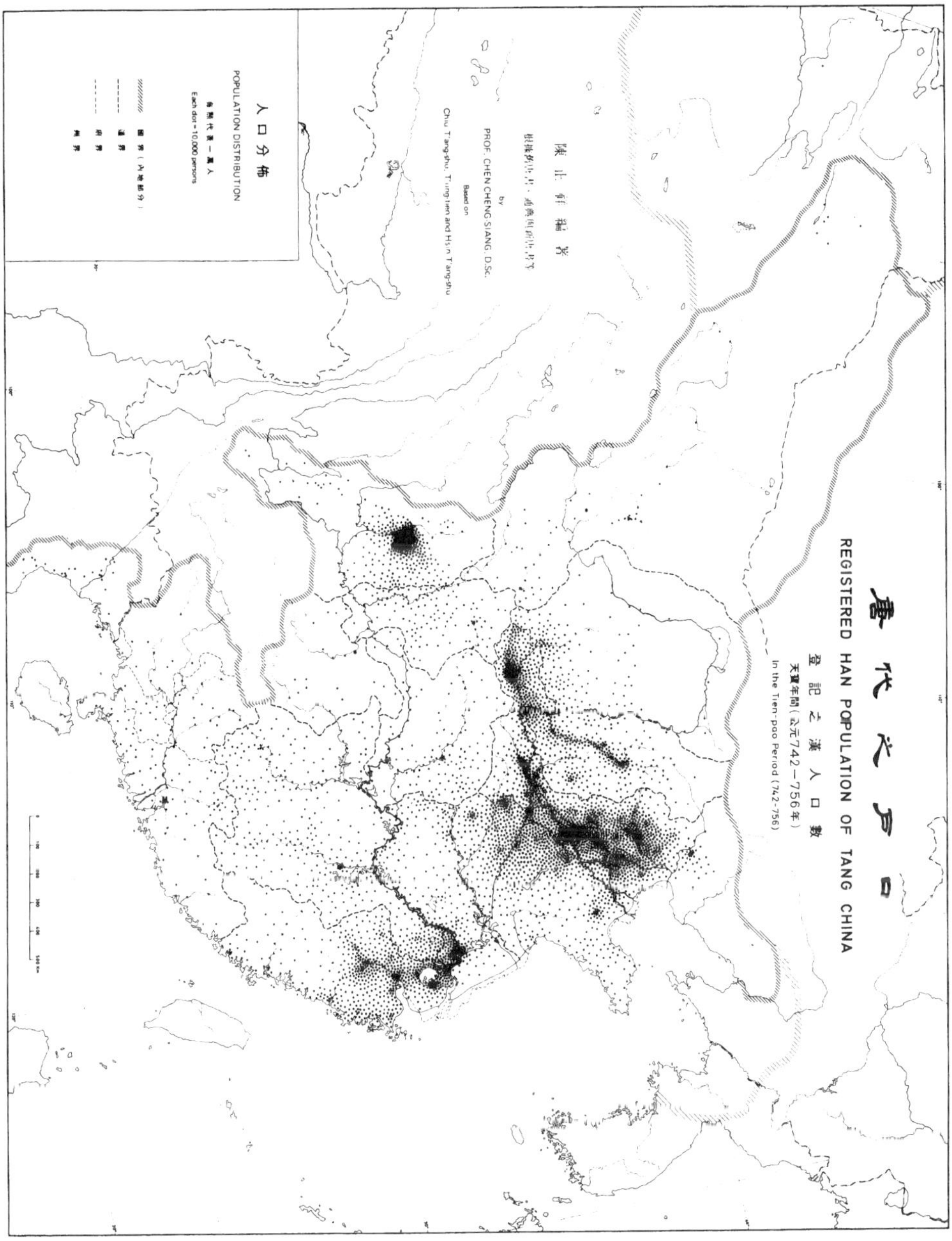

陳正祥編著『中国歴史・文化地理図冊』原書房　1983　P. 37　図29，30　唐代之戸口

図4　A. D. 1102—06（宋崇寧年代）の戸数分布

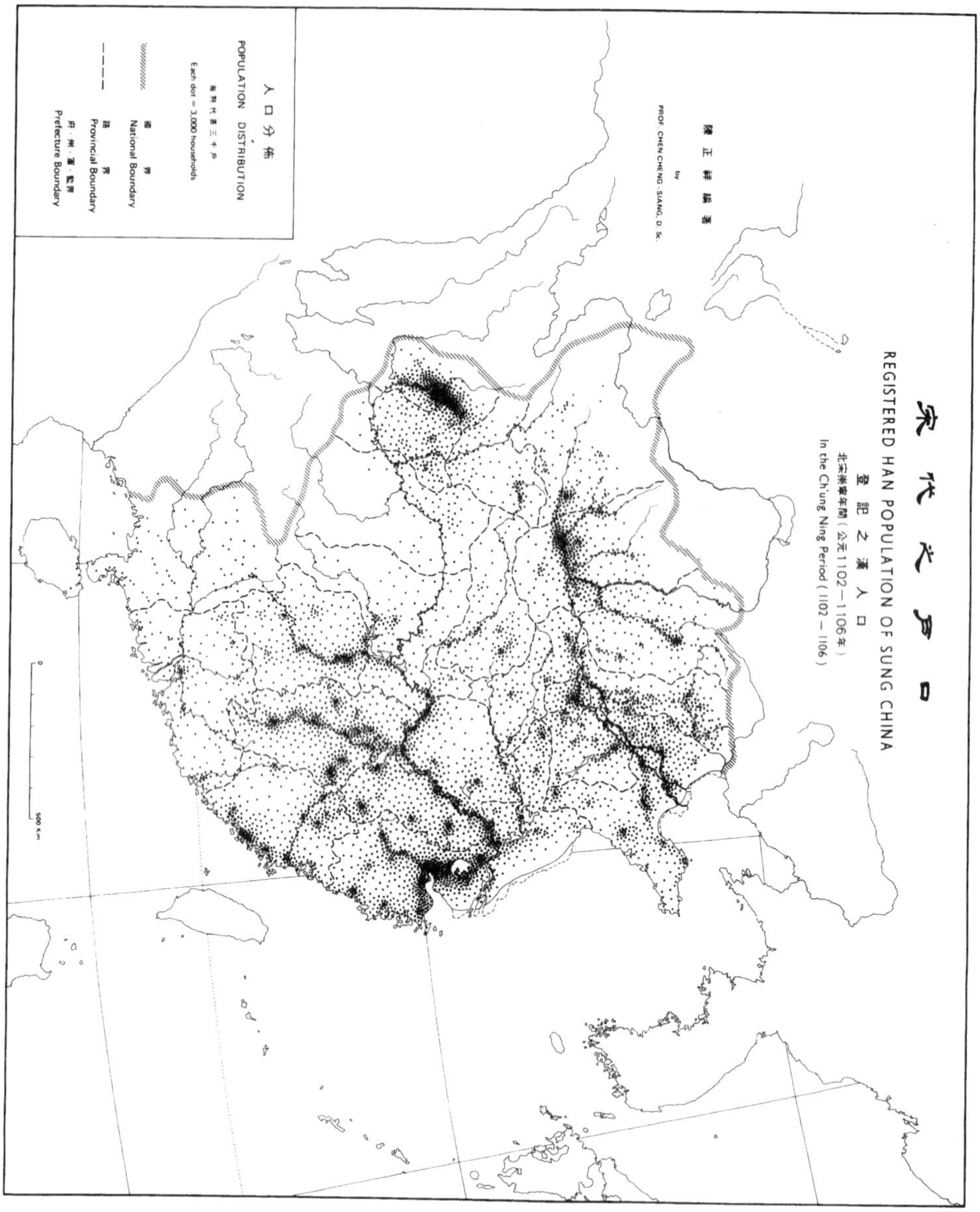

陳正祥編著『中国歴史・文化地理図冊』原書房　1983　P. 67　図44, 45　宋代之戸口

の偏差や、貨幣ストックやその需給の偏差が大きいことがわかるが、こうした景況そして偏差に与る指標はまだよく究められていない。

人口史、ことにその辺境植民運動との関りについては、つとに加藤教授が全国、各路、各府州県という三つの地域的な層位を立て、統計を処理しながら計量的に動態を推定した。[29] これを承けた青山定雄教授の「隋・唐・宋三代に於ける戸数の地域的考察」(一九三六)[30] では、六〇六、七四二、一〇八〇の各統計年次における全国規模の戸数の計量データをベースとして、ほぼ五世紀の間の人口の時期的、地理的移動の方向性の概略を推定した。ここでも全国、地域、地方の三層位の人口変動の時系列的、空間分布的な動向の偏差と相関性が示され、解釈を施されている。青山教授はことに唐宋間の南進型の辺境運動との関りに着眼しているので、「開発前線」の推移と人口の全国レヴェルの規模の増加との相関がマクロに整合することが理解されている。その一方、地理移動は単純に南下する同心円の波状の軌跡を示さず、反転、飛び地、辺境集約の事例など、大きな偏差を伴って動いていたことも明らかとなった。

近年に John D. Durand,[31] Robert Hartwell,[32] Michel Cartier,[33] Ts'ui-jung Liu[34] 教授らが、[35] 人口学的手法から再分析したところによると、一一世紀に一億ないし一億二千万人規模に増殖したと推定される全国次元の成長率は、たしかに大きな成長ではあるものの、年間全国成長率の次元で測れば、清代の約〇・七ないし〇・八%、明代の〇・四ないし〇・五%の水準ほどではなく、〇・二ないし〇・四%に当ると見積られているから、それは前近代的性質の規模であり、歴史家はやや誇張していることになる。その反面、全国レヴェルの変動が空間範囲のサイズの巨大さ、つまり内陸コロニーの空白地の大きな比重によって相殺されていることにも注意が払われねばならない。全国でなく、地域、地方に焦点を移したとき、われわれは人口変動の局所的な複雑な動きが明白に実在していたこと、そして後述するように地域、地方レヴェルでの景況は、全国の動きに大まかに沿いながらも、相対的に独自な上昇、静止、下降、上昇の周期循環を辿っていたことを知るのである。[36]

辺境運動の時系列的、空間的プロセスに関連して、青山教授は「唐代の水利工事について」（一九四四）[37]において、新旧唐書地理志の資料その他を駆使して、水利投資の広がる推移を時・空偏差に従って観察した。D. Twitchett 教授も地方官や地方民のイニシアティヴで唐末以来進められた農業基盤整備の広がりを研究し、辺境運動と絡む、相対的に自律的な地方社会組織の成長に注目している。[38]いうまでもなく、明清時代に顕在化してくる社会の地域主義、地方化[39]のプロト・タイプとしてである。譚其驤[40]、本田治[41]、妹尾達彦教授[42]が跡づけた唐から宋への海塘の造成プロセス、そして佐藤武敏、森田明、長瀬守教授ら水利史研究会メンバーが精力的に解明している、大小河川、湖泊、海塗の護岸、排水、灌漑土木および水利田造成についての詳細な地方史的研究は[43]、一方で水利田をめぐる公私の生産要素（労働・土地・資本）の編成やイニシアティヴを、一方で水利を媒介とする共同体単位の社会組織を剔出してきた。

移住史や辺境運動の解析の上で、以上のような基本的指標間の要素関連が自覚されてくると、史料密度が緻密であり、社会の複合も地域主義的偏差も一段と多岐である明清の状況については、地域を特定し、進化系列を詳定した研究が求められる。李伯重[補1]、濱島敦俊[44]、川勝守[45]、森正夫教授[46]らの江南の税制、土地保有、水利に的を絞った緻密な業績がその事例である。濱島教授が水利田にまつわる生産要素関連の時系列的推移につき、田頭制→（業食佃力）→照田派役（分圩結甲）というシステムの転成を示していることは啓示的である。李伯重教授は江南農業の唐宋以来の労働集約が、一六世紀頃から資本入力の比重増に転ずることを指摘している。

さて、歴史を単純に時代的に輪切りにするに止まらず、社会的に垂直と水平の、断層写真（クロスセクショナル）に似た手法で見るについては、社会移動の分析の視角が有用である。辺境運動も都市化も、地理的な人口の社会移動といえるが、社会成層の断面に即して上下、水平方向への移動率の測定が可能であれば、当該社会の柔構造 fluidity、複合的統合の水準を推量し比較することができる。ただし Evelyn S. Rawski 教授らが進めているような識字率、大衆教育、大衆文化の研究[47]が各時代で深められない限り、エリート資料の枠をこえて大衆レヴェルの社会移動に直接に推論を及ぼすことは現状では困難である。ちなみに李弘祺教授[48]は、宋代の初等教育を考察して、識字の進化は認めるものの、水準はまだ高くないとみている。

これまでの研究は主としてエリートの社会移動に向けられている。明清期の進士の同年録（同一科挙年次に及第した者の本籍地、姓名、年齢、及第順位、先世三代の官歴、及第資格などの一覧）、一部地域の挙人の同年録をフルに参照し、地方志、伝記、宗譜、社会小説などの史料を動員した何炳棣教授の一九五〇[49]年代の業績は、今日でもなお新鮮である。同教授は結論的に明清期のエリートの移動性が通説に反して比較的に高水準であったことを主張し、階級も社会成層も文化も、支配・被支配、大伝統・小伝統の対置に擬せられる二分法以上に複合し流動的であったとしている。

宋代のエリート・モビリティについては、本邦の中国学者の見解は、おおむね「貴族制を超克した独裁君主制」という観点から、流動性の相対水準の高さを主張するもので、国際的にもすでに共鳴者の多い有力な解釈であるが、細部においては異説も存する。現存する二件の同年録（登科録）を中心史料に用いた周藤吉之[50]、Edward Kracke教授[51]は、それぞれ立論の背景は異なるが、進士総数のうち半ばに近い部分が先祖に任官歴の乏しい新人（周藤教授では新興地主層）で占められ、かつ時を逐って辺境運動の重点地域（東南）からの出身者で占められる傾きにあったことを示した。この推定を承け、無出身、恩蔭雑流（胥吏）、国子監生、補試、別試等のさまざまな出仕の径途、および挙人の統計に視野を広げ、時期別、地域別に再吟味したJohn Chaffee教授の近著[52]は、北宋末から南宋に特権を世襲的に延命させる措置がおこり、また科挙の真価が深刻に問われるに至るなかでも、制度の大綱は維持され、支配層の周流の水準は宋以前に比べて明らかに高くなったとし、ことに東南の社会移動性は効率的であったと結んでいる。

一方、エリートの社会基盤を科挙の制度背景に限定せず、血縁の絆と合せて考えると、移動性の評価にはまた別の角度が生ずる。青山教授はつとに高官に往々にみられる広い婚姻の絆を考えて既得の地位を保守する動きに注意を促したが[53]、F. Hartwell教授[54]からHilary Beattie[55], Robert Hymes[56], 伊原弘[57]、渡辺紘良[58]、Richard Davis[補2]教授に至る近年の研究においても、エリート層の内容を中央、地域、地方の活動層位と影響力、あるいは広狭の婚姻的家族背景に特定して考察するようになった。たしかに、何炳棣、E. G. Fulleyblank 教授もいうように、[59] 旧中国では政治社会的平等 egalitalianism の観念は、道家や仏教の形而上学的平等主義を除けばかつて十全には育たず、ゆえに自ら階層状となる社会のなかで、功業ある者に公開競争を介して機会の平等を保証する取り決めとして、科挙が近一千年の社会でそれ以前に比べて相対的に高い流動性をつくり出したことは紛れもない。

　しかし功業（メリット）は個人の才と努力から生ずるとしても、一億の人口は決して単なる一億の個人の集合ではなく、家族、拡大家族そして大宗族の組織にも、地縁的システムにも、またさまざまな社会成層のランク・サイズ状のシステムにも深く組みこまれている。公開試験制度のもとで富や権力が直接に功業に代置されなくとも、地方社会の下からの眼でみれば、人材は資源の一形態であるから、その生産の効率を期するのは当然である。家族、宗族、近隣等地域システムのレヴェルで有望な人材を評価し、選別し、有形無形の支援（義荘、族産、貢士荘、義学、郷学、餞別、薦輓、会館公所、都市移住、京畿移住）の便宜を与え、[60] 成功者の威信は直接には家族、支房、広くはより広い組織体に還元される。宋代における府州の解額や明清期の省別解額の設定は競合機会の空間的偏りを一定程度は改善したであろうが、人口の稠密（富の集中）と都市化の高い水準は、定常的には成功率に一義的に響いてくる。科挙の下で全士の功業ある士に政治的発言権（代表権）が一律に保せられる原則が示されたことは明らかであるが、科挙対策として生ずる移動戦略は、時代の状況に応じて家族、宗族から郷幇（ばん）に及ぶ社会システムとの接合を密にする方向で機能するに至ることはむしろ当然である。[61] ここでも空間的組織とその偏差への着眼は欠かせない。

　ところで、空間的偏差を立論の切実な基礎とする点では、産業史、商業史、交通史の分野は一そう際立っている。産業史や商業史、交通史の開拓はまだ日が浅い。加藤繁教授が着手してのち、詳細な関連データの発掘、博捜を通じて本格研究の域にもたらしたものは、藤井宏[62]、西嶋定生[63]、佐藤武敏[64]、佐伯富[65]、周藤吉之[66]、青山定雄[67]、星斌夫[68]、波多野善大[69]ら先学の業績である。一方、傅衣凌、厳中平、彭沢益、呉承明教授ら多くの中国学者の資本主義萌芽をめぐる最近の研究によって、檔案レヴェルに至る厖大な事実が詳考され、同時に概念化や解釈の水準が一挙に進んだことも周知のところである。[70] 筆者もかつて驥尾に付して宋代の若干の産業や隔地商業取引そして都市化につき考察を行った。

宋代、一六世紀、一九世紀と、時を逐って隔地取引の規模と集約の水準が拡大し、これに付随して生産要素、生産関係のみでなく、需要や流通の市場要素の改善と拡張が認められることについては、近年、大方の意見は一致している。一方、真の商業革命がどの時点で生じたかは、まだ不透明である。技術要素（交通、商業金融、基幹産業技術）、市場要素（商業的大都会の卸売組織、金融組織の発達、隔地商業都市と県・鎮・市地方市場のリンク）、地域的・地方的資源の特化と国内・海外貿易とのリンク、いずれについても、宋代の商業の性格と規模は、先き立つ一千年期に比べて大きく懸絶していた。

しかし一六世紀以後の状況と宋代のそれとを比較すると、そこに一段の隔差が認められる。隔地商業の定常化を示す会館・公所（同郷団体施設）の分布は、何炳棣教授が方志等を用いて調べた限りでも、清末の北京に四〇〇余（華北七省籍が九九、華中華南八省籍が二一四、西南四省籍が二四）、他の六〇余の省都、府州、県、鎮の資料存するものに七〇〇余が存在を確認できる[71]。市鎮の分布密度も本書の後篇で寧波の事例が示すように、一二二七、一五六〇、一七三〇、一九〇〇、一九三〇年次の時系列で分布を測れば、骨格が肉付けされてゆく状況は判然としているし、明末〜清代の江南の市鎮のなかには、特定商品に明白に特化したものが分化し、その一方で市日期間の短縮、そして商店の特化が進んでいる[72]。

流通する商品の規模と質、空間的広がりにも差違がある。宋代には開封を中心の集散地とする経済圏[73]、杭州を中心とするそれ[74]が確認されているほか、たとえば杭州、蘇州など江南の人口稠密地域と福建、徽州等の後背地との間に、奢侈品のみではなく、嵩(かさ)高で重くしかも単価の低い食糧、嗜好品、木材、鉱物等の農産物や原材料の恒常的な隔地取引が存していた[75]。しかし一六世紀以降では、藤井、西嶋教授らが示すように、ステイプル商品としての棉花、綿布、食糧を中心とする隔地取引が、より集約的かつ広範囲に行われていた[76]。

長江下流域はまた、宋代のごとく食糧生産と手工業生産とが同時に輻輳する状況から一歩進んで、明清では内陸や辺境からの食糧供給の恒常化を前提として、商業、手工業により一そう特化していたようである。日常的交換の普及を裏書きする小額貨幣の全国規模の流通と市鎮の簇生は、ともに宋以降の現象であるが、租税の貨幣納付を広域に実施できる状況は一六世紀以降であった。明の海禁解除に先立つ頃から日本、新大陸産の銀が、さらに日本、雲南産の銅が清初の一世紀に供給され、清朝の銀・銅建て貨幣制度に十分なストックをもたらした事情も大きな変化である。近年に長足に拓けつつある明末、清代の物価史研究(77)を参照すると、銀価格、銅銭価格、穀物価格そして穀物税率の変動には有意の相関があり、また土地・人口比率で測られた地域、地方別の経済統合度の疎密が右の相関に空間的偏差を与えていることも指摘されるようになった。このように貨幣供給の普及による市場要素の拡大についても、明らかな成長がある。

こうして、宋代と一六世紀以降について隔地商業の規模と性格に懸絶があることは判明しているが、それが時代的なまた質的な変化であるのか、あるいは空間的量的拡大の帰結であるかは特定のスタンスに立った速断を許さない不透明な問題である。たとえば、宋代の隔地取引は、その先行時代に比べて、都市化のパターンの骨格でも、基本的な商業組織・卸売市場組織の骨格でも、日常的消費物資の流通のあり方でも、截然と隔る規模と性格を備えていたに止まらず(78)、この商業革命が判然と裏づけられ得る技術変化とリンクしていた点において特色的である(79)。交通の技術ことに内地水運と海運は明らかに改善され、取引費用を節減し、安全かつ迅速な移動を将来した。農業技術において、占城稲、二期作、灌排水施設、作物パターンの諸技術は、宋代時点で古典的に完成している。一方、一六世紀を同様な農業革命、商業革命期に比定するには、宋代のそれに匹敵する技術進化を証明するか、あるいは交通技術や動力源の改善を裏書きしなければならない。一七、一八世紀に将来された新大陸作物の効果は粗放地の再利用に資すること大であったとしても、占城稲や早生稲による改良に相当する長期的、広域的変化に貢献したとは断ぜられない。

さて、藤井、西嶋教授は、明代の諸多のステイプルの地域内、地域際分業と特化・流通に関して、東南諸省の手工業品と内陸諸省の農産物の交換という二分法的な対流のほか、いわば先進、中進、後進の各地域パターンとその変化のなかで商品が動いていたことを捉えている。すなわち、長江下流域は宋代にひきつづき生産性は高いものの、主穀は過剰な集中する人口に消費されて非自給に陥入り、加えて商業や手工業の相対比重が高く、湖広、江西、四川から穀物が恒常的に輸入された。

長江下流域は原棉、綿布についても広域の取引市場を備え、原棉の一部は華南に輸出される一方、北方諸省の原棉を大量に買い付けた。各種の規格や銘柄に分化した長江下流産綿布は、同じく発達した絹布、生糸とともに華北をはじめほぼ全国に市場をもったが、清代に入ると、綿布では河南、湖広の産品が生産規模と品質の改良をとげ、長江下流製品と同一銘柄の商品で陝西、山西、雲南、貴州の市場を占め、湖広米も江南や広南に市場を広げた。福建でも蘇・杭・潞の絹織物や景徳鎮産の磁器の銘柄を以て地場製品を外地に販出した(80)。

産業の特化と並行して、たとえば綿布について中機や標布や三梭布など仿製品やイミテーションによる市場開拓が現れることは、同一商品のより広い市場をめぐって、格差をもった産業立地が競合していることを示している。すでに宋代でも、福建の輸出陶磁には越窯の仿製があったらしく、絹製品でも紹興産の樗蒲綾は呉興、遂寧(四川)と、軽容生縠は蘇州産と技術および主産地の優劣を争い、遂寧産で紹興の尼羅よりまさる越羅が産し、明州にも婺羅が産した(81)。製紙でも蜀に仮蘇箋、仮山南、仮栄、似池紙、そして蜀や紹興に澄心堂紙(歙州、池州産の上質紙)があり(82)、水稲品種にも導入来源地名を冠したものが多岐に存在している(83)。技術移転がかなり広く速やかに行われていたことを証するだけでなく、特定の後発地域がやがては互角の技術を備えて主産地の地位を争うにいたる事情も判明する。

たしかに産業の特化と地域間格差が発生する背景には、内陸植民の時代的、空間的な広がりと、これに付随する技術移転、商業や貿易の台頭が深く関っている。しかし地方別、時代別に資源の開発と市場要素の改善を伴う経済的集約の動きの歩調が異なり、またある地方で生じた変化が別の地方では生じないという事情が結局何に起因して生じているかについては、今日まで然るべき解釈を与えられていない。技術要素を重んじ、高い生産性と豊かな余剰が決定因であるとすると、先進、後進地という二分法を立てるにせよ、先進、中進、後進あるいは穀物余剰、自給、非自給の三分法を立てるにせよ、結局は格差は時空の直線発展上のラグの問題に帰着する。一三六八年から一九五三年の時期について、精度の高い年次（一三九三、一八二〇、一九五三など）の人口、耕地統計を拠り所として入念な制度的、質的史料と対照させせつつ復元した何炳棣教授[84]は、宋以後一千年期の全国的人口成長の動態、これと相関する技術要素、内陸植民三者の関連をつぎのように見ている。

まず技術的に宋代の一一世紀ころに生じた占城稲を中心とする早生耐旱品種の導入は、西欧より数世紀も早く「農業革命」を起動させた。集約的で安全な灌漑稲作農業は高い人口扶養力と耕地の拡大をもたらし、これまで過疎の空白地に富んでいた東南地域の大半は、一挙にして全国的にも稠密な人口の分布する地帯となった。人口成長の歩調は元代に一時的に妨げられるが、明初には生産基盤の回復と南京、北京周辺への徙民等によって再び成長が戻り、明の中・後期には、不備な統計を質的データで補って考えると、人口規模と耕地の供給はともに一貫した漸増を来していたであろうことが推定できる。長江下流域、北浙、安徽南部と福建にすでに人口過剰が生じ、手工業や商業の比重が増大していたにもかかわらず、総体的な人口漸増が生じた理由は、灌漑稲作農業をさらに普及させ得る内陸の空白地が湖南、湖北、淮水域、華北の一部、広南、雲南に残り、移民を吸収できたためであると何炳棣教授はみる。灌漑稲作農法の拡大による人口増殖は、一八三〇年ころまでに飽和点に至るが、一七、一八世紀にもたらされた新大陸作物による漢水上流域、四川、陝西、広西、雲南をはじめとする山地の耕地拓殖では、短期間に土壌浸蝕と耕土の流出から生ずる収穫逓減による飽和を来す欠点を備えながらも、新作物は耕地の拡大と人口圧の緩和に寄与した。西欧社会が永い食糧窮乏の果てに産業革命に到達して食糧問題を解決したのに比べると、中国は宋代に農業革命を経験し、人と技術が空白地を埋めつくす数世紀間のラグを経て、一七、一八世紀の人口爆発を起した一方、耕地と技術の新しい入力が伸びなやみ、逆に食糧不足と人口過剰がむしろ加速するようになった。

何教授の所論は、歴史主義的であるほか、観察空間がマクロであり、変動の起因を技術にのみ還元する傾きがあったが、前注(31)

～(36)に示したような近年の研究で考察の精度がより改善されてきた。檔案をはじめとして各種の資料が発掘され、こうして人口と土地と技術という、変化の重要変数の推移について計量的な推測を緻密にする端緒が開かれてきた。王業鍵教授[85]は清の経済空間を、農業資源が良く開発され、土地・人口比が高く、手工業(のち近代産業の一部)が成長した先進域と、土地・人口比が相対的に高く、一次産業が一般に発達した中進域と、相対的に低い土地・人口比と純牧歌的経済が卓越する後進域に区分する。先進域は直隷、河南、山東、山西、江蘇、浙江、安徽、江西、福建、広東を含む東部の人口稠密域、中進域は東北、陝西、甘粛、湖北、湖南、広西、四川、雲南、貴州、台湾の、中・西部と辺地、後進域は内外蒙古、新疆、西蔵、青海の、極西・極北の辺地を当てる。(これとは別に穀物の流通については、自給域—雲南・貴州、不足域—直隷・山東・山西・陝西・甘粛・湖北・江蘇・浙江・福建・広東、余剰域—安徽・河南・江西・湖南・広西・四川、を考える)

先進域と中進域における土地・人口比率は時系列的に変化し、これに符節を合せて㈠湖南北、四川の一部、広西、雲貴へ、㈡湖北、河南、陝西、甘粛の漢水沿流域へ、㈢東北へ、㈣台湾への移住が生じた。先進域からは人口、資本、手工業製品、技術、金融財が中進域に流れ、後者から前者へ食糧、原材料など一次産品が流れた。王教授の意図は、こうした地域間の相互依存関係の理解をベースとして、穀価変動の偏差を探り、税収、税率、税負担の変化を計量しようとするものであるが、地域格差を技術・生産要素に加えて、消費・需要の市場要素からも考える工夫を施している。また新安商人、山陝商人の勢力布植も、前者の塩、銭鋪、陶磁、穀物、茶、鉄、織物の広域的掌握、後者の塩、票荘業の広域支配に関らせて解釈している。

王教授の所説を余剰流出型の地域開発論を採るものとすると、その対極に傅衣凌教授[86]の説く窮乏資源を挺子とする、山地や辺地の経済改良に起因を求める地域開発論がある。すでに宋代でも、商人的活動を輩出する上で卓越した地方は、山陝、蜀、新安、福建であったが、これらの地は交通産業、特殊な資源支配の便、大消費市場に近接した立地を備えてはいたものの、決してそれ自体余剰に立つ地方ではない。傅教授が採り上げた明清時代の江蘇洞庭商人(太湖に浮ぶ洞庭山という孤島出身の商人、この島は宋代から柑橘のち養蚕生産に特化していた)、山陝商人、福建商人、新安商人、そして筆者が扱った旧時代で最後に登場する寧紹商人についても、基本的な状況は同じである。

傅教授によると、これらの地方は共通に山村経済の卓越区、あるいは自然的な資源賦与に必ずしも恵まれない地方であるが、市場・交通アクセスの上で恵まれた立地を占めた点に着眼し、自然的人口増と移住による人口成長が臨界水準に近づき、収穫逓減によって生活水準が低下し窮乏することが却ってプッシュ因に作用し、純農業よりもむしろ商業的農業への特化がまず極端に進む。ついで蓄積された商業技術と富をベースに、外界に生じた商業機会に乗じ、低地に移住進出して都市商業、金融を抑え、穀物や塩等のステイプルを掌握し、広い市場に商業勢力を樹立する推移を示唆している。宮崎市定教授、佐伯富教授や寺田隆信教授による山西商人と塩業など隔地取引市場との関りについての詳論(87)にも同様な着想が示されている。

宋から明・清に及ぶ徽州の経済開発史については、葉顕恩(88)、Harriet Zurndorfer(89) 両教授の最近の研究等によって、山村・辺境型の商業主義的開発の軌跡が鮮明になってきた。徽州への入植は古い歴史があるが、それは宗族の絆を該地の社会組織において強く刻印する起因となった。自然的人口増に加えて、唐・宋にかけて規模を増した移民の定住は、すでに一二世紀ころにはきびしい人口圧、生活水準の低下、外界への再移住を来していたが、これに呼応する徽州人の適応は、すでに五代ころから始まった山村特有の商業的農業への特化と農業の集約化による生産増であった。水利投資は後者の決定因であるが、このいわゆる工学的適応(後述)は宗族組織の機能を一層増幅した。

徽州では人材も特有の資源として科挙合格者の生産量でも抜群の成果を挙げるが、国の期待とはうらはらに、漸増する官戸が享有する優免特権は宗族を強くし、貧窮化する一般の族人を隷属色の強い世僕制という土地保有制の下に編成する結果となった。徽州に固有の商業作物を主とする農学的適応、および耕地の極限利用をめざした工学的適応は、ともに一五世紀には飽和点に達し、加えてこの頃、正税・雑税が過重に課されて商業的農業による窮境の打開は限界が見えた。当時、開中法という辺餉に関って北辺の軍政地帯の市場が存在した。徽州人は土地保有制の改善による窮乏の脱却というよりはむしろ商業移民として、先進・中進・後進の低地に進出して得た富を郷里へ送達する方向で、原籍の土地・人口比率の飽和を解決したのである。

この着眼は、近年に Douglas North,[90] Richard C. Wilkinson,[91] Ester Boserup[92] 教授ら、ニュー・エコノミック・ヒストリーの論者の洞察に符合するところが多い。かつては人口、資源、技術の相関を説くとき、主として技術要素（農具、品種、肥料の改良と対応する定住パターン）から説明され、天野教授らの農業史の所論もこうした解釈であった。この解釈では、農業発展に与る産出高の増加につき、既耕地での集約的生産拡大と、新耕地造出による粗放的生産拡大が、二者択一の選択とみられ、またこれに段階進化的発想を投影すると、先進→中進→後進という技術移転のラグに帰着する。しかし最近の学説はむしろ人口成長が主因と見て、土地利用システムの推移の文脈で農業発展を捉えようとするようになりつつある。

土地利用システムが粗放から集約に転ずるとき、労働の慣習が変り、労働の時間と量に激増が生ずる。しかも集約システムは季節的な不完全雇用（冬期失業）を必ず招くから、集約に適する高密度の労働人口の存在がシステム移転の一般的前提であるほか、私有権や土地保有のごとき外生因的制度的枠組みの変化、そして D. North 教授のいう取引費用 transaction cost[93] の逓減に結びつくような、より高度な都市化と都市移住、分業、通信、交通、教育、行政の発達など、労働効率を助ける要素の発達が備わることが求められる。徽州や福建の開発はおおむねこの所説に沿って理解できるが、両地域とも土地保有について長期にみて明半ばまで格段の改良な経験しなかったとされている点が、いかなる特殊事情に結びついているのかが問われなければならないだろう。

E. Boserup 教授が労働慣行変化が登場する以前の中間段階として、非農業的職業の選択、都市移住を構想していることは、[94] 窮乏型の各商人集団の外界発展の動きについて示唆を供している。その際に、商業・貿易・都市との関りが、ひとしくより集権的な取り決めの下での改善された効率を求めるといっても、その動きが集権的な統治機構を強め、あるいはより延命させる方向で働いたか、または統治と社会の分権化に結局は作用したかは、Albert Hirshman 教授の所説[95]に見てもむしろ二者併存と見るべきようである。

すでに藤井教授[96]や W. Rowe 教授が指摘しているように、大商人集団が中進・後進のコロニーに進出しても、近代の植民地主義のように、生産要素（土地・労働・資本）の基幹を掌握するのでなく、むしろ客商活動に限定していた。また進出した地域の全ステイプル、全流通機構を完全に掌握したのでなく、地元商人（本幇）の長ずる地場産品取引、さらに外来の他省の商人勢力（客幇）それぞれが長ずる商品の流通、金融の組織、あるいは交通産業などとの相補的な共同活動を旨とし、全体としてルースな連合をつくり出していたところに中国に固有というべき特色が認められる。

塩の取引を制した山陝、新安グループ、票荘を抑えた山陝商人は、ことに国との癒着において集権に加担していたといえよう[97]し、また新安、福建、寧紹のグループは、商人による立身のみならず、科挙階梯による官界出仕を人材輸出の移動戦略に組み込み、事実、全土で屈指の抜群の成功率を長期に誇っていたのであるから[98]、行政に癒着した集権志向が彼らに共有されていたことは十分に認められる。しかし、彼らの営業種目は上記のみに限られてはいず、また市場支配も決して全土に及ばず、外地都市での滞在が数世代に及べば、原籍との絆が薄れて本幇に同化するにも至った[99]。藤井教授は客幇としての外来商人集団が商業的衝撃を進出地域に与えて、既存の社会制度を崩し、労働慣行を再編させる効用を認めているが[100]、こうした方向で、中進、後進地の統合が助けられ、結果として新しく糾合された地域主義が自生することについては W. Rowe 教授の、漢口の都市成長につれて生じた長江中流域の社会経済統合の考察に詳論されている[101]。

すなわち一四六五年に湖北省漢水の下流水路の移動で生じた漢口という小市は、一四九七年には鎮に昇格し、以後、永く鎮と呼ばれていたものの、一九世紀初めには一〇〇万の人口を擁し、湖北・湖南の全域から、江西・河南・陝西の一部を商圏とする「長江中流大地域」を支配する中枢首府であり、かつ地域首府、大都市、地方都市格の取引機能を兼備するエンポリアムに成長した。

この地域の成長は、域内で特化した商品の輸出と漢口を通過する商品の取引きに支えられていたが、流通の大宗を制したものは山西、新安、江西、広東、寧波ら有力な外来の客幇グループであった。新安、江浙商人は米、江南商人は木材、広東・山陝商人が茶、山陝商人が金融を掌握したのに対し、地元の商人は省内外の木材、交通業そして地場の米・茶等の種目に特化していた。当初の漢口では客幇の覇権が確立していたが、一九世紀半ばに生じた政治、財政危機の脱却の動きに呼応して、地方主義を超克して地域統合を伸ばす努力が生じた。漢口市の客幇・本幇は、ギルド連合体に実質的な市政運営のイニシアティヴをとらせる方向でパロキアリズムを超え、地域ぐるみの自治に向けての前進を画するようになる。

以上の素描でもほぼ察せられるように、広義の社会史に関る既往の研究では、当初から空間的偏差を意識し、解釈にそれを組みこむべくさまざまな努力を試みてきた。近年に農業史、産業史、交通史、定住史、人口史、地域開発史、社会移動史、商業史、都市史への取り組みが積極的に行われるようになるにつれ、時代的変化の複合した様相と同等に、あるいはそれ以上に、巨大社会空間を構成する各地域の空間偏差が注目されはじめてきた。地域の周期循環には別々の歩調が時代的、場所的に生じているようであり、この変化に関りながらも国全体・社会全体の周期循環の動態もそれなりに独自の歩調で動いていたようである。

文化生態・経済発展の生態には、定住の低地志向性や人口成長の動態を長期持続的に律しているシステムや構造があるようであり、こうした環境因に技術や社会制度を関らせて見る手法が自覚されつつある。一方、社会移動の研究は、社会成層的にみて階級や文化のあり方は二分法図式をはるかに超える複合性を示し、その複合性は時代、地域的にも異なるほか、階級や文化が埋没している社会組織のあり方いかんによって偏差を示すことも注目されつつある。また農業を中心とした成長ないし発展に、地域ごとに相対的にみて独自の歩調があることはすでに見たところであるが、これを解釈するに当っても、技術要素のほかに人口成長、資源利用の集約システム、移住、都市化、交通アクセス、商業、市場施設等々の要因を地域に即してまた集権志向あるいは地域主義志向の動きと合せて具体的に考察することが求められてきている。

3　比較と地文・生態系区分

前節の1と2で素描したように、歴史が永く、社会規模が巨大である中国の社会史について、空間の偏差と推移の動態を解釈に組み入れる努力は一貫して試みられてきたが、近三〇年来の歴史意識の変化に相い応ずる方法・手法・課題への新しい問いが拓きつつある地平に即してみても、偏差の動態を歴史家がいかに掌握し、推論と概括を進めるかは、切実な当面の問題として受けとめられてきているように思われる。たとえば、なぜ特定の社会制度が時と共に形を変えるのか、またなぜ同一社会で特定の社会制度の形が地方ごとにちがうのかを考えるとき、起因に関るであろう指標をえらび出し、サンプルについて時系列的尺度、空間的単位、社会成層上の位置を特定すること、そして事例を社会内、社会間で比較することが、全体をよく知る上に適しているであろう。こうした試みは narrative history の手法でも解決できるし、筆者も歴史叙述そのものを課題としているので、社会科学的比較の手法そのものに深く立ち入る意図はない。しかし、考察の枠組みにとって有用と認められる二三の提言について一瞥しておくことはさし当り必要である。

Maurice Freedman[102] 教授がすでに指摘しているように、「社会」を意識してこれに取り組むについて、中国学は決してそれ自体で自足的な学問体系ではなく、社会科学の文献のうちに比較に供しうる素材、あるいは啓示的な考察法やモデルを求めなければならない。比較を念頭におかない中国社会の研究はほぼ不可能に近い。誰しも主題の選択、説明の用語、解釈の筋道において、出自する世界の刻印を負っているのであるから、考察を深め、概括を公平かつ容易にするには比較に訴えざるを得ないであろう。[103]

比較は、社会間比較 crosssocietal comparison においても、社会内比較 intrasocietal comparison においても生ずるが、[104] より実際的な筋道としては、まず社会内比較を充実させ、ついで親近の地理・文化タイプに及ぼし、さらに親近の社会型相互に広げ、こうした順を追ってより普遍的な次元の比較に近づけることが望ましい。たとえば無差別にアジア都市類型を構想して、北・中・南欧の類型といきなり照合することは誤解を招くし、逆に中国東南部のデルタ開発をタイ国デルタ部でのエコシステムでのそれと比べることは、水稲生産の文化生態を考える上でむしろ有効である。

　比較を用いると大量の有意の事実がシステムに還元でき、分析を助ける。社会科学者の寄与は、この比較に資する素材やモデルを供するところがあるが、Freedman 教授はモデルは多岐であると教えている。(105) 経済学者のモデルは、より抽象的、普遍的で、あまねく社会一般から抽出した普遍知識や理論に立ち、既定の仮説を演繹ないし修正して得られる帰結を採り上げる。別の社会科学モデルはむしろ具体的社会制度から着手し、統計的規則性（たとえば人口史、婚姻史の規則パターン）を採り上げ、規則のゆるす幅と選択の様式を弁別する。第三のモデルはむしろ、複数指標の組み合せを重んじ、指標間の比重のあり方、組み合せのあり方いかんによって、いかなる帰結が生じたかを示そうとする。これによって、なぜある社会制度が時と共に形を変えるのか、またなぜ同一社会である集団の形が地方ごとにちがうのかを解き明かすのである。

　Freedman 教授によれば、(106) 社会科学者がこうしたさまざまな素材やモデルを供するに寄与しても、問題を直接に解くものは中国学者の側であり、もともと「社会」そのものに取り組む社会科学者の仕事ではない。対話こそは重要であるが、中国学が社会研究につき自足的でないとすると、歩み寄りが求められているのは中国学者についてである。同教授は「社会科学」の内包として、経済学、政治学、社会学、社会心理学、人口学、人類学、社会地理学、経済地理学、そして大かれ少なかれ社会科学の範疇に組みこまれている関連の学問類を挙げている。(107) また中国学者と社会科学者との対話的な学際フォーラムが有効に働くであろう「問題史」のテーマとして、町と都市、移住（内地移住および客家・華僑を含め）、社会移動、法と社会統制（村の規矩、国の法とその諸概念、社会ノルム相互、ノルム統制機構相互間の相関を含め）、宗教的諸制度とその諸概念、軍事的諸組織、公共教育、人民公社の研究を掲げている。(108)

これらの「社会科学」は、歴史家が常識的に補助学として位置づけている分野であるが、ここでは積極的に分析のための啓示的手法として摂取することがすすめられている。ただし教授が示唆されているモデルは、普遍的なパラダイムというよりは、ミドル・レヴェルの作業理論にあるようである。かつて Raymond Firth 教授が微視的な人類学手法と巨視的な社会学手法を接合させた「マイクロ・ソシオロジー」を提唱して実践したが、(109) Freedman 教授の考える問題史の手法もこうした枠組みに沿うものであろう。

Freedman 教授の提言は Mary Clabough Wright 教授らの賛同を得て、(110) 近二、三〇年来の中国社会史研究に漸次新しい刺激を及ぼしつつあるが、その中で、提言を一歩進めて地域組織の空間的比較について独創的な分析手法を示したものは、G. William Skinner 教授の論著である。同教授は、中国は歴史的にも空間的にも世界最大規模の、しかも早くから内部の分化が多岐に進んだ社会であるから、対象を文化の相対性に即しつつ全体論的に観察するためには、在来の西欧史や米国史研究がすでにそうであるように、学際的な協同作業による地域研究として迫るのが適していると考える。(111) さてこうした学際研究のフォーラムが成り立つためには、整序された社会内比較、社会間比較の作業を容易にするような比較の尺度や単位が必要となるが、ことに空間単位の画定は切実である。

四川省成都盆地の緻密な野外調査から出発して、より資料密度の散漫な歴史時代に遡らせ、ほぼ近一千年期にわたり中国社会の都市化の推移を調べたなかで、同教授は都市化を含む生産・交換の成長、資源利用、人口変化などの社会経済の動きが、一たんデータを地文地域ごとに整理したとき、明らかに有意な、リズムを伴った周期循環をしていることに気づいた。全土を一枚岩で見る限り、歴史を区切るかに見える洪水、旱魃、侵寇、内乱がむしろ若干の大地域のみに限られた影響をもったという事実が見過されるし、中央の重要な決定が国ぐるみのというよりは地域ぐるみの周期の遅速に関っていることも看過される。たとえば開封遷都は西北部の衰亡と北部の発展をもたらし、杭州遷都は江南の発達に影響し、清代に、広東が海外貿易を独占することで閩浙の経済は伸び悩んだ。一般に各地域周期の興亡は各朝代の盛期と衰退の周期に歩調を合せてはいるものの、なおかつ地域別の経済の消長、都市の興衰、人口の増減は、それぞれに相関しながら地域独自の動きをもっていた。ちなみに、ここでいう成長した地域経済とは、生産の地方別特化、職業の分化、隔地商業網の整備とこれに与る金融組織の成長、道路・交通・水利の施設への進んだ技術の投下のごとき人口的・都市的成長を備えた現象を指している。[112]

では何がこうした地域別成長の「受け皿」vessel であるかといえば、同教授は中国的な定住、生産と交換を自然的に左右した「地文構造」にあると見る。中国人の一貫した低地定住志向は章生道教授の示すところであるが、河川系は自然生態的には侵食とその沖積移動によって流域の要所に資源を集め定住の立地を供し、技術生態的には灌漑と施肥によって定住地の農業生産に潜在力を供した。水上交通は陸上交通に比べて単位当りに安い交通費用によって水際の要地に有利な資源の集中する効果を及ぼした。以上の条件は水系を遡り、粗放な高地そして分水界に行きつくに比例して希釈となり、この分水界を辿れば地域の境界が画される。こうした各地域はその中枢部に耕地、人口、資本投資が集まり、辺域に向けて希釈化してゆくパターンを示す。[113]

長江中流域を例にとると、長江本流の主軸に加えて贛江、漢水、湘水、沅江の諸水系それぞれに亜地域とその中枢部 core がある。これら中枢部から生ずる都市組織とその隔地商業は入り組んだ後背地をつくりだすが、やがて漢口が中枢首府に成長するにつれて漢口周辺に地域中枢部をもつ大地域 macroregion が形成される。[114] この「地域」は人文地理で区別する均質地域 formal or uniform region、機能地域 functional or nodal region のうち後者に当る。[115] この所論は中国的な定住様式、農業生産、交換の環境を重んじているので後述するように地理決定論ではないが、潜在与件に経済地理的な地文を重視し、システムの統合に都市と商業の結節作用を考える点に特色がある。[116]

ところで、この「地域」概念、すなわち「地域即 drainage basin 河川域」という発想を目安に敷衍して、中国本土一八省につき「大地域」macroregion の空間単位を区画すると、七ないし八大地域が得られる。考察の中心は黄河、長江、珠江（北江、西江、東江）の水系システムにあり、太行山系、南嶺、武夷山系による区画をこれに加味する。「北中国」は黄土平原（中原）を中枢域として河北

・山東・河南三省と江蘇・安徽省北部それに山西省東部にわたる。「北西中国」は甘粛・陝西省の大半、山西省の西半にわたり、渭水と汾水の盆地を中枢域とする。「長江上流域」は紅土盆地を中枢域に、四川省の大半にわたる。「長江中流域」は既に述べた。「嶺南」は珠江デルタを中枢域にほぼ両広を含む。「東南海岸」は沿海の一連の低地を中枢部に福建全省と浙江南部、広東の東角を含む。「長江下流域」は江蘇、安徽両省の南半と浙江省の北半を含む地域である。若干補足すると、「北中国」大地域とは、地文的には黄河下流と淮水系の集水域であり、人文・経済的には当初は開封、のちに北京を頂上都市としてまとまった地域、「長江下流」大地域は長江下流、銭塘江、大運河南部の集水する地文域で、揚州、杭州、南京、蘇州、上海と変遷する中枢首府の直接後背地に当る地域、「東南海岸」大地域は河川よりもむしろ海上交通が統合の機能を果している地域で、ために浙江省南部を組みこんでいる。また時代的には農村市場が広く発生し、大衆の需要密度が時を逐って増えてくる宋から民国に及ぶ近一千年期を対象として構想されている。[117]

前項の1および2で述べたように、中国史研究のなかで、内在発展に付随して有意な空間偏差や格差が実在し、この格差を均らす方向で生ずる技術伝播や移住拓殖、隔地取引や市場設備の発達が社会進化に深く関り、地域ごとにもまた社会全般でも長期に持続する周期的循環が存することは、近年に自覚されてきている。ここで当面に求められているものは、将来に整序された社会内比較、社会間比較に益するような、周到な手続きを踏んでなされた地域的事例研究の積み上げである。この「大地域」構想もこうした試みに向けて社会科学者の側から示された一つの試案であるから、経験主義的なテストを重ねて洗錬を加えるべき性格のものと受けとめるべきである。

さてSkinner教授の「地文地域」physiographic regionとは、たとえば都市化現象を環境条件としての後背地ぐるみで掘りおこし、両者不可分に考察されるべきものと考えられていることから理解できるように、もともと地文に根ざす諸々の社会経済システムが、生成し機能し成長するがための「自然状、処女地状」の受け皿、として考えられている。中国風の、都市や町や市場地から成る複雑な社会文化現象が発達するについては、植民定住や都市化という自然的・経済的局面と、社会の官僚化（行政都市系列）という文化・行政的局面が錯綜しつつ、一体となって中国的社会の形成に与っている。ヴェトナム北部の紅河デルタや、雲南、貴州、東北地域のように、地文的、経済的に漢化を成立させるに足る潜在与件があっても、北と南に存する隣人の行政・文化の影響力如何では漢化に限界が生ずる場合があったように、中国風社会が生成する受け皿としての地文要素は地理決定論から説かれているのではない。[118]

一方、中国内地では隋の統一以後、五代の割拠を除くと、政治的統一はほぼ連綿と守られてきた。ために西欧史でダニューヴ河やライン河の水系域が国民国家で細分され、経済統合や単一都市システムの発展が妨げられたごとき状況は起らず、むしろ地文的な受け皿に即した地域別の統合が発達した。[119]ではなぜ統一国家のもとで地域別の成長が起りうるのか。各王朝それぞれに初・中・後期に国の支配効率の上昇、安定、下降の周期があることも一つの解釈を供するが、より長期的にみると次の事実が説明の鍵を与える。漢初の一五八〇県が前一四三年に一一八〇県に、初唐の一五五〇県が七一三年に一二三五県に、清初の一五一〇県が一七三〇年に一三六〇県に減っているように、強盛な諸王朝は初めは前王朝の時に膨らんだ行政の集約密度の水準を守って当面の行政問題に対処しようとするが、やがて広がった領土と人口に対してふさわしい効率の地方行政水準に回帰してゆく。[120]

こうして王朝盛期になると一定の数に緊縮する県の総数は、仮りに全土の人口規模と一県当り行政域に大きな変化がなければ、一人当りに均等な行政の効率を保証するであろう。しかし、清代の一三六〇県の支配域は唐代の一二三五県よりはるかに広いし、人口は宋と清の間で三倍の増大を示し、この間の経済発展による経済・行政の需要密度 demand density はさらに数倍したであろう。もし漢代の一県五万人程度の行政単位(県)が支配の目安であるとすると、明末には四〇〇〇、清末には八五〇〇の県、そして府州の数も一四〇〇内外を必要としたはずであるし、官僚規模も拡大されるべきであった。[121]ここから、宋以後に人口と領土が漸増するなかで、中国という農業国家は所定の上からの調整、支配限度の規模をこえる社会の成長に直面し、基本行政の範囲を縮め、地方への行政の浸透が逓減することを黙許しつつ存立していたのではないかという推定が生ずる。

宋以後の旧中国社会で行政の効率が漸次下降したのではないかという仮定に立つと、地文に立脚する社会経済システムを統合する行政的および経済的要素もまた、所与の地文の社会経済的集約水準の状況次第で、偏差を伴って機能したであろう。京畿の直接後背地や国からみて重要な辺境地域では行政因に比重をおく都市化が機能するであろうが、経済的な先進・中進地では行政因と並ぶか、これを凌ぐ経済因がむしろ都市化に影響したであろう。同様に、同一地域内でも地方ごとの成長の歩調は、所与の経済、社会、政治条件によって大いに異なっていたであろう。

以上の考察に立って、筆者は旧中国の社会経済システムの長期の変動につき、地域の動態に焦点をおいて通時・共時的に考察するに当って、受け皿としての地文地域に区画の単位取りの基準を求める作業仮説を有用であると考える。この区画法には、中国風社会の生成にかかる自然生態、技術生態、定住様式、生産と交換の様式、行政的、経済的都市化の様式、人口動態、社会経済の集約様式、社会移動の様式についての既得の知識、そして若干の重要な指標が参照されて組み込まれているから、地域開発史を全土的変動に関らせて考える上で、参照枠として用いるに適している。

ただし地文的大地域の境界の線引きは、域内の亜地域の線引き、中枢部と辺縁部の線引きとともに、概略の目安を示すものに止まり、ことに断代的な考察あるいは観察においてはその目的に応じて工夫と洗練を重ねられるべき性質のものとして考えている。近年における長江中流、雲南、貴州、四川について、この枠組みに沿ってなされた研究も、それぞれの課題と目的に応じた修正が施されている。[122]一方、路や省の行政区分を以て単位に比定する場合は、明確なイメージを供し、資料を整序し易いという利点があるにしても、結局は均衡のある概括を下しにくい。一六六七年に初めて区画された安徽省はその好例であろう。

長江下流大地域に慣用的な表現を与えようとすると、長江デルタ、江南、東南、淮浙、両浙（銭塘江東西域）、蘇浙、江浙、太湖周辺域、三江などの語彙がすでに存在するが、いずれにも長短があり、限定性と一貫性に欠ける憾がある。本書の題名に江南を採るのは便宜的選択に従ったまでであり、論述の内容にかかわる地域概念としては「長江下流大地域」の規定を参照している。本書後半で触れる寧紹亜地域は、この大地域区分と一貫させて構想している。

すでに触れたように、地文地域という地域研究上の概念構成は、経験的事実に照らして修正を重ねられるべき余地を大いに残した試案に止まっている。たとえば成長し集約化した地域経済の目安として、生産の地方別特化、職業の分化、地域をベースとする隔地商業網の整備とこれに与る金融組織の成長、道路・交通・水利施設への進んだ技術の投下のごとき、人口的・都市的成長の高い水準を備えた地域が構想されている。しかしE. Boserup, D. North 教授らの農業社会の成長についての想定[123]による限り、こうした集約システムへの成長が生ずる際には、右に掲げられたごとき変化と並んで、集約の効率を求めて生ずる財産制や土地保有制などの社会制度の改良が生起するものとみなされ、またより集権的な機構を生み出して変革を保証させる動きが伴うと考えられている。

わが国の中国社会の変革を問う研究は、むしろこの局面から地域経済の成長を捉えている。たとえば、柳田節子教授は土地・人口比率からみて、長江下流域の先進・集約農業地域と、湖南北、江西、四川の後進、粗放農業地域を対照的に区別し、この格差に見合う土地保有制の、両地域間での水準の差が並列していたところに、一概に概括できない宋代の経済の複合した不透明性があるという重要な指摘をしている。[124] Joseph McDermott 教授[125]、Peter Golas 教授[126]もこれを一そう敷衍して、周藤吉之教授が先年に明らかにしたような、農業労働者の構成に見られる自営農、「佃戸」、「佃客」、「佃僕」、「地客」、「附種戸」、雇傭人に至るまでさまざまな範疇が、同時に並存し、同一経営についても複合的に用いられているのは、集約にかかわる環境条件の差違を示すものと見て、おおむね先進、中進、後進の地域区分を立てつつ、諸範疇の比重を地域別に特定する試みをしている。集約の問題は生産サイドに限らず、需要サイドの考察を兼ね併せることで洞察を深められるべきであり[127]、社会制度とその背景にある権力に視野を及ぼすことが今後の課題である。ただし、ある地域、地方が、ある範疇の土地保有制を以て特色づけられることが可能か否かは、具体作業の上でも、地域、地方の入り組んだ実情の上でも、錯綜した課題である。[補3]

さらに、地文地域論では、隔地間の大取引の大半は個々の大地域内で完結すると想定し、その理由の大半を前近代交通における費用効率の低さに求める。交通費用の研究蓄積が乏しいために正確を期する判断を得られないが、最近の研究でも非効率な交通による隔地取引の障碍を裏づけるものがあり、[128]この条件下では国の漕運や塩法に付随する商行為は相対的に有利であったに相違ない。また、傅衣凌教授、藤井宏教授がつとに指摘したごとく、明清時代には全国的市場の名に値する広域の取引きが、綿布、米穀、薬材などの日常商品の大量販売について生起していたほか、外国貿易の東南諸省への経済的影響についても評価が加えられているのであるから、地域ごとの相対的に独立な周期循環のみに過大に強く拘泥すべきではないであろう。[129]

ところで、地域内の偏差を区別し、比較し、解釈する方法は、「地文地域」論では十分に構想されていない。[130]大地域内の基礎空間単位は、結局、府州という行政域を便宜的に採用せざるを得ない。時代ごとに異なる各府州の領域は、たとえば宋代の一時点の状態を仮説上の領域単位として固定し、以後については修正を加えれば、一応は時代をこえた考察に使える。[131]中枢部と辺縁部の間の線引きは一そう困難である。地文的立地を考えるほかに、現代の人口、土地統計から人口密度を引き出し、密度の水準を参照して大地域内部につき、大まかな中枢部と辺縁部の区分を画し、過去との対比を考える参照枠とすることは可能である。[132]しかし宋代の長江下流域のように、中枢部がまだ形成の初期にある時代については、この区分はたんに中枢域なり辺縁域なりの潜在性を示すに止まるといえる。

こうした手法上の不足を補うために、本書では生態系 ecosystem の観察から帰納された若干の作業仮説を用いている。高谷好一教授によると、[133]稲作灌漑農耕の成長と拡大は、水利の性質と定住地形という生態因に不可分に結びついている。タイ国のチャオプラヤー川（メナム川）流域についてみると、稲作の発展は上流の山間域から中流をへてデルタ平原へと下りつつ広がる歴史を辿った。この動きを定住生態からみると優良な立地から劣悪な立地への移動であり、稲作の農業生態からみると逆に劣悪立地から優良立地への移動であり、トレード・オフの相関が認められる。小規模の人口定住にとっては、上流河川系の山間の小空間が適しているが、逆にデルタ部は一たん農業基盤整備が遂げられれば抜群の人口扶養力を供し、これに伴って、好適とはいえないまでも、大人口の集中を許す広大な定住域が開ける。

チャオプラヤー川流域には、チェンマイを中心とする北タイの山間盆地、アユタヤを南端とする古デルタ（上部デルタ）地域、バンコクを中心とする新デルタ（下部デルタ）地域、という三つの核心域が南・中・北に存在し、開発の歴史、そして国家的成長の歴史は、山間盆地、古デルタ、新デルタの順で進み、古代、中世、近代の国家も同様の立地の順で形成された。

農民の自然への適応からみると、山間部や中流部の扇状地定住では灌漑設備や治水施設、天水貯水施設が必要であり、また用水の確保と管理のために多くの労働を必要とする。こうした土木的改良による適応を「工学的適応」とすると、それは資本や労力編成や紛争調停の導入を要し、水利の規模で差違はあるが、大小の国家による用水支配を導くようになる。ついで上部デルタに立地したアユタヤ期には、国の用水管理への関与する余地はむしろ限られ、河口部の海の民がもたらす商品と米等を貿易する形の商業国家が登場する。やがて定住立地が下部デルタへ移ったとき、最大の問題は、季節的に甚大な水位差の生ずる大農業潜在地域にもっとも適する品種を選択することである。ゆえにバンコク時代のタイは、商業国家の性格をひきつぐ一方で、浮き稲の選択という「農学的適応」が生態改良の中心となるのである。

このタイ国における、稲作の作付地域の歴史的拡大プロセスにまつわる生態系移遷のモデルは、中国、宋代の長江下流域の農業開発史を、技術指標、定住様式指標、社会制度指標を組み合せつつ考察するに際して、いくつかの重要な比較のための示唆を供してくれる。まず、その言及に先き立って、彼我の事例の差違を指摘しておこう。

陳橋驛教授が宋代の紹興地区の集落分布を地図上に示した研究によると、[134] 宋代までに、同地区の定住址は、㈠山地集落、㈡山麓沖積扇集落、㈢孤立集落、㈣沿湖集落、㈤沿海集落、㈥平原集落に、ほぼ万遍なく分布していた。㈠は高谷教授のいう山間盆地、㈡、㈢、㈣、㈥（一部）は扇状地、段丘複合、支谷、上部デルタに、㈤と㈥（一部）は下部デルタに相当する。さて本書で後述するように下部デルタが定住・生産地に変成してきたのは、早くとも唐半ば以来のことである。古くからの先住民の選んだ農業定住地は、杭州湾南岸の河姆渡や長江三角洲辺縁など沿海の微高地、紹興の山会山地の支谷や扇状地、呉興の天目山地の支谷や扇状地であったと思われる。こうした先住民のその後の遷徙、同化の径路は必ずしも明らかでないが、漢代以降の長江下流地域における比較的大規模な植民と農地拡大は、政情の不安、既耕地の収穫逓減による人口圧、強制移住などさまざまな理由で生じた北方からの移住の波動、そして彼らの定住後の継続的移住にむしろ関っていた。

漢から唐までの福建への植民辺境運動を考察した Hans Bielenstein 教授の労作[135]によると、漢族の移住と拓殖の径路は広東の海岸部から閩南の海岸域に入り、水系を遡るものと、江西界の分水界を越えて閩江上流域に達し、以後河口へ向けて下るものとが並立している。この事例は上流定住から下流定住への一方的拡大でなく、対向の流れで空白が満たされる動きがあったことを例証している。また同じく本書で後述する徽州定住者の事例[136]が示すように、低地から水源に遡行して宗族定住が広がる場合も、唐宋の間には少なくない。そして、ことに徽州では、稲作農業への関心のみが移住者を誘ったのではなく、唐末、五代からすでに茶、木材、漆、文房（紙など）など、商業的農業や手工業品への特化が農業開発と並行していた。すなわち市場アクセス、交通アクセスの立地条件が、こうした辺域の定住地選択を左右していた。タイ国では山間地定住、扇状地定住では、自給自足状況が想定され、上部デルタ、下部デルタに達するにつれ、商業に重きがおかれ、稲作プランテーションを導いたようであるが、中国では六朝から唐半ばまでの長江下流域の水利改良は、その重点が交通そして商業による食糧および各種資源の広域的再分配にあったといわれている。粗放ながらもすでに市場が存在していたという意味で、中国の事例は当初からいわば商業国家的であった。

一方、唐半ば以前でも以後でも、いわゆる工学的適応と農学的適応は、時代的、立地的な二者択一でなく、双方が絡み合っていた。古い時代の大がかりな土木改良、たとえば後漢時代の会稽の鑑湖、呉興餘杭県の南北湖、下って唐末の宣城の永豊陂、大農陂などの事例は太守、県令、刺史の計画と領導の下に進められたが（後述）、群小規模の改良は豪民あるいは農民の手で施された。すなわち局所的に水力国家的志向が垣間見える土木改良はあったが、それとても中央政策レヴェルでの対応ではなかった。唐半ば以後に塩田開発を目指した江淮巡院の下で、大運河、海塘、漕河、溝渠が整い、屯田、営田によって低濕地の干拓がすすみ、宋代に水学が登場し、中央政府で王安石の農田水利条約が採択されるようになると、主要河川水利施設と陂塘は登籍を命ぜられ、重要施設は「河渠志」に記録されて国の支援による維持管理が一斉に行われた。ここに水力国家志向へのある種の傾斜を見ることができる。しかし本書で後に触れるように、集権政府の工学的適応への関心は、主要な計画が完成をみたのちはむしろ後退し縮小する傾きを示し、主導権を地方政府と地方社会に移譲する方向を辿ったようである。

農学的適応では、唐末以前の状況は甚だ粗放であり、唐代に挿秧が普及してきたこと、および赤米が山田あるいは低湿田について地方的に採り入れられ、宋代までに紹興の上部、下部デルタをはじめ、江蘇、浙江、江西、福建に広がったことが挙げられる。[137] 一〇一二年に政府の主導下に早生、耐旱性の占城稲が淮浙、江東西に導入され、在来種と交雑しながら改良されるとともに、長江流域、東南諸省地方に一挙に広がった。[138] 占城稲はあらゆる地形の農地に植えられたが、安全農業と集約的収量増にもっとも貢献したのは、海岸の海塗田、下部デルタの低湿田、上部デルタの湖田であり、ついで支谷扇状地の陂塘田であったと思われ、ここでも各地形を通じて並行した改良が生じた。ただし当初の占城稲は国の租税、地主の租米に採用されぬまま作付地が広がっていた。すなわち商業作物の性格を帯びて普及したのである。

以上のごとく、中国の事例は当然のことながらタイ国のそれより一そう複合的であって、単純な類推や比較を拒けるものであるが、高谷教授の示した定住と生産に関る生態系の相関的推移の参照モデルは、彼我の相違を意識しつつ用いることで、なおかつ有用な示唆を供するように思われる。

すなわち、この枠組みに沿って宋代までの長江下流域の農業開発史を生態に即して考えてみると以下のように要約できよう。すなわち、唐末までの農業開発は支谷扇状地と上部デルタの利用に主として関っていた。灌漑水利の技術的祖型は会稽の鑑湖、杭州餘杭の南北湖の事例がすでに備わり、技術と地形の許す範囲で、この伝統的土木改良が域内に漸次的に普及し、定住者の食糧問題を解決していた。この間に農学的改良が長足に進んだとは思えない。人口は定常の増加を遂げたであろうが、全般にフロンティア状況がつづき、土地はむしろゆとりがあったであろう。商業はすでにある程度の発達をとげ、若干の行政的、消費的都市が存在していた。広域の水利の比重は交通機能にむしろ置かれ、局所的な食糧需給の平衡および都市への補給をめざしていたと思われる。在地の水利は伝統技術の適用可能な限りで行われ、主導権は地方政府か豪民に帰したであろう。

唐末から宋初にかけて、この粗放農業域に北来の移住者が大挙して入植したため、既耕地の土地・人口比に圧力を加え、ために新定住地と新生産空間が求められたに相違ない。こうして農業の核心域は明らかに下部デルタに移動しはじめた。新しい生態系を活用しこれに適応すべく、まず工学的適応が試みられた。海塘を施設して内側に塩田を広げるとともに、河川系を整理し固定させて、海塘の要所に設けた水門から放水した。このため、河川系や淡水湖を護岸し、堤防を設け、海塘同様に水門を施設し、河川水源や淡水湖の給水を、高潮のもたらすバック・ウォーターが澱む平原を縦横に貫通させて、結局は海塘を経て海に放水する工事が施された。この技術は、たとえば鑑湖についてすでに数世紀にわたって漸進改良を経ていた、在来技術の拡大された応用であると思われる。

下部デルタでは平坦な地形のゆえに河川は分岐しさらに蛇行する。そこに下流に向かって横の方向に、幾段かの自然水路と微高地が交互に縞目に並ぶ地形が自然に形成される特色があるが、微高地や孤丘を定住地に選び、自然水路を交通と給排水の幹路に用い、幹渠と幹渠を連絡する給排水用の支渠を設ければ、一般に圩田、囲田と称される方形や長方形の低地強湿田が自然に区画されてくる。唐の代宗広徳年間（七六三～四）に行われた嘉興の屯田が「嘉禾土田二十七屯、広輪曲折、千有余里」[139]と形容されている状況が、恐らくこうした初期干拓の情景であろう。宋代の塩田の造成が団という竈戸（塩田民）の小聚落の設立から始まったことから類推されるように、初期の強湿田干拓は、集中的に投入される労力の生活条件が整わなければ困難であるし、民営の干拓では冬季の失業人口を吸収する各種労働需要が整わねばならない。史料に徴しても、初期の干拓農民は一般に移動的であったようである。北宋中期までの蘇州方面の民営の囲田・圩田の経営は粗放であり、間作つまり休耕を含めて、二年を均らして平年一年の作況が期待されていた。[140]

こうして、上部デルタから下部デルタへの農業核心域の移行は、農業基盤の基本性格を根本的に変化させるというよりは、すでに上部デルタで経験ずみの土木技術と開墾法が、より計画的で大規模な資本、労力の投入を伴って、広漠たる強湿地に適用され、良糧供給と定住地供給を一挙に解決したものと考えられる。従来は半ば民営で施設されていた海塘、河湖の護岸堤防、水門設備、給排水溝渠、在来河川水路の固定と整理は、広域的土地利用の見地から見直され、重要基幹部分については、国と地方政府が直接に施工、管理維持を掌握して土木改良をすすめ、また過疎の荒地に対しては塩田、屯田、営田を立案し施行した。こうして強湿田拓殖という自然生態、技術生態との取り組みが、宋朝という江南の集約開拓当初期に国の積極的な主導性を導き出した点に、タイ国とは異なる状況をみることができる。ただしそこに水力国家が生み出されたとは必ずしもいえない。後述するように、重要なプロジェクトが完成すると、国の直接的管理機能はむしろ最小規模の域に後退し、代って紳衿層の主導力が補完の機能を果すようになるからである。

さて長江下流域の核心農業域としての成長をより容易にしたものは稲の品種選択によっていた。占城稲は単位収量が在来の粳米(うるち)(真米)より低く不味であるものの、鹹水にも、旱天にも、冷水にも、劣悪土壌にも耐え、多量の施肥を求めず、ことに早生であるために梅雨、旱魃、台風、秋霖という一連の自然障害をエスケープして定量の収量が期待でき、早生を利して輪作や二期作を発達させる可能性も備えていた。タイ国の下部デルタの農業開発が、旱期と雨期の間で湛水深が一〜二米から三〜四米に達するという生態に直面して、身長一・六〜二米余の浮き稲を選択した状況とは異なっていた。

占城稲は冷水、旱魃、瘠地に強い特性を買われて山間や支谷の再開発を大いに助長したが、人口扶養力の激増に資した点では、強濕の下部デルタの開墾に大きな寄与を果し、この事情は日本における赤米の選択と共通している。すなわち下部デルタの実質部分が乾田化(南宋から明代にかけてであろう)する以前に、少しずつ移動する開発前線域での収量増と農業の安定にもっとも適した農学的適応であった。

占城稲は一〇一二年、政府の主導下に、端境期の接糧米として普及が促された。この五年前の一〇〇七年には、「江淮六路」の上供米につき年間の輸送量の原額が、約六〇〇万余石と定められ、以後、宋一代を通じて祖宗の法として ceiling の役を果した[14]。漕米は両税の秋苗とこれを補う和糴から成るが、秋苗の課税査定率は一畝当り想定収量を一石ないしそれ以下と算定していた。[142]この原額と査定率はほぼ宋一代について守られたが、官米の種類は晩粳のみとされていた。占城稲は腐敗し易く、長途の漕運にも、在地の倉貯にも不適と判断されたもので、一部の和糴米や馬料、軍糧における例外を除くと、官米には一般に収用されなかった。[143]

近年の香港において赤米は下等米とされ、都市消費のため売られているが、[144]当初の占城稲も雑穀に近い下等米であり、都市民や下層農民に消費され、地主や富民は粳米を租米として求め、占城稲の作付を忌避していたことが認められる。宋代当時は下部デルタでも、上部デルタや山間田でも、占城稲の作付地は拡大をつづけていたのであるから、占城稲は粳米に交換される市場を備えていた道理であり、事実、その広汎な流通を証明する史実は多い。[145]すなわち占城稲は接糧米であり、かつ商業作物でもあった。下部デルタ開発当初の農業労働者が多分に移動的であったに相違ないと想定すると、占城稲はこうした農民に食糧を供する一方、豊収に会えば市販に供されたであろうと解釈できる。

宋代の下部デルタにおける市場の発達は六朝時代よりははるかに進んでいたようである。宋初の湖州六県には後述のように二八の鎮市が存在していた。また宋初の江南の税法では後述するように、主穀に関する限り、農民の負担は決して重くはなかった。課税の上での該地域への政府の関心は、むしろ茶に代表される山地、丘陵の資源にあり、北辺の軍政地を補給する辺餉のなかで「江淮」の茶はつねに重要な財源とされていた。北宋前半では茶法は主として通商法の下に営まれていたから「江淮」産茶は北辺の市場と結びつき、商人の活動に支えられていたのである。

以上のように、タイ国の水稲作を主軸とする開発史を自然生態、技術生態の構造とその変化から説明してゆく手法は、同じく水稲作を主軸に、潜在的な農業核心域が長江下流域に形成されてゆく経過を説明する上で有益である。Skinner 教授の地文地域論は、地域の内在発展の受け皿を供する点で参照に値するが、地域の集約プロセスにおいて、核心域は潜在与件であるに止まらず、地域社会経済の集約経過が中枢点の交通、都市、市場の結節化作用として説かれるために、プル因の説明に適するものの、中枢点がまだ中枢性において低い段階で、辺域の人口や資源が何をプッシュ因として求心作用を起すかについて十分な説明が与えられていない。タイ国の開発史の事例は、定住と生産に関る生態系の適性をトレード・オフの関係でとらえ、人口圧と土地利用のシステムの集約、市場と国家の関与を組み込んで観察されているので、求心作用をより動的にとらえようとしている。本書における定住史、農業開発史の叙述は、このタイ国モデルから示唆を得たところが多い。

注

(1) Eli Philip Heckscher, *An Economic History of Sweden*, 1954, Harvard U. P. pp. 6～7. さらに前著『宋代商業史研究』(一九六八、一九七九)の英抄訳 Mark Elvin, tr. *Commerce and Society in Sung China*, Ann Arbor. Univ. of Michigan, 1970 に対するRobert M. Hartwell教授の書評(*Journal of Asian Studies*以下*JAS*:31:1. 1971)の方法論上のコメントから教示を得た。同教授に謝意を表する次第である。Ramon H. Myers, *The Chinese Economy: Past and Present*, Wadsworth, CA., 1980, Gilbert Rozman, (ed.) *The Modernization of China*. The Free Press, N. Y. & Lond., 1981, Part One, The Legacy of the Past, ch. 4. Economic Structure and G-rowth(by. R. H. Myers)は、中国経済史に即して視野に収められて然るべきテーマ、問題、方法、手法を要領よく展望している。

(2) この主張で中国経済史について編述された著述として、William E. Willmott (ed.), *Economic Organization in Chinese Society*, Stanford Univ. Press, Stanford, 1972, ことに W. E. Willmott教授の解説、およびLawrence W. Crissman, Donald R. Deglopper, Craig Dietrich, Mark Elvin, Susan Mann, Thomas A. Metzger, R. H. Myers, Stephan M. Olsen, Burton Pasternak, John C. Pelzel, Robert, H. Silin, E-tu Zen Sun, Barbara E. Ward教授の寄稿に、問題と実践例が示されている。Wolfram Eberhard, *The Settlement and Social Change in China*, HK University Press, 1967. *Moral and Social Values of China*, HK Univ. Press, 1968 および Mark Elvin, *The Pattern of the Chinese Past*, Eyre Methuen, Lond., (Paperback, Stanford Univ. Press.), 1973も不可欠の参照文献である。歴史学の成果を反映させて中国経済史を見直す努力を示すものとしては、Dwight H. Perkins, *Agricultural Development in China: 1368-1968*. Edinburgh,

Edinburgh Univ. Press, 1969. D. H. Perkins, (ed.), *China's Modern Economy in Historical Perspective*, Staford, Stanford Univ. Press, 1975, Joshua A. Fogel and William T. Rowe (co-ed.), *Perspectives on a Changing China, Essays in Honor of Professor C. Martin Wilbur on the Occasion of His Retirement*, Westview Press, 1979. Frederic Wakeman, Jr. and Carolyn Grant(co-ed.), *Conflict and Control in Late Imrperial China*, Univ. of California Press, Berkeley, 1975. を参照されたい。

(3) Fernand Braudel, *The Perspective of the World*, Harper & Row, 1979., *The Structures of Everyday Life*, Harper & Row, 1979., *The Wheels of Commerce*, Harper & Row, 1979, *Afterthoughts on Civilization and Capitalism*, The Johns Hopkins Univ. Press, Baltimore, 1977. *The Capitalism and Material Life: 1400-1800*, Harper, 1973, Robert Foster and Orest Ranum, (co-ed.), *Family and Society*, The Johns Hopkins Univ. Press, 1976, *Biology of Man in History*, The Johns Hopkins Univ. Press, 1975, *Deviants and the Abandoned in French Society*, The Johns Hopkins Univ. Press, 1978, ***Rural Society in France***, The Johns Hopkins Univ. Press, 1977. Carlo M. Cipolla(ed.) *The Fontana Economic History of Europe*, William Collins Sons, Glasgow, 1. 1972, 2. 1974, 3, 1973, 4:(1)1973, 4:(2)1973, 5:(1)1976, 5:(2)1976, 6:(1)1976, 6:(2)1976, Robert S. Lopez and Irving W. Raymond, *Medieval Trade in The Mediterranean World*. Columbia Univ. Press, 1955 (W. W. Norton Paperback). G・バラクラフ著、松村赳、金七紀男訳『歴史学の現在』岩波書店、一九八五、四四〜五五頁、一二〇〜一三三頁、一七〇〜二〇三頁、注(5) Olivier Zunz 教授の導言、James A. Henretta, "Social History as Lived and Written", *American Historical Review*, 84:5, 1979. 参照。

(4) G・バラクラフ前掲書、四一五頁、松村赳あとがき。

(5) William T. Rowe, "Approaches to Modern Chinese Social History", in Olivier Zunz (ed.) *Reliving The Past, The Worlds of Social History*, The Univ. of North Carolina Press, 1985. 同書 Introduction (O. Zunz) も参照。

(6) (注2) 一二〇〜一三三頁、一七〇〜二〇三頁参照。

(7) 加藤繁著『中国経済史の開拓』桜菊書院、一九四八、二五頁、九〜四八頁。加藤教授は「ジカタ」史料に乏しい中国史では、広義の経済史料はあらゆる成書の博捜のなかから、文献主義的な実証手法にあくまでも忠実に収集するほかないと断じ、四部分類のうち史部では正史（食貨志、列伝など）、編年史（実録を含め）、別史、雑史、詔令奏議、伝記、地理類（方志、輿地考証の学→筆者注）、職官類、政書など、子部では雑家、小説（宋・金・元・明の口語小説、戯曲）、集部では文集（奏状、碑文、記）などが史料源として重要であることを示唆し、併せて用語を類例から意味論で確かめつつ、全文章の含意を解く手法を勧めている。全著述にこうした史料学の駆使がみられる。

　また「記録になきこと、……史料無きことの考察。これも記録に出来るだけ依る。而して記録に示す方向、既明の史実の示す方向に従ひて推測し想像す……。」とし、関連の補助学科、参考学科として言語学、神話学、土俗学、古文書学、地理学、年代学、考古学、古泉学、政治学、宗教学、社会学の参照を勧めている。これとは別に R. Hartwell, A Guide to Sources of Chinese Economic History: A. D. 618-1368, Univ. of Chicago, 1964, Patricia Ebrey (ed.), Chinese Civilization and Society, A. Sourcebook, The Free Press, 1981 も大いに有益である。

（8） 加藤繁同上、二五、二六頁。

（9） Mark Elvin, *The Pattern of the Chinese Past*, Eyre Methuen, Lond. 1973. はその好例である。Dr. Ramon H. Myers の書評（*JAS*. 33. 2. 1974）参照。

（10） 注（5） *passim.*

（11） 注（3）『歴史学の現在』一七八頁、一九七頁。

（12） 注（5） 二八三頁。

（13） Denis Twitchett, "The T'ang Market System", *Asia Major*. 12:2. 1966. p. 202に中村治兵衛教授の努力を高く評価している。同教授の "Some Remarks on Irrigation Under the T'ang", *T'ung Pao* "The Fan Clan's Charitable Estate, 1050-1760" in D. S. Nivison & A. F. Wright, ed. *Confucianism in Action*, Stanford, 1959. pp. 97-133 も同様の主旨による試み。

（14） Twitchett, *Land Tenure and the Social Order in T'ang and Sung China*, Lond. Univ. of School of Oriental and African Studies. 1962. p. 32.

（15） 中村治兵衛ほか唐代史研究会編『中国聚落史の研究—周辺地域との比較を含めて—』刀水書房、一九八〇。布目潮渢編『唐・宋時代の行政・経済地図の作製　研究成果報告書』セイエイ印刷、一九八一。名古屋大学文学部東洋史学研究室編『地域社会の視点—地域社会とリーダー』一九八二。九州大学文学部東洋史研究室編『元明清朝における国家支配と民衆像の再検討—支配の中国的特質―』深田印刷、一九八四。谷川道雄編『中国士大夫階級と地域社会との関係についての総合的研究』京都大学文学部　一九八三。

(16) 桑原隲蔵「歴史上より観たる南北支那」『白鳥博士還暦記念東洋史論叢』岩波書店、一九二五、三八七～四八〇頁。

(17) 加藤繁『支那学雑草』生活社、一九四四、二五〇～二六六頁。

(18) 宮崎市定『アジア史研究』第四　東洋史研究会、一九六四、一～二一頁。

(19) 岡崎文夫・池田静夫『江南文化開発史―その歴史地理的基礎研究―』弘文堂、一九四〇年。

(20) 天野元之助『中国農業史研究』御茶の水書房、一九六二、『同増補版』同、一九七九。

(21) 天野元之助『中国農業の地域的展開』龍渓書舎、一九七九。

(22) Ping-ti Ho, *Studies on the Population of China*: 1368-1953, Cambridge, Mass., Harvard Univ. Press, 1959. *The Cradle of the East*. The Chinese Univ. of HK& The Univ. of Chicago, 1975. "Early-ripening Rice in Chinese History," *Economic History Review*, 9, 1956-57. 『中国会館史論』学生書局、台北、一九六六、"The Geographic Distribution of *Hui-Kuan* (Landsmannschaften) in Central and Upper Yangtze Provinces, With Special References to Inter-regional Migration," *Tsing Hua Journal of Chinese Studies*. n. s. 2. 1966, pp. 120-52. "The Introduction of American Food-plants into China" *The American Anthropologist*, 1955. "The Loess and the Origin of Chinese Agriculture," *American Historical Review*, 75: 1, 1969, 『黄土与中国農業的起源』香港　中文大学、一九六九、「米洲作物的引進伝播及其対中国糧食生産的影響」大公報復刊三十周年文集　香港　一九七八、六七三～七三一頁。

(23) Chao-ting Chi, *Key Economic Areas in Chinese History*, Shanghai, 1930, NY. Paragon Book Reprint Corp., 1963.

(24) Sen-dou Chang, "Some Aspects of the Urban Geography of the Chinese *Hsien* Capital," *Annales of the Association of American Geographers* 51. 1961. "The Historical Trend of Chinese Urbanization", *AAAG*, 53. 1963.

(25) Sen-dou Chang, "The Morphology of Walled Capitals", in G. William Skinner (ed.), *The City in Late Imperial China*, Stanford, Stanford Univ. Press, 1977, pp. 83-87.

(26) Hans Bielenstein, "The Chinese Colonization of Fukien until the End of T'ang", in *Studia Serica Bernhard*

Karlgren Dedicata (Copenhagen: Ejnar Munksgaard, 1959).

(27) 宮崎市定『五代宋初の通貨問題』星野書店、一九四三。

(28) 清朝の通貨政策を経済史的に叙述した近年の Yeh-Chien Wang, "Evolution of Chinese Monetary System, 1644-1850", in Chiming Hou and Tzong-shien Yu, (co-ed.), *Modern Chinese Economic History*, The Institute of Economics, Academia Sinica, Taipei, 1979. pp. 425-452. 参照。

(29) 加藤繁『支那経済史考証』巻下 東洋文庫、一九五三、三一七～四〇三頁。

(30) 青山定雄「隋唐宋三代に於ける戸数の地域的考察」歴史学研究（旧）六一四、五 一九三六、D. Twitchett, Financial Administration Under the T'ang Dynasty, Cambridge, The Cambridge Univ. Press, 1963. pp. 116-18. も参照。

(31) John D. Durand, "The Population Statistics of China, A. D. 2-1953," *Population Studies*. 13, part 3. 1960.

(32) Robert M. Hartwell, "Demographic, Political, and Social Transformation of China, 750-1550," ***Harvard Journal of Asiatic Studies***, 42: 23 1982.

(33) Michel Cartier et Pierre-Étienne Will, "Démographie et institutions en Chine: Contribution à l'analyse des recensements de l'époque impériale (2 ap. J-C. -1750)," *Annales de Démographie Historique*, 1971. "L'exploitation agricole Chinoise de l'antiquité au XIVe siècle, Évolution d'un Modèle," *Annales Économies, Societés, Civilisations*, 1978, 2 "Nouvelles données sur la démographie Chinoise, à L'époque des Ming (1368-1644)," 1973, 6. "La croissance démographique chinoise du XVIIIe siècle et l'enregistement des *pao-chia*", *Annales de Demographie Historique*, 1979. "Condition technologiques, sociales et politiques de la croissance demographique chinoise," (1984, paper unpublished).

(34) Ts'ui-jung Liu, "Demographic Dynamics of Some Clans in Lower Yangtze Area, ca 1400-1900," *Academia Economic Papers*, 9:1, 1981, "Chinese Genealogies as a source for the Study of historical demography", in *Studies & Essays in Commemoration of the Golden Jubilee of Academia Sinica*, Taipei, 1978. 「明清人口之増殖与遷移—長江中下游地区族譜資料之分析」中央研究院歴史語言研究所・経

済研究所合弁『第二届中国社会経済史検討会論文集』一九八三。"Demographic History of Intraregional and Interregional Economic Change in China, 980-1980" (1984, Paper unpublished).

(35) Ping-ti Ho, "An Estimate of the Total Population of Sung-Chin China", *Études Song in Memoriam Étienne Balazs*, Ser. 1, Mouton & Co., 1970. Zhou Yuanhe, "A Study of China's Population during the Qing Dynasty", *Social Science in China*, 1982:3, James Lee, "The Legacy of Immigration in Southwest China" *Annales de Démographie Historique*, 1982. "Food Supply and Population Growth in Southwest China, 1250-1850", *Journal of Asian Studies*, XLI:4, 1982,「明清時期中国西南的経済発展和人口増長」清史論叢（北京）五輯、一九八四、James Lee and Robert Eng, "Population and Family History in Eighteenth Century Manchuria: Preliminary Results from Daoyi 1774-1798," *Ching-shih wen-ti*, 5:1, 1984, *State and Economy in Southwest China : 1250-1850*. (forthcoming). Paul K. C. Liu & Kuo-shu Hwang, "Population and Economic Development in Mainland China since 1400," in *Modern Chinese Economic History*, (*op.*, *cit.*)Taipei, 1979. pp. 1-14.

(36) 注（31）（32）（33）（34）（35）の論著およびとくに Ping-ti Ho, *Studies on the Population of China* 1368-1953, D. H. Perkins, *Agricultural Development in China, 1368-1968*, Appendix, A. Chinese Population Data, pp. 192-216, Appendix B, Cultivated Acreage Data, pp. 217-240. Yeh-chien Wang *Land Taxation in Imperial China, 1750—1911*. Cambridge Mass. Harvard Univ. Press, 1973, pp. 84-92. R. Hartwell, "Demographic, Political and Social Transformation of China, 750-1550," （前注32）参照。

(37) 青山定雄「唐代の水利工事について」東方学報（東京）一五—一・二　一九四四。

(38) 前注（13）参照。

(39) 唐末以降に漸進的に社会文化、社会組織の統合が進む傾向にあり、政府の社会統制がこれに呼応して柔軟になり、また人口と資源が定率の成長をとげる中で、官僚の規模も行政都市数も相対的に小規模に止まったため、増える行政費に対して行政効率はむしろ時を逐って低下せざるを得ず、地方主義を促し、地方勢力（郷紳、商人）と国との相補関係がむしろ深まる傾向があったという指摘がなされている。John K. Fairbank, Edwin O. Reischauer, Albert M. Craig (co-authored), *East Asia: Tradition and Transformation*, Hughton Mifflin Co., George Allen & Unwin, 1973. pp. 136-143. 167-168, 177-180. 188-195. Denis Twitchett, "Merchant, Trade and Government in Late T'ang", *Asia Major*, 14:1, 1968, Ping-ti Ho, *The Ladder of Success in Imperial China, Aspects of Social Mobility*, 1368-1911, Columbia Univ. Press, 1967, 2nd ed., pp. 53-91. The Fluidity of Status System. Yeh-chien Wang, *Land Taxation in Imperial China, 1750-1911*, (*op. cit*) pp. 52-61. Institutional Weakness, Population Growth and Price Inflation. G. William Skinner, *The City in Late Imperial China*, (*op. cit*) pp. 20-23. に詳述されている。

(40) 譚其驤「上海市大陸部分的海陸変遷和開発過程」文史論叢、一九七四（『長水集』巻下収　人民出版社、一九八七）。黄宣佩、呉貴芳、楊嘉祐「従考古発現上海成陸年代及港口発展」文物　一九七六—五。

(41) 本田治「宋元時代浙東の海塘について」中国水利史研究　九、一九七九。「唐宋時代両浙淮南の海岸線について」『唐・宋時代の行政・経済地図の作製　研究成果報告書』一九八一。

(42) 妹尾達彦「唐代後半期における江淮塩税機関の立地と機能」史学雑誌九一—二　一九八二。

(43) 中国水利史研究会編「水利史研究」各号誌および同会編『佐藤博士還暦記念中国水利史論集』国書刊行会、一九八一。『佐藤博士退官記念中国水利史論叢』国書刊行会、一九八四、森田明『清代水利史研究』亜紀書房、一九七四、長瀬守『宋元水利史研究』国書刊行会、一九八三、吉岡義信『宋代黄河史研究』御茶の水書房、一九七八参照。なお、杜瑜・珠玲玲編『中国歴史地理学論著索引』北京　書目文献出版社、一九八六に、一九〇〇～八〇年間の中国、台湾、日本、香港学者の労作についての索引がある。

(44) 濱島敦俊『明代江南農村社会の研究』東京大学出版会、一九八二。

(45) 川勝守『中国封建国家の支配構造—明清賦役制度史の研究—』東京大学出版会、一九八〇。

(46) 本書一二七頁、注(70)。

(47) Evelyn Sakakida Rawski, *Education and Popular Literacy in Ch'ing China*, Ann Arbor The Univ. of Michigan Press, 1979, David Johnson, Andrew J. Nathan, Evelyn S. Rawski (co-ed), *Popular Culture in Late Imperial China*. Berkeley, Univ. of California Press, 1985.

(48) 李弘祺『宋代教育散論』東昇出版事業公司、一九八〇。

(49) Ping-ti Ho, *The Ladder of Success in Imperial China, Aspects of Social Mobility, 1368-1911.* (*op.,cit*)

(50) 周藤吉之『宋代官僚制と大土地所有』社会構成史体系第二部、東洋社会構成の発展　日本評論社、一九五〇。

(51) Edward Kracke, Jr., *Civil Service in Sung China:960-1067*, Cambridge, Mass., Harvard Univ. Press, 1953. "Family versus Merit in Chinese Civil Examinations under the Empire," *Harvard Journal of Asiatic Studies*, 10, 1947, "Region, Family and Individual in the Chinese Examination System," in *Chinese Thought and Institutions*, ed. by John K. Fairbank, Chicago, Univ. of Chicago Press, 1967, pp. 251-68, "The Examination of Educational Opportunity in the Reign of Hui-tsung of the Sung and Its Implications," *Sung Studies Newsletter*, 13, 1977, pp, 6-30.

(52) John W. Chaffee, *The Thorny Gates of Learning in Sung China*, Cambridge, The University of Cambridge Press, 1985.

(53) 青山定雄「宋代における華北官僚の系譜について」聖心女子大学論叢二一　一九六三、「宋代における華北官僚の系譜について㈡」聖心女子大学論叢二五　一九六五、「宋代における華北官僚の系譜について㈢」中央大学文学部紀要四五　史学科一二　一九六七。「宋代における華北官僚の婚姻関係」『中央大学八十周年記念論文集』収　一九六五、「宋代における江西出身の高官の婚姻関係」聖心女子大学論叢二九　一九六七、「北宋を中心とする士大夫の起家と生活倫理」東洋学報五七―一・二号　一九七六、「宋代における華南官僚の系譜について㈠―特に揚子江流域を中心として―」中央大学文学部紀要　史学科一九　一九七四、「宋代における華南官僚の系譜について㈡―特に揚子江下流域を中心として―」『宇野哲人先生白寿祝賀記念東洋学論叢』一九七四、「五代宋における福建の新興官僚について―特に系譜を中心にして」中央大学文学部紀要　史学科七、「五代宋における江西新興官僚」『和田博士還暦記念東洋史論叢』講談社、一九五一、「宋代における四川官僚の系譜について」『和田博士古稀記念東洋史論叢』講談社、一九六〇。

(54) R. Hartwell, "Demoglaphic, Political and Social Transformations of China, 750-1550", *Harvard Journal of Asiatic Studies*, 42. 1982.

(55) Hilary Beattie, *Land and Lineage in China;A Study of T'ung-ch'eng County, Anhwei, in the Ming and Ch'ing*

Dynasties, Cambridge, Cambridge Univ. Press, 1979.

(56) Robert P. Hymes, *Statesmen and Gentlemen, The Elite of Fu-chou, Chiang-Hsi, in Northern and Southern Sung*, Cambridge, Cambridge Univ. Press, 1986.

(57) 伊原弘「宋代明州における官戸の婚姻関係」中央大学大学院研究年報一　一九七二、「宋代婺州における官戸の婚姻関係」中央大学大学院論究六—一　一九七四、「四川における呉氏の勢力—呉曦の乱前史」『青山博士古稀記念宋代史論叢』省心書房、一九七四、「南宋四川における定居士人—成都府路・梓州路を中心として」東方学五四　一九七七。

(58) 渡辺紘良「宋代福建・浙東社会小論」史潮九七　一九六六、「宋代福建社会の一面—陸棠伝訳注補」独協医科大学教養医学科紀要五、一九八二、「宋代在郷の士大夫について」史潮　新　九　一九八六、「宋代潭州湘潭県の黎氏をめぐって—外邑における新興階層の聴訟—」東洋学報六五—一・二　一九八四。

(59) Ping-ti Ho, *The Ladder of Success in Imperial China* (*op, cit.*).

(60) Hui-chen Liu-Wang, *The Traditional Chinese Clan Rules*, Locust Valley, NY., Augustin, 1959. Hu-hsien Chin, *The Common Descent Group in China and Its Functions*, NY. Viking Fund, 1948. Hugh D. R. Baker, "Extended Kinship in the traditional city," in *The City in Late Imperial China*, ed. by G. W. Skinner, Stanford, 1977. Ping-ti Ho, *The Ladder of Success in Imperial China*, pp. 168-211, W. Rowe, Hankow: Commerce and Society in a Chinese City, 1796-1889, Stanford, Stanford Univ. Press, 1985. pp. 213-251. Tilemann Grimm, "Academies and Urban Systems in Kwangtung, in *The City in Late Imperial China*" (*op. cit*), E. Rawski, *Education and Popular Literacy in Ch'ing China*. (*op.cit*)

(61) G. William Skinner, "Mobility Strategies in Late Imperial China: A Regional Systems Analysis", in Carol A. Smith (ed), Regional Analysis, Academic Press, 1976, vol. I. pp. 327-364 では、人材輸出の移動戦略として、原籍と僑寓地の間を往復する出稼ぎ Sojourning 活動の代表例として官僚出仕者と商人企業家を考え、この社会移動を律する地域組織の構造を説明しており説得的である。

(62) 藤井宏「新安商人の研究」㈠㈡㈢㈣　東洋学報三六—一・二・三・四　一九五三〜五四。江淮論壇編集部編『徽商研究論文集』安徽人民出版社、一九八五年補訂版の中訳も参照。

(63) 西嶋定生『中国経済史研究』東京大学出版会、一九六六年。

(64) 佐藤武敏『中国古代工業史の研究』吉川弘文館、一九六二、『中国古代絹織物史研究』上・下　風間書房、一九七七・七八。

(65) 佐伯富『中国塩政史の研究』法律文化社、一九八七。

(66) 周藤吉之『宋代経済史研究』東京大学出版会、一九六二。

(67) 青山定雄『唐宋時代の交通と地誌・地図の研究』吉川弘文館、一九六三。

(68) 星斌夫『明代漕運の研究』日本学術振興会、一九六三、『明清時代交通史の研究』山川出版社、一九七一。

(69) 波多野善大『中国近代工業史の研究』東洋史研究会、一九六一。

(70) 『中国資本主義萌芽問題討論集』北京　三聯書店、一九五七、『明清社会経済形態的研究』上海人民出版社、一九五七、『明清資本主義萌芽研究論文集』上海　人民出版社、一九八一、鄧拓『論中国歴史的幾個問題』三聯書店、一九六三、厳中平『中国棉紡織史稿』科学出版社、一九五五、呉承明「中国資本主義発展述略」『中華学術論文集』中華書局、一九八一、彭沢益「近代前期手工業的発展」中国史研究　一九八一―一、傅衣凌『明清時代商人及商業資本』北京　人民出版社、一九五六、『明代江南市民経済試採』上海　人民出版社、一九五七。

(71) 何炳棣『中国会館史論』pp. 37—99.

(72) 劉石吉「明清時代江南地区的専業市鎮」上・中・下　食貨月刊復刊八―六・七・八　一九七八、「明清時代江南市鎮之数量分析」思与言一六―二　一九七八「太平天国乱後江南市鎮的発展（一八六五～一九一一）」食貨月刊七―一一　一九七八。

(73) 全漢昇「北宋汴梁的輸出入貿易」『中国経済史論叢』第一冊　香港　新亜研究所、一九七二収載、R. Hartwell, "A Cycle of Economic Change in Imperial China: Coal and Iron in the Northeast China, 750-1350", *Journal of the Economic and Social History of the Orient*, 10:1. 1967., "Markets, Technology, and the Structure of Enterprise in the Development of the Eleventh-Century Chinese Iron and Steel Industry", *Journal of Economic History*, 26, 1966.

(74) 全漢昇「南宋杭州的消費与外地商品之輸入」『中国経済史論叢』第一冊　新亜研究所　一九七二。

(75) 斯波『宋代商業史研究』風間書房、一九六八、一九七九、一五九～一六七頁、二一六、二二八～二三二頁、四二一～四三五頁。古林森広『宋代産業経済史研究』国書刊行会、一九八七、梁庚堯『南宋的農村経済』台北　聯経出版事業公司、二〇一一～二五六頁参照。

(76) 西嶋定生『中国経済史研究』八八二～八九九頁。藤井宏「新安商人の研究」㈠　一二一～三五頁。

(77) Han-sheng Chuan and Richard A. Kraus, Mid-Ch'ing Rice Markets and Trade: An Essay in Price History, Cambridge, Mass., Harvard Univ. Press, 1975 ほか全漢昇教授の『中国経済史論叢』第一冊、第二冊　新亜研究所、一九七二、『中国経済史研究』上・中・下冊　新亜研究所、一九七六に収められた唐、宋、元、明、清代の物価史研究、李龍華教授と共著の「明代中葉後太倉歳出銀両的研究」中文大学中国文化研究所学報六―一　一九七三、Yeh-chien Wang, "The Secular Trend of Prices during the Ch'ing period" 香港中文大学中国研究所学報五―二　一九七三、*Land Taxation in Imperial China, 1750-1911*, pp. 84-107. James Lee, *State and Economy in Southwest China, 1250 to 1850* (forthcoming), 岸本美緒「清代前期江南の米価動向」史学雑誌八七―九　一九七八、「清代前期江南の物価動向」東洋史研究三七―四　一九七九、「康熙年間の穀賤について」東洋文化研究所紀要八九　一九八二。

(78) D. Twitchett, "Merchant, Trade, and Government in Late T'ang", *Asia Major*, 14:1, 1968. R. Hartwell, "A Cycle of Economic Change in Imperial China: Coal and Iron in the Northeast China, 750-1350", *Journal of the Economic and Social History of the Orient*, 10:1, 1967. J. K. Fairbank, E. Reischauer, A. Craig (co-authored), *East Asia, Tradition and Transformation*, pp. 132-143. G. W. Skinner (ed.), *The City in Late Imperial China*, pp. 23-26.

(79) Joseph Needham, *The Grand Titration: Science and Society in East and West*, Lond. 1969. p. 40, 186. Mark Elvin, *The Pattern of the Chinese Past*, (op. cit.).

(80) 前注(76)参照。

(81) 斯波『宋代商業史研究』二七一～二九三頁。

(82) 同上書　二四一～二六九頁。

(83) 周藤吉之『宋代経済史研究』一七五～一九九頁。

(84) Ping-ti Ho, *Studies on the Population of China*, "Early-ripening Rice in Chinese History," *Economic History Review*, 9. 1956-57.

(85) Yeh-chien Wang, *Land Taxation in Imperial China, 1750-1911*. pp. 84-107, pp. 3-8.

(86) 傅衣凌『明清時代商人及商業資本』北京　人民出版社、一九五六。

(87) 宮崎市定「五代史上の軍閥資本家―特に晋陽李氏の場合―」『アジア史研究』第三　東洋史研究会、一九六三、佐伯富『中国塩政史の研究』法律文化社、一九八七、寺田隆信『山西商人の研究―明代における商人および商業資本』東洋史研究会、一九七二、二二一〜二九九頁。

(88) 葉顕恩『明清徽州農村社会与佃僕制』安徽人民出版社、一九八三。

(89) Harriet Zurndorfer, "The *Hsin-an Ta-Tsu Chih* and the Development of Chinese Gentry Society, 800-1600," *T'oung Pao*, 67:3-5, 1981,（江淮論壇編輯部編『徽商研究論文集』一九八五収）。

(90) Douglas C. North & Robert Paul Thomas (co-authored), *The Rise of the Western World: A New Economic History*, Cambridge, Cambridge Univ. Press, 1973. 速水融・穐本洋哉訳『西欧世界の勃興―新しい経済史の試み―』ミネルヴァ書房、一九八〇。

(91) Richard G. Wilkinson, *Poverty and Progress, An Ecological Model of Economic Development*, The Chausser Press, 1973. 齋藤修、安元稔、西川俊作訳『経済発展の生態学―貧困と進歩にかんする新解釈』リブロポート、一九八五。

(92) Ester Boserup, *The Conditions of Agricultural Growth, The Economics of Agrarian Change under Population Pressure*, George Allen & Unwin, 1965, 安沢秀一、安沢みね共訳『農業成長の諸条件―人口圧による農業変化の経済学―』ミネルヴァ書房、一九七五。

(93)『西欧世界の勃興』七四、七八、一〇〇頁。

(94)『農業成長の諸条件』一九三〜一九九頁、六〇頁。

(95) アルバート・O・ハーシュマン、佐々木毅・旦祐介訳『情念の政治経済学』法政大学出版局、一九八五。

(96) 藤井宏「新安商人の研究」㈠ 三五頁、「同」㈣ 五五一〜五五三頁。W. Rowe, "Approaches to Modern Chinese Social History," in Olivier Zunz, *op. cit.* pp, 274-75. *Hankow: Commerce and Society in a Commercial City, 1796-1889*, pp. 134, 228, 274, 359.

(97) 佐伯富『中国塩政史の研究』、寺田隆信『山西商人の研究』。

(98) Ping-ti Ho, The Ladder of Success in Imperial China, pp. 244-254. G. W. Skinner, "Mobility Strategies in Late Imperial China: A Regional Systems Analysis." in Carol Smith(ed.), *op. cit.*, pp. 336-343.

(99) 仁井田陞『中国の社会とギルド』九九〜一〇三頁。

(100) 藤井宏「新安商人の研究」㈣ 一三一〜一三五頁。

(101) W. Rowe, *Hankow, Commerce and Society in a Commer-*

cial City, 1796-1889.

(102) Maurice Freedman, *The Study of Chinese Society: Essays by Maurice Freedman, Selected and Introduced by G. William Skinner*, Stanford, Stanford Univ. Press, 1979. ここに "What Social Science Can Do for Chinese Studies", pp. 398-406, esp. p. 402, pp. 402-403. "A Chinese Phase in Social Anthropology", pp. 380-397. "Sociology in China: A Brief Survey", pp. 374-379.

(103) J. K. Fairbank, E. Reischauer, A. Craig (co-authored), *East Asia: Tradition and Transformation*, Introduction, pp. xv-xx.

(104) G. William Skinner, *Program on East Asian Local Systems*, Center for East Asian Studies, Stanford Univ., 1970, Introduction, 1. Why local system?, 2. The local systems approach. pp. 1-15, "Introduction: Urban Development in Imperial China", in G. W. Skinner (ed.), *The City in Late Imperial China*, pp. 1-5.

(105) 前注(102) "What Social Science Can Do for Chinese Studies", pp. 403, 404.

(106) 前注(102) "A Chinese Phase in Social Anthropology", p. 386. "What Social Science Can Do for Chinese Studies", pp. 399-401.

(107) 前注(102) "What Social Science Can Do for Chinese Studies", pp. 404, 405.

(108) 前注(102) "A Chinese Phase in Social Anthropology", pp. 393-395.

(109) 前注(102) "A Chinese Phase in Social Anthropology", p. 388.

(110) Mary Clabough Wright, "The Social Sciences and the Chinese Historical Record" [Review of Ch'ing Administration by Jonhn King Fairbank and Ssu-yü Teng], *Journal of Asian Studies*, 20:2, pp. 218-21, 1961.

(111) 前注(104) *Program on East Asian Local Systems*. "G. W. Skinner, Chinese History and the Social Sciences," in Albert Feuerwerker (ed.). *Chinese Social and Economic History From the Song to 1900*, Ann Arbor, The Univ. of Michigan, 1982, pp. 11-15.

(112) G. W. Skinner (ed.), *The City in Late Imperial China*, Regional Urbanization in Nineteenth-Century China, pp. 211-212, 219-220, 216.

(113) *ibid.*, p. 216-218. "Introduction: Urban Development in Imperial China", pp. 11-12.

(114) *ibid.*, pp. 217-8.

(115) *ibid.*, p. 216.

(116) *ibid.*, p. 11-12.

(117) *ibid.*, pp. 218-219, 11-17.

(118) *ibid.*, pp. 11-12.

(119) *ibid.*, p. 12.

(120) *ibid.*, pp. 20-21.

(121) *ibid.*, pp. 19-21.

(122) 前注(101)(52)。

(123) 前注(92)(90)(91)。

(124) 柳田節子「宋代土地所有制にみられる二つの型」東洋文化研究所紀要　二九　一九六三。

(125) McDermott, "Charting Blank Spaces and Disputed Regions: The Problem of Sung Land Tenure", *Journal of Asian Studies*, 44:1, 1984.

(126) Peter J. Golas, "Rural China in the Sung", *Journal of Asian Studies*. 39:2. 1980.

(127) **Barbara Sands and Ramon H. Myers, "The Spatial** Approach to Chinese History: A Test," *Journal of Asian Studies*, 45:4, 1986.

(128) D. H. Perkins, *Agricultural Development in China: 1368-1968*, Edinburgh, 1969, pp. 120-123, James Lee, *State and Economy in Southwest China* (in draft) pp. 69-74. 葉顕恩『明清徽州農村社会与佃僕制』一一三～一一四頁。

(129) Skinner 教授の地文地域論への最近の批判として注(127) Barbara Sands and R. H. Myers 教授の批判論文、および Fu-mei chang-chen and R. H. Myers, "Rural Production and Distribution in Late Imperial China" 漢学研究三―一　方志学国際研討会論文専号第一冊　一九八五参照。

(130) 注(127)(129)。

(131) Robert F. Dernberger and Robert M. Hartwell, *The Coterminal Characteristics of Political Units and Economic Regions in China*, Center for Chinese Studies, The Univ. of Michigan, 1983.

(132) *ibid.*

(133) 高谷好一『熱帯デルタの農業発展―メナム・デルタの研究―』創文社、一九八二。「稲作圏の歴史」市村真一編『稲と農民―日本・タイ・インドネシアにおける比較研究―』京都大学東南ア

ジア研究センター　一九七五。『東南アジアの自然と土地利用』勁草書房、一九八五。「タイ稲作の自然構造　第2章　地形と稲作」石井米雄編『タイ国　ひとつの稲作社会』二一五—二三九頁、一九七五。

(134)　陳橋驛「歴史時期紹興地区聚落的形成与発展」地理学報三五—一　一九八〇。

(135)　前注(26)。

(136)　**H. Zurndorfer** 前注(89)。

(137)　天野元之助『中国農業史研究』一九七九、一一五〜一一九、一八四〜二〇一頁。

(138)　斯波「第三章　占城稲をめぐって—デルタ開拓の農学的適応—」渡部忠世、桜井由躬雄編『中国江南の稲作文化』日本放送出版協会、一九八四、一一五〜一七〇頁。

(139)　『全唐文』巻四三〇　李翰撰「蘇州嘉興屯田紀績頌并序。」

(140)　李燾　続資治通鑑長編巻一四三　慶暦三年九月丁卯　范仲淹、富弼等列奏、六日。

(141)　青山定雄、前注(67)三五一〜四〇四頁。

(142)　周藤吉之『中国土地制度史研究』東京大学出版会、一九五四、五一三〜五三五頁。

(143)　斯波『宋代商業史研究』一九七九、一四九〜一五四頁。

(144)　James L. Watson, *Emigration and the Chinese Lineage: The Mans in Hong Kong and London*, Univ. of Calif., Berkeley, 1975, pp. 48-53.

(145)　注(143)。

(補1)　李伯重「我国稲麦復種制産生于唐代長江流域考」農業考古　一九八二年二期、「唐代江南地区粮食畝産量与農戸耕田数」中国社会経済史研究　一九八二年二期、「唐代長江流域農民副業生産的発展」厦門大学学報　一九八二年四期、「唐代長江下游地区農業生産集約程度的提高」中国農史　一九八六年三期、「明清江南水稲生産集約程度的提高」中国農史　一九八四年一期、「桑争稲田与明清江南農業生産集約程度的提高」中国農史　一九八五年一期、「明清江南農業資源的合理利用」農業考古　一九八五年二期、「明清江南種稲農戸生産能力初探」中国農史　一九八六年二期等。

(補2)　Richard Davis, *Court and Family in Sung China, 960-1279, bureaucratic success and kinship fortunes for the Shih of Mingchou*, Duke Univ. Press, 1986.

(補3)　Richard von Glahn, *The Country of Streams and Grottoes*, Harvard University Press, 1987, pp. xviii-xix.

二　宋代社会と長江下流域

1　社会の動態

地域という部分を全体に関らせながら見るために、概略的に宋代社会全般について認められる動態を展望しておこう。宋代は二千年来の中華帝国の歴史のなかで、これを前・後期に二分する分水嶺に当るとされている。この分界を考えるとき官僚制の帝国という枠組みのなかで、農業・商業をはじめ政治・社会・文化の断絶ないし再編が生じたという中国固有の歴史体験は重要な意味をもっている。[1] すなわち西欧世界では、農・商業等の世俗的激変が、封建秩序を結局は崩壊させて新しい社会秩序を導き出したのに対し、中華帝国の官僚制は一連の経済成長にみずからを容易に適応させて、つづく一千年も継続したのである。

こうして中国では、たとえば商業や都市の発達は都市共同体や市民法、商法、近代合理的経営を直接には育てず、それらは時を逐ってすすむなしくずしの世俗成長に委ねられ、[2] その一方で商人身分の目標は士紳層への同化であった。[3] しかし、八～一三世紀の中国における大きな経済成長は、重要な社会と文化の変化をもたらした。一言でいえばそれは純農業文明というよりは「都市化された文明」に固有な多くの特徴を含み、つづく一九世紀までの中国社会を特色づけるものであった。[4] 西欧も中国も共に一九世紀社会の祖型を一二世紀ころに求められ得るが、中国の一二世紀は、西欧がようやく一九世紀に知るようになった社会文化を、萌芽的ではあれ、すでに一二世紀に備えるに至っていたとさえもいえる。この分水界をかりに中世と表現しても、この中世は活力と創造性において西欧史の経験とは異色な、中間の変動期と見てよいであろう。[5]

さて教科書的な次元で宋代の時代性を特色づけると、まずこの時代は長期につづいた「貴族制」社会が超克され、「君主独裁制」社会が確立し、これを支える文治主義を特色とする科挙官僚社会が確立した時期であった。また印刷術、火薬、製鉄技術、造船航海術、農業技術、商業金融技術等の発明の世紀であり、思想、美術、行政において空間への関心が昂揚した地理学の世紀でもあったし、学術、美術工芸の黄金時代でもあった。宋代は世界最初の海上帝国期であり、また個々にいえば、交通革命、農業革命、商業革命、都市革命の生じた時代である。[6]こうした諸革命の規模と深度は、のちの一六世紀、一九世紀の変革にははるかに及ばない初期的な様相を呈しているとはいえ、宋代の変化が後世のそれの「祖型」に当っていることには変りはない。

そこでまず宋代の時代性をつくり出すに与ったと思われる創造的・機能的な局面を見よう。それは要約すれば、より効率的で柔構造を備えた社会と文化が出現したということであり、これには社会制度と世俗的勢力の発展が相補しながら関っている。変革が官僚制の枠内で生じたことはすでに触れたが、官僚機構の改善は、より効率的な集権を社会に供したという点を顧みる必要があろう。通説のごとく宋代が独裁官僚制の一段と進化した時代であることに異論はないが、もともと中国の諸王朝は少なくとも建前上はつねに独裁的であったとみるべきであって、易姓革命の理念を圧殺してきたのであるから、宋代以降のみに格別に比定することは誤解を招く。[7]問題はむしろ効率的な独裁政治の誕生であろう。

宋代の科挙はつねに知識人の支持を得ていたわけではないが、仁宗朝までに主要な骨格が出来上り、官僚の大多数を供給する正途の径路としての諸制度と教科が宋一代に完成し、科挙は定期に実施され定量の及第者を産出した。加えて仁宗から徽宗にかけて、「取士」を「養才」に基づかせる方向で学校教育が振興され教育投資が広がり、これに合せて書院が育った。地方社会に進士、挙人、貢生、講学生、寄居や退居の士人など、官僚制に直接に関る知識層が幅広くかつ数多く滞留して「科挙文化」の基底をつくり、広く才能主義を重んじながらも学才を正途の功業とみなす社会価値の形成に深い影響を与えた。[8] 洪邁の夷堅志などにはその実情が示されている。これは唐代以前と懸絶している。科挙は新人を官界に登用し注入して、支配階級の階級的固定と世襲化を抑止する方向で働いただけでなく、地方社会でも何等かの学位資格や官職保有に応じて階層状に形づくられる社会身分の成層を生ずることで、社会移動の仕組みを柔軟にした。

科挙と教育は宋代からすでに「社会の都市化」と呼応していた。開封や杭州周辺が科挙の及第率の高さを誇ったのは当然であるが、人口が多く、資源が豊かで都市の成長した両浙の諸地方が高い成功率を維持したほか、福建、江西、徽州の如き相対的に資源に劣る辺域でも、人材を資源とみて科挙と教育に対処し成功したのである。[9] 一方、官界の人事や監察でも、梅原教授の近著が示すように、[10] 昇進制の入り組んだ制度が発達し、また転運使、按撫使、提点刑獄使、提挙常平使、その他御史台、走馬承受[11]のごとき中央地方の監察の機構が、明代よりは粗放とはいえ、[12] すでに整っていた。

より集権化した政府の登場はまた、土地所有制や税制の変化と呼応していた。両税法は農業課税の基本単位として人頭税にではなく土地税に重点を置き、徴税手続きも大いに単純化された。政府はもはや農地を富と独立の権力によって私的に蓄える旧勢族の風潮に断乎として立ち向かう必要もなく、土地所有者はこうした格別の権力や勢族に頼らずに財産を守ることができ、この結果、多くの小・中土地所有者が生じ、国は彼らを担税能力ある民としてとらえるようになった。その一方、両税法の下では旧勢族の所領が得ていた免税の特権が維持できなくなったのはもとより、新興官僚の官職に付随する税制優遇措置[13]（優免）にも細かい制限（官戸限田法）が課された。また後述するように、宋一代を通じて土地税の収納額につき宋初に設定された原額が ceiling として働き、しかも査定に参照した想定単位収量は、開墾期の状況を勘案して明代に比べれば大へん低いものであった。土地の打量（丈量）はかなり頻繁に行われたが、その方法はおおむね古来の自実（自己申告）法に従い、推排（官の直接調査）はむしろ少なく、主眼は実面積の査出による増税におかれるよりは、むしろ税率や査定法を調整し負担の極端な不均衡を是正することにあった。[14] この対処が生産性の増大に起因するのか、政策的な方向づけであったのかは明らかでないが、政府はこのいちじるしい辺境運動の時代に生じた私有財産制の伸張に適応する態度を示したといえる。

集権政府の軍事が唐初や明初とちがい募兵制で賄われたことも、農民の生産労働への専念を容易にするものであった。農業基盤の拡大と安定に関る河川改修や灌漑土木工事、常平倉、社倉、義荘への国の関心も、宋代史を特色づけている。またこれと並んで注目されるのは、集権政府の商業に対するより一そう妥協的な姿勢が生じたことである。(15) 農本主義的な財政から転じて、宋初よりすでに商業財源に着目し、商業に課税したほか、塩のごときステイプル商品や鉱産の専売を政府が主導した。明らかに唐末から政府の対商業政策は変化し、それを必要悪として末業視して、きびしい統制の埒内におく態度から転じ、徹底して統制することもまた弾圧することもできなくなった商業をむしろ財源として広く利用する態度を採った。商法や市民憲章を許すことは絶えてなかった反面で、かなり思い切った放任政策が採られ、また鋳貨供給に意を用いてかなりに成功的な貨幣統一を実現させ、ついで比較的に健全な紙幣・信用手段の制度を発展させた。すなわち取引費用 transaction cost の軽減が生じていた。

集権政府が社会にこうして前時代よりは、はるかに効率的な制度的取り決めを供与していた間に、世俗的成長の動き自体がより効率的な社会の構造をつくり出していった。農業土木や品種の技術改良は、製鉄、製陶、製紙そして交通技術の改良とともに確実に生産性と生産総量の改善に寄与したと思われるが、それは人口の自然増とともに当時の辺境運動、人口の地理移動と深く結びついていた。七四二年の全国の戸数は八九七万三六三四戸、一方、一〇八〇年の全国の戸数は一六五六万九八七四戸であるから、(16) 一二世紀半の間に全国では約二倍弱の戸数増を記録しているが、長江の中・下流域と東南海岸では、同期間に三、四倍の戸数増を生じている。いうまでもなく後者の地域の大半は山地であり、また前述のごとく北宋中期ころのいわゆる長江デルタの強湿地は農業粗放区域であった。恐らく南宋までに平均的な人口圧は上昇し、単なる処女地開墾のみでは自然的ないし移住による人口増に対処できる状況ではなくなり、資源の特化、技術改良、そして商業、貿易、都市の成長が過剰人口の吸収に与るようになっていたであろう。

表1　中心地階層の構成と対応関係

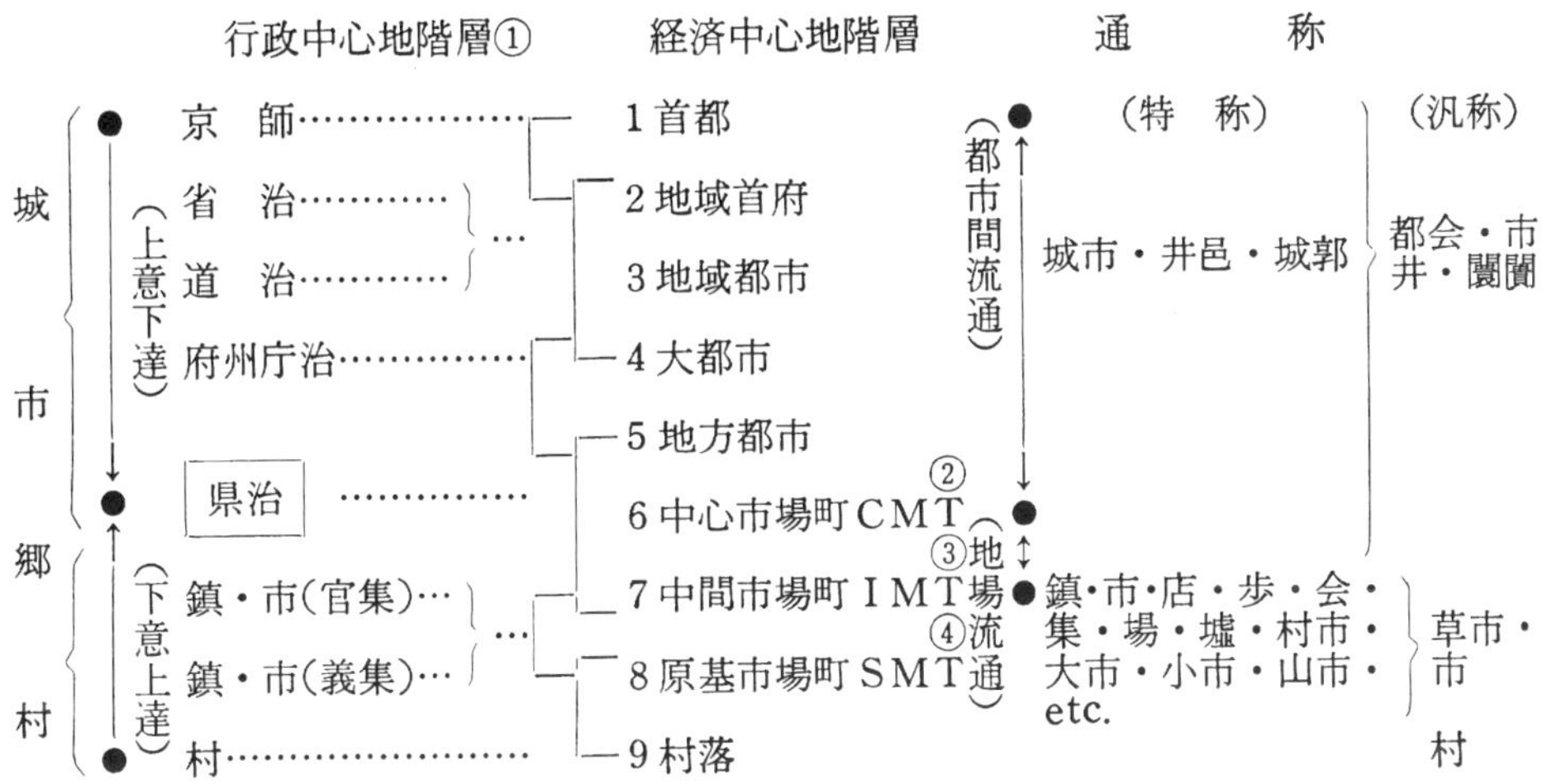

① 清朝の例、宋〜明も基本は同じ。
② Central Market Town.
③ Intermediate Market Town.
④ Standard Market Town.

宋代の定住パターンは、恐らくこうした状況を反映したものか、唐代までとは大きく異なる形態を示している。[17] すなわち、唐までのそれは、

県――村（里）

というかなり単純な様式を想定でき、それは史料や社会制度のあり方とも矛盾しない。すなわち村と県の中間の行政的な地位をもつ小さな田舎町（草市）はかりに萌芽的に存しても例外的であったし、そもそも法令では禁止されていた。一方、宋代の様式はより複雑であり、

県――市（鎮）―村（自然村）

という、本質的に経済的、社会的なランクサイズ序列の様式が現れた。これは、同時に併存していた、

県――郷――里（村）

という純行政的・財政的ランクサイズ（順位・規模分布）序列とは形式上も機能上も全く別のものである。つまり、宋代では行政的な集落序列と社会経済的な集落序列とは、鎮、市の簇生によって各自独立に機能するシステムと化しつつ、県においてこの両系列が合体するに至った。August Lösch 教授の「中心地理論」に拠った G. W. Skinner 教授の都市化論[18]を参照すると、これは上のように整理できる。補足すると、行政中心地階層においては、京師から県そして村に至るまで各ランク集落はその上位集落に対して単系に直属

する形で組織される。一方、経済中心地階層では、一たん(8)原基市場町（SMT）が登場すると、数個から十数個の村はこのSMTの市ごとにブロック化され、またある特定の村はその近隣に幾つかの市をもち、村民はそれぞれの市の市日に合せて取引きに出かけ、逆に市からは休市日に農具修理等のサーヴィスを供する工人等が村にやってくる。こうして村落の生活は自給を破られ、村単位の自給自足は成り立たなくなる。[19]

原基市場町はこうして半自給と化した農業社会生活における最下層位の自己完結的生活圏、社交圏と化する。原基市場町が直属する(7)中間市場町は理論上は地形次第で二つか三つであり、この二～三の複数上下統属の関係は首都に至る各ランク集落単位レヴェルごとにくりかえされるので、[20]経済中心地の階層システムは行政階層に比べるとかなり複雑な蟻継ぎ状の有機構造を示す。これは単に理論上の想定であるけれども、それに近い実態が生ずる実例は本書の後篇の寧波の事例で裏づけられる。要するに市鎮が発達してゆくと、農民の社会生活は行政的な次元の空間組織と経済的次元の空間組織という機能上は乖離した二つのシステムで律せられるようになり、それだけ相対的な自律性が加わり時に一種のアジールをつくり出す。一九世紀における団練や秘密結社の二、三の研究では、こうした下部経済階層が集団行動の受け皿として働いたことを示している。[21]ただし市が簇生すること自体は、購買力が散慢であるために、地方商人と農民が双方とも移動して市に会することでようやく市場が成り立つことを証するまでであり、経済生活が半自給の域に留まっているがための状況なのである。

いずれにしても、宋代の社会の下層部には萌芽的ではあれ、市が目に見えて簇生し、南宋の長江下流域では一県当り二～四の市（鎮）をもつようになった。農村社会にこうした形の商業化が生ずると、需要密度 demand density は当然に高くなり、県、府州、路の治所、首都に至る大・中・小都市は、その繁栄を官吏や軍人の消費や俸給・年金に頼るばかりではなく、より幅広い都市人口の商業的、手工業的需要に対処し、かつ他の都市や農民に商品や手工業製品を給する商業都市に変成してくる。重要な商業都市の成長の事例は枚挙にいとまないが、宋代の長江下流域では蘇州、常州、建康、杭州、越州、湖州が、宋一代の間に、当初の想定をこえる人口の集中のゆえに、一府州治を二負郭県に分割する措置をとっていることも挙げておこう。
また城周の長さから分かる城内面積は、行政ランク相応の威容を示すべく施工されているとともに、実際の人口規模にもほぼ即応していると想定できる。城のサイズを上級（路治）、中級（府州治）、下級（県治）に分けて通時、共時的に比べると、行政、経済因による都市成長の相対的地域動態が分かる。南宋では中級城市の城周は全長一〇里を目安としていたが、長江下流は二〇里前後の中級城が発達し、福建でも「上州」ランクの泉州城は二三里であった。府州、あるいは県単位の空間で、宋代の平均的都市人口率を推定することは資料的な制約があるが、過大、過小の数値を避けて台州臨海県、明州鄞県、楚州塩城県、漳州漳浦県、そして漢陽一軍、撫州一府の事例を採ると、一二〜一三パーセントという、今から一千年も前のこの当時としてはかなり高い数値が得られる。これは、後世ほど農村部の開発も、市鎮網も発達していないために都市への集中がむしろ高く、都市人口を増やしたと解釈しておこう。[22] 一方、商業的に発達した都市では、外来商工業者や労務者の定住化が人口を増やす一因となるが、杭州臨安府に散在する閩・広、江西・徽州人の外郡行祠のほか、徽州人の五通神、閩広人の天后祠が長江下流域に分布していることで、その動態をある程度裏づけることができる（後述）。

ところで、当然ながら、経済的に集約的な ecumenical な地域と行政的なそれとは必ずしも一致しない。梅原郁教授によれば[23]、北宋のとき高級官僚の出鎮ポストに留保された三八大藩、および、中書の特別堂除人事、吏部の一般人事、武臣向けの人事という優劣三項のポスト基準で選定された全土の府州軍の格付けからみると、優良人事の対象となった府州軍は開封の京畿と北方三路それに淮南に分布し、両浙はこれに次ぐ位置にあり、出鎮大藩でみても、長江下流域に入るものは三八府州軍のうち八であった。恐らく淮水以南に領土が退いた南宋では、経済と行政の ecumenical area の乖離はむしろ是正されたに相違なく、この意味では北宋では華北華東に、南宋では華中華南につき社会の行政的な都市化にとって好条件を与えられていたといえる。

以上、宋代の時代性を創り出してきた要因として、効率的な集権のさまざまな社会制度と政策との機能する局面を考え、またこれに呼応する形で生じた世俗的成長、たとえば技術変化、辺境運動、人口成長、定住様式変化、商業・都市のインパクト、社会と文化の都市化を考えた。いずれを主因とするかは一概に論ぜられないが、ともに変革を誘導する機能を備えた要因であったと思える。しかし、経験的に周知のように、これらの潜在的機能因は、ほぼ北宋の中期ごろからさまざまな機能障害に直面するようになった。富と資源、所得の社会的分配はむしろいちじるしい不公平の様相を呈するようになり、後年の一九世紀的な社会的不平等の状況の「祖型」がすでに現れてきた。(24) また集権制の中枢から地方に及ぶ党争という明らかなエリートの地位保全にひびく機能障害が生じ、そしてこの間に、これも一九世紀的状況の祖型をなす「地方主義」への傾斜が生じた。(25)

恐らく宋代史でもっとも十分解決されていない局面の一つは、この機能障害がなぜ生じ、なにに起因を求めるべきか、についてであろう。この問題は変革が官僚制枠組みのなかで生じたこと、官僚制が社会変化に容易に適応できた点、そして空間サイズの負担という点に深く関っているように思われるが、この謎を解くことは容易ではない。ここで一つの示唆を与える見解として、Mark Elvin 博士が試みた巨視的で大胆な推論を紹介しよう。(26) この所論は、中国の政治単位空間の巨大規模と、これに関る経済と技術に注目する。

すなわち政治単位の巨大規模は経済の編成と技術のあり方に正と負の作用を及ぼした。巨大規模であるがゆえに、文明を成り立たせている資源は質量ともにすぐれ、また利用可能な技術要素の動員もまた容易である。さて文明の持続と均衡に貢献した基本要素は、経済の生産性、総生産量（軍事防衛力と官僚行政を生み出す余剰の産出力）、そして社会組織、行政組織、経済・軍事を含めた広義の技術水準である。生態的巨大規模に加えて右の三要素のいずれか、ないしすべてが隣国より優越すれば、最初の拡大（秦漢帝国）が生ずる。

巨大な政治単位の内部では、漢字文化およびその弘布に寄与した識字エリートが育ち、そこに特色あるイデオロギーが生じて文明の統合を助けた。単位収量が他文明に比べて相対的に高い農業から、自給を上廻る余剰が生じ、軍制や行政が早くから発達した。その官僚制は総人口規模に比べて小規模であったが効率的に組織されており、軍制でも軍事技術にすぐれ、規律が維持される限り帝国の復元や拡張を助け、かつ生産資源への圧力を成功的に緩めた時期が何度かある。宋代や明代のように軍事の劣勢が生じた時期でも、辺境補給のすぐれた組織をもてば平和を保てたのである。

巨大規模の負の効果といえば、すぐれた技術が広い国境から容易に流出したほか、サイズ自体が国の負担を重くしたことである。隣国は中国のすぐれた製鉄、火器、印刷、中国的行政の諸技術をいち早く習熟した。また帝国内の複雑な地形に制約されてコストが高く、効率に限りのある交通、そして内地にあまた存する開発途上で過疎の潜在コロニーの存在は行政費や軍事費に重い負担を及ぼす。こうして正（プラス）と負（マイナス）の効用を合せもつ巨大単位は、内部から上述した基幹要素について自己改良をつづけない限り、国境外で成長してゆく隣国を抑えることができない。

ために帝国は既得の経済および技術の水準が示す潜在成長の平衡的臨界点まで成長することが可能である反面、この臨界点の許す水準に成長が近づいてゆくと、内部の社会制度は恒常的な緊迫の状態を呈するようになる。失政や大軍役が生ずれば、軍事費や行政費の捻出が必要となり、その合理性を欠けば苛税を生じ、社会変革は必須となる。

Elvin 博士はこの構想を「高位平衡のわな」High-level Equilibrium Trap という仮説に整理した(27)。そして清半ばまでの中国は、再三の危機にもかかわらず、基本的な経済・技術要素の一部かすべてにつき大小の改良をとげ、巨大規模から導かれる優越を守ったと見ている。宋代の変化（大きな改良）をこの解釈に沿って考えてみると、九七九年に江南の諸王国と北漢王国を合せて統一した宋朝は、華中以南に温存された富、資源、そしてさまざまな形の技術を掌握できた。科挙と集権的な官僚制度は組織技術の改良を経て運用は容易となり、政権の農業基盤は拡大し、世俗的な技術改良が多岐に出現し、潜在成長の臨界点は高い水準に改変された。

既知の事実によっても、宋代では前代に比べて、農業その他の生産量が増大し、一方で生産人口も激増していた。生産と消費が相殺し合う自給臨界線の状況をたとえば主穀の生産、消費からみると、局地的に甚だしい隔差はあるものの、全体として余剰を生じつつあったことは確かである。唐半ば以後の江淮地方から北送される年間の漕米は、一〇〇ないし二〇〇万石の間であったが(28)、かりに最大限の二〇〇万石を採ってメートル法で量ると、一一万八八八〇キロリットルである。一方、一〇〇七年から北宋一代を通じて北送された江淮の漕米は六〇〇万石前後であり、現今の五六万九二八〇キロリットルに当る。因に明が一四一五年に大運河の改修を終えた直後、江淮の北送する漕米は明量で一五〇万石で[29]、二五万五五〇〇キロリットルに当り、やがて四〇〇万石、すなわち六八万キロリットルに達し[30]、この額がほぼ明代から清半ばまでに踏襲され清代の漕額も四〇〇万石であった[31]。唐と宋の比は四倍弱の増、宋と明の比は約一・二倍である。明代に漕糧額が余り改善されなかったのは不可解であるが、明初の宋よりも高い単位収量、徴税法の整備改善を思い合せると、輸送費用の改善にいちじるしい進化がなかったためではないかと思われる。

興味深いことに、長江下流域の上質米は市販ルートで華東、華北の都市へ流れていたほか[32]、銭塘江流域、東南海岸地域ことに福建の海岸部から東南アジアに海上輸送の船団を介して定常的に供給されるようになった[33]。一船当り二～三〇〇〇石単位であるが（約七～一四噸）、福建では長江下流と嶺南産米の供給が恒常化して作物パターンが一変し、砂糖、醸造、果樹、麻布、陶磁、砂鉄が特産化したのであるから、この主穀の流通は余剰生産の大量恒常的な商品化であり、輸送量は莫大であった。その一方、江西、湖南北の秈米（占城稲系）、粳米（うるち米）は長江を下って下流域の都市の主穀を補給していた。

こうして、恐らくまだ不安定さを伴ったであろうが、主穀の余剰と商品化は明らかな事実であった。むしろより重要なことは、宋代には目に見えて、当時に生じた新しい土木、農学技術を適用できる粗放耕地が広域規模において散在し、かつ政府の徴税態度は明初ほどきびしいものではなかった。改善された技術と、まだかなり粗放な農業が並立していたとすると、一般に宋代の生産増とされている経済変化に直接に寄与していたのは、人口の自然増、移住に伴う労力供給にかかっていたであろう。従って当時の潜在的生産性の ceiling は後世に比すればよほど高く、他の社会制度の改変たとえば市制の崩壊、私有財産制の成長、貨幣、信用制度の改善、市鎮システムの興起、そして科挙に随伴する社会移動の促進、とともに社会の fluidity の高揚に作用していた。

ところで、およそ一一世紀の仁宗期に発端し、王安石、朱熹らの集権政府の官僚が社会病理として捉えた社会の機能障害の一つの要因は、むしろこの人口増そのものにあり、またこれに対処した官僚制自体に硬直のきざしが生じたことに関っていると筆者は考える。華中華南の大規模な辺境運動の初期に当る宋代では、自然増と植民定住、そして改善された技術要素によって、人口成長の歩調は前代よりは明らかに高かった。本質的に農業的な社会では、人口増は税源をある臨界点まではふくらませる。しかし人口増がその臨界点をすぎると、限られた土地資源から生ずる生産増を超えてしまい、それだけ政府の手に帰する余剰は減る。

のちに長江下流域の秋苗負担の比較を論ずるのであるが、この地域内で秋苗負担額が二〇万石～三〇万石と高く査定されている府州は、紹興・嘉興・蘇・常州である。嘉興東部と蘇州東部の強湿の低地の開墾はまだ粗放であり、このためか、蘇州の税額は宋初から直前に七二万石の査定を受けたらしいが、[34] 宋一代を通じてつねに三〇万石台を負担していた。紹興・嘉興・常州の宋代の主要な耕地は微高地か上部デルタにあり、蘇州の三〇万石を負担した農地も安定した非低湿田に在ったと見られる。一方、山地の丘陵につくられた梯田、仏座田、承天田と呼ばれる労働効率の悪い水田が多かった浙東、江西、福建、徽州等の山間部では、人口過剰は至る処で慢性化し、人身売買や嬭子（間引き）がすでに北宋から生じていた。[補1]

土地・労働力比率の悪化は地文条件に左右されただけでなく、周藤吉之教授ら宋代の研究者がつとに正しくも指摘しているように、大土地所有制が宋初から急成長し、[35] 資源、富、所得の分配がきわめて不均衡であり、ために五～七畝から一〇畝、豊かな地方でも平均して二〇～三〇畝を経営規模とする中・小農民が税役負担者の八～九割を占め、[36] 当然に税収の増加を妨げていた。耕地供給の窮乏によって多数の農民は専業の佃戸、兼業の佃戸、雇用人、季節労働者、或は農間副業、船戸、船夫、水陸の力役、負販、工匠、商人、奴僕と、多彩に分解せざるをえず、たとえば南宋末の嘉興府魏塘鎮（のちの嘉善）周辺の農民は、平均三〇畝ほどの経営規模の佃戸が大多数をなしていた。[37] 要するに、税負担は小農民に転嫁されるが、この小農民は財源として最小の部分であった。地主所有がふえるに比例して、国の収入はかえって減少する傾きとなった。[38]

ところで、この王朝財政の存立に決定的に関る資源、所得配分の甚だしい不均衡という重大問題に直面して、集権政府は決して無

表2　長江下流域，宋〜明初の秋苗額の比較

	1393年		宋	
太平州	46,290(石)	(7,869kℓ)		
蘇州	2,746,990	(466,988)	349,009(石)	(33,114kℓ)
松江府	1,112,400	(189,108)	300,000	(28,464)
嘉興府	545,895	(92,802)		
揚州	153,490	(26,093)		
鎮江府	243,150	(41,336)	115,636	(10,972)
常州	537,515	(90,100?)	340,000	(32,259)
江寧府	320,616	(54,505)	207,712	(19,708)
杭州	253,857	(43,156)	132,714	(12,592)
湖州	597,327	(101,545)	50,000	(4,744)
池州	111,945	(19,031)		
宣州	182,050	(30,949)		
広徳府	24,500	(4,165)		
徽州	116,654	(19,831)	159,643	(15,147)
婺州	173,863	(29,557)	133,210	(12,639)
舒州	112,158	(19,067)		
和州	3,959	(673)		
紹興府	112,582	(19,538)	250,265	(23,745)

為無策であったのではない。北宋の中期と末期、南宋の初・中・末期に切実となった軍事脅威と軍事財政需要の圧迫の下で、方田均税法から経界法、そして南宋末の公田法に至る、一連の「均田」政策が立案し施行された[39]。長江下流域地方に「均田」が実施され始めるのは北宋末であるが、南宋では李椿年、王鉄、朱熹の経界法が周到な立案と人材の登用を伴って断続的かつ広汎に、地方ごとに実施された。保甲機構を動員し、都保正に田主・佃戸を集合させ、田主の申告を監視させながら、一〇戸ごとに一甲を結ばせ、各戸ごとに田産の各坵の四至、畝角、地目、土色、坐落の位置、負担する各項の税額を記録し、砧基簿の草図、正図をつくり、のちには結甲冊、戸産簿、丁口簿、魚鱗冊、類姓簿を編成するようになった。すなわち明初の黄冊、魚鱗冊の制につながり、それに一歩ずつ近づく努力が時を逐って積み重ねられていたことは確実である[40]。

しかし明初とは甚だしく異なり、しかも一見不可解であるのは、宋代の均田(均税)は直接増税につながっていない点である。いま、宋代の長江下流域諸州府の秋苗の最高額を一三九三年の明のそれと対照させると上表の如くである[41]。

すなわち明初の税糧査定においては、土地丈量の努力と増税の努

力とが符節を合せていた。百年近くの外民族の支配から中国を解放し、再び漢族の王朝を統合したという特別の事情が、中国史ではむしろ例外ともいうべき、王朝創立直後からの増税と直接的丈量を明政府に許したのではないかと思われる。

一方、宋初の状況は大いに違っていた。九六〇年の中原統一の翌年、宋朝は民田を検括し、戸口編審にも着手する。[42] ついで九七八年の呉越の降伏とともに江南を含めた全土統一は、北漢を除き、完結に近づく。しかしここで宋朝政府が採った租税原則は、[43] 丈量については秦の始皇以来伝統化していた自実（自己申告）主義、[44] 手続き上も漢以来の伝統に従う量入制出であった。[45] 一〇〇七年の江淮上供漕米の「原額」定立は、[46] 少なくとも対象地域については、徴税額の最上限を示しこれを以後も固定させることを意味し、事実その通りであった。「軽徭薄賦」[47] の伝統原則に従ったものといえよう。推排すなわち政府自らの直接強制的丈量は時に用いられることがあったとはいえ、基本的な均田政策の断続施行のなかでは、自実原則が主流を占め、増税ではなく、税率の操作とより厳密な申告に立って納税単位を確定し、不均衡を是正することに主眼がおかれた。宋一代の耕地統計はこの意味で実面積ではなく、納税単位の集計にほかならない。[48]

さて秋税について早期に「原額」が建てられ、その収納のほとんどが現物でなされると、その後の経済成長、物価騰貴のなかで、物価にスライドしない穀物税収益の実質価値は低下する。この意味でこの税制は当初から硬直している。税の収益が固定し時とともに価値が漸減すれば、俸給体系を通じて連動している一般行政、軍事行政もサイズと運営の双方で硬直の影響を受ける。その一方で人口増と経済の複合化が進めば、少なくとも徴税と治安に限ってみても、行政費は確実に増える傾きにあった。明代や清代でもこの種の財政の「原額」原則に妨げられて、行政、軍事、財政機構の規模と運用が硬直するに至り、胥吏問題、裏返せば官僚スタッフの過少配置・過少給与という難問をかかえ、結局、間接税収益と付加税増徴に解決を見出してゆくが、[49] 宋朝もほぼ同様であった。ただし宋代では、当初から北辺の軍事脅威が緊迫しており、五代以来発生していた隔地商業を巧みに利用した辺餉が、明や清よりも大きな規模で実施された。とくに宋初の一〇〇年間、北辺の大軍政地（北辺三路）での商人活動については、政府の態度はきわめて商業に妥協的であったから、都市間取引にまつわる社会の商業化は急歩調で進み、富の不平等な配分という機能障害に拍車をかけたように思われる。

以上の機能障害因のほかにも、農業的官僚国家で官僚や胥吏層が一定の臨界水準に達すると惰性の法則、社会引力が働き、調整や支配の能力がむしろ下降に向かうという傾向性[50]にも注目すべきであろう。サイズが膨脹すれば構造は分化し、また機構の増大につれて頂上部から下される行為の統制は弱くなり、行為間の調整も弱まり、要するに官僚層の限界費用が規模を超えるようになるといわれる。そして変革が官僚制の枠内で生じつづける限り、真に抜本的な改良に到達することは容易でなかったはずである。

以上の制度的、世俗的変化の動態は全土レヴェルでも生じたが、各地域についてもその発達状況に応じてさまざまな影響を及ぼしていた。ゆえに長江下流域の変化を見るときにも、右に挙げた事項を参照枠として、宋代三〇〇余年をより細かな周期循環として考察するのが適切であろう。

2　時間・空間の区分

地域史の手法を採って、観察の焦点を特定の空間に絞る目的は、前に述べたように、社会内比較、社会間比較に供するための精細で具体的なデータ・事実を得て、個と全体との関係、その変遷を有機的に摑むことにある。この目的に沿うためには、空間全体については少なくとも中心域と辺域という亜地域の区分が必要であろうし、観察の時間帯全体については、たとえば上昇、平衡、下降などの周期的循環の時期単位を併せ用いる必要がある。一例を指摘すると、宋代は王朝全体、国土全体としては発展、成長期と性格づけられようが、陝西は唐末以来の下降からの回復が甚だ緩慢であり、河北、山東でも上昇、下降の振幅が大きく、四川は関中よりも長江沿流地方との結びつきが強くなり、地域内の偏差も大きかった。

宋朝三二〇年は王朝史という政治循環のサイクルであり、便宜的に分けて北宋朝一六八年、南宋朝一五三年と二期に区分される。マクロの政治史については創業・中興・衰亡の三時期区分で説明できるかもしれないが、長江下流地域に即した観察のためには、宋代全体史にも通じ、かつ長江下流域史にも通ずる独自の時間経過の区分を立てるべきであろう。社会の歴史的変化に関る内生因を併せ考え、具体的には、政変、外交、平和、争乱、農業開発事情、戸口版籍の状況、課税負担の状況、法制措置の経過、特殊長江下流の諸変化について、重要な指標を抽出して年表化すれば、一応の時期区分の参照枠が得られるはずである。研究の現水準の下では、到底満足のゆくこうした年表をつくりだすことはできないが、しかし若干のデータはすでに知られている。

和田清編『宋史食貨志訳註』㈠（東洋文庫、一九六〇）では、周藤教授が農田・方田・賦税・布帛を、斯波が和糴を、青山教授が漕運を分担して、基礎事実と資料源を明示しているし、三名とも右の訳註を敷衍した個別研究を試みている。役法と郷村制については周藤吉之[51]、柳田節子[52]教授の体系的研究がある。財政全般については曾我部静雄[53]、日野開三郎[54]教授の研究が、塩法・茶法については佐伯富[55]、戴裔煊[56]、河上光一[57]、吉田寅[58]、幸徹[59]教授の研究がある。戸口・田土・田賦統計については、梁方仲教授『中国歴代戸口・田地・田賦統計』（上海人民出版社、一九八〇）が利用できる。主として右の『宋史食貨志訳註』㈠と宋史巻一～四七　本紀に拠り、関連する既得の知識を参照し、筆者独自の判断で宋代の長江下流域史を時期区分すると、暫定的につぎの五つの時期が考えられ、さらに参照時期として南宋滅亡後の元、および明初（北京遷都一四二一まで）を加えることができる。すなわち、

第一期　九六〇～一〇三〇年代（前期九六〇～九七八呉越平定まで、後期九七九～一〇三〇年代）フロンティア状況期

第二期　一〇三〇年代～一〇六〇年代　上昇始動期

第三期　一〇六〇年代～一一二七　上昇期

第四期　一一二七～一二〇六　実質成長期

第五期　一二〇七～一二七九　下降始動期
第六期　一二七九～一三六七　下降期
第七期　一三六八～一四二一　上昇始動期

である。なお右の区分の目安に政変や制度枠組みの変化を多く参照しているのは、統計資料が乏しくかつ不確実なためである。しかし集権制の下での地域の開発と成長を考えるに当って、集権制の効率の強弱や制度取り決めの変化は、社会経済を左右する大きな要素であるので、政治・制度の変化から状況を読むことは許されてよいであろう。

第一期　九六〇～一〇三〇年代の約七〇年（前期九六〇～九七八、後期九七九～一〇三〇年代）

このうち、九七八年の呉越国平定を以て前後期を分けたのは、宋王朝の統一的施策が長江下流域に及んだ時期の前後を考えている。この前期の間、呉越国は杭州に都し、南唐国は金陵（江寧）に都し、ために地域は政治・経済的に二つのブロックに分断されていた。呉越は蘇州に営田軍四都、七～八〇〇〇人を屯し、兵卒をもって常熟・崑山方面の粗放農地干拓をすすめ、開荒地に税を加えなかったが、蘇州の税籍は七〇万石ほどであったらしく、荒田開発をすすめる一方で、既耕地に高率課税を及ぼしていたようである。また海上貿易を握り、市鎮を多設し、商税・身丁銭米・沿徴を課すなど、流通税収益を重んじていた。南唐は淮南の塩場や農地を宋に奪われ、領内各州では呉の池州団練使陶雅の酷政を承けて高率の農業課税を行っていたが、収益源として茶、絹、綿、木材、紙、鉱物など山村資源の開発を重んじていたようである。

この間、江北を掌握した宋朝は集権統一王朝にふさわしい重要な施策を順次定立していた。九六一年に周顕徳二年勧課令を準用し九六三年以後、毎年歳首に勧課を布告し、九六一年には官吏を厳選して領内で均田（田土保有不公平の是正）・度田（田土登記）を命じ、民の自実申告を促し、九六六年には見墾田を見佃額として認め、財産制を保証し、九七四～五年には墾田二九五万三三二〇頃を登記している。戸口版籍については、九六〇年に周広順三年[九五三]勅を準用して県の戸口等級を定め、戸数約九七万を抑え、九六二年には県令に戸口招増の考課を課している。行財政の規模、運営の核となる県を掌握したものと思われ、九七六年には主客戸約三〇〇万を登記した。また九七一年に形勢版簿を設け、官僚、胥吏から郷村の重役戸に免役を以て庶民から優待区別する措置をとった。

前期には課税は軽徭簿賦の原則に従い、定制は未定であった。九六二年、戸役を均定、翌年、県吏の会州（督促）を禁じ、九六四年から民租課利の漕運が始まり、九七二年、江淮稲米数十万石の北送が行われた。この間、九六一年の竊盗律、私錬律、私貨易塩律、私貨造酒麴律、翌年の藩鎮の専殺権の否定と中央への回収、雇傭人法の先駆となった随身・女僕の主人財竊盗律が行われ、法の整備がすすんだ。

長江以南の地への対策としては、九六四年に江北折博務を設け、渡江の禁を布告し、蘄口等に権茶をし、九五四年には淮南に権茶を広げ、九七七年には江南の茶塩の利を検討している。九七一年には広州市舶使を設け、また九六八、九七三年には銅銭の出界、出海を禁じて江南を封鎖し、九七七年には江南に銅禁（銅専売）を及ぼし、南唐平定のゆえに銅銭の渡江を許した。要するに前期には宋朝側で勧課を通じての土地供給、均田・度田による財産制の保証、通貨統制、集権的法制の施行がすすむ中で、長江下流域は政治・経済的に孤立分断、高率課税の状況にあり、山村資源や貿易の振興は存したものの、農業開発は唐末からつづいていたフロンティアの景況にあったと見られる。この間九六三年、荆南・湖南の平定、九六五年、孟蜀の平定、九七一年、広南の平定、九七五年、南唐の平定、九七八年、閩南の陳洪進の平定、呉越の平定が成り、版籍戸口が宋に帰した。

後期の九七九～一〇三〇年代は、宋朝の中央にとっても、また長江下流域にとっても重要な岐路の時期であったが、中央の直接の関心は北辺と中原にあった。九七九年、高粱河、九八六年、岐溝関で宋軍を敗った契丹に対し、宋は一〇〇五年の澶淵の盟の外交政略によって辺事を小康に導き、河北・河東・陝西の北辺三路に盛期で七〇～八〇万の禁軍・廂軍を常駐させて守備する態勢を固めた。時に田制、税制とも未確立であったが、先決課題は北辺三路の軍隊・官僚への辺餉補給であった。政府はこの解決を新たに収復した長江以南を含めた東南六路（両浙・江東西・湖南北・淮南に当る。但し天下一五路の画定は九九七年）の資源を課税や専売を通じて収め、北送することに求めた。端的にいえば収復された江南は、辺餉（北境と京師の補給）のための内地コロニーと化したのである。補給の方式は六路の両税上供収益を京師、さらには北辺へ漕運すること、および入中すなわち商人を招いて北辺に穀物等軍需品、銅銭・金・銀を補給させ、対価として東南旧王国の銅銭、東南の茶塩、東南の市舶司で買付けた香薬を優待して支給すること、が採られ、この入中については、九九五年から一〇五五年頃（見銭和糴法まで）にかけて、三説法・四説法という辺餉法が東南の茶法、塩法、京師の権貨務、便銭務、沿岸の市舶司の設置と呼応して大々的に行われ、その規模は明代初期の辺餉をはるかに超えていた。ちなみに、九七七年に置かれた権易局は、香薬権易院と改められ、一〇〇九年に権貨務に編入され、九九九年には杭、明州に市舶務が置かれた。また九八九年に京師折中倉が設けられて江淮の茶塩を商人に給している。

六路上供米の漕運については、九八三年に京師に水陸発運使が置かれてのち、九九四年に江淮両浙発運使が専置され、一〇〇七年に毎歳の東南六路上供米の漕額を約六〇〇万石と定め、この原額が宋一代を通じての東南六路上供米の祖額として固定した。これに先き立ち、九八〇年には新しく収復した江南地方の二税の均定が行われるとともに、畝収をほぼ一畝当り一石とみて、畝収の一〇分の一から三〇分の一という思い切った「軽徭薄賦」策が及ぼされた。蘇州一府の秋苗祖額が旧石刻に刻された七〇万石から三四万石に半減し固定したことは、この薄賦策の一例証であろう。当時は旧江南王国の版籍を収めたのみで、税率切り下げを伴う二税均定を行う一方で、新規の丈量が行われた形跡はない。

九九五年、全土に二税版籍式を分かち、翌年田土上中下三品の制を立て、これに応じたものか長江下流域を含む祥符図経が一〇一〇年李宗諤の手で編まれているし、一〇〇七年には景徳会計録という全国レヴェルの財政説明書が初めて編まれ、財政の基礎は建国四〇余年にしてようやく整備に一歩を進めた。しかし文献通考巻四　歴代田賦の制一〇二一年の条にいう「田制立たず、甽畝転易し、丁口隠漏し、兼并偽冒して未だ嘗て考按せず、故に賦入の利、前代に視べて薄しと為す」という指摘が実情を反映しているようである。すなわち当時の農政の基調は開荒、勧種勧農と戸口招増にあった。

九八〇～八九の統計（梁方仲）によると、江南を併せた総戸数は六五〇万弱と九七六年の二倍強に達し、一〇〇九年には州県戸口招増条令が強められている。九八二～四年には農師がおかれ、九九一年に初置された提点刑獄使は、一〇二〇年、勧農使（一〇〇六設）を兼摂した。九八五年、江南の饑民の渡江自占を許し、九九三年に江南・両浙で諸穀を勧課、江北に秔稲を勧種、九九五年には広く開荒請佃の令を布告し、一〇〇〇年には京畿に均田使を派遣し、一〇〇五年に淮・楚の踏犁を河北に給し、一〇〇五年には景徳農田勅を分かった。この動きの中で一〇一二年、淮南・両浙に占城稲種を勧種させた事件は、その後の占城稲を媒介とした長江下流域の農業開発史からみて特筆に値する。ともかく、後期には新収の江南、既収の江北で開荒・勧種をすすめたほか、一〇三四年、河北・山東でも勧課を促し、一〇二一年の墾田数五二四万七五八四頃は、九七四、五年次の一・七倍となった。

しかし、開荒田は屯田・営田による場合でも勢豪の占田を生むし、暫くは荒税の対象となるために税収の直接の増加には響かない。東南六路は一〇〇七年の原額によって少なくとも秋苗の収益は固定された。北方の諸路が原額による収税上限の固定を受けたか否か定かではないが、辺餉に充当できる上供穀物は各路とも需要の三～五割を充たす程度であったし、行政の重点が京畿を含む北方に偏していたことを考えると、行政費の負担率は北方諸路においてむしろ高かったはずである。すなわちこの図式のなかで、税収益上の矛盾が強く表明されたのは主として京畿を含む北方諸路においてであろう。

九八〇年に九等戸法が採られるが、九八六年、李覚が荒田がなお多く、畉土が富者に占有される一方で耕作者の経営が零細化し、土地・労力配分の不均が生じていることを警告し、一〇一九年、勧農使は諸路の租銭に欺隠が多いと指摘し、宋史食貨志　農田では一〇三三年頃、勢官・富姓の占田が無限であると述べている。こうして一〇二二年、初めて臣僚（官戸）の荘田三〇頃、将吏衙前の荘田一五頃に限るという、前漢の制による私田の保有上限を限る官戸限田の制が施された。開荒・勧課がすすめられる中で生じた占田放任に臨界が見えてきた転機ともいえる。これに符節を合せて、一〇三二年、五等丁産簿の定制が導入され、通考のいう「田制不立」、李覚らのいう「賦役未均」を脱して税源の確定と確保に向かう努力が生じてきた。

法制分野では九八五年に両浙・江南・淮南で刑獄を按問し、治安・司法の秩序を立て、九九一年、提刑使が置かれて司法を監督し、のち勧農使を兼摂した。九八九、一〇〇三年には雇傭人法を改訂して、制裁はすべて国法に拠らせ、一〇一九年には主人が雇傭人を殴殺したとき、旧部曲法に一等を加えるとした。部曲がすでに消滅した当時に、私債、典質等で生じた雇傭人を良民の下層に位置づける措置である。[60] このほか一〇〇六年に常平倉が設けられたことは、饑荒に際しての緊急支出の制を一応恒常化したものである。

以上のごとく、第一期では、国初からの開荒、勧課と見佃の保証を軸とする農業振興、土地供給が全国的に推進される中で、澶淵の盟前後から、課税財源の登記、収益確保へのステップがようやく生じてくる。この全国景況のなかで、呉越併合をもって一八年おくれて宋の領土に入った長江下流域ほか江南の景況は、全体の動きとは明らかなズレを伴っていた。まず統一とともに大幅な税率の引き下げを受け、まもなく辺餉に絡んで東南上供米六〇〇万石の歳漕の原額が定立して農業上の軽税が据置かれ、この六〇〇万石の維持のため、東南で合計二〇〇万石の和糴が毎年行われた。漕運のため大運河の水路が整備され、転般倉が置かれ、民船も活用された。官運に付随して商船の往来も活発になるが、辺餉の下で、一たん没収された東南の緡銭が還流したほか、淮南の茶塩、市舶司の収買した香薬は広い市場を獲得した。

こうして農業課税が優遇され、特産品の市場も開けてゆくなかで、開荒・営農は有利な条件にあったと思われる。ついで一〇一二年に占城稲が導入されるが、占城稲は課税対象ではないだけに開墾をすすめ、農業を安定する上で貢献した。明州の広徳湖では九九一年頃から盗湖がさかんとなり、一一三二年には湖田五七五頃が造成された。こうした開拓は勢豪の占田によるものであろう。蘇州崑山では、呉越平定ののち地曠人稀の状況が訪れ、仁宗期まで占田は無限で、四至、涇瀆を指して界をなす粗放状態であった（後述）。さらに併合のおくれた江南全体から出身する進士数は、一〇二〇年まで全数の三〇%であったことを見ても、[61] 土着の官職保有者が田土を包占する勢いは、仁宗朝までは限られていたであろう。要するに、第一期の長江下流域は、前代からつづくフロンティア状況の延長に立ちつつ、稲作農業の品種改良の効果で耕地が拓けつつあったといえる。

第二期　一〇三〇年代～一〇六〇年代

第二期で重要な政治事件は一〇四〇年の西夏戦争と一〇四四年の和議、四三年、慶暦の政治改革、そして神宗朝初期の王安石の諸改革である。この間、一〇二一～六三年で計ると全土南北の進士数が各五〇%に拮抗し、南方の政治発言権が拡大した。なお北宋中、計一〇〇人以上の進士を出した長江下流域の府州は、常州四九八、衢州二五〇、湖州二四二、蘇州二一三、杭州一六五、徽州一五五、紹興一五三、鎮江一三七、明州一二七、厳州一二四と並ぶ（参照、饒州三一九、吉州二六六、建州八〇九、福州五五〇、興化軍四六八、泉州三四四である）[62]。長江下流の低地はまだ人文の淵藪ではなかった。

一〇五〇年皇祐会計録、一〇六七年治平会計録が成るが、後者の墾田統計は四四〇万余頃で、一〇七八、九年の四六一万余頃と大差がない。宋史食貨志巻一七三　農田には治平録の撰者の言として、「賦租収入から墾田数を逆算したもの（田畝数は実面積でなく、課税単位とみなし集計したという意味）で、しかも賦税を加えていない田土が七割もあるので、天下の墾田は三千余万頃に相違ない」、と述べている。誇張かもしれないが、開墾がすすむなかで、荒税の対象地、あるいは勢官、寺観への投献などの手段で税役を免れた耕地が莫大であったらしいことが分かる。一〇四一年には天下の人戸が貧富に分解し、四、五等戸が九割に達すると言及しているのも、税籍の乱れを示しているようである。

一〇四三年、蔡州で方田法を行い、自実をかりにやめて官が方量し、土色の等級で課税して無地の租、無租の地を除いた。ついで一〇五九～六一年、河北・陝西・京東諸路の一部で方田均税が行われた。この法は神宗朝、徽宗朝にも行われて次第に江南に及び、南宋では経界法に引き継がれ、魚鱗冊等の図籍が整えられて明初の土地丈量制に影響を及ぼす重要な施策である。何炳棣教授も指摘するように、増税を趣旨としたものではなく、官を選び、郷村の職役戸を動員し（一〇六二嘉祐編勅で令佐・戸長・三大戸に五等丁産簿を造らす)、耕作者を立ち会せて実地見聞を行うことで不正を掣肘し正確に調査し、土地保有の実態を究め、結果として欺隠の田土を括出し課税不均の是正を期したものである。[63]この流れを見ると、宋朝は九六〇年の建国から一貫して土地保有に対し、一方で自実申告、現佃承認の方針で臨み、一方で勧課・開荒をつとめて奨励して、財産制の安堵と土地供給に熱意を示してきたが、西夏戦争を和議に導いた小康期に、真宗期以来取り沙汰されはじめてきた「田制不立、賦役未均」の難問にようやく取り組む姿勢を示したといえる。対象地域が京西の蔡州から河北、陝西、京東に限られていたのは、東南六路には上供原額の確保が当面の関心であったほか、「田制不立」、「賦役未均」の状況が京畿から北方諸路において自覚され、議論を生じていたためと思われる。

さてこの第二期には、一〇三五、一〇六八年に興修水利、開荒の令が諸路に下り、一〇六九年、王安石新法の一つとして、諸路提挙常平農田水利差役官が水利を興修した。すでに一〇三四年に范仲淹が蘇州の五河を開濬し、一〇四七、八年、王安石は知鄞県の時に明州の海塘(王公塘)を修しており、長江下流域での大規模な水利改修が着手された。一〇四一～六二の頃、明・越州では盗湖(私人の湖田造成)がすすみ、一〇六七年には池州はじめ江東で逃田の開荒措置を講じた。なお一〇五四年、法制上、雇傭人は主の同居親属との婚姻を禁ずる雇傭人身分法が定立した。[64]このほか辺餉においても、一〇五五年を境として茶塩交引の乱発をやめ、見銭鈔、茶交引を支払いに充てる便糴法が確立し、鈔価の安定がはかられた。以上、第二期には田制・税制の見直しが顧られるなかで水利興修が着手され、長江下流域の農業土木開発が全国施策の一環に組み入れられ上昇への始動が生ずるようになった。

第三期　一〇六〇年代～一一二七年

第三期には王安石の新法、一〇八〇年の官制改革、一〇八五年以降の党争、一一二〇～二二年の方臘の乱、一一二二年の燕山の役、一一二五年～二七年の金の攻撃と北宋の滅亡が生ずる。一〇七〇年から一〇六七年まで、農田水利条約によって興修された水利田は、一万七九三処、三六万一一七八頃であるが、うち両浙一九八〇処、一〇万四八四八頃、淮西一七六一処、四万三六五一頃、淮東五二三処、三万一一六〇頃、江東五一〇処、一万七〇二頃であり、興修畝数の多寡でいえば両浙、淮西、河北西、淮東、京西北、河北東、京東西、開封府界、京西南、江東各路の順である。長江下流域が全国的農業土木開発のなかで重要な施策と投資の対象に浮上したことは特筆されねばならない。

開荒は河北の黄河北流に伴う河退地で一〇八二、八九年に行われているが、一一一六年、管幹圩岸官、囲岸官の法が行われ、同年、趙霖が蘇州常熟、崑山三十三浦の開濬を主唱し、結局一江・一港・四浦・五八瀆を開き溢水の排出をはかった。一〇七八、九年の墾田統計は各路の官民田数の明細を掲げる史料であるが、京畿・北方諸路の墾田総数は周顕徳六年（九五九）当時の同じく北方諸路の統計に比べ三〇余万頃の増に過ぎないので、一〇七八、九年に至る天下の墾田数の逓増は南方と四川方面で主として生じたことがすでに指摘されている。(65)

一〇七二～七五年、京東東路、同西路、開封府、永康軍等路、秦鳳等路、河北西路で方田が行われ、ついで、一一〇四年、京西、河北東西路で、一一〇七年、京西で、一一一二年、再び京西で、一一一三年、河北で行われた。一一一五年以降では方田は水利興修を兼ねて両浙、福建、利州路、江西路、成都府路、湖北路に及ぼされるようになった。これと並行して、長江下流地域について、一〇七九年、江浙の逃戸四〇万、一〇八〇年には淮東西の逃絶・詭名挟佃簿籍不載并闕丁四七万戸丁を捕捉し、一一一八年には淮南路の高郵軍の逃田四四六頃、楚州の逃田九七四頃、泰州の逃田五二七頃を括出し、一一一九年には、浙西の逃田・天荒田・湖濼退灘地につき招人請佃を命じている。すなわち、この第三期になると、長江下流にはじめて方田が施行されて、水利興修と均税措置が徹底しはじめ、税籍上の逃戸・逃田ほか荒田・荒地が再登記されて請佃者に放出された。

思うに開荒は、後にも見るように、農業政権としての宋一代の基本政策であり、当時まだ南北を問わず曠土が遍在しており、開墾が急務で私権が伸張していた状況を反映している。ゆえに通考に指摘されているように、登記された耕地に優に数倍はする実際の耕地が造成されつつあり、宋朝の耕地掌握は十分ではなかった。開荒は、南宋初の淮南の営田がそうであったように、勢豪者に率いられた集団入植を予想するものである。宋初からつづいた開荒策では、自実と現佃承認を祖宗の法とし、対象地域としては、第一、二期では河北・山東・河南方面、第三期ではこれに加えて東南方面をも重視してきた。実質的に耕地の増えたのは江南と四川であろうが、穀物生産の中心の東南六路には上供原額が早くに定立しているので、耕地増が必ずしも税収増に結びついたと思えない。この間、科挙が普及して、南方の官職保有候補＝進士数は一〇二一～六三期に全体の五割、一〇六四～八五期に六割弱[66]に達した。官戸身分に媒介された耕地包占は、こうして仁宗期以後、全国的な風潮になったと思われる。

仁宗朝から断続的に行われ、次第に南方に及んだ方田政策は、前述のごとく増税策ではなく、担税の均定策である。ところで、一〇六二年の嘉祐編勅では、農戸の自供をやめ、令佐に委ね、戸長・三大戸を督責して五等丁産簿を造らせているが、ためにかえって隠匿の摘発が困難になった。一〇七〇年の保甲法による郷村行政の再編、一〇七五年の催税甲頭の設置は、欺隠摘発の措置を一歩進めた。一〇七四年の手実法においては、嘉祐勅の欠点を正し、農戸に家産の申告を自占させ、「隠寄産業賞告の法」つまり告発を促して簿籍の信憑性を期する方針を定立した。実効の程は問題であるにしても、保甲法以後、郷村制が整えられてゆくなかで、大姓による田土・人戸の包占を監視するとともに、摘発された隠詭の資産や逃田を請佃者に再分配する機構は前進したと思われる。

その一方、一一一二年、政和重修勅令格式において、品官限田法を再定立し、一品一〇〇頃から逓減して九品一〇頃に至る、官職保有に伴う免役資産の上限を立て、一一二五年には、宮観限田法として、在京寺観五〇頃、在外寺観三〇頃を優免資産の上限とした。この枠をくぐり抜けるためには、資産名義を分散（詭戸）せざるを得ず、結果としては土地資産の再分配を促す効果はあったであろう。一一二一年、明・越州の湖沼を豪民が占湖して湖田とする風潮に対抗して、これを官田に回収する動きが見られる。隠寄摘発と限田令が及ぼされてゆくなかで、潜在的な資源の占有をめざす豪民の姿がそこにみられる。ちなみに唐代までは九〇〇〇頃を灌漑していた越州の鑑湖は、南宋末までにわずかの沼沢をのこしてほぼ消滅して湖田化しており、また明・越の重要な湖沼における灌漑施設と水則（用水管理規則）は、ほぼ北宋末から南宋半ばにかけて、明清に及ぶ原型が成っているのである（後述）。

このように、第三期は長江下流域の開発史において重要な上昇の時期であった。中央政府レヴェルで全国的水利土木改修の計画のなかにこの地域が組み込まれ、両浙一〇万頃、淮西四万頃、淮東三万頃、江東一万頃の耕地の水利が改修されて、安定した耕地か供給された。また保甲法、方田法、限田法が及ぼされて、大姓の包占に監視の眼が向けられ、資源の公正な再分配に向けての努力かはじめて生じてきた。北宋期の長江下流の進士輩出数の順位が、常・衢・湖・蘇・杭・徽・越・潤・明州と並んでいることが(67)、かりに人口・資源・文化の分布に応ずるものであるとすると、上昇のいちじるしい府州はまだ比較的に地形の高埠な地に偏っていることが分かるが、それでも地域の中枢部の重要な府州は上昇の大半を制してきているのである。

第四期　一一二七～一二〇六年

この八〇年のうち、靖康の変から一一三八、宋金和議交渉（一一四二和議成立）までは、金軍の連年の侵入、地方的反乱の頻発、そして各地の行宮を移動する高宗とその政府の臨機の徴発によって未曾有の混乱が生じ、税籍・戸籍も多くは散佚した。この無政府状態は一一三八年に高宗が建康から臨安府に移って行在と定めたことで収拾に向かい、一一四二年の宋金和議を以て国境、榷場が整い、諸制度が一応確立した。ことに一一四一年の鎮江府の淮東総領所、建康府の淮西総領所、鄂州の湖広総領所、一一四八年の利州の四川総領所設置は地域システムの統合に大きな役割を果した。この制度枠組みを基調として、一一四八年に首都臨安および三総領所の財政収支と補給の大枠がつくられるが、これは一〇〇七年の発運使の監督による東南六路上供漕額の原額設定と同等の比重をもつ重要事件である。

臨安が国都となり、両浙が京畿に昇格したことは、長江下流域の実質的な上昇に深い影響を及ぼした。文武官合せて三～四万の官僚の大半が集住し、科挙応試者・合格者も杭州周辺に大挙して集まり、宗室以下高官、富民が権力と資産を携えて住みつき、投資と消費は質量ともに莫大となった。金融・交通・商業組織も杭州に輻湊した。大運河が杜絶した代りに、北は山東・河北方面、南は福建・広東・南海方面との海運が興り、宋朝は大規模な水軍を養成するとともに市舶・互市貿易を振興した。一一六一年、金軍が大挙南進し、宋がこれを撃退したのち、一二〇六年、韓侂冑の発議がもとで一二〇八年まで再び宋金は戦火を交えた。

一一三八年の和議交渉までの一二年間は、税籍戸籍の無政府状況と戦乱・内乱の不安の下で、土地供給も所有権も混乱していた。淮南については、政府は免税を布告し、この措置をつぎつぎと展限しつづけ、ようやく一一八〇年に二税を免ずる代りに穀帛の課子のみを徴するべく定めた。その一方、一一二七年、蔡京、王黼から籍没した官田（江東西）を請佃者に出売し、その銭本の三割で軍糧を買い、七割を上供させた。二九年にも官田が売られ、一一三六、七年には戸絶、没官田、沙田、海退田を売り、豪民に承買させた。一一三二年には江東・江西路の閑官田（上・中・下田）を請佃させている。生産回復策としては、一一三一年に宣州の圩を修し、三二年に浙西の牛具を買って淮東民に給し、三三年、建康の永豊圩九五〇余頃を録しているが、この圩の墾田は二九七頃にすぎず、生荒田が多かった。一一三五年、守令に墾田考課格を布告し、翌年江西の陂塘を勧課し、一一三九年に至って見佃を已業となす土地占有の安堵が行われた。

一一三八～四二年の和議に至り、淮西の寿・廬・濠・滁・和・舒・無為軍に耕牛を貸し、翌年、淮西の陂塘を修め、四八年、淮東の荒田七〇〇頃を開荒した。一一四三年には太湖湖岸の圩田を開掘して水利を疏し、四四年、杭・蘇・湖・秀州の低田の冗水を白茅浦を通じて海に排水、四八年、常熟五浦、崑山四浦を官銭米を以て泄し、四九年、常熟の福山塘、丁涇を浚うなど、平和を利して広域の水利改修に着手した。また一一三九年の見佃を已業となす令を承けたものか、江淮三路に遍在する沙田・蘆場につき、すでに冒占している形勢戸の自陳して已業とすることを許す令を、一一四七、四八、五二年に発布している。

こうして籍没した耕地や政府の抑えている潜在耕地を出売請佃させ、収益を上供と市糴に充当し、あるいは包占のすすんでいる沙田・蘆場の自陳収籍をはかる政策は、この第四期の後半にもひき継がれるが、一一四二年の和議は、田制・税制の確立に向けての経界法と呼ばれる均田政策を促した。一一三五から五一年にかけて紹興会計録が編まれているから、この時期が課税源を検討する重要な時期であった。一一四二年、李椿年の発議で経界法が蘇州等両浙の四〇県（七九県中の五割）に及ぼされ、田土・税役負担の緻密な調査がはじめて実施され、一一四四年、王鈇の両浙の経界法を経たのち、一一四六年、再び李椿年の経界法が行われ、こうして当初は両浙の四〇県に及ぼされたものを一一四九年までに各路に広く実施させたという。その一つとして四九年には四川の潼川府路でも王之望による経界法が行われている。一一四八年における全土の秋税上供額を、一〇〇七年の四六九万石（東南六路から淮南を除いた額）の七割に当る三三二万石に改め、以後新しい実徴する原額と定めた背景には、こうした全土レヴェルの一応の調査があったに相違ない。

さて一一四二年から一一四九年にかけて行われた経界法は、四一年の淮東・淮西・湖広三総領所、四八年の四川総領所の設置と時期を同じくしている。この四総領所の財政支出は、定額をもって近隣の各路に割当てられた上供・課利収益を漕運することで賄われた。秋税米はその一つであるが、前述のごとく原額の七割を実徴の新原額としていたため、不足分は客米の和糴で補った。和糴の資金、糴本銭の来源の一つは官田の出売益金である。一一四九年、浙西の官荘四二頃、営田九二六頃が売られ、一一六六年、江西の営田四〇〇〇余頃のうち已佃田一九〇〇余頃、両浙の営田のうち已佃田九〇〇〇余頃を売り、一一六八年に江東の営田、一一七一年に浙東西の官田、江東西の官田、一一七九年、諸路没官田・営田・沙田、一一九五年、江東の没官田を売った。一二〇七年、韓侂冑らから没収した田・囲田・湖田・白地銭等の籍没官田資産を安辺所を設けて登記し、軍需・辺用に充てている。これらの出売官田は多くは大姓が廉価で承買して開墾するか、あるいは第三者に転売したが、承買後の三～一〇年は正税を免じたから税収を必ずしも増さなかったはずである。しかし兵乱や災害あるいは戸絶、逃移で生じた莫大な没収官田が廉価と好条件で再配分されたことは土地供給に大きく貢献したと見られる。

これと並行して、長江の沿流と淮南・京西では、平和を利して屯田・営田による開荒がすすめられた。一一四八年、淮東で七〇〇頃を開荒し、五〇年、廬州方面の淮南で官荘を広め、土豪・大姓の請佃者を勧誘し、五六年にも淮南・京西で開荒し、剗佃を許した。

同年、揀汰離軍の人に江淮・湖南の荒田を授け世業を許し、六三年には逃田して二〇年を経れば戸絶として没収する令を下している。一一六五年には淮南で桑を勧課し、帰正人に麦田を給し、六九年には楚州の帰正人に開荒をさせ、七一年には真・揚・通・泰・楚・滁・高郵・盱眙等で麦田二五八七頃ほか二九六頃を開かせ、江東西・淮東西で麦を勧課し、八〇年には両浙・江淮・京西・湖南で同じく麦を勧課している。また一一七四年には両淮で力田開荒の賞格を布告し、一方、一一七九年には開荒して出税せぬ者を盗耕と認める布告を下した。八二年頃、両淮ではすでに占田が多いにもかかわらず、穀帛の課子すらも納めぬ風潮があった。

一方、一一六〇、七〇年代には水利改修が広く行われ、一一七五年、陂塘の興修するもの江東二万二四〇〇所、淮東一七〇〇所、浙西二一〇〇所という実績を挙げた。また一一七三年には宣州恵民圩、化成圩、太平州黄池の福定圩、蕪湖圩、当塗圩など大圩が興修された。しかし広域の水系を管理して囲田・圩田を整備する水利工事は、勢豪の私占がすすみ、官の銭米も乏しいなかで、むしろこれを民営に委ねる動きが生じていた。一一六四年、湖・宣・秀・常・蘇・太平州で、勢豪が私占する囲田を開掘し、六六年にも浙西の勢家の新囲田を開掘し、秀・常・蘇・江陰で官銭米を支出して埧田を開いて冗水を泄し、一一八二年には、浙西で豪宗の私占する湖田・囲田を禁じ、蘇・湖・常・秀州で囲田の界に標石を立て私占を抑制した。一一六四年には紹興の鑑湖の湖田化した一七〇頃のうち一〇〇頃を開かせている。囲裏の禁は一一九六年にも出され、一二〇一年には点検囲田事を任じて新囲の造成を監視し、一二一〇年にも囲田開掘の令を下している。しかし一二〇六年、両浙で已囲田は元主の占有を認め、淮農を招いて開墾租種させているところからみると、低湿地に私有の囲田が遍在し、私権が伸張して公権による開掘がむしろ困難になっていたことが逆にうかがわれる。一一七〇年、郟亶が主唱して浙西地方の低田を治する法を説き、官が銭米を給して私囲を開掘し、排水機能を高めようとしたが、同年には、工力が大であるという理由で却下され、業主が銭米を供し、農民が労役を供する方策が採られた（いわゆる田頭制）。

こうした湖田・囲田の私裏をすすめた者は権貴、官豪が多かった。一二〇二年には貴戚の占田を禁じ、一二二二年の紹興鑑湖の湖田開掘令にも、官豪が侵占者であるとしている。こうした動きのなかで、一一七三年、政和の限田法（一一一二）をより峻厳に半減し、一品五〇項から逓減して九品五項を占有の上限とする官戸免役限田の制が施行された。前述のごとく、杭州が国都となり、科挙制の中枢地点となったために、官職保有者、応挙者は両浙・福建・江東西方面に一層集中した。南宋の長江下流域州府で進士を多出したものの順位は、明・杭・婺・常・秀（嘉興）・越（紹興）・蘇・湖・徽・厳州と並び、北宋にくらべて位置が交替した。隣接地域では温・処・台・饒・建昌・撫・洪・福・泉・興化・建州が長江下流の秀州レヴェル以上の進士を輩出している。(68)

以上、第四期八〇年間には、当初の十数年間に無政府状態が生じて社会経済は麻痺状態を呈したが、一一四二年の和議前後から制度枠組みが再編され、地域経済の回復と成長のための措置が講ぜられた。逃絶・籍没の官田がさかんに出売されて潜在耕地が大量に放出され、大姓、勢豪による湖田・囲田の経営がすすめられた。ことに両浙が京畿路となり、宮廷貴族、官僚が集住したことによって投資は活発となり、江北の民を受け入れて労力の供給も満たされたと思われる。平和が早期に戻り、国都が遷ったことによって長江下流域は実質的成長をとげた。

第五期　一二〇七〜一二七九年

韓侂冑が招いた金軍の侵攻は一二〇八年の和議で小康を得たが、一二一五年にはモンゴルが金の中都を陥れ、一二二七年、西夏がモンゴルに降り、一二三四年、金がモンゴルに降り、翌三五年から蒙古軍は南下して宋領を犯した。一二五七年、再び侵攻し、五九年、鄂州の役ののち一時の和議が成るが七三年には襄陽が攻略され、七六年、臨安を攻め、七九年に宋室は厓山で亡ぶ。

この戦役で増す軍需に対して、宋の財政効率も課税源掌握も薄弱であった。南宋初の一一四九年に定立された臨安府と淮東・西・湖広総領所の経常の財政支出に対し、秋苗上供米は穀物需要の七割を供するのみで、他の三割は和糴に依存していた。その反面で耕地が逓増していたことは明らかであるが、恐らく大半は荒税対象地であり、原額の設定と相俟って穀物の収益増には必ずしも結びつかず、夏税、付加税、専売、商税の収益比重が高かった。一二〇六〜八年の戦役以来、増えつづける和糴額がもたらした財政破綻の解決が重要な問題であった。

一二〇七年、安辺所を設け韓侂冑らの私財・囲田等を籍没して軍需・辺用に充て、同年、平江府百万西倉、一二四〇年同百万東倉、一二五七年に宝祐百万倉を特設して両浙で広く和糴して備蓄した。一二〇八～二四年には、のちの賈似道の公田法の先駆をなす温州の贍軍買田法が行われ、三〇畝以上を所有する農民の田地の半分を買い上げて官田とし、その田租収益で同州の駐軍の費を賄うものであった。

　この財政悪化のなかで一州一県単位の地方賦税を経界法を準用して均定する動きが各所でつづけられていたことは特筆に値する。一一九一年、朱熹は漳・泉・汀州で経界法を行い、県毎に税額を定め、王鈇の経界法に従って自実による打量を行う計画を立てたが、結局実行されなかった。しかし一二一五～一七年、婺州で、一二三三～四年、嘉興府で、一二三八年平江府常熟県で朱熹の法による経界法が実施され、一二五一年には信・饒州、また常州(一二五六)で行われ、こうして経界を経た府州では官民田・常平田・安辺所田・学田・職田・没官田の数、秋苗・夏税・折銭数等の実状が詳細に報告された。しかし宋朝はこの経界法を全土に及ぼして課税源を再編するべき行政力をすでに失っていた。

　一二五九年のモンゴルとの和議の時、両浙・江東西・湖南・淮南で行った和糴は合計五六〇万石に達し、一二六三年には両浙・江東西では計八〇〇万石に上り、しかも権勢多田の家は和糴を免れていた。一二六三年、弊害の多い和糴に代替する目的で、賈似道が主導して公田法を実施する。当初の計画は和糴の対象地であった両浙・江東西、あるいは湖南で行い、限田法に従って限外の田土の三分の一を買い上げ、一〇〇〇万畝の田土を公田(官田)として、歳入六～七〇〇万石を収め、既存の和糴をやめようとするものであった。しかし現実には浙西の蘇・秀・湖・常・鎮江・江陰の六府州軍について行われた。一一七三年の限田法により一品五〇頃以下九品五頃の限度により、限外の田土の三分の一を買い上げて官荘とし、毎畝八斗ないし一石の租率で米穀を収めた。結局六府州軍で三五〇余万畝、すなわち各府州軍の耕地の一～二割を買い上げたものである。面積は限られているが、官荘形式で営まれたため、一般の民田の秋苗査定率が、想定収量畝当り一石の十分の一から二十分の一という低税率であるのに対し、一畝当り六〜七斗、八斗ないし一石の租が徴収できた。租額を収穫の折半とすると、最高畝当り二石前後の収量がむしろ現実であるまでに生産力が伸びていたことになる。

以上、第五期はモンゴルの侵攻という政局のもとで、田制・税制は混乱して矛盾を露呈していた。制度枠組みの混乱は地域の社会経済を下降に向かわせたに相違ないが、恐らく最大の打撃は戦火と、杭州臨安府の首都の地位喪失であった。

第六参照時期　元朝　一二七九〜一三六七年

主要な参照記事としては、一二八〇年の理算の法（両税のきびしい調査）、一二八三年の減税、一二八五年の減税、一二八七年の勘括（税籍調査）、一三一五、一三五〇年の経理（同上）が挙げられる。元朝は江南の地で宋の両税を踏襲するほか、南宋末の公田を継承した。資産調査と徴税はきびしく、杭州は大都への遷都のもと、急に地域首府の地位に落ち、経済は下降期に入る。(69)

第七参照時期　明初　一三六八〜一四二一年

主要な参照事項としては、一三六八年、建国、南京奠都、一三八一年、全土統一、里甲制、賦役黄冊編造、一三八五年、科挙再開、一三九七年、明律修定、一三九九〜一四〇二年、靖難の変、一四一五年、大運河改修、一四二一年、北京遷都が挙げられる。明初には、南宋末以来の公田に加えて没官田を合せ、長江下流では官田をむしろ主軸に土地政策、税制を運営し、高税率の官田から高収益がもたらされる。一三七一年以後海禁が布告され、また大運河が機能を停止して商業は後退するが、農業回復がすすむ。(70)一四一五年に大運河が再開されて漕運が起り、一四二一年の北京遷都をへて一五世紀後半には、北宋の歳漕額六〇〇万石（五六万九二八〇キロリットル）を上廻る明量で四〇〇万石（六八万キロリットル）の輸送を定制化する。(71)

表3　空間区分

CA	太平	CA01
CB	杭	CB02
	明	CB03
	紹興	CB04
CC	嘉興	CC05
	蘇	CC06
CD	常	CD07
	真	CD08
	鎮江	CD09
	江寧	CD10
	泰	CD11
	通	CD12
	揚	CD13
PE	衢	PE14
	湖	PE15
	婺	PE16
	厳	PE17
PF	池	PF18
	徽	PF19
	宣	PF20
	広徳	PF21
PG	滁	PG22
	和	PG23
	廬	PG24
	舒	PG25
	無為	PG26

　さて、時系列周期と並んで、空間単位の設定も、きめ細かな観察にとって欠かせない。比較のための地域単位としては、有機的な自然地域の方が人為的な行政地域よりも考察に適している。中国本土の地文の上で、地域に機能的統合を与えているシステムは河川系であり、資源、人口、交通、分業は河川系を媒体として組織立てられているので、主要河川の集水域に形成される drainage basin を目安に、分水界に沿って「大地域」を画定すると、チャイナ・プロパーについて八大地域が得られ、「長江下流大地域」はその一つに当る[72]（図1）。この地域内には北宋末に二六の府州があり、これを最下層の空間単位として、かつそれらの領域を時代をこえて、仮定上の一貫した単位として使用する[73]。明初までに淮南、江寧、松江において境界が変化する（図2※）が、北宋末の領域が一貫したものと仮定して固定して扱う。

　つぎに、北宋末の府州の領域を現代の統計データに投影すると[74]、各単位の面積、山地・平地比率が得られる。このデータに拠って、コア地域とペリフェリ地域という中層位の機能空間区分が得られる。これを若干の群に分けて全体の空間構図を示すと表3の如くになる。Cはコア、Pはペリフェリを、A～GはC・Pごとのサブリジョンを示し、B～G各項内の順位は、ウェード式ローマニゼーションの順による。

　江南の太平州、江北の若干府州がC域に入り、また湖州がP域に入るのは、たしかに宋代では当っていない。前者については後世の潜在発展性との関連でC域に入ったことが理解できようが、後者については地形のほぼ過半がペリフェリに当るためであって、今後に工夫を施さねばならない。ともかく、右の区分を考えれば、通時的・共時的な変化の微差を、他の大地域と比べつつ視野に入れることができるようになる。

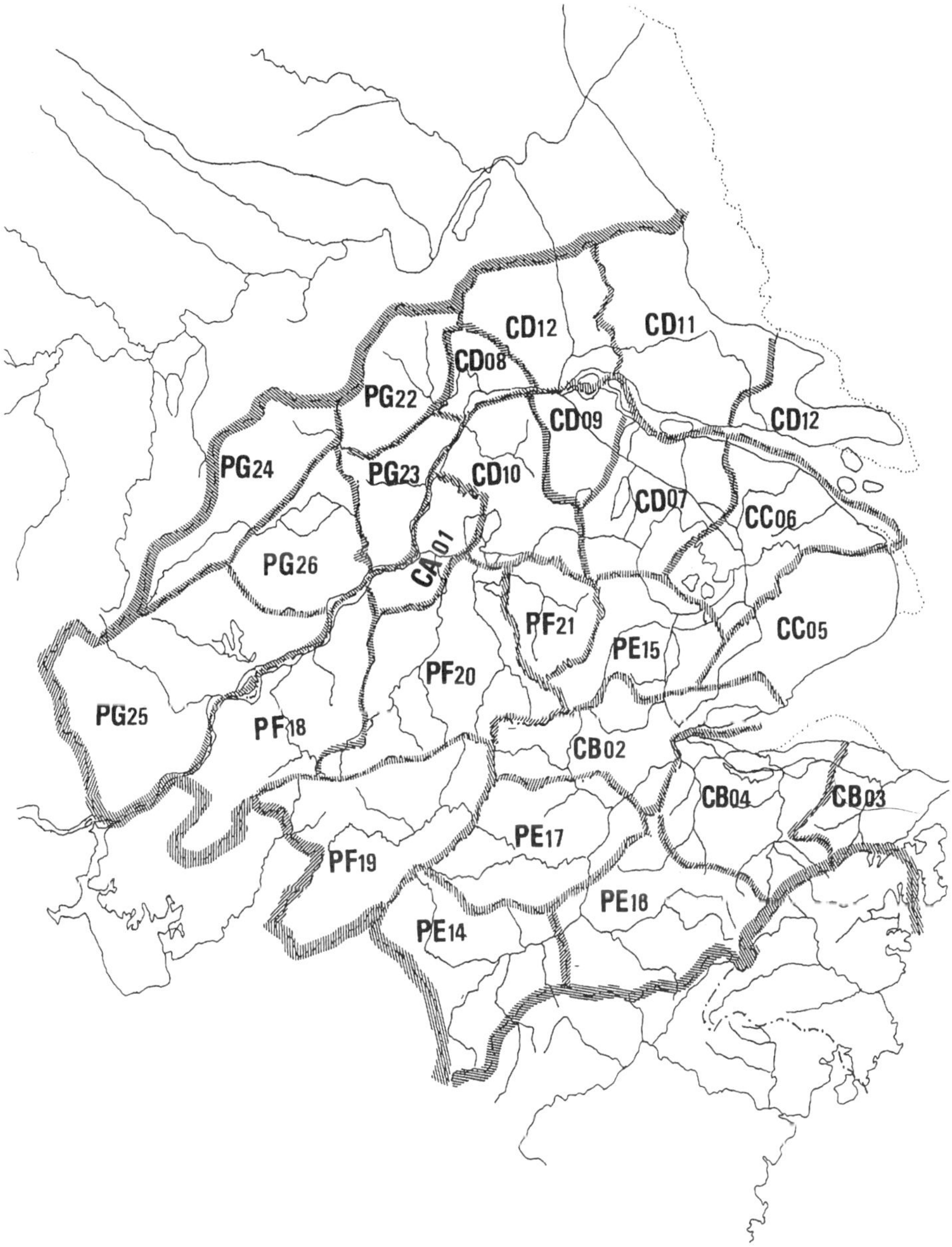

図１　北宋末の長江下流大地域空間と府・州・軍別単位区分（前頁表３）

図2　明初の長江下流域大地域の府州区分

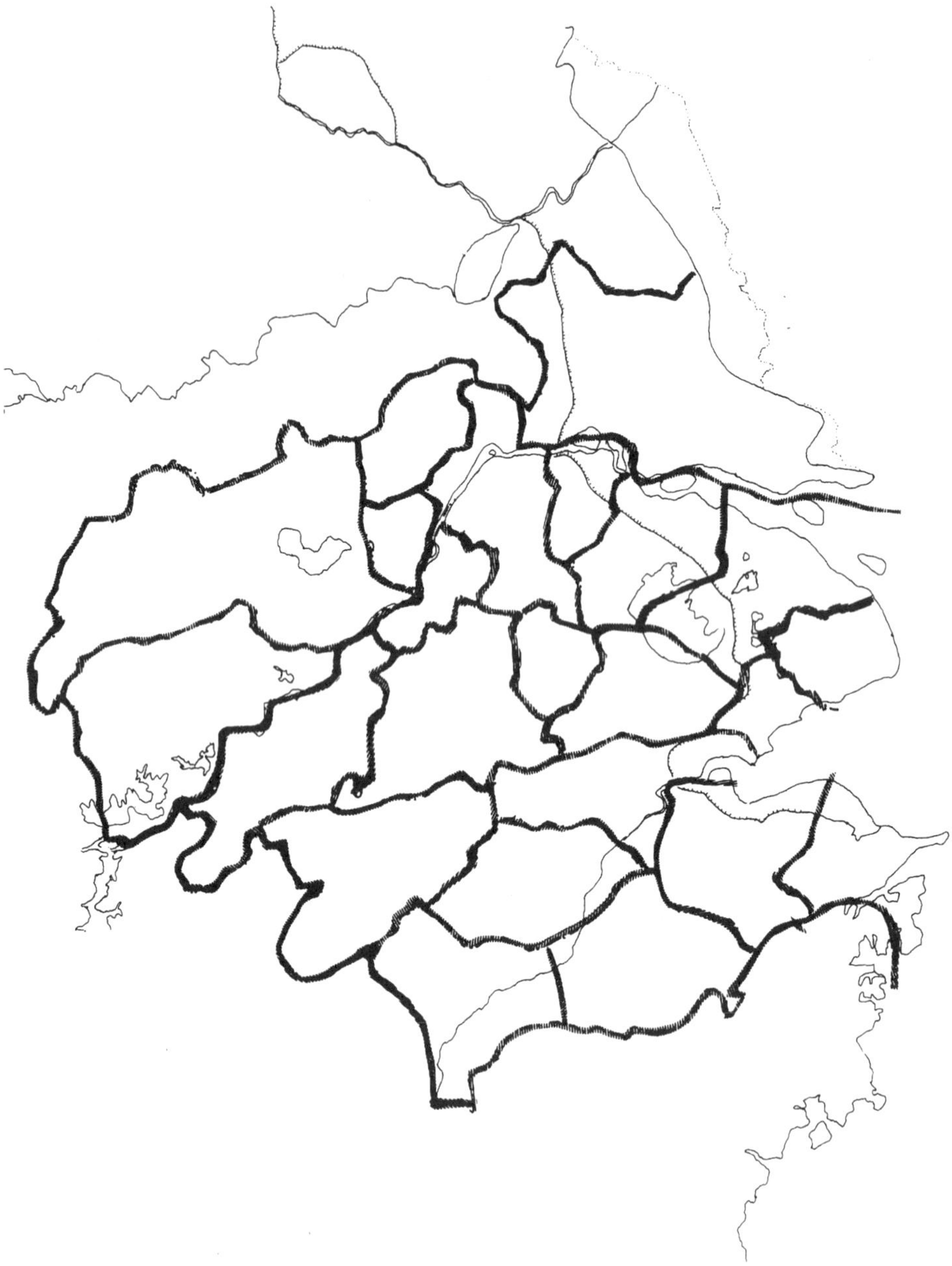

3　若干の史料的証言

ここでは、若干の史料を示して、宋代の長江下流域の社会・経済が、宋代の同時代人の眼で、どのような比較の下に位置づけられていたかを一瞥したい。まず広い全土的視野の観察から始め、ついで周辺の諸地域から眺めてゆこう。

南宋の章如愚編の山堂先生群書考索続集巻四六　財用門　東南財賦の冒頭の三条項には陳傅良の言を引いて次のように記す。

夫東南財賦之淵藪也、自戦国漢唐至于今用之……唐雖名為都長安、而大農之国計、実仰給於東南、其他諸郡無有也……李吉甫作元和国計録備述、元和之初、藩鎮瓜割、玉帛之不貢於王府者十五道、而歳租賦之所倚辦者八道、実皆東南也、曰浙江東西路、曰淮南、曰湖南、曰岳鄂、曰宣歙、曰江西、曰福建、故韓愈有言、曰当今賦出天下、而江南居十九是矣……仁宗皇帝慶暦三年、詔会国家之財賦……是時宋〔米〕之在東南諸郡者、凡六百二十万石、銅之鋳於饒池江建者、凡六十八万緡、是則国家財賦之仰於東南也者、未嘗不豊也、

また同書同巻　東南県邑民財の、自晋南渡之後東南漸重而西北漸軽至于宋東南愈重而西北愈軽の項の記述は、西北と東南との比重の交替をより具体的に、対照的に捉えている。

自晋元南渡、東南文物漸盛、至十〔于〕李唐、益加繁昌、安史之乱、江淮独全、歴五季紛争、中原之地、五易其姓、殺戮幾尽、而東南之邦、民有定主、七八（十）年間、咸獲安業、逮宋龍興、伐罪弔民、五国咸帰、未嘗妄殺一人、自後数十百年間、西北時有少警、而東南晏然、斯民弥得休息、以至元豊中、比往古極盛之時、県邑之増、幾至三倍、民戸之増、幾至十倍、財貨之増、幾至数十百倍、至于庠序之興、人才之盛、地気天霊、巍巍赫赫、往古中原極盛之時、有所不逮、天下之勢、正猶持衡、此首重則彼尾

軽、故自東南漸重、則西北漸軽、以至宋、東南愈重而西北愈軽（宇内辨）

さらに同書同巻　天下地利古盛於北者今皆盛於南の項の描写はより人文地理的に詳しい。

国家撫有南夏、大江劔閣以南、泰然按堵、而又兼巴蜀江北以為外屏、以元豊二十三路較之、戸口登耗墾田多募、当天下三分之二、其道里広狭財賦豊倹、当四分之三、彼西北一隅之地、古当天下四分之三、方今僅当四分之□〔一?〕、儒学之盛、古称鄒魯、今称閩越、機巧之利、古称青斉、今称巴蜀、棗栗之利、古盛於北、而南夏古今無有、香茶之利、今盛於南、而北地古今無有、兎利盛於北、魚利盛於南、皆南北不相兼有者、然専於北者其利鮮、専於南者其利豊、故長江劔閣以南民戸、雖止当諸夏中分、而財賦所入、当三分之二、漕運之利、今称江淮、関河無聞、塩池之利、今称海塩天下仰給、而解塩荒涼、陸海之利、今称江浙甲於天下、関陝無聞、灌漑之利、今称浙江太湖甲於天下、河渭無聞（呉衡進図）

たしかにこうした記述は、南宋の知識人が北土に対して文化、経済の優越を以て自己弁護する修辞であろうという皮肉な受けとめ方も出来るが、長安を中枢とする西北中国の成長周期が下降し、交替して杭・蘇を中枢とする東南の上昇周期が始まったことの証言としては事実認識は誤りない。

人文地理的な東南の興起が北宋中期には知られていたことは、南宋末の洪邁の随筆集である容斎四筆巻五　饒州風俗に、臨川人で熙寧の進士、王安石に忤ったといわれる呉孝宗字は子経が撰した餘干県学記を引用した文中に、「古者江南不能与中土等、宋受天命、然後七閩二浙与江之西東、冠帯詩書、翕然大肆、人才之盛、遂甲於天下、江南既為天下甲、而饒人喜事、又甲於江南、蓋饒之為州、壌土肥而養生之物多、其民家富而戸羨、蓄百金者、不在富人之列、……（洪邁）予観今之饒民、所謂家富戸羨、了非昔時、」という記事からわかる。饒州を含めた江南で富の蓄積がすすみ、百金を蓄えても富人の列に入らず、また人材も際立って輩出したが、饒州は南宋ではやや不振であった状況が読みとれる。

江南ないし東南という用語は全く漠然とした表現であるが、史料の表現を仔細に見てゆくと、両浙とくに浙西が最先進の地域とさ

図3　南宋の広南東西路

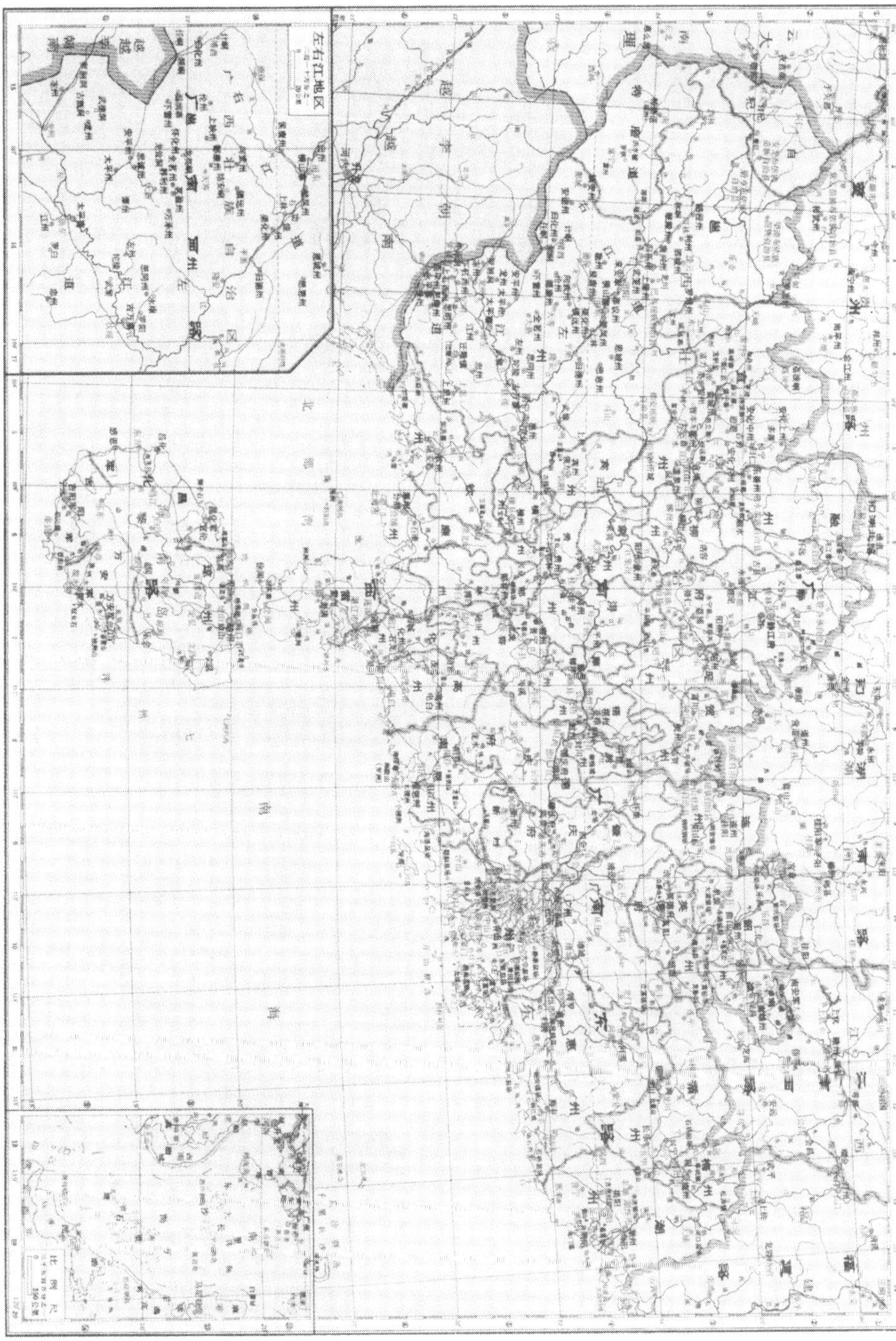

譚其驤主編『中国歴史地図集』第6冊（宋・遼・金時期）　地図出版社　1982年

れ、これに絡んで江浙、浙閩、江浙閩という風に同質性の領域の範囲を広げ、対蹠的な後進域としての両淮（淮南）、荆湖（湖南北）、広南と対照させて落差を表現している事例が多い。いわば先進、中進、後進の同心三重円が粗放に画されていたものとみてもよいであろう。

広南の珠江デルタや海岸平野は純粗放の状態ではなかったが、筆者はまだ広南全域が人口圧の下に制圧されていたという記録を見出したことはなく、逆に粗放な開発情勢を伝える史料が多い。宋会要輯稿　食貨六　墾田雑録　寧宗慶元四年（一一九八）八月二十九日条には、「二広之地、広袤数千里、良田多為豪猾所冒占、力不能種」としているほか、南宋の李曾伯の可斎続藁巻一一　静江勧農（理宗開慶元年（一二五九）己巳）には「嶺外平原弥望、茅葦叢生、是豈地利有不至哉、此人力弗至也」とし、同続藁後集巻五　条具広南備禦事宜奏に「広西諸州頗多荒田、往往茅葦相望、不事耕墾」としているのは、それぞれ労力の供給欠乏による粗放開墾、豪民の寡占を示しており、広西においてことさらであった。同じ広西の欽州について、周去非の嶺外代答巻八　花木門　月禾に、「欽州田家鹵莽、牛種僅能破塊、播種之際、就田点穀、更不移秧、其為費種莫甚焉、既種之後、不耘不灌、任之於天地、地暖故無月不種、無月不収」（巻三　惰農に略同文あり）と、半ば天恵に頼った粗放農業を細かく観察している。

南宋の方大琮の鉄菴方公文集（静嘉堂明鈔本）巻三三　広州丙午（一二四六）勧農にも「粤多田、牛被野、壌不待糞、種不甚耘」と広州の粗放農業を、南宋の許応龍の東澗集巻一三　初至潮州勧農文には「閩浙之邦、土狭人稠、田無不耕、固不待勧、潮之為郡、土曠人稀、地有遺利」と、閩浙の人口過剰と集約に対し甚だ後れている潮州を観察している。鉄菴方公文集巻三三　広州丁未（理宗淳祐七年（一二四七））勧農にも「向聞南米（広南米）升三四銭、厥後騰踴、去秋雖稔、猶七八文、向聞南田膏腴弥望、畝直不多、今或十貫不為甚低、然比閩浙間、食貴米、耕貴田、費与労又幾倍」と記して、理宗時代になると広州では米価の低さは依然たるものであったが、入植がすすんだためか田価は高騰してきた。しかし閩浙との米価、田価の格差は一倍に当るという比較をしている。広南の貴州、韶州が生産性の低い地曠人稀の地であったことは南宋の王象之の輿地紀勝巻一一一　貴州　風俗形勝「蕞爾之区、間田瘠土、茅葦彌望」、南宋の胡寅

の斐然集巻一五　繳留倅宋晋根括田産減年の文中の「所管四県、地瘠人稀」に見え、海南島の諸州も雷州半島からの土貨の輸入を受ける経済状態であったが、なかでも同島でもっとも土地の瘠せた昌化軍は、米は泉・広州の商人に頼り、土人は藷を以て糧としたと、李光の荘簡集巻二　贈裴道人　癸酉（紹興二十三年〔一一五三〕）昌化軍作の文に見える。

　広南は以上のように天恵の粗放農業の下にあったが、豊収に会えば後述するように福建、両浙、海南島、占城、海外諸国に米を千石、万石と大量に輸出することが可能であった。この広南に対する閩浙など人口飽和地域からの植民は、ことに南宋に入ってはげしくなったようである。鉄菴方公文集巻一八　鄭金部逢辰書に、

　某五年于此（広州）、頗諳嶺俗、民之為生、稍易於閩、胥遨卒悍、経訟則破、仕者入南、以贖為常必……路与州、皆以広為名、壌地綿亘、若非時有剽竊、処処皆成聚落、不減閩浙、……其地産塩、而自汀贛自湖南来、動以千百為群、産米産漆、又有番貨、而自温台明越来、大艚或以十余為綜、有所産以養人、自外運去者、反以害人、其辞不直、未有不以敗去者、故広無巨寇、其黠者多自外至、

と、広州には明、越、温、台、汀、贛、湖南の民が季節的に僑居して、塩・漆など特産を集荷して持ち帰った。宋会要輯稿　食貨三八　互市、同刑法二　禁約に載せる寧宗嘉定十年〔一二一七〕三月一日の臣僚の奏言に、華亭、海塩、青龍、顧逕、江陰、鎮江、通、泰の姦民豪戸が、長江下流で米穀を集荷し、海舟一隻ごとに一、二千石を載せ、海外諸蕃国に販売して海上を南北に往来したと記しているから、回貨の中に海上諸蕃の特産ほか、広南の産出品が加わったことが推定できる。同じく宋会要輯稿　食貨一八　商税　寧宗嘉定七年〔一二一四〕二月二十四日条に、

　広西転運判官兼提挙塩事陳孔碩言、二広州郡収販牛税、其来久矣、近因漕臣有請、始蠲罷之、然贛吉之民、毎遇農畢、即相約入南販牛、謂之作冬、初将些小土布前去博買、乃至買得数牛、聚得百十人、則所過人牛、尽駆入隊、南人力弱衆少、則坐視而不敢問、力彊衆多、則互相闘殺、間被官司捕去、按法施行、則是販牛者少、因而行劫者多、近到広西、多言湖南北人来広西販牛為害、

と、広南地方には冬期になると、湖南北、江西の吉、贛州の民が作冬と称して大挙して来り、事前に土布を掛け売りしておいて、水牛と農業労働者を買い集めて北へ去った。当時は淮南、湖北に耕牛の高い需要があったから、一部の牛畜は彼らを介してさらに遠くへ転販されたであろう。輿地紀勝巻九八　南恩州風俗形勝にも「恩平古郡、漢属合浦、南瀕巨海、耳目遠於中朝、民庶僑居雑処、多甌閩之人」と、浙人、閩人の僑住を記録し、同書巻一〇二　梅州　風俗形勝にも「州境介汀贛之両間、在広之極東、図経云、郡土曠民惰、而業農者鮮、悉藉汀贛僑寓者耕焉、故人不患無田、而田毎以工力不給廃」と梅州に汀、贛籍の農業移民が入り、労力不足による荒廃気味の農地を開墾した事情が知られる。嶺外代答巻三の五民に、北人とは五代に中国の西北から欽州に移住した人、また射耕人とはもと福建人であり、地を射して耕し、子孫尽く閩音なりとあるから、広西の西辺にも北人や閩人が入植しており、輿地紀勝巻一一六　化州に引く范氏旧聞拾遺にも「化州以典質為業者、十戸而閩人居其九、閩人奮空拳、過嶺者往々致富」と、化州に進出して典質業を制圧して致富した閩人の存在を記録している。

広南への移民には靖康の難を機に中原から遷った北客もあり、曹勛の松隠集巻二三　上皇帝十四事には「広南両路、自潮州而南、居民鮮少、山荒甚多、前此惟士人仰食、故歳計租賦、一皆贍足、自中原兵火、西北工商士庶、散処其地、以鮮少之種供億兆之用、又官司科調、四時有之、以此民頗困乏」と記し、輿地紀勝巻一〇四　容州　風俗形勝にも「容介桂広間、蓋粤徼也、渡江以来、北客避地留家者衆、俗化一変、今衣冠礼度、並同中州、容州志風俗門」と北客の定住を記す事例が挙げられている。全般に、高技術をもたらし、また集約農業に長じた浙人、閩人、贛人や北客の入植が在来農法を一変させるまでには至らず、富家は商販に、貧戸は農業労働に従うか特化した一次産品の交換を好んでいた状況は、輿地紀勝巻九五　英徳府　風俗形勝に、「地接南海、舟楫所通、有魚塩之利、故富家楽商販、軽本業、貧者始就農耕、図経」、同じく「巨産之家、得米則南下于広糶、買鈔塩以取贏、其貧無為生者、則採山之奇石以貨焉、真陽志」という記述から推察できる。以上に煩雑を顧みず引用した証言によって、逆に両浙、福建の相対的に高水準な生産性、高い土地、人口比率を同時代人が自覚していたことが分かるであろう。

図４　南宋の荆湖南北路，京西南路

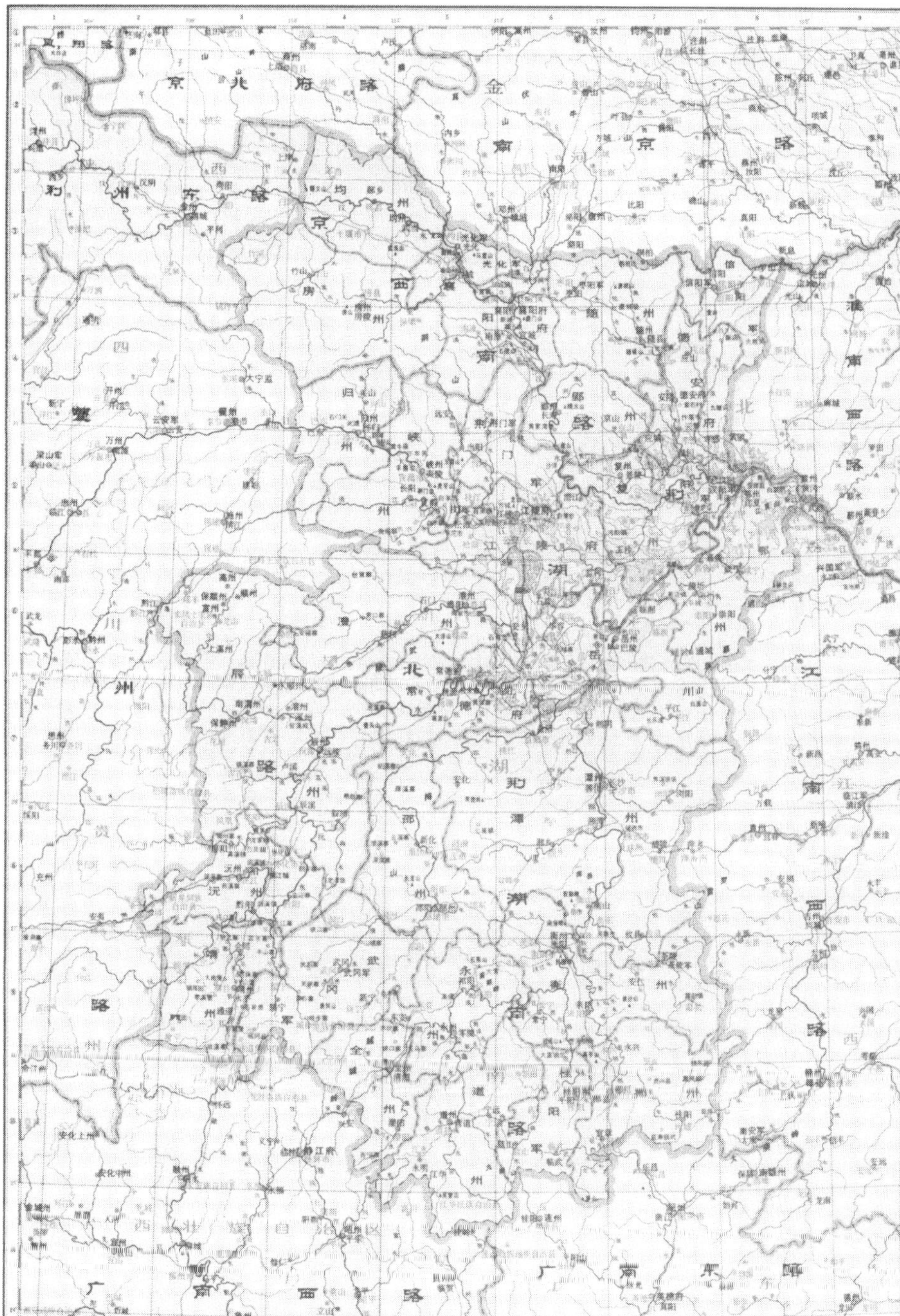

譚其驤主編『中国歴史地図集』第６冊（宋・遼・金時期）　地図出版社　1982年

つぎに荆湖南北路に眼を移すと、当時の漢水、湘水、沅江流域の粗放な開発状況を認めることができる。宋会要輯稿　食貨六　墾田雑録　慶元四年(一一九八)八月二十九日に、湖北路は沃土が六、七割に及ぶが、占有者は耕さず耕作者互いに土地を奪うので農民は勢い末作に走ると記す。宋史巻一七五　食貨志　賦税には、「(孝宗淳熙三年(一一七六))今湖北惟鼎・澧、地接湖南、墾田稍多、自荆南・安・復・岳・鄂・漢・沔、汙莱弥望、戸口稀少、且皆江南狭郷百姓、扶老携幼、遠来請佃」と、漢水下流、長江本流地方では開発がおくれて荒土が多く、江南(江東・江西)の移民の家族ぐるみの入植によって労働力が補給されており、洞庭湖周辺の鼎・澧州のみが若干墾田に恵まれていたことが分かる。南宋でも荆・襄・鄂・岳・漢陽・復・澧・辰・沅・靖州は営田・屯田の施行地であった(75)。

南宋中期、一二一二〜一四年に知漢陽軍に任じた黄榦は、漢陽軍と対岸の湖広総領所の所在地としての大軍駐留地でもあり、大商港でもあった鄂州を中心とする、荆湖中枢部の生産と定住開発状況をかなり詳しく記録に留めている。その詳細は本書の後段に触れるが、概略を摘記すれば、当時の湖南北はフロンティア状況がまだつづいており、都市化が低調であるとともに、効率的な圩田、湖田の施工や経営が見られず、定住的な農耕が十分に発達していなかった。その反面、長江の本流・枝流における水運と隔地商業の発達は広南の比ではなく、鄂州を中心とする軍政にからむ補給組織が、地域全体の商業的な統合に力を貸していた。漢陽軍は一軍二県、人口一二〜三万人、都市人口率は一六パーセント、主穀の産量は二万石で、明らかな非自給の単位であった。水利改良は都市・農村を通じて低調で、早禾米と大小麦を産したが、収量は隣の鄂州の畝当り一・五石〜一石に近いと思われる。低地は湖地と荻林が点綴し、民の生業は春夏は農業、秋冬は漁業、そして在城四〇〇隻の船戸の営業に依っていた。この地一帯の湖泊での漁業は四種の経営方式があり、民が祖業(私有権)を得て自営する方式、官有の湖泊を永年請佃して経営する方式、富民が物権として採魚権のみ占有して「湖主」になって自営する方式、この物権を一定年限だけ第三者に賃貸させ、かくて賃借者が「湖主」となる方式である。

冬になると荆、襄、淮南、江東、湖南から、他郷の漁民が船に魚網を積んで訪れ、「湖主」と契約を交して漁獲の利を均分した。各湖主のこうした収益は数百貫から数千貫にもなるが、彼らは湖傍の地元の地主とは限らず、むしろ在城の地主か他郷の資産家であった。湖傍には「地客」数十百人を抱える土着の豪民がいて、外来漁民と組むか、あるいは独自に徒党を組んで湖泊の漁利に均沾した。地客は恐らく労働提供者であろう。

漢陽への穀物（米・麦・豆）の直接の供給地は、湖北路の安州を筆頭に復州・光州（淮西）であったが、一たん災害が発生すると、逆に安・復・光の饑民が数千人も漢陽の湖地・荻林の空白地に九月から三月にかけて流入して魚蝦、貝類、藤根を採取して生命を繋ぎ、農事回復とともに帰郷した。もともと非自給の漢陽がその穀物供給地の難民を収容したという不可解な事情は、鄂州・漢陽に集まる主穀流通から説明できる。

湖南北路が負担した秋苗上供の漕米額は、北宋で計一〇〇万石、南宋で計六五万石であり、広大な湖南北にとっては軽い負担であった。一方、鄂州の湖広総領所の歳用米は乾道初（一一六五〜）で九〇万石、淳祐・宝祐（一二四一〜五八）の間には、総領所と制司合せて一四〇万石であった。南宋当初は江西路の上供米から一〇万石を鄂州に、六万石を荊南府（江陵）に漕する定めであり、紹興三〇年（一一六〇）になると、鄂州大軍の歳用米のうち、上供米で賄われる四五万石は、永・全・郴・邵・道・衡・鄂・鼎州という湘水・沅江水系域から運ばれ、荊南府大軍の歳用米九万六〇〇〇石は、安・荊南・澧・純（岳）・復・潭・荊門・漢陽軍から補給する定めであり、潭州で余剰米が多かったことがわかる。しかし南宋半ばに一四〇万石を徴したころには、米の来源を上供に依ることが困難となったためか、その全額を和糴つまり民間米の買上げによる商業依存に転じ、鄂州総領所が七〇万石、江西と湖南の転運司が七〇万石、計一四〇万石を商業ルートから購入した。

一方、蔡戡の定斎集巻三　乞免増糴二十万石椿管劄子には、常徳府（鼎州）、潭・衡・澧州の米商が鄂州に上市する米はつねに一万石であったと述べ、宋会要輯稿　食貨四〇　市糴糧草　乾道九年（一一七三）閏正月七日条にも、鄂州糴場に上市される米の米価・来源・銘柄につき言及し、淮南および湖北の復州産の下等粳米一石当り二貫七〇〇文省、鼎・澧州産の中等占米一石当り二貫六〇〇文省、淮南産の下等占米一石当り二貫三〇〇文省と記し、主たる供給地は淮南・鼎・澧州にあり、市販流通に淮西・湖北路の占米が加わっていたことが分かる。王炎の双渓文集巻一六（四庫珍本巻一三）　又画一劄子にも「湖・湘では、鄂渚が最大の市場の要地であり、南方からは潭・衡・永・邵州の客商、西方からは鼎・澧・江陵・安・復・襄陽の客商が数路にまたがって、すべて鄂州に輻湊する」と述べるとともに、巻一一　上章岳州書では詳しく「長江を江西より遡江してくる米船は、まず鄂州に集まり、一方、上流から下江してくる米船はまず岳州の華容・巴陵県を経由し、この間、岳州臨湘県の買付ける米は鄂州通城県から来る歩担米のみである。……湖南から湖北の鼎・澧州にかけて、凶作でもなければ米船の興販するもの雲の如く蝟集し、増水期には岳州の華容を必ず経由し、減水期には岳州の巴陵を必ず経由する」と、流通経路を具体的に示している。

南宋中期の人葉適の葉水心文集巻一　劄子二には、湖南士民の論にもとづいて、「この二〇年来、豊歳がつづいているものの、小規模な飢饉に会えばたちまち耐えがたい。地の産物では米作がもっとも盛んであるのに、中家（中農か）にも貯穀がない。かつて原因を詳考したところ判明したことは、江湖が連接して地の通じないものなく、一舟が門を出れば万里はただ意のままであり、何のさまたげもない。民は毎年の種・食を計り残す外は、余米を全て貿易する。大商は小家の所有を集め、小舟は大艦に付してともに商業を営み、展転販糶して厚利をはかり、父子業を継ぎ風波に老いるのを常俗としている。小飢饉でさえ耐えきれず、貯蓄がないのはこの状況のためである」と述べている。慶元四年（一一九八）に知復州に任じた張仲梓も攻媿集巻一〇四　知復州張公（仲梓）墓誌銘に「古号竟陵、廃置靡定、旁枕襄沔、地卑水滙、間三四歳僅一熟、富商歳首以鹺茗貸民、秋取民米、大艑捆載而去」と、復州が低湿地が多くて豊収が三、四年を通じ一度訪れるという不安定な農業事情の下にあり、富商が一、二月に塩・茶を農民に掛売りして、秋に米を集荷して大船に載せて去ると観察している。フロンティア状況の下で、生産要素としての資本、労働、技術が充足されない間に、交通と商業が開発を牽引してゆく事例は、広南や六朝期の長江下流域にも通ずるところがある。南宋期に湖広総領所が設けられて、軍事消費と軍政の上で地域を統合する機能を果したことは荆湖の経済開発にとって重要であった。

南宋の王炎の双渓文集巻一一　上林鄂州書には、湖北路の経済水準を江・浙・閩と相対比較した評価が示されている。

大抵湖右之田、与江浙閩中不同、雖有陸地、不桑不麻、不蚕不績、而卒歳之計、惟仰給於田、縁其地広人稀、故耕之不力、種之不時、已種而不耘、已耘而不糞、稊稗苗稼、雑然並生、故所藝者広、而所収者薄、豊年楽歳、僅可以給、一或不登、民且狼顧、非江浙閩中之比……江浙閩中、能畊之人多、可耕之地狭、率皆竭力於農、毎畝所収者、大率倍於湖右之田、又入其秋熟而収、新陳之交而糴、所得緡銭、較之湖右則又数倍矣、兼其人既勤於本業、必蚕必績、故所輸雖多、而民力可辦、是未可一律斉也、(四庫珍本巻　九)

ここでは、江・浙・閩の先進集約農業との対照において湖北の農業を捉え、湖北では経営の単位も営農法も単純かつ粗放で、副業が発達せず、肥料投下も少なく、投機の術に習熟せず、所得も畝当り収量も低いとみている。同記事に「計其所得於田者、膏腴之田、一畝収穀三斛、下等之田、一畝二斛」と、畝当り収量を上田で三斛、下田で二斛と見積っているが、脱穀した玄米で計ればそれぞれ一・五石、一石に相当する。収量自体は格別に低水準ではないが、人口過疎のために集約による労働慣習を変化させるインセンティヴが育たず、たとえ集約を試みても、冬間失業者を吸収できる都市も市場も副業も存しなかったということであろう。

さて、湖南北にわたって地域内の比較をすれば、湖南の方が安定した米産地を多く抱えていたであろうことは上述の史料からも窺われるが、農業基盤はまだ各局部で整っていなかった。陳傅良の止斎文集巻四四　桂陽軍勧農文によると、

閩浙之土是瘠薄、必有鋤耙数番、加以糞漑、方為良田、此間不待施糞鋤耙、亦希所種禾麦自然秀茂、則知其土膏腴勝如閩浙、然閩浙上田収米三石、次等二石、此間所収、却無此数、当是人力不到、子課遂減……仮如有田十畝、歳収不過十石、

と、湖南の南端、湘水上流の桂陽軍では畝収一石の生産水準であり(土地の生産性そのものは悪くはないが)、労力、肥料の投入り少なさが潜在資源を生かしていないとしている。恐らく両浙では強湿田、福建では海塗田や梯田を念頭におき、桂陽については扇頂部か上部デルタの水田を捉えているものであろう。湖南南部の収量を低目に評価する一例としては、廖行之の省斎集巻四　石鼓書院田記に、「湖南地瘠、一畝為米、不過二三斗」という、衡州についての言及がある(同書院の田の畝収は二斗八升)。

以上のように宋代の荆湖では、水稲の市場供給力は決して低くはなかったが、農業基盤が未発達のため不安定な収量を免れず、水田に合せて繊維原料の生産、加工を以て収益を挙げる閩浙のシステムとは落差があった。特化した産業としては、鄂・岳・潭・峡・

帰・鼎州の茶、江西界山地の松杉材、潭・瀏陽・衡・桂陽・郴州の銀、峡州の漆、衡州の薬材のほか、荊・鄂・潭・帰州に集中する水運業や前述の漁業があった。范成大の呉船録巻下　淳熙四年(一一七七)八月辛巳の日記には、鄂州城外の南市埠頭に沿って数万家が建ち、列肆櫛のごとく、壮麗な酒楼が並び、川・広・荊・襄・淮・浙の商品が集まり、畿外随一の都会と評している。陸游の入蜀記巻四　乾道六年(一一七〇)八月二十三日、二十八日の条にも、右の南市に蜀人をはじめ四方の商人が集まり、郊外の殷盛は杭州、建康にまさり、城内のにぎわいも繋船の数も、鎮江以西で比べるもののない大都会であると見ている。

北宋では江陵が中原への道を制して発達したが南宋ではこの地位は鄂州に移ったようである。劉宰の漫塘劉先生文前集　回荊門守張寺簿に図経を引いて、江陵のさらに北にある荊門軍長林県の戸口が、北宋時の主客戸一三万八〇〇〇、口二九万から、慶元四年(一一九八)には主客戸一万六〇〇〇、口三万五〇〇〇に激減した事由の一半を「入京便道」としての地位喪失に帰しているのも、交通軸の南北から東西へのシフトにからんでいることを証している。輿地紀勝巻七四　帰州　風俗形勝に「郡少農桑、農不如工、工不如商、荊州記建平郡下」とあるように、長江中流域には早期から水運に付随する営利の刺激が与えられており、荊湖地方の宋代の開発において、農業よりもむしろ隔地商業がインセンティヴを供していたことは誤りないように思われる。

つぎに淮南路の潜在的な農業生産性については、一〇〇七年に設けられた上供漕米額が一五〇万石であり、両浙の一五五万石、江西の一二〇万石と匹敵する水準であったことがまず注目される。五代の南唐国が江北を領有して後周に対峙していたころ、腹裏江西から私牛を徴発して江北に送り、農田・塩田の開発を行った。やがて江北は後周そして宋に帰し、九七五年の南唐滅亡とともに版籍はすべて宋の手に移ったはずである。一〇〇七年の漕額は、恐らく宋朝独自の打量を経たものというよりは、五代の間の実績を反映しているものであろう。一方、北宋半ばの人張方平の楽全集巻一四　芻蕘論　屯田には「今淮揚許昌汝南之域、人稀土曠、地力不尽……又東平鉅野至彭城、率多閒田、民力不贍」と、淮南、京西、京東にわたる広域に「人稀土曠」の農業粗放地が広がっていたことが知られる。淮南の土地の荒廃は宋室の南渡以後、数次にわたる金軍の侵入によって一そう甚だしくなった。

図5　南宋の淮南東西路

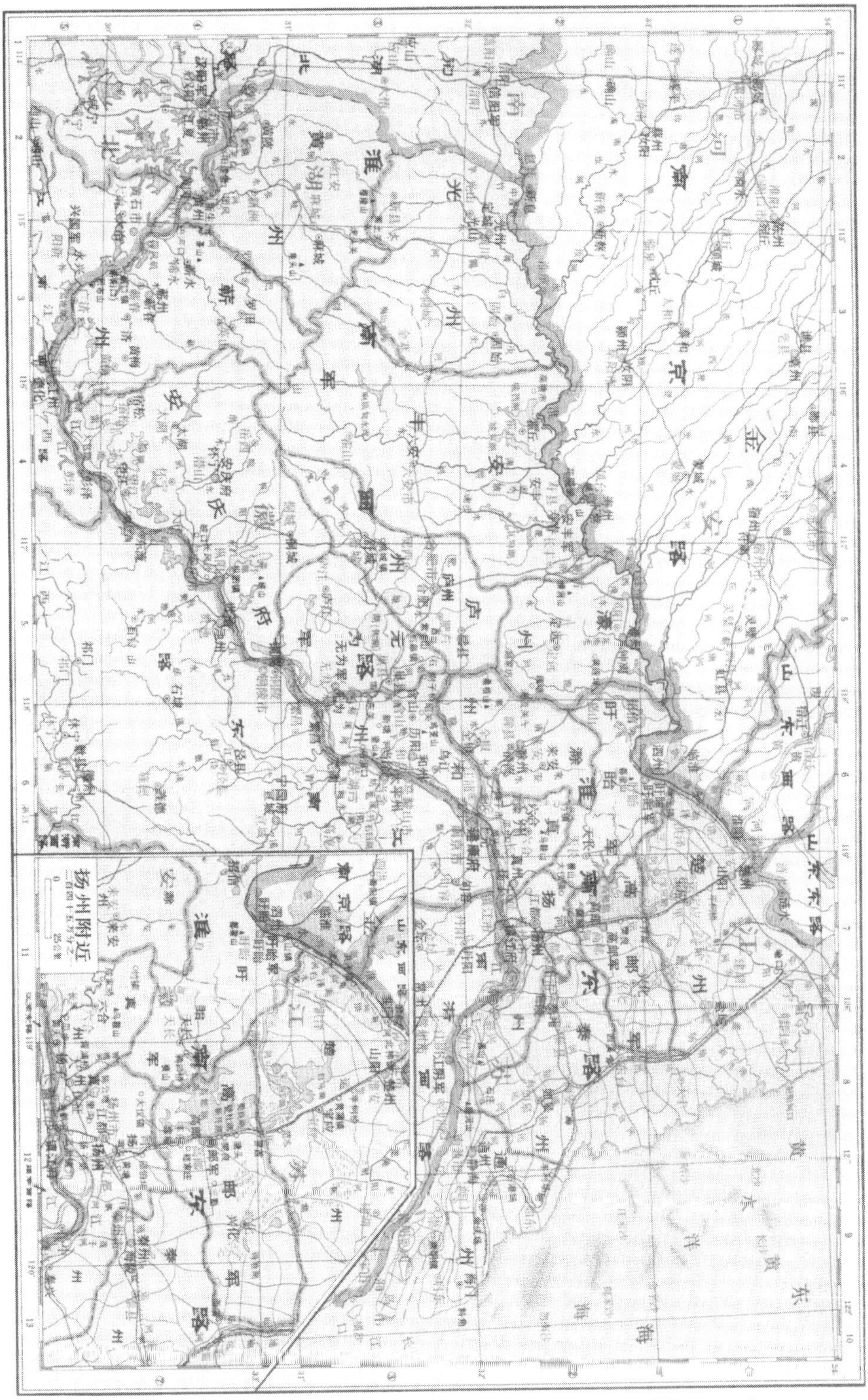

譚其驤主編『中国歴史地図集』第6冊（宋・遼・金時期）　地図出版社　1982年

図６　南宋の江南西路

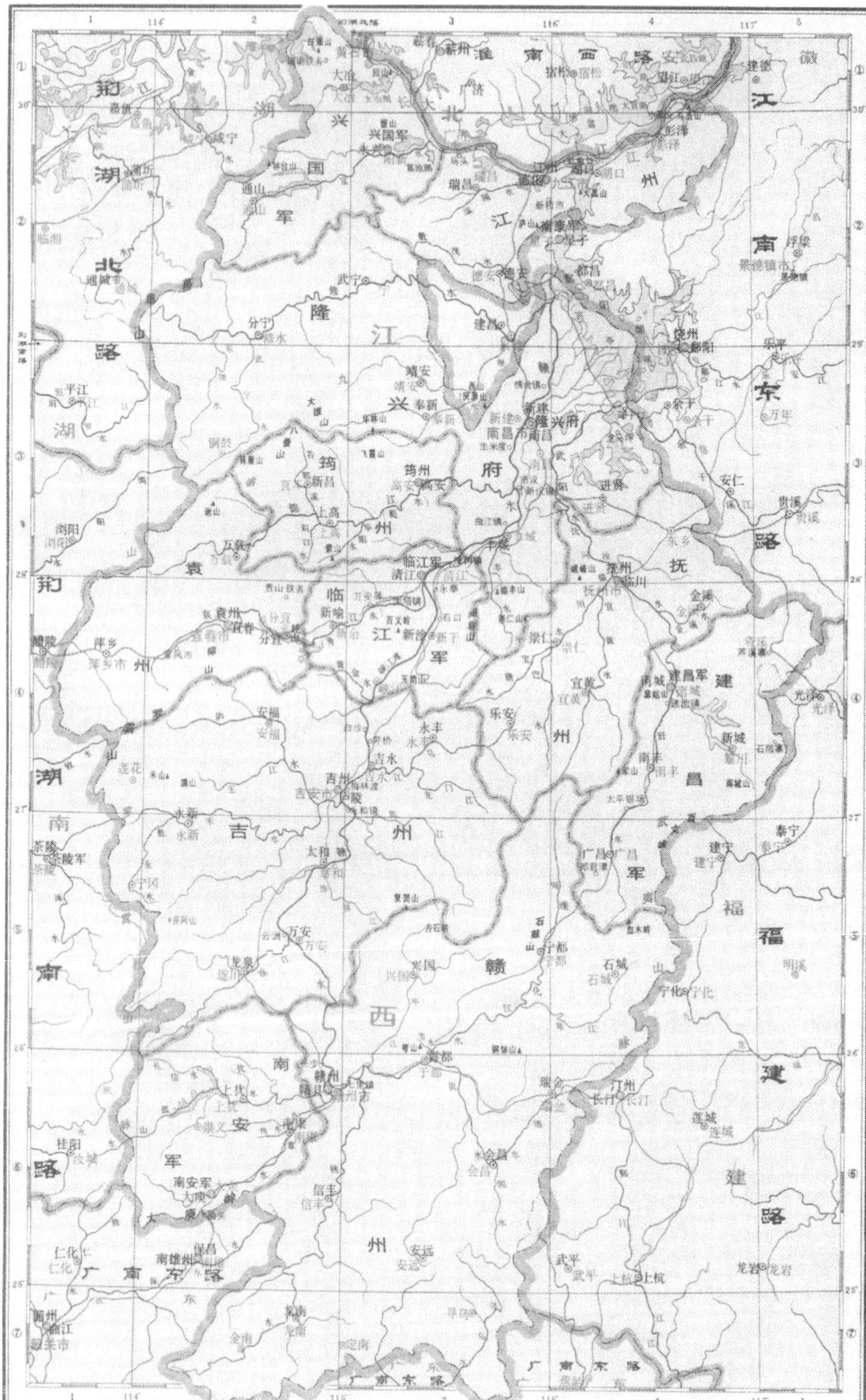

譚其驤主編『中国歴史地図集』第６冊（宋・遼・金時期）　地図出版社　1982年

南宋の楊冠卿の客亭類稿巻八　墾田には「今之淮楚荆襄、与夫湖広間、沃野綿亘、不知幾千百里、然禾黍之地、鞠為藁萊、肥饒之壌、蕩為荒穢」と宋金国境の辺域の農地が委棄されて荒土に化したことが述べられ、陳宓の復斎先生龍図陳公文集巻一　長憂歎にも「昨日長淮禾稲区、白骨成堆今莫数」と描写されている。仲并は浮山集巻四　蘄州任満陛対劄子のなかで、

臣今視之、田萊之荆榛未尽闢、閭里之創残未尽蘇、兵息既久、而瘡痏或尚存、年豊雖屢、而啼号或未免、鋤耰耘耔、皆僑寄之農夫、介冑兵戈、皆烏合之士卒、市井号為繁富者、纔一二郡、大概如江浙一中下県爾、県邑至為蕭条者、僅有四五十家、大概如江浙一小小聚落爾、

と、農業回復が甚だしくおくれ、営田の移民、屯田の兵卒による起耕がなされ、府州、県城の規模は江浙の県あるいは小聚落に比せられると記している。宋会要輯稿　食貨六三―一三七　営田雑録によると、乾道元年（一一六五）、揚・楚州・高郵・盱眙軍・天長県の係官荒田は五万八〇〇〇余頃、同書食貨六―二〇　墾田雑録では乾道七年（一一七一）、真・揚・通・泰・楚・滁州・盱眙・高郵軍の係官荒田は三万五〇〇〇頃に上った。

こうした荒田の開墾が屯田、営田（民屯）策として進められたことは、周藤吉之、梅原郁教授の詳考するところである。(76)　屯田・営田が重点的に行われた地域は瀕淮の寿州、楚州、長江に沿う蘄州、無為軍・和州・真州・揚州・泰州そして両河川の中間にある廬州・滁州・高郵軍であった。仲并の浮山集巻四　蘄州到謝任表によると、蘄州の戸口は北宋の図牒で口一二万であったものが、南宋では主客口二万に、田もと一二万頃であったものが三〇〇〇頃に減っていたという。陳造の江湖長翁文集巻六　次韻林子長計使には「淮郷旧楽土、兼有斉俗緩、頃来南北雑、頗復煩城垣、要須禁敓攘、淮郷帰正人、誘率江浙游手、劚佃良民之田、計使約束厳禁、淮民安妥」、方輿勝覧巻四八　廬州　風俗に「郡志、自兵火之後、江浙之民実居之、流移多於土着、於是乎醇厚之風不如古、而囂訟好争者紛然」と、帰正人を指導者とし、江浙の移民を農業労働力とした集団開墾が行われ、往々土民の田を劚佃したと伝えている。

宋会要輯稿　食貨六―一四　墾田雑録　紹興二十年（一一五〇）四月二十七日　知廬州呉逵は官荘方式の営田策を献じたなかで、江・浙・福建

において監司と守臣に委ねて土豪大姓を勧誘し、淮南に赴いて便に従って田地を開墾することを勧めているのは興味深い。帰正人が淮南で田土を支給されて開墾の一助となったことは周藤・梅原教授もすでに指摘しているが(77)、その具体像として梅原教授が宋会要輯稿　兵一五—一〇　帰正　紹興三十一年(一一六一)十一月六日の条から示した事例を参照すると、鄧州の豪戸孫儔が家属と客戸壮丁一千余人、老小三千余口、馬一十五疋、牛驢一千余頭を伴って湖北路の鄂州に入植したごとき大姓から、中・小地主相当の「貧窮帰正人」も含まれていたようである。

一方、羅願の撰した淳熙新安志巻一　風俗によると「自唐末賦不属天子、驟増之、民則益貧、然力作重遷、猶癒〔愈〕於他郡、比年多徙舒・池・無為界中」と、徽州の窮民が舒・池・無為軍に入植したことに触れている。李心伝の建炎以来朝野雑記甲集巻八　陳子長築紹熙堰の条には、

両淮土沃而多曠、土人且耕且種、不待耘耔而其収十倍、浙民毎於秋熟、以小舟載其家之淮上、為淮民穫田、主僅収十五、他皆為浙人得之、以舟載所得而帰、

と、移民ではなく、収穫期の労働出稼人として浙民が家族とともに小舟で淮南に渡り、割稲夫として働き、収穫の折半という法外な報酬を得て帰郷する慣わしがあったことを記録している。

その一方で、当然淮南からより経済機会に恵まれ、かつ安全な江浙、福建への人口の対流があった。南宋の葉紹翁の四朝聞見録戊集　淮民漿棗には、

紹興和議既堅、淮民始知生聚之楽、桑麦大稔、福建号為楽区、負載而之者、謂之反淮南……自開禧兵変、淮民稍徙入于閩于浙、

と、平和の回復して生産も戻った淮南へ福建から渡る「反淮南」の民があり、開禧用兵に至り再び両浙、福建への流出がすすんだという。李心伝の建炎以来繋年要録巻八〇　紹興四年(一一三四)九月乙卯に「今江北流寓之人、失所者甚衆、而淮甸耕夫、往往多在南方、樵蘇不給」と記すのは、南宋初の淮南から流出して長江の南に移った移民の多くが窮民であったことを証している。要するに戦乱に伴う農

業の疲弊、労力の不足によって、淮南から貧富両層の民が江・浙・閩へ移る一方で、帰正人ほか江・浙・閩の土豪が開墾地主となって江・浙・閩の民を招き定住をはかるという、複雑な人口の対流が生じていた。

こうした開墾にもかかわらず、淮南の生産性は低水準であったようである。虞儔の尊白堂集巻六　使北回上殿劄子に、

両淮多曠土、官司往時募人営墾、聴其占佃、今已殆遍、謂如佃田百畝、往往広為四至、逾千畝者、然其所占雖多、力実不給、種之鹵莽、収亦鹵莽、大率淮田百畝所収、不如江浙十畝、況有不及耕種去処、以故淮郡雖号佃田殆遍、而民間実無蓄積、……況淮上土力壮厚、与中原不異、特患人力不至耳、使如江浙農民、耕耨以時、灌漑有度、務尽地力、其為利豈不深厚、

と述べ、淮南では営田、屯田策の普及が契機となって、一応は占田があまねく広がっているものの、経営単位は広くて集約管理が行われず、畝当りの収益も江浙の十分の一ほどであり、入念な耕起や除草、灌漑を施せば潜在生産力を高めることができると見ている。京西南路の房州の例ではあるが、陳造の江湖長翁文集巻三〇　房陵勧農文に、房州の民が灌漑のための水車を備える技術を知らず、また桑柘の栽培と養蚕を怠り飼守繰織みな法を得ていないことを戒めて「二者、汝房民之急務、宜取法江浙之人、夫淮・漢之俗、大抵略同……権守(陳造)淮人也、亦以農起家、毎不自以淮俗為是、而農器之製、必訪諸浙耕者、蚕者亦取法於浙」と述べているのは興味深い。陳造自らが淮南の農民として起家したにもかかわらず、農器の技術、養蚕の法は、必ず必要に応じて江浙の農民を親しく訪れて(或は招いて)、高水準のものを導入移転してきたようであり、彼は房州の水利や養蚕け、京西、淮南、江浙の技術生態が相互に近いという理由で、江浙の先進の法を移転することによって改良が可能であると見ていた。技術が容易に広域に伝播するという点では、政権の地方割拠のない官僚制下の集権は好条件を供していた。ともかく、この史料で、淮南・京西と江浙で農業技術の集約度に歴然とした格差があったことは立証されている。

こうした粗放農業で特色づけられる淮南は、荆湖同様に商業の活動によって需給が調整されるところが多かったようである[11]。樓鑰の攻媿集巻一〇〇　朝請大夫致仕王君(正功)墓誌銘を見ると、「遂知蘄州……君以慶元四年(一一九八)視事……又念歳収纔能自給、而巨商率

先以他貨来售、禾始登場、厚取其贏」と、蘄州は余剰を以て積極的に商取引を広げる水準に至らず、外来の巨商が事前に他貨をもたらして掛け貸しした上で、収穫とともに穀物を安価に集荷して去り儲けていた。陳造の江湖長翁文集巻五　銭幣に「淮民魚塩余、百貨仰殊域」とする叙述は、淮西山地に特化した茶貨を明らかに看過しているが、粗放農業のゆえにかえって百貨、すなわち日常に需要される物資の供給が外来商人の掌中に帰していたことを語っている。以上をまとめると、宋代の淮南には人口過疎の状況が社会不安にからんで持続し、ために集約農業の受け皿が整わず、技術も落伍し、狭境からの窮民、季節労働者や土豪の集団移住がすすみ、外郷の商人が勢力を占め、その一方で土民が江・浙に移り住む状況であった。

つぎに江南東西路を見よう。江東西は漠然と「江浙」に含まれて言及されているものの、仔細に見ると両浙・福建の先進性とは明らかな落差があり、淮南・荆湖・広南との相対比較の上でいえば中進的状況にあった。江東の地文的・政治的中枢は江寧（建康）であるが、南朝時代に政治軍事的配慮から選ばれつとに大都会に成長していた建康の、南部の低湿地、長江岸の低湿地は、宋代でも長江デルタの強湿地同様あるいはそれ以上に、必ずしも乾田化が進んでいなかった。むしろ鄱陽湖周辺を中枢核とする江西は、地文的にもよりまとまりがあり、平坦で豊沃な沖積盆地に富み、早くから贛水水系の要所に政治都市が発達していた。唐半ばに河南を経由する江淮路の交通幹線が妨げられ、贛水を遡流し虔州から南嶺をこえて広州に至る交通線が重きを加えはじめた[78]。藩鎮が割拠するなかで江西は重視されはじめ、白居易の白氏長慶集巻三八　除裴堪江西観察使制の文中に「江西七郡、列邑数十、土沃人庶、今之奥区、財賦孔殷、国用所繫」と表現され、冊府元亀巻四七四　台省部奏議にも「太和三年（八二九）十月、御史台奏、准勅差孟琯、巡察米価、其江西湖南、地称沃壤、所出常倍他州」と、江西の豊饒さが中央の関心を引いたことを裏づけている。

江東西の水利改良の史料は天宝（九〇八～）以後に多い。権徳輿の権載之文集巻二五　李（条）公墓誌銘序には宣城県南の湿地排水工事が記され、新唐書巻四一　地理志　宣城県には、大暦二年（七六七）、観察使陳少游による徳政陂（漑田二〇〇頃）、全唐文巻六九五　元和八年（八一三）六月壬午の宣州南陵県大農陂記には、元和四年（八〇九）竣工の宣州南陵の大農陂、新唐書巻四一　地理志　宣州には、咸通五年（八六四）竣工の同南陵県の永豊陂の事例を示している。江西では全唐文巻八〇五　柏虔冉撰の咸通十一年（八七〇）新創千金陂記に、撫州臨川県で、貞元（七八五〜）から咸通（〜八七三）の間、華陂、冷泉陂そして千金陂（南北一二五丈）が刺史の領導で築かれたことが記録されている。また明万暦袁州府志巻四の李渠志を見ると、州治宜春県の西南で沙陂水から取水し、西郊二〇〇頃の田に灌水しつつ、城内の上下水にも利用する二〇〇〇丈弱の李渠が、元和四（八〇九）年、刺史李将順の立案と指導で施工された。

一方、饒州鄱陽県では、建中元年（七八〇）、刺史李復の手で邵父堰と李公堤が創られたことが新唐書巻四一　地理志に見え、また洪州については、韓愈の昌黎先生文集巻二五　韋（丹）公墓誌銘に、元和元年（八〇六）、洪州刺史であった韋丹が、州治周辺で全長一二里の江水を防ぐ堤防をつくり、斗門を設備し、江水を五九八の陂塘に導き、一万二〇〇〇頃の水田を造成したことを伝え、新唐書巻四一には、洪州建昌県の県治付近で、会昌六年（八四六）に捍水隄が、咸通三年（八六二）に別の堤防が県令の指導で備えられたことを記している。江州では、李翺の李文公集巻一七　江州南湖堤銘に、長慶二年（八二二）、江州刺史が潯陽県の甘棠湖で南陂を截ち、三五〇〇尺の堤を創り、新唐書巻四一　地理志　江州潯陽県には、太和三年（八二九）、秋水隄を刺史韋珩が築いたことと、会昌二年（八四二）、刺史が県西に断洪隄を築いたことを挙げ、同書同巻江州都昌県には、県南に咸通元年（八六〇）、県令陳可夫の手で陳令塘が設けられたとしている。

こうした水利改良は府州あるいは県の直接の後背地に施され、往々にして治所の都市化、治所への補給に関係していたことは、のちに袁州について詳述するところである。また山間部の徽州についてこれも後にのべるように、中小規模の水利工事は豪民や土民の手でなされることが多かった。徽州では隋末・唐初に土豪汪華が黄山の箬嶺を越えて宣州・太平県に通ずる路を開いたことが新安志巻三　山阜に見え、代宗の頃（七六二〜七七九）、刺史呂季重が歙県の南一二里、揚之水の車輪灘を鑿平して舟行を便にしたことが新唐書巻四一　地理志に記されている。徽州の祁門県では唐末には住民の七〜八割が茶の生産に特化し、声価の高い祁門茶を内外の茶商が祁門水を利用して江西方面に販出していた。咸通元年〜三年（八六〇〜二）に県令と刺史が土客、商人、船戸の支持のもとに、祁門水の難路であった閶門渓を改修した工事については、全唐文巻八〇二　祁門県新修閶門渓記に詳述されている。これらを総合すると、江東西の水利改善は天水貯水池で

図7　南宋の兩浙東西路，江南東路

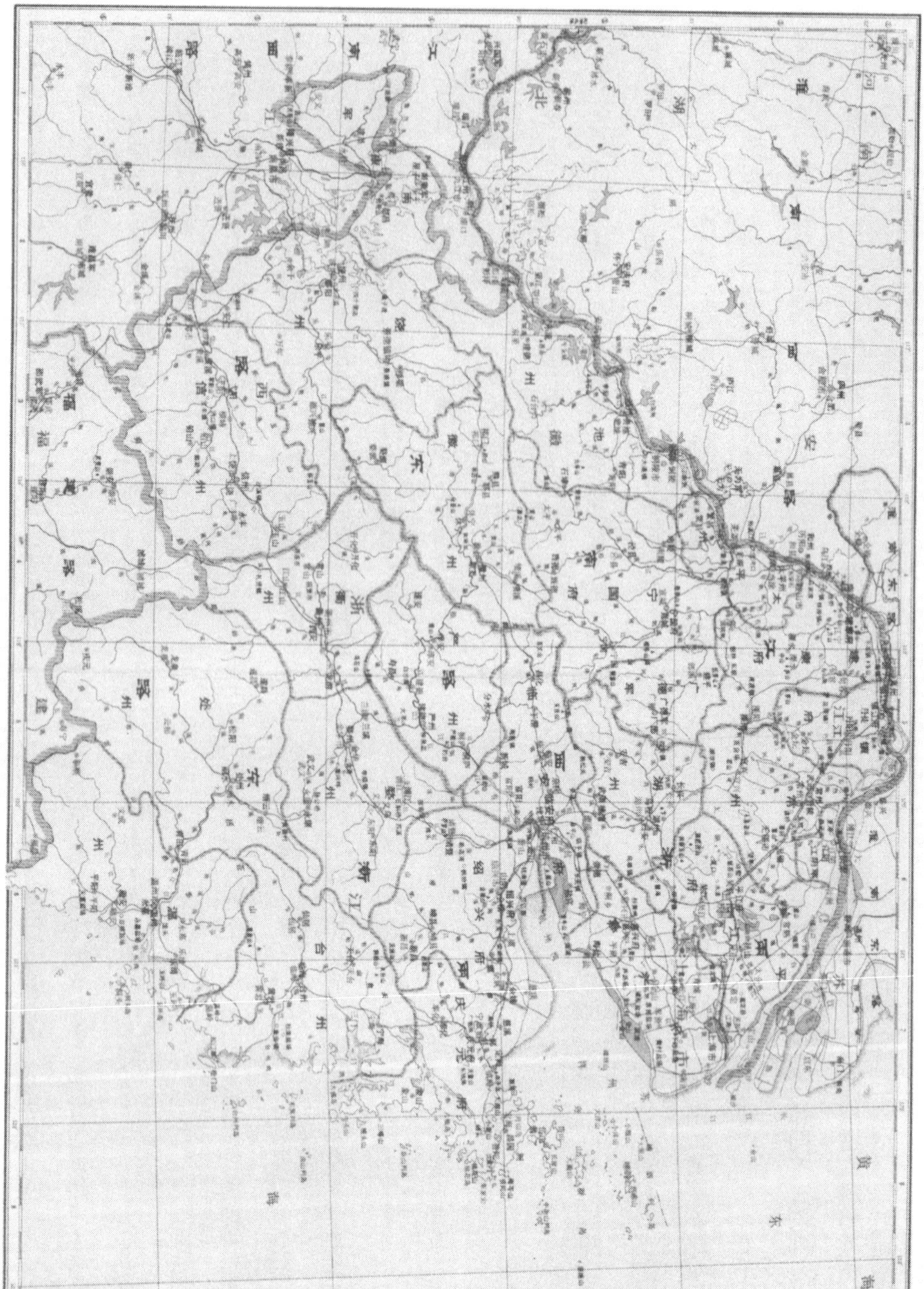

譚其驤主編『中国歴史地図集』第6冊（宋・遼・金時期）　地図出版社　1982年

ありかつ溝渠と斗門を付設した大小さまざまな陂、塘、堨（あつ）の技法を用い、傾斜の多い地形に適応して水田を開いていたものと思われる。

五代には揚州に拠った楊行密が大軍の補給地として江東西の域と常・潤州それに淮南江北を支配し、この勢力圏は江寧を西都、揚州を東都とした南唐が引き継ぎ、ついで宋が南唐を征服したのち、長江以南を江寧を中心とする江東、洪州を中心とする江西に分割した。江西路のなかに江州を編入したのは南宋初のことであるから、江南東西路の区画と線引きは人為的、便宜的な性格を帯びておりそれだけ地文的統合、行政的統合は過渡的であった。

蕪湖を中心とする後世の広域的な米産地は宋代ではまだ生じていなかった。景定刊建康志巻二三 平羅倉の条に引く江東転運判官岳珂の省劄は簡潔に江東の状況を伝えている。

本司所管九郡、建康留都、民物繁庶、絶在下流、因船脚道路之遥、平時米価、最高於它郡。次則徽州陿屼、山多田少、与広徳小塁、倶在水次不通之地、太平・寧国、山・圩田相半、高下既殊、或旱或澇、難得全熟、池州・南康、雖通水次、素少積貯。惟饒・信旧来産米、卻縁渓港夏漲、則販糴貪価、多輸泄於下流、歳事或稍不登、則秋冬水涸、縦使有米接済、亦無逆水可致之理、

この文は、淮西総領所が設けられた建康府において、建康の大軍に年間五五万石、池州の大軍に一四万四〇〇〇石、宣州殿前司牧馬軍に三万石計七二万四〇〇〇石の米の補給を南宋初から行っていた事情があり、この補給の可能性を江東路九府州について再検討したものである。南宋では江東路の上供漕米の原額は九三万石に減額されたが、実徴されたのは八五万石であり、しかもうち八万石は馬料に折して納められたから、秋苗の上供としては七七万石であった。そのうち、建康府・太平州・宣州の上供米は下流の行在臨安府に、池・宣・太平州・南康軍・広徳軍の上供米は同じく下流の鎮江府大軍に送られ、建康府大軍へは江東の饒州のほか、江西の吉・撫・建昌軍から、池州大軍へは吉・撫・南安軍から、宣州殿前司牧馬へは地元の江東の宣州から送られていた。すなわち江東路から建康に送られる上供米は饒州が負担するのみであった。南宋を通じて建康の淮西総領所の消費する軍糧は、当初の七〇～八〇万石から漸増して理宗朝には一五〇万石に達したが、この消費額は毎年上半年に江東江西路の上供米五〇万石のほか、提刑、転運司の

和糴米一〇〇万石で充たしたのである。

このような制度の枠組みの下で江東路の九府州軍のうち、建康は長江本枝流の舟運による商米を集めたが、徽州と広徳軍は山地で水田が乏しく、交通も不便で余剰米の流出は到底考えられない（徽州は平時も饒州米の供給に仰いでいた）。太平州・宣州は山田と低地の圩田が相い半ばし、作況が山田・圩田ごとに異なるため全熟は得られない。池州と南康軍は長江水路に接するため余剰米が容易に流出して積貯がない。信州と饒州は作柄に恵まれているが、ともに鄱陽湖方面に米が流れ、やや不作ともなれば秋冬には河川は水位が落ちて低地の米を買戻すことができなかった。ちなみに、江東路の北宋の上供米は九九万一一〇〇石、南宋初の原額は九三万石、しかし実徴総額は八五万石であった。南宋の現存史料から各府州の判明する額を拾うと、建康二〇万七七〇〇石（実徴一九万九〇〇〇石）、徽州五万九八〇〇石、饒州一二～一八万石、南康軍四万六五〇〇石、宣州二六万三〇〇〇石、と以上のみで七五万四〇〇〇石となる。宣州の額が高いのは圩田の収入、陂田の収入いずれか判明しないが、建康の二〇万石という額は、一部の研究者が信じているごとき圩田の普及・安定をむしろ疑わせる材料となろう。

建康の穀物需要が客米に頼っていたことについては、劉宰の漫塘劉先生文集前集巻二二　建康平止倉免回税記に「金陵古帝王州、民物所萃、食焉者衆、生之者寡、歳仰糴客販、長江天険、舟至不時、価輒翔踊」、また、袁燮の絜斎集巻一三　龍図閣学士通奉大夫尚書黄公（度）行状に「嘉定四年（一二〇九）……金陵軍民雑処、舟連艫湊、米麦薪炭醝茗之属、民間日用所須者、悉資客販」、景定建康志巻二三　城闕志四　平止倉　知建康府余嶸の省劄に、「此邦雖名為繁庶、而民生最艱、素無蓄蔵、日食所須、仰給商販、米舟一日不至、米価即倍騰踴」という史料で立証されている。

饒州が北宋では肥沃の地に恵まれ、百金を蓄えても富人の列に入らないという状況は、すでに容斎四筆巻五の餘干県学記に見たところである。しかし、元の張伯淳の養蒙斎先生文集巻三　餘干陞州記に「其東近接彭蠡、雖広袤沃衍、水潦時至則為溝壑、民不勤且匱、南広信、西豫章、境内穀粟絲枲仰焉」という叙述から推すと、水利が安定せず、穀物や糸麻の類を信州、洪州に仰ぐこともあった。

その信州について陳淵の默堂先生文集巻一二　又上殿劄子に「今歳旱乾、蘇湖雖不至大歉、而衢・信所収、十無五六、若蘇湖之米不移、則衢・信上下、来年必至乏食」というように、災害に会えば米は半収となり、蘇・湖米の補給を欠けば恐慌を必ず来す状態であった。池州についても前述のごとく開荒の対象地であったほか、袁説友の東塘集巻九　又申乞禁止上流州郡遏糴疏に、「本州（池州）地狭民貧、雖是豊熟年分、居民所仰食米、亦是上江客船米斛、到来江岸、迤邐近城出糶、始可足用、……上江一路州軍、如湖北江西、多有州軍禁止米船、不得出界」とあり、通常は湖北・江西の産米が客商の舟で長江を下るものを江岸で買付けることで需要が充たされ、豊年といえども自給する余裕がなかったことが指摘されている。

通常の食糧不足を饒州の産米で補給していた徽州では淳熙刊新安志巻二　叙貢賦に次の記載がある。「新安為郡、在万山間、其地険陿而不夷、其土騂剛而不化、水湍悍少瀦蓄、自其郡邑、固已践山為城、至於四郊都鄙、則又可知也、大山之所落、深谷之所窮、民之田其間者、層累而上、指十数級、不能為一畝、快牛剡耜、不得旋其間、刀耕而火種之、十日不雨、則卯（仰）天而呼、一遇雨沢、山水暴出、則糞壌与禾、蕩然一空、蓋地之勤民力者如此、宣・饒之田、弥望数百畝、民相与秔稌之、歳纔一芸、時雨既至、禾稗相依以長、而其人亦終歳飽食、不待究其力、歙之人、芸以三四、方夏五六月、田水如湯、父子袒跣、膝行其中、漉深泥、抵隆日、蚊蝱之所撲緣、虫蛭之所攻毒、雖数苦有不得避、其生勤矣、」すなわち饒、宣に比して労働集約と勤労を強いる稲作の状況を伝えている。舒璘の舒文靖集巻下　与陳倉にも「矧此邦（徽州）山多田少、貧民下戸、仰給于陸種者尤衆」、また同書巻下　与陳英仲提挙劄子にも「新安雖号六邑、皆崇山峻嶺、水東流浙、西入彭蠡、在江右、若覆釜然、耕墾砂礫、不見平原」と、平地に乏しく、貧民や下戸に粟麦など陸種にたずさわるものがあったことを示している。元の方岳の秋崖先生小稿巻三六　徽州平糴倉記には、「淳祐二年（一二四二）……徽民鑿山而田、高耕入雲者十半、其力貧而食貴」、とあり、南宋の程珌の洺水集巻七　徽州平糴倉記にも、「歙為州、其山峭壁、其水清激、雨終朝則万壑迸流、晴再旬、則平疇已拆、故乾与溢特易、旁郡又其地十、為山七八、田僅一二、雖歳上熟、所斂無幾」と、水田が稀少でしかも水旱の害に弱く、豊年でも収量け少ないと見ている。新安志巻二　叙貢賦　税則に、「大率上田産米二石者、田主之収什六七」と、上田の畝収を二石とみているが、程珌の洺水集巻一〇　休寧県減折帛軍布銭記には、

陶雅武夫、累増民賦、以奉（楊）行密、大率為田一畝、歳収一石五斗、而夏秋所輸、則已不啻三斗矣、東厳西池南衢北宣、皆四鄰也、而賦入軽重、則若天壌焉、

と、畝収一石五斗を平均水準と考え、この収量に対して四隣の厳州、池州、衢州、宣州より高額の両税が課されているのは呉の楊行密の武将であった池州団練使陶雅が歙州刺史に命ぜられた間に高税率を課した遺制であると述べている。畝収一・五石〜二石は、後に触れるように、長江下流域の平均水準並みといえる。しかし徽州での高率な畝収は、徹底した労働集約によって、本来耕地面積に乏しく土壌の劣悪で収穫不安定な水田から得られたもので、この状況は福建のそれに大いに類している。

また徽州の経済において、すでに純農業は生業の中心基盤ではなくなっていた。舒・池・無為軍への農業移民は前に述べたが、呉儆の竹洲文集巻一二　送曹守序に「新安在唐号富州、至本朝為江浙窮陋処……時和歳豊、民無遺力、地無遺利、歁歁然僅自足、一遇水旱、強者起為盗賊、弱者散而之四方」、また同書同巻　尚書宋公山居三十韻序に「新安……士大夫生於其間、而立于朝者多自諫坡御史府以進至于卿相、立功名、著風節、眡通都大邑無愧或過之、然率多貧多難、或寓他郡、不能殖生業、飾游観、為帰老故郷之計」とあり、淳熙新安志巻一　風俗にも「休寧俗亟多学者、山出美材、歳聯為桴、下浙河往者多取富……祁門水入于鄱、民以茗漆紙木行江西、仰其米自給、俗重蚕」と述べ、休寧の材木、祁門の茶・漆・紙・木がそれぞれ浙江と鄱陽に販出され、鄱陽から米がもたらされたが、移民のほか、人材ことに学者の産出、そして中央、地方での成功も徽州人の勤勉が生み出した窮境打開の方策であった。

江西路全体は、南宋では両浙に次ぐ豊饒な米産地であった。北宋代では一路の秋苗は一六〇余万石、留州三〇余万石を差し引いて、一二〇万八九〇〇石が上供された。南宋では一二六万石と査定されたが、実徴の額は九七万石に落ち着き、この額は両浙・江東・湖南北よりはるかに多かった。上述したように、江・洪・臨江・興国の上供米は鎮江府大軍に、吉・撫・建昌軍の上供米は建康府大軍

に、吉・撫・南安軍の上供米は池州大軍に送られたが、のちには湖広総領所に和糴米七〇万石の一部を江西転運司が送っている。要するに、長江の中・下流域を流れる上供米、和糴米そして市販米の多くは江西を来源としていた。主産地は洪州と吉州である。祝穆の方輿勝覧巻一九　隆興府（洪州）形勝に「其田宜秔稌、其賦粟輸于京師、為天下最」とあり、王象之の輿地紀勝巻三一　吉州　風俗形勝に唐の事例であるが「土沃多稼、散粒荊揚、（唐皇甫寔廬陵県庁壁記）」と記し、早くから吉州から米が荊揚に流れていたことが分かる。黄震の黄氏日抄巻七一　（初任諸司差委事）申安撫司乞撥白蓮堂田産充和糴荘の条には、「大江以西、隆興・吉州等処、皆平原大野、産米居多、惟本州（撫州）与建昌為山郡」と見え、撫州・建昌軍の山地の比重の多さに比べ、洪州・吉州は平原が多く、産米も多かった。李正民の大隠集巻五　呉運使啓の一文にも「江西諸郡、昔号富饒、廬陵（吉州）小邦、尤称沃衍、一千里之壌地、秔稲連雲、四十万之輸、将舳艫蔽水、朝廷倚為根本、民物頼以繁昌」、また王象之の輿地紀勝巻三一　吉州風俗形勝に、「其戸口繁衍、田賦浩穰、実為江西一路之最」と見え、ことに吉州が人口も農産ももっとも多く、洪州がこれに次いだようである。宋会要輯稿　食貨五〇　船乾道九年（一一七三）十一月一日条に「吉州一歳米三十七万石」とあり、上供額と解すれば、一府州の上供米としては、蘇州の三四万石、常州の三四万石、嘉興府の三〇万石をむしろ凌いでおり、秔稲（うるち）連雲とあるように上質米の産地であった。江西路の上供米として知りうるものは、贛州（虔州）の秋苗一三万石、上供一〇万石、袁州の秋苗一一万石、上供六万石、筠州の秋苗八万六〇〇〇石、臨江軍の秋苗一二万石、上供一一万石、建昌軍の四万八〇〇〇石であり、洪州ほかは不明である。江西一路十一州軍の上供九七万石のうち、三七万石を吉州が負担し、上掲五州軍で四〇万石前後を負担したとすれば、洪州を含む六府州軍の負担は相対的に軽微である。

ところで呉泳の鶴林集巻三九　隆興府勧農文には、洪州周辺の農業事情を知る史料がある。

按隋書地理志載、豫章之俗頗同呉中、其男勤耕稼、其女勤紡績、意謂田野闢、蚕桑富、民皆著於本、無凍餒之患矣、太守自呉中来、入境問俗、則不然、呉中厥壌沃厥田腴、稲一歳再熟、蚕一年八育、而豫章則襟江帯湖、湖田多、山田少、禾大小一収、蚕早晩二熟而已、呉中之民、開荒墾窪、種粳稲、又種菜麦麻豆、耕無廃圩、刈無遺隴、而豫章所種、占米為多、有八十占、有百占、有百二十占、率数日（月）以待穫、而自余三時、則舎穡不務、皆曠土、皆游民也、所以呉中之農、専事人力、故諺曰、蘇湖熟天下足、勤所致也、豫章之農、只靠天幸、故諺曰、十年九不収、一熟十倍秋、惰所基也、勤則民富、惰則民貧、

ここでは洪州を蘇・湖（呉中）と直接に対比しているので、土地資源の利用法、技術水準、勤労習慣がはっきりと対照的に示されている。呉泳がモデルとして提示した呉中では、土壌が肥沃で稲は一年二作、蚕は八眠も可能であり、低地を開墾して粳稲、菜麦麻豆を植え、廃圩もない。洪州は湖田が山田より多く、年に主として占稲を植え一収する。蚕は早晩二熟である。ただしこの勧農文には修辞上の若干の誇張と不当な対比が含まれている。すなわち呉中の蘇州、嘉興でも西半部は粳に集中し、菜麦麻豆を間作あるいは冬作物に採用し、廃圩もない状況が存したであろうが、強湿の低地は占米を植え、経営も粗放であったはずである。また湖田と山田が混在する状況は「呉中」の山地、たとえば湖州、杭州の丘陵ではまだ主流であった。しかし、洪州をはじめ鄱陽湖周辺が、湖田が大半で山田が混わり、占米が山田や湖田の主要な水稲品種であり、しかも一熟であったという記述は興味深い。湖田も山田も実質的な可耕地は限られ、また占米は肥料の多用や入念な灌漑を必ずしも要しないから、高い人口集中を伴わない農耕状況を反映していると思われる。

佐竹靖彦教授は(79)、江東西に義門として旌表された大族の分布が多く、彼らの領導下に開墾がすすみ、郷村の秩序が形成されたと述べ、また H. Zurndorfer 教授の徽州の宗族についての唐〜明代にわたる研究でも(80)、R. Hymes 教授の撫州の宋代の宗族と士大夫の研究でも(81)、比較的に狭い範囲でなされる家族、宗族の結合で定住と開発が行われたことを指摘している、江東西の土地保有の形態は決して鮮明でないが、周藤教授が夷堅志等を参照して示した土地経営の実情は(82)、両浙に比べると粗放でかつ地主層の領導性が強い印象をうける。一つの例であるが宋会要輯稿　食貨六三　蠲放　乾道二年（一一六六）八月二十六日に、

詔降指揮両浙、江東路州軍不已、官戸、富民管田一万畝、出糴（糶）米二千五百石、両浙三十五万四千三百余石、已納三十万六千七百余石、未納四万七千六百余石、江東三万四千四百八十余石、已納二万三千二百三十余石、未納一万一千二百五十石、

とある。一万畝以上所有の官戸・富民に一率に各戸二五〇〇石の賑糶米を出させたとすると、両浙ではこの範疇の官戸・富戸は一四一戸、田土一四一万七〇〇〇畝以上、江東では一三戸、一三万八〇〇〇畝以上となる。土地集中と階層分化においても、かなりの格差をもっていたとみてよいであろう。

福建路についてはすでに前著で詳しく述べたので、(83)参照に値する二、三の史料を示すに止める。李呂の澹軒集巻一　和許尉仙出舎野老有可憐之態壁間之什という詩に、「七閩況多山、畈田惟中下、年登穀粟賤、逐末貧白話、一逢歳不稔、人半為餓者」、また陳藻の楽軒先生集巻一　剣建途中即事の詩に「山化千般障、田敷百級階」、また方勺の泊宅編巻中に「七閩地狭瘠、而水源浅遠、其人雖至勤倹、而所以為生之具、比他処終無有甚富者、墾山壠為田、層起如階級然」、また方大琮の鉄菴方公文集巻二一　郷守項寺丞博文書に莆陽について「大家谷(穀)食不多、非如江浙家、以万以千計者皆米也、今家有二三百石者甚可数、且半是糠粃、而小産尤可怜憫」とある数例は、福建全体に山地が圧倒的に多く、耕地は山腹に梯田として営まれ、ために農業的な蓄積と致富にも限りがあり、溺女(間引き)が横行し、(84)江浙の地主経営とは水準・規模が隔絶していることを捉えている。

福建路は全府州を海岸の下四州、山間の上四州に分けて叙述する史料があるが、人口の集中がいちじるしく、諸産業の分化をして職業的分化もすすんでいたのは下四州である。海上交通が発達し長江下流域からまた広南から米穀を積んだ船団が定常的に訪れ、福建産の砂鉄、木材、砂糖、果実、書籍、陶磁、また南海から転販される香料、貴木、籐材などを江浙に運んだ。わずかに一例を挙げれば、方大琮の鉄菴方公文集巻二一　郷守項寺丞書の前掲文の下条に、

閩上四州、産米為多、猶禁種秫、禁造麹、禁植柑橘、鑿池養魚、蓋欲無寸地不可耕、無粒米不可食、以産米有余之邦、而防慮至此、況歳無半糧乎、今興化県田、耗於秫糯、歳肩入城者、不知其幾千万〔担以靜嘉堂明鈔本加〕、仙游県田、耗於蔗糖、歳運入浙淮者、不知其幾千万億〔億明鈔本作壜〕、蔗之妨田固矣、

と、興化軍、興化県の醸造米の田、仙游県の蔗田への作付転換と城市あるいは淮浙への販売を証している。

職業的な選択の多様化については、曾丰の樽斎先生縁督集巻一七　送繆帳幹解任詣銓改秩序に、代表的な言及がある。

居今之人、自農転為士、為道、為釈、為技藝者、在在有之、而惟閩為多、閩地褊、不足以衣食之也、于是散之四方、故所在学有閩之士、所在浮屠老子宮、有閩之道釈、所在闤闠、有閩之技藝、其散而在四方者日加多、其聚而在閩者、率未嘗加少也、夫人之少則求進易、人多求進難、少而易、循常碌碌可以自奮、多而難、非有大過人之巧、莫獲進矣、故凡天下之言士、言道釈、言技藝者、多惟閩人為巧、何則多且難使然也、多之中不競易而競難、難之中不競拙而競巧、不巧求而獲者有矣、未有巧求而不獲者也、

方輿勝覧巻一〇　福州　風俗には、乾道丙戌（一一六六）、己丑（六九）、壬辰（七二）の三科挙の状元がみな永福人であったことを指して「百里三状元」と述べ、輿地紀勝巻一三三　南剣州に「延平志」を引き、「家楽教子、五歩一塾、十歩一庠、朝誦暮絃、洋洋盈耳」、同書巻一三四　邵武軍に「武陽志」を引き「頗好儒、所至村落、皆聚徒教授」と記しているのも[85]、こうした福建特有の社会移動水準の高さを例証している。なかでも商業的社会移動が閩商を駆って内地の諸地域から海外に進出させたことはすでに前著[83]で言及した。

注

(1) J. K. Fairbank, E. Reischauer, A. Craig (co-authored), *East Asia: Tradition and Transformation,* ch. 6 (by Reischauer), pp. 138, 139.

(2) W. Rowe, *Hankow: Commerce and Society in a Chinese City*, : 1796-1889 Introduction: Cities in the History of Europe and China, p.1-14.

(3) Marwyn S. Samuels, Review Article "The City in Late Imperial China," *Journal of Asian Studies*. 37:4, 1978, pp. 713-723.

(4) 前注(2)p. 139.

(5) Joseph Needham, *The Grand Titration, Science and Society in East and West,* Lond. 1969, p.11.

(6) Mark Elvin, *The Pattern of the Chinese Past, passim.*

(7) 前注(2)pp. 125, 126.

(8) John W. Chaffee, *The Thorny Gates of Learning in Sung China,* p. 65.

(9) *ibid.* pp. 119-156.

(10) 梅原郁『宋代官僚制度研究』六一〜六四　二六六〜二八八頁。

(11) 佐伯富「宋代の皇城司について」、「宋代走馬承受の研究」『中国史研究』第一　東洋史研究会、一九六九。

(12) Charles O. Hucker, *The Censorial System of Ming China*, Stanford, Stanford Univ. Press, 1966, pp.47-57.

(13) 周藤吉之『中国土地制度史研究』二〇九〜二一二頁。『唐宋社会経済史研究』東京大学出版会、一九六五、三〇〇〜三〇四頁。

(14) 何炳棣「南宋至今土地数字的考釈与評価」中国社会科学三一一九八五年二期　一三三〜一三四頁。

(15) D. Twitchett, "The T'ang Market System", *Asia Major* 12-2, 1966, pp. 205, 206. "Merchant, Trade and Government in Late T'ang", *Asia Major*, 14 : 1, 1968, pp. 63-77, pp. 94-95.

(16) 梁方仲編著『中国歴代戸口、田地、田賦統計』上海人民出版社一九八〇、八六〜九五、一四一〜一四九頁。

(17) D. Twitchett, "The T'ang Market System," *Asia Major*,12:2, p. 204.　ただし、梅原郁「宋代地方小都市の一面」史林四一―六に指摘しているように、鎮は行政的に特定の画された地域をもち、そのいわば地表下の土地資源は行政的に「郷村」とみなされて一般民政の対象とする一方で、地表上の営業と人口を「都市＝坊郭」とみなして、監鎮官を派しあるいは場務の官を派して財政上の統制を加え、武臣や選人をこの任に充てた。すなわち、純然たる自然成長の経済的都会ではない。それにしても、鎮に対する政府の統制がこのように目的別に分岐したことにおいて、鎮に住む住民の生活が、周辺の農村的生活という大海とは相対的に独自な性格を帯びたことは予測できる。市（村市）についても、商税・塩税の包摂行為が生存の一条件をなしたことは前著三六二・三頁で示した。この限りで行政の支持への依存があった訳であるものの、政府は村市の発生と存立を黙許し放任しており、格別の統制を試みていない。村市の生活は鎮以上に自律的であった。

(18) G. W. Skinner (ed), *The City in Late Imperial China*, pp. 275-307, 334-344. "Marketing and Social Structure in Rural China, Part 1."*Journal of Asian Studies*, 24:1. 1964, pp. 1-43.

(19) "Marketing and Social Structure in Rural China, Part Ⅱ".*JAS*, 24:2. 1965, pp. 196-203.（参考図は注末に示す）

(20) "Marketing and Social Structure in Rural China Part Ⅰ"pp.19, 29.（参考図は注末に示す）

(21) Philip Kuhn, *Rebellion and Its Enemies in Late Imperial China*, Cambridge, Mass. , Harvard Univ. Press, 1970, pp. 76-92. Winston Hsieh, "Peasant Insurrection and the

Marketing Hierarchy in the Canton Delta," in M. Elvin and W. Skinner (co-ed.), *The Chinese City Between Two Worlds*, Stanford, Stanford Univ. Press, 1974, pp. 119-41.

(22) 梁庚堯『南宋的農村経済』六～一一頁。

(23) 梅原『宋代官僚制度研究』二一七～二二一頁。二〇頁。二〇一～三頁。

(24) たとえば周藤吉之『中国土地制度史研究』二〇八～二一四、五四二～五五三頁、宋代官僚制と大土地所有、柳田節子『宋代郷村制の研究』創文社、一九八六、一九一～二三九頁。梁庚堯『南宋的農村経済』一〇九～一二九頁。

(25) R. Hartwell, "Demographic, Political and Social Transformations of China: 750-1550," *Harvard Journal of Asiatic Studies*, 42, 1982, pp. 365-442.

(26) Mark Elvin, *The Pattern of the Chinese Past*, "The High Level Equilibrium Trap: The Causes of the Decline of Invention in the Traditional Chinese Textile Industries", in W. Willmott (ed.), *Economic Organization in Chinese Society*, pp. 137-213. "Skills and Resources in Late Imperial China," in D. H. Perkins (ed.), *China's Modern Economy in Historical Perspective*, Stanford, Stanford Univ. Press, 1975, pp. 85-113. John C. H. Fei and T'sui-jung Liu, "Population Dynamics of Agrarianism in Traditional China," in Chi-ming Hou and Tzong-shian Yu (co-ed.) Modern Chinese Economic History, Taipei, Academia Sinica, 1979, pp. 23-53.

(27) *The Pattern of the Chinese Past*, pp. 298-316.

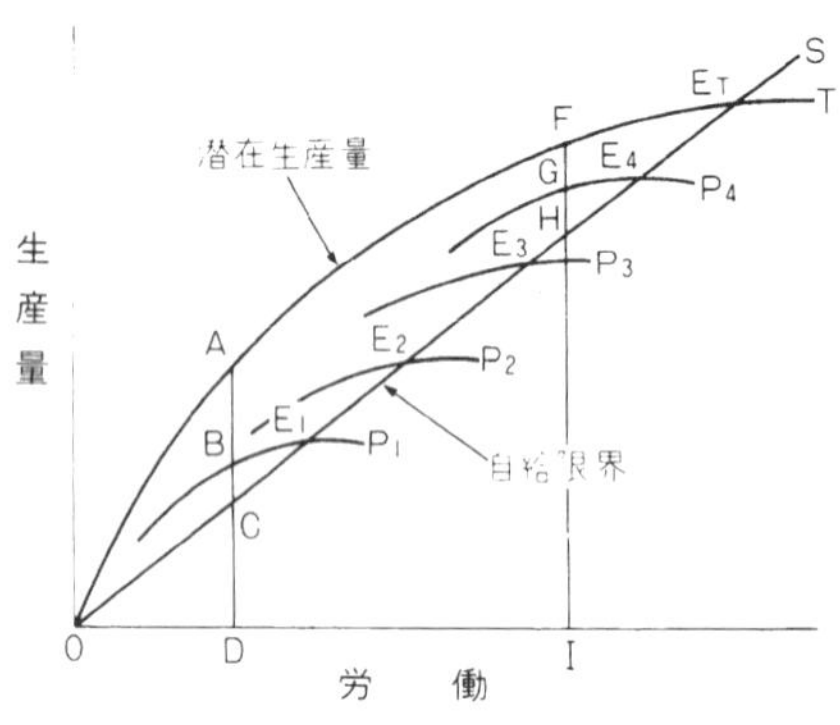

図　高位平衡のわな

OS直線……自給限界線（人口を自給するに要する農業生産量）

OA，F，ET，T　曲線……潜在生産量線（最善の農業技術の下，最良の労働投入が行われたときの生産量）

P_1～P_4……潜在生産量線（最良の技術の下，次善の，改良された労働，固定資本，肥料などと組織効率が投入されたときの生産量）

・OS直線とOA，F，ET，T曲線との距離（AC，B

C）で最善条件下の潜在余剰と次善のそれ（P曲線）とのちがいを示す。

・生産量がＯＳ直線上にあるかぎり，余剰があり，経済は活力を示す。

・P_1，P_2，P_3，P_4曲線が，ＯＳラインをE_1，E_2，E_3，E_4で割るとき，余剰は消え，人口を養うために農業改革を要す。

・ＯＡ，Ｆ，E_T，Ｔ曲線がE_T点を割るとき，この種の改良離脱のみちは阻まれる。

・1800年ころ，まだE_T点には達しなかつたものの，そのまぢかにあり，総生産量にたいする潜在余剰は，それ以前の時期にくらべて減少し，新しい需要を刺激する力はとぼしかった。

(28) 浜口重國「唐の玄宗朝に於ける江淮上供米と地税との関係」史学雑誌四五―一　一九三四，八九頁。浜口教授は唐代の江淮上供米の平常の額は五〇～一一〇万石（二万九七〇〇～八万九一〇〇キロリットル）であったと述べている。平均一〇〇万石とすれば宋の漕額は唐の六倍弱に当る。

(29) 星斌夫『明代漕運の研究』日本学術振興会，一九六三，二九頁。

(30) 同上　七五頁。

(31) 星斌夫『大運河―中国の漕運』近藤出版社，一九七一，一六一頁。

(32) 蘇軾撰東坡先生詩巻六　次韻曾仲錫元日見寄「吾国旧供雲沢米，自注，定州斎醮用蘇州米」，宋会要輯稿　刑法二―一〇六「建炎四年七月十九日　禁明越州山東游民来販糴，紹興二年三月九日禁江浙之民，販米入京東及販易縑帛者，瀕海巡捕官覚察止絶」。

(33) 斯波『宋代商業史研究』一五九，六〇，一六一～三頁。

(34) 宋会要輯稿　食貨七〇～一二四　経界雑録　紹興十二年十一月五日。建炎以来繫年要録巻一四七　同月日。康熙浮梁県志巻六李椿年伝。

(35) 前注(24)。

(36) 柳田節子『宋代郷村制の研究』二〇一～二二九頁。梁庚堯『南宋的農村経済』九九～一〇六頁。

(37) 方回撰古今考続考巻一八　付論班固計井田百畝歳出入条。

(38) Peter J. Golas, 'Rural China in the Sung,' *Journal of Asian Studies*, 39:2, 1980, pp. 291-325.

(39) 周藤吉之『中国土地制度史研究』四三一～五〇九，五三八～六〇二頁。『唐宋社会経済史研究』四五三～五二〇頁。『宋代経済史研究』四三三～五五六頁。曾我部静雄『宋代政経史の研究』吉川弘文館，一九七四，四〇五～四四二頁。王徳毅「李椿年与南宋土地経界」『宋史研究集』七輯　台北　一九七四。

(40) 何炳棣「南宋至今土地数字的考釈和評価」中国社会科学三二

一九八五年二期。

(41) 宋代の数値は後の表参照。明の数値は大明会典巻二四による。

(42) 続資治通鑑長編巻二　建隆二年正月癸丑。

(43) 周藤『中国土地制度史研究』四三五～八、五一五～八頁。

(44) 史記巻六　秦始皇本紀　始皇三十一年、「徐広曰使黔首自実田也」、何炳棣「南宋至今土地数字的考釈和評価」中国社会科学三二、一九八五、一三八頁。

(45) 宋会要輯稿　食貨四二　漕運　太宗雍熙四年十一月。

(46) Lien-sheng Yang, "Notes on Dr. Swann's Food and Money in Ancient China," *HJAS*, 1950, Dec., pp. 527-528. Ping-ti Ho, *Studies on the Population of China,1368-1953*, pp. 118-119. Yeh-chien Wang, *Land Taxation in Imperial China,1750-1911*, pp. 67-69.

(47) 前注 Ping-ti Ho, Yeh-chien Wang　同上頁。

(48) 前注(43) Ping-ti Ho　論文、一三三、一四八～一五〇頁。

(49) Yeh-chien Wang, *op.cit.*,pp. 52-61.

(50) Peter M. Blau, "A Formal Theory of Differentiation in Organizations", *American Sociological Review*, 35:2, 1970, pp. 201-18. Anthony Downs, *Inside Bureaucracy*, Boston, Little Brown, 1967, pp. 140-43,　の支配力逓減の法則と調整力逓減の法則、John Kasarda, "The Structural Implications of Social System Size: A Three Level Analysis," *American Sociological Review*, 39:1, 1974, pp. 26-27.

(51) 周藤吉之『唐宋社会経済史研究』東京大学出版会、一九六五、五六一～七八二頁。『宋代経済史研究』東京大学出版会、一九六二年、四三三～五五六頁。

(52) 柳田節子『宋元郷村制の研究』創元社、一九八六。

(53) 曾我部静雄『宋代財政史』生活社、一九四一、大安、一九六六。『宋代政経史の研究』吉川弘文館、一九七四。

(54) 日野開三郎「税・財政」『世界歴史大系六　東洋中世史　第三篇』平凡社、一九三四、「宋代の便糴に就いて」東洋学報二三―一　一九三五、「北宋時代の博糴に就いて」歴史学研究（旧）四―三　一九三五、「寇瑊伝に見えたる鑿頭の意味に就いて」『池内博士還暦記念論叢』一九四〇、「神宗朝を中心として観たる北宋時代の結糴」史淵二〇　一九三九。

(55) 佐伯富『中国塩政史の研究』法律文化社、一九八七。『宋代茶法研究資料』東方文化研究所、一九四一、『中国史研究』第一　東洋史研究会、一九六九、三七七～六一五頁、『中国史研究』第二　東洋史研究会、一九七一、一〇五～二六二頁。

(56) 戴裔煊『宋代鈔塩制度研究』商務印書館、一九五七。

(57) 河上光一「宋代四川に於ける権茶法の開始」 東方学二三 一九六二、「北宋代両浙路の塩法について」社会経済史学二九―六 一九六四、「宋代福建塩政小論」『鈴木俊教授還暦記念東洋史論叢』一九六四、「北宋代淮南塩の生産構造と収塩機構」史学雑誌七三―一二 一九六四。

(58) 吉田寅『元代製塩技術資料〈熬波図〉の研究』汲古書院、一九八三、「宋末の専売制度運営」歴史教育七―六 一九五九、「南宋の私塩統制について」『山崎先生退官記念論集』一九六七。

(59) 幸徹「北宋時代東南塩の官売法の推移について」東方学三四 一九六七、「北宋時代の東南官売法下末塩鈔の意義について」九州大学東洋史論叢一 一九七三、「北宋の東南地方に於ける官売法下末塩鈔制度の成立について」『青山博士古稀記念宋代史論叢』一九七四、「北宋慶暦年間の官売法下末塩鈔制度の混乱について」史淵一一三 一九七六、「宋代の東南官売塩法(一)官売末塩銭と末塩交鈔銭」歴史学・地理学年報四 一九八〇、「同(二)官売末塩銭年収額の推移」歴史学・地理学年報六 一九八二、「同(三)東南の官売塩法の退廃について」歴史学・地理学年報八 一九八四。

(60) 仁井田陞『中国法制史研究 奴隷農奴法・家族村落法』東京大学出版会、一九六二、一五三～六頁、高橋芳郎「部曲・客女から人力・女使へ―唐宋間身分編成原理の転換」『変革期アジアの法と経済』一九八六。

(61) J. Chaffee, *The Thorny Gates of Learning in Sung China*, p. 134.

(62) *ibid.*, pp. 134, 196, 197.

(63) 何炳棣「南宋至今土地数字的考釈与評価」中国社会科学一・二 一九八五。

(64) 前注(60)参照。

(65) 周藤吉之『中国土地制度史研究』四七八～四八一頁。

(66) J. Chaffee, *op.cit.*, p. 134.

(67) J. Chaffee, *op. cit.*, pp. 196, 197.

(68) J. Chaffee, *op.cit.*, pp. 134, 196, 197.

(69) 植松正「元代江南の豪民朱清・張瑄について―その誅殺と財産官没をめぐって―」東洋史研究二七―三 一九六八、「元代江南における徴税体制について」東洋史研究三三―一 一九七四。

(70) 森正夫「十六世紀太湖周辺地帯における官田制度の改革」(上)(下) 東洋史研究二一―四・五 一九六三、「明初江南の官田について―蘇州・松江二府におけるその具体像―」(上)(下) 東洋史研究一九―三・四 一九六〇、六一、「元代浙西地方の官田の貧難佃戸に関する一検討」名古屋大学文学部研究論集(史学)五六 一九七二、

「十五世紀前半太湖周辺地帯における国家と農民」名古屋大学文学部研究論集（史学）三八　一九六五、「十五世紀前半蘇州府における徭役労働制の改革」名古屋大学文学部研究論集（史学）四一　一九六六、「十四世紀後半浙西地方の地主制に関する覚書」名古屋大学文学部研究論集（史学）四四　一九六七、「明中葉江南における税糧徴収制度の沿革」小野和子編『明清時代の政治と社会』京都大学人文科学研究所、一九八三。Ping-ti Ho, *Studies on the Population of China*, pp.169-183.

(71) 星斌夫『明代漕運の研究』、『明清時代交通史の研究』。

(72) 地域の定義、八大地域の区分と区分法については、G. William Skinner, (1977), *op. cit.*, pp. 211-220. G. William Skinner, "Mobility Strategies in Late Imperial China: A Regional Systems Analysis". in Carol Smith (ed.) *Reginal Analysis*, Vol. I. Social Systems, 1976, Academic Press, N. Y., S. F. London, pp. 327-364.

(73) 一九八四年八月末、イタリー、ベラジオ市ロックフェラー・スタディ・アンド・リサーチ・センターで開催された「中国経済史における空間・時間動態会議」において、参加者が共通に参照できる、雲南を除く七大地域のデータ集が Robert Dernberger, Robert Hartwell, *The Coterminal Characteristics of Political Units and Economic Regions of China*, 1983, Center for Chinese Studies, The University of Michigan, 199ps. として刊行配布された。長江下流大地域内の府州選別、コア、ペリフェリ別区分はこれを参照している。

(74) 1949 National Year Book (in Chinese), 1949, Shanghai, Shanghai National Book Company. *The Statistical Yearbook of The Republic of China*, 1948, Statistical Bureau. に拠る。

(75) 周藤吉之『中国土地制度史研究』二八九～四〇四頁、『唐宋社会経済史研究』一四七～一七八頁。梅原郁「南宋淮南の土地制度試探―営田・屯田を中心に―」東洋史研究二一―四　一九六三。

(76) 前注(75)参照。

(77) 同上。

(78) 旧唐書巻一二一　梁崇義伝、通鑑巻二二九　建中四年十一月、新唐書巻四三　地理志　韶州始興県、全唐文巻二五九　蘇詵撰開大庾嶺銘。

(79) 佐竹靖彦「唐宋変革期における江南東西路の土地所有と土地政策―義門の成長を手がかりとして―」東洋史研究三一―四、なお「宋代贛州事情素描」『青山博士古稀記念宋代史論叢』省心書房、一九七四、九九～一二二頁、「宋代郷村制度之形成過程」東洋史研究二五—三　一九六六も参照。

（80） H. Zurndorfer, "*The Hsin-an Ta-tsu-chih* and the Development of Chinese Gentry Society, 800-1600" *T'oung Pao*, 67:3-5, 1981.

（81） R. Hymes, *Statesmen and Gentlemen, The Elite of Fu-chou,* **Chiang-Hsi in Northern and South** 1986.

（82） 周藤吉之『中国土地制度史研究』八六頁、一六三～四頁。

（83） 斯波『宋代商業史研究』四二一～三五頁。

（84） 曾我部静雄『宋代財政史』生活社、一九四一、大安、一九六六、宋代の身丁銭と戸口数問題。同「溺女考」東北大学法文学部十周年記念史学論文集『支那政治習俗致』一九五三。同『宋代政経史の研究』吉川弘文館、一九七四、宋代福建の仏教。

（85） 譚其驤「前言—論方輿勝覧的流伝与評価問題—」上海古籍出版社刊　宋祝穆撰『宋本方輿勝覧』一九八六　第一冊収。

（補1） 注(84)参照。

注⒆参考図１　原基市場圏の発生と粗放→集約の生成過程（Ⅰ－Ⅹ図）

Ⅰ　第１段階，６村が１市をもつ環節ができるが，市場圏同志は非連続。

Ⅱ　第１段階，人口増により，18村が１市をもち，６本の放射道路をもつ環節ができ，市場圏が空間内で連続する。

Ⅲ　第２段階，山地型。２次人口増が中枢のすぐ周りに生じ，村落分布が密になる。

Ⅳ　第２段階，平地型。同上。

Ⅴ　第２段階，山地型。すでに過密になった中枢部の村落に対応して，新しい道路が辺縁に伸び，隣のＳＭＴの新道路と結ばれる。山地は空間が狭いので，この新道が直接貫通しない村が残る。

Ⅵ　第２段階，平地型。新旧道路組織は全村落を貫通する。

Ⅶ　最終段階，山地型。既成の２ＳＭＴ圏をむすぶ２次道路の中間点に，人口増加によって生育過程のＳＭＴが生ずる。山地型は既成の２ＳＭＴの中間に発生する。

Ⅷ　最終段階，平地型。既成の３ＳＭＴ圏の接合する角の１次道路上に新しいＳＭＴが生ずる。

Ⅸ　旧ＳＭＴのＩＭＴへの昇格，山地型。Ⅶ段階で旧ＳＭＴはＩＭＴに昇格して組織完成。各ＳＭＴは同時に２つのＩＭＴに属する。

Ⅹ　旧ＳＭＴのＩＭＴへの昇格，平地型。Ⅷ段階で旧ＳＭＴは，ＩＭＴに昇格して組織完成。各ＳＭＴは同時に３つのＩＭＴに属する。

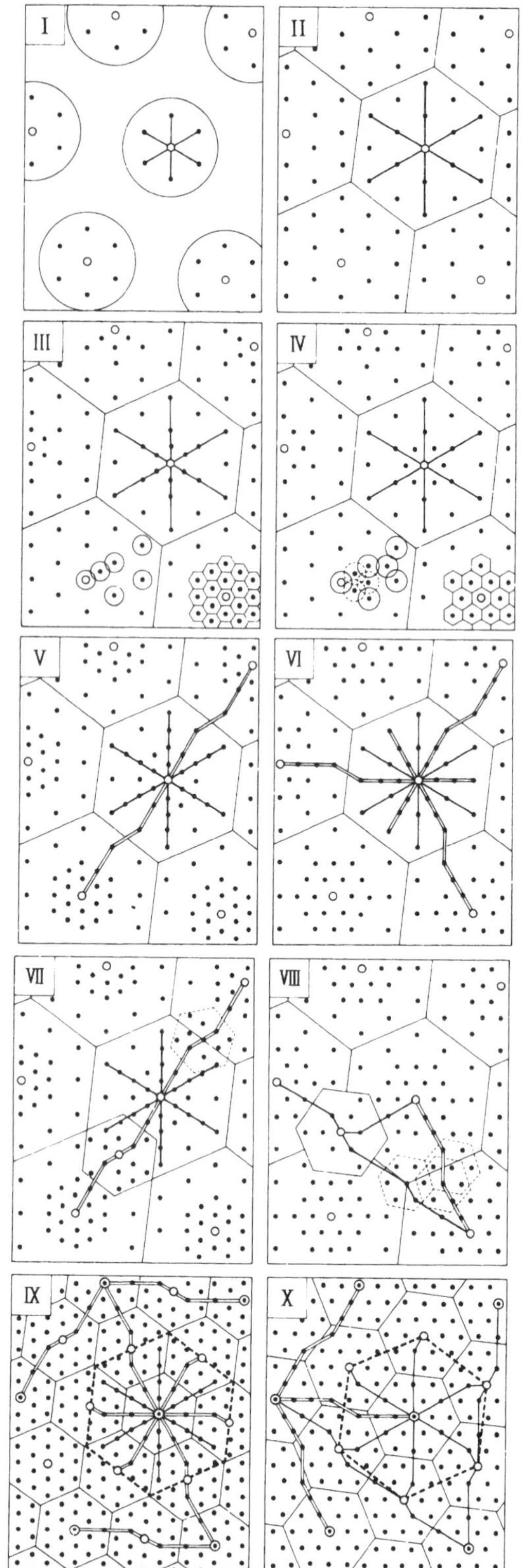

注⒆参考図２　成都周辺部の下位中心地構造

A　大都市商業地域
B　地方都市商業地域
C　CMTシステム
D　IMTシステム
E　同上拡大
F　SMTシステム

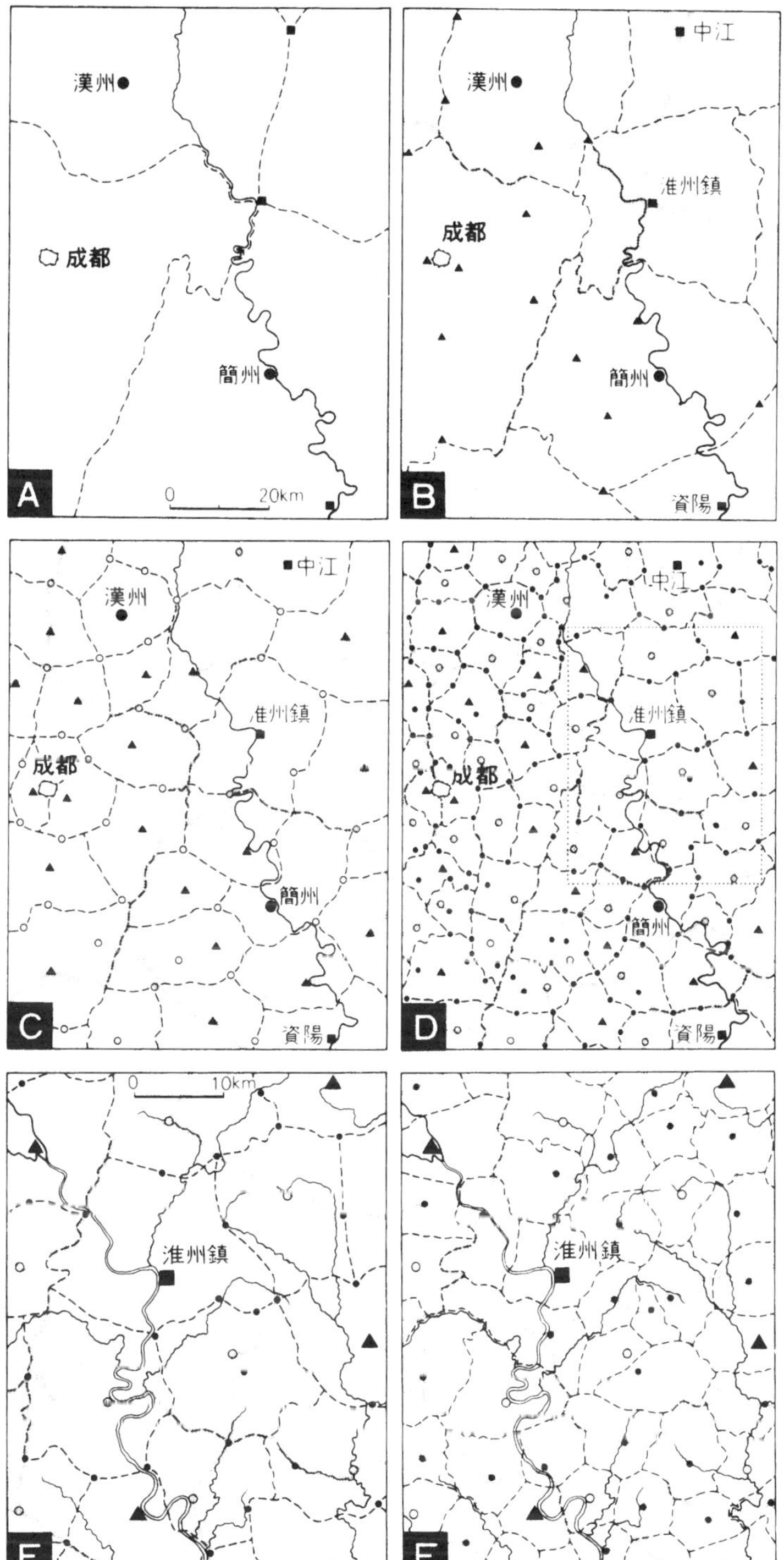

注⒆参考図３　長江上流大地域の市場網・流通網

四川全域の地方都市レヴェル以上の都市分布，大都市の商業圏を示す。
四川省成都盆地の例
The City in Late Imperial China
PP. 291, 292

同上の流通網のモデル

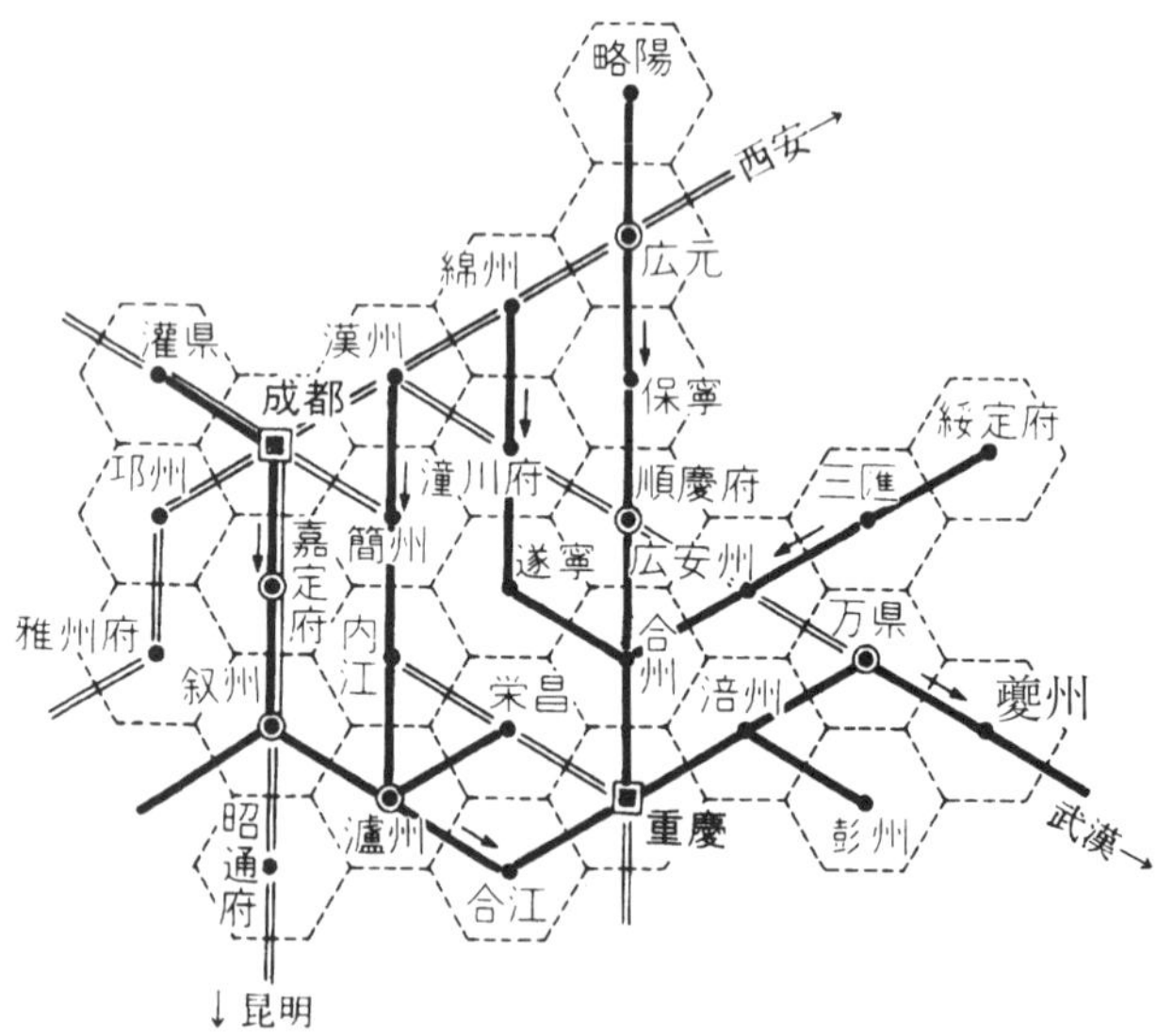

注⒇参考図　原基市場町を基底に組織される中間市場町市場圏域の想定モデル

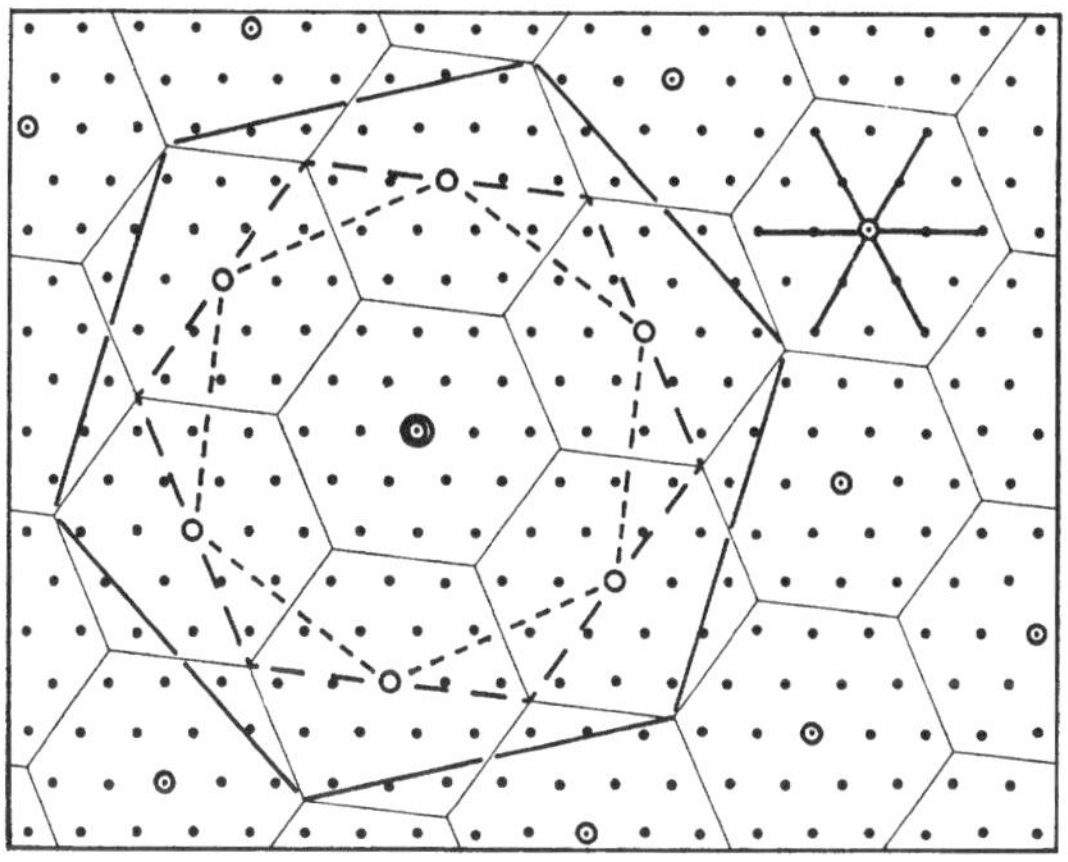

・　村
○　原基市場町
◎　中間市場町
◎　他の地位可変の市場町
——　原基市場圏界
━━　中間市場圏界（理論想定）
－－　〃　（山地型Aタイプ）
---　〃　（平地型Bタイプ）

注⒇参考図　中心市場町市場圏の四種の想定タイプ

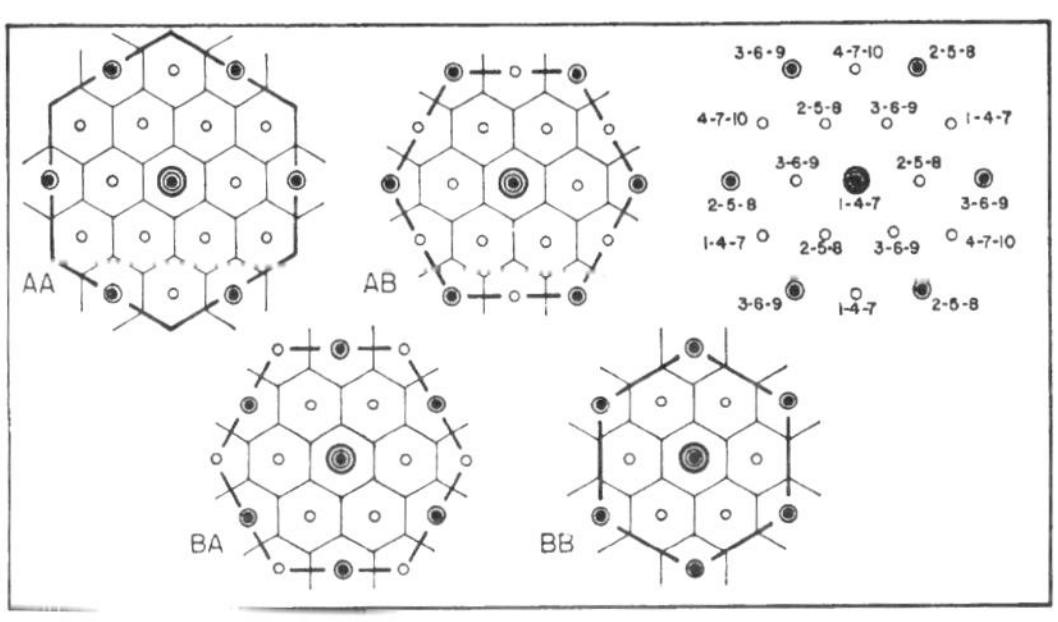

∘　原基市場町
⊙　中間市場町
◎　中心市場町

・上記三層市場町全てがA山地型かB平地型いずれかのみで分布するとき，AAかBBの組織となる。A型B型の分布が混在するとき，ABかBAの組織となる。
・1－4－7，2－5－8などの数値は三層市場町の間の市日の調整の事例。

前篇　宋代長江下流域の経済景況

一　宋代長江下流域の生産性

1　宋代の畝当り稲米生産性

この節では、宋代の長江下流域における稲米（籾米）の畝当りの生産性を推定し、また空間分布、時間的推移を考察する。

零細地片の集約経営を特色とする中国農業の生産性は、一人当り生産性でなく、一畝当りの穀物生産量で一貫して比べた方がよい。一畝の面積は宋の五・六六二五四アールと、明の五・八〇三二六アールとでは大差はないので、時代差は宋～明初につきほぼ無視してよかろう。一方、宋・元・明初の畝収は大てい容量単位（石・斗）で示されるが、枡目は元・明初で宋よりかなり増えているので注意を要する。表1は、宋代、長江下流域の畝当り稲米生産量についての、手許のデータを、時間・空間枠の中に配して示したものである。(1)

＊印をつけた事例は、一般的な広い観察による数値であり、無印は、若干特殊な学田租、寺観田租などの租米量記録により、収量当りの定額租の主佃間の分配率を、当時の平均例の五対五と仮定して収量を推計したもので(2)、同一地方の複数事例については（　）づきで事例数を挙げている。〔　〕内の数値は、屯田、営田など荒田の租額からの復元であるので、一般事例ではなく、参照値であ

る。佃租の計量には八〇合斗から一三〇合斗という、在地慣例の開きがあり、[3] 幹人の手数料八～一〇%、[4] その他の納租慣行がからみ、また没官田の場合に地方ごとに容量が区々で統一がない場合が多いので、[5] 右の復元も当然に誤差は免れない。

表1による限り、畝収三石以上の収量を出す水田は、蘇、嘉興、紹興、明などのコア域に分布し、最高は呉県の学田四・五二石である。これは地域全般に、上田は三石、次田二石とする南宋初の陳傅良の証言[6] と符号する。

しかし、コア域の中枢と想定される蘇州でみると、この高生産性は宋初から達成されているものの、同一州内ですら地方偏差もいちじるしいことが読みとれる。南宋の蘇州常熟についての表2を参照されたい。北宋の張方平は、蘇州崑山では呉越国併合ののち、土地・人口比率上の過疎状態が訪れ、占田は無限で、四至涇瀆を指して界をなす粗放状態であったとのべ、[7] 呂恵卿も、かれら重臣が蘇州に保有する田は、一畝の買価一貫であるのに、二年に一収と見れば上田一畝の収量は平均三斗、そして三斗の収益を一五〇文、かりにやや高めに一畝二〇〇文とみても、一〇〇〇畝の収益で二〇〇貫文そこそこであり、該地の水利田を保守する堤岸の修築費は容易に賄えないと見ている。[8] 資本入力の必然性、過疎による労力供給の不足、穀物市場の未発達の状況が宋初の蘇州には広がっていたようであり、万遍なく高生産が保証される状況ではなかった。北宋末の紹興府蕭山県の落星湖の湖田は、一一二〇年に三八二一畝を官田として営み、官租は三斗七升であった（推定収量七斗四升）。一一六六年に帰正官大周仁に包佃させたとき、政府は面積を九〇〇畝とわざと少なく量って優遇を彼に与えた。[9] こうした後世の税畝（大畝）に当る措置も新田の低生産性を傍証している。

また淮南や長江沿流にはまだ荒田が多く、南宋政府は営田、屯田策によって生産を奨励した。表1のデータで該地域の生産性が極めて低いのは一応開荒優遇措置を示すと見た方がよい。しかし南宋の虞儔は、淮田一〇〇畝の収量は江浙の一〇畝にも劣る、[10] と見ているから、屯田、営田などの地目の租額から復元した事例も極端に非現実的とはいえない。結局、宋代の長江下流域では、安定した上田は二～三石ないしそれ以上の生産性を早くから達成していたが、[11] それは局所的、点在的であって、全面的現象とはいえない。また明の枡で量れば、宋の三石は明の一・七～二石前後に当る。畝収三石以上の事例も実在するのであるから、環境良く、技術も良好であれば、明代蘇松の生産量畝収一〜三石、平均二石（宋の一・八〜五・四石、平均三・四石）[12]と比べて中程度の水準に当る水田が散在していたことは主張できる。この種のデータは、史料の博捜とその活用次第でさらに追加できる可能性はあるといえるが、単独で用いうる状況としてはなお散慢にすぎる憾みがある。次節では視角を変えて、人口データから問題に近接してみよう。

2 長江下流域の戸数とその変化

人口データは、所与資源の人口扶養力と読みかえることができるし、また一平方キロメートル当りの人口密度の分布が得られれば、それは生産性の空間分布を探る代理指数（サロゲート）とみなすことができる。こうした人口データによる経済景況変動へのアクセスは、加藤繁教授が先鞭をつけられ[13]、青山定雄教授がこれを深め[14]、宮崎市定、日野開三郎、曾我部静雄教授の修正説が出され[15]、最近では R. M. Hartwell[16], M. Cartier[17] 教授の労作があるが、地域単位での網羅的な研究は、James Lee 教授の清初雲南の研究を知るのみである[補1]。

人口データ、とくに歴史人口学上の処理の難関は、数値の信頼性にあり[補2]、屢説される如く、旧中国のそれは統計頻度が高く、残存資料も多いが、質的、量的に正確性のレヴェルが低い。宋代の戸口も、すでに指摘されているように、課税圧力への顧慮、官吏の考成への関心から、作為による歪曲の跡があり、ことに口数において不合理であり、絶対数値としては使えない。しかし少なくとも戸数の統計数値は、長期の展望で増減の変動をみると、一定の人口史的に有意な一貫変化を示しており、相対的な変化指数としては使えるように思われる。

表3の「長江下流域の戸数とその変化」は、前述の時間・空間枠に従い、九八〇、一〇八〇、一一〇二年の全国規模の統計と、各種地方志等から採った戸数データ、さらに明会典巻一九のデータその他を配列して異動を示したものである。この表でコア・ペリフ

＊平均数值，〔　〕特例数值，（　）事例数

Ⅳ　(1127-1207)	Ⅴ.(1207-1279)
〔1136,上田0.4石,中田0.36石. 0.3石,会食2-18,19〕荒田(6)	
	*1214,1.0〜2.0石，宝慶志12,湖田(15)
	1259,鄞1.14〜3.38石（15cases),定1.24〜3.3石（12 cases）昌2.01〜1.6石（4cases)，奉1.62〜3.54石（6 cases),慈2.36〜3.68石（7cases),象1.82〜3.24石（2 cases),開慶志4.寺田(16)
1135,嵊0.98〜3.08石(17cases)越金4. 学田(7),*2.0,朱文公集16.(8)	1262,山陰0.52〜2.26石(43cases)両金13(17)
*1173,2.0石,食6-23.(9)	*1263,2.0石,(過半）黄氏日抄84. *1279-，2.0〜3.0石,古今考続18.(19)
1204-6,長洲1.4〜3.18石（48cases),崑1.22〜1.76石(3cases),呉0.78〜4.52石(13cases),江金14,学田.(10)	1218，崑0.92〜3.26石（3cases)，常熟0.88〜2.92石(19cases),江金15.学田.(30)1237,常熟0.78〜1.62石(6cases),呉2.6(1case),長洲1.1〜3.3石（6cases),呉江0.52〜2.22(3cases),江金16.学田(20)
	〔1247,崑旧0.13石,新0.6石，営田，玉峰中〕，(21)*上田2.5〜3.0石,恥堂5.(22)
	1242,長洲1.44〜1.58石(2cases),江金17.学田.(23)
〔1136,上田0.4石,中田0.36石，下田0.3石,会食2-18,19〕(6)	1243,無錫0.3〜2.0石(56cases),江金17.学田(31)
〔1136,上田0.4石,中田0.36石，下田0.3石,会食2-18,19〕(6)	1263,0.6〜1.2石,黄氏日抄84.(18)
	1217,上田1.44石,中田1.08石，下田0.52石，建康23 慈幼荘.(24)
	1263,2.0石（過半）黄氏日抄84.(18)1284,2.0石，両14.寺田(25)1314,0.6〜1.9石(13cases)両金15長興,廟田.(26)
〔1136,上田0.4石,下田0.3石,会食2-18,19〕荒田(6)	
*1175,上田2.0石,新安志2.(29)	
〔1190,0.64石,会食63-62屯田〕(11)	1.5石,洺水集10.(27)*1.4石,竹洲16.(28)
〔1206,上田0.8石,中田0.6石,下田0.4石,昌谷16,屯田〕(12)	〔1209,0.26石,昌谷16,屯田〕(12)
〔1206,上田0.8石,中田0.6石,下田0.4石,昌谷16,屯田〕(12)	
〔1206,上田0.8石,中田0.6石,下田0.4石,昌谷16,屯田〕(12)	
*上田3.0石,次田2.0石,止斎44.(13)	
〔0.32石,会食6-19,20,浙西営田〕(14)	

(17)「両浙金石志」13，景定三年紹興府建小学田記
(18)「慈渓黄氏日抄」84，与葉相公西澗
(19)「古今考続考」18，付論班固計井田百畝歳出歳入條
(20)「江蘇金石記」16，嘉熙元年常熟県学田籍記
(21)「淳祐玉峰志」中，官租
(22)「恥堂存稿」５，寧国府勧農文
(23)「江蘇金石記」17，平江府府学員士荘田籍記
(24)「景定建康志」23，孳幼荘
(25)「両浙金石志」14，湖州路報恩光孝禅寺置田山記
(26)「同上」15，長興州修建東嶽行宮記
(27)「洺水集」10，休寧県減折帛軍布銭記
(28)「竹洲文集」16，良干竭賦井序
(29)「淳熙新安志」２，税則
(30)「江蘇金石記」15，嘉定十一年平江府添助学田記
(31)「同上」15，無錫県学淳祐癸卯続増養士田記

表1　畝当稲米想定収量：長江下流・宋代

Ⅱ.（1030's-1060's）				Ⅲ.（1060's-1127）
T'ai-p'ing	太平	CA01		
Ming	明	CB02		
Shao-hsing	紹興	CB04		〔1068-77, 0.74石，蕭山, 水利志3, 湖水〕(4)
Chia-hsing	嘉興	CC05		
Su	蘇	CC06	*2.0〜3.0石, 范正大奏(1) *1.0石（中田), 范集8. 楽全14(2) *2.0〜3.0石,（中稔）長編143(3)	〔1075，上田1.2石，中田1.0石，下田0.8石，長267〕(5)
Ch'ang	常	CD07		
Chen-Chiang	鎮江	CD09		
Chiang-ning	江寧	CD10		
Hu	湖	PE15		
Ch'ih	池	PF18		
Hui	徽	PG19		
Ho	和	PG23		
Lu	廬	PG24		
Wu-wei	無為	PG25		
Region-wide				

資料：(1)「范文正公奏議」上，答手詔条陳十事
(2)「范文正公集」8，上資政晏侍郎書，「楽全集」14　芻蕘論
(3)「長編」143, 慶暦三年九月丙寅
(4) 毛奇齢「西河合集」76，77冊　湘湖水利志
(5)「長編」267，熙寧八年八月戊午
(6)「宋会要」食貨2，営田雑録
(7)「越中金石志」4，紹興五年十月嵊県学田記
(8)「晦庵先生朱文公集」16，奏救荒事宜状
(9)「宋会要」食貨6，墾田雑録
(10)「江蘇金石記」14，嘉泰四年，開禧元・二年呉学続置田記
(11)「宋会要」食貨63，屯田雑録
(12)「昌谷集」16，屯田議
(13)「止斎文集」44，桂陽軍勧農文
(14)「宋会要」食貨6，墾田雑録
(15)「宝慶四明志」12，東銭湖
(16)「開慶四明志」4，広恵院，田租総数

江蘇金石志16　常熟県学田籍

都		都		都		福山鎮		都	
45th.	1.68	5th.	0.60	26th.	1.43	FushanChen	0.60	3rd.	1.01
	2.02	6th.	1.34		1.43		0.60	5th.	0.85
	2.02	8th.	2.00		0.60		0.60	13th.	1.19
	1.20		0.59		0.60	都 2nd.	0.96	25th.	0.82
1st.	0.52	11th.	0.48	29th.	0.85		1.28		0.79
	2.25		0.60		0.64		1.28		0.75
	0.60	13th.	0.60	32nd.	0.55		1.07		0.84
2nd.	1.60		0.60	33rd.	0.50		1.25		0.75
	1.16		0.60	43rd.	1.20		1.19	28th.	0.86
5th.	1.36		0.60		1.28	3rd.	0.45	29th.	1.00
	0.60		0.60		1.32		0.46		0.77
	0.58	21st.	0.59		1.37		0.45		
	0.60		0.60	46th.	1.00		0.45		
	0.60		0.60	47th.	1.27		1.12		
	0.60	26th.	1.43		1.67		0.70		

1.07石	2 事例	1.37石	1事例
1.10	1	1.43	3
1.12	2	1.60	1
1.16	1	1.64	1
1.19	2 } 5 (3%)	1.67	1
1.20	3 }	1.68	2
1.25	2	1.73	1
1.27	1	1.79	1
1.28	3	1.92	1
1.30	1	2.00	1
1.31	3	2.02	2
1.32	1	2.25	1
1.34	1	平均. 0.65石	計　114事例
1.36	1		

表２　畝当稲米想定収量，蘇州常熟県：宋代1237

都		都		都		都		都	
1st.	0.62石	12th.	0.60	24th.	0.60	31st.	0.60	43cd.	0.60
	1.01		0.73	25th.	0.60	33rd.	0.60		0.60
2nd.	0.63		0.48		1.79		0.60		0.60
	1.20		0.56		1.31	34th.	0.60		0.59
	1.25		0.68		1.31		0.60		0.59
	0.62	19th.	1.10		0.60		0.60		0.60
	0.50		1.30	29th.	0.60		0.60		0.60
3rd.	1.00		0.59	30th.	0.60	41st.	0.50		0.60
	0.97		0.94		0.60		0.60		0.60
	0.97		0.60		1.07		0.60		0.60
5th.	1.12	20th.	0.60		0.64	42nd.	0.60		0.60
6th.	0.62		0.60		0.59		1.31	45th.	1.68
8th.	1.11	21st.	0.75	（陸田）	0.60	初	0.60		1.92
10th.	0.60		0.75		0.60	（後	0.80）		1.73
12th.	0.67	22nd.	0.59		0.60	43rd.	0.60		1.64

上記畝収値の頻度分布

0.45石	3事例	
0.46	1	
0.48	2	
0.50	3	
0.52	1	
0.55	1	
0.56	1	
0.58	1	
0.59	7	
0.60	53	64（44％）（0.58–0.62）
0.62	3	
0.63	1	
0.64	2	
0.67	1	
0.68	1	

0.70石	1事例	
0.73	1	
0.75	4	
0.77	1	
0.79	1	
（0.80）	（1）	
0.82	1	
0.84	1	
0.85	2	
0.94	1	
0.96	1	
0.97	2	
1.00	3	7（5％）（0.97–1.01）
1.01	2	

0.62以下　：　76事例　53％

1.20以下　：　31事例　27％

2.25以下　：　29事例　20％

V			元		明初	
	(1249) 381, 335戸(23)	(1268) 391, 259戸(28)	(1290) 360, 850戸(34)		1393 39, 290戸(47) (1391) 216, 165(48) (1391) 209, 528(49)	
	(1201) 273, 343(24)		(1290) 300, 148(35)	(1324-27) 222, 675(43)		267, 074(50)
			(1284) 459, 377(46)			
		(1275) 329, 603(29)	(1290) 466, 158(37)		491, 514(51)	
			(1290) 211, 652(38)		152, 164(52)	
	(1213) 108, 400(25)	(1265) 72, 355(30)		(1332) 100, 065(44)	87, 364(63)	
		(1261) 117, 787(31)	(1290) 226, 379(39)		163, 915(64)	
(1201-4) 36, 160戸		(1256) 43, 892(32)			(1391) 〔＊16, 714〕(65) ＊123, 097(66)	
	(1234-6) 125, 992(26)			(1308-11) 109, 525(45)	(1391) 123, 089(67)	
			(1290) 236, 577(40)	(1377) 220, 048(46)	(1391) 200, 048(68)	
			(1290) 216, 228(41)			164, 507(69)
	(1262) 119, 267(27)				(1391) 70, 479(60) 35, 826(61)	
(1227) 124, 941 (1230？) 120, 000		(1282)(33) 136, 993	(1290) 157, 460(42)		(1391) 131, 662(62)	
					99, 732(63) 44, 267(64) 3, 944(65) 9, 531(66) 48, 720(67) 55, 573(68)	

(32)「弘治徽州府志」2
(33)「弘治徽州府志」2
(34)「万暦杭州府志」2
(35)「万暦紹興府志」14
(36)「至元嘉禾志」6
(37)「正徳重修姑蘇志」14
(38)「万暦常州府志」4
(39)「至順鎮江志」3
(40)「成化湖州府志」71
(41)「万暦金華府志」5
(42)「弘治徽州府志」2
(43)「万暦紹興府志」14
(44)「至順鎮江府志」3
(45)「浙江通志」73
(46)「永楽大典」2275
(47)「明会典」19
(48)「万暦杭州府志」7
(49)「浙江通志」72
(50)「万暦紹興府志」14
(51)「明会典」19
(52)「明会典」19
(53)「明会典」19
(54)「明会典」19
(55)「万暦通州府志」4
(56)「明会典」19
(57)「浙江通志」73
(58)「成化湖州府志」8
(59)「浙江通志」73, 成化 8
(60)「浙江通志」74
(61)「明会典」19
(62)「弘治徽州府志」2
(63)～(68)「明会典」19

表３　長江下流域の戸数とその変化：980～1390's

		I		II	III		IV	
		980(1)	1010		1080(9)	1102(10)		
太平	CA01	15,060戸			50,997戸	53,261戸		
杭	CB02	70,457			202,794	206,615		(1169)戸 261,692(15)
明	CB03	27,681			115,208	116,140		(1168) 137,072(16)
紹興	CB04	56,491	187,180(2)		152,922	279,306		
嘉興	CC05	23,052			139,137	122,823		
蘇	CC06	35,195	66,139(3)		173,969	152,821		(1184) 173,042(17)
常	CD07	70,103	145,813(4)		136,360	165,111		
真	CD08				33,858	24,242		
鎮江	CD09	26,547	33,000(5)	54,000(5)	54,798	63,657		(1170) 63,940(18)
江寧	CD10	57,679			168,462	120,713		
泰	CD11	34,271			44,441	56,972		
通	CD12	10,787			31,939	27,527		
揚	CD13	29,654			53,932	56,485		(1190-3) 35,951(19)
衢	PE14	19,859			86,797	107,903		
湖	PE15	38,748	129,540(6)		145,121	162,335	159,885戸(11)	(1182) 204,594(20)
婺	PE16	34,046			137,097	134,080	154,329(12)	
厳	PE17	12,251		(1021) 45,508(7)	76,751	82,341	(1139) 72,256(13)	(1186) 88,867(21)
池	PF18	33,424			131,365	135,050		
徽	PF19	11,763		(1021) 65,764(8)	106,584	108,316	139,333(14)	(1172) 122,014(22)
宣	PF20	46,947			142,812	147,040		
広徳	PF21	10,933			40,299	41,500		
滁	PG22	20,672			40,285	40,026		
和	PG23	9,750			39,289	34,104		
廬	PF24	45,234			90,488	83,056		
舒	PG25	32,180			126,404	128,350		
無為	PG26				51,887	60,138		

資料：(1)「大平實宇記」89～98, 103～105, 123, 124～126
(2)「嘉泰会稽志」5
(3)「正徳重修姑蘇志」14
(4)「咸淳毗陵志」12
(5)「至順鎮江志」3
(6)「成化湖州府志」8
(7)「淳熙厳州図経」1
(8)「淳熙新安志」4
(9)「元豊九域志」5, 6
(10)「宋史」88
(11)「成化湖州府志」8
(12)「万暦金華府志」5
(13)「淳熙厳図経」1
(14)「淳熙新安志」4
(15)「咸淳臨安志」58
(16)「宝慶四明志」5
(17)「正徳重修姑蘇志」
(18)「至順鎮江志」3
(19)「万暦揚州府志」4
(20)「成化湖州府志」4
(21)「淳熙厳州図経」1
(22)「淳熙新安志」1
(23)「咸淳臨安志」58
(24)「嘉泰会稽志」5
(25)「至順鎮江志」3
(26)「浙江通志」13
(27)「景定新定続志」2
(28)「咸淳臨安志」58
(29)「正徳重修姑蘇志」14
(30)「至順鎮江志」3
(31)「景定建康志」42

表４　長江下流域人口密度とその変化：980～1390's

			Ⅰ	Ⅱ	Ⅲ		Ⅳ	Ⅴ	元	明初
		km²	980	1010	1080	1102	-1199	-1279	1290	1390's
太平	CA01	3,581	21人		71人	74人				55人
杭	CB02	7,493	47	109人	135	138	174人	261人	241人	144
明	CB03	7,117	20		81	82	96			147
紹興	CB04	9,975	28	94	77	140		137	150	134
嘉興	CC05	7,790	15		89	79			294	
蘇	CC06	8,404	21	39	104	91	103	196	277	292
常	CD07	7,735	45	94	88	106				98
真	CD08	3,214			53	38				
鎮江	CD09	3,405	39	49	81	94	94	159	(146)	128
江寧	CD10	7,084	41		119	85		83	160	116
泰	CD11	14,855	12		15	19	40		76	
通	CD12	6,488	8		25	21				〔13〕
揚	CD13	6,468	23		42	44	28	34		95
衢	PE14	3,797	11		49	61		72	(62)	70
湖	PE15	6,191	31	105	117	131	165		192	162
婺	PE16	9,392	18		73	71	82		115	87
厳	PE17	8,544	7	27	45	48	52	70		41
池	PE18	8,616	19		76	78				21
徽	PE19	14,882	4	22	36	36	41	42	53	44
宣	PF20	8,874	27		81	83				56
広徳	PF21	3,341	16		60	62				66
滁	PG22	4,058	25		50	49				5
和	PG23	2,614	19		75	65				18
廬	PG24	8,707	26		52	48				28
舒	PG25	13,821	12		46	46				20
無為	PG26	7,040			37	43				

ェリに属する各府州の全体の戸数の変動は一応理解できるが、さらにこれをより明確な形で示すために、表4「長江下流域人口密度とその変化」を作製した。

人口密度を得るために、前述したように、北宋末の二六府州の領域を現代のデータに投影して面積（㎢）を出した。ついで、一戸の口数を仮りに五人と想定して各単位の想定人口を算出し、表3の戸数値につき人口密度を導き出した。M. Cartier 教授の研究では、一九五三年次の各省の平均人口密度は、河北三二〇、山東三七〇、河南三〇〇、安徽二五〇、江蘇四七〇、浙江二五〇、江西一一〇、福建一一〇、湖北一五〇、湖南一六〇、四川一五〇人である（ちなみに一四頁図2の漢代紀元二年の、郡国ごとの人口密度の最高値五位は、済陰郡の二六一・九五、菑川郡の二四七・八五、潁川郡の一九二・〇六、真定郡の一九〇・六三、高密郡の一八六・五六、の順であり、会稽郡北部は一四・二八、丹陽郡は七・七一、廬江郡は一二・六四、豫章郡は二・一二、臨淮郡は四二・八九、泗水国は四〇・九六、広陵国は二一・一一であった。全国平均は一四・六三。葛剣雄著『西漢人口地理』人民出版社、一九八六）。つまり、中国農業史において最高に到達された省別平均人口密度は、江蘇の五〇〇人弱ということになる。この数値を念頭において、宋～明初の長江下流域の人口密度の高水準地方を求めると、杭州の二六一（V期）、嘉興の二九四（元）、蘇州の二七七（元）、二九二（明初）となる。現代水準の約半数強である。また密度一〇〇人をこえた地方は、杭、明、紹興、嘉興、蘇、常、鎮江、江寧、湖であり、ほぼコア域しかも長江以南である。逆にペリフェリ域は、概して五〇前後である。この大略のトレンドは、一四一、二頁表1に示した生産性の直接データの分布と矛盾せず、かつむしろその空白をも埋めるものであり、人口密度指標による概況の考察が、一定程度の有効性をもつことを示唆している。

つぎに、一歩を進めて、こうした人口密度指数で表示された生産性水準の、地方ごとの通時的、共時的変化にみられるトレンドを、次頁「人口密度変化グラフ」によって、視覚的にとらえてみよう。データに時間的連続性のある府州をえらび、数値の連続するものは実線、ある時期にデータを欠く場合の数値の接続は破線で示してある。

まず第一期の九八〇年の状況。この時点では、呉越国が九七八年に併合された直後であるから、このデータは、すでに指摘されて

図１　推定人口密度の変化：長江下流・宋～明初

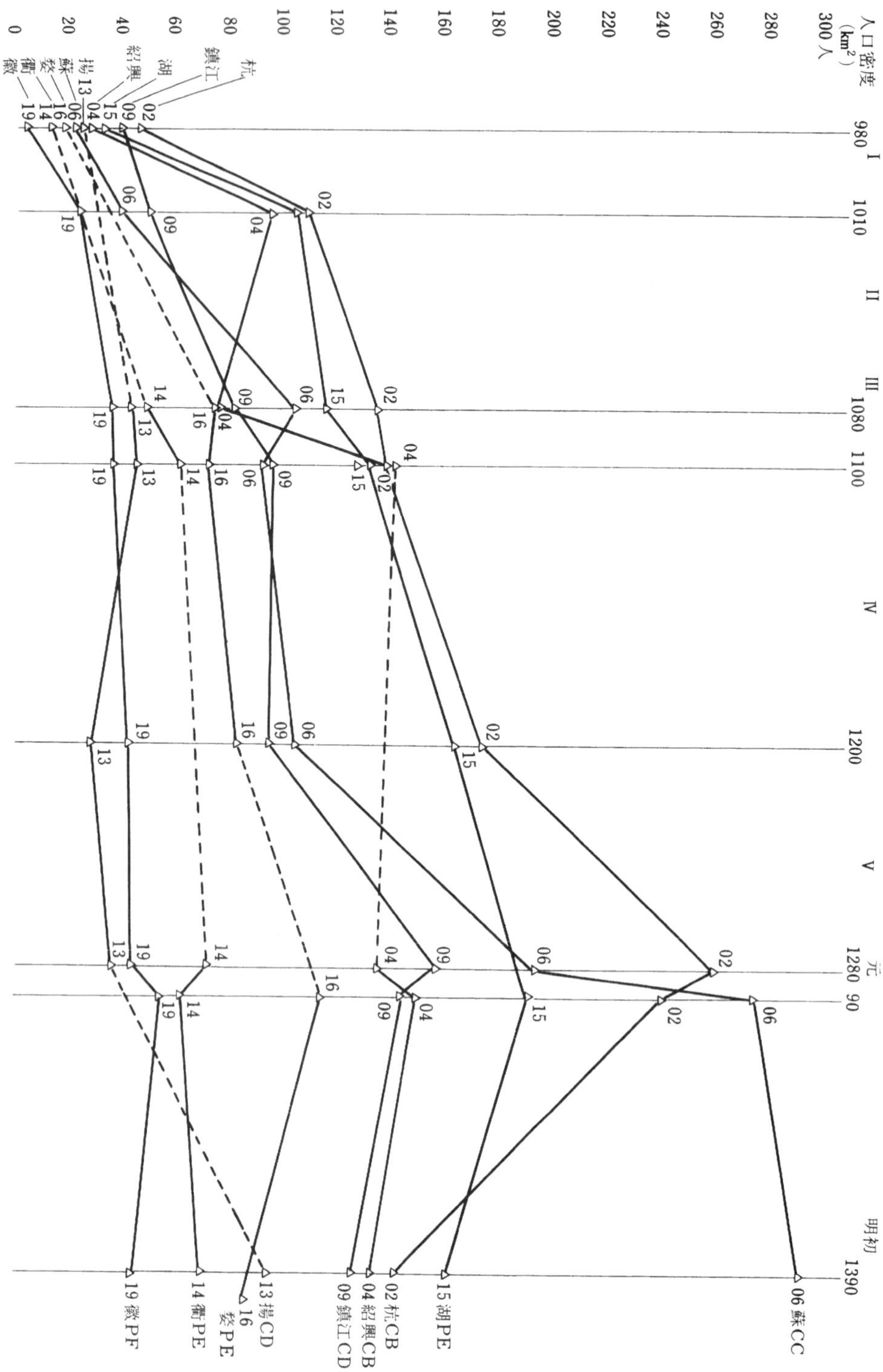

いるように、むしろ宋建国前の状況とみた方がよさそうである。[18]それはそれとして、このグラフにえらばれた九府州の、コア、ペリフェリ双方に分布するデータの特色は、第一に、人口密度が揃って低水準であり、第二に、コアとペリフェリの落差は微少で、ほぼ無視できる格差である。ゆえに、地域全般は前代からつづくフロンティア発展期の延長上にあるといえる。しかし、データは不十分ではあるが、一〇一〇年頃になると、杭、湖、紹興で急上昇がみられる。これは、生態区分上の上部デルタ（旧デルタ）に位置する府州に生産性の開発が顕著であったことを示すものであろう。[19]

第二期と第三期の状況。一〇八〇年のデータは、第二期の終末（一〇六〇年代）の状況を伝え、一一〇二年のデータは第三期の平均状況を伝えると考える。第二期はコアの発展、ペリフェリの持続成長、両者を併せての急成長期の発端と理解できる。第三期は、一たん分岐したコア、ペリフェリの分離した発展軌跡に一種の平衡が観察できる。第二期・第三期の成長を通じて、コア中のコア、下部デルタ（新デルタ）の蘇州の潜在生産性が、史上最初の爆発的急上昇をとげ、一方、上部デルタの紹興は不規則な成長軌跡を示し、一般にペリフェリに減速のかげりがみえる。この両時期の人口密度変化には、単に農業技術改良、農業基盤整備が影響するだけでなく、交通改良、商業発達で、市場関係ごとに穀物市場の展開、などがもたらす取引経費（トランスアクション・コスト）の逓減、そしてコア、ペリフェリ間の同上要素の優劣格差が響いているとみなければならない。

第四期の状況。第四、第五期は、宋室の南渡、兵火、そして屢説される大土地所有の蔓延という負の要因からする混乱のイメージとはうらはらに急成長の持続の様相がみてとれる。この第四期では、コアの中枢部は持続急成長にあり、ペリフェリは定率成長ないし減速を示し、この期は、コア、ペリフェリ間の成長分岐点に当る。[20]第五期でも、このトレンドは変らず、その中で杭・蘇二川の辺で群を抜く発展がみえる。杭州遷都に伴う人口・資本集中、京畿路に変成したための経済環境改善、漕運負担の激減、つまり取引経費の下降、地価上昇、市場発達などの刺激を勘案すべきであろう。

元代の状況。コアでは惰性的発展は存するが、杭州は首都の地位を失ったという政治的理由で急下降する。この中で、蘇州の急成長ペースが不変であるのは農業基盤と経済環境の整備が実質化してきたためであろう。湖州、紹興、婺州、徽州に着実な上昇が読めるのは、山間盆地ですすむ開発が、政治、社会的重圧をかなりカヴァーしたからであろう。しかし、この時期になって、コア、ペリフェリ間の格差は一見して明らかである。

明初の状況。元代の政治・社会変化、とくに末期のそれのダメージが読みとれる。同時に明初以降の生産回復の重点が下部デルタに集中してゆく傾向も予知することができる。

ところで、人口学者の議論では、宋代の人口増加の成長率は一〇、一一世紀頃にいちじるしく、一一世紀には、年間成長率一％水準をマークしたが、そのほかの期間では年率平均〇・二％程度が全国水準であり、清代の〇・五ないし〇・七％とは格差があるといわれる。その例外的な一一世紀でも、地域ごとの偏差は大きく、〇・五から〇・九％に至る開きがあるという。[21]ふつう人口はまず自然増でふえ、加えて移住や農業改良そして社会経済環境の改良の効果で、平均以上の高水準が生れる。図1のグラフで、モダレイトな上昇線は、自然増プラス若干の移住、農業改良の成果であろうし、停滞や下降は戦乱、内乱、災害、疫病や他地方への移出、そして技術改良限界を示すとみられる。地方際の人口シフトの動きの実情は複雑であり、南宋の史料では、徽州、宣州の山地や蘇州の低地から淮南、荊湖方面への入植移住と並んで、[22]淮南から江南デルタへの移住、[23]そして例えば徽州から杭、蘇方面への都市型移住が記録されている。[24]図1のグラフからみる限り、時代とともに山地、僻地、戦乱荒廃地から経済潜在性の高いコアへの移住が、後者の密度水準を押し上げたであろうことは臆測できる。ここでの問題は、中国の旧型の生産発展には、つねに相対的過疎地・空白地への人口充足、高技術流入という局面を伴っていたということである。[25]

全国的展望からこれをみるために、表5「一〇七九年度全国耕地統計」、表6「一〇八〇、一一〇二年度全国各路別戸数と人口密度」を用意した。表5は、北宋について現存する五つの年次の全国的登記耕地集計の最終のもので、この年次のみ、全国各路の細目が挙っている。九七四〜五年データを一〇〇とすると、増加率は、一五六に当る。淮南、両浙、江南東路が長江下流域にかなり重なるので、

表5　1079年度全国耕地統計

	路分	面積（㎢）	耕地面積（民田）（㎢）	耕地面積（官田）（㎢）	耕地割合（%）
開封	K'ai-feng	17, 265	6, 414. 6	29. 2	37. 32
京東	Chig-tung	146, 065	14, 618. 9	504. 3	10. 35
京西	Ching-hsi	190, 751	11, 638. 5	408. 0	6. 32
河北	Ho-pei	119, 949	15, 257. 1	538. 1	13. 17
陝府西	Shen-fu-hsi	257, 577	25, 203. 9	102. 2	9. 82
河東	Ho-tung	129, 817	5, 788. 3	534. 3	4. 87
淮南	Huai-nan	193, 210	54, 827. 5	276. 6	28. 52
両浙	Liang-che	126, 635	20, 516. 2	54. 6	16. 24
江南東	Chiang-nan-tung	89, 036	23, 862. 8	444. 0	27. 30
江南西	Chiang-nan-hsi	128, 335	25, 496. 4	99. 9	19. 94
荊湖北	Ching-h	126, 669	18, 353. 6	439. 9	14. 84
荊湖南	Ching-h	135, 960	14, 658. 3	51. 2	10. 82
福建	Fu-chien	121, 112	6, 277. 8	0. 3	5. 18
成都	Cheng-tu	74, 875	12, 229. 1	3. 7	16. 34
梓州	Tzu-chou	(77, 308)	unknown	unknown	……
利州	Li-chou	75, 558	666. 8	62. 3	0. 96
夔州	K'uei-chou	75, 488	127. 1	0. 1	0. 17
広南東	Kuang-nan-tung	159, 189	1, 765. 1	15. 3	1. 12
広南西	Kuang-nan-hsi	216, 184	7. 0	24. 2	0. 01
	Total	2, 383, 675 (2, 460, 983)	257, 709. 0	3, 588. 2	10. 96 （平均）

資料：「文献通考」4田賦

この三路の土地利用率を見ると、両浙は意外に低く、浙東の山地の多さに加えて、コア自体の登記に値する耕地の開発が潜在状況にあったことを思わせる。ちなみに全国平均は一〇・九六%であった。また両浙では開墾と相関するはずの官田比重が極端に低いことに注目したい。

次頁の表6の北宋、南宋の全国各路人口密度の比較で、マクロの動向が一応わかる。宋代第三期の全国平均値は三四人、淮南はこれにほぼ等しい三五人、両浙は二倍の七〇人、江東は一・九倍の六三人である。南宋、第五期では全国(南宋領)平均四〇人、淮南は九人に下降、両浙は八七人に漸増、江東は八八人に急増している。自然増が微弱であったと仮定すると、この増減変化はある程度人口シフトと相関するといえる。南宋期の淮南、江寧、池州、太平州方面での営田、屯田奨励は、こうした人口シフトとの関連で考えた方がよい。

3　財政圧力の枠組みと推移

以上、宋代の長江下流域における生産性の共時、通時的変化につき、直接データの証言と、相対人口密度指数値の変化とをクロスさせて考察し、大まかなトレンドを指摘した。この考察を今後、より多岐に深く進めることも必要であるが、それと並んで、こうした数量的変化が、社会学的いみのインスティテューションと合理的に整合するか否か、あるいは、制度枠とどのような相関関係を占めるのかを検証することがだいじである。制度史料やその事実は比較的豊かであり、この面から得られたわれわれの知識は概して深くかつ広いのであるからなおさらである。ただし、財産性、土地保有制度知識の基礎データは、数量データと並んであいまいで不透明であるから、この側面からするマクロな観察をいきなり導入することは無意味であるので、主として課税制度、ことに両税中の秋苗の負担との相関を考えることにする。(26)

表7の長江下流域秋苗額の変化（一五四・五頁）は、地方志、文集などを広く見て集めた、宋、元、明初の該地域各府州の秋苗額の変化を示している。制度背景についてはは第二章の時間区分に指標として参照した主

表6　1080, 1223年度全国各路別戸数と人口密度

	1080 戸数	1080 密度	1223 戸数	1223 密度
開封	235, 599戸	68人		
京東	1, 359, 666	47		
京西	916, 640	24		
河北	1, 232, 659	51		
陝府西	1, 356, 204	26		
河東	574, 175	22		
淮南	1, 351, 064	35	345, 619戸	9人
両浙	1, 778, 941	70	2, 220, 321	87
江南東	1, 127, 311	63	1, 046, 272	58
江南西	1, 287, 136	50	2, 267, 983	88
荊湖北	871, 214	34	1, 251, 202	49
荊湖南	657, 533	24	369, 820	14
福建	1, 044, 225	43	1, 599, 214	66
成都	864, 403	58	1, 139, 790	76
梓州	478, 171	31	841, 129	54
利州	336, 248	22	401, 194	27
夔州	254, 340	17	207, 999	14
広南東	579, 253	18	445, 906	14
広南西	258, 382	6	528, 220	12
	16, 563, 164戸	34人	12, 670, 801戸	40人
			〔1, 599, 559㎢〕	

資料：「元豊九域志」，「文献通考」

要事件の流れを参看されたい。また元、明初の両税制度は宋のそれとはかなり異なるが、ここでは秋苗額のみを単純に摘出している。明初の額をキロ・リットルに直して比較した表は、序章の二、宋代社会と長江下流域の表2(七二頁)を参照されたい。

データは不十分であるが、宋の第一～第五期を通じて、生産性、人口密度の不規則な変動に対して、土地税負担の大宗というべき秋苗額の変化は概して静的である。おそくとも、第三期の一一一二年以降、長江下流域は方田法、ついで経界法によるきめ細かな丈量の対象となったのであるから、一般の予想では耕地増の登記や税率の修訂を介して、収益増に結びつく理である。図1のグラフが示す人口密度の上昇変化からみても、また南宋の現存する地方志に示される耕地登記数の若干の増加傾向からみても、このような予測が自然に生じてくる。しかるに事実はむしろ秋苗額の静的な停滞を示しているのである。

表7の、たとえば蘇州では、宋初に三一万石の税額が割当てられ、北宋末に三五万石に達したのち、南宋でこれが原額としてひきつがれながら、一七万五〇〇〇石の実徴額から再び三〇万石台を回復したまま浮沈を重ね、南宋末の経界法による公田化(官田化)政策を反映した元初の八八万石、元末の二五〇万石をへて、明初の二七五万石水準に急上昇する。図1のグラフと、この元、明初の数量急増を合せて解釈すると、元・明初の数値がむしろ実在する高生産水準と、それに相応する財政負担との均衡状況を示すものと受け取れる。逆にいえば、宋代を通じて秋苗課税負担は、然るべき生産水準の漸増と必ずしも相即していないことになる。この謎に関して、南宋初の記録に、蘇州はもと七〇万余石の秋苗を負担し、石刻に明記されていたという主張がみられる[27]。この石刻は事実かもしれない。しかし九七八年に呉越国が併合された直後、王永、高象先らが中央から特派されて、軍閥時代の江南の高税率を一挙に二分の一ほど減税した。これは元、ことに明初には見られない宋の税制発端期の大きな特色である。この時の減税は、畝収の十分の一を率とし、これを「天下の通則」とするもので[28]、いわば孟了の十分の一税の理想を実行したものである。

かくて江南の毎畝の秋苗税率は平均して六升から八升、高きも一斗程度に抑えられたのであり、政府はこの頃の長江下流の平均の畝収を一石以下〇・六石くらいとみていたことになる[29](明初江南の明量による想定畝収二石、民田税率畝当り二一～五升)。しかも、多くの

単位　石，〔 〕参考値，＊　実徴

V.	元	明
(1265-74) 132,714(2)		(1391) 253,857(3)
(1225-7) 112,697(4)	(1317)　(1342) 130,552(5)　119,737(6)	
	(1290？) 134,631(9)	(-1526) 〔298,163〕(10)
	(1284) 329,594(12)	(1393) 545,895(13)
(1234) 〔華亭57,810〕〔*67,000華亭〕(15)	(1279-1307) 〔199,755華亭〕(16)	(1391) 〔松江878,397〕(17)
(1253)　(1275)　(1260-4) 288,622(25)　303,880(26)283,951(27)	(1317)　(1379) 882,100(28)　2,146,600(29)	(1393) 2,746,990(30)
(1268) 228,593(32)		(1393) 53？,515(33)
(1213)　(1256)　(1265-74) 109,066(35)　99,368(36)　92,290(37) 134,659	(1330) 146,251(38)	(1393) 243,150(39)
(1261) 207,712(41)	(1343) 312,117(42)	(1393) 320,616(43)
	(1348) 334,124(46)	(1393) 597,327(47)
	(　？　) 108,719(49)	(1465-) 〔173,863(50)
(　？　) 276,121(53)		(1391) 118,384(54)
(1216)　(1230.s) 260,300(55)　250,000(56) (*118,900)　(*60,000-100,000)		(1393) 182,050(57)

(30)「明会典」24
(31)「浪語集」18 湖州与梁右相書
(32)「咸淳毗陵志」12
(33)「明会典」24
(34)「至順鎮江志」6
(35)「同上」6
(36)「同上」6
(37)「同上」6
(38)「同上」6
(39)「明会典」24
(40)「宋会要」食貨45-51
(41)「景定建康志」40
(42)「至正金陵続志」7
(43)「明会典」24
(44)「浪語集」18 湖州与梁右相書
(45)「成化湖州府志」8
(46)「永楽大典」2277
(47)「明会典」24
(48)「万暦金華府志」8
(49)「同上」8
(50)「同上」8
(51)「淳熙厳州図経」2
(52)「淳熙新安志」2
(53)「弘治徽州府志」3
(54)「同上」3
(55)「永楽大典」7512
(56)「雪窓先生文集」癸丑輪対第二劄
(57)「明会典」24

表7　宋代秋苗額及其変化：長江下流域

		Ⅰ.　　Ⅱ.　　Ⅲ.	Ⅳ.
杭	CB02		1165-73 123,724(1)
明	CB03		
紹興	CB04		(-1162)　(1201) 249,000(7)　250,265(8)
嘉興	CC05		(1169) 300,000(11) (1193) [華亭112,316](14)
蘇	CC06	(1008-16) (1023) (1034-8) (1080) 313,769(18) 300,000(19) 340,000(20) 349,000(21)	(1132) (1142) (1186) 340,000(22) 390,000(23) 343,256(24) (*165,000)
常	CD07	(-1127) 340,000(31)	
鎮江	CD09	(1008-16) 52,273(34)	
江寧	CD10		(1145) 150,000(40)
湖	PE15		(-1162) (1195-1200) 50,000(44) 50,719(45)
婺	PE16		(?) 133,210(48)
厳	PE17		(1186) 22,858(51)
徽	PE19		(1175) 159,841(52)
宣	PE20		

資料：(1)「乾道臨安志」2
(2)「咸淳臨安志」59
(3)「明会典」24
(4)「宝慶四明志」5
(5)「嘉靖寧波府志」4
(6)「嘉靖寧波府志」4
(7)「嘉泰会稽志」5
(8)「嘉泰会稽志」5
(9)「万暦紹興府志」13
(10)「万暦紹興府志」13
(11)「宋会要」食貨9-11
(12)「至元嘉禾志」6
(13)「明会典」23
(14)「紹熙雲間志」上
(15) 袁甫「蒙斎集」14 華亭県修復経界記
(16)「正徳松江府志」7
(17)「正徳松江府志」7
(18)「洪武蘇州府志」10
(19)「長編」101
(20)「范文正公集」9 上呂相公并呈中丞諮目
(21)「洪武蘇州府志」10
(22)「要録」64 紹興3年4月丁未，82，4年11月辛未，「宋会要」食貨1-7
(23)「宋会要」食貨70-124
(24)「洪武蘇州府志」10
(25)「同上」10
(26)「同上」10
(27)「同上」10
(28)「正徳姑蘇志」15
(29)「同上」15

資料の証言で、この十分の一税率は宋代を通じて守られていたことが立証できる。[30] さらに、この低税率の固定に力を貸したものは、一〇〇七年、江淮発運使による東南六路上供米額を年に六二〇万石の原額（祖額）として固定する措置であった。[31] 両税法は、創設当初は量出制入と評されたが、[32] 宋が継承して全国規模で運営するに至って、北方、東南、そして辺遠（福建、広南、四川）という、交通負担力を勘案した三区分の地域主義を導入せざるをえず、徴税方式は明らかに量入制出の古法に則るようになった。

この推移を、表8「宋代東南六路秋苗上供原額の変化」で追ってみよう。北宋については一〇〇七年に定まった六二〇万石の上供原額の東南六路への配分、送達指定額と送り先が示されている。路ごとの額の差には交通負担と生産性、生産量が配慮されている。淮南に置かれた転般倉を掌る発運使には、年間二〇〇万石を和糴し、原額を維持する資本と権限が与えられ、事実、北宋を通じて六〇〇万石前後の漕運定額は確保されていた。[33] つぎに、南宋初の秋苗上供祖額の数値、計四六九万石は、北宋末の祖額の継承を示していると思われ、淮南が戦場のゆえに免税されたため減額のごとく見えるが、六二〇万石前後が北宋末の総数であったとみてよい。[34] 江西路でふえているのは、北宋の間に増加があったからに相違ない。南宋初には兵火のため、各地の実徴額は一時期、祖額の一～二割に落ちたのち、急に回復のきざしを見せ、一一四八年、杭州遷都の一〇年後に、当時の実徴額を原額にきり替えた。この総計三三二万石の新原額は、淮南を除く祖額より一三七万石欠損している。だがこの年、三総領所と行在、平江府の和糴総額を計一二〇万石と定め、計四五二万石を以て政府の穀物支出に対処する体制となり、この三分の一の穀物収入を流通経路に頼る制度枠組は一二〇八年の宋金再和議までつづく。[35]

しかし、長江下流域の中枢部は杭州遷都によって京畿路となり、特権的土地所有が拡がる反面で、経済の貨幣化、社会の都市化も発展した。両浙の新原額八五万石のうち、三五万石は折銭とされ、輸送負担も軽減したが、官僚、大兵の駐在による穀物需要は急騰したに相違ない。生産水準向上に即応しない原額主義、そして原額自体の実質削減は、明らかな財政矛盾である。この事態の中で、政府は夏税の若干の増徴、[36] 直接的付加税や各種の雑税、間接税、商業税収益の増徴、留州部分を一割程度に止めるという、[37] 王朝後半

表８　宋代東南六路秋苗上供原額の変化

	北宋 (1)		南宋 (2)		
路区分	秋苗上供祖額	送達地	秋苗上供祖額	実徴額	折輸或配送地
両浙路	1,550,000石	845,000石京師	1,500,000石	850,000石	350,000石　折銭
		403,352陳留県			100,000　折馬料
		251,648雍丘県			100,000　平江府
					100,000　鎮江府
淮南路	1,500,000	1,250,000　京師			
		200,000尉氏県			
		50,000太康県			
江東路	991,100	745,100　京師	930,000	850,000	80,000　折馬料
		245,000　洪州			100,000　建康府
					100,000　池　州
					100,000　宣　州
江西路	1,208,900	1,008,900　京師	1,260,000	970,000	80,000　折馬料
		200,000南京宋州			100,000　鄂　州
					60,000　荆　南
湖南路	650,000	京師	650,000	550,000	
湖北路	350,000	京師	350,000	100,000	
Total	6,200,000石	4,849,000石京師	4,690,000石	3,320,000石	
		905,000南京畿			
		245,000　洪州			
		200,000　南京			

資料(1)「宋会要」食貨42-2，「墨荘漫録」４，(2)「要録」183紹興29年８月甲戌

期に特有な財政配分に傾斜してゆく。因に南宋の常州では商税は一〇七七年の二倍、湖州では商税場務もふえ、北宋との比で三〜四倍を増徴した。

この悪影響は地方財政に反映し、宣州では秋苗一石につき加耗〇・六五石、(38) 南康では一・七六石、(39) 洪州では一・七石(40) を正規の付加税として徴し、州の官僚、軍隊の行政費に充てた。こうして宋初の秋苗の十分の一の軽税率、そして原額の定制化の実質利益は消去されてゆき、事実上の高額財政圧力が形づくられていった。にもかかわらず、第四期の南宋の財政破綻が生じなかったのは、生産性がすでに安定的に改良されはじめ、加えて逓減する財源上の土地税比重に代替する、別の可視的財源としての間接税、商業税が、欠損を埋める働きをなしていたためであろう。稲米が比較的安定的に収穫され、雑穀的性質を帯びていた占城稲が改良され、増産され、稲穀の市場や流通環境が整い、秋苗の祖額が保守されていれば、流通過程には相当量の余剰米が流れていたはずである。すでに一一四八年以降、和糴が秋苗上供額を補助する政府米穀購入制度として定制化し、年に一〇〇〜二〇〇万石、ときに三〇〇万石を長江中下流域で買う（和糴する）事態に変じていたのであるから、(41) 政府の穀物総需要が一定し、かつ貨幣制度が健全であれば、穀物税比重の低落傾向という負の要因に対処できたに相違ない。

南宋の第五期、開禧用兵後のモンゴルとの対決による財政圧力は、こうした弥縫策を無力化し、また積年の原額主義という財政硬直の弱点を加速的に拡げる方向に働いたにちがいない。一二〇七年に、平江府百万西倉が置かれた頃から、(42) 流通過程から直接に、年三〇〇万石から八〇〇万石にも及ぶ政府需要米を和糴せざるをえない状況が訪れ、(43) しかも正税、雑税を含む徴税の能力が下降して、和糴の財源に不足を来した。一二〇八年から贍軍買田法が試みられて、やがて品官限田法を楯に、一二六三年、公田法を実施し、蘇、湖、常、嘉興、鎮江、江陰において、限外の田の三分の一を強制収用して、官田の租米収益によって穀物財収の基幹とする体制に入った。(44) この収益は十数年の延命を南宋政府に許すが、この時点で三〇〇年もつづいた軽徭薄賦の財政倫理は名目的にも捨てられ、支持を失った政府は一二七九年に滅亡する。皮肉なことに、この自棄的な制度変革は、元と明初の政権に、すでに実質化しつつあった高生産性水準に合せて高税率を設定する手がかりを与えた。元朝は江南平定後、減税の詔を出しながらも、南宋の公田を継承して実質増税（明量官田畝当り四～七斗＝宋量七斗～一石二斗）を果し、明初政権は、公田と没官田を主体に、農民の定住と生産回復を促すことで初期の穀物収益の相対的安定を入手した。

思うに、唐末、五代、宋を通じての長江下流地域の経済景況の時空にわたる変化の振幅の不規則性は、七八〇年に創始されたばかりの両税法の初期の経験を承けた宋朝にとっては、長期の収益予測を困難にしたのであろう。この状況下で打ち出された宋初の軽徭薄賦方針と原額主義は、従来の研究で看過された税枠組の重大な側面である。この制度方針が宋代三二〇年の時間の経過の中で、実質利益から名目のみに変ずるうち、社会経済の現実が制度の起案者の想定をはるかにこえたというのが現実であろう。それにしても、一一世紀の人口急成長、そして第二～五期のコアの生産性向上が認められるとすれば、元、明初と比べて相対的に軽い財政圧力がその要因の一角にあることは考慮されて然るべきである。

4 小結

経済史は変化の文脈を探るという点で、普遍史的な文化史の手法と対照的に隔たっている。ところで、この変化文脈の究明も、検証手続きを単系因果論に立脚させるか、複合因果論に立脚させるかで異なる観察を生ずるし、また実証的裏づけを制度に偏して進めるか、直接データを中心に進めるかによって導き出されるイメージも異なってくる。中国経済史の難関の一つは、資料の大半が広義には文化史的、普遍主義的素材に偏っており、直接データを中心に据え、かつ多様で動態的な視角から変化文脈を求めるというアクセス法にとっては、障害が多いということであろう。

さて立場はいずれにせよ、生産性の水準は変化文脈の議論において中枢の座を占めるものの一つである。本章では元来、質量共に頼りない宋代の生産性データに対し、一方で観察の単位区分を細かく設定し、その一方で区分画定のルールを、全一空間、そして長期の時間にも応用できるような手続きに従わせ、可及的に多くの証言を引き出そうとした一つの試みである。直接データの散漫性を、人口密度という相対指数で補い、さらに生産性変化の概略のトレンドと、社会制度の一つである税制枠組との相関を調べたところ、若干の新規の知識を導き出しえたように思う。

一般に、長江下流域の宋代に入って生じた高生産性（ことに農業のそれ）といわれているものは、マクロ観察としては漠然と肯定できるものの、時空変化の文脈でみると、甚だ不規則で変差に富む内容のものである。この複合状況のなかで、筆者の考える第一期の長江下流地域の様相はフロンティア開発期の特色を示し、宋朝は華北そして旧時の江南の伝統生産水準と思われる畝収一石前後を目安に、元、明初に比して相対的に軽微な十分の一税率を該地にも適用し、併せて課税額の原額主義を立てた。長期の展望に立てば、この当初のゆるい財政圧は、該地農業の後年の安定と成長に一定のプラスのインパクトを与えたと判断できる。

第二期、第三期には、蘇州地方の低地の生産性は急上昇期に向かう。新技術の導入や農業基盤整備の効果が漸く反映しはじめたものであろう。一一世紀の人口増は行政経費増にリンクしたはずであり、原額主義枠内での課税ベースの点検とみられる方田法が第三期末にはこの地域を捕捉するようになる。

第四期に、コアの生産性上昇はつづき、減速傾向のペリフェリとの格差が目立ちはじめる。遷都という外因の影響は大きく、経済の貨幣化、穀物市場の拡大も刺激剤として働いたとみられる。第五期にもこの惰性はつづくが、流通財に偏した過重な財政圧と硬直した税制が抑制力となり、自壊作用が現れてくる。

以上の観察を全体としてまとめると、宋代の長江下流域の農業的高生産性は、たしかに事実として存在したが、時間・空間的発展軌跡からみれば、コアとペリフェリで変動差が時の経過とともに大きくなり、またコア中枢部の急上昇への起動は北宋中後期からはじまり、南宋においても急上昇トレンドは持続していたようである。つぎに、宋代の三二〇年間に、経済の実質がこのように変化し多岐になったとすると、財政の合理的対応も相応に変化し、現実に適合してゆくものと予想されるのに、実態は、むしろ税制が長期的には硬直し、経済の地方主義に即して必ずしも適合的に運営されていない。初期の予想、理想と、後半期の現実変化とのギャップがむしろ露呈している。税制などの制度枠のみからのアクセスでは、こうしたずれは看過されてしまうだろう。

さらに推測を混えていえば、粗放な農業システムから集約システムへの移行は、労力、資本、技術、市場などの経済環境要素が充足され、組織化されて来なければ、容易に現実化しないはずである。長期にみれば宋代は大きな農業集約システムの転換の発端期であった。ゆえに高技術がかりに存しても、発展に連動するためには、関連要素の充実のためのタイムラグを要する。このことは、高位技術が、低位技術に停迷する空白域に流れるときにも妥当する。宋代の資料に頻出する大土地所有が果した正負の効果も、こうした農業システムの移行の経過[45]に関る問題として検討を加えらるべきであろうし、さらにまた、筆者がのちに提起するごとき生態的物理的環境とそれを克服してゆく技術や文化の様態の問題に還元して深めてゆくべき課題でもあると思われる。

注

(1) 筆者所収資料のほか、周藤吉之「宋代荘園制の発達」、「南宋に於ける屯田・営田官荘の経営」、「宋代の両税負担」、「宋代の佃戸・佃僕・傭人制」(『中国土地制度史研究』)を参照した。

(2) 周藤「宋代の佃戸制」、「南宋に於ける屯田・営田官荘の経営」(『中国土地制度史研究』)一四〇、三〇〇頁参照。

(3) 周藤「宋代の佃戸・佃僕・傭人制」(前掲書)六四六～六七〇頁。

(4) 周藤「宋代荘園の管理」(前掲書)八四～八六頁。

(5) 淳祐玉峰志巻中　税賦　官租。

(6) 陳傅良　止斎文集巻四四　桂陽軍勧農文。

(7) 張方平　楽全集付録　行状。

(8) 続資治通鑑長編巻二六七　熙寧八年八月戊午。

(9) 毛奇齢　西河合集収「湘湖水利志」付落星湖、梓湖、斯波「湘湖水利志」と「湘湖考略」―浙江蕭山県湘湖の水利始末―」『佐藤博士退官記念中国水利史論叢』国書刊行会、一九八四、本書五七三頁。

(10) 虞儔　尊白堂集巻六　使北回上殿劄子。

(11) 高斯得　恥堂存稿巻五　寧国府勧農文に「上田一畝収五六石、故諺曰蘇湖熟天下足、雖其田之膏腴、亦由人力之尽也」とあるが、脱穀前の籾米量と考える。

(12) 森正夫「明初江南の官田について—蘇州、松江におけるその具体像」(上) 東洋史研究一九—三　第五表、(下) 東洋史研究一九—四　四三五頁。「明中葉江南における税糧徴収制度の沿革」小野和子編『明清時代の政治と社会』京都大学人文科学研究所、一九八三、三八二頁。

(13) 加藤「宋代の戸口」、「宋代の主客戸統計」、「宋代の人口統計について」『支那経済史考証』巻下。

(14) 青山「隋唐宋三代に於ける戸数の地域的考察」歴史学研究(旧)六—四、五　一九三六。

(15) 宮崎「読史劄記—宋代の戸口統計」『アジア史研究』一　東洋史研究会、一九五七、日野「宋代の詭戸を論じて戸口問題に及ぶ」史学雑誌四七—一　一九三六、曾我部「宋代の身丁銭と戸口数問題」『宋代財政史』生活社、一九四一、「宋代の戸口統計についての新研究」、「同続」、「同続々」、東亜経済研究二六—三、四、二七—三　一九四二、三。

(16) Robert M. Hartwell, "Demographic, Political and Social Transformation of China:750-1550", *Harvard Journal of Asiatic Studies*, vol. 42:2, 1982.

(17) Michel Cartier et Pierre-Éienne Will, "Démographie et institutions en Chine:contribution a l'analyse des recensements de l'époque impériale (2ap. J-C. 1750)", *Annales de Démographie historique*, 1971. Michel Cartier, "Conditions technologiques, sociales et politiques de la croissance démographique chinoise", 1984.（未発表、著者寄贈）。

(18) 佐竹靖彦「太平寰宇記における統計的諸事項の性格についての覚え書」唐代史研究会編『中国聚落史の研究』一九八〇、六九～九〇頁。

(19) 渡部忠世、桜井由躬雄編『中国江南の稲作文化』日本放送出版協会、一九八四、本書二一七～二二二頁参照。

(20) 本書三七九、三九三～五、四六九～四七一、五六六～五七二頁。本田治「宋代杭州及び後背地の水利と水利組織」梅原郁編『中国近世の都市と文化』京都大学人文科学研究所、一九八四、一二五～一五一頁。

(21) John Durand, "The Population Statistics of China, A.D. 2-1953", *Population Studies*, vol. 13:3, 1960. Hartwell,

"Demographic, Political, and Social Transformation of China", *HJAS*, vol. 42:2, 1982. Otto Berkelbach Van Der Sprankel, "Population Statistics of Ming China", *Bulletin of School of Oriental and African Studies*, vol. 15, 1953. Ping-ti Ho, *Studies on the Population of China, 1368-1953*, Harverd Univ. Press, 1959. Dwight Perkins, *Agricultural Development in China, 1368-1968*, Edinburgh, 1969.

(22) 両朝綱目備要巻三 光宗紹熙五年、築紹熙堰。陳造 江湖長翁文集巻二四 与奉使袁大著論救荒書。淳熙新安志巻一 風俗。呉儆撰呉文粛公集巻一一 送曹守序。

(23) 葉適 水心先生文集巻二 安集両淮申省状。

(24) 本書三九〇～四〇二頁。

(25) M. Cartier, "Conditions technologique, sociales et politiques de la croissance démographique chinoise", 1984.

(26) 本書二二七～二三四頁。

(27) 宋会要輯稿 食貨七〇—一二四 経界雑録 紹興十二年十一月五日。

(28) 沈括 夢渓筆談巻九 人事、嘉泰会稽志巻一三 社倉。

(29) 周藤「宋代の両税負担」(『中国土地制度史研究』)。

(30) 本書四二六～四四九頁。

(31) 本書二三四～二六一頁。

(32) 日野開三郎「両税法の基本的四原則」法制史研究一一 一九六〇、五七～六五頁。

(33) 青山定雄『唐宋時代の交通と地誌・地図の研究』吉川弘文館、一九六三、三五七、八頁。

(34) 本書二三八、九頁。

(35) 本書二四八頁。

(36) 方勺 泊宅編巻一〇、嘉靖崑山県志巻一 田賦。

(37) 建炎以来繫年要録巻九六 紹興五年十二月辛亥、建炎以来朝野雑記甲集巻一四 両浙歳入数。

(38) 永楽大典巻七五一二「続宣城志」、周藤吉之「南宋の耗米と倉吏、攬戸との関係」『宋代史研究』東洋文庫、一九六九。

(39) 朱熹 晦庵先生朱文公集巻一一 知南康軍。

(40) 李綱 梁渓先生文集巻一二八 与張子公舎人書。

(41) 本書二四八～二五二頁。

(42) 洪武蘇州府志巻八 開禧百万倉。

(43) 本書二五〇～二五一頁。

(44) 周藤吉之「南宋末の公田法」(『中国土地制度史研究』)。

(45) エスター・ボズラップ、安沢秀一・みね訳『農業成長の諸条件

—人口圧による農業変化の経済学—』ミネルヴァ書房、一九七五。
M. Cartier, "L'exploitation argicole de l'antiquité au XIVe siècle", *Annale*, *E.S.C.*, 1978, 2.

（補1）James Lee, *State and Economy in Southwest China: 1250–1850* (forthcoming) 五〇頁注（35）参照。

（補2）人口データは資源分布を表示する代理指数であるから、地域史の分析には欠かすことができない。その一方で、史料としては比較的多量に残存している中国の戸口統計が、要するに行政資料にすぎず、真実からかなりかけ離れていることは周知の事実である。少数民族や皇族、軍人、僧侶道士は版籍では別個に登記され、各時代の課税負担者の制度的取り決めに応じて除籍される人民がいた。政府の姿勢・関心も戸口数の多寡に影響するほか、地方官や戸口の登記に携わる胥吏、郷村の催税者、隣保・保甲の組織等が戸口統計の実績を挙げる方向で整備されているか否か、戸口・財産の移転をたとえば三年に一度、正確に更新する状況が整っているか否か、課税が戸の規模、戸内の資産の多寡に強く影響するか否か、等の要素も勘案しなければならない。一九三〇年代のL. Buekの調査でも、政府統計には三割余の漏口があったことを教えている。

宋代の戸口籍は、歴代の、たとえば漢の紀元二年籍、唐の七四二年籍、明の一三九三年籍、清の一八二〇年籍に比べると、信憑性が低いと評されている。ことに女口と幼口が統計されず、ために一戸当り人口が極端に低い非常識な数であることが指摘され、その一方、詭名挟戸による戸の分割、集合がかなり行われていた。ゆえに口数を採用することはほぼ無意味である。戸数はこれに比べてより実情に近い。詭名挟戸が存しても、全人民の八〜九割は五等戸であるので、社会階層の分化を推論するに不適であっても、戸数の概略を捉えることはできる。

　また、戸数の統計は必ずしも税役のみを目的としたものでなく、州県の行政運営と行政経費を測り、等級を付す資料でもあり、戸口招増の賞格は、宋初から州県官の考課の対象とされ、くり返して申明された。また立戸は財産制にかかわり、災害の救恤にもかかわっており、逃籍が絶対的に有利ということはなかったはずである。

　以上の要素を考えると、戦争・内乱・大災害、そして創業、滅亡期の混乱期は別として、戸数は不完全ながらも人口動態の変遷を探知する相対的な資料として使えると考える。もちろん戸数が編審される制度手続きとその変化、政府の姿勢と地方行政の仕組みの変遷を考慮し、また各地域の実情を傍証する質的資料と比べ、平均的な戸内の人口数の状況を知り得た上での話である。宋朝が版籍に直接の関心を示しはじめたのは九九五年の二税版籍式の弘布、一〇三三年の五等丁産簿の制の頃からである。また詳細な打量が採り上げられ始めるのは一〇四三年の方田法以降であるが、嘉祐勅（一〇六一）、保甲法（一〇七〇）、手実法と隠寄賞告法（一〇七四）の弘布は、統計をより改善したと考える。

個々の府州の戸数の信憑性を採る一つの方法はD. Perkins教授が示唆するように、相対的に精度が高いと推定される一三九三年の統計を拠り所として、各州について時代を遡らせて統計を比較し、かつ質的資料を参照して、増減の傾向に甚だしい一貫性を失するものの有無を検証し、非常識な数値の統計を除外する手法である。もとよりこうした操作を経ても不確実性は消えない。ここでは、右の操作に加え、各府州の実面積を得る一方、統計上の戸数に平均一戸五人の率で人口を復元し、この想定値を面積で除し、一平方粁当りの密度を求めた。清末、民国から現代については、ほぼ確実な人口密度数値が知られており、それぞれの地域の穀物の単位収量との相関も判明しているから、宋代の各地方の単位収量と想定人口密度を対比すれば、一応相対的な参照値として、宋代当時の想定密度と変遷を考えることができるように思う（本書一九四・一九五頁の現代の紹興の人口密度、稲米畝収水準の分布図参照）。

二　長江下流域の水利組織

1　概観

本章は、中国の漢代から民国に至る間、「長江下流地域」において不断に成長発達を遂げた水利組織の改良過程における、経済組織の諸形態に焦点を充てようと試みるものである。論述の中で特に注目するのは近一千年来の過程である。

本章はなかんずく、水利灌漑の如き経済活動に表明される中国の社会と文化の様態に格別の関心を注ぐものである。端的に言えば、筆者の目的は、経済活動とその基層に在る環境的諸条件との間の複合的関連の究明にある。ここで言及する「環境」とは、生態的、社会的、経済的環境 ecosystem を言い、「諸関係」には、経済組織と技術生態の間の諸関係をも含んでいる。

以上の趣旨において、最初に言及を要する問題は、中国の歴史上、嘗て全面的・一枚岩の経済的統合組織は実現していなかったという最近に提起された事実である。たしかに、中国は長期に亘って政治的統一を享有してきたし、その長期の統一と社会の安定持続という点において世界に比類を見ないものであった。加えて、中国は、その独自の漢字書式の発明、官僚組織、階層状の都市網及び明確に「都市的な」行政の早熟的発達に見られるごとき、社会と文化の組織性における習熟を長期間誇りつづけてきた。こうした諸事実に基づいて、一部の歴史学者・経済学者・政治史家は性急にも中国社会は格別に一枚岩の統合体であったという概括を下している。

しかしこの見解は全体の一面を見ているに過ぎない。たしかに中国の領域における地理環境は、労働集約的農業と高度の人口集中を生み出すに足る好条件を、ほとんどの部分について供与していたとはいえ、中国の地形的与件の構造は、他の文明圏（ヨーロッパや北インド）と比較すれば、相対的に見て統合性を欠くものであった。中国は（ペルシアの如き）大平原に恵まれた純粋内陸農業国家でもなかったし、一方、（ギリシアの如く）沿岸性と海上商業に基礎を置く特殊商業的社会でもなかった。むしろ、中国はこの両タイプの社会の中間に立ち、両者を融合した、河川が地文をまとめる社会 riverine state と定義づけることができる。

さらに、中国の内陸部は、二本ずつ東西と南北の両方向にセットを為して交差する山系によって分断され、合計八個の地形的大地域に区画され、それらの地域境界は分水界に沿って走っている。これらすべての地域単位は地理学上の「drainage basin 流域」として定義でき、各地域にはたいてい一つの経済核心域があり、そこでの都市や町の発達にみられる人口集中は該地域のなかで最大である。「雲貴」大地域を除けば、経済核心域は河川流域低地乃至平野に位置し、そこは該地域内で最も低廉な交通と、最も発達した農業が集まっているという特徴を備えている。中国の空間構成の偏差に着目したこの見解は、中国の経済組織を差違性を備えた諸地域の集合体と考え、従ってそれを地理的・経済的基礎において考察することを促すものである。ゆえに、地域性に根ざす水利組織を動態的に分析するためには、帝国全体を一括するよりも、諸地域毎に個別に分析しなければならない。

本章で論ずべく選ばれた地域は、「長江下流大地域」である。この地域の核心域は肥沃な江南であり、杭州湾に注ぐ銭塘江及び他の二、三の河川流域もこれに含まれる。この地域境界はしたがって、数省の行政境界を横断しており、江蘇・安徽両省の南半及び浙江省の北部を含むものである。周知の如く、この地域は少なくとも一〇世紀以降、国内の最先進地であり、資源と経済活動に優れ、人文の淵藪とも言われて来た。

(一) 生態環境の諸類型

(1) 説明モデル

水利灌漑組織の社会環境を考えるに当って、われわれの視野は該組織が機能する社会に止まらず、物理環境及び生態系と社会の間に介在する技術関連をも包摂せねばならない。では長江下流域におけるかかる環境諸条件の差違性のパターンは如何なるものであったか。

L. Back の定義に拠れば、この地域は「長江水稲・小麦区」の中の一部分である。しかしこの「同質地域区分」は、当面の目的にとっては明らかに曖昧で不適切である。なぜなら、本章における筆者の「地域」の定義は「諸要素の相関性」を問題とし、「機能する地域」、又は「結節状の地域」functional region を採り上げるからである。この種の分析を進めるためには、事前に、特定河川水系の全流域内における生態環境の空間上の変差につき整理を果しておくことが肝要である。仮説として想定すれば、おのおの異なる環境上の偏差条件は、それぞれに対応する様々に異なる様式の水稲生産様式を規定するはずである。ゆえにこの種の環境与件を良く理解するに至れば、われわれが構想する映像は、地域の社会経済に関するより実質的な分析を生み出すはずである。その上、ここに採り上げる長江下流域のごとき地域の水稲生産は、年間の気候条件において旱期と雨期を混えるため、農民は潜在する水資源を最大限に活用して水田の灌漑に資するべく迫られているのであるから、環境条件を知悉する必要性は一層強いものがある。以下、高谷好一教授がタイ国のチャオプラヤー流域についての研究から導きだした啓示的なモデルを紹介しよう。

図1は、タイ国、Chao Phra•ya 川流域に生じた定住と水稲生産との、時間的・空間的な持続的展開過程に関してなされた実証研究に基づく一つの説明モデルである。ここでは三種の地形学上の亜環境区分が存在する。(高谷好一著『熱帯デルタの農業発展』創文社、

図1　Chao Phra・ya 流域の地形区分

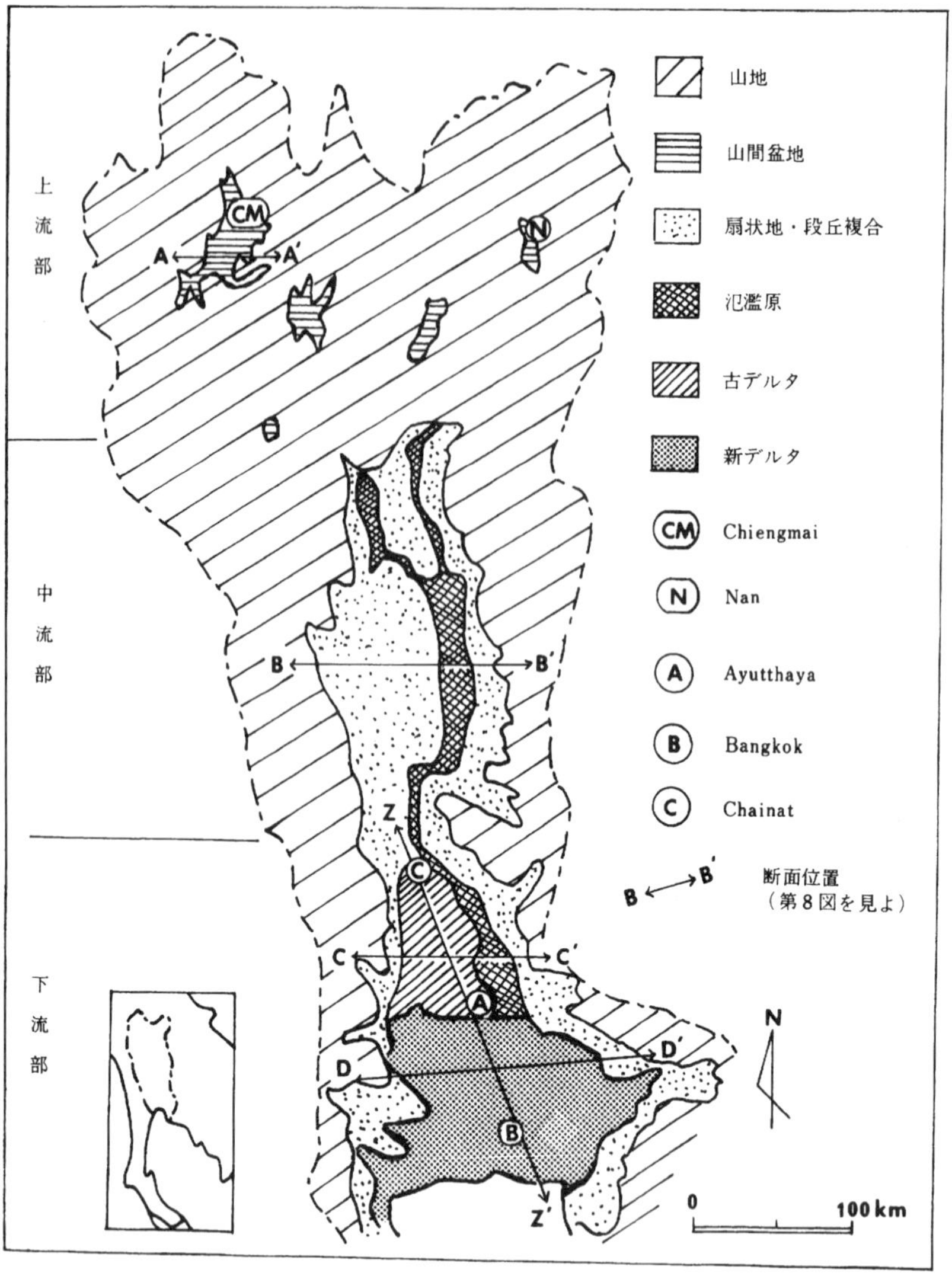

高谷好一著『熱帯デルタの農業発展』創文社，1982，p.18

一九八二、「タイ稲作の自然構造：地形と稲作」石井米雄編『タイ国：ひとつの稲作社会』創文社、一九七五）。

(a)「山地」。この区域の特色は、けわしい傾斜、限られた定住空間、そして中流域に比べて相対的に高い集水面積比である。樹枝状の渓水に沿って点在する幾つかの狭小な盆地空間は、初期の定住を進めるに適した手頃な立地を供給し、そこでは粗放技術による稲作が可能である。水を制御するために必要な技術は、小規模の水壩乃至堰（タイ語：Fai)を、渓流の要所に築き、そこから水を導いて水田を灌漑するための給水渠（タイ語：Muang）のネットワークを作ることである。通常、こうした組織は数村を包含し、組織を維持するために、若干の渠長等が村民中から選出される。水の利用をめぐる紛争の解決の必要性は、この種の小社会では限られているため、水利規則は村落規模で足りかつ自生的である。しかし、この盆地が比較的に大であるか、あるいは山地と中流平野とが交界する生態境界に在る大沖積扇の扇頭という好立地を占める場合、かかる初発的農業社会は成長して大政治単位を作出し、より大きな貯水池や、より進歩した給水渠のネットワークを施設することも起りうる。タイ国史上の好例は、Chiang-mai に首都を置いたLanna Thai、あるいは Skhotai に首都を置いたSkhotai の古代二王国である。

図2　Chao Phra・ya 流域の地形区分モデル

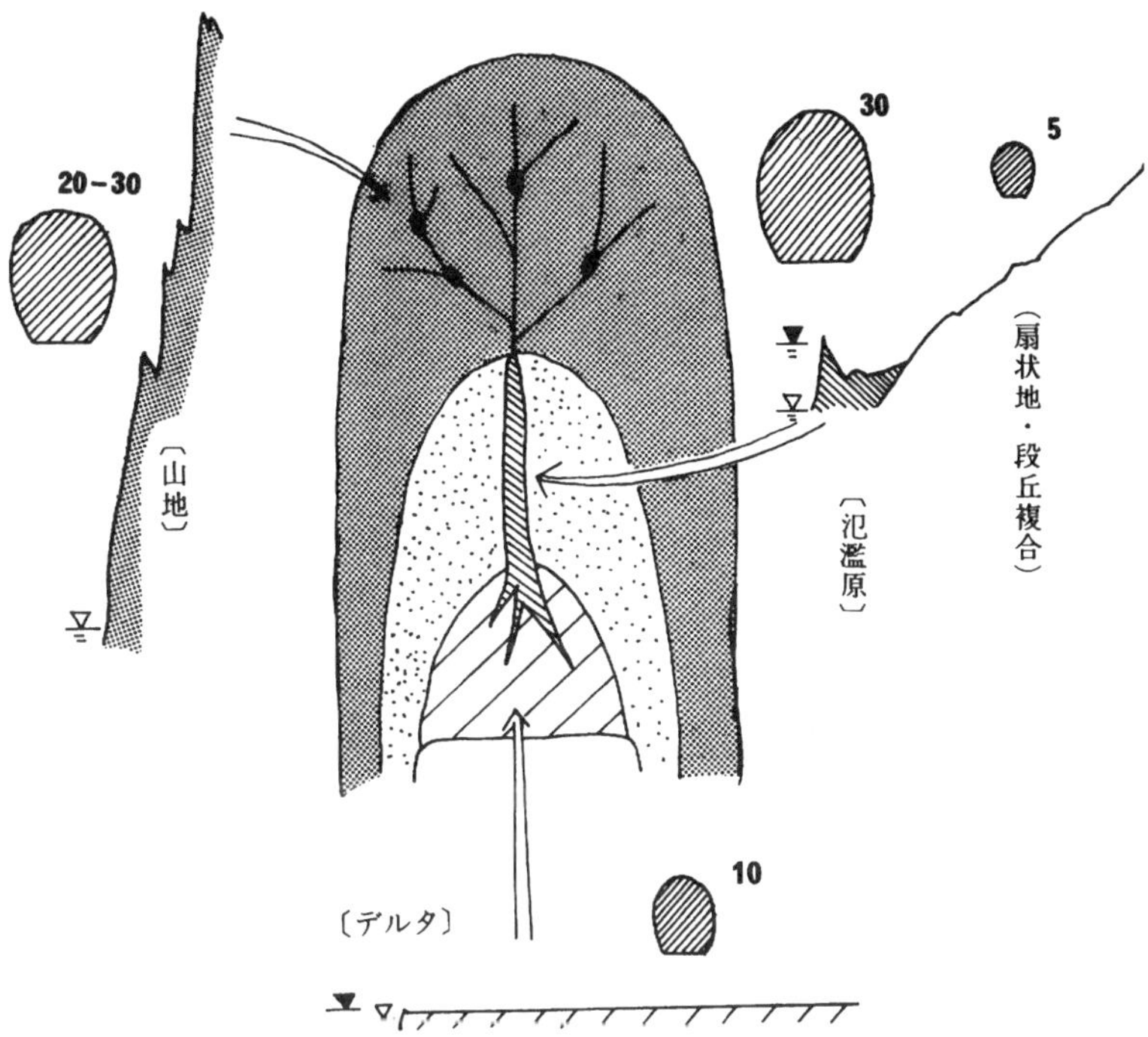

水田対集水面積比．例えば氾濫原の場合，その域内の1haの土地に対して平均30haの土地に降った雨が供給される

雨季の水位

乾季の水位

高谷好一著，前掲書　p. 16

(b)　中流域の「扇状地・段丘複合b―1、氾濫原b―2」。b―1は河川中流域の頭部に、b―2は河川の中流沿いに、それぞれ位置する。人間の定住域と稲作生産域をより広く拡大するためには、b―2の氾濫原の条件は最悪である。なぜならそこは四季を通じて湛水水位が余りに深いからである。b―2の立地条件は次苦である。なぜならこの外周域は傾斜起伏に富み、水の供給が一般的に乏しい(早期は特に然り)からである。b―1の扇状地・段立複合、ことに扇頭(扇頂)部は、土壌が相対的に肥沃で、水の供給も相対的に安定している故に、上記の両目的

に対して最良の条件を供与している。いずれにせよ、用いられる技術は「山地」と大差はない。歴史的に見て(a)「山地」、(b)「扇状地・段丘複合、氾濫原」は、共に古代的王国の生起に基礎を与えて来た。

(c) 下流域の「デルタ部」。この地区は、c—1「上部デルタ」と、c—2「下部デルタ」に区分できる。未開状態の時には、その粗放な景観は定住と生産の双方にとって全流域のなかで最悪の環境であるが、しかし広大で且つ平坦なデルタ部の平野は、広域の稲米プランテーションおよび稠密な定住を将来に開くための最大の潜在力を蔵し、プラスとマイナスがトレード・オフの関係を生ずる。当然、デルタ部に到達した初期の植民定住者は上部デルタを先ず選んだ。

図3　Chao Phra·ya 新デタル地形の細分

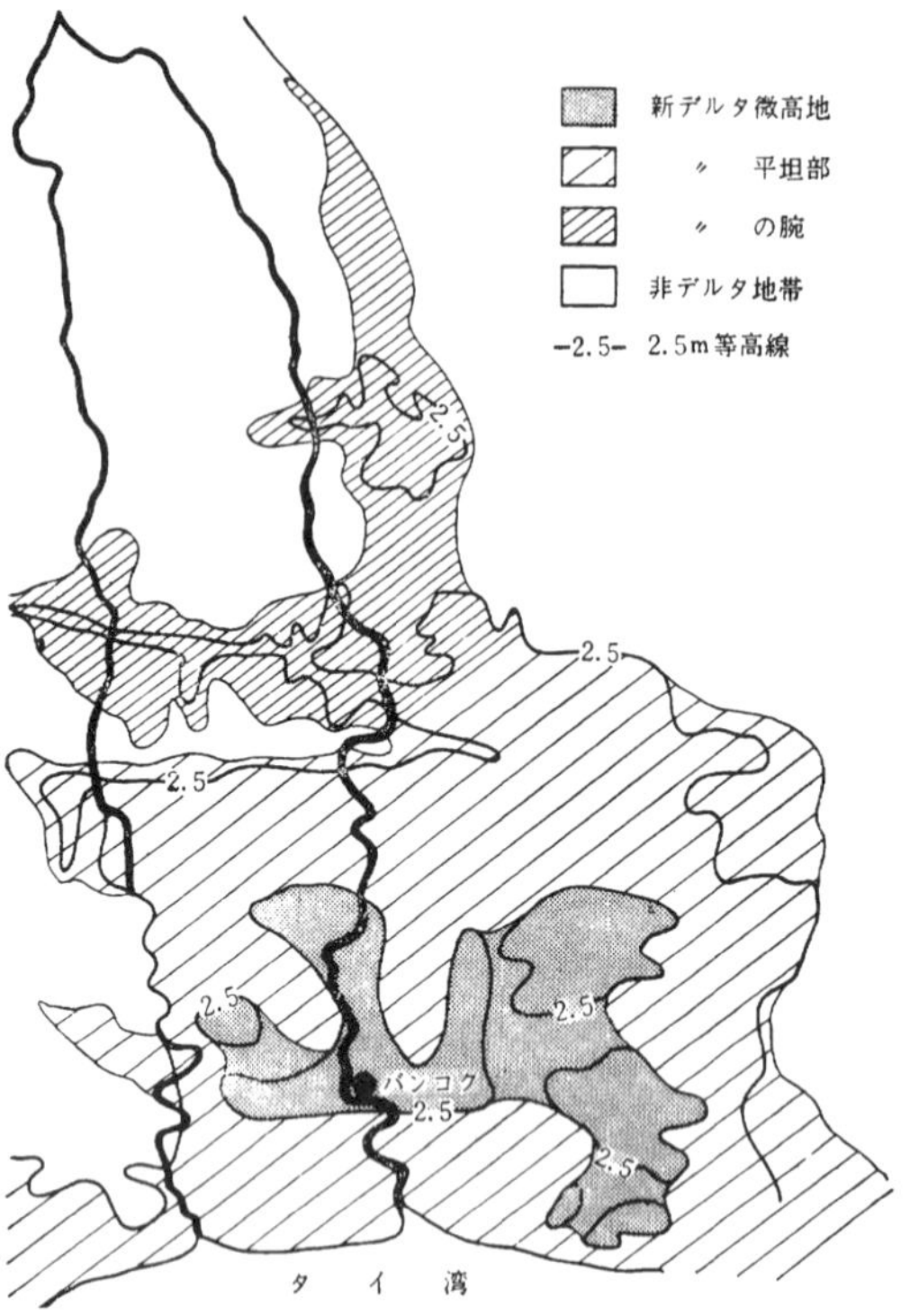

高谷好一著「タイ稲作の自然構造：地形と稲作」石井米雄編『タイ国：ひとつの稲作社会』創文社，1975，p. 218

上部デルタ頭部において、河流は、地勢が急に平坦となるため、数個の分流に分かれて海に注ぐ。この分流が一たんそれらを横断する運河組織で結び合されると、そこに効率的な交通網の網の目が形成される。加えて、自然の生成過程により、蛇行する各分流の両側には耕作にも、また定住にも利用できる幅広い高阜な自然堤防が形成される。このデルタ部で用いられる技術は上述のそれとかなり異なる。分流と分流とを結び付ける大小様々の運河の構築によって、地域の商業が先ず促進される。ついでこの商業の刺激によって、山間部の産物と平野部の産物の生産が特化して来る。やがて、骨格をなす幹線運河が施設され、低湿地は徐々に涸浅に向かい、最後には水田に干拓される。いずれに

表1　稲の適性地と居住の適性地の評価

地　　域		稲生育地としての評価	居住地としての評価	環　境　指　数
山　間		3等地	1等地	2
扇状地・段丘複合		3 〃	2 〃	1
氾濫原		2 〃	2 〃	0
古デルタ		2 〃	2 〃	0
新デルタ	高位部	1 〃	3 〃	－2
	腕　部	1 〃	10 〃	－9
	平坦部	特 〃	10 〃	－10

図4　居住環境の優劣分布

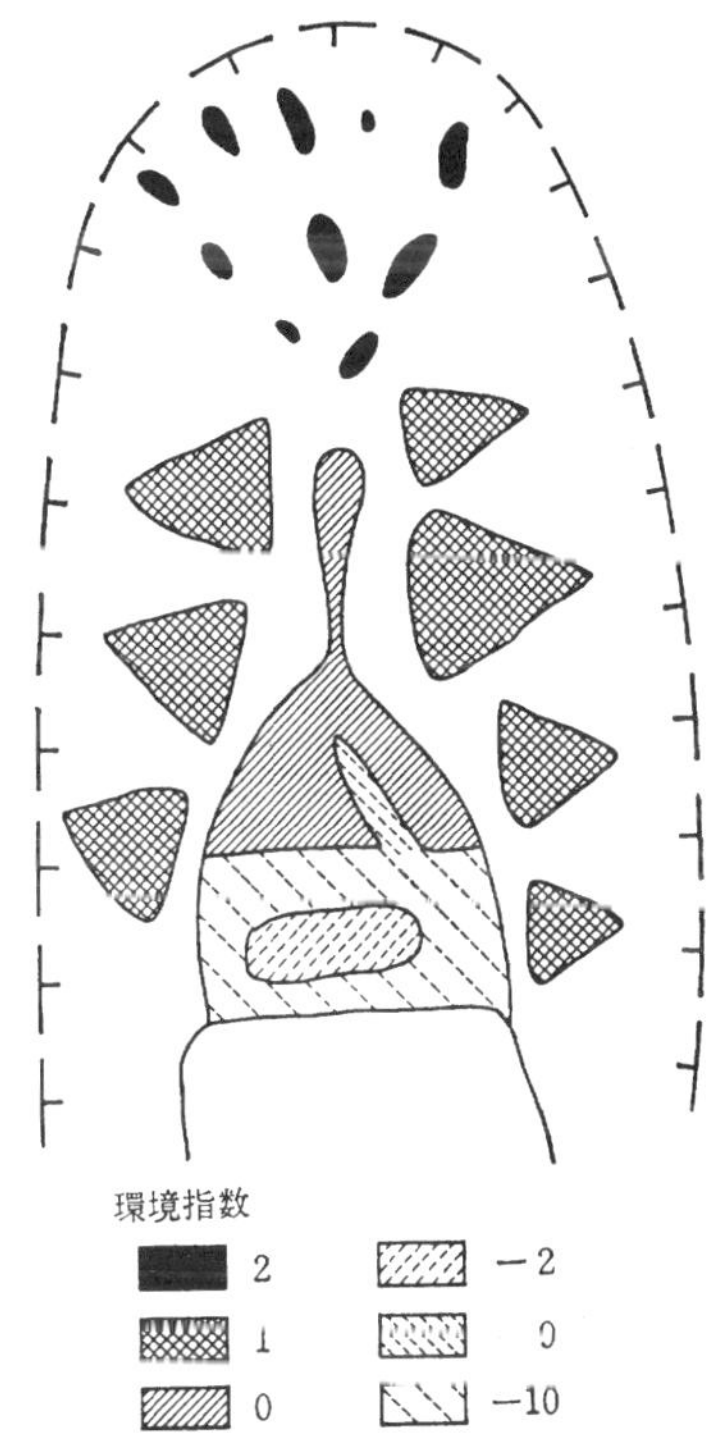

高谷好一「タイ稲作の自然構造：地形と稲作」石井米雄編『タイ国：ひとつの稲作社会』創文社，p.236

せよ、この種の経過が進行する際に、大量の労働力と資本の投入は必須であり、またその投入をなしうるものは国家あるいは大土地所有者である。一方、「処女地」に到来した植民者の大多数は移動的生活に慣れ、かつ大規模の協業を進めるに足るほどに組織されていない。かくて、この種の協同を遂行するための国家ないし勢族の責任はますます高くなる。タイ国では、中世期の Ayu-the-a 王国がこうした背景において上部デルタの中枢部に出現した。この王国は、発達した運河組織と東アジア貿易の振興を以て特色づけられている。

下部デルタ（新デルタ）地区においては、土地は極端に平坦と化し、こうした氾濫原野での水位は一般的に大変浅い。おのずからこの地区は高度に生産的であり、とくに水稲の生産には適している。しかも土地は余す処なく利用可能である。しかしそこに到るためには、労力、資本、技術を総動員できることが必須の前提である。下部デルタでも、干拓の推移は上部デルタのそれと大差はない。すなわちまず分流と運河に堤防が施設され、ついで水の出入を制御する水門や堰・閘・斗門が作られ、こうして囲まれた湿地に日本の輪中（わじゅう）のごとき水利田が造成される。

この干拓工事は、細密な計画、土木工学と組織運営に関する広範な知識、大量の投資をまってはじめて実現するものであり、タイ国ではごく最近になって生じたのである。すなわち約二〇〇年前、現代タイ国の創建者である Thonburi 王朝が、その都をバンコクに奠めた。この王国の形成に当って、主として中国東南諸省から到来した大量の移住者が開発に貢献し、下部デルタ全域にわたり、当初は砂糖黍、やがて水稲作が拡大して国の基礎が築かれた。

以上に論述したいくつかの亜環境の各々に固有の長所と短所とを、定住適性と生産適性との両基準のトレード・オフ関係で評価し、その大要を示したものが表1である。一方、図4は、長所・短所指数によって、この流域地域内におけるかかる亜環境の分布状況を示している。明らかに、定住植民化の趨勢は、歴史的に見て山地よりデルタ部へと進行している。この動きは長江下流域についても妥当するのである。

(2)　長江下流域の地形

図5は長江下流域の大略の地形環境を示すものであり、図6は長江下流地域内における主要水系の概略図である。図中に点線で囲った三つの矩形は、以下の本書で詳論する部分を示している。

長江下流域において、九江、すなわち贛水が長江本流に合流する地点での海抜は標高一八メートルである。蕪湖より下流での勾配はきわめて平坦で一〇万分の一の傾斜角である。かつて、長江は蕪湖付近で二本の分流に分かれたといわれる。南の分流は中江とよばれ、東流して一たん太湖に注ぎ、この太湖水は更に呉淞江に導かれて海に注いだ。長江本流とこうした分流とは、大量の沙泥を含んで流れ、海潮の逆流水に阻遏されて流速が緩くなるため、デルタ部の低湿氾濫原野の到る所に泥土を沈積した。この種の自然的推移は、杭州湾岸の南北に沿う低地でも生じた。

図5　長江下流南部の地形区分

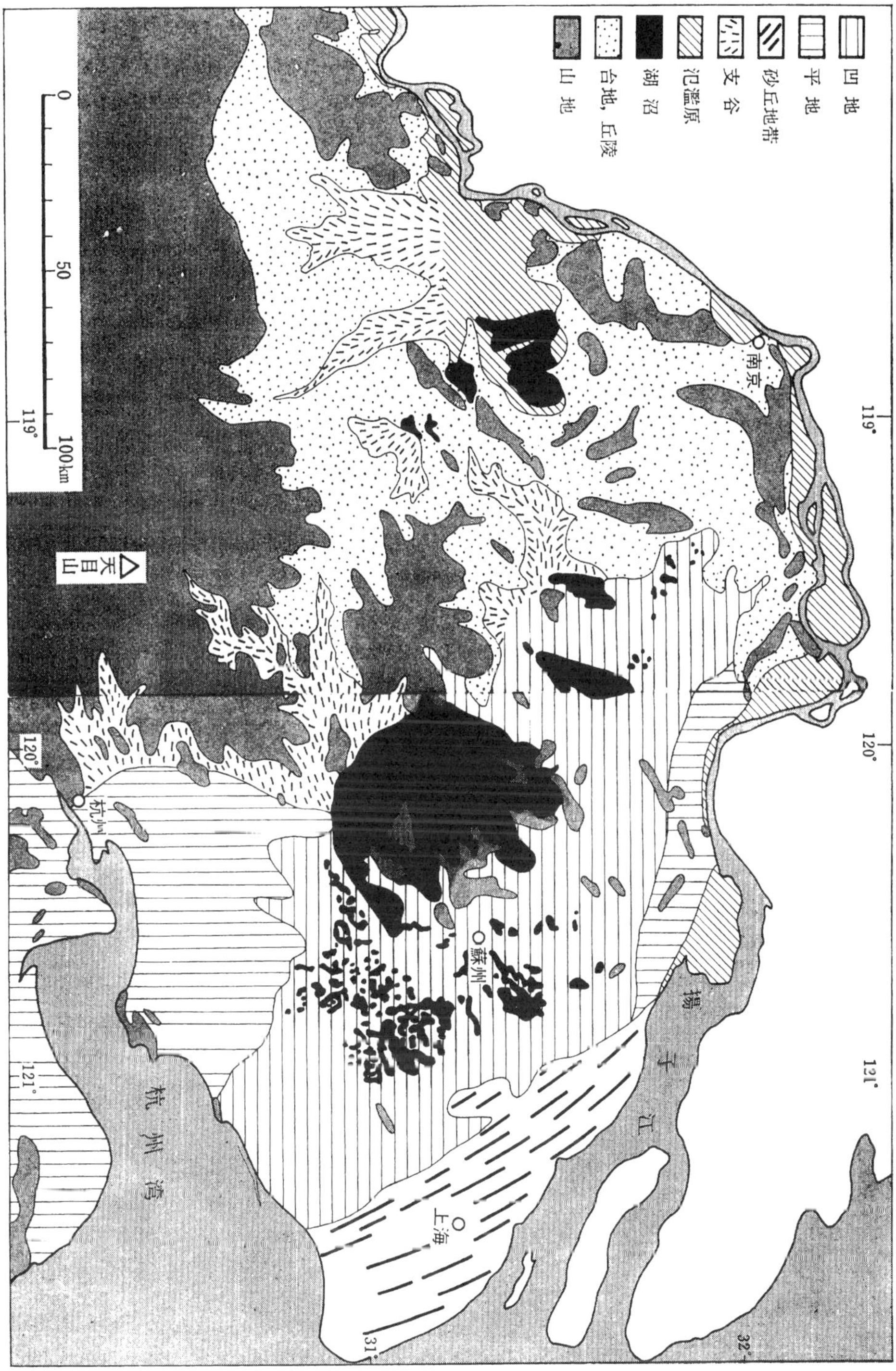

渡辺忠世・桜井由躬雄編『中国江南の稲作文化』日本放送出版協会，1984

図6　宋代江南の水文略図

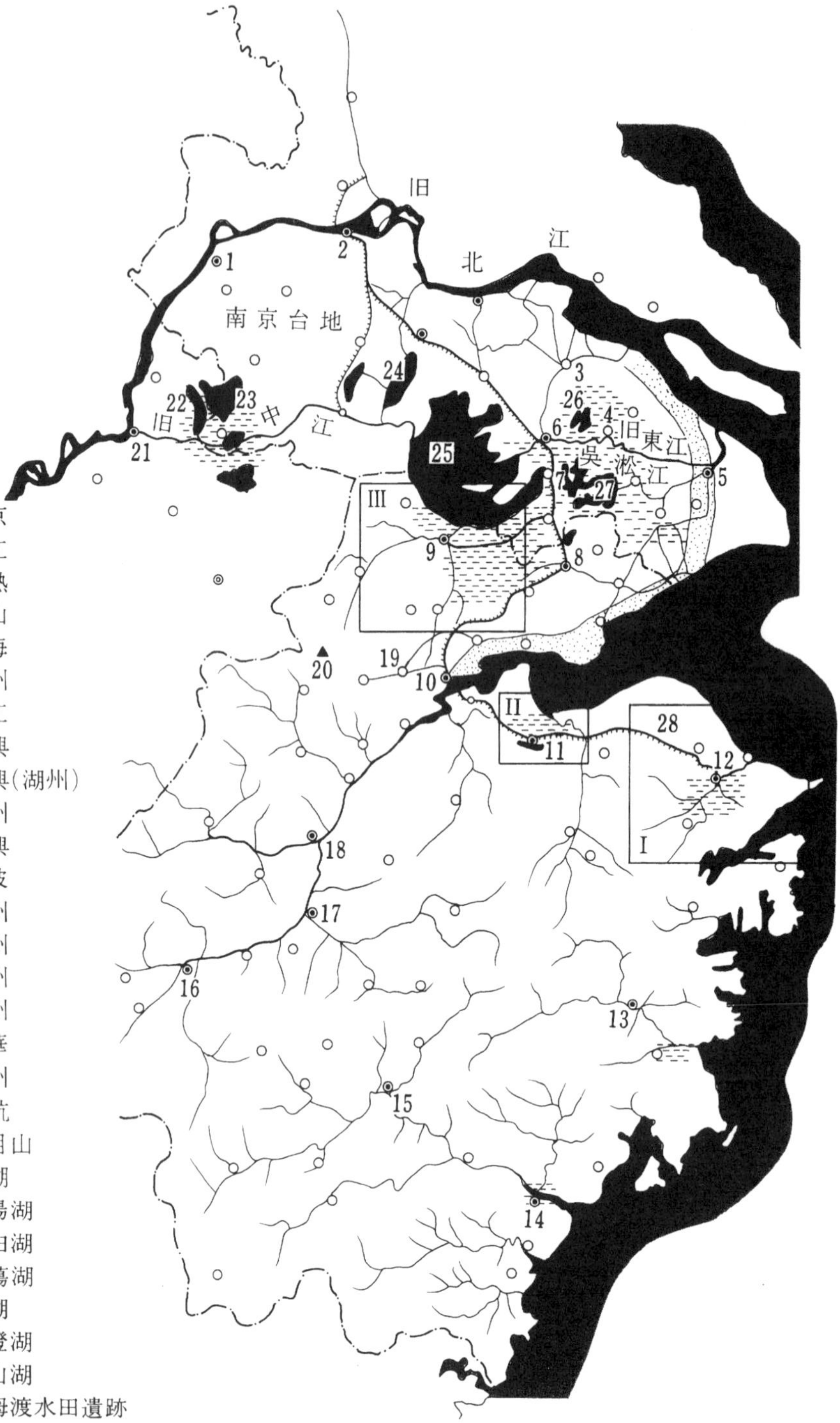

1. 南京
2. 鎮江
3. 常熟
4. 崑山
5. 上海
6. 蘇州
7. 呉江
8. 嘉興
9. 呉興(湖州)
10. 杭州
11. 紹興
12. 寧波
13. 台州
14. 温州
15. 処州
16. 衢州
17. 金華
18. 厳州
19. 餘杭
20. 天目山
21. 蕪湖
22. 丹陽湖
23. 石臼湖
24. 長蕩湖
25. 太湖
26. 洋澄湖
27. 澱山湖
28. 河姆渡水田遺跡

図７　紹興地区の聚落分布：南宋

陳橋驛「歴史時期紹興地区聚落的形成与発展」地理学報35巻１号　1980年３月　P.18

表2　江南の重要水利工事（時間、空間要因による整理、資料pp. 204—217参照）

	扇状地	上部デルタ	下部デルタ
漢～隋	A　1. 12. 13 D　2. 11. 13. 15. 21	A　4 C　1. 2. 3. 6. 7 E　3. 8. 9. 11. 34. 35. 51	A　10. 14 B　19 E　18. 21
唐	A　1. 2. 3. 8. 12. 13. 16 D　2. 3. 8. 10. 11. 12. 13. 15. 16. 19. 21. 22. 27. 28. 30. 36. 37 E　27. 28	A　4. 5. 9 B　1. 2 C　1. 2. 3. 4. 6. 7. 9. 10 E　3. 8. 9. 11. 25. 34. 35 37. 42. 43. 44. 49. 51. 60	A　10. 11. 14 B　3. 8. 9. 19 E　1. 2. 5. 6. 16. 18. 20. 21. 36. 45
五代・宋	A　1. 2. 3. 8. 12. 13. 16 D　1. 2. 3. 4. 5. 6. 7. 8. 9. 10. 11. 12. 13. 14. 15. 16. 17. 18. 19. 20. 21. 22. 23. 24. 25. 26. 27. 28. 29. 30. 31. 32. 33. 34. 35. 36. 37 E　26. 27. 28. 29. 30. 53	A　4. 9 B　1. 2 C　1. 2. 3. 5. 6. 7. 8. 9. 10. 11. 12 E　3. 4. 8. 9. 10. 11. 31. 32. 33. 34. 35. 36. 37. 38. 39. 40. 41. 42. 43. 44. 49. 50. 51. 54. 55. 56. 57. 58. 59. 60. 61. 62. 63. 64. 65. 66. 67	A　6. 10. 11. 14. 15 B　3. 4. 5. 6. 7. 8. 9. 10. 11. 12. 13. 14. 15. 16. 17. 18 E　1. 2. 5. 6. 7. 12. 13. 14. 15. 16. 17. 18. 19. 20. 21. 22. 23. 24. 36. 45. 46. 47. 52. 68. 69. 70. 71. 73. 74. 75. 76. 77

いずれにせよ、長江や銭塘江の如き大河川は、古代においては灌漑水と言うよりは寧ろ交通手段としての役割が重かった。Chao Phra-ya水系の事例からも推定できるように、初期の入植者によって利用された土地は、安定した水の供給が得られる山間の小盆地であった。陳橋驛教授作製にかかる図7は、南宋時代、杭州湾南岸の紹興亜地域における聚落分布を示しているが、この図に黒点で示された山地の聚落は、初期の定住地と推定することができる。定住の初期段階では、選択された定住立地は狭く限定されていた。この意味で、長江下流地域における二つの水源地、すなわち一つは天目山のそれ、他の一つは会稽山のそれ、は初期の定住者にとって、明らかにもっとも卓越した定住地点であった。

表2はこの論点をより鮮明にするために作ったもので、漢代以降の約一千年間、長江下流域に生起した水利工事の時間的・空間的推移を示している。資料は欧陽脩撰新唐書地理志に基づいている。同資料は漢から唐に至る期間、全国で施工された工事のうち、規模が大きく、公的に記録す

るに足るものを挙げている。この表に挙げている宋代の工事は、同程度の規模のものを宋代および以降の時代の資料から選んで補完したもので、新唐書の年代的収載範囲の欠を補っている。(青山定雄「唐代の水利工事について」(上)(下)東方学報(東京)一五―一・二 一九四四)

表2中の数字は、のちの表に挙げた個別の工事を数字の番号で示したものである。A―Eの記号は地域内の五個の水系の各個を示している。即ちAは天目山水系、Bは呉淞江水系、Cは中江水系、Dは銭塘江水系、Eは杭州湾南岸に北注する一連の水系である。

明らかに、時代の推移と共に、新・旧の水利工事のタイプが重複して用いられる傾向が見られる。さらに土地干拓の趨勢が、起状に富む沖積扇から平坦な氾濫原へと進むことも明瞭に示されている。たとえば、漢代では記録に留められた工事は天目山と会稽山の山麓に集中している。唐以前の工事二六のうち、一五はAとEの水系に関っている。

(二) 唐以前の推移

初期の状況を具体的に示すために、A・Eの両水系をより詳しく調べてみよう。古代越王国の頃、会稽山下の丘陵は杭州湾南岸にひろがる寧紹亜地域内の唯一の核心域であった。初期の聚落は小渓流に沿った無数の小盆地に散在し、今日の紹興市の少し南に位った古越城をその中心にもっていた。同地域東方の甬江流域つまり後世の寧波市の直接後背地は、この当時には塩分を含む海潮の逆流が瀰み、その上、海賊の攻撃を蒙り易いため(海上貿易のための良港が既に現寧波市のやや東に出現していたものの)、植民があまり進んでいなかった。紀元一四〇年になると、この会稽地区の全水利体系について抜本的な改良が地方政府によって創められた。会稽郡守馬臻の指導で人造湖の鑑湖が造成され、これにともない、長大な一条の運河(後世の浙東河)が起工され、銭塘江口から曹娥江口に達した。曹娥江より東方では、餘姚江を利用して寧波の旧港(現寧波の東一二キロ、旧鄮県)に達した上で現在の鎮海から海に出ることができた。

図８　後漢永和以前の会稽の水系（B. C. ca. 500～A. D. 139）
陳橋驛「古代鑑湖興廃与山会平原農田水利」地理学報28—3，1962

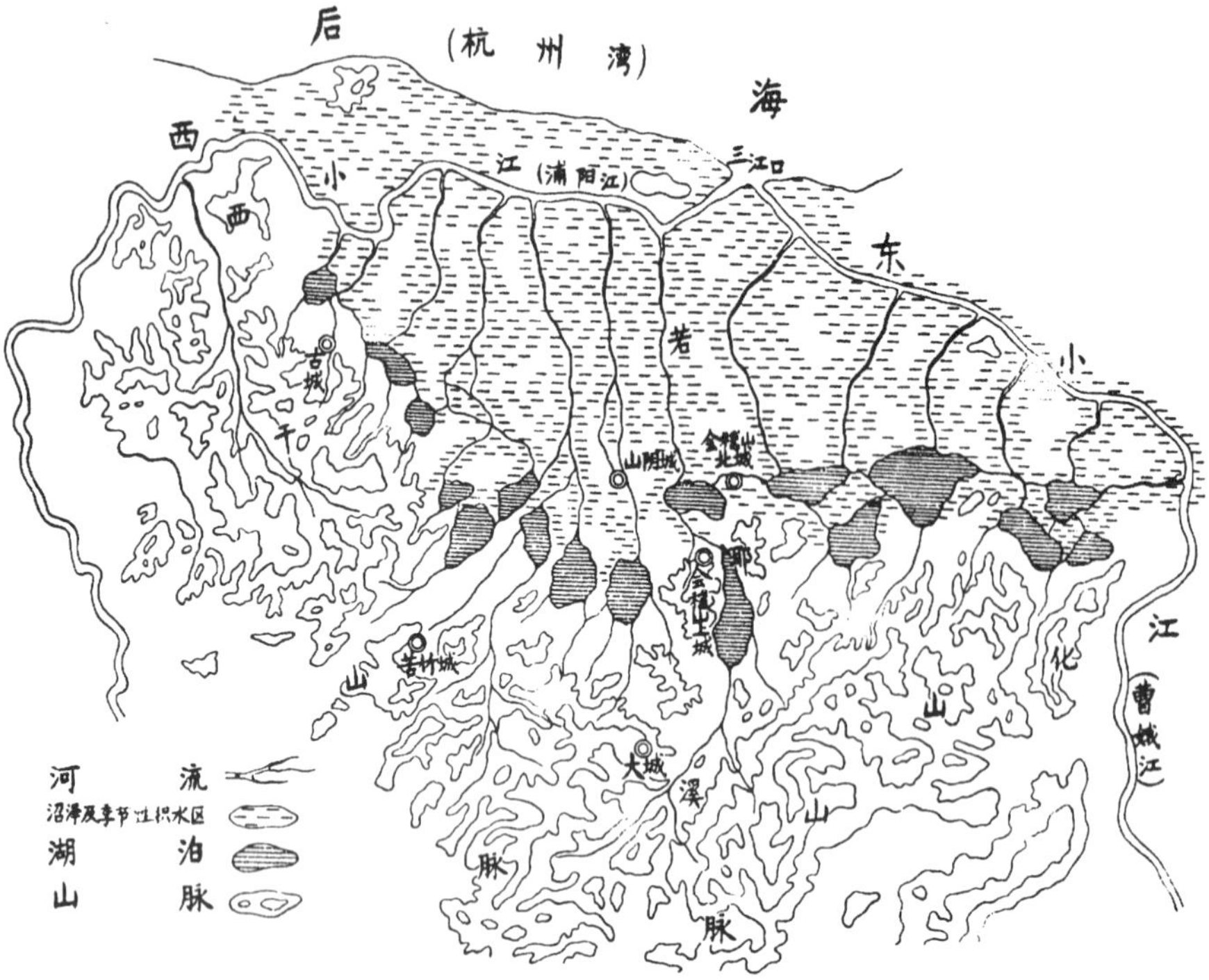

図９　後漢永和より宋代にいたる鑑湖図（A. D. 140～1010）
陳橋驛「古代鑑湖興廃与山会平原農田水利」

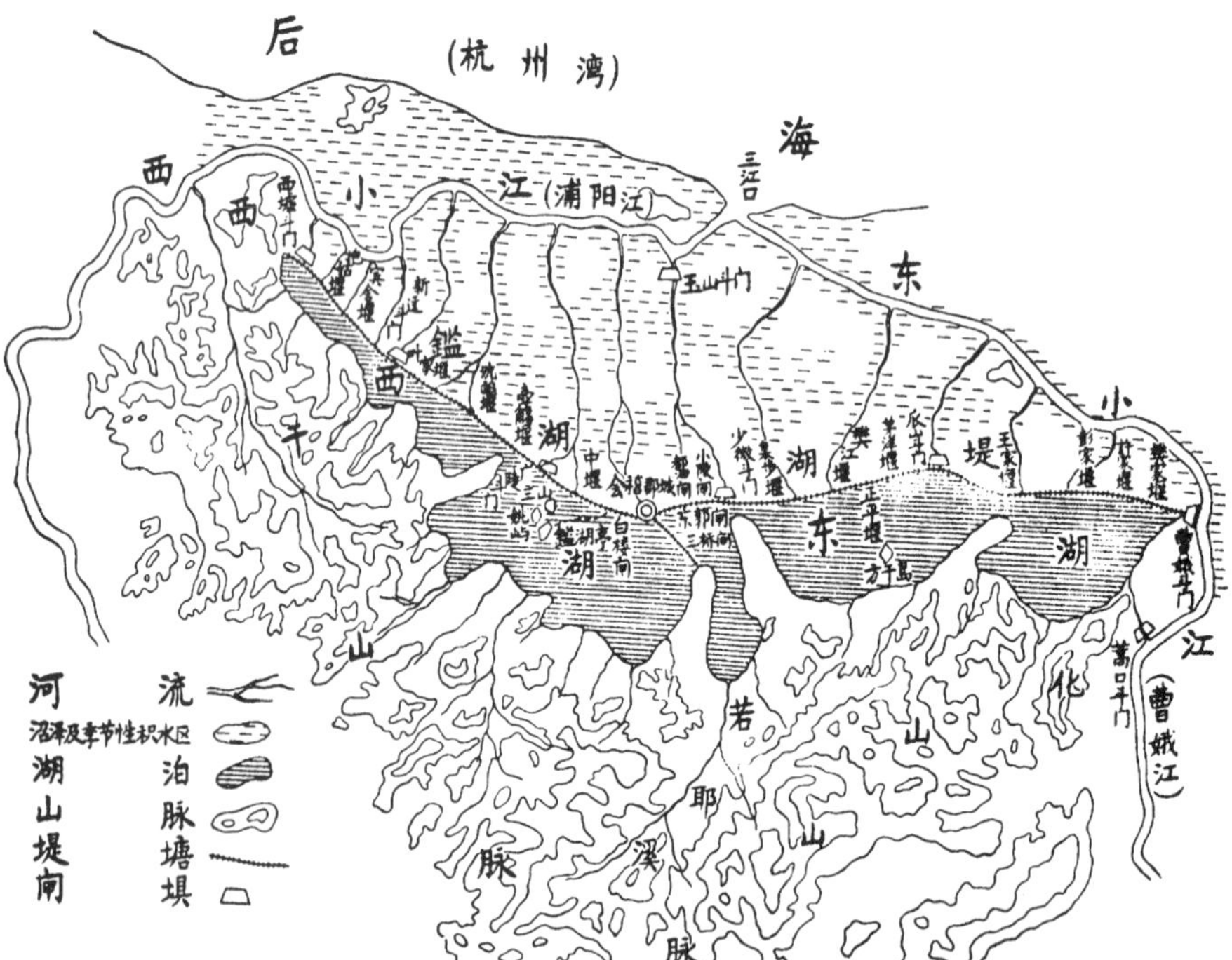

図10　鑑湖を中心とする水利施設の概念図

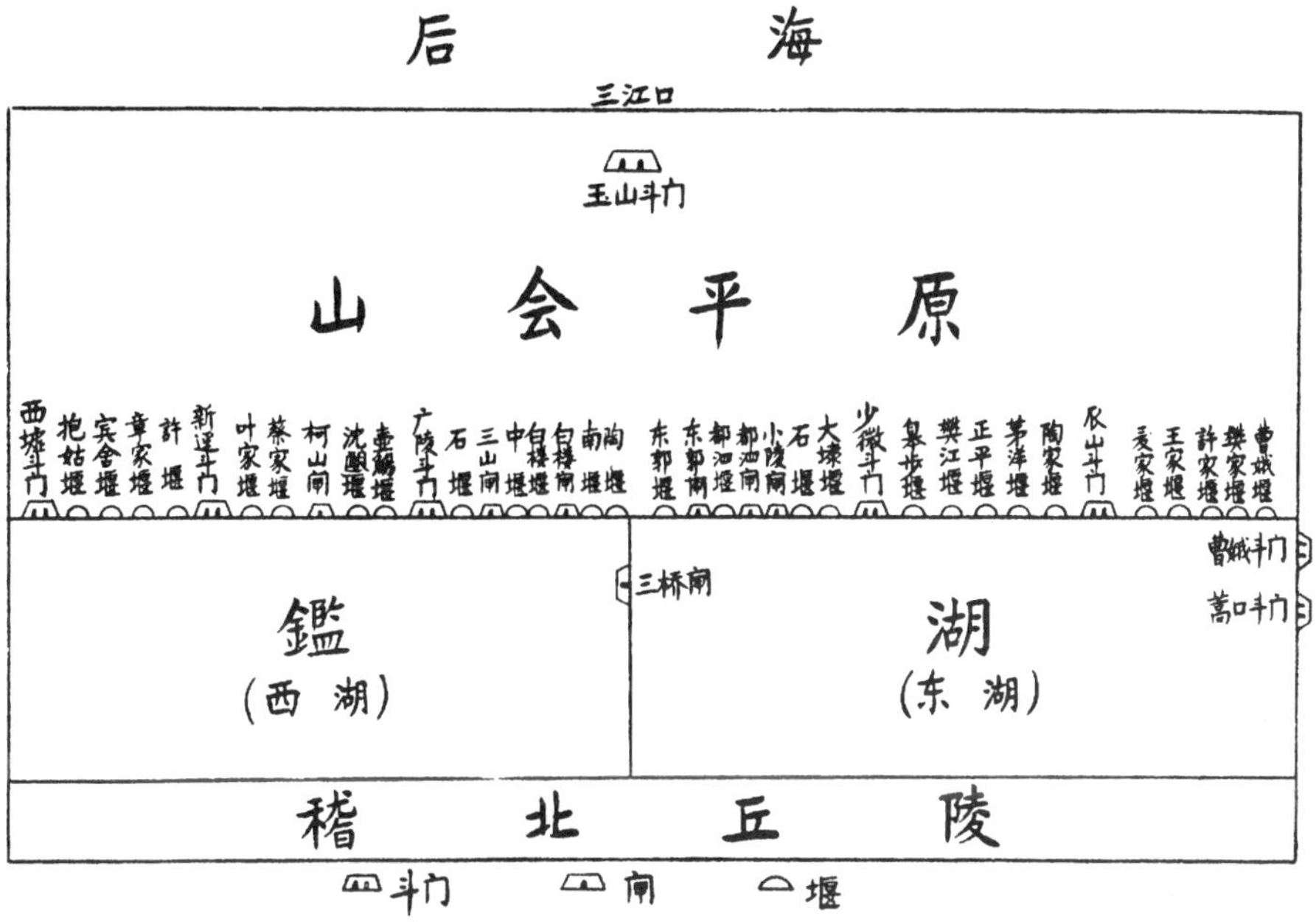

陳橋驛「古代鑑湖興廃与山会平原農田水利」

興味深いことに、この運河は上部・下部デルタ部の境界に沿って、デルタの中間部を横断していた。すなわち運河は同種の機能を果すように作られていた。つまり交通兼商業機能と水利機能である。運河両側に施設された堤防に阻遏されて、山地から流下する淡水は、上部デルタ基部辺で、運河に隣接して大人造湖（鑑湖乃至月湖と称す）を形成した。この湖は巨大であり、周囲三一〇里（約一九〇キロメートル）、湖の給水圏域内の水田面積九〇万畝（四万一二二〇平方粁）であった。鑑湖の周囲も築堤され、併せて多くの斗門、閘・堰の施設に依り、極めて精巧な用水管理の組織（図10）が作り上げられた。時を同じくして、東方の曹娥江流域・餘姚江流域にも、同様なしかし規模ははるかに小さい貯水池が数多く地方官憲や勢族に依って設けられた。

ほぼ同時期にこれに相い類する経過が天目山地区にも生じていた。紀元一七三年、一セットになった二つの灌漑用水目的の人造湖が、天目山東辺山麓の餘杭県下に県令の手で造られた。この湖（南湖又は上湖・下湖）に蓄えられた水は幹渠に導かれ、ついで支渠に流れて近傍の水田に注いだ。この地区には先秦以来、外地より入植者が入っていたが、この湖が出来る頃までには、山下丘陵に無数に点在する盆地は入植者で占められていた。彼らの中には呉国の中心部からの遷住者や越

図11　餘杭県付近水利図

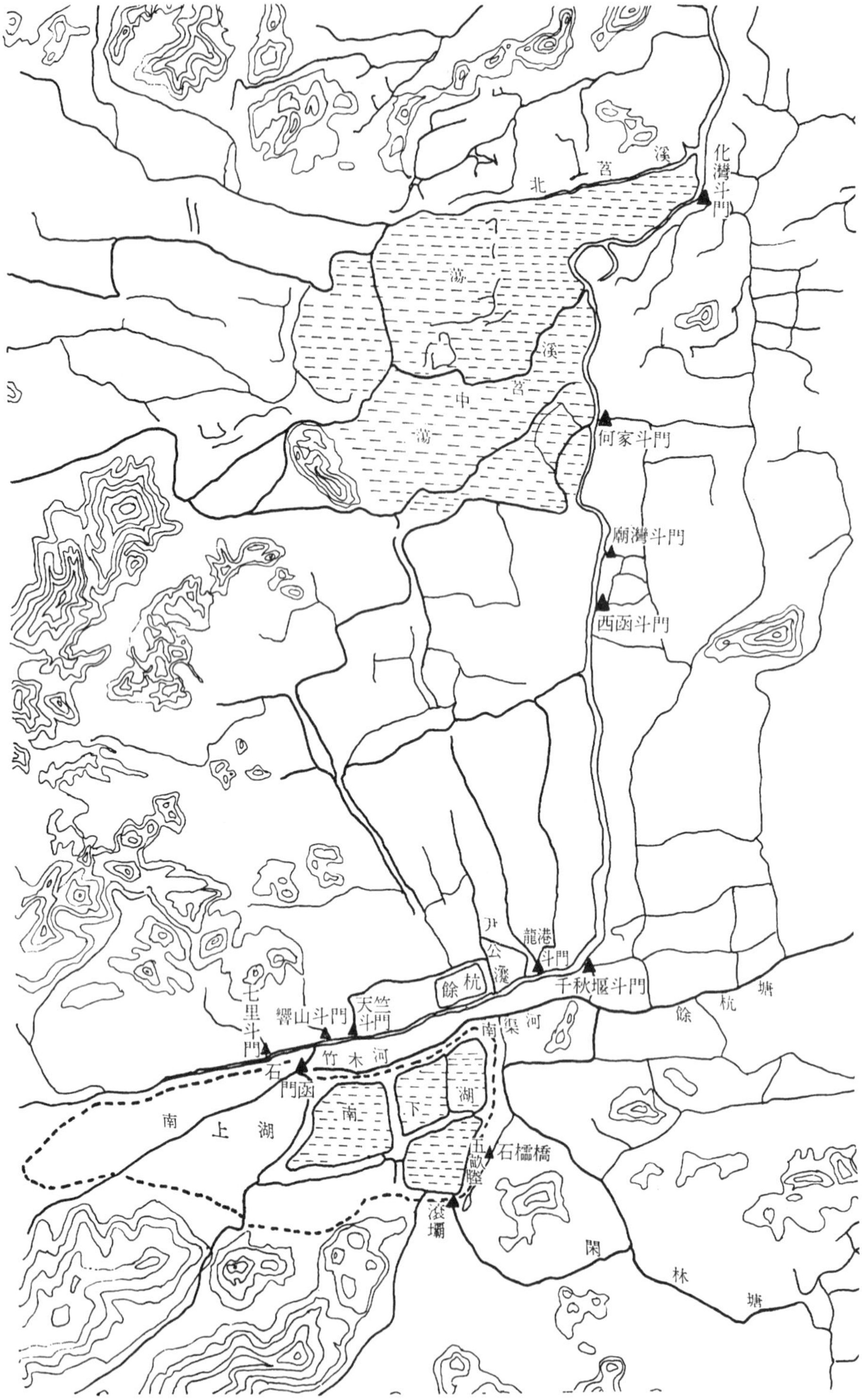

本田治「宋代杭州及び後背地の水利と水利組織」梅原郁編『中国近世の都市と文化』京都大学人文科学研究所，1984

杭州餘杭県地目統計（本田治「宋代杭州及び後背地の水利と水利組織」）

表３－１　洪武24年田土統計（単位＝畝）：杭州各県　　　但し銭塘県は洪武10年

	田	地	山	蕩(a) 塘(b)	計	田(%)	地(%)	山(%)	蕩(a) 塘(b)(%)
銭　塘	192, 084	57, 621	143, 488	(a)23, 901	417, 094	46	14	34	(a) 5
仁　和	521, 115	234, 079	72, 378	(a)56, 613	884, 185	59	27	8	(a) 5
餘　杭	146, 333	66, 040	297, 953	(a)11, 705	522, 031	28	13	57	(a) 2
臨　安	63, 596	32, 017	29, 907	(b)　258	125, 778	51	25	24	(b) 0
富　陽	136, 087	108, 439	390, 304	(b)　401	635, 231	21	17	61	(b) 1
於　潜	32, 011	14, 949	18, 254		65, 214	49	23	28	
新　城	31, 250	21, 696	18, 888	(b)　753	72, 587	43	30	26	(b) 1
塩　官	704, 352	292, 525	20, 909	(a)36, 425	1, 054, 211	67	28	2	(a) 3
昌　化	34, 158	14, 036	14, 424	(a), (b)108	62, 726	55	22	23	(a), (b) 0

（『万暦杭州府志』巻29―30）

表３－２　洪武24年圩田統計：杭州各県

仁　和　県	685圩	臨　安　県	不著圩名
銭　塘　県	426圩	富　陽　県	
海　寧　県	97圩，（餘皆坂田）	新　城　県	
餘　杭　県	53圩，109坂田	於　潜　県	
富　陽　県	（田多不著圩名）	昌　化　県	

（『万暦杭州府志』巻26）

図12　唐宋時代江淮デルタにおける海塘と塩税機関

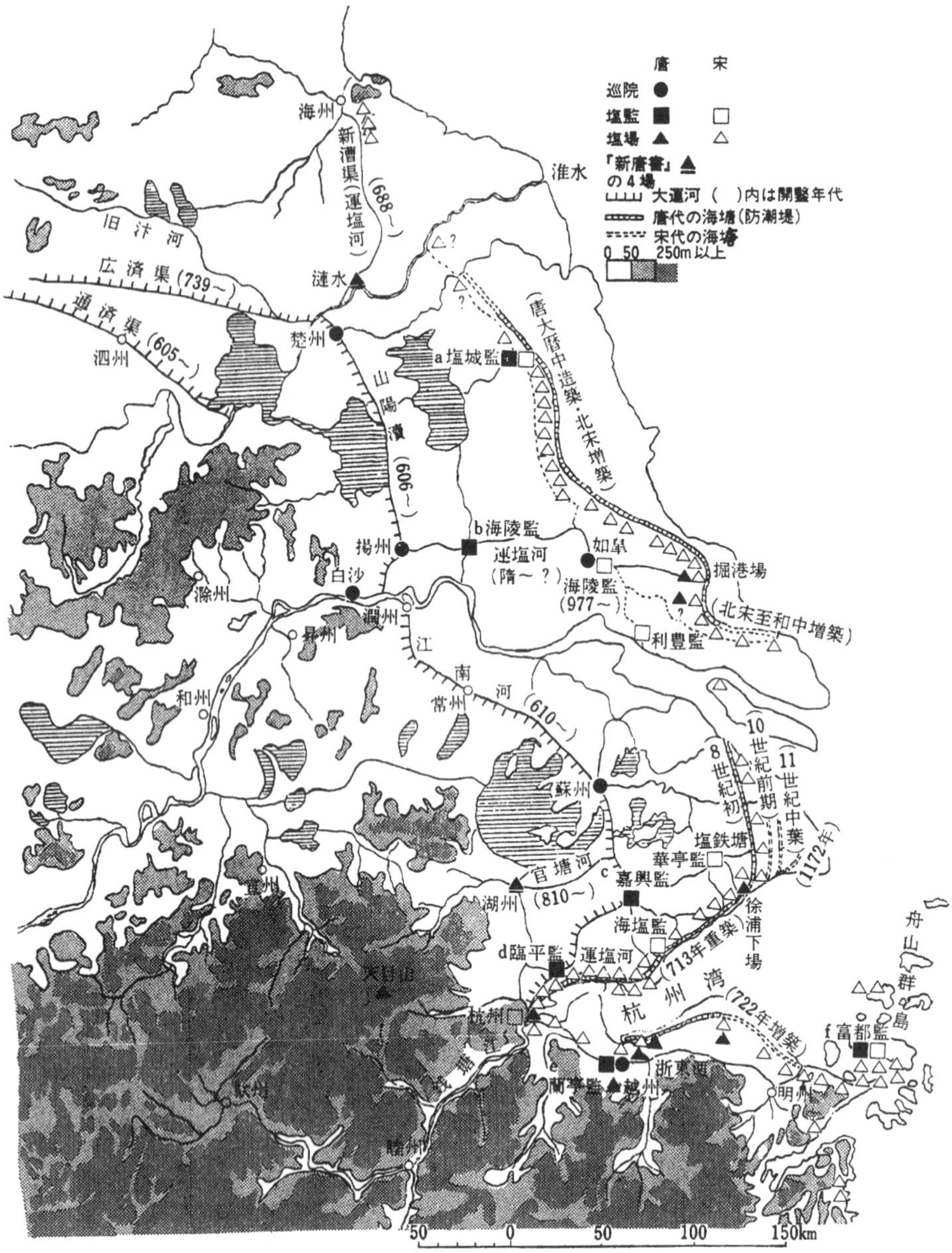

妹尾達彦「唐代後半期における江淮塩税機関の立地と機能」史学雑誌91巻2号，1982

国の故地から強制して移住させられた者もいた。これらの民は盆地を拓き、堰、溝渠、斗門、囲墻聚落等の施設をこの地にもたらした。

三国・六朝時代の経緯については省略する。江南の中枢域は後世の状況とは対照的に、巨大な氾濫原のただ中に拡がる未開で人口粗放で荒蕪な地域のままであった。そこは決して全域の経済中枢部ではなかった。全域の行政中心であった今日の南京辺の旧都はたしかに全期に亘って江南の大領域を支配したものの、実質的には該領域内の高阜地に点在する飛び地の資源で支えられていた。政府の低地に対する主要な関心は、交通組織を整え、沿海地域に塩田を開くことであった。

(三) 唐・宋の諸変化

隋・唐による帝国の再統一、そしてなかんずく、大運河の建設は、江南地域の発展に激動的な影響をおよぼした。数世紀間も小規模な県治であった杭州は、大運河の終点で而も域内の主要都市に成長した。大運河はまた北方よりの移住者の大波をひきつけ、彼らの手で長江下流域の処女地が開拓され始めた。

地域の開拓は既に会稽の場合に見られたパターンをほぼ踏襲したものであるが、その規模ははるかに大きかった。大運河が築堤され、しかもそれがデルタの中部を横断したため、長期に見て全地域の乾涸化が促された。更に築堤された大運河の横断によって、呉淞江の余水排泄力も、淤沙を海に濬泄する力も弱められた。この呉淞江の浚渫機能の低下にともない、下部デルタの周縁の沿岸部に沿って微高地が自成し、これが海潮の作用で促進されてデルタ中央部の溢水の阻滞を進めた。この当時、海岸線、大湖沼の周囲、河川の両側について大規模な築堤工事が公的・私的に進められたが、この結果、築堤で囲まれた土地での塩田や水田の干拓が促された。

宋朝の終りまでにこの種の海岸築堤工事は全域内でほぼ完了に達した。この経過は前頁の図12に示されている。同図はかかる築堤工事の時代的拡延の経緯、及び築堤工事に沿って漸次拡展した塩監・塩場の分布状況を図示している。この結果、たとえば上部デルタに在る太湖南辺の低湿地は、宋末までに肥沃な囲田が造成された。太湖の北辺・西辺では、旧中江水系が五堰の施設によって中途で分断された（口絵）。これもまた中江の上部地区の乾涸化を促した。蕪湖と南京の中間に散在する無数の湖泊は、南宋の頃に干拓され始めた。これより先、五代および北宋の政府は下部デルタ中枢部の閉塞低地を干拓する大規模工事に着手した。逆流水を蓄えた沼沢を浚渫し、しかも周縁の微高地に用水を給するため、政府は呉淞江沿いに縦横に走る給排水溝渠のネットワークを作った。この工事は王朝を通じて繰り返されたが、ついに不完全に終った。勢族が屢〻この工事に干渉したためである。

下部デルタ中枢部の干拓は元代にも推進され、官田の面積がふえた。明初には官田が南宋末の三倍に拡げられ、次第に集約度を高めた土地利用が施されて、デルタ中枢部のかつての氾濫原は明の半ばまでにほぼ完全に肥沃な圩田地区に造成された。

(四)　北浙の諸変化―唐から明

杭州湾南岸における低湿地開発の一般的趨勢は、長江下流域全般のそれと概して同様であった。唐代に地方政権や勢族の手で長大な海塘が築かれた。かかる海塘の内側にはやがて細長い帯状の塩田が出現した。ついで植民者が氾濫原の中のやや高阜な土地に住み着いた。これについで氾濫原は水田化された。唐の半ばころ、政府は浙東河を延長して甬江河口部に至らしめた。

州治の明州城（後世の寧波）は七七一年、甬江とその支流餘姚江との合流点に築かれた。やがて明州城は重要な地域都市に成長し、海上貿易と内陸運河商業を媒介する機能を果すようになった。ここで該都市を補給するに足る水田を低湿地の中から干拓すべく、都市周辺の塩分に富む逆流水を排泄する必要が生じた。こうして東辺の自生的湖沼（東銭湖）の周囲や、甬江・餘姚江の河流沿いに築堤する工事が唐・宋両代に施された。ついでこの湖から平野を貫通して用水を導き、築堤された河流へ注ぐため三本の給水幹渠が作られた。同盆地の西方では、山地の麓に一つの堰が設けられて淡水を蓄えた。蓄水は三本の幹渠を通じて西方の平野を灌漑したのち、

図13　宋元時代の餘姚・上虞県の夏蓋湖

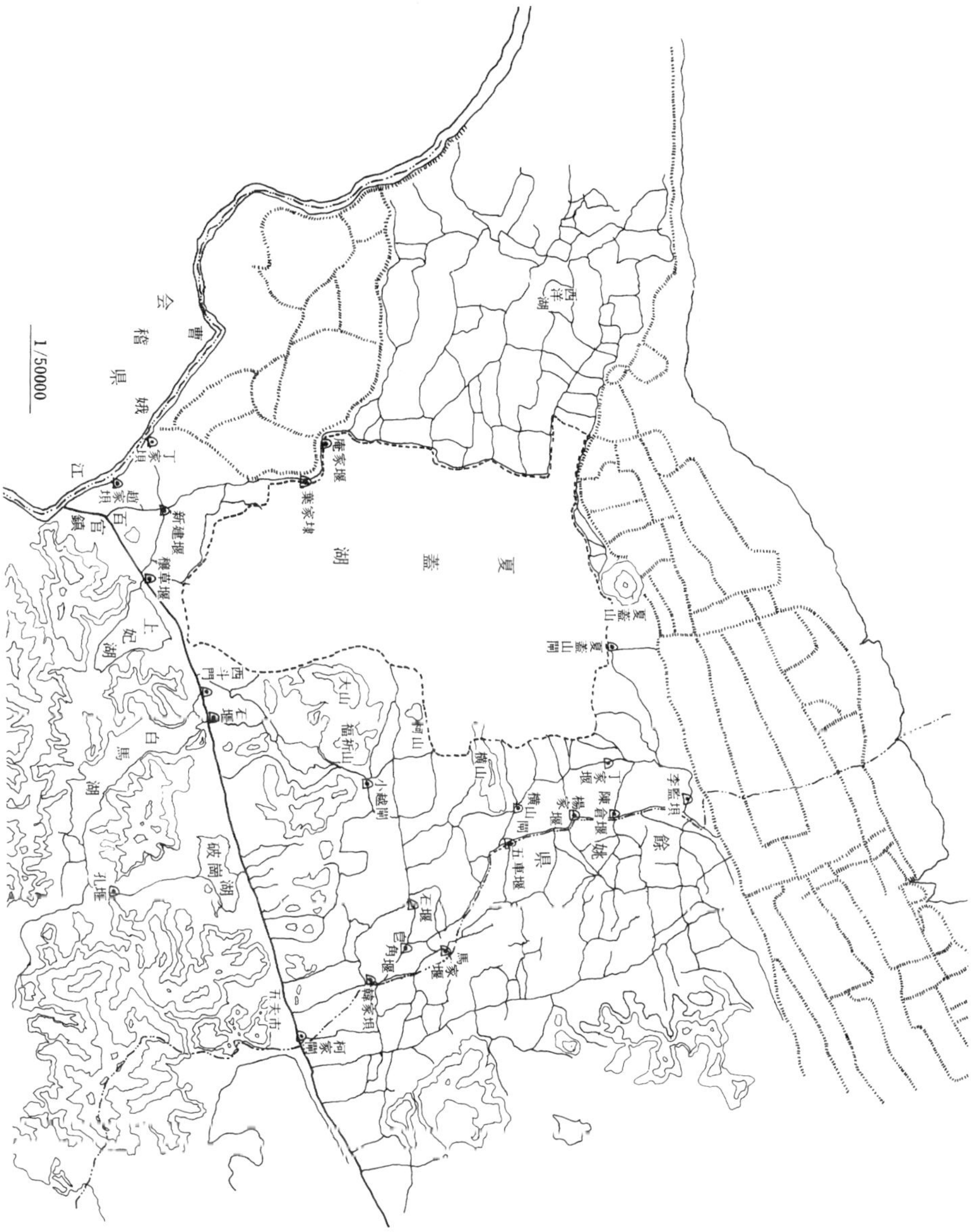

本田治「宋元時代の夏蓋湖水利について」『佐藤博士還暦記念中国水利史論集』
国書刊行会，1981

城内に導かれて都市用水を給した。盆地の北部の、都市の北辺区でも、南宋末までに同様の灌漑工事が完工した。本書四六七頁の図3は、宋末までに仕上げられた同盆地内の全体的水利組織を図示している。

図14　夏蓋湖水利施設概念図

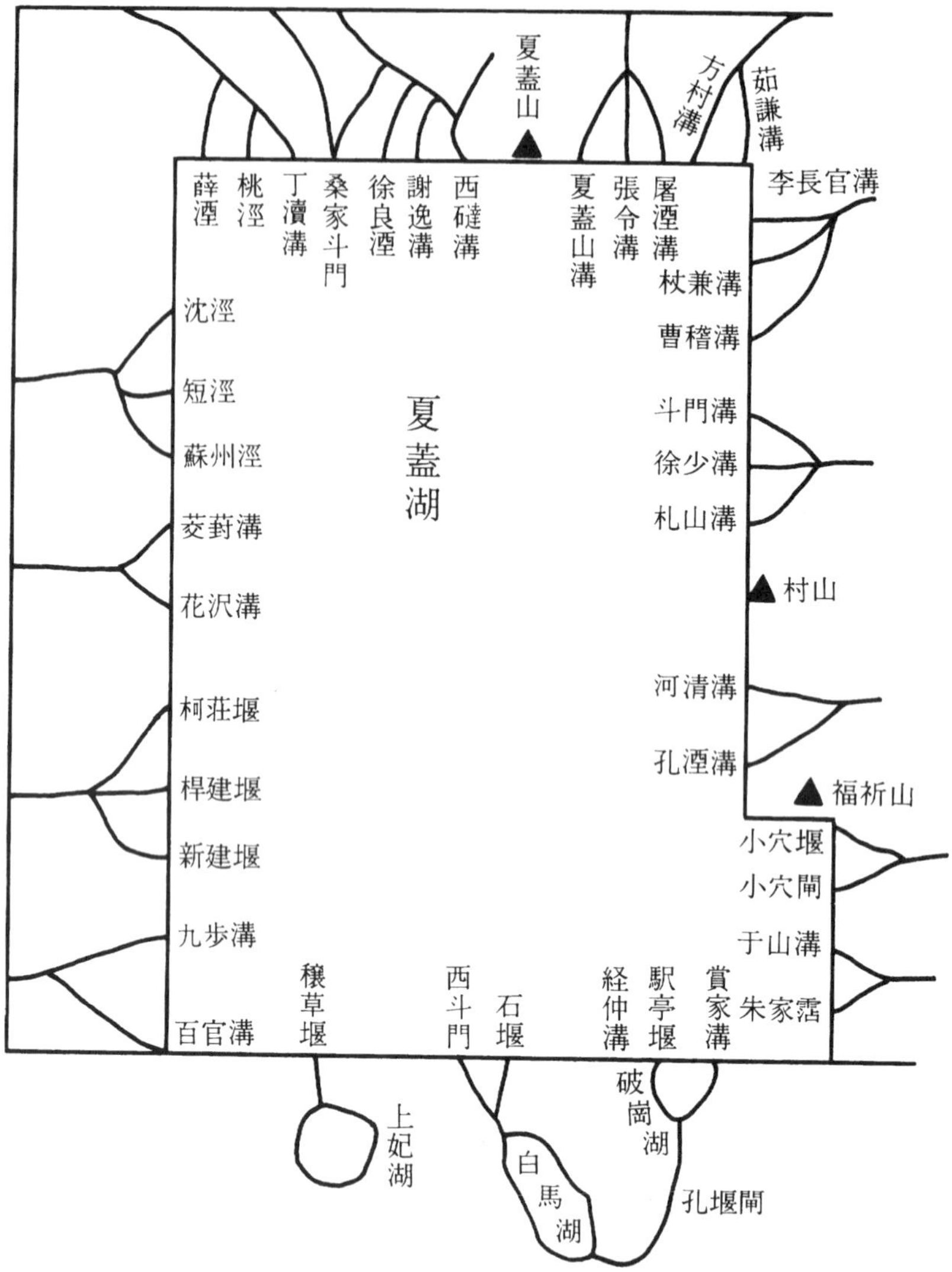

本田治「宋元時代の夏蓋湖水利について」

こうした大水利組織の建設と維持に随伴する責任、とくに堤防、堰閘斗門、幹支渠の如き基幹部分の責任は、政府の手で負担された。この責任を遂行するため、地方政府は管下の行政域を行政村のネットワークで蔽った。この網状組織は都市の直接周辺（即ち旧氾濫原）で網の目が最も稠密であり、縁辺に向かう程粗放になっている。（四六五頁図2参照）いうまでもなくこのパターンは可耕地、人口、投資の如き資源が中枢域に集中している状況を反映している。このネットワークは以降の王朝を通じて、ほとんど変更なく維持し続け

表４　上虞県の湖田水利

湖　名	都　　分	湖面積(周)	灌漑面積
大査湖※	1	周９里36歩	15頃
小査湖※	1	周７里	16頃
破崗湖※	1		
白馬湖※	2	周45里８分	40余頃
上妃湖※	10	周35里	
夏蓋湖※	3.5.6.9.10	周105里	1300頃
西洋湖	6	100余畝	夏蓋湖之余波
張　湖	6		
隠嶺湖※	10	50畝	４頃
高公湖※	10	135畝	４頃
洪山湖	10	200畝	13頃
金石湖	10	30畝	13頃
孔家湖※	10	60畝	５頃
皁李湖※	10	周15里	娥眉，上管，始寧３郷
沙　湖	10	周６里	
銭家湖※	11	３畝５分	
江淹湖	11	５畝	数10畝
員　湖※	11.12	周１里	
光厳湖※	11	108畝	８頃
高鏡湖※	11	40畝	４頃
章汀湖※	11	周２里	旁近田
潜　湖※	11	２畝７分	
任嶼湖※	11		200頃
金家湖	12	30畝	１頃
菱　湖※	12	80畝	１頃
相尚湖	12	20畝	１頃
姥山湖※	12	37畝	10頃
霊芝湖	12		0.8頃
双　湖※	12	（周４里）	８頃
伶仃湖※	12		
馬家湖※	12	37畝	（10頃）
上湖子※	12	65畝	10頃
鍾　湖※	12	２頃20畝	漑近田

湖　名	都　　分	湖面積(周)	灌漑面積
潴　湖※	13	長１里	37頃
椿　湖	13	周２里	７頃
黄湾湖※	14	（長３里）	（10余頃）
郎家湖	14	周１里	
池　湖※	14	２里	６頃
竹衙湖	14	５里	30頃
双碁湖※	14	（周１里）	（10頃）
前竈後竈湖	14	周２里	20頃
鄭家湖	14	環１畝	
赤哯湖※	14	長２里	止灌近田
断江湖	14	長２里	蔭両岸之田
沐憩湖※	15	環80余畝	
前厲湖	16	６畝９分余	（３頃）
蚌　湖※	16	４畝１分余	（２頃）
分家湖	16	12畝	
銅（山）湖※	17	60畝	６頃
山庄湖	17	３畝５分	0.8頃
主山湖※	17	100余畝	13頃
周家湖※	18	３畝	（４頃）
李家湖※	18	（周１里）	（４頃）
西渓湖※	21	堤７里	20頃
東明湖	22		
百雲湖	22		
匽子湖	23	17畝	
黄婆湖	五夫市		10頃
陳審湖		30余畝	１頃
卜湯湖	五夫市	方員１里	
西燕湖	五夫市	３分	漑田甚広

万暦新修上虞県志巻３
（　）内は旧志
※嘉泰会稽志巻10所載

表５　夏蓋湖灌田面積

上虞県五郷水利本末巻上　（　）は保分　水利本末巻上

都	畝　歩	都	畝　歩
2nd	10,333.233	9th	20,462.058.5
3rd	22,895.182.5	鎮　都	3,777.133
4th	12,024.237	10th(1)	2,437.225
5th	12,018.102	(2)	1,927.038.5
6th	9,884.129	(3)	2,359.185
7th	18,305.097.5	(7)	3,274.013.5
8th	20,046.165.5	total	139,748.120

本田治「宋元時代の夏蓋湖水利について」

表６　夏蓋湖湖堤管理の組織

管　理　郷	所　在	長　さ
餘姚県蘭風郷	夏蓋山頭東平～篳浦坊前	500丈
上虞県寧遠郷	篳浦坊前茹謙溝	360丈
永豊郷	茹謙溝～柯山溝	1355丈
上虞郷	柯山溝～福祈山 （福祈山、蔣家山脚）	135丈
〃	蔣家山南～王家山北	50丈
〃	王家山南～牛頭山北 （牛頭山北～山南脚）	80丈
〃	牛頭山南～駅亭経仲溝	90丈
〃	穣草堰～新建堰	490丈
孝義郷	新建堰～葉珙門前	1050丈
新興郷	葉珙門前～茭葑堰	1095丈
孝義郷	茭葑堰～薛逕堰	690丈
寧遠郷	薛逕溝～夏蓋山頭西規 （西規～東平）	1258丈

本田治「宋元時代の夏蓋湖水利について」

られた。

甬江盆地と鑑湖との中間に介在する氾濫原では、状況は上述の様相と若干異なっていた。ここでは、曹娥江下流東辺の低地は起伏がやや多く、ために漢代における初期の入植者は各処に散在する湖泊の近傍を選んで土地を拓いた。前述の如く、氾濫原は浙東河に横断され、また沿岸部には海塘が築かれた。こうした新規の施設によって、人々は上虞・餘姚両県下の、かつては粗放に利用されていた低湿地に定住することが可能になった。夏蓋湖に代表される数多くの人造湖が造られ、土地利用は促進された。「湖田」方式の技術で

図15　南宋以後の鑑湖の涸浅と山会平原の水系

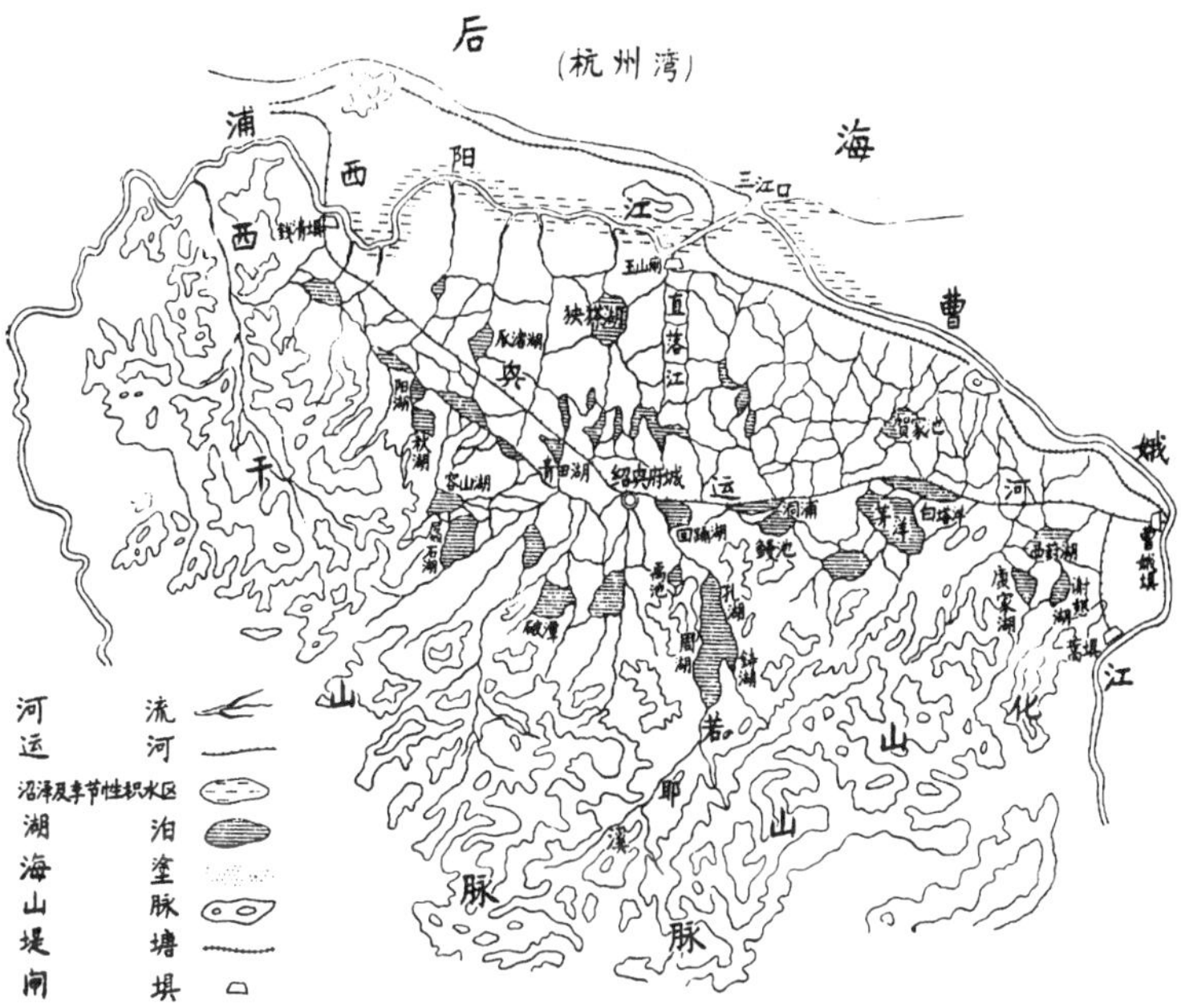

陳橋驛「古代鑑湖興廃与山会平原農田水利」

土地が干拓される場合には、入念な用水管理の規則が発展した。かかる水則においては、建設及び維持の責任は地方の人々が負うものとされていた（図13及び図14参照。表5と6は夏蓋湖より受恵し、配水組織を維持すべき村々を挙げている）。

紹興地区でも、同様な氾濫原の乾涸化が生じていた。杭州湾南岸沿いに海塘が施設されたのは唐・宋時代である。鑑湖周辺の水田はこの地区でも最も肥沃と見られていたものの、この湖自体が土壌浸蝕のため生ずる自然の土砂堆積過程によって浅くなりつつあった。加えて、淤浅化した湖畔は公禁を犯してこれを水田に干拓する人々をひきつけた。この間、人々は鑑湖と海塘の中間に横たわる氾濫原にも定住を進め、塩田や水田を造成した。七八五年、八一三年、八三三年に、浦陽江下流に幾つかの大斗門が地方官憲の手で作られ、また曹娥江と浦陽江の合流点にも別の斗門（後述の三江閘の前身）が造られた。このことは、鑑湖よりの給水に替って、浦陽江よりの給水が会稽地区の一部デルタにおける灌漑の死命を制するようになったことを示している。

ついで、浦陽江水系の改良に関連する一連の大規模工事が、明代に紹興知府の手で次々に導入された。これに先立ち、南宋末には知府によって浦陽江の下流部が築堤された。やがて、試行錯誤の繰り返しの

図16　嘉靖以後の山会平原の水系

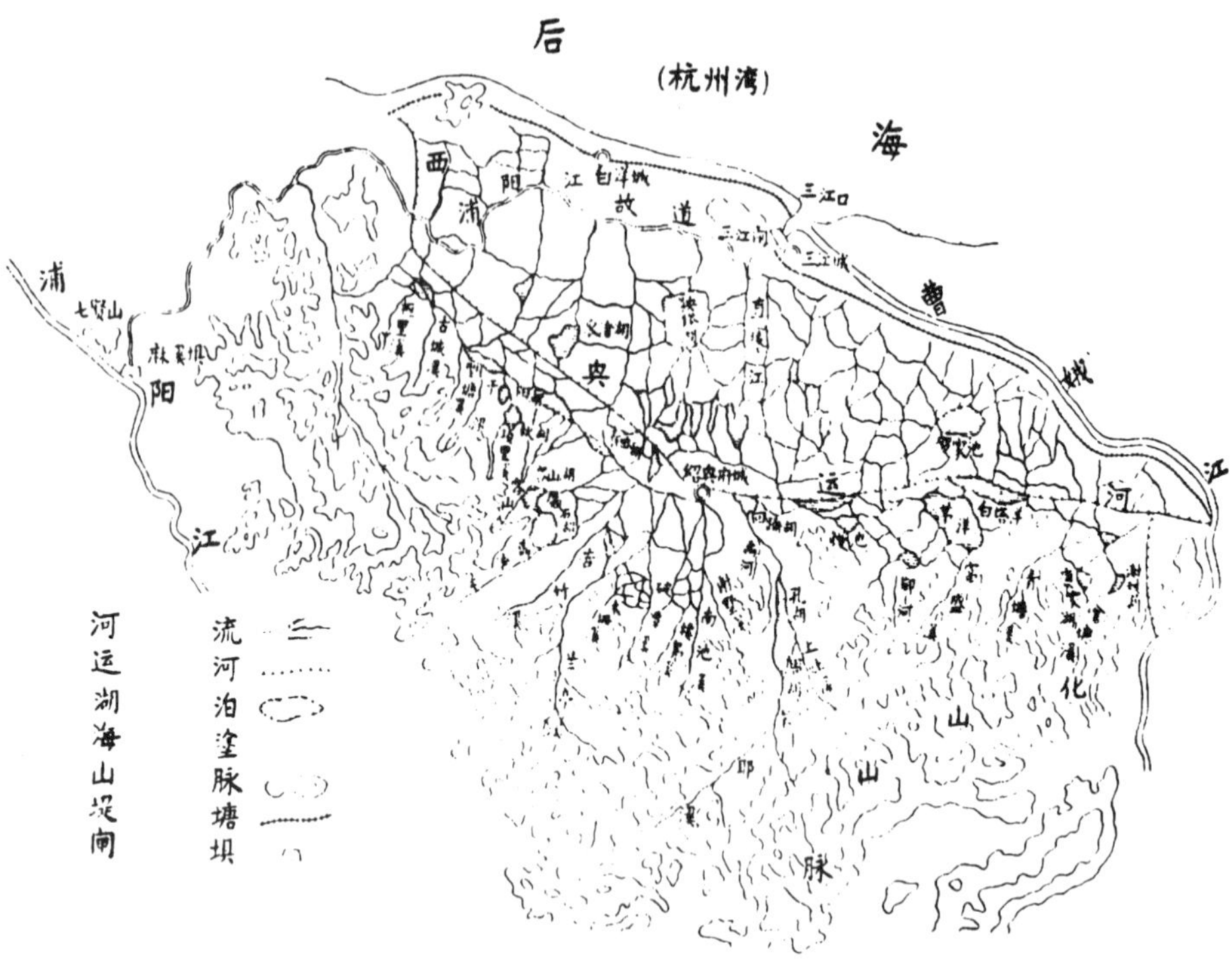

陳橋驛「古代鑑湖興廃与山会平原農田水利」

後、一五世紀の初め、浦陽江の西方湾曲部の頭部、山陰・蕭山両県交界部に、洪水調節の水路が開かれた。同江の溢水はこうして銭塘江へ疏導された。数十年後、この分流工事は、分流点周辺に一連の堰坝が起工されて補強された（図16および五八八頁の図2参照）。最後に全工程は旧浦陽江河口部に設けられた三江閘の建設で完了した。

三江閘は大規模な人口のダムであり、二八水門を備え、宛然、河口に横たわる一大長橋の観を呈していた。この完工後、浦陽江本流は完全に築堤された。更に十余の大規模の、上述のものを含む堰坝が江流沿いに施設され、その結果、山陰・蕭山両県交界域の低地は入り組んだ給水渠のネットワークで灌漑されるようになった。すなわち、この新規の組織は紹興地区の下部デルタに出現した水田の全域の殆どを蔽ったのである。

いうまでもなく、かかる工事の完成によって、上部デルタにおける大規模貯水池としての鑑湖の役割は遂に終焉した。既に宋代ですら、この大湖は幾条かの小湖に細分され、明中期までに、これらの小湖も殆ど消滅した。そして湖地は巨大な、肥沃な水田と化した（図16）。

明の前半期、紹興には凡そ四種の田土があった。即ち「山田」、「湖田」、「中郷田」、「海田」である。これらを肥沃度で区別した民間の分類序列で言えば、最良が「湖田」、次善が「山田」と「海田」、そして最下が「中郷田」である。「湖田」はかつての鑑湖の湖底地であり、「中郷田」は浦陽江の三江閘組織で灌漑される新出の水田である。「山田」と「海田」の序列が比較的高い理由は、これらは該地の住民に農業生産に勝る生計の資を給するからであった（万暦紹興府志巻一四　田賦）。

官府の領域内の土地評価は、これも肥沃度の基準に依って、課税の目的で四等六十四則の分類を施しているが、その序列は民間のそれと若干異なっている。即ち「湖田」はここでも最高に位するが、次いで「中郷田」、最下が「山田」と「海田」である。いうまでもなく、三江閘組織が出現したことで、この変化に対応する序列評価の再調整問題が生じていた。「中郷田」の稲田は一般に従前よりも豊かになり、加えて、多かれ少なかれ府治都市の直接的商業圏に近接した有利な立地を占めていた。三江閘組織の完成によってひとたび地域全域にわたる水利組織の統合が成ると、地域内部相互間の権利・義務の配分を是正する問題が生じた。この問題は該地域内に在る麻渓の小盆地に住む人々にとっては特に切実であった。後篇でこの事情を詳細に述べる。

(五)　最終局面——明〜民国期の紹興地区

三江閘組織の導入とともに紹興地区の全灌漑組織はほとんど最終の段階に達した。ほとんどと称する理由は、この組織が該地域の灌漑水田を広く蔽うにもかかわらず、一小区域のみがこの組織の恩恵を受けることがなかったからである。後篇の三に詳述するが、この区域は天楽郷とよばれ、小渓の麻渓が、浦陽江本流の最西端湾曲部のやや北で本流に合流する辺にある渓水流域に位置している。さらに、同郷は山陰・諸曁・蕭山三県の交界点という地文的にも行政的にも不利な辺地を占めていた。

図17　紹興地区現代の人口密度分布（1979）

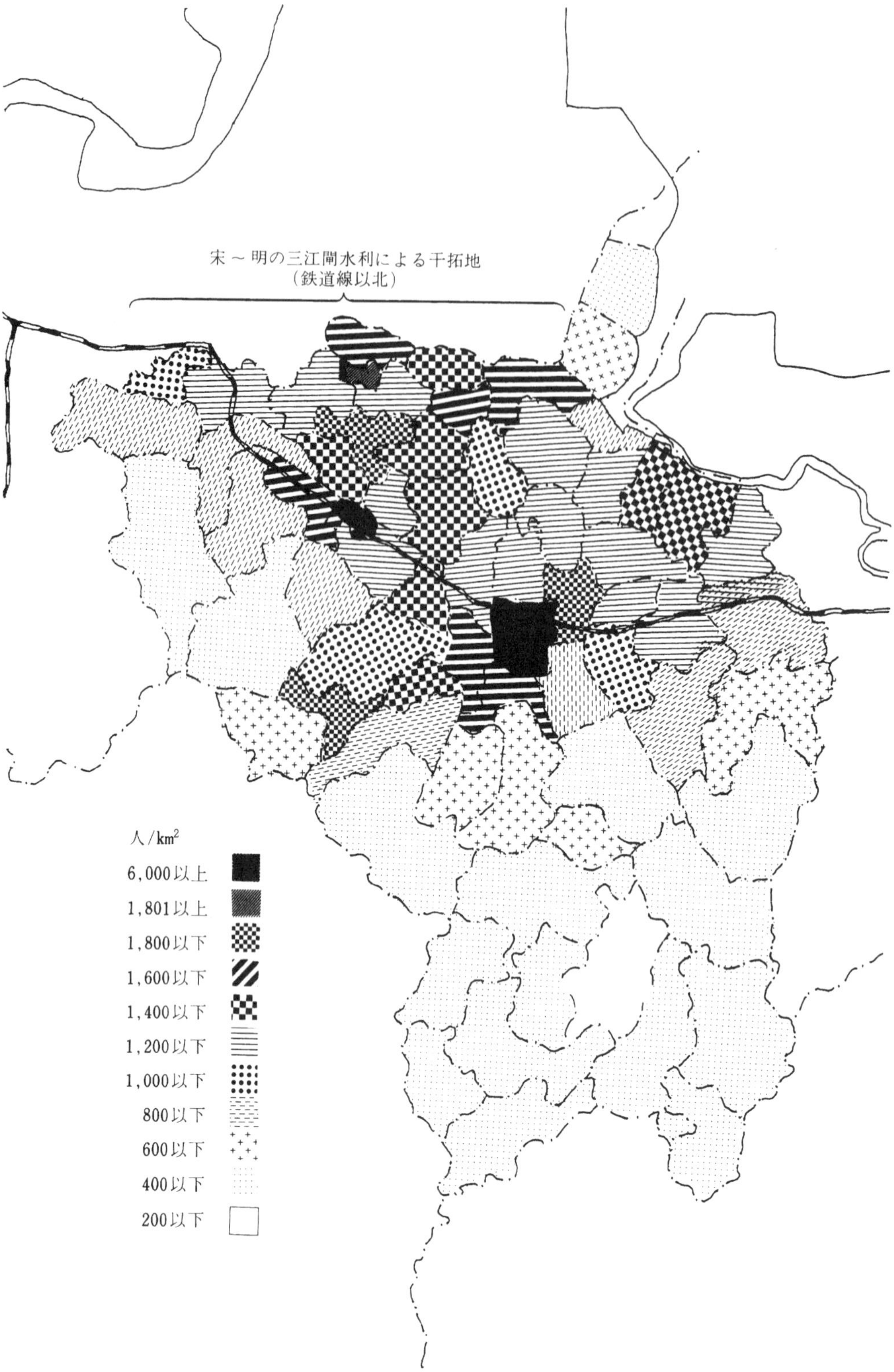

『浙江省紹興県地名誌』1980

図18　紹興地区現代の生産性分布（1949）

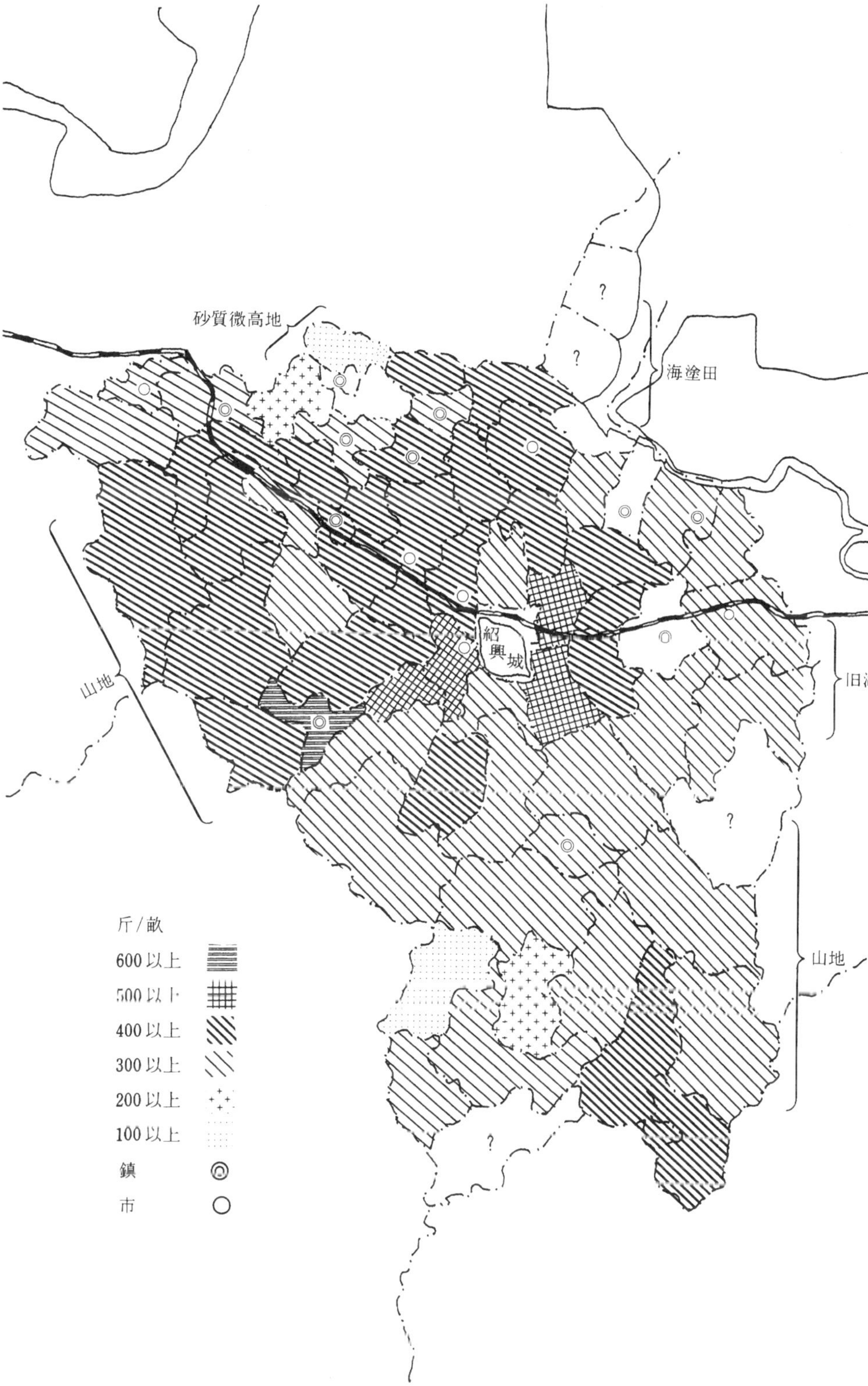

『浙江省紹興県地名誌』1980

天楽郷は上、中、下三区に細分されていた。天楽上郷は山陰県の西南角に沿っていた。諸曁山地を通って流下する浦陽江本流は、この村の処で西向の湾曲をなしたのち、北走して上・中・下三郷の西界を限った（即ち、山陰・蕭山両県界に当る）。この立地条件の故に、上郷は浦陽江水の頻繁な洪水禍を受けた。ゆえにこの区域住民の中でやや安定した水利を受けうるのは天楽下郷、すなわち浦陽江に麻渓が合流する点の北側に在る、やや高阜な狭い平地のみであった。南宋の地方志によれば、天楽郷の南半は浦陽江本流の溢水を蓄えた湖泊で蔽れていた。

かかる環境条件のゆえに、天楽郷は全域内で最も生産貧困な区域であった。やがて、明中期における浦陽江の西折する湾曲の頭部に施設された洪水調節ダム（磧堰）、及びこれに継ぐ同期の放水路の分流域近傍の一連の堰堤建設は、状況を一層悪化させた。この諸堰堤の建設は、一方で雨期に銭塘江水の塩水の逆潮を防ぎ、一方で旱期に銭塘江の潮水で押し上げられた真水を浦陽江分流（烏石江）に導入し、結果として「中郷田」内の水田に効率的な灌漑を施すことを目的としていた。

おそらく天楽郷の貧困化を促した最大の要因は麻渓下流に建設された麻渓壩であり、この壩は浦陽江本流を遮って設けられた（五八八頁地図）。この壩は天楽郷全域を二分する効果を果した。天楽下郷は壩の恩恵を受けたが、中・上郷は疎外された。下郷の水田は「中郷田」内の水田と比肩する程に肥沃になったが、上・中郷の水田はこの盆地が浦陽江と麻渓両河よりの巨量の洪水を蓄えるため、最も荒蕪な土地のまま残された。加えて麻渓壩の建設に伴い、随伴する不文律がうまれて三江閘組織内の住民の間に伝わった。それは「磧堰永遠不塞、麻渓壩永遠不開」と規定していた。いうまでもなく、この不文律は全水利組織の中の最大の受益者という有利な立場を永遠に続けようとする「中郷田」住民の利己的意見の表明であった。事実、この口約を利して「中郷田」の住民は現状を変更しようとする些細な試みすらを圧服したのである。

以下の年表は、天楽郷民に影響を及ぼした主要な工事を列挙している。

後漢	A.D.一四〇	鑑湖創建
唐	開元中	海塘重修
	七八五	玉山斗門建設
	八一五	朱儲斗門建設
	八五三	新涇斗門建設
		三江斗門建設（三江閘の前身）
宋	一一七二	諸暨・蕭山県間に浦陽江放水路開設をめぐり紛争起る
	一二〇八～一二二四	浦陽江本流の築堤
明	一四三五以前	浦陽江放水路の開設
	一四四七	同上の閉鎖
	一四五七	麻渓壩、磧堰、臨浦堰建設
	一四七三	麻渓壩重修、茅山閘建設
	一五三六	三江閘組織の成立
	一五八八	茅山閘近傍の築堤、麻渓壩重修
	一六四三	劉宗周、茅山閘を改良
	一六四三	郷学士余煌、麻渓壩を改良
清	一六八三	〃　の重修
	一七一三	〃

一七七六　〃
一八二六　〃
一八九一　麻渓埧の埧洞牐板を府城に移去し、中郷田の澇塞を救う
一九一一　天楽郷自治会、省議会に廃埧を申請
民国
一九一二　天楽中郷四十八村聯合会成立
一九一二　天楽郷民、麻渓埧を毀す。
一九一四　麻渓埧を撤して橋と為し、紛争解決
一九一四　〔蕺社〕（水利自治会）発足

天楽郷の住民の困苦を救うための実質的な改善策が郷土の有力な郷紳劉宗周の手で起されたのは漸く明末においてであった。王陽明の学統継承者中の一偉才であった劉宗周は、紹興府城に一五七八年に生れたが、幼年の一時期を天楽下郷で過したことがあった。長期間、郷里を離れて高官を歴任した後、晩年は府城に帰って蕺社で門下を教えた。このころ、一時天楽下郷に寄寓して村民の重い負担を新たに知り、既存の一連の水利工事を改良することを決意した。親しく詳細な調査を加えたのち、彼はこの郷の寡少な租額に示されている(「湖田」の五分の一)如き貧困は天然の帰結というよりはむしろ人為の欠陥によるものと断定した。この観察において彼は、この地区が三県の界隅に不利益に立地するため、官府の関心が寄せられることが少ないことをよく見抜いていた。

彼は地方政府に改善三策（上、中、下）を提出し、結局次善の中策が採用された。この策は麻渓埧と臨浦埧の中間に在る茅山閘の機能を強化しようとするものである。こうして茅山閘は外来水に対する堅固な障壁となった。また麻渓の季節的氾濫水もこの閘で排泄された。間もなく別の郷紳の力で麻渓埧の重修も行われた。埧の牐版の幅がやや拡げられ、天楽中郷の余水は「中郷田」区内の烏石

江（西小江）へ放水された。

しかしこれらの折衷策では、天楽郷の困苦は抜本的に解決されなかった。一般的にいえば、麻渓埧と茅山閘とは、ともに「中郷田」区と天楽下郷の稲作を安定させることを目的としており、それら地域は恒常的給水の便と洪水よりの防禦の使をえたのである。これより先、麻渓埧以北の農田は豊かな水田に造成されていた。浦陽江主流に脈絡をもつ入り組んだ給水渠のネットワークが発達して、地域の水田の灌漑は季節的変動を克服していた。すでに荒蕪の未開地はなかった。一二〇一年から一八〇二年の六〇〇年間に、会稽・山陰県下の人口は版籍の上で八倍余に増加した。即ち一二〇一年、一二万人、明初に三三万人、万暦中六四万人、一八〇二年、一〇〇万八〇〇〇人であった。当然、増加は大多数は「中郷田」区で生じたのである。（陳橋驛「歴史時期紹興地区聚落的形成与発展」地理学報三五―一　一九八〇参照）

清代を通じて該地域の灌漑組織の全体は、明代と変らなかった。時折り、郷紳の手で維持工事が施行されたのみである。紹興地域の土地開発に関していえば、技術、人口、可用資源相互の間に明らかな一つの均衡状態が明末までに達成された。以後、該地域の周期状の経済動向は停滞状況に到達した。これは自然資源の利用について妥当するのみならず、人材の如き資源にも妥当する。明の中期にはこの地域は、進士学位保持者の産出が京畿以外では全国最高であることを誇っていた。しかし明末以来、この至高の序列は隣接する江蘇等の地域に奪われた。そして恰もこの当時、紹興人士はより機会に富む他地域への移住を開始したのである。（Ping-ti Ho, *The Ladder of Success*, pp. 226—237）こうして紹興出身の商人は、長江沿流の諸都市で立身し、一方、紹興出身の胥吏・幕友は、清代に北京を始め主要都市で非常に有能な官吏として声名を著聞した。

最後に、天楽郷住民が積年の禍を一気に解決する絶好の機会を捉えたのは、清朝覆滅の大団円期であった。これより先、麻渓埧の埧洞牐版は屢々早期に開かれ、「中郷田」区の小給水溝渠の水位を高めることがおこなわれるようになった。この事実は、洪水に備える第二の障壁としての同埧の機能が既に減少していることを示していた。然らば、この地域で最貧であり、生計を捕魚、造紙、舟運よりの些少の収入で辛うじて支えていた天楽郷の住民は、垻を撤去して在来の圩や湖泊を水田に造成することも支障ないはずである。

一九一一年の夏、天楽中郷自治会が結成され、省議会諮議局に対して廃垻を請願した。これに呼応して中郷の郷董等は同趣旨の請願を省議会に提出した。時にこの請願を阻止せんとする天楽下郷の郷董は、省議会議長に運動して鎮圧を依頼した。翌年はじめ、この競合は発展して政治紛糾となり、天楽中郷民を支持して廃垻を裁可しようとする省農林部と、当時反対に立場を変えた省議会の間の確執に発展した。

政治解決の困難を察知した天楽中郷四八村民は、聯合会を組織して目的の貫徹を計った。同年春、該盆地は洪水に襲われた。農民男女老幼は結集して垻を毀撤した。事態がここに及んで、農林部は抜本改革に立ちあがった。新しいプランの概要は以下のごとくである。㈠天楽郷及び「中郷田」区の全ての給・排水溝渠を浚渫し、溢水をこれら渠中に吸収させる。㈡既往の麻渓垻を一孤状橋に改造し、垻以南の溢水がより円滑に「中郷田」区に流入するようにする。㈢麻渓垻近傍の他の閘・堰を改修・拡大して補完工事を行う。㈣工事費は省財政より支出する。天楽郷内の浚渫の費は、各農戸の所有畝数に応じて按分し、村民が醵出する。

この改良工事は一九一三年に始まり、一九一四年に完了した。その結果、改垻為橋によって「中郷田」区に何等の害を齎らさぬことが証明された。この間、一九一四年春に天楽中郷民の水利自治会が、近くの臨浦市で結成された。彼らは劉宗周の書院に由来する蕺社という会名を称した。天楽中郷の前郷董がこの会の長となった。ついで自治会は、廃垻に付随する一連の補完工事に直ちに着手した。社は董事九名を公選し、上郷・中郷の農戸から寄付を募った。この財源の上に県政府からの補助金を加え、麻渓橋近傍の他の二橋の修理・再建がなされた。同様にして、村民の手で上・中郷区内の堤防の補強築堤が為されたが、その費用は公私の財源を合せたものであった。一九一五年五月、茅山閘に在る劉宗周の廟に本部を置く蕺社は、一連の禁告を定めた。すなわち、㈠重要な堤防を「禁地」に指定し、竹・樹・泥土の採取を禁ずる。㈡茅山閘背後の小山も「禁地」とし、同様な資材の採取を禁ずる。㈢禁令に重く違反する者は県の法廷に送り罰する。軽犯者は罰として廟に罰戯を納めさせる。㈣上記違犯者を通報せる者は賞す。旧暦四月二日は劉宗周生誕の日であるので、この日、社員は廟に集まり、連帯を強めることを求める。(以上はもと、一九八一年夏、上海復旦大学で開かれた第二回中国歴史地理学術討論会で報告し、のち歴史地理第三輯(一九八三)に収載された論文をもとにしたものであり、ゆえに後篇末の叙述と若干の重複がある。)

終りに、筆者は経済組織の諸局面、就中、経済組織の下層を為す社会と文化に関連する部分に照明を当てたい。

まず、定住植民と土地開発が所与の地形条件や可用技術によって如何に影響を受けるかを示す経験的な諸事実の概要を示そう。

Chao Phra-ya 川流域におけるモデルと同様に、長江下流域内の定住と開発の一般趨勢は、「山地」から降って「デルタ」へ進むものであった。歴史的に、漢から唐に至る時期は、「山地」及び「上部デルタ」につき、既存の水利技術、即ち堰、貯水池、給水渠の複合利用によって干拓がなされたところに特色がある。この種の技術はおのずから高阜地における稲作を進めるのに適している。この点に関していえば、適合的な地形条件に恵まれた会稽は、もっとも先進的な灌漑工事がなされた地域である。自然的に有利な環境に恵まれ、地方の交通を促進し、而も灌漑用水を蓄えるという二重目的を伴って運河が設けられた。鑑湖で灌漑された広大な面積の水田は、こうした初期の時代としては特筆に値する。にもかかわらず、長江下流域の全域を一つの統合体とみる時、会稽の状況はなお「辺域」的であり、空間規模も限られている。ゆえに、会稽が六朝期に屢次にわたる移住者の波を浙江・江西の奥地に向けて送出しつつ、それら移民の基地でありつづけたことは当然である。換言すれば、長江下流域の地域統合は該六朝期では不完全であった。地域はその唯一の首都を今日の南京市に保有していたものの、経済核心域は全域の各処に散在していた。

さて、全地域内の資源の徹底した利用に関していえば、デルタ部内低湿地の開発こそが決定的重要さを示している。江南ではこの動きは大運河の建設をもってはじまった。ある意味でこれは会稽の事例をより大規模に再現したものであるといえる。しかしこの低湿地利用の段階においては、国の機能はその過程の中で決定的に重要である。全ての利用可能な「山地」、「沖積扇」、「デルタ」は同様に集約的に開発された。就中、国と入植者の主要な関心はデルタ部の氾濫原における処女地の開発である。そして、前代同様、建設、維持、随伴する責任は、一義的に政府に負わされた。多分、「山地」や「沖積扇」では、灌漑工事は公・私の利害を調和させて進められたであろう。

最後に、会稽では大規模干拓は明の中期までに完了した。そして一たん、主要組織が成立すると、以降の調整や維持手段は直接に政府の手で為されずに、地方勢族の手に頼った。水利組織の最終局面において、村民を動員するための組織上の責任は、今や主として郷紳に割り当てられた。組織を維持するための政府の責任が稀薄化していたこと（清朝の会稽の事例）の理由が、果して人口の過密化の故か、あるいは技術発明の鈍化の故かは未だ審らかでない。おそらく所与の、人口・技術・可用資源の複合体系が、少なくとも紹興地域では、一つの飽和点に達したものであろう。そしてこの事情が富の不公平な分配を悪化させ、資源の欠乏を加速したものであろう。

村民の水利組織が明末に、漠然とながら台頭し、ついに清朝末期にその目的達成の絶好の機会を捉えていたことは重要である。性格は漠然としていたとは言え、社会の統合力としての国の明らかに大きな役割が一方に存するにかかわらず、同様な統合力は地方の責任遂行に確固としてもとづいていた。勿論、この種の地方の責任執行は、政府の地方行政を介する人為機構が遙かに強い新規開発の低湿地域では決して鮮明でない。しかし天楽郷の事例は、一般的に不利な状況の中ですら、地方の経済的自律の成長が長期に亘る動向として存在していたことを、ある程度示している。

2　両浙における水利工事の概況

宋会要輯稿食貨六一—六八・六九に引く中書備対には、熙寧三〜九年(一〇七〇〜七六)の間の、全国的な水利田の件数及び漑田面積を集計した記録がある（表1参照）。これには集計の基準や手続きが説明されていないので、統計としての不完全さは一見して明らかであるが、傾向

表1　全国水利田集計：1070〜76

路　分	ⓐ件数	ⓑ面積(官田)	ⓐ／ⓑ
開封府界	処 25	頃 畝 15,749.29	629.97
河北西路	34	40,209.04	1,182.62
河北東路	11	19,451.56(0.27)	1,768.32
京東東路	71	8,849.38(285.50)	110.56
京東西路	106	17,091.76	161.24
京西南路	727	11,558.79	15.90
京西北路	283	21,802.66	77.04
河東路	114	4,719.81	41.40
永興軍等路	19	1,353.91	71.26
秦鳳等路	113	3,627.00(1,629.53)	32.10
梓州路	11	901.79	81.98
利州路	1	31.30	31.30
夔州路	274	854.66	3.12
成都府路	29	2,883.87	99.44
淮南西路	1,761	43,651.10	24.79
淮南東路	513	31,160.51	60.74
福建路	212	3,024.71	14.27
両浙路	1,980	104,848.42	52.95
江南東路	510	10,702.66	20.99
江南西路	997	4,674.81	4.69
荆湖北路	233	8,733.30	37.48
荆湖南路	1,473	1,151.14	0.78
広南西路	879	2,738.89	3.12
広南東路	407	597.73	1.47
総　計	10,793	361,178.88(1,915.30)	33.46

的事実を知る手掛りにはなり得ると思う。すなわち当時の水利工事の重点地域は、開封を中心とする河北・河南と、江蘇・安徽北部、および両浙つまり浙江と江蘇南部であるが、なかんずく、両浙は施設件数、面積のいずれの絶対数も圧倒的に大きい。北方の河北東西路や開封府界で件別の漑田面積が格別大きいのは、結局は水文条件の特異性、地形の平坦の故に、一施設の規模が甚だ大きかったことを示しているようである。逆に華中・華南の水利改良においては、地形の複合性の故に、大小様々の多様な規模の水利工事が随処で進行していたことは疑いない。さて当面の観察の対象である長江下流域を中心に、唐宋時代の重要なる水利土木工事の記録を諸資料より抽出して排列すると、次の表2の如くである。水利工事として取り上げたものは、防潮堤、漕渠、放水渠、灌漑目的の湖水、陂湖、塘堰、渠水、上下水施設等様々な内容を含んでおり、またかかる記録は無数に存在し、個別資料や著述毎の採択基準も精粗区々であって、選択の基準は容易に立て難い。そこでまず天下郡国利病書、嘉慶大清一統志、各省通志の如き後世の著述によって大まかな選択の目安を立て、同時に唐宋の同時代資料を参照して復元と補充をはかった。なお太湖周辺のデルタ地域については岡崎文夫、池田静雄、長瀬守教授の専論があり、[1] 囲田・圩田については周藤吉之教授、[2] 唐代の重要水利工事については青山定雄、D. Twitchett 教授の詳論があるので、[3] 考察の重点は従来地域的展望が必ずしも行われていない現浙江省地域に置いた。いずれにしても中間的な概況展望を意図したもので、詳細の詰めは後日の課題である。

表2　両浙地域の重要水利工事

A　江蘇南　(イ)天目山・太湖水系

No.	名称	所在・規模	唐以前	唐	五代・宋	出典
1	南湖（上湖・下湖）	杭州餘杭南	漢熹平二、令陳渾築両湖、為石門函	宝暦中、令帰珧重修	宣和五知江袠修	唐書四一、咸淳臨安志三四
	東郭堰	同旧県東南	後漢令陳渾置			

2 北湖	餘杭北三里		宝暦中、令帰珧修漑田四〇〇〇頃		唐書四一
千秋堰	同上東南二里		会昌中建	景徳中令章得一復	咸淳臨安志三四
3 西湖	銭塘県西		大暦中、刺史李泌開六井、長慶初、刺史白居易修六井、漑田一〇〇〇頃、又引入運河	呉越置撩湖兵千人、元祐五蘇軾浚湖築堤、紹興九置廂兵二〇〇人濬湖	咸淳臨安志三二、
4 臨平湖	仁和臨平山東南五里	自漢末開、呉天璽元重開		紹定中築永和塘	咸淳臨安志三四
5 沙河塘	銭塘南五里		咸通二刺史崔彦曾築		唐書四一
6 銭塘（防海太塘）	銭塘南	水経注引銭塘記云郡曹華信、乃立塘以防海水	長慶初、刺史白居易築堤漑田一〇〇〇頃	梁開平四銭鏐築捍海塘	水経注、元和郡県志二五、咸淳臨安志三一、唐書一一九
7 海塘（淡塘河）	塩官仁和界、長一二四里		開元元重築	嘉定一二修捍海古塘護塩竈	唐書四一、宋史九六
8 餘杭塘	杭州北門外、運銭塘、於潜、餘杭、臨安四県租		天授二已有之		咸淳臨安志三六
9 運河（上塘）	杭州北門～鎮江江口長六四一里	隋大業六築	永泰二劉晏疏練湖水浚漕渠、唐末廃京口等五閘置堰	淳化元廃京口等七堰	宋史九六
10 官塘（荻塘）	湖州烏程治～平望接上塘	晋太守殷康開荻塘	元和五刺史范伝正開官塘接上塘河		唐書四一、呉興志五
11 菱湖	帰安東南三五里		宝暦中刺史崔元亮築		唐書四一、呉興志一九、寰宇記九四
12 黄浦	烏程西南二八里	後漢万向築坂漑田			
13 西湖	長興西五里	相伝呉王夫槩築、漑田三千頃水門四〇	貞元一三刺史于頔復堤閼		唐書四一、一七二、寰宇記九四
14 皐塘	長興東北二五里	漢元始中、呉人皐伯通築以障太湖			嘉慶一統志

15	漊港	呉江～烏程三六、長興二四			元豊以前築、紹熙間知州王回以石改修	嘉泰呉興志五
16	石鼓塘	安吉北一五里、漑一〇〇頃		聖暦中令鉗耳築		同上一九、唐書四一

B　江蘇南　(ロ)松江水系

1	運河長堤（挽路）	呉江東		元和五刺史王仲舒築塘	慶暦二知州蔡抗増修松江長堤、治平五易以石	宋史九六、呉中水利書
2	長橋	呉江東、三十六座橋			慶暦八築	同上
3	常熟二十四浦、崑山十二浦	常熟　崑山			天禧～景祐間成 政和末、趙霖開三十六浦	宋会要食八―一九～二一、七―三四、呉郡図経続記中
4	華亭塘	嘉興東南一五里、引運河水				宋史九六
5	長水塘	嘉興南六里引運河水				宋史九六
6	海塩塘	嘉興南五里引運河水				〃
7	招宝塘	海塩西南二五里引運河水				〃、澉水志上
8	漢塘	海塩西北六〇里		太和七開		唐書四一
9	古涇	海塩旧有古涇三〇〇		長慶中令李諤開		唐書四一
10	澱山湖	華亭西北七二里、受三泖及西南諸水、瀉於松江				雲間志中、呉郡志一九
11	常豊閘	海塩北四〇里			嘉祐元、令李惟幾築、閘一郷 底堰三〇余	至元嘉禾志五
12	顧会浦	華亭西北			慶暦二章峴開	嘉慶松江府志九

13	青龍江	華亭			崇寧二開浚、宣和二趙霖修	宋史九六、呉郡志一九
14	白鶴江	華亭			嘉祐中韓正彦開	呉郡志一九
15	柘湖十八港	華亭南			紹興一一築堰捍海潮	雲間志下
16	白茆浦	常熟東			景祐元知州范仲淹浚	姑蘇志一二
17	華亭茆	華亭			宣和元築圃田	呉郡志一九
18	至和塘	蘇州治～崑山七〇里			至道二議築、至和二邱与権築	呉郡志一九、続記中
19	蘆瀝浦	海塩	梁大通二刺史王弁開	設堰以隔海潮	熙寧六傳肱重開	呉郡図経続記中

C　江蘇南　(八)旧中江水系

1	江東古河 銀林五堰	蕪湖～鎮江 溧陽東		開元一七県宰喬翔創浮梁	宣和七開浚 楊行密将臺濛作魯陽五堰、元祐中単鍔議開五堰、蘇軾主其議、政和、宣和間盧宗原浚江東古河、	宋史九六 建康志一八、一六、会要　食七―一三、三四、
2	固城湖 石臼湖	溧水西南九〇里 溧水西南四〇里			宣和七墾湖為圩田	会要　食七―二八 建康志一八
3	丹陽湖 赤山湖 (絳巌湖)	同上西 句容西南三〇里 溉九郷田一〇〇〇余頃	呉永安二作浦里塘 斉沈瑀築	麟徳中令楊延嘉修築、大暦一三、令周昕復置、築塘立二斗門、溉田万頃、立水則碑	(宣和七墾湖為圩田) 晋天福中重修、慶暦三、知府葉某刻水則於石柱	建康志一八 永楽大典二二一八一
4	百岡堰 元武湖 (後湖)	赤山湖堰 江寧北二里 溉田一〇〇頃	呉宝鼎二築、晋大興三築隄		天禧中復為陂塘、熙寧八王安石開十字河、請為田後廃為圩田	建康志一八 建康志一八
5	金壇運河	金壇～荊渓七〇里			理宗端平中開堰通運河	嘉慶一統志九〇
6	練湖	丹陽北	晋陳敏築	永泰二刺史韋損等復劉晏疏湖	南唐呂延禎復、淳熙二、銭良	嘉定鎮江志六

			漑田数百頃	水注運河、漑田一一五頃、唐易閘置堰	臣復、紹聖易置斗門、紹興間更濬湖之為田者、景定中修築岸埂	唐書四一 至順鎮江志七
7	新豊塘	丹徒東三〇里、漑田八〇〇頃	晋大興四張闓築			嘉定鎮江志六
8	長蕩湖	溧陽東南三〇里旧有八一浦口、所存二七			単鍔云上接滆湖而運河有功、下達荊渓而震沢無害	呉中水利書 嘉定鎮江志六
9	孟瀆河	武進西四〇里、引水通漕渠、漑田四〇〇〇頃		元和八、刺史孟簡築		唐書四一、唐会要八九 毗陵志一五
10	泰伯瀆	無錫東五里長八七里		元和八、刺史孟簡築		唐書四一 毗陵志一五
11	芙蓉湖	武進東五五里			元祐中開堰置閘廃為田	通志六四、毗陵志一五
12	上百瀆	宜興西南五七里			単鍔議開百瀆	呉中水利書
	下百瀆	宜興東北六〇里			単鍔議開百瀆	毗陵志一五

D　銭塘江、甌江上流水系

1	城内二渠	処州麗水城内			慶元中、知州趙善堅開、	乾隆浙江通志六一
2	通済堰	同麗水西五五里、四十八派漑田二〇〇〇頃	梁天監中、詹、南二司馬築		明道中重修、乾道中、范成大重修、置堤閟四九、立水則	通志六一、宋史三八六
3	好渓堰	同麗水東一五里		宣宗時、刺史段成式築		唐書四一
	緑苗堰	同麗水東一五里				通志六一
4	洪塘	同麗水西五〇里			開禧中、邑人築	通志六一
5	雲水渠	同龍泉北応奎坊、漑田数十頃			靖康初、知州姚穀築	嘉慶一統志三〇五
	蔣渓堰	同龍泉西五里、漑田			靖康初、知州姚穀築	通志六一

		三〇頃				
6	胡公堤	同遂昌南五〇歩			元祐中、龍図張根築	通志六一
7	石室堰	衢州西安南二〇里、漑田三七〇頃			南宋中、丞張応麒築	通志五九
8	神塘	同西安、漑田二〇〇頃		開元五築		唐書四一
9	楊公河	同西安城内濠水			乾道中、知州何俌浚	通志五九
10	西湖	厳州建徳西南門外		咸通中、刺史侯温開	靖康元為放生池、景定二築堤	通志六〇
11	古渠	同淳安城内	漢建安中築	唐仍其旧	熙寧九、知州何友直修	通志六〇
12	西湖	同寿昌西、広二四〇歩		景福二、令戴筠開溝五〇〇余丈、漑東郭田		通志六〇
13	長林堰	同分水西	梁天監初、任昉築			通志六〇
14	馬儀堰 新塈堰	同遂安西南一〇里			呉越時、邑人築	通志六〇
15	白沙渓（龍渓）	婺州、金華、湯渓、蘭渓三県	漢輔国将軍盧文台開、堰三六			通志六一
16	都督堰（社陂）	同東陽乗驄郷、長七〇〇丈、漑田一〇〇余頃		刺史厲文才創		康熙東陽県志[illegible]一、通志五九
17	繡湖	同義烏西一五〇歩、周九里、漑田一五頃			大観三、知県徐秉哲築堤以通往来、淳熙五、景定五修	宋濂 宋学士全集一六
18	淳渓堤（周公堤）	同武義南			乾道三、令周必達築	通志五九
19	長安堰	同武義西二里、漑田一〇〇余頃		光化元、郷民任留築	慶元四、邑人高世、葉之成修	通志五九
20	東湖塘	同浦江西南三里			天聖初、邑人銭侃築	乾隆浦江県志六
	西湖塘	同浦江西南一〇里			大観二修、政和元、尚書銭	

	椒湖塘	同浦江南三五里		）適修	
21	州義堰	同東陽孝徳郷、一六派、漑田三〇頃	三国時築		康熙東陽県志三
22	高堰	同永康義豊郷	大中間、令顧徳藩築	五代周鮑二使君修	嘉慶永康県志四
23	蜀野塘	同武義南蜀山下、周一〇里、漑田三〇〇頃		淳熙一三、邑人王槐築塘、斗門、竇	嘉慶義烏県志二
24	葉亜塘	同金華、漑田数百頃		潘好古築	呂祖謙　呂東莱集七
25	東藕塘	同金華赤松郷、広三頃余、漑田甚博		淳熙中有之	呂祖謙　入越録
26	流慶陂	同金華、漑田数十頃		邑人余彦誠修	鄭剛中　北山文集一五
27	官塘	杭州新城北五里、堰水漑田八頃八〇畝、一八〇戸	永淳元開	咸平二、景徳三重修	唐書四一、咸淳臨安志三八
28	新堰	同上北八里	唐末杜稜築		一統志二八四
29	長泉堰	富陽安仁里漑田四〇頃			咸淳志三九
30	罯山潘堰	同麗景里漑田二〇頃			同
31	河塘堰	同漑田四〇頃			同
32	白石埧	同慶護里、漑田二〇頃			同
33	横渓埧	同儀鳳里漑田三〇頃			同
34	春江隄	同臨江長三〇〇余丈	登封六令李濬築		一統志二八四、唐書四一
35	元豊塘	於潜長安郷		元豊三、民崔某修	咸淳志三八
36	九澳	新城	永淳元開	咸平二、景徳三重修	唐書四一、咸淳志三八
37	紫渓水	同於潜南三〇里	貞元一八、令杜泳開		唐書四一

E 浙江北・東部

1	海塘	蕭山～定海五〇〇里		開元中修	慶暦～咸淳屢修	通志六三
	捍海塘	蕭山東四〇里、長五〇〇丈				嘉泰会稽志四（以下嘉泰志）
	北海塘	蕭山東北、長二〇里一〇九〇丈			咸淳中、修新塘（万柳塘）	万暦府志一六
	後海塘	山陰北四〇里、六一二〇丈			嘉定六、守趙彦琰修	通志六三
	後海塘	会稽東北八〇里、長三七一一丈			隆興中、呉芾加修、蓄水漑田	通志五七
	防海塘（称浦塘）	会稽東北四〇里、長一〇〇余里（山陰～上虞）		開元一〇、令李俊之増修 大暦一〇、観察使皇甫温 大和元、令李佐次修		唐書四一
	餘姚海堤（蓮花塘、後海塘）	慈渓～上虞、一四〇里			慶暦七、令謝景初築堤二八〇〇丈、慶元二、令施宿築堤四二〇〇丈	王安石　文集八二、楼鑰攻媿集五九、宋会要食六一―一四七、八
	定海石塘（後海塘）	鎮海東北			慶暦七、王安石築、淳熙一〇、令唐叔翰修、六〇二丈	宝慶四明志一八
2	健陽塘	寧海健跳所城外、長五〇〇丈		唐僧懐玉築	端平中、重建	通志六三
3	浙東運河（旧浦陽江）	西興～曹娥、長二〇〇里	越絶書有之、晋司徒賀循築漑田		乾道三、浚西興沙河、嘉定一四、汪綱浚運河	宋史九七、万暦府志一六
	運道塘	山陰西北一〇里		元和一〇、観察使孟簡築		唐書四一、一六〇
	界塘	山陰西四七里、長五		垂拱二始築		嘉泰志一〇

		〇里				
	新　河	会稽西北二里		元和一〇、孟簡浚	嘉泰元、築通明堰、清水閘、孟宅閘	嘉泰志一〇、唐書四一
4	上虞運河	梁湖堰〜通明堰				万暦府志一六
5	玉山斗門	山陰北一八里		貞元元、観察使皇甫政築	嘉祐三、以石治、斗門八	嘉泰志四、唐書四一
	朱儲斗門	山陰東北二〇里、漑田二一一九頃		元和一〇、観察使孟簡築		唐書四一
6	新逕斗門	山陰西北四六里		太和七、観察使陸亘築		嘉泰志四、唐書四一
7	三江斗門	会稽三江口				嘉泰志四
8	鏡　湖（鑑湖）	山陰南三里	漢永和五、太守馬臻築、周三一〇里、漑田九〇〇〇頃	開元中、賀知章為放生地	祥符、慶暦間、民盗湖為田、熙寧中復湖、立石牌	嘉泰志一〇、一一
9	官　塘	山陰広陵斗門〜曹娥長一六〇里、置堰閘	漢馬臻築（鏡湖放水路）			万暦府志一六
10	湘　湖	蕭山西二里、周八〇里、漑田数千頃			政和二、令楊時築隄、漑田千余頃、淳熙一一、令顧沖作均水約束	嘉泰志一〇、万暦府志一六
11	回湧湖	会稽東四里	漢馬臻築、謝靈運決			嘉泰志一〇
12	落星湖	蕭山西二五里、漑田一〇〇余頃			熙寧中、以高田三八頃置囲田一九、嘉泰間、湖利遂廃	嘉泰志一〇
13	白馬湖（石姥湖）	蕭山西一四里、漑田一〇〇余頃			紹興中、有湖田三〇頃献入宮観之議、不許	嘉泰志一〇
14	爪歴湖	蕭山東二五里、漑田一〇〇頃				嘉泰志一〇
15	燭渓湖（明塘湖）	餘姚東北一八里、周一五〇里、上原漑九			宣和初、令汪晃修改斗門、慶元五、令施宿復旧	唐書四一、嘉泰志一〇

		五〇頃下原二二五頃				
16	夏蓋湖	上虞西南四〇里、周一〇五里、有三六溝漑田一三〇頃		長慶二、五郷民割己田築	熙寧中、民盗湖、元祐中、紹興中復湖、紹興二、改為田者一三一頃	嘉泰志一〇 万暦県志三
17	黄山湖	餘姚北二五里、漑田一〇〇頃、有土門				嘉泰志一〇
18	魚浦湖 (白馬湖)	餘姚西北六〇里、漑田四〇頃、放水塘四〇〇歩	相伝創自東漢	貞元中、置湖門三所	政和初、廃為田、紹興中、復湖	嘉泰志一〇
19	汝仇湖	県西北四〇里、周三〇里　土門六			湖内籍田七頃、紹興二廃為湖	嘉泰志一〇
20	李　湖 (黎湖)	上虞西北二〇里、漑田一一〇頃余		貞観初、郷人曹黎二姓、率衆、割己田為之		唐書四一、嘉慶上虞県志二
21	任嶼湖 (上妃湖)	上虞西北二七里、漑田二〇〇頃	相伝創自東漢	宝暦二、令金堯恭置		嘉泰志一〇、嘉慶上虞県志二
22	西渓湖	上虞西南三里、漑田二〇頃			令戴延興築、慶暦中為学田	嘉泰志一〇
23	小査湖	上虞東北一五里、漑田一六頃				嘉泰志一〇
24	大査湖	東北一〇里、漑田一六頃				一統志二九四
25	銅山湖	上虞南二五里		元和二、邑人葉氏率里人築		嘉泰志一〇
26	県　湖	諸曁西北三里				嘉泰志一〇
27	湖　塘	諸曁東二里、漑田二〇頃		天宝中、令郭密之築	淳熙元、知県何僑重修	唐書四一、万暦府志一六
28	東　渓	新昌東一里、漑田一二〇頃				嘉泰志一〇

29	東堤	新昌東			知林安宅築、宝暦、咸淳修	万暦府志一六
30	孝行碶	新昌南一里、長十余里、漑田一三〇頃			知林安宅築、附郭居民仰給	通志五七
31	管山江（前江）	慈渓南一五里、丈亭～県前七〇〇丈			宝祐五、制使呉潜築	宝慶四明志一六
32	中大河	慈渓県前～鎮海県北			宝祐五、呉潜築	宝慶四明志一六
33	彭山閘	慈渓西			淳熙一三岳珂修	攻媿集五九
34	杜湖	慈渓北五〇里、広二七頃	相伝創自漢	貞元中、刺史任侗修	宝祐中、呉潜修、共漑田一〇八〇頃	宝慶四明志一六、雍正寧波府志一四、一統志二九一
35	白洋湖	慈渓北五〇里、広一七頃	相伝創自漢	景龍中、令張闕疆修		
36	双河塘	慈・姚界			乾道元年、里人曹氏捐銭、倡率郷豪創建双河界塘六百余丈	宝慶四明志一六
37	慈湖	慈渓北郊、広一五〇畝		開元中、令房琯築		一統志二九一
38	花嶼湖	慈渓東南一〇里、漑田六〇頃		貞元中、刺史任侗修	嘉祐中増堤置碶	宝慶四明志一六
39	李碶	慈渓東三五里			紹興四、通判陳耆寿修	同上
40	古窖閘	慈渓西六〇里			慶暦間、置水則	同上
41	李家堰	慈渓西南六五里			元祐中、張弘浚溝置堰、後廃	同上
42	小江湖（它山堰）	鄞西南三五里、漑田八〇〇頃		太和中、令王元暐築		唐書四一、乾道図経二
	仲夏堰	鄞西南		太和元、刺史于季友築		唐書四一、乾道図経二
	行春碶	鄞西南		太和中、王元暐築		民国鄞県通志、輿地志丑編
	烏金碶	鄞西南			元祐六、嘉定重修	
	積瀆碶	鄞西南			嘉定一七重修	
43	広徳湖	鄞西一二里、漑田四		大暦八、令儲仙舟改名広徳	政和八、邑人楼异請為田、後	唐書四一、乾道図経二

		〇〇頃		貞元二、刺史任侗増修	湖廃	
44	東銭湖（唐西湖、又万金湖）	鄞東三〇里、周八〇里、漑田五〇〇頃		天宝三、令陸南金開広之、旧有土堰七	天禧元、慶暦八重修、嘉祐中置碶閘、淳熙四、嘉定七、宝慶二、淳祐二重浚	唐書四一、民国鄞県通志輿地志丑編、宝慶四明志一二
45	九里堰塘	鄞西北郊		刺史呉謙開西郊之湖	宋呉潜重開	鄞県通志輿地志丑編
46	育王碶	鄞東南			宝慶間、育王寺築	鄞県通志輿地志丑編
47	江塘	鄞老界郷、鄞塘郷			宝祐中呉潜築	同上
48	趙河	奉化北二五里、漑田八〇〇余頃		元和一二、令趙察開		宝慶四明志一四
49	白杜湖	奉化東一二〇里、漑田四〇〇余頃		元和中、令趙察開		同上
50	仁湖	奉化東北一〇里			紹興中、置為湖	一統志二九一
51	方勝碶	奉化東慶登橋南				同上二九二
52	鳳浦、沈窖湖	定海西北漑田二六〇頃	宋元嘉中令謝鳳築		淳熙九、開掘	宋会要食六一―一二七
53	百歩渓	台州臨海西北六〇里			淳熙中、令陳居安鑿、便舟運	赤城志二三
54	官河	同黄巌東南一里、長一三〇里、分九河各二〇里、支涇九三六分為二〇〇余埭、一閘、漑八郷田七一〇〇頃			旧有土埭、土堰、元祐中、提刑羅適始置閘、紹興淳熙重修	宋会要食八―四六、赤城志二三
	常豊清渾二閘	黄巌東隅			元祐中、羅適置、便舟運	宋会要食八―四五
55	新河	黄巌北五里			開禧二、里人杜思斉開	通志五八
56	淮河	寧海東北、引舟入渠通百貨			周顕徳三、令祖孝築、元祐六重浚	通志五八

57	大　渓	寧海西四〇里		元祐中、羅適鑿	赤城志二三
58	城内河	温州永嘉城内		淳熙四、知州韓某浚	葉適水心集一〇
59	城内水則	同上		元祐三立	通志六一
60	会昌湖	同上城外西南	会昌四、重浚		通志六一
61	南　塘（石塘）	永嘉大南門外、長一〇〇里、通閩		淳熙一四、知州沈枢築	通志六一
62	陸家南北埭	永嘉六都		乾道二築	通志六一
63	泄漏埭	同上		乾道二築	通志六一
64	平水東西埭	永嘉茅竹山西		紹興二四築	通志六一
65	趙公塘	楽清東西両渓上		熙寧令管滂築石塘	通志六一
66				紹興一四令趙敦臨築東西塘	通志六一
67	劉公塘	楽清西門外、長五〇里通州城		紹興初令劉默築	通志六一
68	劉家埭	瑞安南社郷		元豊中築、乾道二重建	通志六一
69	丁湾埭（周田埭）	瑞安漲西郷、長三〇〇余丈、溉田三〇〇頃		崇寧三重修、淳熙以来屢修屢壊、嘉泰初里人用石築	通志六一
70	龍興埭、思済埭、浦西埭	瑞安来暮郷渓頭		古有土埭、溉二十九、四十五都田、嘉定初改築	通志六一
71	石岡斗門	瑞安韓田、帆游、崇泰、清泉郷、支河八四、溉田二〇〇〇頃		元豊間令朱素重築、紹興、乾道、淳熙重修	通志六一
72	塔山斗門	瑞安集善郷		大中祥符間築、元豊元、里人修	通志六一

73	万全塘	平陽北〜瑞安、長三五里			旧為土塘、紹興中里人倡築舗石、淳熙中、以石更造	通志六一
74	万全海塘	同溉三郷四万余頃田			乾道間、以土石更造	民国平陽県志七
75	陰均大埭	平陽金舟郷、溉九、一〇、一一、二一、二三、四五都田			嘉定元、令任季良築土堰	通志六一
76	沙塘斗門	平陽六都溉田四千頃			紹興三、太常博士呉蘊古築	通志六一
77	江口斗門	平陽九都			端平三、令林宜孫築	通志六一

表2に収めた重要水利施設の分布について、最初に指摘さるべき点は、当該地域での、水利に関る住環境として一義的、原初的に選択され、従って水利開発の由来の旧い旧開地は、デルタや河口というよりは、水利供給の安定した大扇状地周辺であったことである。その一つは会稽周辺であり、別の一つは岡崎・池田教授も指摘されるように、[4]呉淞江や大渾河の水源地、天目山水系地帯であり、餘杭、湖州、紹興、蘇州を含む地域と想定されることである。このうち、下部デルタに位置し太湖水を用益する蘇州は、秦・漢初の会稽郡治でもあり、築城の歴史も古い事実からみて、定住の適地の一つであったことは疑いないが、後背地の都市化の形成が漢、三国、六朝の長期間、緩慢であった事から考えても、少なくとも唐代までは長江の下部デルタに居住空間を展開する条件が整っていたとは見られない。さて江蘇デルタに給水する天目山水の水源地を直接に占める湖州は、伝承によれば紹興、蘇州よりの植民を受け容れて発達した地域であり、[5]三国いらい晋・南朝を通じて、南・東・西三苕渓水を含む一個の纏りある地域を成立せしめ、一〇内外の都市を擁し、中枢を太湖岸の烏程に置いていた。湖州南部の餘杭では、後漢霊帝の熹平二年(一七三)、令陳渾が県南の上湖・下湖(後の南湖)A1を築き公私田一〇〇〇余頃を灌漑し、西北に石門函を設けて渓水を疏導し、東南の滾壩から排水して苕渓本流に注いだ。[6]渓流沿いの大小の陂湖に蓄水し、相互の水位差を利して塘渠で連絡せしめる方法は、両浙地域では最も原初的、伝統的かつ普及度の高い水利方式である。咸淳臨安志巻三八、三九には、同様に天目山水に用水する隣接の於潜県につき詳細な記録を残しているが、当時

全体で一一塘、三八八堰捺[なつ]（内六二は捺）を記録している。さらに所引の（於潜）邑志では、低地の水利田＝「大源田」と、山腹に歴級する田との保水性の差を強調し、「所藉以為民命者、惟大源田、而為田之寿脈者塘堰是也、合六郷計之、大小堰約計三百二十、捺又七十所、分併不常、而為塘者十有一焉、疏瀹潴蓄之有方、則著於邵公塘堰之叙、導決先後之有節、則具於晁公八捺之法」（巻三九）と記し、低地の水源田の命脈は塘堰の配置に依存しており、用水をめぐる合理的な水利規約が存在した例として、元豊塘についての県令邵文炳の制定規約（巻三八）、嘉徳郷の大小八堰についての県令晁百談の八捺法を掲げている（巻三九）。思うに両県は南苕渓水系の中央扇状地であって、漢代以降に湖塘が築かれ、やがて上下流に開発が及んだのであろう。唐代の餘杭で宝暦[八二五・六]中、令帰珧の手で北湖A2が築かれ、四〇〇〇頃を漑した。同時に恐らく南苕渓を利して餘杭塘A8が餘杭〜杭州間の漕河として整備され、仁和県より杭州湾に注いだ。これは隋の大運河建設により、銭塘河口の銭塘県に新しい地域コアが創出された結果である。餘杭、於潜、臨安三県は、呉興郡の後背地から新設の杭州の後背地へと編成し直され、その交通動脈として餘杭塘A8が登場した。これに応じて登封[六九五]間、富陽の春江隄D34、開元[七一三]元年仁和の海塘A7、二二四里が築かれ、すでに沙漲による隆起の著しかった杭州周辺の水利の安定、農田、塩田造成がはじまり、水利開発は漸く上部デルタに重点を移行していった。大暦[七六六〜七九]、長慶[八二一〜四]間の杭州西湖A3の開浚、築堤、疏水工事は、浙江潮水を避けた上水、農業用水、運河水の水源開発に外ならず、漢末以来存したといわれる臨平湖A4はすでに淤塞して蓄水機能を失っていたのであろう。杭州に西隣する上部デルタの嘉興でも、全唐文巻四三〇によれば、代宗時代に大理評事朱自勉の手で嘉禾二十七屯の大規模な農田造成が行われた。これも間接的には餘杭塘水を介する天目山水系下流の開発に相違ないが、西湖開築による上塘運河水の給配をも考慮に加うべきであろう。

天目山水を承け、太湖に注ぐ東西両苕渓水系に在る湖州でも事情は全く同様である。この両渓北段の地方は、東部烏程、安吉、徳清の、後に集中的な囲田区となった低湿地と、長興、烏程西、武康県の両渓沿いの扇状地と、安吉山地の「承天田」、「仏座田」と呼ばれる保水に乏しい段丘田地の三居住空間が併存している。本書三六六頁以下のごとく最初の築城、定住、農田開発は、殆ど全て烏程西、武康、安吉、長興の西方丘陵地であった。烏巾氏の定住地という烏程東の昇山、戦国の下菰城、その灌漑池のある烏程西南の衡山、後世沈氏の聚住拠点となる武康の鳳凰山、また戦国以来の城址という長興県城と西隣の西湖（溉田三〇〇〇頃、水門四〇）A13は、いずれも最も安定した水利の得られる旧開地を代表している。地域コアに当る烏程周辺での開発の第一着手は、晋の太守殷康による官塘A10＝荻塘＝後世の下塘河の開築であり、唐の元和五年（八一〇）刺史范傳正の手で烏程～平望間の官塘を疏通し、上塘運河と接続して交通灌漑上の改良が施された。長興の西湖A13も貞元中（七八五～八〇四）刺史于頔が改修、元和中（八〇六～二〇）、范傳正が塘内の私田を除き私堰を決して古迹を復し、咸通中（八六〇～七三）刺史源重が重修した。これに先立ち、大暦一〇年（七七五）、州城東の白瀕洲が刺史顔真卿の手で疏開され、同じ頃烏程令李清は県南西亭周辺を修治し、流庸六〇〇余戸が復帰し、廃田三〇〇〇頃が蘇り、浮客二〇〇〇人が集まり、桑数万本が植えられた。さらに天授二（六九一）年武康県の東郷低地一七郷を独立させて徳清県が創置されるが、これは餘不渓（東苕水）を利用した下塘河の登場および東方低地の植民定住を想起せしめるものである。嘉泰呉興志巻二〇　物産の条には爾雅にいう呉越の間の具区を説明しつつ「区とは防水の堤であり、圍を円合に築き、其の中の地勢の高下を具にしつつ、塍域を列べてこれを区別し、澇には水車で排水し、旱には別に水を入れる。田に堤塘が有るのは古来のことである。今の湖州の東南郷分は百里に拡がり、田は旧とより囲塍を備え、歳毎に堤岸を修めて崇固にするから、悉く上腴となって畝直千金に当たる。西北諸郷は山谿に接近し、春夏には水が暴長し易く、先年には悉く湖泊となり、畎畝荒蕪し十歳に九たびも潦した。今は漸くに塍囲を復起し、歳に亦た収穫有るようになった。旧と諺に諸郡旱するとき我に岸有り、諸郡熟するとき我に穀無しと云ったが、今は異なる。しかし西北の田は終に地勢の高下不斉のため、水驟に長じて退き易く、多く乾溢に病み、東南郷の比ではない。帯山の田地は則ち陸種す」と、州内の土地利用の三類型を巧みに捉えている。すなわち、西郷・北郷では山間の扇状地を拓き、陂塘に頼り旱害には比較的耐えるが収穫は不安定な旧開発水田（於潜の大源田）と、山間の段丘に菽麦等を種える陸田が分布し、東南郷には囲塍の設備で水旱共に耐え得る、土地評価の高い新開発水田が対照的に分布していた。この低地の囲田化の要であったのは、太湖岸に蘇州呉江県より烏程にかけ三六、長興に二四施設された溇港A15とその斗門であり、溢水の排泄と東北風による湖水の逆流から沿湖の水田を防衛した。その建設年代は水門に残る元豊年間（一〇七八～八五）の刻銘より見て北宋中期頃かと思われるが、長興県の皐塘A14の如き防潮堤は古い起源を有しているから、長期に亘って基礎が築かれたと考うべきであろう。いずれにせよ、湖州のモデルは両浙での水利改良の推移と、その完成状況を端的に示している。西郷山地の安吉県では、旧時七二に達した陂が、南宋で二四、明初で一八と激減し、一方東郷は明初で全州囲田の九割を占め、人口も圧倒的に東郷にシフトし、山地はむしろ養蚕に活路を開くのである。

湖州以東の下部デルタにおける松江水系沿いの水利、および旧中江水系沿いのそれについては、長瀬、岡崎、池田、周藤教授(7)らの詳考があるので、ここでは要点を略記するに止めたい。既述の天目山直下の二大扇状地杭州と湖州とに、大運河線を以て境する下部デルタ地域は、中央部の年中湛水、冠水を免れぬ松江河谷の下部デルタと、これを南北に挟む形で、積年の沙漲と、旧中江の堰断、運河線の横截という自然、人為条件の相乗で形成されたやや高阜な沙質の微高地に分けて観察する必要がある。下部デルタは本来定住非適地であり、微高地と雖も頻発する水災が長期の定住を妨げるが、随処に存在する沙漲に伴う自然堤防とその後背湿地は一定の居住空間を提供する。鎮江、常州、蘇州、嘉興等は、もともと下部デルタの高阜地沿いに発達した都会であるが、このような地域では餘杭で見たような水利をめぐるタイトな民衆の組織は発生し難いと考えねばならない。前述した蘇州周辺の後背地発達の停滞、或は六朝の水利で交通が灌漑に優越したという事実は、この地域での国家の関心が、当初は交通が提供する社会経済的組織機能とくに通商機能を重視していたことの反映であると解される。大運河の完成はこの国家願望の実現である。さて元和五年（八一〇）以後、運河維持のための長堤B1、さらに宋慶暦八年（一〇四八）の長橋B2が施設されると、松江の排水機能の低下、およびデルタ全体の隆起による可耕地の出現という複合効果が生じた。元和八年（八一三）刺史孟簡による常州孟瀆C9の開築、前述の広徳中（七六三～四）の嘉興二十七屯開拓は下部デルタの農田化を象徴しており、究極的に常熟、崑山の縦浦、横塘による排水工事と周辺囲田の造成が国家事業として導き出される。一方大運河線の維持に関して安定状況が達成されれば、天目山水以外の給水源たる旧中江疏導の関心は相対的に低下し、水系沿いの農田化の機会を生ずる。開元（七一三〜）以降の銀林五堰の添設に伴い、中江上流の宣州南陵県では元和四年（八〇九）、南陵県令范某の手で田一〇〇〇頃に漑ぐ大農陂が開かれ、(8) 咸通五年（八六三）には同県で三〇〇頃に漑ぐ永豊陂が重修され、(9) 宣城県でも二〇〇頃に漑ぐ徳政陂が大暦二年（七六七）、観察使陳少游によって興された。(10) かくて蕪湖周辺で大江より分流したといわれる中江は、上流、下流の農田化のなかで干拓されてゆき、宋の宣和以降（一一一九〜）、固城、石臼、丹陽三湖の農田化をはじめ、太平、池、宣三州の圩田造成へと変容してゆく。因にこの地方は松江強湿低地と並んで州県の行政領域の分割が後れた地域である。

さて紹興周辺も湖州、餘杭と並ぶ有数な旧開地であった。ここでは中小規模の渓流が水源をなし、山地と平野の接合点近くに無数の湖沼が点在して周辺扇状地に給水していた。慈谿・餘姚界の河姆渡原始水田農耕遺跡を引くまでもなく、(11) かかる山地下段の保水性に富む扇状地群は水稲に依存する住環境としては、理想的な立地を提供したであろう。起源の旧い湖沼としては、山陰県南の鑑湖E8があり、漢の永和五年（一四〇）、太守馬臻が開築して田九〇〇〇頃を漑し、官塘E9に導かれて会稽を東流して曹娥江に注いだ。この外、会稽の回涌湖E11、上虞の上妃湖E21、白馬湖E18、慈谿の杜湖E34、白洋湖E35周辺も旧開地を代表している。この地を東西に結ぶ浙東河E3は、すでに晋代に築かれているが、この頃、句章（慈谿西南）では漢代の旧堰を修治して二〇〇余頃を漑し、(12) 南朝宋の謝靈運は会稽の回踵湖、始寧（上虞）の休崲湖に湖田を興し、(13) 孔靈符も山陰の貧民を餘姚、鄮、鄞三県に遷し湖田を開かせたといわれ、(14) 湖田に頼る干拓はしだいに東漸して行ったに相違ない。しかし紹興及び東隣の明州の水利開発が躍進するのは唐中期以降である。すなわち、開元一〇年（七二二）会稽の防海塘をはじめ、蕭山から定海にかけての海塘E1の修治が着手され、徳宗、憲宗、穆宗の頃には浙東河E3、玉山斗門E5の修築が行われ、海浜低地の利用が推進されてきた。これに呼応して開元二六年（七三八）、従来海潮の逆流による塩害のため放棄されていた甬江盆地の中心部に明州が創建され、(15) 旧越州は二分されて、東半の明州領が急速に開かれてきた。この時点までの甬江盆地は、僅かに周辺山地のみが開け、鄞江上流や甬江の餘姚界まで逆流する塩水に悩まされてきた。しかし太和元年（八二七）、刺史于季友が鄞江に仲夏堰E42を築いて塩水と淡水を分離し、同じ頃令王元暐が更に上流に它山堰E42を築いて淡水を南塘河に疏導して灌漑と都市上水に供した。この結果、明州西郷の農田水利が著しく改良され、別の水源池であった広徳湖Ｅ43は、唐宋の間に湖田化され、政和七年（一一一七）、官田八〇〇頃に変容してしまった。東郷には耕地八〇〇頃に漑ぐ東銭湖Ｅ44（西湖）があったが、天宝三年（七四四）令陸金南が盗田を開掘して、計一〇〇万頃（畝？）に漑いだが、宋朝でも開掘が踏襲され、土堰を碶閘に改め、前中後三塘で疏導し、甬江、小浹江を経て海に放水した。[16] 慈谿周辺の改良は南宋にはじまり、宝祐五年（一二五七）、呉潜によって餘姚江水を管山江に導き、化紙、茅洲二閘を経て定海西郷に注ぎ、中大河で海に放水する工事が完成した。定海、慈谿、餘姚の沿海にも、慶暦七年（一〇四七）いらい海堤Ｅ1が逐次築かれ、甬江本支流沿いの防潮築堤工事と併せて、農地の脱塩、洪水防禦に貢献した。この甬江盆地の水利改良は、湖州東郷の塍岸、漊港施設同様に、大規模な新開地の造成を目指す新しいタイプの工事であり、常熟、崑山や太平、池、宣州の囲田、圩田化の先例をなすものである。この種の工事は若干のタイムラグを置いて、台州、温州へと波及した。寧海の健陽塘Ｅ2、黄巌の官河Ｅ54（九河、九三六涇、一二〇〇余埭、一一閘、漑田七一〇〇頃）、温州平陽鼇江盆地の海堤、塘堰工事がそれである。[17] 一方、銭塘江本支流、甌江上流沿いの厳、婺、衢、処州では、奥地への定住、都市建設の普及と共に、群小の分散的扇状地に餘杭タイプの陂塘閘堰による水利施設が発達したと見られるが、湖州東郷や甬江タイプの大規模な新田開発は現れ得なかった。陂塘普及度の高い婺州については本田治教授、[18] 処州コア扇状地の通済堰については好並隆二教授の詳考がある。[19] 思うにこれら扇状地タイプの、旧型の水利地帯では、自然的に水利に関する農民の組織性も強く、かつ下流に開発される用水権は結局水源地に累加的に帰属する筈であるから、国家の水利への介入にしても、伝習的な慣行を尊重せざるを得なかったであろう。これに反して、甬江タイプの如き新しい都市化、植民、人口圧を導因として成立した工事では、資本労働の投入と組織性において、コアに立地する官憲、貴顕、都市の利害を勘案せざるを得ないであろう。

3 地域コアと水利組織

中国での都市化、定住が一貫して水路要衝を志向する通則があったことを一方で考え、他方で蘇州における太湖、長興の西湖、餘杭の南北湖、紹興の鑑湖、銭塘の西湖などの実例を考えてゆくと、水が自然的に供与する住環境上のコアが、同時に社会経済上の組織の中枢として選択され易かったことが解る。甬江盆地でも、中心の三江口に明州城が建つ以前は、西郷給水源の它山堰(小江湖)付近に句章県、東郷東銭湖(西湖)近くに鄮県が置かれ、この地方の組織統合は拡散していた。[20] 同盆地の水利体系は南宋宝祐五年(一二五七)の呉潜の改良工事で完成するが、この時点で城内の中心、鼓楼前の市河に水則碑[21]を建て、石碑上に平字を刻して、城内外の輸租、交通、灌漑、上水全般の平均水位を定め、これが民国時代まで存続していたことは興味ある事実である。管見の範囲では、かかる水則碑として起源の古いものは、江寧句容県西南三〇里の赤山湖で、[22]麟徳二年(六六五)県令楊延嘉が、湖水五尺の水深維持を目的として建てたものがあるが、これは水深五尺に及ばざる湖域の任意耕墾を許しているから、会稽の鑑湖の湖界石碑と似たものであろう。明州の水則に最も類したものは、温州治永嘉県の城内譙楼前に、元祐三年(一〇八八)設立された石碑があり、その文に「永嘉水則至平字、諸郷合宜平字上高七寸、合開陡門、平字下低三寸、合閉陡門、元祐三年立」とあり、[23]城内外の水利を統合的に調整していた。

さてこのような地域コアに集中する水利組織がいかに管理運営されたかについては、万暦袁州府志巻四に記録された、元和四年(八〇九)創建にかかる江西宜春盆地の李渠の事例が参考になる。これについては四〇四頁以下に論ずるので概略のみを記す。この渠は全長二〇〇〇丈余、州城西南の官陂水に取水して、渠堰で疏導して西郊二〇〇頃の農地に漑いだのち、城内の官衙ほか二〇〇余家の市戸に給水して秀江に放水した。建設の主因は唐中期以降の州城の都市発達による人口増にあり、上水、防災、舟運、農地灌漑を兼ねていた。設立者は刺史李将順であり、その後も明末までは改良維持のイニシアティヴは地方官の手にあったが、南宋宝慶三年（一二二七）の抜本的改良は、実質的には州貢士クラスの都市在住の紳士が計画、実践した。この時成立した規約では、州貢士一〇人の集団が渠長となって維持管理の総責任を負い、城内の受益市戸二〇〇戸は五家毎に一甲、三甲毎に甲首を選出し、平常は自主管理に当り、浚泄作業の時は郊外農民日に数千人を役夫として雇募し、一五夫を一甲に編成して作業分担を定めた。城外の受益農戸六〇戸は毎年輪番に甲首を選び、平常は堰堤渠道を自修自補するが、大修理は一〇渠長の合議を経て官金の補助を仰いだ。この組織は旧型の扇状地コアの再開発に応ずるものであり、また水則碑はなく、渠道の広狭が規定されたにとどまり、立地、規模共に直接他と比べることはできない。しかし人口増を契機として地域コアの再統合がはかられた場合、新旧いずれの開発地においても、コア居住者の利害目的に沿った組織の改変が生ずる傾向があることを例証しており、都市化が進めば進むほど、都市型の水利改良の比重が増したと考うべきであろう。[24]

4　小結

以上の如く、水利改良には自然の住環境、コア空間の形成過程が重要な作用を及ぼしている。保水性に富み、一定の中枢機能を提供する扇状地の扇頭は、原初的な定住に適合しており餘杭、湖州西郷、紹興の山会平原の如き旧開地タイプが生ずる。人口増や都市化によるその後の開発は、旧タイプの普及や、旧開地の再開発でも可能であるが、大規模な改良は湖州東郷や甬江盆地の如き下部デルタの低地の干拓を必要とし、上部、下部デルタ全般の農田化を待たねばならない。このような新開地では、水利をめぐる人の組織性は扇状地に比べて散漫であり、かつ改良に資本と労働を多用するから、一定の都市化と富力の集中を伴わなければ、改良は容易に実現しないであろう。唐の中期以降から宋にかけて、両浙を含む江南地域で、地方官や在地勢力によって重要な改良工事が随処に実現して行くのは上表の如くであるが、それらが地域社会経済の発達、都市化、組織統合と具体的にいかに関っているかについては、今後により詳細に考証してゆかねばならない。

注

（1） 岡崎文夫、池田静雄『江南文化開発史』弘文堂、一九四〇。池田静雄『支那水利地理史研究』生活社、一九四〇。長瀬守『宋元水利史研究』国書刊行会、一九八三。なお吉岡義信、長瀬守「中国水利史文献目録稿（宋元）」中国水利史研究四 一九七〇、杜瑜・朱玲玲編『中国歴史地理学論著索引』北京 書目文献出版社を参照されたい。この項ではとくに岡崎文夫、池田静雄、佐藤武敏、吉岡義信、周藤吉之、好並隆二、森田明、西岡弘晃、長瀬守、本田治諸氏の研究から多くの示唆をえた。

（2） 周藤吉之「宋代の圩田と荘園制—特に江南東路について—」『宋代経済史研究』東京大学出版会、一九六二、「宋代浙西地方の囲田の発展—土地所有制との関係—」『宋代史研究』東洋文庫、一九六九。

（3） 青山定雄「唐代の水利工事について」東方学報、東京一五—一、二、一九四四年、**D. Twitchett; "Some Remarks on Irrigation under the T'ang", T'oung Pao, *XLVIII*: 1—3, 1960.**

（4） 岡崎・池田上掲書一二一～三頁。

（5） 本書三六六～三六九頁。

（6） 嘉慶重修大清一統志巻二八五 杭州府 名宦、咸淳臨安志巻三四。

（7） 前注（1）（2）参照。

（8） 唐書巻四一地理志、全唐文巻六九五 宣州南陵県大農陂記。

（9） 唐書巻四一地理志。

（10） 唐書巻四一地理志。

（11） 浙江省文物管理委員会、浙江省博物館「河姆渡発現原始社会重要遺址」文物一九七六、八期。

（12） 乾隆浙江通志巻六二。

（13） 南史巻一九、宋書巻六七 謝靈運伝。

（14） 宋書巻五四 孔靈符伝。

（15） 一九六九。本書四六三頁。

（16） 本書 宋代の寧波 四五九～四七八頁、松田吉郎「明清時代浙江鄞県の水利事業」『佐藤博士還暦記念中国水利史論集』国書刊行会、一九八一、Silvia Freiin Ebner von Eschenbach, *Die*

Entwicklung der Wasserwirtschaft im Südosten Chinas in der Südlichen Sung-Zeit Anhand einer Fallstudie: Das "Ssu-ming T'o-shan Shui-li Pei-lan" des Wei Hsien, 1986, Franz Steiner Verlag Wiesbaden GMBH, Stuttgart.

(17) 本田治「宋元時代温州平陽県の開発と移住」『佐藤博士退官記念中国水利史論叢』国書刊行会、一九八四。

(18) 本田治「宋代婺州の水利開発―陂塘を中心に―」社会経済史学四一―三　一九七五。

(19) 好並隆二「通済堰水利機構の検討―宋代以降の国家権力と村落―」岡山大学法文学部紀要一五　一九六二。

(20) 民国鄞県通志　輿地志甲編　建置沿革。

(21) 開慶四明志巻三　平橋水則記。

(22) 景定建康志巻一八　江湖　絳巌湖。

(23) 乾隆浙江通志巻六一。

(24) Mark Elvin, Market Towns and Waterways: The County of Shang-hai from 1480 to 1910, in G. W. Skinner (ed.) *The City in Late Imperial China*, Stanford, 1977, pp. 441-473.　なお乾隆寧波府志巻一四所引の貢生林夢麟の河渠議（慈谿林氏宗譜巻一同）によれば、甬江盆地の水利組織は、基本的には宋宝祐五年（一二五七）に完成され、清代まで変わらないが、寧波府城では清初より市内居民鋪戸が城市周辺の水利を処理していたことが知られる。

三　長江下流域の市糴問題

1　宋代の課税と辺餉

七八〇年に導入された両税法の当初目的は、たしかに抑藩振朝政策であった。唐の憲宗期の財政当局が、宋の神宗期との比に量って、後者の領域の四〇％、人口の二八％、収益の三二％のみを掌握するという危機状況の中で[1]、予測される官・軍の俸、緊急支出を中心とする行政コストに合せ、頼れる財源を抑え、かつ徴税体系を経済の一般水準に同調する効率あるものとし、帝国の温存に向けて起死回生の蘇生をはかった新しい試みであった。一方、宋の仁宗慶暦中（一〇四一～八）の統計によれば、中央・地方の財政収益は支出をこえており[2]、宋初の財の集権努力が、北宋の中葉期において成功的に働いていたことを思わせる。

しかし両税法の経済的な目的合理性を判定することは、決して単純にはなしえない。戸対象・資産対応、つまり小経営単位で量られる所得水準を査定の基礎におくこの税法では[3]、主要な課税源は土地収益にあり、ついで商業収益がある。しかしすでに清の税制について明らかにされているように[4]、後期中華帝国の王朝財政では、税目の構成比の上で、当初の高い直接税の比重から、後半の高い間接税の比重へと移行する傾向がある。七八〇年頃、六七％余りを占めた直接税の比は、一〇七七年までに四四％に落ち（後述）、逆比例的に商税・酒税・塩税の比が増えて前者の欠を補った。こうした推移の動因は、全国レヴェルの経済景況よりも地域地方レヴェルの様々な経済要因の変数と強く連動しているにちがいない。

また、両税法は官僚制下の税法体系である。官・軍の大量の需要が北辺・京畿へ偏り、それに伴う上供輸送距離やコストの要素が、税額や査定法に直接の影響をもち、地域・地方レヴェルの考察をますます必要にする。また課税倫理の配慮から、直接税には原額固守の力が働く反面で、長期の人口・物価の漸増は、行政コスト増と政府実収入の減として作用するから、可視的な税源である間接税への重点移動は自然の勢いである。さらに五代・宋・元の経済動態の推移は、経済の地方主義化の様相を示しており、[5]中央の全一的統制はしだいに限界を生じ、中間層位の総領所・榷貨務・行省などの機関での調整が必要であった。

「長江下流大地域」が中央財政に掌握されたのは、九七五年の南唐の帰順、九七八年の呉越の帰順ののちである。これに先立つ国初の約二〇年間には、民田の検括、逃戸戸籍頃畝の打量、勧課（九六一）、版籍・戸帖・戸鈔（九六三）、形勢版簿（九六三・九七一）の設置、九等戸法案（九八〇）の提出、義倉（九六三）、封椿庫（九六五）、内蔵庫（九七八）の制定、その他、商税の抑制、制銭・量衡の強制、そして江北折博務（九六四）、京師・各地の榷貨務（同）、京師便銭務（九七〇）、榷易局（同）など、財政運営上の機構が着実にととのい、これに合せて京師周辺の河倉、汴渠が修補された。周辺諸州の民租課利の京師への上供が始まったのは九六四年、また周の世宗の下で中原政権領内に入った江淮の米穀が、宋初に汴河・広済河を経て京師に運ばれだしたのは九七二年以降、ただし当初は一〇万ないし数十万石に止まった。この時期の徴税方針が、旧租額の回復（原額主義）、現在開墾地（見佃）のみの税査定、自己申告、逃戸の帰業着籍にあったことは注目される。

さて、南唐・呉越の帰順直後、王永が遣されて両浙の秋苗米の税率を毎畝一斗と定め、呉越時代の毎畝三斗の高税率を一挙に三分の一に減らした。[6]この税率は天下の通則とされ、宋初から採択されていたものであり、南北宋を通じて守られ、その際、畝収をつねに毎畝一石と想定しているから、それ

表1　北宋の全国墾田数

年	畝数	増加率	
959	108,583,400	100	
974/5	295,332,060	272	100
996	312,525,125	287	105
1021	524,758,432	483	178
1064/5	440,000,000	405	149
1078/9	461,655,600	425	156

は十分の一税を意味し、孟子の理想税率、そして軽徭薄賦の財政倫理に適うものであった。この税率は周藤吉之教授によれば、田土評価の三等区分（のち十等以上）法や、地方別の生産性・生産条件を反映して偏差は大きく、淮南は毎畝五升以下、両浙は八～九升の平均値であり、南唐の遺風の消去がおくれた江東では一斗～二斗であったことが判明している。しかし元・明初の長江下流コアの蘇・松で地目の大半を制した官田の租率の四斗～七斗（民田は元代一斗五升、明初五～八升、のち一～三斗、ただし明升は宋の一・七倍）[7]と比較すれば、宋の土地税率が畝一斗の軽税率を通則とし、かつ当初より原額主義を採っていたことは、まず記憶されねばならない。

右の表1に示すように、後周九五九年の全土の耕地統計一億八五八万三四〇〇畝に対し、九七四・五年次の統計二億九五三二万二〇六〇畝は、二七二％の増である。[8]後者には両年次間に帰順した荊南・蜀・南漢・南唐・閩・呉越・北漢の耕地が入っている。長江下流のみの増加分はわからないが、一五一頁の表5　一〇七九年度全国耕地統計に示すごとく当初から四二五％増えた一〇七八・九年次での全国各路別の統計を参照すれば、[9]増加分中の東南六路の耕地のシェアが相対的に高かったことは想定できる。ただし右の表中、一九四八年の中国統計年鑑等をベースとして、一〇八〇年代の宋の関連路分の面積を復元し、両淮・両浙・江東・江西と、全国とにつき、面積中の民田耕地比を求めた数値では、[10]全国平均値の一〇・五％に対し、両淮二八・五％、両浙一六・二％、江東二七・三％、江西一九・九％という状況である（なお、耕地数は実面積よりむしろ課税単位田地の集計）。このやや意外な結果は、当時の、おしなべて潜在空間にまだ余裕のある条件のなかで、両浙では、低湿地の利用がまだ端緒的であり、また淮南と比べて開発の歴史も浅いためであろう。ともかく、北宋前半における長江下流の、租税ベースとしての農業基盤は、全国比の中で優良ではあっても、穀倉と呼ぶにふさわしい集約水準には至っていないと見た方がよい。[11]

つぎに、宋初以来の税の原額主義を、ことに東南六路で固定したという意味では、一〇〇七年次の制度決定が重要な役割を負っている。九七五年に京師に水陸発運司がおかれたのち、物納税項を主体とする京師・北辺への上供の主要負担区域が、淮南・両浙・江南路から、さらに荊湖路を含む東南六路、つまり長江中・下流大地域を特殊に画定するに至り、一〇〇五年の宋遼和議の成功ののち、財政の守成期に入りかけた宋朝は、九九三年このかた常置化していた都大発運司に命じ、一〇〇七年を以て、東南六路の上供米年総額を概数六〇〇万石（または六二〇万石）の原額として固定し、年額の遵守を義務づけ、その調整手段として年額二〇〇万石の和糴を併用した。[12]

　こうして財の収支体系の中に、自給と補給・融通（支移）を混用する北辺三路並びに京畿周辺の北方地域、上供比重の高い東南六路地域、そして収益の過半を地方行政コストに振り当てる福建・広南・四川から成る南方地域、の三区分が立てられ、税法の地方主義化が登場した。この動きの決定変数は北方および京師への輸送距離と輸送コストであり、各税項の折算にも在地価格と輸送コストが影響し、また貨幣流通や商業拡大に応じて軽賫の比重が増える動きも伴った。

表2　南宋初江西路の秋苗上供額(13)

年　次	上　供　額	備　考
南渡后	* 1,260,000余石	毘陵集2，要録 183
1133	** 189,200余石	梁渓集96
1134	** 133,500余石	〃
1135	** 101,000余石	〃
1136	** 983,359.16石	〃
1158	** 970,000石	要録 183
1160	** 970,000石	宋会要食貨40—33
孝宗中	** 900,000余石	周益文忠公集34魯訔墓銘

*原額　**実徴額

　さらに軽税率通則と原額主義が早期より結びつく中で、土地税査定の方式は、土地税原額＝土地面積×税率、というタテマエよりはむしろ、土地税数＝土地税原額×徴収率、で算出されるという、明・清期[13]と共通する様相を示した。固定税額は固定歳収つまり量入制出を意味し、これに伴う硬直的な財政の短所は付加税による補塡を必須とする。両税の付加税や間接税財源の比重増は必然の結果である。一〇〇七年の丁謂の『景徳会計録』にはじまり、慶暦、皇祐、治平、熙寧（中書備対）、元祐、宣和、紹興、乾道、紹熙、慶元、端平の各会計録がこうして編まれ、恐らくそれに伴って地方志レヴェルでの会計記録が編まれた。

　一〇〇七年の東南六路の上供秋苗原額が、宋一代、いかに保守されたかは、一五七頁の東南六路上供原額の変化の表8で知ることができる。南宋初の各路の原額には、一〇〇七年以後の微調整のあとが若干見られるが、大綱は保守されている。南宋では、淮南路が戦場のため非上供地となったほか、混乱によって中央・地方の徴税能力が落ち、七〇%の実徴額を目標とした。この経過は、前頁の表2の江西路の事例で証明できる。仮りに南宋初の原額が北宋末期の原額に当ると考え、また淮南の一五〇万石の旧額が紙上では残ったと考えると、南宋初の帳簿上の原額総計は、六一九万石となり、一〇〇七年から一二〇余年、六路上供の上限は、路毎に微妙な増減はあるものの、総額としては原額を守っていた。南宋では、実徴総額は三三二万石となり、原額は一そう形式化してきた。しかるに、宋一代の財政中でつねに十分の七以上の支出項目であった軍・官の財政支出からみると、[14]軍隊の数は七～八〇万ないし一〇〇万、中央の官二万四〇〇〇と、サイズは北宋に匹敵するか、やや上廻ってさえいた。[15]この動きの中で、原額が固定し、実徴額が縮減し、ことに両浙で実徴額が半減し、しかもその中の三五万石を銭納しており、江東路でも八五万石の実徴分のうちで、八万石を馬料に折していた。恐らく帝都（京畿）の南遷に伴う優免、南渡による輸送経費の格段の節減が、この両浙・江東の変化に直接響いていると思うが、それにしても土地税の比重は、この両路に限って絶対的・相対的に減少していることは見逃せない。

表3　唐末～北宋期の税項別収益変化

年　次	780～834	997～1007	1077
両　税	67.11%	69.96%	44.17%
商　税	?	11.15%	14.15%
酒　税	8.05%	10.60%	21.73%
塩　税	24.83%	8.30%	19.95%

一一四八年、行在および淮東・淮西・湖広の三総領所合計一二二万五〇〇〇石の和糴額が定まり、和糴が税法の一部の如く運営されて、合せて四五四万五〇〇〇石の収入が経常化された。[16]しかし調整は和糴のみではない。両税における軽賫の比重、火耗（加耗）付加税比重の増大、および商業税（商税・酒税・塩税・市舶）の比重増、そして限田、徭役査定による負担配分の調整、免役銭の徴収などがある。軽賫の比重増は、[17]例えば南宋期の両浙の上供額に表れており、火耗付加税については、例えば、江西の臨江軍新淦県の南宋中期の状況で推測できる。すなわち秋苗原額は六万二〇〇〇石、実徴は六万石、一方、起綱・馬穀合せ六万二〇〇〇石、軍用五〇〇〇石、県用六〇〇〇石（計支出七万四〇〇〇石）、追加の水脚銭二万貫、春衣一万貫、半年版帳銭二万貫（計五万貫）、これらを苗米に折算して計二万五〇〇〇石。上供、留州の総計は苗米で算して

計九万九〇〇〇石。秋苗額六万石に毎石一石七斗の加耗等の率を乗じて得る一〇万二〇〇〇石によって、はじめて財の運用が可能となる[18]（嘉興では秋苗一石に加耗一・五斗〜五斗、六斗)[19]。つまり固定不変化した秋苗額は、実質は税課の起算基準数の意味に変っていた。表3は、唐末〜北宋期の税項別収益比の推移である[20]。商業税、ことに商税・酒税の比重は一貫して増え、先進地で商業財源への依存が高くなる傾向がつかめる。商業税の増加については、例えば、湖州の商税では、徳清県城務の一〇七七年の額三九五八余貫は、一二二四年に一万四六〇〇貫、長興県城務の一〇七七年の六三四七余貫は、一二二四年に二万三〇七七貫に、一〇七七年次ゼロの烏墩鎮務は、一一六一年に四万三八七三貫に増加した[21]。

この間、宋政府は一〇二一年に官戸限田法を立て、一〇三三年に五等丁産簿を制定し、一〇四三年より千歩方田法をはじめ、一〇六〇年に河北・陝西・京東、一〇七二〜七九年、京東・秦鳳・河北西路・開封・永興軍路に方田を行い、北宋末にも京西・河北東路・福建・成都府・利州・荊湖北・江東西・両浙各路の一部に方田法が及ぼされた[22]。しかし、この法の主眼は、必ずしも新増耕地の括量による増税を目指しておらず、むしろ詭名挟戸による欺隠の是正、逃戸資産の担税者の確定を通じて、各地方毎に付加税を含めた課額の按分査定を合理化する性質のものであった。南宋でも、この趣旨を継いだ経界法が一一四二、三年、四七年、一二一五年、一二六五年次をピークに、断続的かつ全国的に行われたが[23]、路・府州・県レヴェルでの税額を一新するものではなく、むしろ量入制出化した財政の下で、按分査定の適正を求めて実質的な課税基盤を創出する努力であったといえる。要するに、宋一代を通じた税法の大綱は、宋初の早い時期から、北方、東南、南方を通じて原額主義を採り、剰余財源の転送・融通を負担した東南六路の秋苗上供についてもこの原則が守られ、加えて軽税率通則が保守された。量入制出、地方主義の特色がこうして生じ、硬直を避ける補正手段として軽賚、火耗、間接税の比重が高まり、また重要な調整方法として按分の均等化を目指す方田法・経界法が行われ、北方から南方へと波及し、事実上かなりの成果を挙げたようであるが、税の大宗をなす土地税の収納を抜本的に改めるまでには至らなかったと判断できる。

さて、原額主義の下にあるこの地域の各府州軍の秋苗額の推移は、むしろ静的である。各種の記録から判明する数値は一五四、五頁の宋代秋苗額及其変化の表7のようなものである。この表は、上記の推論を多様に裏づけている。まず、最初の統計は一〇〇八年次を溯らない。一〇〇七年の原額設定、景徳会計録の編纂、そして大中祥符図経の編集（一〇一〇）が、原額の設定に関っていることがわかる。北宋中の方田法の編審が統計に響いていないように見えるのは、この法が主として華北に施行されたためであろう。南宋初期よりデータが豊かになるのは、一一四八年の実徴額制定をめぐる努力と、一一四二、四三、四七、一二一五、六五年を中心に、なしくずしに実施された経界法と関係があり、地方志に詳細が残るほどに再丈量が徹底していたためでもあろう。しかし、大勢としては、南宋初の実徴額上限を目途とする財政均衡回復への努力であった。これらの中で、一貫して推移が徴せるのは蘇州においてである。南宋の経界法の努力の中で、蘇州の旧税額が七〇万石であり、石刻された記録があると言及されているのは[24]、恐らく呉越の版籍についていっているものであり、この額は九八〇年頃、王永の手で三一万石に減額されたと見るべきである。一一四二年に三九万石に増した蘇州の秋苗は、結局二八万石台に落着き、南宋の一一四九年の三四万石は、元豊租額への一時的回復であった。

つぎに、明初の統計との対比でみると、一つのはっきりした傾向が浮び上る（七二頁の宋〜明初の秋苗額の比較の表1参照）。婺州、紹興・徽州など、陂塘・湖田灌漑を主とする辺域部では、税額の変化は微増か減額である。これは宋代前半に土地利用が一たん加速されたのち、耕地拡大の効率限界に近づき、飽和状態を呈したと解せられ、裏づける資料もある。これに反して、蘇州、松江、湖州を筆頭に、嘉興、常州、鎮江、江寧の様相は断然異なっており、明初までに蘇・松・湖地方は実質一〇倍前後の秋苗の増額を記録した。周藤吉之[25]、植松正[26]、森正夫教授[27]が詳考しているように、一二六三年、南宋の賈似道の手で太湖周辺六府州に設立された公田系統の官田の広大な面積と高い租率の効果である。

いうまでもなく、右の明初の蘇松周辺の官田の制とその租入は、やがて民田民賦に止揚される過渡的存在であったものの、洪武（一三六八〜九八）の墾田額、土地税は万暦（一五七三〜一六二〇）の額の基礎となり、清一代の土地税はこの万暦の原額を目標額とした[28]。だが、洪武の増額は、宋明間の百余年における明らかな土地改良のみの結果ではなさそうである。低湿地灌漑の基本的改良は、一〇六〇年代以来、断続的に進行していたのであるが、公田法導入以前の南宋政府は、新墾田を強く掌握する方策を採るかわりに、両税租額に対する火耗・折徴、商業税、市糴収益に財源を拡げるという現実主義で対処したのである。南宋一五〇年の経済水準の発達はこの現実主義の成果であるのか、或はこの弥縫策のために終局の危機を招いたのか、は改めて問わるべき一つの課題といえる。

2　北宋の市糴

宋朝は、中唐以来の貨幣経済の発展という社会的変化に対応して、募兵制を採用し、社会制度の官僚化を軍事力の維持にまで拡大した。しかしこの結果、軍務行政は一般内務行政と不即不離の関係となった。官俸一〇パーセント、吏禄二〇パーセント、兵廩七〇パーセントという財政支出の配分率に見られる如く、(29)辺餉問題が宋朝の財政に及ぼした重圧は深刻であった。この辺餉の処理に当って、宋朝が解決を迫られた幾つかの困難な問題があった。たとえば国家が直接掌握できた財のうち、正税（夏秋税）の輸送調達可能な部分＝上供、の収入額は、北宋前半期以来すでに固定化し、むしろ漸減の傾向にすらあった。とくに穀物収入には大きな増加は期待できず、増徴可能な部分は正税以外の銭納の雑税、無額上供銭等の銭納部分であった。これと関連して富の生産と分配とが不均等であった。全盛期一〇〇万余の軍隊は集中的に華北・京畿又は淮南に屯戍し、その消費する人糧馬料は北宋で米粟麦豆を合算して三〇〇〇万石をかなり上廻っていたであろう。正税の穀物収入は盛期でも二七〇〇万石ほどであった。ことに華北はなお相応の生産性を蔵していたものの、明らかに非自給地であった。全国でも自給を上廻る穀物を生産し得たのは浙西及び江西の水田地帯であり、これらを含む東南六路より年間六〇〇万石の穀物が北送されて漸く京師の軍餉（＝辺餉）を充たしていた。東南から京畿への遠距離かつ高価な補給線の維持は、多大な犠牲を払っても欠くことはできなかった。さらに北方の、交通も生産性も劣る辺境には、七〇～八〇万の大軍が駐留した。有時に大量の穀物を敏速に北辺に集積するためには、結局軽量にして市場性の高い物資を辺境で放出し、商人勢力を誘致して現地調達を計るほかはない。かくて導入された便糴、博糴、三説等の市糴法(糧穀買上制度)は、たしかに既存の流通組織を利用し、商人の機動性を生かし、短期に効果的な措置であったが、華北の穀物市場の主導権は豪商の掌中に帰し、専売制の破綻、財源の危機という悪影響を残した。結局長期の軍餉の解決には、民戸の剰余を一定の合理的な手続きを経て買上げる和糴が、財政的には健全であるが、一たん民戸を対象とすれば、すでに正税(両税)の徴集において直面していた根本問題、つまり少数有力者への富の集中という資源配分上の不備の解決に逢着せざるを得ない。北宋末から南宋末にかけて外圧の度が高まるにつれて、市糴は再び商人から民戸へと対象を移し、そして最も生産力ある長江下流域で、いかにして豪民の私占する土地を公収して軍餉の直接の基礎にするかという公田法の問題に最終的には帰着するのである。

市糴の制度はそもそも戦国以来の各王朝で、歴代救荒と物価調節という目的で運用されてきた伝統ある内政政策である。自然災害や疫病による生産の不安定は、宋代でも決して軽減された訳ではないが、安史の乱前後から宋元明にかけて市糴が辺餉問題と結びつき、その救荒物価政策がむしろ二義的となってきたことは、中国社会史の上でも大きな興味ある課題である。従来宋代の軍餉問題は、青山定雄教授が漕運との関連から、(30) 日野開三郎教授らが市糴法の類型から、(31) そして周藤吉之教授が公田法との関連から研究を進めて来られたが、(32) まだその全体像の解明は行われておらず、個別の研究を積上げてゆく余地も多分に残されている。本章では筆者の集め得た史料に基づき、宋代の市糴制度の沿革とその特性とを素描し、問題の所在点を探り、今後の詳細な事実研究の基礎としたい。なお北宋の市糴については既知の部分も多いので概略を叙するに止め、南宋をより詳細に論ずることを諒解していただきたい。

北宋時代に「兵籍」に登記された兵員数の実態は必ずしも詳かではないが、禁軍、廂軍とその総計の推移は概略次頁の如く増減している。

表４　北宋期の兵員数の推移

年代	総計	禁軍	廂軍	典拠
太祖	二二万〇〇〇〇			考索後一二、玉海一三九
太祖開宝	三七万八〇〇〇	一九万三〇〇〇		通考一五二、考索続四四、玉海一三九
太宗	六六万六〇〇〇	三五万八〇〇〇		考索後一二
真宗咸平	五〇万〇〇〇〇			長編一六一、客亭類稿四
真宗天禧	九一万二〇〇〇	四三万二〇〇〇		通考一五二、考索続四四
仁宗		四二万〇〇〇〇		考索後一二
仁宗慶暦	一二五万九〇〇〇	八二万六〇〇〇		通考一五二、考索続四四、玉海一三九
仁宗皇祐初	一四一万〇〇〇〇			考索後一二
英宗治平	一一六万二〇〇〇	六六万三〇〇〇		通考一五二、一五三、考索続四四、考索後一二、玉海一三九、長編二五六
英宗治平	一一八万一五三二	六九万三三三九	四八万八一九三	蔡忠恵公集一八
神宗　寧		五六万八六八八		通考一五二、一五五、考索続四四、考索後一二、長編二五六、玉海一三九
神宗　寧			五〇万〇〇〇〇	止斎集一九
神宗元豊		六一万二二四二	五〇万〇〇〇〇	通考一五二、一五五、考索続四四、長編二五六、玉海一三九

当時禁軍の騎兵一指揮（約兵五〇〇人、馬五〇〇匹）当りの歳費は四万三〇〇〇貫、歩兵一指揮（約五〇〇人）三万二〇〇〇貫といわれた[33]。騎兵には馬料（豆・麦等）・馬草の支給があるので経費が余計にかかった。さらに張方平によれば、平均的な禁軍一卒の歳費は俸銭六貫、糧三〇石（六折＝実支一八石）、春冬衣紬絹六匹、綿一二両、随衣銭三貫であり、銭に換算して計五〇貫、廂軍一卒は三〇貫としている。これには郊祀恩賞（三年一回）は含まれていない[34]。英宗の時三司使となった蔡襄も、同様に禁軍一兵五〇貫、廂軍三〇貫と歳費を計算し、かつ当時の禁軍、廂軍の総経費を記録している[35]。即ち、

禁軍六九万三三三九人　廂軍四八万八一九三人　計一一八万一五三二人

経費(1)銭　収三六八二万二五四一貫一六五文（内夏秋税四九三万二九九一貫文）

　　支三三一七万六三一貫八〇八文（除南郊賞給）

　管軍及軍班兵士九九四万四七貫九三三文（十分中三分、有余）

(2)匹帛絹紬　収八七四万五五三五匹（内税絹二七六万三五九二匹）

　　支七二三万五六四一匹（除南郊賞給、除綾羅錦綺）

　管軍及軍班兵士七四二万二七六八匹半（十分、有余）

(3)糧　収二六九四万三五七五石（内税一八〇七万三〇九四石）

　　支三〇四七万二七〇八石

　管軍及軍班兵士二三一七万二二三石（八分）

(4)草　収二九三九万六一一三束

　　支二九五二万四六九束

　管軍及軍班以下二四九八万四六四束（八分）

当時の両税からの穀物収入一八〇七万三〇九四石、その他（公田、営田等か）併せて二六九四万三五七五石の総収入のうち、[36]軍隊に支給されたのは二三一七万二二三石で、総数の八割に相当した。またほかに、二四五二万四六九束の馬草が必要であった。陳襄も治平二年（一〇六五）の天下の財政収入六〇〇〇万貫、支出、兵費五〇〇〇万、国家百用の費一〇〇〇万貫、兵費では禁軍七〇万人、一夫五〇貫、計三五〇〇万貫、廂軍五〇万人、一夫三〇貫、計一五〇〇万貫と算している（古霊先生文集巻一八　論常平割子）。陳舜兪の推定もこれに等しい（都官文集巻七　説兵）。補給の総数の厖大さに加えて、軍隊がどの地域で補給を受けるかが、財政上では重要な意味をもっていた。周知のごとく禁軍は本来国都の防衛兵であるが、五代以来更戍制が行われて、屯駐、駐泊、就糧に区分され、駐留地で補給を受けることになっていた。(補1)

まず京師の開封には慶暦（一〇四一～八）の頃、在京禁軍三万二四〇〇人、開封府界六万二〇〇〇人、合計約一〇万人が配備された[37]。京師にはまた全国二万四五〇〇余員の官吏の約四割が居たと思われ[38]、更に廂軍・人吏の糧を加えて歳費の糧穀は至道（九九五～七）の頃三六二万石[39]、慶暦五年（一〇四五）人糧四〇八万石、馬料四八万石、至和二年（一〇五五）人糧四八〇万石、馬料五六～六〇万石であった[40]。京師、開封府界、南京の消費する糧穀は結局、通算して六〇〇万石程度であり、主として汴河に依る上供粳米に依存した。汴河の上供米の来源は、両浙、淮南、江西、江東、湖北、湖南の秋苗の約八割を徴発した上供米六二〇万石であるが、さらに淮浙発運司がこれらの諸路から毎年通算二〇〇万石～三〇〇万石を和糴して調整し、毎年定額六〇〇余万石を京師に運送したのである[41]。とくに浙西ではすでに北宋いらい七〇余万石の和糴を行い（長編一一二　一八葉a）、この額は南宋にひきつがれた。このように東南諸路の市糴は、当初から租税に対する付加税の如く運用されていたことは注目すべきであり、事実、江西では秋苗に付帯して和糴が割当てられて「帯糴」と呼ばれていた[42]。東南諸路の上供米とその補給地は一五七頁の表8の如くである。即ち京師へ実際に送られた額は四八四万八九〇〇石で、在京の支出（一〇五五年次）四八〇万石にほぼ見合うのである。漕米六〇〇万石の数は、景徳四年（一〇〇七）に定額となり、ほぼ北宋一代を通じて固定していた[43]。例えば江西路でも上供額は、太宗淳化四年（九九三）と徽宗宣和間（一一一九～二五）で共に一二〇万八九〇〇石で変化はない[44]。京師にはこの外、広済河に依り山東方面の粟六二万石が漕運されるはずであったが実際には四〇～五〇万石を運ぶに止まり、また恵民河に依る京西、淮南の漕額も粟豆六〇万石の定額の半ばを充たす程度であり、黄河に依る粟豆八〇万石の漕額も、事実は馬料の豆三〇万石程度を運んだにすぎない。このように汴河の漕米は唐の五～一〇倍（唐は一〇〇～二〇〇万石）の糧穀を北送したにも拘らず、これによって補給されたのは京師・府界の兵卒及び京師の官僚にすぎなかった[45]（和糴とは、官、民の間の合意による市糴の形態で、現金で買上げるという含意がある）。

一方、河北、河東、陝西の三路には、最盛期に七〇～八〇万の軍隊が駐屯した（欧陽文忠公集巻四六　準詔言事上）。河北には慶暦四（一〇四四）

表５　宋代の補給（辺餉）体制（北宋盛期）と図

支出	禁軍	693, 339	収入		
	廂軍	488, 193			
	銭	33, 170, 631貫800文		銭	36, 822, 541貫165文
	絹	7, 235, 641匹		絹	8, 745, 535匹
	糧	30, 472, 708石		糧	26, 943, 575石
	草	29, 520, 469束		草	29, 396, 113束

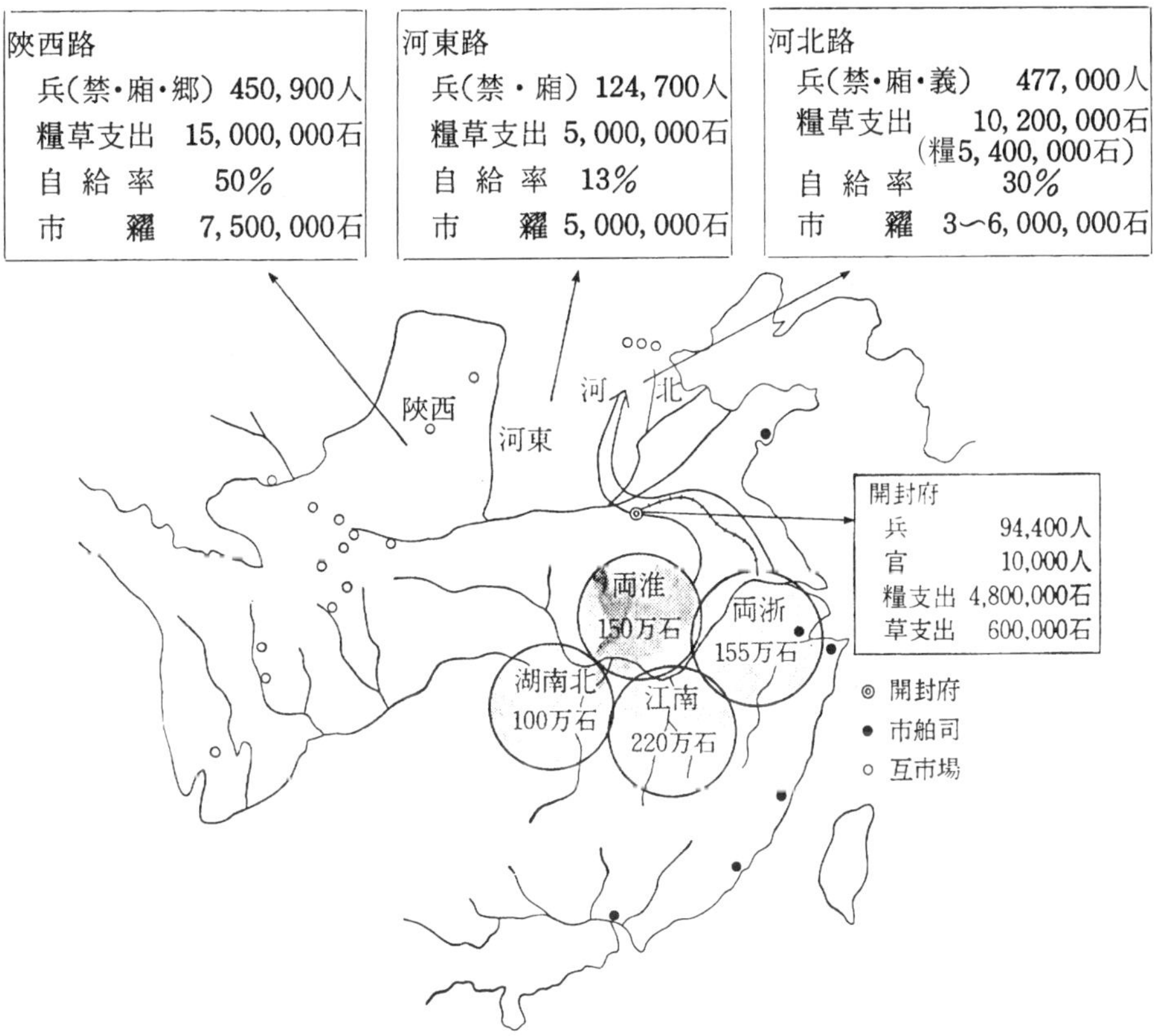

年に約三〇万の兵が居り、内訳は禁軍の駐泊、屯駐、就糧共一八万、廂軍本城五万ほかに西夏戦で投入された約一〇万があった(46)。治平三年（一〇六六）には戦兵三〇万一〇〇〇人といわれたが(47)（当時禁軍は一五万、蔡忠恵公集巻十八彊兵）、防備と補給を考慮して分屯し、定州、瀛州、大名府を中心に、定五万、瀛三万、滄三万、鎮二万、雄、覇、冀、保、広信、安粛各一万、祁、莫、順安、信安、保定、永寧軍、北平寨各五〇〇〇、大名府五万、分頓諸道巡検遊撃二万、計三〇万人(48)、義勇を併せれば四七万七〇〇〇人騎といわれた(49)。この外、官史一一〇〇人が居り(50)、歳費芻糧の総額、景祐元年（一〇三四）で一〇二〇万石、内三割を自給、七割を補給に仰いだ(51)。方勺の泊宅編

によると河北の秋税は全国最多であったといわれるが、[52]軍糧の自給率は三割に過ぎなかった。とくに沿辺の一一州では、歳費粟一八〇万石、銭六〇万貫、豆六五万石、芻二七〇万囲、うち秋税で賄えるもの粟及び芻五〇万のみで、不足分は商人の入納＝市糴に頼ったといわれる。[53]仮に張方平の計算通りに人糧一卒一八石として河北の糧穀の歳費を推定すると、計五四〇万石、うち自給一六〇万石として、三八〇万石を補給しなければならない。これに対し開封から東南漕米、京西漕米を五〇万石、一〇〇万石と転送することもあったが、[54]補給は殆ど市糴を通じて行われた。河北の市糴は建隆（九六〇～）初年より行われ、[55]やがて三年分の蓄積を目途とするようになった。[56]このため豊年には農民救済を兼ねた和糴が行われ、或は内蔵庫の綾羅錦綺、銀等を運んで、商人から穀物を買う博糴が併用された。[57]しかし和糴は中等戸以下への強制の弊害を生じたので、[58]余り行われず、代って太宗の至道（九九五～七）の頃から仁宗の慶暦（一〇四一～八）にかけての約五〇年間、三説法、三分法、四説法等と呼ばれる一種の便糴（約束手形を使用した市糴）が行われた。[59]三説、三分の解釈は一定していないが、要するに、茶、香薬、犀象牙等を京師等で支払うことを約束する手形を一定比率で組合せて、辺地に穀物或は銭帛金銀を納める商人に発行したものである。初めは中心となる茶交引の配分率に応じて三分とか四分と称したようであるが、のちには使用配合する交引の種類で三説、四説と称した。その沿革は左表の如くである。

表6　交引による辺餉（三説・四説法）

至道元年（九九五）	三説法	茶・東南緡銭・香薬象歯	玉海一八一、至論続集上
咸平五年（一〇〇二）	三分法	茶三・香四・象三	玉海一八一、至論続集上、夢渓筆談一一、錦繍万花谷前一五
咸平六年（一〇〇三）	四分法		玉海一八一
〃		茶四・象六	至論続集上
〃		茶四・香象六	夢渓筆談一一
景徳二年（一〇〇五）	三説（税）		玉海一八一、錦繍万花谷前一五、夢渓筆談一一
景徳二年		緡銭八・象牙香薬二	長編五九

天禧三年(一〇一九)	入中鑿頭三説	茶三、東南緡銭二・五、香薬四・五	長編九三
乾興元年(一〇二二)	三分法	香茶見銭	玉海一八一、夢渓筆談一一、錦繍万花谷前一五
天聖三年(一〇二五)	便糴	茶三〇、東南緡銭二五、香薬四五	長編一〇三、玉海一八一
天聖六年(一〇二八)	便糴	茶三〇、東南緡銭二五、香薬四五	会要食貨三九市糴一四、一五、
八年(一〇三〇)	便糴		会要食貨三九市糴一一八
康定元年(一〇四〇)	三説法		長編一二九
慶暦二年(一〇四二)	三説	如康定元年法	宋史一三七
慶暦八年(一〇四八)	四説法	在京見銭三〇、香薬象牙一五、在外支塩一五、茶四〇	会要食貨権易三六—二九
慶暦中(一〇四一〜八)	三説法	見銭三〇、向南州軍末塩三五、香薬茶交引三五	楽全集二三　論京師軍儲事

狭義に言えば、右の中で見銭交引による支払いを便糴というべきであるが、仁宗時代には三説、四説法は便糴の一形態であった。三説・四説法に応じて糧や銭帛金銀を納める商人には、当時の商品流通の中でも最も市場性の高い茶、塩、香薬、象牙や在京或は東南の銅銭の支給を約束する手形を高率に割引して発行したため、糴法の中でも最も有利と見做された。政府は意図的に儲穀を必要とする沿辺、或は内地に限定して三説法・四説法を施行し、商人の誘致を計った。この結果、慶暦(一〇四一〜八)、皇祐の間に年間三〜四〇〇万石、至和元年(一〇五四)には一時六〇〇万石の市糴に達した。しかし交引の濫発によって茶、塩の専売制度が混乱し、市糴は商人に左右されるに至った。そこで皇祐三年(一〇五一)、見銭法を復活して穀物納入者に見銭交引のみを発行することとし(60)、次いで至和二年(一〇五五)、薛向の建言が三司使楊察に容れられて、すべて見銭(銅銭)による和糴のみを行って交引濫発による茶塩の暴落を是正することになった(61)。まず京師から絹を河北に運んで見銭に換え、また沿辺で見銭の入納者に茶交引を発行して見銭を蓄積し、人糧は見銭で和糴し、馬料(芻豆)は茶交引で市糴することにした。薛向は同年、大名府に新設された河北都大糴便糧草司の初代長官となり、以後、河北の市糴を統轄した(62)。しかしこの後、実際には人糧の納入に対しても茶交引や見銭鈔で支払いが行われ(63)、馬料の支払いも初めは茶を用いたが、のち銀、紬、絹を京師で支払い(64)、神宗の元豊三年(一〇八〇)に至り、馬料も人糧鈔法に依った(65)。結局見銭和糴は一時的措置に終り、見銭鈔を主体とする便糴法

が確立した訳である。この結果、鈔価の信用も回復して、熙寧元豊（一〇六八～八五）の頃、年二〜三〇〇万貫の便糴が行われ、[66] 元豊七年（一〇八四）には河北で一一七六万石の蓄積があった。[67]

河東では慶暦四年（一〇四八）に戍卒一二四七万人が居り、内駐泊禁軍三万二〇〇〇、就糧禁軍六万七〇〇〇、廂兵三万人であった。[68] 河東路は旧北漢の領域で、宋に最後まで抵抗した地域であったため、太宗の平定後、租税を大幅に減免する一方、和糴法を施行して軍糧を賄った。当初は人口も離散し、物価も低落していたため、農民はむしろ救済される所が多かった。しかし、やがて物価の騰貴にもかかわらず、和糴の価格は旧価を踏襲し、しかも租税の代替として経常化するに及んで農民の苦痛となった。[69] この和糴は田畝の多寡に拠り、苗稼の等第を比べて科糴する強制的なもので、収穫前に代価を前払いし、収穫期に米、粟、大豆、草を徴するものである。前払いの代価は低く評価されたが、豊作の際に農民を保護する利点もあった。[70] この代価は初めは現銭で支払われたが、やがて四分の一を現銭、四分の三を茶で支払い、時に絹帛と現銭とで支払った。[71] 仁宗の嘉祐五年（一〇六〇）、再び全て現銭払いとなったが、[72] その代り穀価の評価を半分以下に切り下げた。神宗の熙寧中（一〇六八～七七）にまた塩、布と現銭とを折半して支払い、[73] 元豊元年（一〇七八）に至り、遂に現銭も支給を罷めた。[74] 当時河東の両税は三九万二〇〇〇余石、和糴八二万四〇〇〇余石で、支給されていた銭は僅か八万余貫であった。元祐元年（一〇八六）になって和糴八二万四〇〇〇余石の八割六五万九二〇〇石を定額として「助軍糧草」と名づけ、秋税と同格の税に転化した。[75] かくて太平興国四年（九七九）以来、約一〇〇年間行われ、慶暦四年（一〇四四）には糧草共五〇〇万石を賄っていたといわれる河東独特の和糴は、[76] 租税に吸収されることになった。

陝西では当初涇原、邠寧、秦、延の四帥で戍卒計一〇余万、歳費二〇〇万貫といわれ、[77] また禁軍廂軍三〇万ともいわれたが、[78] 西夏戦争で大軍が投入され、戍卒三〇万、郷兵一五万、歳費も六〇〇万〜七〇〇万貫に達した。[79] 嘉祐七年（一〇六二）には廂禁軍二五万、[80] 治平三年（一〇六六）には戦兵四五万九〇〇余人[81]（当時一九万の禁軍がいた、蔡忠恵公集巻一八　彊兵）、熙寧三年（一〇七〇）には就糧禁軍のみで一〇万、[82] 四年、廂軍のみで三万が駐在したことが知られている。[83] 陝西の歳費芻糧は慶暦四年（一〇四四）頃、一五〇〇万石、その約半数を自給していた。[84] 陝西内地の両税は三路に分けて北送され、西路では興、鳳翔、華、儀、隴州から渭、涇、原州の屯戍地へ、中路では同、耀、乾、邠寧から環、慶州へ、東路では解、河中、丹、坊、鄜州から延州へ輦送した。[85] 陝西から黄河によって開封へ送られる上供の粟豆計八〇万石は、実際に発送されたことは殆どなく、熙寧（一〇六八～七七）の頃馬料の菽三〇万石を送達したにすぎない。[86] 逆に開封から余糧を陝西に転送することも、輸送の困難に阻まれて殆ど無く、代りに香薬、茶、帛、犀象、金、銀等、二四〇万貫を運び、陝西沿辺で現銭に変え、或は直接、折中、博糴等の糴買の用に供した。[87] その後、陝西でも便糴が行われるようになり、仁宗の康定（一〇四〇）以来、糧草の入中（入納）には見銭、銀、紬の交引を、翎毛、筋角、膠、漆、炭、瓦、木、石灰の入中には解塩鈔を発行した。しかし交引の濫発に伴う弊害が大きいので、慶暦八年（一〇四八）、范祥の建議で塩鈔制を施行し、沿辺の入中を全て見銭に限り、これに対して塩鈔を発行し、収納した見銭を以て辺境の糧草を買うことになった。[88] その後も内蔵庫の紬、絹、銭、ならびに四川の上供金・銀・布帛が陝西の市糴に供与された。神宗朝に西辺の経営が行われると、度僧牒をはじめ、内蔵庫の絹、銭、権貨務、戸部右曹の銭、四川の物帛、司農寺銭、苗役積剰銭、常平積剰銭、榷茶司銭等が随時陝西沿辺に投入されて多量の市糴が行われた。陝西のこれらの事情については青山教授がすでに評論されているところである。[89]

以上の河北、河東、陝西の市糴を通観すると、西夏戦争の小康を得た仁宗の皇祐、至和（一〇四九～六三）、嘉祐の頃に一つの転期を見出すことができる。皇祐（一〇四九～五三）以前では緊急の軍需を充たすために、多額の割増を付した各種の交引を濫発したため、京師の銅銭をはじめ、塩、茶、香薬等は容易に商人の掌中に帰し、彼等の価格操作によって辺境の市糴は行き詰ったのである。これを打開する最善の策は、薛向が河北、陝西で実行を献策したように、見銭を辺境に運び或は現地で鋳造して和糴し、市糴の主導権を官府に取り戻すことである。しかしこれは輸送の困難等の事情で実現せず、次善の策として、河北では見銭鈔を人糧・馬料の市糴に用い、河東では和糴を全て現銭払いとし、陝西では西塩鈔を発行し、また内庫の絹帛や度僧牒を運んで売り出し、辺地に現銭を集積した上で必要な市糴を行った。[90] 市糴における現銭主義 cash payment と並んで注目されるのは、現地調達の運用が一段と巧妙になったことである。京師をはじめ、河北、河東、陝西において、軍兵に支給して消費し尽されぬ余糧を再び買上げる坐倉法が行われ、倉儲の更新に無駄がなくなった。[91]
また市易法に付随して陝西や河北では結糴、俵糴、寄糴が行われた。このうち結糴は商人に銭物を事前に貸与し、利息を付して穀物を納めさせる市糴であり、[92]俵糴は農民に予想収穫高に応じて銭物を前貸しし、収穫の時に穀物を納めさせるものであり、[93]寄糴は官穀を農民に前貸して、期限を付して利息と共に穀物を回収する法である。[94]このほか粟、麦、豆等の穀物をいずれかが豊作の時に市糴して事後に融通して定額を維持するという兌糴も行われた。[95]これらの現地調達法はそれ自体、経済的な調達手段であるばかりでなく、豪商や豪民による農民の余剰穀物の支配に政府が介入して、むしろ直接的に農民の生産の余剰を吸収する方向を打ち出したものであった。

徽宗朝になって、金軍の侵入、方臘の内乱等の軍事危機が続発すると、政府の市糴政策はより一層直接的な強制手段に転じて行った。陝西路に始まり、河北、河東から両浙、荆湖等ほぼ全国的に行われた均糴、勧糴の法がそれである。均糴とは民の資産を田土頃畝、家業銭、役銭文簿などに基づいて調べ、資産に対して累進的な比率で糧秣を買上げ、実質的な負担を均等にする方法である。[96]その際、形勢戸、官戸等の特権者は通例は徭役負担を一定の枠を設けて免除するのであり、科配にも優免措置が存したが、彼等にも供出を半ば強制的に命ずる場合、これを勧糴という。平常の事態であれば、豊作には農民から和糴し、凶作には富民から勧糴（招糴）するのが伝統的な市糴の常法とされていたが、[97]右の均糴、勧糴は租税に準ずる強制供出法であった。

3　南宋の市糴

金軍の侵入によって華北を喪失した宋朝は、防衛上の要衝建康（南京）よりも、江南運河の南端、東南経済の中心地杭州を行在に選定して、長江下流域の豊かな農業、手工業生産、後背地の鉱物資源により国土の再建をはかった。時に両浙地帯の米産はすでに天下の穀倉としての実態に近づいており、激しい人口の流入、都市化、また頻発する水災、旱害という相殺要因にもかかわらず、なお豊年には生産の余剰が、南は浙江、福建、南海諸国、北は淮南、山東、河北方面を市場として大量に流出していた。(98) また長江中下流域の江西、湖南、とくに贛水、湘水に沿う若干の府州は、有数な米産地帯であった。これらの地方では労働集約の技術が粗放で、土地利用が不徹底なものの、なおかつ長江中流下流域や後背地の非自給地を補給する余裕があった。(99) また水運の発達した江南では、華北の陸運に比べて数倍も安価に、迅速に物資を移動できた。(100) これらの事情が京畿及び辺上に屯駐する大軍の補給を一層容易にしたことは疑いない。しかし南宋朝の軍餉は別の困難に直面していた。たとえば、江南の特産である茶、絹、香薬、そのほか銅銭は、金の支配下の華北や北辺を市場とし、榷場や私販ルートを通じて一方的に国外へ流出していた。秦嶺・淮河を連ねる長い国境線を閉鎖して貿易を統制することは事実上不可能であり、ために北宋の便糴、博糴のごとき辺商の活動を利用した市糴の実現は困難であった。生産地帯である江南や淮南では、生産者の余剰を買上げる和糴が寧ろ適合的であるが、これには財源として没官田払い下げの収入や新税を充てたが、新税の増設は民衆への重圧を増すことになる。一方、北宋いらいほぼ固定化されてきた秋税の上供額は、南宋において多数の流寓・入植及び自然増の人口を収容したにも拘らず、収益が殆ど改善されず、かえって逓減さえしたのである。上供の不足額は結局、和糴によって回復されねばならない。しかし一たん和糴が租税の代替として経常化されれば、北宋の河東の例に徴して明らかな如く、結局は一種の付加税として担税者の境遇を悪化せしめ、再び税収減の原因を作ることになる。かくては課税の配分について抜本的な政策―例えば経界法、公田法などの限田策―の有効な解決を伴わねば、軍餉問題そのものが運用不可能となる。南宋政府はその当初からかかる矛盾を孕んだまま、金軍そして蒙古軍の南侵に備えなければならなかった。

さて南宋の軍隊は、すでに張蔭麟教授も指摘せられたように、北宋の制度とは若干異なり、しかも募兵制が一層徹底して国費の負担は更に増大した。南宋の兵は都城の禁兵のほか、辺兵、宿衛兵、大将屯兵、州郡守兵から成る戦闘兵力と、廂兵、民兵(郷兵)の雑役兵とで構成された。辺兵は北宋の蕃兵と異なる募兵であり、宿衛兵も都邑近辺で雇募した募兵、大将屯兵は戦場に長期駐留する募兵、州郡守兵はかつての駐防禁兵に代る募兵である。(101) 廂兵・民兵は戦力上重要でないので南宋では一般に兵数から除外され、地方志の記述から例えば臨安近傍で七〇〇〇人、その他各州三～五〇〇人存在したことが推測できるにすぎない。(102) 廂軍・民兵を除く兵数は、宿衛及び神武中軍、右軍計七万二八〇〇人、韓世忠（淮東）、岳飛（湖北）、王𤫉（湖南）、劉光世（江東）の四大将の軍、計一二万一六〇〇人、総計一九万四四〇〇といわれ、四川、陝西は算入されていない。このうち岳飛の軍はのちに劉信叔の効用軍と鄂軍を併せて荆南に移駐し、劉光世の軍は斉に降った余兵八〇〇〇人が張浚の神武右軍に併合、王𤫉の湖南軍は一万五〇〇〇人に増員して韓世忠軍に編入され、また三衙の復活と共に神武右軍は殿前司に改編、馬軍司は建康馬軍行司に移駐、三衙の虚弱兵は淘汰して江州、池州に分屯した。(103) 紹興一一年（一一四一）には二一万四〇〇〇、紹興二三年（一一五三）には二五万四〇〇〇、紹興三〇年（一一六〇）には三一万八〇〇〇、(104) 孝宗の乾道中（一一六五～七三）には殿前司七万三〇〇〇、馬軍司三万、歩軍司二万一〇〇〇、建康都統司五万、池州都統司一万二〇〇〇、鎮江都統司四万七〇〇〇、江州都統司一万、楚州武鋒軍一万一〇〇〇、平江許浦水軍七〇〇〇、鄂州四万九〇〇〇、荆南二万、興州六万、興元一万七〇〇〇、金州八万八〇〇〇、総計四一万八〇〇〇に膨張した。(105) 寧宗の嘉定一五年（一二二二）には三衙馬歩七万（旧額一〇万）、川蜀荆襄両淮の屯兵はこれに数倍とあるから、五〇～六〇万には達していた。(106) 同じ頃、倪思は行都の宿衛、沿流の駐劄、州郡の分屯、無慮七〇～八〇万と称し、(107) また方岳は内外兵籍、不下七〇万人と言い、(108) 葉適、楊冠卿は大農に補給せられる兵、無慮一〇〇万と述べている。(109) 即ち南宋の中期、後期の兵数は、北宋の盛期に匹敵する優に一〇〇万人の多きに達していたのである。

南宋における養兵の費は全国家財政の一〇分の七ないし一〇分の九に相当するといわれた。(110) 効用軍の如き優給された兵種は別とし、一兵卒当りの費用は、乾道の頃（一一六五～七三）、銭糧衣賜合算して二〇〇貫と言われた。(111) 紹興三一年（一一六一）に使臣、軍員一六八八人を揀汰して得た省費から逆算すると、一兵一歳の料銭五〇貫、紬絹布綿一五匹、米一〇石となる。(112) 当時の常識で三〇万の兵の歳費する米三〇〇万石とあるから、(113) 一兵の歳支米は平均して一〇石程度と見られる。但し淮東、淮西、湖広の三総領所では、一兵歳費銭五〇貫、米五石の割で計

算されている例もある。(114)

行都臨安（杭州）周辺には、常時七万ないし一〇万の戦兵、七〇〇〇余の厢兵が駐留し、(115)また総数三万ないし四万の官僚(116)のうち大半が居住した。彼らの消費は一一二万石とも、(117)一七四万石といわれるが、(118)平均した数は一五〇万石であり、(119)北宋盛期の開封の歳支の約三分の一、生産と交通の発達したこの地域にしてみれば、補給問題はさほど困難ではなかったであろう。隆興元年（一一六三）の進士方有開は行在の太倉の歳入一六〇余万石とし、支出は朝廷諸官百司一六万石、諸軍一三〇万石としている（燭湖集巻一・承議郎淮南西路転運判官方公行状）。この外、行在の馬草の年計は三六〇万束、約七〇万貫を費した。(120)

淮東総領所（鎮江）では、鎮江府はじめ、高郵軍、揚州六合県等の駐兵に対し、乾道初（一一六五〜）、銭七〇〇万貫、米六〇万〜七〇万石を支給した。(121)また淮西総領所（建康）では、銭七〇〇万〜一一〇〇万貫、米七〇万〜八〇万石を支給した。(122)このうち建康府大軍五五万石、池州大軍一四万石であった。(123)理宗朝（一二二四〜六四）に淮西総領となった李曾伯によれば、当時、江上及び淮南の一歳の経常の生券は約一五〇万石を要し、毎年上半年、江東西路の上供漕運米に仰ぐが、これは五〇万石を輸送するのが限度で、不足分は和糴で補充しなければならない。朝廷から科される和糴元額は六〇万石に及ぶが、科降される糴本（資本）は時価に到底引き合わず、恰も平江府和糴場の開場の時期と重なり、提刑、転運司に対し市糴を差し控える中止令が出るため、和糴は一層困難となると指摘している。(124)一方、乾道初（一一六五〜）、湖広総領所（鄂州）では、銭九六〇万貫、米九〇万石を歳費した。(125)李曾伯は判湖安撫制置使になった時、湖広総領所の経常の歳計に言及し、総領所、制置司両司が需要する米穀量は、総領所が「常年創増米上半年五五万石、下半年三〇万石、下流生券米二万石、贛州寨兵米七二〇〇石」、制置司が「常年生券米二〇万石」、この外、科降「下半年創増米一七万石」及び「閏月経常米六万石」、通算して一三〇万石余であり、全て和糴によって充足され、総領所の和糴額七〇万石、江西・湖南転運司の和糴額七〇万石、計一四〇万石を以て供給されると述べている。(126)さらに四川総領所では、紹興一一年（一一四一）の和議ののち、歳費銭二六五〇万貫、米二六五万石（紹興八年〈一一三八〉）に及び、淮東、淮西、湖広三総領所の歳費を合算した額に匹敵した。当時宣撫司の兵籍六万八〇〇〇余人であったが、官員一万七七〇〇人、兵五万七四九人と官員の比率が高く、多額の俸給を支払ったために、平均すると一兵年支三八石の割合となった。のち兵籍は九万七〇〇〇となり、一方歳用の軍糧は一五六万余石といわれた。しかし両税や営田の租で充足できる額は一三万余石にすぎず、関内七八万石、関外六〇万余石、計一三七万石を和羅で補給しなければならない。このため、四川では毎年八三〇余万貫を和糴に充当した。(127)

以上の如く、南宋の初期では行在、淮東、淮西、湖広、四川総領所で消費する米穀は、経常、少なくも五四〇万石、多くは七〇〇万石に達した。四川を除けば三九〇万～四五〇万石を江淮地方のみで補給しなければならなかった。

さて南宋の江淮六路の両税上供米額を北宋と対比したものが一五七頁表8である。まず上供米の原額が北宋、南宋を通じて殆ど不変であることがわかる。ただし南宋では淮南路は戦火を配慮して免税し、上供の額から控除された。次に南宋では各路とも原額が充足されておらず、元額から一三〇万石を減じた三三二万石が実際に徴発を受ける額であった。両浙ではさらに三五万石を銭一一〇万貫に折して納めさせた。また江西路では、二三〇頁に示すように、建炎(一一二七～)、紹興初(一一三一～)の兵火で一時一〇万石にまで低落した上供額は、やがて回復して漸く九七万石を常数とするに至ったのである。他の東南諸路の状況も大同小異であった。従って当初は租税の収入不足を和糴で補わねばならず、約一〇〇万石に達する和糴が各地で行われた。まず紹興二年(一一三二)には江東で一〇万石を糴して建康に運び、(128)翌三年(一一三三)には浙西の平江府、秀州、湖州、常州、江陰軍で官誥、度牒等を以て米五〇万石、馬料一五万石を江淮都転運使、両浙転運副使に糴せしめ、(129)また同年、金銀銭帛を都省より支出して全国で一〇〇万石の市糴を命じた。(130)紹興三年(一一三三)から翌四年にかけて、両浙、江東西転運司の管轄で六四万石が和糴され、(131)同四年には旧例の九〇万石に五〇万石を追加して計一四〇万石を戸部の管轄で和糴している。(132)また紹興八年(一一三八)には六路で計四〇〇万貫の和糴を行ったが、これは米約一〇〇万石と推定される。(133)同年、臨安の戸部和糴場及び平江府和糴場は計六〇万石の経常の歳糴を実施していた。(134)紹興一一年(一一四一)に金との和議が成り、軍餉問題も小康状態を得たが、紹興一八年(一一四八)には経常の和糴一〇〇万石を一年休止し、その代りに各機関の爾後の歳糴額を定額化した。これによると、当時の秋苗上供額は前述の如く、原額四六九万石、実徴三三二万石であったので、右の歳例の和糴額一二二万五〇〇〇石は、まさしくこの上供の欠額を補塡するためのものであって、ここに至って南宋の東南の和糴は租税代替として経常一二〇万石を課することになった(135)(上表参照)。

行在省倉上界	六万石	両浙和糴計七六万石	
行在省倉中界	五万石		
行在省倉下界	二五万石		
臨安府和糴場	二〇万石		
平江府和糴場	二〇万石		
淮西総領所	一六万五〇〇〇石	在外	計四六万五〇〇〇石
淮東総領所	一五万石		
湖広総領所	一五万石		
総　計	一二二万五〇〇〇石		

臨安の官米の歳費が一五〇万〜一六〇万石であったことは本書三二〇、三二一頁で述べるが、この額は主として両浙の秋苗八五万石の上供と、和糴七六万石で充足され、大半は商人の市販に依存したのである。一五〇万石のうち、両浙の上色白苗米は行在省倉上界に収納し、蓄積額は三年分計一五〇万石として、宗室はじめ、宰執、侍従、管軍、職事官、百官、省、台、寺、監の官員の禄米に給し、次色苗米は行在省倉中界に収納し、同じく一五〇万石を蓄積し、班直、皇城親事官、輦官、五軍の口食に充て、糙米は行在省倉下界に収納し、一五〇万石を蓄積、五軍の月料、三衙、廂・禁軍、諸司庫務の口食、月料に充てた(136)。この制度は咸淳(一二六五〜七四)年間までつづき、省倉上界は庫八棟、浙西米を受け、上貢のほか、宰相、執政、百官、親王、宗室、内侍、皇城班直、省部胥吏に給し、中界三八棟は浙西の苗綱、経常和糴、公田椿積米を納め、朝廷科支、農寺官限に給餉するほか、諸軍諸司、三学、百司顧募、諸局工役人に給したといわれ、和糴米は中界以下に収納されたことがわかる(137)。行在省倉の倉儲計四五〇万石は右の如く行都の歳費米の三年分の蓄積額であるから、かつて加藤繁、池田静夫両教授が四五〇万の額から臨安の官員、軍卒数を逆算されたのは明らかに誤りである(138)。

孝宗時代、一時的にせよ、平和が訪れると、倉儲の維持にも余裕が生じ、平時の運営は常平法により、豊年には農民から多量に和糴し、凶年には富室から招糴する等の方法が採られ、或は軍糧の余糧の坐倉収糴(再購入)を行った。また乾道六年(一一七〇)には、省倉の坐倉及び和糴場の客米の和糴を一年中止さえした(139)。さらに紹興二六年(一一五六)以来、預備倉として設けられた豊儲倉(一〇〇万石)のほか(140)、乾道五(一一六九)

年には行在省倉北倉＝中界を一時、豊儲倉と改称、(141)淳熙一〇年(一一八三)に定額一五〇万石とした。(142)その後豊儲倉の蓄積は次第に充実し、南宋末には五〇〇万石に達したが、廩給は禁軍征戍のためか逆に一〇〇万石に止ったため、この額は通算五年の蓄積に相当した。(143)一方寧宗朝に生じた軍事と関連してか、平江府(蘇州)に開禧三年(一二〇七)、百万西倉が置かれ、理宗嘉熙末年(一二三七～四〇)には百万東倉が建設され、(144)宝祐五年(一二五七)には宝祐百万倉が建てられた。(145)これらはそれぞれ一〇〇万石を額とし、余糧を随時糴買し蓄積して、専ら淮南の兵糧に備えたのである。嘉熙三年(一二三九)九月に淮浙発運司が平江府に創置されると、百万倉はその管理下に属し、両淮の軍食に備えた。(146)徐鹿卿の徐清正公存稿巻一第二劄によれば、百万倉の蓄積が二〇〇万石に達し、専ら淮郡の軍餉に供したが、淮浙発運司の逓年の和糴は率ね約一〇〇万石を下らぬ額であったため、通計二年の蓄積があった。このように寧宗朝の開禧の用兵以来、浙西路は行都の補給に加えて淮南の軍餉のための市糴を負担するようになった。そして理宗朝には豊儲倉と百万倉とで総計三～数百万石の和糴を行っていた。

淮東、淮西、湖広三総領所では、前述の如く、淮東七〇万石、淮西八〇万～一一〇万石、湖広九〇万～一三〇万石を歳費した。このうち淮東総領所の所在地鎮江、淮西総領所の所在地建康には、孝宗淳熙中(一一七四～八九)に転般倉が置かれ、上供米や和糴米の受入れ態勢が整えられた。これより前、紹興三〇年(一一六〇)には戸部によって東南諸路の上供米の転漕先が制定された。(147)すなわち、淮東総領所へは江東及び江西路の一部から上供を運び、淮西総領所へは江西及び江東路の一部から、湖広総領所へは湖南、湖北路から上供米を運ぶ原則であった。しかし和糴を加えた場合、鎮江転般倉の補給地は江東西路から両浙に及び、のち理宗景定(一二六〇～六四)の頃には殆ど皆江西米を供給源としていた。鎮江転般倉は一〇〇万石を貯蔵額とし、

行在	歳用米　一一二万〇〇〇〇石	両浙、建康府、太平、宣州より科撥
鎮江府大軍	〃　六〇万〇〇〇〇石	洪、江、池、宣、太平州、臨江、興国、南康、広徳軍
建康府大軍	〃　五五万〇〇〇〇石	吉、撫、饒州、建昌軍より
池州大軍	〃　一四万四〇〇〇石	吉、撫州、南安軍より
宣州殿前司牧馬	〃　三万〇〇〇〇石	宣州より
鄂州大軍	〃　四五万〇〇〇〇石	永、全、郴、邵、道、衡、潭、鄂、鼎州より
荆南府大軍	〃　九万六〇〇〇石	徳安、荆南府、澧、純、復、潭州、荆門、漢陽軍より
計	二九九万〇〇〇〇石	

当初は総領所が管理したが、のち発運司に属し、景定二年（一二六一）、提刑司に移管され、景定五年（一二六四）以後は公田法の租米を収納した。[148] 淮西総領所の建康転般倉では理宗朝に江東西路の上供米五〇万石ほか、提刑、転運司による和糴一〇〇万石、計一五〇万石を経常の収納額としたことは既述の如くである。また湖広総領所では前述したようにやはり理宗朝、安撫制置司と総領所両司の経常の軍餉一三〇万石の全てを和糴で賄い、総領所が七〇万石、江西、湖南転運司が計七〇万石を和糴した。

かくて紹興一八年（一一四八）、上供米の欠額一三〇余万石を補塡する目的で、両浙計七六万石、在外三総領所計四六万五〇〇〇石、総計一二二万五〇〇〇石を歳例の定額と制定された和糴は、時と共に拡大して、両浙三〇〇万石以上、三総領所推計三〇〇万石、総計六〇〇万石、開慶元年（一二五九）五六〇万石、[149] 賈似道の時代八〇〇万石[150]（四川を除く）に膨張した。和糴が行われる場合、大別して民戸から買上げる場合と、商賈を対象とする場合（中糴）とがあった。臨安の行在省倉和糴場、蘇州の平江和糴場、鎮江、建康、鄂州等の口岸での和糴はこの後者に属し、商賈を媒介とし対価を支払うだけに弊害は少ない（二七〇頁以下の表を参照）。問題は個々の府州で経常の秋苗の不足を補うべく農民を対象とする場合であるが、この際も和糴場を開いて農民の自発性を考慮して行う「置場和糴」の場合は、弊害に対する一定の予防措置が付されていた。慶元条法事類巻三七　庫務門二　糴買糧草及び王之道の相山集巻二〇　論和糴利害劄子には当時の和糴場の詳細な機構が記録されている。これらの典拠により和糴場の機構と運営の概略を示せば次の如くである。

和糴場は夏秋二回、一定期間開場される。これに先立ち各州では割当の課額に応じて必要な価銭を転運司に予め申告して交付を受け、それを糧草帳に記入する。開場に当っては場より県、県より州、州より転運司に報告して点検を受け、夏は二月に監官が差遣され、五月中旬に開場し、九月末に閉鎖する。秋は七月に差官し、九月上旬に開場し、翌年正月末に閉鎖する。開場期間中、知州通判は一〇日毎に価格を検討して前以て公告する。更に糧草の買上価格は毎月尚書戸部に報告する。但し実際の運営では毎旬糴到米数と用過本銭を朝廷に報告するもの、五日に一次州に糴数を報告するもの、又は三日に一次実直市価を三省枢密院に申告する等の例があった。監督官は監官、監糴買糧草官、監糧穀官、糴買官又は単に差官と称し、中央及び地方の官庁の差出に係り、上は知州、知県を通じて各路の転運司を経由し、更に尚書戸部に統属され、輩下に専知（専斗、専支官）、副知、以下庫子、爿子、秤子、掐子、揀子らの州県役人、及び攬戸らの請負業者を統轄した。職務は輩下を督励して、期限内における額数の充足につとめ、受納の際の不正の摘発、会計報告をするなど糴場の事務の全てであり、給与の外、賞罰の規定があった。大抵は一和糴場に二名の監官が差出され、一名は交量官で場の東に居り、商民の賫した米穀を部下が計量して倉に入れるのを見届けてから、当行人に憑由の発行を命じ、別の一名即ち支銭官は場の西に居て、憑由の給付を受けた百姓に即座に価額を支払わせた。監官は駅券のほか、糴一万石単位に三貫文を給される能率給、或は日に五百文の食銭を受ける日当、が与えられ、さらに糴数五万石或は一〇万石を単位に陞官、減磨勘などの恩典が与えられた。一方期限内に目標に達せぬもの、監視を怠り、或は不正を謀る者は処罰され、輩下の不正にも連帯責任を負い、また糴場で賓客に会見することも禁じられた。監糴官は一般に近隣の州県から清強官を互差したが、特に多額の和糴や、行在近傍で戸部や司農寺の管轄で和糴する時は、枢密院使臣や戸部郎官、司農寺官が差出された。ただし権豪等貪謬の人の差出は認められず、指揮使、軍班、下班祗応などの軍職や諸州刑獄官などの監察官は監官たり得ず、按察官や安撫司、転運司の属官で濫りに使臣や親故を以て糴事に関与すること、同時に二重の差出をうけること等は禁止された。監官輩下の胥吏のうち、専支官、手分、斗級、庫子などは日に食銭三〇〇文が支給された。しかし専斗が毎斗一〇〜二〇文の手数料を取り、また一斗を七〜八升に割引いて量るなどの中飽、乞覓は、末端における和糴の弊害の主要原因であった。

「置場和糴」は和糴の正常なる形態であったが、凶作の際、軍需が急増した際、或は地方財政が涸渇した際には、上記の手続きは無視された。富農や富民を勧誘し、価額を優給し、又は官告、度牒等を給する市糴は勧糴、招糴と呼ばれたが、これにも限界があった。江淮の一部の和糴はすでに北宋いらい租税に類似した性格を帯びていたが、南宋の中頃になって、市糴額が六〇〇万石、八〇〇万石に及び、しかも行在省倉（戸部又は司農寺）、発運司、制置司、提挙司、総領所、転運司、府、州、軍、県の各官署が同時に、先を争って和糴するようになると、民戸の資産に応じて一率に賦課する科糴（均糴、括糴、帯糴）の如き直接手段が採られるようになった。

浙西では臨安、平江で客米を中糴することが多かったが、それでも平江府、湖、秀、常州には多額の市糴が科され、理宗朝に常熟県では秋苗七万二五六一石に対し和糴多きは三〇万石、[151] 少なきも一四万石、孝宗乾道中（一一六五～七四）、湖州では秋苗五万石に対し六万石、常州では秋苗三四万石に対し六万石の和糴が科配された。[152] 江東西路でも両淮、湖北の軍餉を充たすため、寧宗嘉定元年（一二〇八）、各州数十万石の和糴が科され、秋苗一～二万未満の小州ですら一〇余万の和糴を命ぜられた。[153] 江東路は南宋を通じて約三〇万石の和糴を負担し、[154] 江西路では、孝宗、[155] 寧宗朝[156]を通じ歳糴一〇〇万石といわれた。このため小州では余剰に乏しく、水旱に遭えば自立は全く困難となった。[157] 湖南路では湖広総領所に送達する一路合発米は四七万五二〇〇余石といわれ、[158] また寧宗開禧用兵（一二〇六～八）の際、呉猟の上書で湖南米五〇万石を襄陽に、湖北和糴米三〇万石を荊郢安信四州に送る計画があり、[159] また理宗朝には京西、荊湖の戍兵の補給は殆ど江西、湖南の和糴に依った。[160] このため「和糴の弊、湖南、江西為尤甚」[161] といわれ、また「不問家之有無、例以税銭均敷、無異二税」[162] と税銭の多寡に応じて強制賦課され、甚だしきは江西の撫州で秋苗額一石の家にまで及んだ。[163] 江西では正苗一石につき二㪷の和糴を命じてこれを「帯糴」と称した。[164] 湖南北では均糴、敷糴、補糴、帯糴が行われたが、[165] 湖北では「和糴上供米、実無価銭、湖北一路皆然」と一種の付加税となった。[166] 高斯得は湖南につき、「湘中は粒米狼戻の区で、民は本と食を得易かったが、近歳、有司の和糴の令が甚だ厳しく、舳艫相い銜えて九郡の産を竭して北送するので、湘人が始めて困しんだ」と述べている。[167]

租税に類似した和糴＝科糴は宋朝の税法からいえば「科配」「科敷」の項目に入るべきである。科配は無額上供銭や和買、和雇、和賃等、正税外の臨時の賦課である。職役の場合は官戸、形勢戸、僧道戸等は往々にして一定限度内において免除の特権を享受したが、科配は概ね一律賦課される傾向にあった。すでに紹興二年（一一三二）、戸部侍郎柳約が、祖宗限田の制を推しひろめ、品官の名田の制限を超すものに対する科敷は編戸と同等にすべしと請い、右司諫方孟卿に支持されている。[168] 李弥遜も同年二月一四日の勅文を引いて、官戸の差役は免ずるが、科配は戦時の間は官戸編戸一様に課すべきを論じ、[169] 事実、紹興初年の和糴は官戸に及んでいた。紹興二六年（一一五六）の詔も、州県の和買紬絹、和糴草料は、官戸・権勢の家も平民と同等に科納を命じ、[170] 孝宗隆興元年（一一六三）江西路、二年、両浙、江東の和糴は官戸、編戸に等しく配された。[171] さらに光宗の紹熙三年（一一九二）の頃には、官戸が夏税、和買の折変、折帛、秋苗の加耗及び和糴を免除されているので、官民戸一概に輸納すべしとの詔が出された。[172] 慶元条法事類にも官戸の科配免除の条が載せられているが、[173] 嘉熙三年（一二三九）には再び有田官民戸に一律和糴するに至り、[174] 率ね南宋を通じて官民戸に同等に負担せしめる傾向であった。

官民戸に一律に和糴を及ぼす場合、㈠浙西の如き豪族の土地占有の進んだ地方では、所有田産が一定の限界を超える者に定率の和糴を課す方法が採られ、㈡その他江西、湖南等の一般税戸を主たる対象とした際には、両税額、物力、税銭の多寡による賦課の方法が採られた。孝宗隆興二年（一一六四）、両浙・江東路では官戸・富民を問わず、一戸の所有田畝が、諸県に散在するものを含めて一万畝に及ぶ者から三〇〇〇石の米（のち二五〇〇石）を和糴した。[175] 三年後の乾道三年（一一六七）には、限度を八〇〇〇畝に改め一五〇〇石を強制的に和糴したが、これは目的を果さぬまま滞納分を打切りとした。[176] 理宗朝になると、浙西で三〇〇畝以上の田畝の所有者から一律に一畝に三斗を和糴した。しかし科配の対象を拡げたために、田租で漸く自活する中等小戸を窮迫に追い込んだ。[177] 嘉熙四年（一二四〇）には、蘇州長洲県、呉県の范氏義荘にも毎畝三斗の和糴が課されており、[178] 此の方法は浙西に広く行われたようである。

結局、南宋末の軍餉は殆どが半ば付加税化した和糴で賄われ、その和糴は中等以上の土地所有者から強制的に供出せしめざるを得なかった。事ここに立ち到り、限田制度及び徴税制度は形骸化して崩壊の状態に至った。かくて政府は有力者の掌中にある田産を強制的に買上げて公田とし、その田租で贍軍する公田法の実施に踏み切らざるを得なかった。この詳細については周藤教授のすでに明らかにされたところである。[179]

南北宋の軍餉問題を通観して注目されることは、政府の主穀の収入が、生産性の増強への熱意にもかかわらず、北宋前半期ですでに頭打ちとなってしまったことである。土地制度や徴税組織の改編も実効ある増収をついに齎さなかった。収入の増加部分は専売収入、商税および貨幣形態の租税であった。北宋の軍餉は河北、陝西という古くから流通の発達した地域を舞台としていたため、便糴、博糴等、商人勢力を利用する方法で一応切り抜けることができた。しかし河東や江淮では農民を直接の対象とする和糴が早くから行われ、北宋末に全国に行われた均糴法において、すでに租税に準ずる強制賦課の色彩を強めてきた。南宋の和糴は当初より租税上供の欠額を補塡する目的で行われ、王朝の土地制度、徴税制度の不備が表面化すると共に、軍餉をむしろ一手に引き受ける調達制度に変じてしまった。和糴は、北宋の和預買絹、青苗銭、河東の和糴と並び、本来は農民救済の手段を兼ねていたものの、一たん和税の不備に代替して経常化されれば、租税制度は矛盾をそのまま反映して農民への重圧と化せざるを得なかったのである。

注

（1） D. C. Twitchett, *Financial Administration under the T'ang Dynasty*, Cambridge University Rress, 1963, pp. 43, 116-7

（2） 続資治通鑑長編（以下『長編』）巻一六七　皇祐元年是歳、山堂群書考索巻四五。

（3） 日野開三郎「両税法の基本的四原則」法制史研究巻一一　一九六〇、六五～七三頁。

（4） Yeh-chien Wang, *Land Taxation in Imperial China. 1750-1911*, Harvard University Press, 1973.

（5） R. M. Hartwell, "Demographic, Political, and Social Transformations of China, 750-1550", *Harvard Journal of Asiatic Studies*, vol. 42:2, Dec. 1982.

（6） 周藤吉之「宋代の両税負担」『中国土地制度史研究』東京大学出版会、一九五四年、五一三～三四四頁。

（7） 趙翼撰二十二史箚記巻三〇　元代以江南田賜臣下、嘉靖上海県志によれば、銭氏のとき毎畝三斗、宋は一斗、元は上田三升、中田二升五合、下田二升、水田五升、明は三升～五升とある。森正夫「明初江南の官田について」(上)東洋史研究　一九—一　一九六〇年、三一一～三頁、第二・四表。

（8） 冊府元亀巻四八八　邦計部・賦税二、宋史巻一七四　方田、文献通考巻四　田賦考。

（9） 文献通考巻四　田賦考。

（10） 前注(5)。

（11） 渡部忠世、桜井由躬雄編『中国江南の稲作文化』日本放送出版協会、一九八四年。

(12) 本書一五六、一五七、二三八頁参照。青山定雄「宋代における漕運の発達」『唐宋時代の交通と地誌地図の研究』吉川弘文館。一九六三年、三五一～六一頁。「漕運」、和田清編『宋史食貨志訳註』(一) 東洋文庫、一九六〇、八〇六頁。

(13) Yeh-chien Wang, *op. cit*, p. 32.

(14) 玉海巻一八五、陳傅良　止斎文集巻一九、文献通考巻六〇、蔡襄撰蔡忠恵公集巻一八。

(15) 本書二四六～八頁、続文献通考巻三〇。

(16) 本書二四九頁。

(17) 山堂群書考索続集巻四六、建炎以来朝野雑記甲集巻一四。

(18) 黄榦　黄勉斎集巻五　与李敬子司直書。

(19) 宋会要　食貨六八　受納　乾道五年十月十八日。

(20) D. C. Twitchett, *op. cit*. pp. 58, 62, 286. 歴代名臣奏議（永楽大典版）巻二六九、方豪撰宋史　台北　中華書局、一九五四、六五～六六頁、長編巻二〇九　治平四年十月丙午。方勺の泊宅編巻一〇には、熙寧一〇年頃の天下の財政収支のうち、両浙は夏税収益が最多であるほか、酒税でも最多であったとし、嘉靖崑山県志巻一　田賦も、慶元中、夏税が旧に比し一〇倍に増えたとし、折変の比重増を伝え、建炎以来繋年要録巻九六、紹

興五年十二月辛亥には、軍興以来一〇年、財用の出す所、大は民力に資り、其の次は商賈に資るとあり、建炎以来朝野雑記甲集巻一四にも、北宋以来、塩茶酒税は州県支費の財源なりとしている。

(21) 斯波「宋代の湖州における鎮市の発展」『榎一雄博士還暦記念東洋史論叢』山川出版社、一九七五年、二三〇～二三一頁。

(22) 周藤吉之「北宋に於ける方田均税法の施行過程」『中国土地制度史研究』四三一～五〇二頁。

(23) 周藤「南宋郷都の税制と土地所有」『宋代経済史研究』東京大学出版会、一九六二年、四七四～五〇〇頁。

(24) 宋会要食貨七〇―一二四　経界雑録　紹興十二年十一月五日、建炎以来繋年要録巻一四七。

(25) 周藤「南宋末の公田法」『中国土地制度史研究』五三九～五九八頁。

(26) 植松正「元初江南における徴税体制について」東洋史研究三三巻一号　一九七四年。

(31) 森前掲論文。「元代浙西地方の官田の貧難佃戸に関する一検討」名古屋大学文学部研究論集一九巻　一九七二年、六九～九三頁。

(28) Yeh-chien Wang, *op. cit*, pp. 20-31.

(29) 王応麟　玉海巻一八五　会計　慶元会計録。

(30) 青山定雄『唐宋時代の交通と地誌地図の研究』吉川弘文館、三

二七～四四四頁。

(31) 日野開三郎「宋代の便糴に就いて」東洋学報二三―一、「寇瑊伝に見えたる『糴頭』の解釈」『池内博士還暦記念東洋史論叢』、「北宋時代の博糴に就いて」歴史学研究（旧）四―三、「神宗朝を中心として観たる北宋時代の結糴」史淵二〇、松井等「北宋の契丹防備と茶の利用」（満鮮地理歴史研究報告五）、曾我部静雄「宋代権茶開始年代考附三説法」史林一七―一、森住利直「北宋初期の便糴に就いて」史淵三、「南宋四川の対糴に就いて」史淵一〇、小沼正「北宋末の均糴法」東洋学報二五―一、佐伯富「宋代の坐倉」『中国史研究』第一　五八〇～五九九頁。

(32) 周藤吉之「南宋末の公田法」『中国土地制度史研究』五三九～六〇二頁。

(33) 馬端臨　文献通考巻一五二　兵制、李燾　続資治通鑑長編巻一一四　景祐元年五月乙丑。

(34) 張方平　楽全集巻二三　論事　論国計出納事。

(35) 蔡襄　蔡忠恵公文集巻一八　国論要目　論兵十事。

(36) 全漢昇「唐宋政府歳入与貨幣経済的関係」歴史語言研究所集刊二〇によれば、天禧五年の穀物収入二九八三万余石、嘉祐年間二六九四万三五七五石、元祐元年二四四五万石で、唐の天宝年間に比べて殆ど増減がない。

(37) 李燾　続資治通鑑長編巻二一八　熙寧三年十二月壬申。

(38) 方勺　泊宅編巻一〇。

(39) 長編巻九七　天禧五年是歳条。

(40) 楽全集巻二三　論事　論国計出納事。

(41) 范仲淹　范文正公奏議巻上　答手詔条陳十事、長編巻一一二　明道二年七月、李覯　李直観集巻一六　富国策第九、青山　前掲書三五一～三六一頁。

(42) 宋会要輯稿　食貨三九　市糴糧草　天聖元年閏九月。

(43) 青山　前掲書三五七、八頁。

(44) 宋会要輯稿　食貨四一―二、四五―六。

(45) 青山　前掲書三四四～三五一頁。

(46) 長編巻一五〇　慶暦四年六月戊午条。

(47) 長編巻二〇八　治平三年五月乙丑条。

(48) 長編巻一五〇　慶暦四年六月戊午条。

(49) 欧陽脩　欧陽文忠公集巻一一八　河北奉使奏草下　論河北財産上時相書。

(50) 同上。

(51) 長編巻一一四　景祐元年五月乙丑条、玉海巻一八六　天聖節浮費。

(52) 方勺　泊宅編巻一〇。

(53) 長編巻一八四　嘉祐元年十月丁卯条。
(54) 青山　前掲書三三二〜三三四頁。
(55) 長編巻一　建隆元年正月丁未、曾鞏　元豊類藁巻四九　本朝政策要　辺糴、宋会要輯稿　食貨三九―一等の条。
(56) 長編巻六八　大中祥符元年二月己未、宋会要輯稿食貨三九―五。
(57) 長編巻五五　咸平六年九月丙申、巻五七　景徳元年閏九月丁巳。
(58) 長編巻八一　大中祥符六年十月丁亥、巻八二　大中祥符七年正月癸巳、宋会要輯稿　食貨三九―七。
(59) 河北の便糴制度については、前掲日野開三郎「宋代の便糴について」東洋学報二三―一を参照。
(60) 長編巻一七〇　皇祐三年二月己亥。
(61) 皇朝編年綱目備要巻一五　至和二年十一月己未条。
(62) 長編巻一八一　至和二年十一月己未条、巻一八四　嘉祐元年十月丁卯条並注。
(63) 欧陽文忠公集巻一一二　論茶法奏状。
(64) 長編巻一八八　嘉祐三年九月辛未。
(65) 宋会要輯稿　食貨三九―三一、三二。
(66) 日野　前掲書九三頁参照。
(67) 宋会要輯稿　食貨四〇―一。
(68) 欧陽文忠公集巻一一五　河東奉使奏草上　論宣毅万勝等兵劄子。
(69) 江少虞　皇朝事宝類苑巻一五　顧問奏対、岳珂　愧郯録巻一五　祖宗朝田米。
(70) 長編巻四〇〇　元祐二年五月乙卯注所引呂恵卿家伝。
(71) 欧陽文忠公集巻一一五　河東奉使奏草上　倚閣忻代州和糴米奏状、宋会要輯稿　食貨三九　景徳三年正月十九日、同九月、大中祥符五年十二月十二日。
(72) 長編巻一九一　嘉祐五年三月甲午、宋会要輯稿食貨三九―二〇。
(73) 前注(70)参照。
(74) 宋会要輯稿　食貨三九―二五、二六。
(75) 前注(70)参照。
(76) 欧陽文忠公集巻一一六　河東奉使奏草下　乞減放逃戸和糴劄子。
(77) 荘綽　雞肋編巻下。
(78) 長編巻一二九　康定元年十二月乙巳。
(79) 長編巻二三一　熙寧五年三月甲申、前注(77)参照。
(80) 長編巻一九六　嘉祐七年二月癸卯。
(81) 長編巻二〇八　治平三年五月乙丑。
(82) 長編巻二一六　熙寧三年十月癸亥。
(83) 長編巻二一九　熙寧四年正月戊戌。
(84) 長編巻一一四　景祐元年五月丙寅。
(85) 宋会要輯稿　食貨三九　市糴糧草　咸平六年正月。

(86) 青山　前掲書三四九～三五一頁。
(87) 長編巻四七一　元祐七年三月甲申。
(88) 戴裔煊『宋代鈔塩制度研究』商務印書館、一九五七、二七〇～二八〇頁。
(89) 青山　前掲書三三六～三四〇頁。
(90) 和田清編『宋史食貨志訳註』㈠　東洋文庫、一九六〇年、六七七－九頁。
(91) 佐伯富「宋代の坐倉」『中国史研究』第一　東洋史研究会、一九六九、五八〇～五九九頁。
(92) 日野「神宗朝を中心として観たる北宋時代の結糴」史淵二〇。
(93) 同上。
(94) 『宋史食貨志訳註』㈠　七一八～七二〇頁。
(95) 同上七一七、八頁。
(96) 小沼正「北宋末の均糴法」東洋学報二五－一。
(97) 宋会要輯稿　食貨四〇　市糴糧草　乾道三年十一月二月条など。
(98) 全漢昇「南宋稲米的生産与運銷」『中国経済史論叢』第一冊　一九七二、二六五～二九四頁。斯波『宋代商業史研究』風間書房、一九六八、一五九～一六一頁。
(99) 斯波　同上書一六四～七頁。
(100) 星斌夫『明代漕運の研究』日本学術振興会、一九六三、三七六頁。
斯波　前掲書六四－七〇、一〇四、一〇五頁。
(101) 張蔭麟「宋史兵志補闕」中国社会経済史集刊六－二　一九三七（『宋遼金社会経済史論集』第二集　崇文書店一九七三、三三三～八頁。）
(102) 咸淳臨安志巻一　兵籍　廂軍。
(103) 李心伝　建炎以来朝野雑記甲集巻一八　紹興内外大軍数、玉海巻一三九　紹興三衙兵。
(104) 張蔭麟　前掲論文。
(105) 建炎以来朝野雑記甲集巻一八　乾道内外大軍数、玉海巻一三九　乾道軍額。
(106) 王圻　続文献通考巻一二一　兵考。
(107) 南宋文録巻九　対策。
(108) 秋崖先生小稿巻三　代范丞相。
(109) 葉適　水心集巻一　兵総録一、楊冠卿　客亭類稿。
(110) 陳傅良　止斎文集巻一九　赴桂陽軍擬奏劄子第一、崔敦礼　宮教集巻五　代乞罷総司市易劄子、章恕愚　山堂考索別集兵門巻二、李心傳　建炎以来繫年要録（以下『要録』と略）巻一八七　紹興三十年十二月戊申、孫応時　燭湖集巻一一　方有開行状。
(111) 前注(105)参照。
(112) 要録巻一八九　紹興三十一年三月甲午。

(113) 王之道　相山集巻二一　乞売度牒糴軍粮劄子、要録巻一八四　紹興三十年正月癸卯。
(114) 建炎以来朝野雑記甲集巻一七　淮東西湖広総領所。
(115) 前注(75)(76)(78)(79)参照。
(116) 洪邁　容斎四筆巻四　今日官冗、玉海巻一二七　建炎省官、建炎以来朝野雑記甲集一二　天聖至嘉泰四選人数、宋史巻四四　理宗宝祐四年九月。
(117) 要録巻一八四　紹興三十年正月癸卯。
(118) 朱熹　朱文公文集巻九四　敷文閣直学士李公墓誌銘。
(119) 山堂考索続集巻四五、要録巻一五八　紹興十八年九月丙申、玉海巻一八六　至和便糴。
(120) 建炎以来朝野雑記甲集巻一五　行在諸軍馬草。
(121) 同上書甲集巻一七　淮東西湖広総領所、宋会要輯稿　食貨六四　月椿銭　乾道四年三月二十六日。
(122) 前注朝野雑記甲集一七、要録巻一三九　紹興十一年二月丙申。
(123) 要録巻一八四　紹興三十年二月癸卯。
(124) 可斎雑藁巻一五　再辞免状。
(125) 前注(211)参照。
(126) 可斎雑藁巻一九　奏総所科隆和糴利害。
(127) 建炎以来朝野雑記甲集巻一七　四川総領所、淮東西湖広総領所。
(128) 宋会要輯稿　食貨四〇—一五。
(129) 同上書　食貨四〇—一五—一七、要録巻六四。
(130) 同上書　食貨四〇—一八、一九。
(131) 同上書　食貨四〇—一九。
(132) 同上書　食貨四〇—一九、要録巻七八。
(133) 要録巻一二一　紹興八年八月乙丑。
(134) 同上書　巻一一九　紹興八年四月庚申。
(135) 宋会要輯稿　食貨四〇—二七、要録巻一五八、建炎以来朝野雑記甲集巻一五　東南軍儲数、要録巻一八三　紹興二十九年八月甲戌、前掲『宋史食貨志訳註』㈠　七五六～七六一頁。
(136) 宋会要輯稿　食貨六二—一五　京諸倉　紹興十一年六月六日。
(137) 咸淳臨安志巻九　監当諸局　省倉上界、中界、下界。
(138) 加藤繁「臨安戸口追論」『支那経済史考証』巻下　四一八、四一九頁、池田静夫『支那水利地理史研究』生活社、一九四〇、一一三～一一六頁。
(139) 宋会要輯稿　食貨四〇—五〇。
(140) 建炎以来朝野雑記甲集巻一七　豊儲倉、林之奇　拙斎文集巻六　上丞相論豊儲倉事。
(141) 咸淳臨安志巻九　監当諸局。
(142) 宋史全文　淳熙十五年十月己酉。

(143) 徐鹿卿　徐清正公存稿巻一　第二劄。
(144) 洪武蘇州府志巻八　開禧百万倉。
(145) 同上巻八　宝祐百分倉。
(146) 同上巻八　発運司。
(147) 要録巻一八四　紹興三十五年正月癸卯。
(148) 黄震　慈渓黄氏日抄分類巻七二　任分司鎮江条陳転般倉事。
(149) 宋史巻一七五　食貨志　和糴。
(150) 至順鎮江志巻六　賦税。
(151) 宝祐琴川志巻六　叙賦。
(152) 薛季宣　浪語集巻一八　湖州与梁右丞書。
(153) 杜範　杜清献公集巻一一　論和糴権塩劄子。
(154) 朱文公文集巻九三　張維墓誌銘、宋会要輯稿　食貨四〇　市糴糧草　隆興元年七月二十五日、宋史巻一七五　食貨志　和糴　開慶元年。
(155) 宋会要輯稿　食貨四〇　市糴糧草　隆興元年九月十四日、同二年八月三日。
(156) 洪咨夔　平斎集　巻三一鞏嶸墓誌銘、真徳秀　西山真文忠公集巻四五　少保成国趙正恵公墓誌銘。
(157) 王炎　双渓文集巻一一　上趙丞相書。
(158) 宋会要輯稿　食貨四四　漕運　嘉定十五年三月二十五日。
(159) 宋史巻三九七　列伝。
(160) 可斎雑藁巻一九　奏褒奨経久五事。
(161) 宋会要輯稿　食貨四〇　市糴糧草　乾道三年閏七月二十八日。
(162) 同右、乾道元年八月十七日。
(163) 黄氏日抄巻七一　申安撫司乞撥白蓮堂田産充和糴荘。
(164) 李綱　梁谿先生文集巻一〇六　申省応副張龍図米等状。
(165) 胡寅　斐然集巻二五　先公行状、浪語集巻三三　先大夫行状。
(166) 双渓文集巻一一　上劉岳州書。
(167) 耻堂存稿巻四　永州続恵倉記。
(168) 要録巻五一　紹興二年正月丁巳。
(169) 筠谿集巻三　繳劉光世免差科状。
(170) 要録巻一七三　紹興二十六年七月癸丑。
(171) 宋会要輯稿　食貨四〇　市糴糧草　乾道三年閏七月二十八日。
(172) 文献通考巻二〇　市糴考　紹熙三年。
(173) 慶元条法事類巻七　職制門　賦役令。
(174) 洪武蘇州府志巻八　発運司。
(175) 宋会要輯稿　食貨四〇　市糴糧草　隆興二年八月十二日。
(176) 同右　乾道三年十一月二日。
(177) 杜範　杜清献公集巻一一　論和糴権塩劄子。
(178) 范仲淹　范文正公集　付録　優崇　与免科糴。
(179) 周藤「南宋末の公田法」『中国土地制度史研究』一九五四、五三七〜六〇二頁。

（補1）　小岩井弘光「宋代就糧禁軍について」国士館大学文学部人文学会紀要四、「北宋末・南宋の就糧禁軍について」同上一〇。

附表　宋代江南の秋苗、和糴の統計

①　宋代歳入緡銭額
②　両浙東西路秋苗額
③　江南東西路秋苗額
④　荆湖南北路、福建、広南路秋苗額
⑤　諸路和糴米総額
⑥　浙西路和糴米総額
⑦　浙西路各府州軍別和糴米額
⑧　三総領所別和糴米額
⑨　江南東西路和糴総額及諸府州軍別和糴米額
⑩　淮南・京西・湖南・湖北・福建・広南路和糴米額

①　宋代歳入緡銭額

宋代歳入緡銭額

	年代	緡銭収入額	備考	出典
北	国初	一六〇〇余万緡		朝野雑記甲集一四財賦一国初至紹熙天下歳収数 繫年要録一九三　紹興三十一年冬十月癸丑 玉海一八六　理財　宋朝歳賦 山堂考索続集四五　財用門
	太宗　淳化間	一六〇〇余万（緡）		程珌　洺水集　附録　程公行状
	太宗　至道末	二二二四万五八〇〇（緡）		宋史一七九　食貨下一　会計 文献通考二四　国用二　歴代国用
	真宗　天禧末	二六五〇余万緡		朝野雑記同右、玉海同右

宋	仁宗　皇祐中	三九〇〇万（緡）	費三之一	宋史三五五　列伝　虞策
	仁宗　嘉祐間	三六八〇余万緡		朝野雑記同上、玉海同上、文献通考同上
	英宗　治　平	四四〇〇万（緡）	費五之一	宋史三五五　列伝　虞策
	神宗　熙　寧	五〇六〇万（緡）	費尽之	宋史同上、文献通考同上
	神宗　熙豊間	五〇〇〇余万（緡）	合苗役市易等銭、東南歳入不満千万、上供纔二百万緡	要録一九三　紹興三十一年冬十月発丑
		六〇〇〇余万（緡）		朝野雑記同上、玉海同上 山堂考索同上
	神宗　元　豊	五〇〇〇万（緡）		洛水集同上
	哲宗　元祐初	四八〇〇余万（緡）		朝野雑記同上、玉海同上
南	渡江之初	不満一〇〇〇万（緡）		朝野雑記同上
	高宗紹興末年	凡六〇〇〇余万緡	合茶塩酒算坑冶榷貨糴本和買之銭	繋年要録一九三　紹興二十一年冬十月癸丑
	孝宗　淳熙末	六五三〇余万緡	二〇〇万緡　東南歳入上供銭（祖宗正賦） 六六〇余万緡　経制銭 七八〇余万緡　総制銭 四〇〇余万緡　月椿銭 四四九〇余万緡　合茶塩酒算坑冶榷貨糴本和買之入	朝野雑記同上
	寧宗	六〇〇〇余万（緡）		文献通考二四　国用考二　歴代国用
	寧宗	六五〇〇余万（緡）	経制・月椿等銭二〇〇〇万不預焉、両浙之歳輸緡銭一二〇〇万	魏了翁重校鶴山先生大全文集巻二一　館職策、答館職策一道

路分	年代	額数		出典
			四川之塩銭九五〇余万、又不預焉	
宋	寧宗　嘉定十年	三五〇〇余万（緡）	帰于版曹者　一九〇〇余万 帰于淮東総所者　二〇六万 帰于淮西総所者　三七八万 帰于湖広者　五〇七万 帰于四川者　五三八万 （当今歳入之数為緡銭者）	山堂考索続集四五　財用門
	南渡以後	六〇〇〇余万（緡）	比国初増五倍　比元豊増一倍	洺水集同上

② **両浙東西秋苗額**

路分	府州軍名	年代	額数	出典
浙	臨安府	孝宗乾道中	一二万三七二三石六斗八升一合一勺七撮	乾道臨安志二　秋税
		度宗咸淳中	一三万二七一三石六斗八升一合一勺七撮	咸淳臨安志五九　貢賦
	平江府（蘇州）	北宋真宗大中祥符中	白粳米三一万三七六九石三斗七升五合二勺五抄	祥符図経
		理宗宝祐中	二八万八六二一石五斗七升五合四勺	洪武蘇州府志一〇　税賦
		実計	二五万三〇〇〇石有奇	
		宝祐五年	三〇万三八八〇石　為定額	
		理宗景定元年	二八万三九五一石三斗六合二勺五抄	
		北宋真宗大中祥符間	秋租粳米二一万三七〇〇石有奇	正徳重修姑蘇志一五　税賦

路	州	年	額	出典
西		北宗神宗 元豊三年	三四万九〇〇〇斛	
		孝宗淳熙十一年	三四万三二五六石	
		理宗宝祐初	二八万八六〇〇石有奇	
		同　五年	三〇万三三八〇石　為定額	
		自后実徴苗米	二八万三九〇〇石	
		旧租米	三四万余斛	繫年要録六四　紹興二年四月丁未　去歳云云
		高宗紹興二年	一六万五八〇〇余石	
		高宗紹興四年	三〇万余碩	宋会要輯稿食貨六一　検田雑録　紹興四年十一月二十六日
		高宗紹興十二年　元額	七〇万斛	宋会要輯稿食貨七〇―一一四　経界雑録　李椿年　紹興十二年十一月五日
			歳額三九万斛　実入二〇万斛	
		紹興十九年	三四万石	繫年要録一五九　紹興十九年六月辛亥朔
	秀州	孝宗乾道五年	三〇余万石	宋会要輯稿食貨九　賦税雑録受納　乾道五年十月十八日
		元　至　元(参考)	糧六〇万二一八五石九斗四升九合九勺四抄七撮	至元嘉禾志六　賦税
			米六〇万二〇六九石五斗八升九合四抄七撮	
	湖州		五万斛	浪語集一八　湖州与梁右相書
			四万余斛(輸米)	丹陽州三　与制置発運書
路				

路	州	年代	額	出典
	常州		三四万（石）	浪語集一八　湖州与梁右相書
		度宗咸淳	上供苗旧額 二二万八五九二石九斗四勝三合二勺一抄六撮	咸淳毗陵志二〇
	鎮江府	北宗大中祥符	粳米五万二二七三石	祥符図経
			糯米　五九九二石	
		寧宗嘉定	粳米一〇万九〇六六石	景定志 至順鎮江志六　賦税　秋租
			糯米　六五七〇石	
		度宗咸淳	粳米九万二二九〇石八斗三合七抄六撮	咸淳志
			糯米　五六七五石四斗三升六合八抄三撮	
	江陰軍	紹興二十二年	不及七万石	宋会要輯稿食貨四〇　市糴糧草　紹興二十二年二月十四日
	厳州		八七五一碩	宋本東萊呂太史文集三　為張厳州作乞免丁銭奏状
浙東路	明州	理宗宝慶	正額 一一万二六九七石三斗三升三合七勺	宝慶四明志五　叙賦上
		元延祐	一三万五五二石一斗八升四合	延祐四明志一二
		元至正	一一万九七三六石捌斗八升	至正四明志六
	紹興府	寧宗嘉泰	旧管 二四万九二二〇石五斗六升七合九勺	嘉泰会稽志五　賦税
			今催 二五万二六五石二升七合七勺	
		孝宗淳熙元年	合起発上供苗米　四万三五〇〇石	宋史全文　淳熙元年十月戊辰
	温州		四万九〇〇〇（石）	鶴林集二三　与馬光祖互奏状

③　江南東西路秋苗額

江東路（元額上供九三万石　実徴　八五万石）

路分	府州軍名	年代	額数		出典
江東路	建康府	景定中	二〇万七七一二石一升九合		景定建康志四〇　田賦志
			除豁外実理米一九万九〇一七石九斗三升四合三勺		
			上元県	二万九五九〇石八斗四升五合	
			江寧県	二万二六五〇石八斗四升一合五勺	
			句容県	四万七三四二石二斗九升九合七勺	上供旧額一五万石（宋会要輯稿　食貨六四　上供　紹興二年一月十三日）
			溧水県	四万八二三八石六斗二升二合七勺	
			溧陽県	五万一一九〇石三斗二升五合	
			一九万九〇一七碩		元至正刊金陵新志七　田賦
	徽州	淳熙中	歙県	米糙 五万六二八七石六斗五升七合四龠	淳熙新安志三　秋租糙米
			休寧県	三万八四〇二石二斗三升八合	
			祁門県	一万五三七四石三斗五升五合	
			婺源県	一万九五六四石九斗七升七合	
			績渓県	一万六九七七石一升九合六龠	
			黟県	一万三二二五石三斗七升	
			計一五万九八四一石六斗一升七合（除租課糙・熟米）		
			秋苗歳入止五万石		蒙斎集二　知徽州奏便民五事状

	饒州	嘉定十五年	一二万石（原額）	西山真文忠公集四五　少保成国趙正恵公墓誌銘
	饒州	嘉定中	向来一八万（石）	後村先生大全集七九　与都大司聯御申省乞為饒州科降米状
	饒州	端嘉以後	一二万（石）　実催　八万（石）	
	南康軍		四万六五一九石（上供十九、軍用十二、秋崖先生小稿二〇　与蔡憲）	朱文公文集一六　乞裁留米綱充軍糧賑済賑給状
	寧国府	嘉定六年	苗米二六万三〇〇余石	永楽大典七五一二　宣城志
江西路	全路	北宋	一二〇万八九〇〇石	宋会要　食貨四二―一
	全路	南渡后	一二六万余石	張守　毘陵集二、繋年要録一八三
	全路	紹興三年	一八万九二〇〇余石	李綱　梁谿先生全集九六
	全路	四年	一三万三五〇〇余石	同右
	全路	五年	一〇万一〇〇〇余石	同右
	全路	六年	九八万三三五九石一斗六升	同右
	全路	二十八年	九七万石	繋年要録一八三
	全路	三十年	九七万石	宋会要食貨四〇　市糴糧草　紹興三十年九月四日
	全路	孝宗中	九〇万余石	周必大　周益文忠公集三四　魯訔墓誌銘
	全路		苗米旧額一六〇余万石　留州支用　三〇余万石 上供　一二六万石　実催　九七万石	毘陵集二　乞除豁上供充軍糧劄子
	贛州	南宋	歳入米　一三万斛　留州　三万（石）	胡澹庵先生文集二九　興国軍太守向朝散墓誌銘
	袁州	〃	一一万斛　留州　五万（石）	

府州名	年代	額数	出典
筠州	〃	八万六〇〇〇斛	
臨江軍	〃	一二万斛　留州　一万(石)	
臨江軍	〃	一二万五五四三石有零	止堂集一一代臨江軍乞減上供留補支用書
建昌軍	〃	四万八〇〇〇余石	復斎先生龍図陳公文集一四　与江東兪運使劄
洪州	紹興初	一三万八〇〇〇石	梁渓先生文集一二八　与張子公舎人書
吉州	南宋	三七万石	宋会要　食貨五〇　船　乾道九年十一月日
吉州	南宋	四〇万石	李正氏　大隠集五　呉運使啓

④ 荊湖南北路、福建、広南路秋苗額

路分	府州名	年代	額数	出典
湖北路	鄂州	昔	六六〇〇余石	応斎雑著一　上尚書省劄子
		南宋	七七〇〇余石	
	漢陽軍	嘉定中	二〇〇〇石	黄勉斎集三〇　中転運司乞止約客庄擷載租課米事
湖南路	潭州	孝宗中	正苗　三八万石	義豊文集一　代胡倉進聖徳恵民詩一首
	衡州	紹興三十年	一五万斛	繋年要録一八六　紹興三十年九月壬午
	郴州	〃	三万三〇〇〇余斛	
	道州	〃	三万三〇〇〇余斛	
福建路	建寧府	慶元六年	八万一九〇〇余石	宋会要輯稿食貨　賦税雑録七〇―九八　慶元六年四月八日
	福州	淳熙中	一一万一〇〇二石二升五合	淳熙三山志一七　財賦額

広西路	広西	田租	二二万石（後折苗和糴）	誠斎集一一六　李侍郎伝
	化州	紹興三十一年	八〇〇〇石　毎歳科折六五〇〇石	宋会要輯稿食貨　塩二七―六七
		〃	八〇〇〇石　和糴一万石	繫年要録一八九

⑤ 諸路和糴米総額

皇帝	年代	地域	額数	糴本	所管官庁	出典（付備考）
高宗	紹興三年		一〇〇万石	金銀銭金帛	都省	宋会要食貨四〇　市糴糧草　紹興三年九月八日
	紹興三年十月至四年正月	両浙・江東・江西	六四万石	（但紹興三年十月至四年正月）	両浙・江南・東西路転運司	宋会要同上　紹興四年正月二日
	旧例		九〇万石	三六〇万緡	戸部	宋会要同上　紹興四年七月二十二日 繫年要録七八　〃　七月己巳
			増糴（五〇万石）定推	二〇〇万緡	戸部	
	紹興四年		（一四〇万石）定推	（五六〇万緡）	戸部	
	紹興八年	六路		四〇〇万緡		繫年要録一二一　紹興八年八月乙丑
	紹興十八年		蠲免江浙等路年例降本和糴米数			繫年要録一五八　紹興十八年閏八月庚申、宋会要食貨四〇　市糴糧草同上
	紹興十八年	諸路和糴歳額	二〇万石		行在（臨安府）和糴場	宋会要　同上　紹興十八年閏八月九日 繫年要録一五八　〃　閏八月甲子 六〇〇〇石―会要（誤） 六万石　朝野雑記 三五万五〇〇〇石行在省倉三界―繫年要録
			二〇万石		平江府戸部和糴場	
			六万石		行在省倉上界	
			五万石		行在省倉中界	
			二五万石		行在省倉下界	
			一六万五〇〇〇石		淮西総領所	

			一五万石		淮東総領所	
			一五万石		湖広総領所	
			計一二三万五〇〇〇石　約計一二〇万石		朝野雑記 繫年要録	
	紹興二十九年	江・湖・浙西	二三〇万石	赴沿江十郡自荊至常州備賑貸	江湖浙西五漕司	宋史三一　本紀高宗八　紹興二十九年六月丁巳、宋史一七五　食貨志　和糴二三〇万石トアリ
	紹興二十九年	両浙・江・湖六路	已糴到一〇〇万石		両浙江湖六路転運司	繫年要録一八三　紹興二十九年十有二月巳亥
			更糴二五万石			
			計　一二五万石			軍備
	紹興三十年	六路		銀銭一二五万緡		繫年要録一八五　紹興三十年秋七月甲辰
	紹興二十九年三十年	六路	通去年已糴　三〇〇万石			
孝宗	隆興元年	浙西路	四〇万石	八〇万貫	赴淮東総領所、平江、鎮江、常州	宋会要食貨四〇　市糴糧草　孝宗隆興元年七月二十五日
		江東路	三〇万石	六〇万貫	赴淮西総領所、建康、太平池州	
		江西路	一〇万石	二〇万貫	赴鄂州、岳州	
		湖南	五万石		赴徳安府、荊南府	毎石二貫
		京西			赴鄂州、襄陽府	
	乾道二年八月乙未		罷戸部諸路歳糴一年			宋史三三　本紀孝宗一、後村先生大全集八七　進故事辛酉八月二十日
			歳糴一〇五万、行之近三十年			後村先生大全集七八　進故事辛酉八月三十日
	乾道三年	諸路	歳糴一〇〇万石、権行住糴			宋会要食貨五三―三〇　倉　義倉　乾道三年正月十八日、但宋史全文二四　孝宗隆興二年正月壬寅ニ略同文アリ
		行在	五〇万石			

		鎮江府	二〇万石			
		建康府	二〇万石			
		隆興府	一五万石			
		衡　州	一〇万石			
		鼎　州	五万石			乾道三年逐路転運使租米一〇〇万石
		諸路合計	一二〇万石	両浙転運司	逐路提挙常平官	宋会要食貨四〇　市糴糧草　乾道三年七月二十三日
	乾道四年	鎮江府	一〇万石	本銭二五万貫	会子一四万貫銀五万五〇〇〇貫見銭五万五〇〇〇貫	宋会要食貨四〇　市糴糧草　乾道四年五月三日
		建康府	二〇万石	五〇万貫	会子二八万銀一〇万見銭一一万	
		池　州	五万石	一二万貫	会子七万銀二万七五〇〇見銭二万七五〇〇	毎石二貫五〇〇文省
		隆興府	一五万石	三七万五〇〇〇貫	会子二一万銀八万二五〇〇見銭八万二五〇〇	
		合計	五〇万石	会子銭銀一二五万貫	戸部	
	乾道五年		一三〇万碩	三九五万余貫	都大発運司戸部	宋会要同上　乾道六年四月十五日
	乾道六年			一四〇万貫	戸部	毎斗約三〇〇文省（毎石三貫）
	乾道六年	復置都大発運司於江州		三〇〇万貫	（一四〇万貫—戸部 一六〇万貫—左蔵南庫）	宋史全文　乾道六年三月
	淳熙五年	沿　江	一六〇万石			宋史　本紀孝宗三　淳熙五年七月丁亥 蔵豊、広辺儲
	淳熙十四年		二〇万石	会子五〇万貫	浙西提挙常平司	宋会要食貨四一　和糴　淳熙十四年九月十二日
				会子一九万貫	淮東総領所	宋史全文　淳熙十二年八月壬戌
				会子三〇万貫	湖広総領所	
寧宗	嘉定元年			一〇〇万緡	江淮制置大使司	宋史三九本紀寧宗三　嘉定元年九月壬子

皇帝	年代	地域	額数	糴本	所管官庁	出典
理宗	宝祐		五〇〇万石			雪坡姚舎人文集三〇　与蔡佑神
	開慶元年		五〇〇万石		沿江制置司	宋史一七五　食貨志　和糴　理宗開慶元年
			五〇〇万石		湖南安撫司	
			五〇〇万石		両浙転運司	
			二〇〇万石		淮浙発運司平江	
			三〇万石		江東提挙司	
			五〇万石		江西転運司	
			二〇万石		湖南転運司	
			一〇万石		太平州	
			三〇万石		淮安州	
			五〇万石		高郵軍	
			一〇万石		漣水軍	
			一〇万石		廬州	
			合計　五六〇万石	一色会子		
	賈似道時	両浙江東西	八〇〇余万斛			至順鎮江志　六賦税

⑥ 浙西路和糴米総額

皇帝	年代	地域	額数	糴本	所管官庁	出典
高宗	紹興三年	浙西（博糴）	米五〇〇万石	馬料一五万石	江淮等路都転運使	宋会要食貨四〇　市糴糧草　紹興三年四月九日

		平江府	米一三万八〇〇〇石　料三万七五〇〇石		両浙転運副使	繫年要録六四　同年夏四月戊子
		秀州	米一一万石　料三万七五〇〇石			
		湖州	米一二万五〇〇〇石　料三万七五〇〇石			
		常州、江陰軍	米一二万七〇〇〇　石料三万七五〇〇石			
	（紹興八年以後）	和糴場	六〇万石歳糴		臨安戸部和糴場　平江和糴場	繫年要録一一九　紹興八年夏四月庚申、宋史全文同
	紹興十二年	浙西	不下数一〇万斛			宋会要食貨七〇―一二四経界雑録　紹興十二年十一月五日李椿年言
	紹興十八年	行在（和糴歳額）	二〇万石		行在和糴場	宋会要食貨四〇　市糴糧草　紹興十八年閏八月九日
			二〇万石		戸部和糴場	繫年要録一八五　閏八月甲子
			六万石		省倉上界	
			五万石		省倉中界	
			二五万石		省倉下界	
			七六万石		戸部	
孝宗	隆興元年	浙西路	四〇万石	八〇万貫	浙西転運司	宋会要同上孝宗隆興元年七月二十五日
	乾道元年		七〇余万石		坐倉和糴、招客和糴	宋会要同上　乾道元年正月二十日
	乾道二年			一百万貫銭銀会子	和糴場	宋会要同上　乾道二年五月十八日
	乾道二年	浙西	五〇万石別糴		両浙転運司	宋会要同上　乾道二年七月十二日　浙西旱禾豊熟
	乾道三年	行在	五〇万石			宋会要食貨五三―三〇　倉　義倉　乾道三年五月十六日
	乾道四年	浙西豊熟去処	四〇万石		両浙転運司	宋会要食貨四〇　市糴糧草　乾道四年八月十八日
	乾道六年	省倉坐倉并和糴場所糴客米権行住糴				宋会要同上　乾道六年十月八日

	乾道八年	浙西	六二万石			宋会要同上　乾道八年十一月十一日
		秀州	一〇万石已糴	赴豊儲倉		
		平江	一〇万石	赴淮東総領所大軍倉		
		常州	一〇万石	赴淮東総領所大軍倉		
		其余	（三〇万石）	赴豊儲倉		
	淳熙十二年		八〇万石		戸部	宋会要食貨四一　和糴　淳熙十三年八月四日（前年）
	淳熙十三年	豊儲倉	二〇万石	封椿庫会子四〇万貫	司農少卿	宋会要同上　淳熙十三年六月十四日
	淳熙十四年		二〇万石	封椿庫会子五〇万貫	浙西提挙	宋会要同上　淳熙十四年九月十二日、宋史全文　十二年八月壬戌
	淳熙十六年		五〇万石	封椿庫会子	司農少卿	宋会要同右　淳熙十六年七月二十一日
	自是毎歳		不過一〇〇万之数		司農寺長貳	
	淳熙十六年	豊儲倉	二〇万石	封椿庫会子四〇万貫	浙西提挙	宋会要同右　淳熙十六年十二月五日
理宗	開慶元年		五〇万石		両浙転運司	宋史一七五　食貨志和糴理宗開慶元年
	景定二年	浙西	一〇〇万石			後村先生大全集八六　進故事　辛酉正月二十八日
		浙西	三〇〇～数百万石		豊儲倉、百万倉	宋宗伯徐清正公存稿一

⑦　浙西路各府州軍別和糴米額

府州軍名	皇帝	年代	額数	糴本	所管官庁	出典
平江府	高宗	紹興三年	米一三万八〇〇〇石馬料三万七五〇〇石		江淮都転運司 両浙転運副司	宋会要食貨四〇　市糴糧草紹興三年四月九日
		紹興十八年	二〇万石歳額		平江府和糴場	宋会要同上　紹興十八年閏八月九日

（常熟県）	孝宗	乾道八年	一〇万石			宋会要同上　乾道八年十一月十一日
		乾道九年	五万石			宋会要同上　乾道九年九月九日
	理宗	淳祐中	不下二〇〇万石		諸総司在呉門者	宋宗伯徐清正公存稿一劄子
		宝祐四年	一五〇万石			洪武蘇州府志八　官宇　発運司
		宝祐五年	二五〇万石			同上
		開慶元年	二〇〇万石		淮浙発運司（平江）	宋史一七五　食貨志　和糴　理宗開慶元年
		景定二年	二〇〇万石			後村先生大全集八七　進故事　辛酉八月二十日
		淳祐中	多三〇万石、少不下一四万石			淳祐琴川志六　叙賦
湖州	高宗	建炎四年	二万石均糴	経制羨糴		丹陽集三　与制置発運書
		紹興三年	米一三万五〇〇〇石	料三万七五〇〇石（博糴）		宋会要食貨四〇市糴糧草　紹興三年四月九日
		紹興三年	六万石			鴻慶居士文集二四　汪藻墓誌銘、繫年要録六三　紹興三年二月丁亥
	孝宗		六万石			浪語集一八　湖州与宰執書
			六万石			浪語集一八　湖州与梁右相書
		乾道中	七万一五〇〇〇余石	二一万四〇〇〇余貫		浪語集一八　与宰執書
			六万石		大農和糴	止斎文集五一　薛季宣行状
			三万九〇〇〇石	赴鎮江総領所		双渓文集一一　書答凌解元

秀州	高宗	紹興三年	一一万石博糴			宋会要食貨四〇市糴糧草 紹興三年四月八日
	孝宗	乾道八年	一〇万石			宋会要同上 乾道八年十一月十一日
			五万石			宋会要同上 乾道九年九月九日
常州	孝宗	乾道八年	一〇万石			宋会要同上 乾道八年十一月十一日
江陰軍	孝宗	乾道八年	三万碩到糴			宋会要同上 乾道八年六月二十一日
鎮江府	孝宗	乾道四年	一〇万石	二五万貫		宋会要同上 乾道四年五月三日
鎮江府		乾道九年	一〇万石			宋会要同上 乾道九年九月九日
鎮江・江陰			従来不在和糴之数			黄氏日抄七三 任分司鎮江条陳転般倉事

⑧ 三総領所別和糴米額

皇帝	年代	地域	額数	糴本	所管官庁	出典
高宗	紹興十八年	歳額	一六万五〇〇〇石		淮西総領所	宋会要食貨四〇 市糴糧草 紹興十八年閏八月九日
			一五万石		淮東総領所	
			一五万石		湖広総領所	
孝宗	乾道元年	赴行在	一〇万石		淮西総領所	宋会要同上 乾道元年二月二十五日
	乾道五年			一二〇万貫	三総領司	宋会要同上 乾道五年七月二日
	乾道八年九年	江西、湖南黄州、漢陽軍		直便会子五〇万貫	湖広総領所	宋会要同上 乾道八年十一月十三日、九年閏正月七日
	乾道九年		五万石		淮西総領所	宋会要同上 乾道九年九月二十一日

			五万石		淮東総領所	
	淳熙二年	秀州	七万五〇〇〇石		淮東総領所	宋会要食貨四一　和糴　淳熙二年十月二日
		湖州	七万五〇〇〇石			
		平江府	一〇万石			
		合計	二五万石	鎮江府椿管朝廷銀		
	淳熙十三年		六〇万石（半年之儲）	会子八〇万貫	湖広総領所	宋会要同上　淳熙十三年八月八日、九月十七日
			六〇万石		総所	周益文忠公文集一四九　書藁九趙温叔丞相、又、淳熙十三年
	淳熙十三年	鎮江府淮東沿流	五〇万石		淮東総領所	宋会要食貨四一　和糴　淳熙十三年八月二十四日
		建昌府太平州、池州、淮西沿流	五〇万石		淮西総領所	
	淳熙十四年			会子一九万貫	淮東総領所	宋会要同上　淳熙十四年九月十二日
				会子三〇万貫	湖広総領所	
	淳熙十六年		五〇万石		淮東総領所	宋会要同上　淳熙十六年六月十六日
			三〇万石		湖広総領所	
			一〇万石		淮東総領所	宮教集五　劄子
理宗	紹定元年		七〇万石	銀　度牒　会子	湖広総領所	宋史一七五　食貨志　和糴　紹定元年
			六〇万石	朝廷元科	淮西総領所	可斎雑藁一五　奏申　再辞免状
			七〇万石		淮西総領所	可斎雑藁一九　奏申　奏乞免今年和糴
			一四〇万石		湖広総領所	可斎雑藁一九　奏申　奏総所科降和糴利害
			七〇万石		湖広総領所	

	七〇万石
	江西湖南転運司

⑨ 江南東西路和糴総額及諸府州軍別和糴米額

地域	皇帝	年代	額数	糴本	所管官庁	出典
江東	高宗	紹興二年	一〇万石	赴建康府		宋会要食貨四〇市糴糧草 紹興二年五月二十二日
			三〇万石			晦菴先生朱文公文集九三 張維墓誌銘
	孝宗	隆興元年	三〇万石	六〇万貫	赴淮西総領所建康、太平、池州	宋会要同上 孝宗隆興元年七月二十五日
	理宗	開慶元年	三〇万石		江東提挙司	宋史一七五 食貨志 和糴
建康太平宣州			毎郡不下二～三万石		江東転運司	東塘集九 沿江備糴疏
建康府	孝宗	乾道三年	二〇万石			宋会要食貨六三—三〇 義倉 乾道三年正月十六日
建康府		乾道四年	二〇万石			宋会要食貨四〇 市糴糧草 乾道四年五月三日
建康府		乾道九年	一〇万石			宋会要同上 乾道九年十一月十二日
南康軍	寧宗	嘉定中	七〇〇〇石			復斎先生龍図陳公文集一四 与江東兪運使劄
南康軍	寧宗	嘉定中	一万石			同上 与江州丁大監劄
池州	孝宗	乾道四年	五万石			宋会要食貨四〇 市糴糧草 乾道四年五月三日
太平州	理宗	開慶元年	一〇万石			宋史一七五 食貨志 和糴
饒州	度宗		一〇万石			黄氏日抄七一 申安撫司乞撥白蓮堂田産充和糴状

江西路						
江西	高宗	紹興二年	一〇万石		赴饒州府	宋会要食貨四〇　市糴糧草　紹興二年五月二十三日
		紹興初	四〇万石（実催三四万三五〇九石六斗五升）			梁渓先生全集九六　准省劄催諸州軍起発大軍米奏状
		紹興五年	一〇万石		江西転運司	宋会要同上　紹興五年正月一日
		紹興初	二〇万石			梁渓先生全集一〇四　与右相乞罷行交子劄子
		紹興初		毎歳一〇〇万緡会子		盧渓先生文集二七　与宣諭劉御史書
		紹興中	二五万石		転運司	毗陵集三　措置江西善後劄子
			二〇万石（賑済）			双渓文集一一　上趙帥書
			三〇万石			双渓文集一一　上趙丞相書
	孝宗	隆興元年	一〇万石	二〇万貫		宋会要食貨四〇　市糴糧草　隆興元年七月二十五日
		隆興元年	別項一〇〇万石	二〇〇万貫	江西沿流州軍	宋会要同上　隆興元年九月十四日
		隆興二年	別項一〇〇万石		隆興府吉州、筠州、江州、撫州、臨江軍、贛州、建昌軍	宋会要同上　隆興二年八月三日
			六〇万石		筠吉臨江軍使府合	双渓文集一一　上趙帥書
		乾道六年	歳二〇万石	三〇万貫	江西転運司	宋会要同上　乾道六年十二月十六日
		乾道六年		三〇〇万貫	都大発運司（在江州）	宋史全文　乾道六年三月
		淳熙元年	二〇万石		転運司	宋会要同上四一　和糴　淳熙元年十二月二十日
		淳熙二年	二〇万石			宋会要同上
		淳熙十三年		三〇万貫	江西転運判官	宋会要同上　淳熙十三年四月八日

		淳熙中	一五〇万石			平斎集三一　吏部鞏公(嵘)墓誌銘
	寧宗	嘉定中	一〇〇万石			西山先生真文忠公文集四五少保成国趙正恵公墓誌銘
	理宗	宝慶元年	五〇万石		江西転運司	宋史一七五　食貨志　和糴
洪州	高宗	紹興中	大米五万石			梁渓先生全集一〇六　申省乞施行糴納晩米状
隆興府	孝宗	乾道三年	一五万石			宋会要食貨五三—三〇　義倉　乾道三年正月十六日
隆興府			二〇万石			双渓文集一　上趙丞相書
隆興府	孝宗	乾道四年	一五万石			宋会要食貨四〇　市糴糧草　乾道四年五月三日
江州	孝宗	乾道六年		三〇〇万緡		宋史全文　乾道六年三月
吉州	孝宗	乾道元年	三〇万石		知州	宋会要食貨四〇　市糴糧草　乾道元年正月十一日
吉州	孝宗		一〇万石			絜斎集一七　朝請大夫贈宣奉人夫趙公善待墓誌銘
吉州			二万石			誠斎集一一一　尺牘　与湖広総領林郎中
建昌軍	理宗		不満一万石			黄氏日抄七一　申安撫司乞撥白蓮堂田産充和糴
撫州	理宗		七万石		転運司	宋史四三八　黄震伝
袁州	理宗	淳祐六年	三万石	免和糴已百年	転運司	宋史四一四　葉夢鼎伝

⑩ 淮南・京西・湖南・湖北・福建・広南路和糴米額

淮南和糴額

地域	皇帝	年代	額数	糴本	所管官庁	出典

淮南	高宗	紹興三十二年		毎路五万石			宋会要食貨四〇　市糴糧草　紹興三十二年五月六日
両淮	孝宗	隆興元年			関子一〇〇万貫		宋会要同上　隆興元年八月一日
両淮　揚州、高郵軍		乾道三年		各三万石			宋会要同上　乾道三年八月十三日
和州、六合、巣県				共一五万石			
淮安州				三〇万石			宋史一七五　食貨志　和糴　理宗開慶元年
高郵軍				五〇万石			
漣水軍				一〇万石			
廬州				一〇万石			
京西・湖南北路和糴額							
京西湖南北	度宗	咸淳八年		一〇〇万石	銭一〇〇〇万（転輸襄陽府）	京湖制置司	宋史四六　本紀度宗　咸淳八年六月丁酉
湖北	高宗	紹興三十一年		二五万石		湖北転運判官	宋会要食貨四〇　市糴糧草　紹興三十一年二月五日
湖北	寧宗		漕司糴	三〇万石		転運司	宋史三九七　列伝呉獵　鶴山先生大全文集八九呉獵行状
鄂州	孝宗	淳熙十三年	糴到	四万五八〇〇石五斗五升	金会子九万一六〇〇貫七〇〇文		宋会要同上　淳熙十三年閏七月四日　毎石二貫文
江陵府	光宗		合糴	一〇万石			止堂集六　乞権住湖北和糴疏
鼎州（常徳府）	孝宗	乾道三年		五万石			宋会要食貨五三―三〇　義倉　乾道三年正月十六日
湖南	孝宗	乾道六年		二〇万石	三〇万貫	湖南転運司	宋会要食貨四〇　市糴糧草　乾道六年十二月十六日
湖南	孝宗	淳熙二年		一五万石			宋会要食貨一四　和糴　淳熙元年十二月二十日

潭州			旧来不曾和糴			西山先生真文忠公文集一七　回申尚書省乞裁減和糴数状
潭州	寧宗	嘉定中	一〇万石			
潭州	寧宗	嘉定十四年	三万二〇〇余石			西山先生真文忠公文集一〇　申朝省借撥和糴米状
潭州	寧宗	十五十六年	一一万一七八〇余石			
衡州	孝宗	乾道三年	一〇万石			宋会要食貨五三―三〇五　義倉　乾道三年正月十六日
湖南	理宗	開慶元年	五〇万石		湖南安撫司	宋史一七五　食貨志　和糴
湖南	理宗	開慶元年	二〇万石		湖南転運司	
福建・広南路和糴額						
広東	高宗	建炎四年	一五万石	儲漳泉福州		繋年要録三四、建炎四年六月甲午
福建	高宗	建炎四年	一〇万石			
福州	理宗		一〇万石			鉄菴方公文集一〇　鄭金部逢辰
広西化州	高宗	紹興三十一年	一万石（税八〇〇〇石）			宋会要食貨一七―六、七　塩法　紹興三十一年四月二日 繋年要録一八九　同年夏四月甲辰

四　都市化の局面と事例

1　宋代の都市城郭

(一)　宋代の城郭都市に関する資料

本節の目的は、宋代の府州県城の形態に関する基礎資料を提示し、若干の定量分析と歴史的考察を加えて、当代の長江下流域の城郭都市の特徴とその偏差の具体相を論証しようとするものである。さてM・ウェーバーも言うように、中国文明は「都市の国 Land der Städte」と表現さるべき特質を保有して来た。[1] これは単に、いわゆる大伝統、士大夫文化の基礎が都市文化とその拡散にあったと言うに止まらない。歴史上の中国人はすぐれて低地のコアを選択して聚落を営み、しかもこの種の定住形態の基礎はまさしく都市に在った。また王朝の行政はもとより、社会経済の上での空間的、社会的組織は、つねに都市を結節点とするネットワーク構造の生成発展を通じて実現して来たのである。[2] このような観点からすると、各都市が当該地域の空間構造上に占める立地と、政治・社会経済の社会構造上に占める機能的地位の測定は、広義の中国社会の都市化を判定する上で、極めて重要な課題となるのである。

だが、このような機能上の結節点としての都市、その機能と結び付いた都市形態についての実像は、余り充分に研究されていない。

かつて加藤繁教授が宋代の城郭都市について、概括的展望を与えたのが研究史上の先駆であるが、(3)その後、継承者が少なく、漸く最近、章生道、Sen-dou Chang, G. W. Skinner 教授によって、広い学際的視野からの鋭い分析的研究が試みられ、(4)とくに清代の状況が明確になり、漸く本格的研究の機運が整って来たというのが現状である。本節では、右のような問題状況を背景におきつつ、とりあえず中世都市革命期に当る宋代について、当面利用できる資料を整理検討して、都市形態史の一角に照明をあててみようと思う。次に一覧表の形式で掲げた資料は、比較校量するに足る数量データを伴う、宋代の一五〇余りの城郭都市につき、行政ランク、城周、城高、城幅、城門、濠幅、濠深等の項目の数値を抽出排列したものである。

表1　宋代の城郭規模資料

	都市名	ランク	ランク	内・外	城周(里)	城高	城幅	城門	濠幅	濠深	年代	備考	出典
	京兆府					(尺)			(尺)	(尺)			
○	咸陽	次畿	県		四・〇	一五			一二	九	北宋中期		長安志一三
○	興平	〃	県		七・六	二〇					〃		〃一四
○	武功	〃	県		七・六	九					〃		〃
○	鄠	〃	県		二・一						〃		〃一五
○	藍田	〃	県		三・二	一六		三			〃	旧城周八里	〃一六
○	醴泉	〃	県		二・三						〃		〃
○	櫟陽	〃	県		三・〇						〃		〃一七
○	高陵	〃	県		二・三						〃		〃

○	奉天	〃	県	外城	一一・〇	二一	一二		三〇	一八	〃	建中三築	〃 一九
				内城	五・〇	二二	二二		三〇	一八		乾祐中築	〃
	華州												
○	渭南	上	県		三・〇	九					〃		〃 一七
○	蒲城	望	県		八・五	七				四	〃		〃 一八
	鳳翔府												
○	盩厔	次畿	県		五・四	一三			一三		〃		〃 一八
○	好畤	〃	県		三・六	一二	一〇						〃 一九
	耀州												
○	華原	上	県	外城	七・一	二五	三〇		六〇	二五			〃 一九
				内城	二・八	二一	三八						〃
○	富平	望	県		三・〇	一五			八	八			〃 二〇
○	三原	〃	県		二・三	一〇							〃
○	雲陽	上	県		二・三	九				三			〃
○	同官	〃	県		一・〇							無城壁	〃
○	美原	中	県		二・二	一五							〃
⊚	大原府	次	府	外城	一〇・八			四				興国七築	大典五二〇一
				内城	五・四			四				〃	〃
◎	遼州	下	州		四・二			二					大典五二四五

○	楡社	中下	県		二・一			三					〃
○	和順	下	県		二・七			二					〃
◎	開封府	東京	府	旧外城	二〇・四			一〇				宋初築	宋史八五
				新城	五〇・五			一二				祥符九	〃
				内城	五・〇			六				宋初築	〃
◎	秦州	下	府		一一・四	三九							宋会要　方域八—二三
◎	蘭州	下	州		五・〇								〃　八—二五
◎	蘇州	望	州	外城	四二・〇			一二					洪武蘇州府志四
				内城	一二・〇								〃
○	呉江	緊	県		一・〇						祥符		
○	常熟	望	県		〇・六	一〇	四	五			祥符	南宋不存	〃
◎	秀州	上	州	外城	一二・〇	一二	一五						至元嘉禾志一
					二・〇	一一	一二	四					〃
○	海塩	上	県		〇・五	一三・五	一〇						〃
○	華亭	緊	県		〇・九	一二	九・五						紹熙雲間志上
◎	潤州	望	州	外城	二六・一	九・五		一〇					嘉定鎮江志二
				内城	一二・二	三一		四					至順鎮江志一
○	金壇	緊	県		一・九	一五		一一			長寿一築	後廃	嘉定鎮江志二
○	丹陽	緊	県		一・六			一五					〃

◎	常州			外	二七・一	二〇	二〇	九			天祚二築		咸淳毗陵志二
				内	七・一	二八	二〇	四					〃
	無錫	望	県		二・一	二七							〃
○				四郭	一一・一	一七		四					〃
○	宜興	望			一・三	一二	一二	二	三五				〃
◎	建康府	次	府	外	二五・一	二五	三五	八	三〇	一五	順義中築		景定建康志二〇
○	句容	次畿	県		二・一		一二	六					〃
○	溧水	〃	県	外	五・〇								〃
				内	一・三		八						〃
	溧陽	〃	県		四・八	一一	二八		五〇	五	昇元二築		〃
○					六・〇			水陸七			景定中	異入草市	〃
◎	徽州	上	州	外	四・〇	一二					中和五築		淳熙新安志一
				外	七・一			六			宣和中		〃
				内	一・一	一八	一三・五				大中九築		〃
○	休寧	望	県		九・一								〃　四
○	祁門	〃	県		五・四								〃
○	婺源	〃	県		九・一	一八		二					〃　五
○	績渓	〃	県		五・〇								〃
○	黟	緊	県		二・九								〃

○	杭州	大都督	州	外	七〇・〇			一三水五			景福二築		咸淳臨安志一八
○	餘杭	望	県	外	六・六						祥符中		〃
				外	三・〇	一三	一五	四	二五		雍熙中		〃
○	臨安	〃	県		一・四								〃
○	於潜	緊	県		一・三	一五	一八		一八	四	祥符中		〃
○	富陽	〃	県		一・七	一〇		一					〃
○	新城	上	県		七・一	一三		四					〃
○	塩官	〃	県		一・三	二〇		四	五〇	四	祥符中		〃
○	昌化	中	県		一・〇				一五			久廃	〃
◎	越州	大都督	州	外	二四・七	二四 二六	三〇 一八	九					嘉泰会稽志一
				内	一〇・〇	一三	四一	四・水一					〃
○	嵊(剡)	望	県		一二・〇	一二	二〇	三			祥符中		〃
○	蕭山	緊	県		一・六	一八	一一				〃	嘉泰不存	〃
○	餘姚	望	県		一・七	一〇	二〇				〃	〃	〃
○	上虞	望	県		一〇・〇	一〇	一三				〃	〃	〃
○	新昌	緊	県		一・三	一七	一〇				〃	〃	〃
○	諸暨	望	県		二・二	一六	一〇				〃	〃	〃
◎	明州	上	州		一四・〇			一〇					宝慶四明志三
○	奉化	望	県		三・六								〃

○	慈谿	上	県		三・一								〃
○	定海	上	県		二・五								〃
○	昌国	下	県		五・〇								〃
○	象山	下	県		〇・六								〃
◎	湖州	上	州	外	二四・〇			陸四水二	数十丈	不可測	武徳四築	興国三毀	嘉泰呉興志一
				内	二・一							〃	大典二二七六
○	長興	望	県	外	(五・二)明			柵門六				無城	〃
	武康	上	県								広徳二	旧基存(紹興)	〃
	安吉	望	県					六				無城	〃
◎	台州	上	州	外	一八・〇		四〇	旧九、今七				興国三毀后修	嘉定赤城志二
				内	四・〇			三					〃
○	黄巌	望	県		九・一 一・三							上元中築	〃
○	天台	上	県		一・一			二				宣和三重修	〃
○	仙居	上	県		一・七							上元築宣和修	〃
○	寧海	緊	県		一・七			旧四今二					〃
◎	厳州	上	州	外	一二・〇	二五	二五	八			中和一築	平方臘後修	景定厳州図経一
				内	三・〇			二					〃
○	淳安	望	県		二・六								〃 三
	南康軍	下	軍	外								土垣	大典八〇九二

				内	○・五								〃	
◎	洪州	都督	州	外	一○・二			一六					〃	八○九一
				内	二・七	一八							〃	
○	豊城	望	県		一・六	二○		六	五○				〃	
○	奉新	望	県		五・一	八〜一○							〃	
○	分寧	望	県		一・三								〃	
○	武寧	緊	県		一・三	一六	一六				天宝四築		〃	
○	靖安	中	県		二・○（三・○）								〃	
◎	建昌軍	下	州	外	一三・○	二○	一六	一○					〃	
				内	○・九								〃	
○	南豊	望	県		一・○	六〜七							〃	
◎	江州	上	州	外	九・○			五					〃	
				内	四・○								〃	
○	徳安	緊	県		七・一			七					〃	
○	瑞昌	中	県		七・○			四					〃	
○	湖口	中	県		七・○			二					〃	
○	彭沢	中	県		七・○			三					〃	
◎	撫州	上	州	外	一○・○	二五		陸八水一	六○	一○			〃	一○九四九 八○九二
				内	一・六			三					〃	

○	崇仁	望	県		(一・二)			六				無城	〃
○	金谿	緊	県		二・〇	五					祥符中	今無城	〃
○	楽安	緊	県		八・一			四	無	無			〃
◎	筠州	上	州		一一・一	三〇		一二			保大一〇築		〃
◎	袁州	上	州	外	七・〇／九・二	三八		四		四〇	建炎増展		〃
				内	一・三	三七							〃
◎	吉州	上	州	外	二〇・六	二五		九			淳熙一三		〃
				内	二・〇	一四〜二四	九・五	三					〃
○	永新	望	県		五・四	一九			四面	有濠			〃
○	泰和	望	県		五・〇	一二	八	四	一〇	七			〃
○	安福	望	県		〇・四	一二		一〇	一〇	八			大典八〇九二
○	永豊	望	県		五・六	三二		二	三面	有濠			〃
○	万安	望	県		〇・八								〃
○	龍泉	望	県		三・〇	八		四					〃
◎	虔(贛)州	上	州	外	一三・〇	二四	一二	一三	三面	水			大典八〇九三
				内	三・三	一八	一一						〃
	雩都	望	県									土城	〃
◎	南安軍	下	軍		一〇・四	八	四	四	四〇	一三			〃
○	南康	望	県		三・〇			四					〃

○	上猷	上	県		三・○	一八		三					〃
◎	饒州	上	州		一二・○			八					黄氏日抄八八
◎	信州	上	州	外	七・一	二一	三○	八	四○	一○			大典八○九三
				内	一・八	二五							〃
◎	揚州	大都督	府		一七・五				一三～一八	一○～一五			宋会要　方域九―二
◎	和州	上	州		九・○／一○・○			水陸一○			乾道		〃　九―八／松隠文集三二
◎	廬州	上	州		二○・○								宋会要　方域九―九
◎	舒州	上	州		九・五			陸五水三					勉斎集三四
◎	泰州	上	州		一○・八						淳祐三		可斎続藁前五
◎	寿州	緊	州		六・九	二○	三○				淳祐三		〃
◎	泗州	上	州		一三・三						淳祐五		〃
◎	潭州	上	州		一二・○								宋会要　方域九―一七
◎	永州	中	州		○・九								〃　九―二○
◎	叙州	(上)	州		六・七			七					〃　九―二五
◎	瀘州	上	州	外	六・九	一三～二二	二○～三○	六	四○	一○	大観～紹興		大典二三一七
				外	九・一			九			紹興一五		〃
				内				四					〃
○	江安	中	県			四二	四○	四			嘉定一五	柵	〃
	合江	中	県					六					〃

◎	福州	大都督	府	外	二〇・〇	二〇	二五						淳熙三山志四
				羅	旧五二・〇 四〇・〇			陸一六水三					〃
				子	五・三	三二	四〇	七					〃
◎	汀州	下	州	外	五・七	一八	三〇	六		一五	治平中		大典七八九〇
				内	一・八	一一					〃		〃
○	寧化	望	県		〇・八			四					〃
					一・四			四			端平中		〃
○	上杭	上	県		〇・四								〃
○	武平	上	県		二・二			三					〃
○	清流		県		一・一			四					〃
○	蓮城		県		一・四			三					〃
◎	泉州	上	州	外	二三・八			陸六水一	六〇	二〇			万暦泉州府志
				内	三・〇			四					〃
◎	広州	中都督	府	外	一五・三	一八	五	一五	一〇		端平初		大典一一九〇六
				内	三・五								〃
◎	連州	下	州		〇・九			五				旧三角城	〃
◎	梧州	下	州	内	一・四	一四	一〇						大典二三三九
◎	藤州	下	州										〃
○	岑渓	下	県		一・二	八	一〇	一	一〇	五			〃

○	藤		県		一・九	八	四五	二	一○	四			〃
◎	容州	都督	州	外	一三・九			四					〃
				内	二・八			三	三○	八			〃
◎	桂州	下都督	州		二五・○								可斎続藁後五
◎	鬱林州	下	州		一・五	二○	一○				元		大典二三三九
○	北流		県		一・六						元		〃
○	博白		県		二・二	一八			一○	五			〃
○	興業		県		一・二	八	一二		八	五			〃
◎	邕州	下都督	州		七・○	三五	六○	七			元豊中		大典八五○七
◎	横州	下	州		九・五	一八	一五		三○	八		土城	大典八五○七
◎	潮州	下	州	外	五・三			七				旧土城、紹定砌	大典五三四三
				外	八・五				七五		淳熙中		〃
				内	○・二			三					〃

◎は、国都・路治級の上位治所、◎は府州軍治級の中位治所、○は非負郭県治級の下位治所を示す。都市名とランクは元豊九域志による。

宋代の府州県治数は元豊九域志の編纂当時一一三五も存したのであるから、右の都市数は全体の一割強にすぎない。前述の Chang, Skinner 教授が、清代の全国的都市統計を選んで立論分析したのに比べれば、余りにも粗放であり、統計的サンプルと称するには足りない。しかしこの資料収録の事例は一応、華北・華中・華南の地域をカヴァーし、かつ国都、路治から府州県に至る様々なランクの都市についてのデータを提供しており、とくに今日の江西方面では割合に良く記録を留めている。しかも、今後、明清の地方志から地域別に宋代のデータをつきとめ、復原増補してゆく途は大いに可能であるので、過渡的な概括のための資料には充分耐え得ると考える。

さて、行政ランクの項目は、主に元豊九域志によって比定した。中国の都市化を規定する誘因には、大別して自然的・社会経済的要因と、行政的要因とがある。いずれも最終的には該地域での自然地理的な立地が各要因の基礎を提供しているのであるが、王朝時代を通じて、しかも古い時代ほど、行政的なランクづけが都市化に及ぼす比重が大きいと想定される。(5) 宋代でも、国都、路治、府州軍監県治に対しては、吏部の規定する整然たるランクづけがあり、南宋の例であるが、永楽大典一四六二一所引の吏部条法には、繁難大県にはじまり、畿・望・緊・上・中・中下・下県という官僚任命上の全都市のランクが具体名を付して記録されている。問題は、かような位階の上下から想定される、制度的、画一的な都市のランクと、実際の城周ないし都市面積の大小が対応するか否か、また地域による偏差はいかなるものであるかを検討することである。

城周の数値は、仮に殆どの城が方形と考えれば、(6) 城内面積の大小を測定する手懸りとなる。四里ないし八里の城周は、それぞれ一平方里、四平方里の面積を表明すると考えられる。この際、城周数値は等差算術級数的に増えるが、城内面積は等比幾何級数的に増えることに注意せねばならない。つまり二つの都市城周数値差が微少であっても、同一資料で推測できる面積差は意外に大きいはずである。ここでの問題は、都市ランクの上下と面積広狭の相関、および地域内、地域間の偏差である。

城幅、城門、城濠の項目は、都市の防衛機能、経済機能を検証する手懸りとなる。城門の数は、単にランクの大小、面積の大小と相関するに止まらず、防衛と経済という本来相容れない機能が、現実に如何に調整されているか、またその地域偏差はどの程度かという問題に関っている。いずれにせよ、上掲の表を仔細に見ることによって、宋代の都市城郭についての全体概念を構想するための特徴を摑むことができる。

(二)　都市ランクと城周、その偏差

前項で提起した分析のために、前表1に掲げる一五〇余の都市を、地域およびランクによって分類整理しなければならない。まず、地域であるが、事例が少ないために、華北（関中を中心に）、華中（長江中下流域を中心に）、華南（両広、福建）に三区分せざるを得ない。両広と福建とでは、地文・人文条件にかなり相違があるが、辺地という点では共通している。勿論、将来データが豊富に充足された際に、より合理的な地域区分に即して整理し直す予定である。

次に都市ランクの区分である。Skinner 教授は、清代について上位治所（国都・省都・府州治・直隷州治）、中位治所（府州の非負郭県治）、下位治所（直隷州の県、非直隷庁治）の分類をしている。[7] しかし宋代の県治以上の分類としては、ここでは、上位治所（国都・路治、◎印）、中位治所（府州軍治、◎印）、下位治所（非負郭県治、○印）の区分を用いた。それは一応、この三者の間で、それぞれがその支配する後背地に対する中枢性において、一線を画する上下差があると考えたためである（県治の負郭、非負郭の別も、中核機能の差違性で区別が立つ）。

右の区分に従って、比較できる数値をもつ一四三の都市城周のデータを整理し直すと、表2の如くである。

本来僅少なデータを、このように細かく分類すると、バイアスは益々大きくなるが、比較の基準を得るために、地域内での残存データが多い江西を取上げて同様に整理すると、表3の如くである。因にカッコ内の数値は、元豊九域志編纂当時に実在した江西の府州県治数であり、監は中位治所に比定してある。宋代を通じて州県の置廃があるので、必ずしも正確ではないが、それでも、表3に採録したデータが、江西の同時代都市の多くの部分をカヴァーしていることが知られる。

さて、右の整理に基づいて、各地域の城郭都市の面積上の大きさと、行政ランクの相関を考えてみよう。まず数値の残存性の高い

表2　華北・華中・華南の城周

	数	城周計	1城平均
§華　北（関中を中心に）			
上位治所	3	72.7里	24.2里
中位治所	2	9.2	4.6
下位治所	21	86.3	4.1
小計	26	168.2	6.5
§華　中（長江中・下流を中心に）			
上位治所	7	193.7	27.7
中位治所	27	356.6	13.2
下位治所	61	226.6	3.7
小計	95	776.9	8.2
§華　南（両広，福建）			
上位治所	3	60.3	20.1
中位治所	9	72.2	8.0
下位治所	10	14.5	1.5
小計	22	147.0	6.9
§全国平均			
治所	143	1092.1	7.64

表3　江西の城周

	数（実在数）	城周計	1城平均
上位治所	1（1）	10.2	10.2
中位治所	10（13）	115.4	11.5
下位治所	21（54）	77.8	3.7
小計	32（68）	203.4	6.4

江西であるが、ここでの非負郭の県と一般府州軍、つまり下位と中位治所の差は、面積的にも歴然としている。つまり城周では三倍、城内域で九倍余の差がつけられている。また非負郭の県は、平均して凡そ一里平方弱の城内域とみなされる。次に江西の上位治所＝洪州と中位治所との城周の差が殆どないことは、次のように説明されよう。すなわち、北宋初東西路を区分した時、江南西路治は洪州であったが変化があり、南宋初には一時期江州に帥府が移ったのち、再び洪州に復帰した。このように当時の江西は、唐末よりの開発の日なお浅く、行政的、地文的に一地域の中枢として傑出する規模の都市を未だ有するに至っていなかった。いずれにせよ、行政ランクから期待される程の大城が江西では地域内に聳立するには至っていなかったのである。

次に、この江西のデータを念頭において、華中の城郭を検討してみよう。ここでの下位治所の平均城周値は穏当な数値である。つまり平均一平方里弱である。下位治所と中位治所の平均城周値との差は三・六倍、面積にして一三倍弱、上位治所の平均周値との差は七・五倍、面積にして五六倍余の隔差である。当時の長江中・下流域は、全国の最先進地域であったから、都市化に及ぼす経済的要因は当然大きく、それは又、上中下都市の階層的ランクづけを判然たるものにさせる効果をもったと考えられる。さらに実際の都市の物理的大小と、行政ランク上の高低とが、江西の路治を除外すれば、ほぼ対応していることは、ここでの都市化が、それを支える行政、経済の両要因の何れかに偏することなく、ほぼ自然的、合理的に進んでいると解することができる。

華北については、資料不足のために、単純な比較は危険である。しかし少なくとも、関中の非負郭県治の大きさは、華中より若干大きく、華南と比べれば、はるかに懸絶していたことは明らかである。同上県治周の華南での平均値一・五里は、約〇・一四平方里であるから、華北のそれの一里平方強、華中の一里平方弱と華南のそれとの面積上の懸隔は、七倍余ということになる。関中の県治の城内域がこのように概して大きいのは、築城の沿革が古く、軍事的脅威も大きく、かつ築城時には関中の経済力も相対的に高かったためであろう。

逆に、南へ行くほど、一般県治の城内域が小さいのは、山地という立地上の条件もあろうが、結局、開発の歴史の浅さ、とくに同一地域内での辺地への定住の粗放性と考えてよいであろう。同様のことは、華南の上位・中位の治所にも妥当する。福州、泉州、広州は、当時の華南を代表する都市であるに相違ないが、福建路の路治福州（羅城を除く）、広南東路の路治広州は、いずれも城内域において泉州（つまり貿易都市として台頭しながら行政上では中位の都市）より小さい。換言すれば、華南では、経済要因で急成長した都市が、地域内の群小県治をはるかに凌駕して聳立する一方、行政ランクで高位に資格づけられた都市が、名実伴わず成長が停滞しているのである。華北についても、恐らく華南と同様の名実の乖離、アンバランスが存するはずであるが、今後の論証を期したい。なお、華南の中位治所、つまり一般府州治は、非負郭県治の城周に対し六倍弱、城内域で二八倍余の差があり、恐らく県城が村落の規模に近い状況であったのに比すれば、一見して都会的な聚落であったであろうことは想像に難くない。

以上の考察とデータから、どのような総合的判断が下し得るであろうか。まず開封（一五六平方里）、杭州（三〇六平方里）の如き国都レヴェルの城郭都市が、名実共に巨大都市の範疇に属することは疑い得ない。杭州の城内域は華南の平均的県治の二一八五倍に相当する。では、これが例外的に巨大であったか否かとなると、むしろ同一地域内の次位以下の大都市との相対比で考えなければならない。華北は比較の資料が乏しいが、開封の城内域は大原城の約二二倍、秦州城の一九倍余である。一方、杭州の城内域は、蘇州城の二・八倍、常州城の六・七倍、鎮江城の七・二倍、建康・越州城の七〜八倍、湖州城の八・五倍、潭州城の一〇・一倍、廬州城の一二・二倍、吉州城の一一・五倍である。二〜一〇位の城との差が極端に大きくなく、地域全般に相当数の大中都市が散布している。換言すれば、江・浙は都市化の先進地と判断される。また、表1の資料に関する限り、行政上の路治が、実質的に地域の中枢的大都会と合致するのは、両浙、江東、広東の各路であった。

次に一般府州軍治である中位都市のサイズを観ると、江西の平均城周一一・五という数値は示唆に富む。後述するように、宋代でもなお、周礼に規定する諸侯の国は方九里（冬官考工記匠人）とする、古代よりの伝統的なノルムの観念が[8]、府州県治の築城企画に対し、若干の影響力をもっていた。勿論このようなノルムに加えて、実際には当該都市の経済的潜在力、防衛の配慮、地形等の要因が作用して、現実の城周値が生れるのである。それにしても、平均城周値が、江西の一一・五、華南の八・〇、華中の一三・二と互いにかなり近似していることは、大地域内の局部的亜地域のその中枢に位置する都市（府州治）は、ほぼ一〇里前後の城周（六・二平方里）であり、地域の発展状況で若干の偏差があったと考えて良さそうである。

最後に下位都市について一言すれば、これらは府州治を中枢とする局部的亜地域の中では、経済的には相対的に劣位な辺地に位置し、防衛的には、府州治と同等の攻撃目標にはならないが、小規模な攻撃にはつねに曝されている小都市の多くを含んでいる。辺地で、保護すべき資源、人口の集積が少ないことは、小城に結果するであろうし、小寇を予想することも、概して小城に帰結するであろう。そして、経済と防衛の比重が共に極小であるか、或は防衛の顧慮が概して低く、かつ一定の経済機能を果している都市では、無城ないし木柵程度の囲壠というケースも、往々にして有り得たのである。

この都市城郭をめぐる防衛と経済という両機能の並存、相殺の関係については、前表の城高・城幅・城濠の資料を含めて、次項で具体資料について改めて考察してみたい。

(三)　城郭都市と防衛

我々は通常、中国の城郭都市の外貌をみて、これを直接に防衛と結びつけて考えるのであるが、前項でみたように、城郭の有無、サイズの広狭、位階（ランク）の上下を決定する要因は複合的であり、また、防衛の性質、内容、規模も決して一様でない。では、何故防衛が必要なのか。

古来一貫して、中国人の定住は低地を志向する傾向があった。これは福建の如き山地に富む地域にも妥当する。低地を選んで聚落を定めるために、華南北を問わず河谷ないし河川域に沿って植民が拡がる。河谷ないし河川域での定住の中枢としての都市は、当然、沖積土壌に富む合流点ないし交通要衝に立地する。長期の侵蝕作用を考えると、この立地の生産性は高く、人口の扶養力も大である。高度の資源と人口の集中は、行政中枢の立地に適合しており、治安が良ければ、交通と経済の発達を通じて都市は繁栄を続けるはずである。(9)

しかし、資源と人口の集中は、攻撃者から見れば絶好の目標であり、しかも河谷の低地に立地することは、洪水、疫病、密売者等の侵害に弱く、とくに南方ではその患難は著しい。俗に「大難は城に避け、小難は郷に避く」といわれるが、都市はあらゆる種類の患難を防ぐ砦となるべく囲われ、防衛されねばならない。ここで一つの大きな矛盾が生ずる。すなわち、城壁で囲うという軍事防衛機能と、交通商業を発展させる経済機能とが互いに相殺関係（トレード・オフ）に立つのである。交通・商業を重視して多くの水陸門を穿てば、防衛力は当然低下する。

これに加えて、王朝初期、盛期、末期にわたる、経済と治安の長期の景気変動は、当然築城の企画に対し、大きな影響を及ぼすであろう。例えば、平和が確立し、経済が好況に向かっている時期には、群小の都市では築城、保障への需要は一般に低く、場合によっては無城でも差し支えない。また一たん新築ないし再建する場合には、ゆとりのある壮大な城を築くことも可能である。しかし、中・後期にかけて、経済が停滞しはじめ、外寇・内乱の脅威が随所に現れてくると、経済力に見合った規模の築城が各地で試みられるはずである。城門の数も上記の変動に応じて増減するであろう。

一方、経済と防衛の質、内容、規模は、地域によってもかなり相違する。広域的な外寇の脅威を常時抱いている華北では、一般に軍事機能を重視した、堅牢、広闊、城門の少ない城郭が普遍的であり、江南沢国の地域では、水害、内乱、難民を防ぐ配慮が働きつつも交通を重んじて水陸門を多く設ける道理であり、地域の中枢に立地する府州治では城門数も比較的に多い。これらの問題点につき、全面的に論ずることは紙数の都合で出来ないが、若干の具体的事例を引いて、以下にその様相を検討してみよう。

漢書巻一下高祖六年（前二〇一）冬十月に、「令天下県邑城（張晏曰、皇后公主所食曰邑、令各自築其城也、師古曰、県之与邑、皆令築城）」とあり、一たん始皇帝の手で破壊された天下の城郭を漢は建国と共に再築を命じ、降って隋の煬帝の大業一〇年（六一四）にも、天下の州県に築城を命じており、[10]元の初期には逆に詔令で天下の城池を拆廃して一時期は修築を許さなかった。[11]このように城壁は必ずしも都市の不可分の施設ではなく、存否は支配者の意志に左右されることが多かったのである。唐末五代の分裂時代には、治安の悪化を反映して、随所に城寨が乱立し、例えば常熟では、唐末、多盗の故に、竪落に城堡を立て、民兵を集めて城を守らしめたため、その遺址が管内に一二も南宋まで残っていた。[12]宋太宗の雍熙四年（九八七）二月、河北諸州軍の城隍を繕治せしめているが、[13]江浙、福建、広南、四川等の、宋初に中原の宋朝に帰順した華中華南では、他律的または自発的に城壁を廃毀したためか、多くの府州県で無城か或は永年不修理の都市が多かったようである。[14]しかし熙寧一〇年（一〇七七）七月一一日の詔によると、河北等五路（河北・河東・陝西・京東西か）では、州軍の城池はつねに修完されていたようであり、しかもこの時、五路の県治および全国の州県城の城壁で修築を要するものに対し、一斉調査を命じ、旧城を補修し、新築するものは、城高二丈、城幅底部一丈五尺、上部五尺とせよと命じている。[15] これより先、皇祐四年（一〇五二）、広南で儂智高が叛した時、二広の州県を悉く築城させ、[16] 浙東の越州でも城隍を濬治させている。[17] また四川の瀘州城は大観元年（一一〇七）、泗州の城制に倣って補修された。[18] 宣和三年（一一二一）の方臘の乱平定に当って、福州城の増補が計られているが、この時、元豊法に依って「辺城高二丈、広加四之一、殺其半為上之広、濠三重云云」とあるのは、[19] 前出の熙寧一〇年（一〇七七）の法を修正したものである。この外、熙寧八～九年（一〇七五～六）の交趾の乱の際にも、福州の外城を増修している。

南宋では、淮南、荆襄および広西の軍事脅威が大きかったため、これらの辺地で新築や増補が盛んに行われた。広西邕州の場合は、「淮襄の城制」によって城壁の版築、甃砌がなされ、淮襄の城制がモデルであった。[20] この「淮襄の城制」を知るには、南宋中期、朱熹の門弟であった黄榦の勉斎集に豊富な資料が残されている。

黄榦が知漢陽軍事として、今日の漢口に近い任地に赴任したのは、嘉定七、八年（一二一五、一六）の頃の事である。開禧二年（一二〇六）の金軍の侵寇後、僅か九～一〇年の事であるから、長江流域では軍事脅威が強く感じられていた。すでに襄陽城は、壮大な城壁に加え、乾道七年（一一七一）に砲台、甕城、雁翅城を増築し、[21] また江陵、武昌、池州、蘄州、黄州等の要害は、立派な城壁で武装していた。[22] 朝廷はこの嘉定の頃、宋金国境の沿辺に城壁を堅固にするよう命じていたが、漢陽は近裏の州郡に属するため、外されていたようである。[23]

漢江と長江の合流点に在った漢陽軍は、負郭の漢陽県と、隣接の漢口（市）、漢川県で構成された。総人口は、負郭の民戸三〇〇〇戸、船居四〇〇隻、廂禁軍実員二三〇～四〇人、うち禁軍一五〇人、郷村人口両県約二万戸（漢川県在城人戸不明）であった。負郭三〇〇〇戸の内、一〇〇〇戸が郭内に居り、富裕で客庄を保有する者を含んでいた。二〇〇〇戸は無産に近く、外郭の南、長江堤防との間の卑湿地の草屋に浮居し、夏は城南、冬は城北に徙居していた。両県管内には、魚蝦・藤根に富む湖沢・荻林があり、凶年には安・復・光・黄の飢民が移動採取し、時に郭外に聚居していたという。秋苗の額は二〇〇〇石、生産力はその一〇倍の二万石と推定されており、府州に並ぶ軍治といっても、生産力、人口共に不安定な後背地に立地していた。[24]

漢陽が軍治であったのは、むしろ交通、軍事の要衝、鋳銭監の所在との関連である。岳飛が水軍寨を置いた時は、水軍七〇〇～八

○○人が駐留し、その廃止後、一時軍馬の孳生監が置かれた。また鋳銭の額は微少であった(25)。しかし、瓜州の鎮江に対する如く、漢陽は武昌（鄂州）の対岸の要地に当り、当時武昌の人口は一〇〇万余であった(26)。

佚書の漢陽軍図志には、もと偃月城があったと記され(27)、事実、小山に拠った府治をめぐって、朝天門、壕東門、南新門等の地名があり、郭内外の区画も一応存していたが、城壁の痕跡も無かったようである(28)。このような状況の中で、黄榦が朝廷に築城を申請した理由は次の如きものである。

まず一般論として、州郡は要害に在り、要害は必ず城壁を備え、百姓を賊寇から防護すべきであると説く。城壁を欠けば、身体に衣服が無く、家に墻壁が無いのと同等である。また城が無ければ糧米の蓄積は不可能で、蓄積しても盗糧に資し、また仮に軍備を修めても、結局は賊兵を養成しているようなものである(29)。また、黄榦は漢陽について安慶府（舒州）の知府として築城を申請するが、その際、開禧二年（一二〇六）の侵寇当時、淮人の難民が千百群をなして逃れ、安慶で渡江し、江南を剽掠して患をなした例を引き、もし堅固な城があって安慶で敵兵を阻止すれば、難民に起因する患も防げたと論じている(30)。要するに一定の規模以上の都会は寇難の対象となるので、在城軍民に郷土、生命、財産の死守を決意せしめるに足る程の、堅牢な城を要するという論旨で、漢陽が武昌の防衛前線であるという特殊状況を併説している。

次に黄榦は、一貫して粗放な大城よりも、緻密で弱点の少ない小城を主張している(31)。嘉定五年（一二一二）、前任の趙知軍が申請し、のちに都統司濠寨官が企画した設計案では、南の長江、北の大別山等の地形を利用し、西北に大別山に沿って外城を一部設ける計画であったが、黄榦はむしろ、府治を中心に四面周回七里弱の小城と、別に西北隅に大別山に達する低城（外城）を施設することを提案している(32)。また江陵城の補強を論じた一節では、「攻城之法、不過攻吾城脚」と、城脚の幅員を厚くすることを勧め(33)、また合肥城の落城の一因として、水門を鑿ったことによる弱体化を指摘している(34)。安慶府の場合では、黄榦の提案で、もと九・五里の城周のうち、城西の一隅二八〇余丈を削り八里とし、城高は二丈、城幅一・五丈、五門、三斗門を配し、濠を濬治して禦水に便にしている。黄榦は、この

安慶城では千余の兵で数千の敵兵に対峙することを想定している。(35)

ともかく、漢陽軍城の築城に対し、朝廷は湖北会子で九〇万貫、行在会子に換算して六〇万貫の支出を認め、城身包砌のための甎瓦の焼造、竹木の収買に着手するが、偶々数千里に及ぶ旱災が発生して中止される。(36) 次頁で述べる築城の資材、費用については、約三〇年後、淳祐八〜九年、広西の邕州城七・〇里の城身二一九〇歩を、「淮襄の城制」によって包砌した記録がある。すなわち、磚五〇〇万余、石灰一〇〇万石、木三万株、竹二万竿、鉄三万觔を使用し、費用は枢密司七万貫、経制司五〇〇〇貫、転運司五〇〇〇貫、提刑司一〇〇〇貫、塩二〇〇籮、ほか経常費の節約分で補充している。(37)

このような築城法と資材、費用、労力については、秦九韶の数学九章巻七下　計定城築に出題されている架空の一府州級城郭の計算例が、比較の参照になる。この城は、城周一五一〇丈（八・四里）の、平均サイズの府州城であり、城壁は高さ三丈、脚部の幅員七丈五尺、上部三丈、城脚下は深さ八丈の壕（底部三〇丈、上部二五丈）、城脚下部に石版を三層に廻らし、その上は、下部一丈（九層）、中部一丈（七層）、上部一丈（五層）を、各長一・二尺、幅〇・六尺、厚〇・二五尺の甎で包砌する定めであった。この工事に要する資材、労力、費用は次頁の表4の如くである。

この事例に近似した実例は、四川の瀘州城の修補である。大観元年（一一〇七）、泗州の規模に倣って、瀕江の東郭全長五八五丈（三・三里）は石隄一丈、土城五尺、女墻七尺、計二・二丈（基幅二丈、上幅一丈）、南、西、北壁六六四丈（三・七里）は、高さ一・三丈、基幅三丈、上幅一・五丈の土城を築いた。修理の全長は一二四九丈（六里三三八歩）で、一三七万二三五七工、二万五五〇四貫九一一文を計上した。(38) また熙寧年間（一〇六八〜七七）、福州の外城二〇里の修補では、甎、石灰等の資材二〇万二九〇〇貫、兵夫三三七万三四〇〇余工を計上し、宣和の外城三三〇七丈（城高二丈、基幅二・五丈、上幅一丈）の修補には、人工八一万三一〇〇余工、物料一五万三四〇〇余貫を計上している。(39)

甎瓦による城身の包砌、版石による江隄、城基の補強は、北宋中後期から南宋にかけて、華中・華南の中規模以上の城で盛んに行

表4　中級城郭に要する資材

永定桂	30,200条
（毎条長　35尺　径1尺）	
爬頭拽後木	120,800条
（毎条長　20尺　径0.7尺）	
搏子木	302,000条
（毎条長　10尺　径0.3尺）	
紙橛子	3,020,000個
（毎個　長1尺，方0.1尺）	
紙索	3,020,000条
（毎条　長10尺，径0.05尺）	
蘆蓆	226,500領
青茅	755,000束
（毎束　6尺囲）	
筀竹	75,500竿
水竹	15,100把
（毎把　0.2尺囲）	
石版	15,100片
城甎	12,833,490片
石灰	12,984,490觔
用工	2,003,770工
新会子	200,377貫文
支米	50,094.25石

（数学九章巻7下）

われた新工法である。甎石を用いた包砌によって、多くの城郭は大小の寇難、水害に対抗できるようになったのは事実である。しかし、六～七里から一〇里前後の、堅牢な城郭の構築は、十数万から数十万貫の、資材、工匠の雇傭費と、延べ一〇〇万を超える労力の動員が前提となる。仮りに労力の大半を廂禁軍の無償の徴発に頼るとしても、当該都市に集中する人口・資源の潜在生産力が、工費の支出に相応するものでなければ、容易に工事に着手できないであろう。(40)江西の袁州では、建炎初（一一二七）に次要州に昇格した機会に、有力者が入貲して修城したといわれ、(41)また漢川県の義士軍が開禧（一二〇六）の金軍侵寇に示した抵抗、(42)安慶府の民兵召募による守城案などの事例(43)を考え併せると、都市の防衛をめぐって、都市に根拠を置く民戸が、郷土、財産の保衛のために一定の役割を果していたであろうことは推測できるのである。

最後に、以上の論述の要点をまとめておきたい。唐末、五代の戦乱と分裂は、宋朝によって収拾統一され、平和が確立された。しかし、内乱と北族の侵入を直接に被った華北では、生産の不安定に加えて北族の脅威に対する戒厳状態が続き、河北を中心とする五路では、前朝の城郭を継承しかつ補修を加える命令が宋初より下され、全般に城郭の旧態旧制が維持されたと考えられる。華中・華南では、五代の治安悪化の下で、村鎮に至るまで城砦で防衛した地方もあるが、地方政権が宋朝への帰順に際し、他律ないし自律的に武装解除して城壁を撤去し、或は補修を放置し、ために江南では先進地、辺地を通じて、相当数の都市は無城ないし、土垣、木柵等の簡単な防備施設に止まっていたようである。しかし北宋中後期の儂智高、交趾、方臘の乱、さらに北宋末、南宋の金軍の侵寇という、局地的、或は全面的な戒厳状態が生起することによって、華中南の重要都市の多くは、修城による保衛を必要とするに至り、主として秦嶺、淮河線上の辺城の城制をモデルとして補強を加え、甎石で包砌された中級の堅城が随所に出現したのである。

このような状況は、表1に抽出した一五〇都市の資料につき、城周、城高、城幅、城門、城壕のデータを比較校量することで裏づけることができる。この分析の結果、幾つかの特徴が指摘できよう。まず行政ランクと都市サイズの相関であるが、江西の事例を手懸りに、当時の経済的中心であった華中の都市をみると、自然的、経済的都市化と、行政的位階のランクが割合に対応しており、当代でも都市化が比較的に合理的に進んだ地域として捉えることができる。華南は開発の進行過程というべき不均衡な相関を示し、華北は県治城周の平均的サイズが大きいものの、上位都市、中位都市が華中程に充実した発展を示していない印象をうける。

防衛機能と経済機能の相関をみると、都市が当該地域内での人口・資源の中枢である側面と、それがために都市に集まる寇難を排除する防衛の側面が、城郭建設をめぐって屢〻相殺関係にあることが指摘できる。一般に華中の都市で堅城を備えているのは、主として水災と小寇の予防に資するためであるが、水陸の城門を多く設けることで、経済機能への譲歩と調和がはかられている。しかし、南宋の中期、後期に至り、金軍、蒙古軍の脅威が日常的、直接的となるに及んで、防衛効果を優先した緻密な築城が企てられ、要衝に立地する都市の包砌、修城が随所に見られるようになる。

またこのような脅威を目前にして、都市に寄生する民戸の上層部は、資力を放出しても郷土、生命、財産の死守の責めの一部を分担すべきか否か、決断を迫られるのである。この点については、築城の手続、工法、リーダーシップ等につき、今後より具体的な研究が必要である。また都市の平均的サイズ、諸機能と、その地域偏差についても、資料を更に継続補完して、地域別に検討を積み重ねなければならない。本研究は将来の総合に備えるための一つの試論に外ならない。

注

（1） ウェーバーは、理念型としての西洋中世都市共同体と対置した場合、中国にかかる意味の都市の存在を否定するが、一方、歴史上の都市化の比較においては、インドを「農村の国」、中国を「都市の国」と対置して両文明の特徴を説明している。大塚久雄「ウェーバーにおける都市の概念規定について」比較都市史研究会報二七号 一九七八。

（2） Sen-dou Chang, "The Historical Trend of Chinese Urbanization", *Annals of the Association of American Geographers*, vol. 53, no. 2, 1963. "Some Aspects of the Urban Geography of the Chinese *Hsien* Capital", *AAAG*, vol. 51, 1961. "The Morphology of Walled Capitals", in G. W. Skinner(ed.), *The City in Late Imperial China*, Stanford, 1977, pp. 75-100. G. W. Skinner, "Regional Urbanization in Nineteenth-Century China", in *The City in Late Imperial China*, pp. 212-249.

（3） 加藤繁「宋代に於ける都市の発達に就いて」『支那経済史考証』巻上 一九五二。

（4） Sen-dou Chang, *ibid.* Skinner, *ibid.* & "Regional Systems in Late Imperial China", Paper prepared for the Second Annual meeting of the Social Science History Association, Ann Arbor, Michigan, 1977.

（5） Skinner, "Introduction: Urban Development in Imperial China", in *The City in Late Imperial China*, pp. 3-31.

（6） 永楽大典五二〇一 太原府、に見える山西の二五城図、九五六一 河南府に見える府下一四県城図をみると、圧倒的に矩形、方形の城郭である。但し例外的なものとして、五二〇一の保徳州、一一九〇六の連州の如き不整形の城もある。

（7） Skinner, "Regional Systems in Late Imperial China", Table 7.

（8） 永楽大典八〇九一 城、建昌府城所引贛宇志。曾我部静雄『中国及び古代日本における郷村形態の変遷』一九六三。

（9） Chang, *AAAG*, vol. 51, "The Morphology of Walled Capitals",

Skinner, "Regional Systems in Late Imperial China", pp. 24-37, City Walls.

(10) 永楽大典八〇九一　城、奉新県城所引予章続志。

(11) 元史巻八　世祖十二年五月庚辰。

(12) 淳祐玉峰志上　城社。

(13) 宋史巻五　雍熙四年二月丁酉。

(14) 例えば嘉定赤城志巻二　城郭。

(15) 宋会要輯稿　方域八—四　熙寧十年七月十一日。

(16) 永楽大典一一九〇六　広州府、城池、連州。続資治通鑑長編巻一七二　皇祐四年六月庚子。

(17) 嘉泰会稽志巻一。

(18) 永楽大典二二一七　瀘州　城池。

(19) 淳熙三山志巻四。

(20) 永楽大典八五〇七　南寧府　城郭。

(21) 宋会要輯稿　方域九—一九　乾道七年八月十九日。

(22) 黄榦　勉斎集巻二八　漢陽申朝省築城事、巻一八　又畫一六事、巻三四　暁示城西居民築城利便。

(23) 同上書巻三〇　申総領所為己乞祠禄申審築城事。

(24) 同上書巻三〇　申転運司乞歳豊別議築城事、巻二四　漢陽条奏便民五事、巻三〇　申朝省罷築城事、同巻　申京湖制置司辦漢陽軍糴米事、巻一〇　与李侍郎夢聞書、巻七　与綦総郎書奎、巻三〇　申転運司乞止約客庄搬載租課米事。

(25) 同書巻七　与綦総郎書奎、巻二四　漢陽条奏便民五事。

(26) 同書巻二八　漢陽申朝省築城事。

(27) 同上。

(28) 同書巻一八　回総郎官言築城事。

(29) 同書巻一〇　与金陵制使李夢聞書、巻三四　暁示城西居民築城利便、巻二八　復湖広総領請創築漢陽城壁。

(30) 同書巻三一　申省築安慶城。

(31) 同書巻三四　暁示城西居民築城利便。

(32) 同書巻一八　回総郎官言築城事。

(33) 同書巻一八　又畫一六事。

(34) 同書巻一八　回総郎官言築城事。

(35) 同書巻一五　復陳師復寺丞、巻三四　暁示城西居民築城利便。

(36) 同書巻二八　漢陽申朝省築城事。

(37) 永楽大典八五〇七　南寧府　城郭。

(38) 永楽大典二二一七　瀘州　城池。

(39) 淳熙三山志巻四。

(40) 宋会要輯稿　方域八—四　熙寧十年七月十一日の全国修城の命には、富民巨賈に修城の役に加ることを指令している。

(41) 永楽大典八〇九二　城　袁州城。
(42) 勉斎集巻二八　漢陽申朝省築城事。
(43) 同書巻三四　暁示城西居民築城利便。

2　宋都杭州の商業核

㈠　都市と商業区

マルコ・ポーロの証言をまつまでもなく、南宋の首都臨安府＝杭州が、九〜一三世紀の中国に生じた商業革命・都市革命の代表的な一事例であり、文字通り世界に冠たる巨大都市であったことは、よく知られている。しかしこうした杭州の都市化の急成長について、くわしい記録が残り、多くが語られているわりには、その客観的な状況内容や、現象の比較史的な位置づけについては、まだまだ不鮮明なところが多いのである。

さて都市化が、すぐれて歴史的な社会文化現象であることはいうまでもない。その際、ある都市がその支配領域＝後背地内の、最上位の中心点として機能できるためには、その領域内のあらゆる社会文化の諸組織（政治・自然・社会経済・資源人口・技術・文化価値）が、その一中枢点をめざして、求心状に、階層状に組織されているはずである。またこうした統合的秩序の頂点に都市が位置するからには、都市内の生態秩序もそうした後背地の構造や組織の集中状況を反映して、然るべき分化をとげているはずである。ゆえに都市の生態構造を周辺から見上げ、また後背地との全体的構図のなかで見きわめてゆけば、その都市を都市たらしめている中枢機能の性質や仕組み、成長因と制約因、についての具体的知識が得られ、さらに将来の相対比較・相対評価への途もひらけてくるのである。

比較都市社会学や比較地理学で都市の生態が問われるとき、その都市の社会的分化の状況と都市空間の分割状況との間には、関連性があるとみられている。かりに都市空間を機能的に中枢域と辺域、居住区と商工区、富民区と貧民区などに分けたとき、一般的にいえば、こうした分化は中枢点からの距離に比例して優劣関係が定まりがちであり、たとえば経済機能の高い都市では、商業区は全市域内でもっとも訪れやすく、地価も最高の中枢の部分に立地するといわれる。(1)

もちろんこれは一般例からの帰納による仮説であって、実情は歴史性と社会文化の態様に応じて多様である。中国都市の場合、立地選択において、基本的に定住と生産の便宜をベースとする事例がほとんどであるにしても、その都市ののちの成長には、行政要因・伝統理念やノルム・風水観などが相乗的に作用して、形態や区画・サイズにも濃い影を落していることはまぎれもない。だがしかし、その一方でそうしたノルム・伝統・政治社会要因のみを過度に意識して、一部に主張されるように、長安・洛陽タイプの都市が全国にあまねく存在したとか、中国都市内の生態が西欧モデルと対照的に未分化で画一化され、いわば兵営都市・官吏都市・農村同然の都市であったと断ずるのは、明らかに極端である。

具体事例に徴するかぎり、実情はむしろこの両極の中間に位置している。つまり中国都市に都市核を求めてゆくと、多くの場合、官紳区と商業区の二核をもつ楕円構造に出合うのである。そしてまた大ていの場合、官紳区は中心点に近い一等地を占めている。(2)ただし、伝統農業社会であった中国では、都市建設に当っていわゆるカーディナル・ポインツのうち、陽光の進入路である南北の基本軸をことさら重視し、かつ「天は円く地は方形」の観念をこの方位観にオーヴァー・ラップさせる傾きがあるから、もともと自然的には中心点から放射する道路組織で組み立てられている原初的な都市集落の形態をややねじ曲げ、矩形か方形の空間内におしこめようとする。一般に矩形が多いのは審美的なセンスが加わるからである。(3)

こうなると、区画内のレイ・アウトはラテン・クロスのグリッドを採ることになり、しかも前述の南北軸重視に影響されて、中心点は南北の大路と東西の大路の交差点となり、大ていは悪気・悪霊の貫通を顧慮して鼓楼や鐘楼がこの要の位置に立つ。ところで南北軸はたしかに至高の重要性を帯びているが、大路が南北に貫通してしまうと、軍事・治安の観点からみて大いに不安である。中国人の脳裏にある北方は、寒冷・生産の停止・死・夷狄・悪霊の侵入を連想させる。こうした配慮が、一般に北壁内の門の数を最小限にし、時に大門皆無という極端をも導く。かくて、都市内の東西中心線以北の空間は、衙門に保護された治安上の利点と、衙門なるがゆえの経済活動上の不便という欠点の相殺する場所である。もちろん同様な状況は城壁の東北・東南・西南・西北の角隅にも生じ、こうした角隅は生活条件が最低のゆえに、貧民区・農地・空閑地になりやすい。(4)

経験的にみて、中国都市の二核のうちの一つである官紳区が、東西基軸の北側の中心部分を占めがちであることはよく知られている。ここには衙門が配されて行政機能の中枢性が名実ともに示される。同時に文化的中枢性を象徴する貢院・学宮・書院、これに付帯する書店・香燭店・文具店・公設互助組織・大邸・骨董店・舶載品店等はこの近辺に集まる。したがって、一見したところ全市一様な街坊ブロックでこの核域が区画されていたとしても、内部的には胡同・小径の細分は少なく、実質的には人口もまばらで空間にゆとりのある山の手の趣きを備えている。古来、中国都市が低地の中枢を選択する一般志向があることは章生道教授の指摘の通りであるが、(5)この選択に伴う上下水の整備、水害・火災・暑熱への顧慮、さらに官紳への補給と治安確保などの要件が相乗勘案されて、官紳核の立地は、ある程度高阜でしかも水資源に近接し、できれば公園等を包みこむ日常生活上の一等地が好適であり、周辺に兵営・倉庫を配することが望ましい。実際には東西軸の北側に広がりがちな官紳核が必ずこうした条件をみたすとはいえず、後述の杭州はまさにその例なのであるが、町割りの基本線の一半を担う官紳核がこうした方向で成立していることは、多くの事例で証明できる。

さて官紳核がこのように都市の山の手部分を抑えてしまうために、一方の商業核が都市中枢そのものを占める余地は、いささか減じてくる。商業核の成立は、その都市の、周辺の資源に対する支配関係、具体的には周辺から到達する基幹商業・交通路線との関係という、自然的・経済的条件に結びついている。したがって、後背地に広がる各種産業別物資の流入セクター、これを導く道路組織との相関が問題である。宋の泉州は東南辺の晋江岸に、明州は東辺の奉化江・餘姚江の分岐点に、また蘇州は西辺の大運河碼頭に、こうした重要な商品流入セクターがあり、清の台南、台北、天津などみな同様である。

こうした関係で、主要な商業的な都市では、外部からの幹線路が市内に入りこむ地点を扼する城門周辺、そしてその延長としての城内基幹道路沿いとその交会点は、すべて商業区成立の好立地である。それでは商業核がどこに成立するかといえば、その規定条件には、当該都市の繁栄が開放的な経済活動に多く依存しているか否か、また集散機能が単なる転送を主とするものであるか、或は文字通り生産加工を含めたエンポリアムであるのかでヴァリエーションがあるものの、判定の目安は資本的な職業、たとえば銀行・高価な商品の店・資本規模大なる工匠業の集中する区域である。そして一般にこうした職業は、保安と経済活動の便宜のために、都市中心に近い場所を占めがちである。城内の基幹路線の沿線で、しかも先述の官紳核にも近い場所は、保安上でも経済活動上でも、こうした商業核が成立しやすい。(6) ただ官紳核とちがって、商工区は原料・商品の移動の便、販売・加工・生産のための労働供給の便を優先する。居住条件は二次的・三次的でもやむを得ないが、物資・労働供給の効率は不可欠である。かくて商業核の構図は、主要道路に沿って帯状に広がり、その頂点を市心近くの富裕な商工区にもち、その末端を城門外の商工郊区にもつことになる。また物資・労働の需給にからんで、商業核の周辺は人口の過密、高い男性の対女性比、入り組んだ胡同、時に貧民区との雑居で彩られる。

右にのべたような生態上の特色や分化は、すべて経験的にたしかめ得る事象から帰納してくみ立てた概括である。実際にこうした概括的映像に具体的偏差を添える変数には、各都市の都市化の程度に作用する二大要因として、行政的なそれと、自然的経済的なそれがあり、その相関のクロスするところに各都市が位置していることは、近時、明らかにされつつある。(7) 行政的に、県治・府州治・省都・首府とランクが上がるにつれて、城周サイズも、城内域も相応に大きくなるよう人為的に配慮されていて、首府は然るべく大きく、県治は然るべく小さく計画され、中間の府州城は城周一〇里くらいが目安で、この程度ならば「地方の大都会」にふさわしかった。(8)

しかしこうした人為的な牽引力のみで都市が都市たらしめられていたのではない。福建の路都福州は、サイズでも経済的繁栄でも泉州府治と大して隔っていない。唐宋の商業革命期、都市革命期は、こうした本音と建前のずれが各地で目立ってきた時代である。

後述の杭州とその周辺の両浙地方は、前節で見たように都市化において行政と経済の両牽引力が互いに相即して平衡していた地域であるが、それはこの新興の経済の最先進域で、行政上の都市化のランクサイズが経済的なそれにうまく適応していた結果であって、その逆ではないはずである。かような経済的都市化を、人口サイズ、社会化度、商業化度を目安に、首都・地域首府・地域都市・大都市・地方都市・中心市場町・中間市場町・原基市場町、つまり八段階の中心地（セントラル・プレース）の層位でみた場合(9)、都市内部の生態分化も、冒頭で述べたように、ランクサイズに相即する理である。たとえば奢侈品流通の下限は、県や大鎮に当る中心市場町どまりである。反対に首都級都市の社会経済分化は、下は日常交換から上は超奢侈品におよぶ、あらゆる八段階中心地の機能を吸収しているに相違ない。

以下の論述では、右に描いたような中国の都市化と都市生態についての一般の傾向を念頭におきつつ、資料が豊かに残っている南宋の杭州における商業核の成立が、全体的社会経済諸組織の脈絡の中でどのような位置を占め、どのような機能がこの核を支え、またその核の規模はいかなるものであったかを、具体的に逐一明らかにしようとするものである。

(二)　杭州の立地と都市組織――歴史と経済地理――

竺可楨教授から最近に至る、中国学者の詳細な研究で明らかにされたところによると(10)、今の西湖は西漢当時は、葛嶺・宝石山の岬と呉山麓の岬を結ぶ海口が大きく開けた大湾であった。銭塘江水は今の杭州駅付近から南は江干区の辺、さらに御街や運河沿いの浅瀬を洗って、城北の旧臨平湖、泛洋湖あたりの沼沢地に澱みをなしていた。初期の定住・生産両条件の上で、秦・西漢時代に小都会の銭唐県が生れたのは西湖の西北方、霊隠山下の今の霊隠寺の辺で、行政上、漢代は会稽郡＝蘇州の西南辺のフロンティアであった。後漢になって湾口の陸地化がすすみ、防海大塘が砂洲を締め切り、町は今の武林門内に移った。しかしこの頃の水利条件の下で、この周辺で最も安定した都会の立地は、天目山水の供給を受ける餘杭県であり、ここには大規模な人造の灌漑池上・下湖が築かれ、銭唐県も後漢には餘杭県に編入された。

後漢になって銭唐県は復活したものの、餘杭・臨水（臨安）・於潜等の後背地は呉興郡＝湖州に帰属した。天目山水系が組成する自然的統合秩序からみると、これはむしろ当然であり、銭唐と富陽両県は銭塘江と杭州湾口の生態境界をその立地の条件とする出営町であった。この間に、現在は紹興と陸続きの半島状をなす龕山を貫通する銭塘江の二〜三の分岐した流路が成長し、同時に現在の杭州市街の陸地化が進んだ。宋の塩橋運河あたりを走っていたといわれる漢代の防海大塘の東に異沙河（菜市河）、中沙河、外沙河（貼沙河）が唐代に通じ、江辺の低湿地は圩田のように排水装置がめぐらされて、一応生産、定住に耐えるようになった。ついで五代呉越国の九一〇年、捍海塘が右三河の外縁の杭州湾に沿ってつくられ、塘基に鉄幢を建てて水則（水準）碑とした。これらは崇新（清泰門）、候潮門外、利津橋辺にあった。(11)

さてこうした低湿地の陸地化・市街化が、唐・宋にはじまる湾岸の下部（新）デルタの生産干拓やそのための移住と深くかかわるもので、土地利用上の大転換に呼応することはいうまでもない。六一〇年に完成した大運河は、北は黄河・淮河流域、西は長江流域、南は銭塘江流域、東南は浙東河・東南海岸域の資源を杭州に集めかつ散ずる磁力を揮いはじめた。南朝の陳が銭唐を郡治に昇格させたのに続いて、隋は杭州に改め、東苕渓水系の餘杭・臨安・於潜県を湖州から割いて、のちの杭州の領域が独立した地域単位に発展した。

三六里九〇歩といわれる隋の杭州城壁は、地域首府にふさわしい規模である。魏嵩山教授の研究によれば、隋唐の杭州は、現市街の西北隅、武林門直南の地を中心域として成立していたようで、北壁は宋の羅城よりやや南、西と東の壁は宋城と大差なく、ただ南半は呉山を囲み入れながら、鳳凰山を外に置いていた。五代の呉越王国が杭州を国郡にすると、城域は南北に向けて急に広がった。八九〇年から八九七年の工事で、北と南に夾城がつくられ、北は今の湖墅鎮つまり餘杭塘と大運河の上下塘接合部から、東西馬塍・北関がこの夾城で包まれ、東の羅城は菜市河のやや東を走り、南は鳳凰山・包山・玉皇山・虎跑山・江干を夾城裏に組み入れた。史書に五代・宋の城壁総延長七〇里と記すのは、実測してみてもこの規模について言っているようである。この築城に付属して捍海塘

図１　杭州城郭変遷図

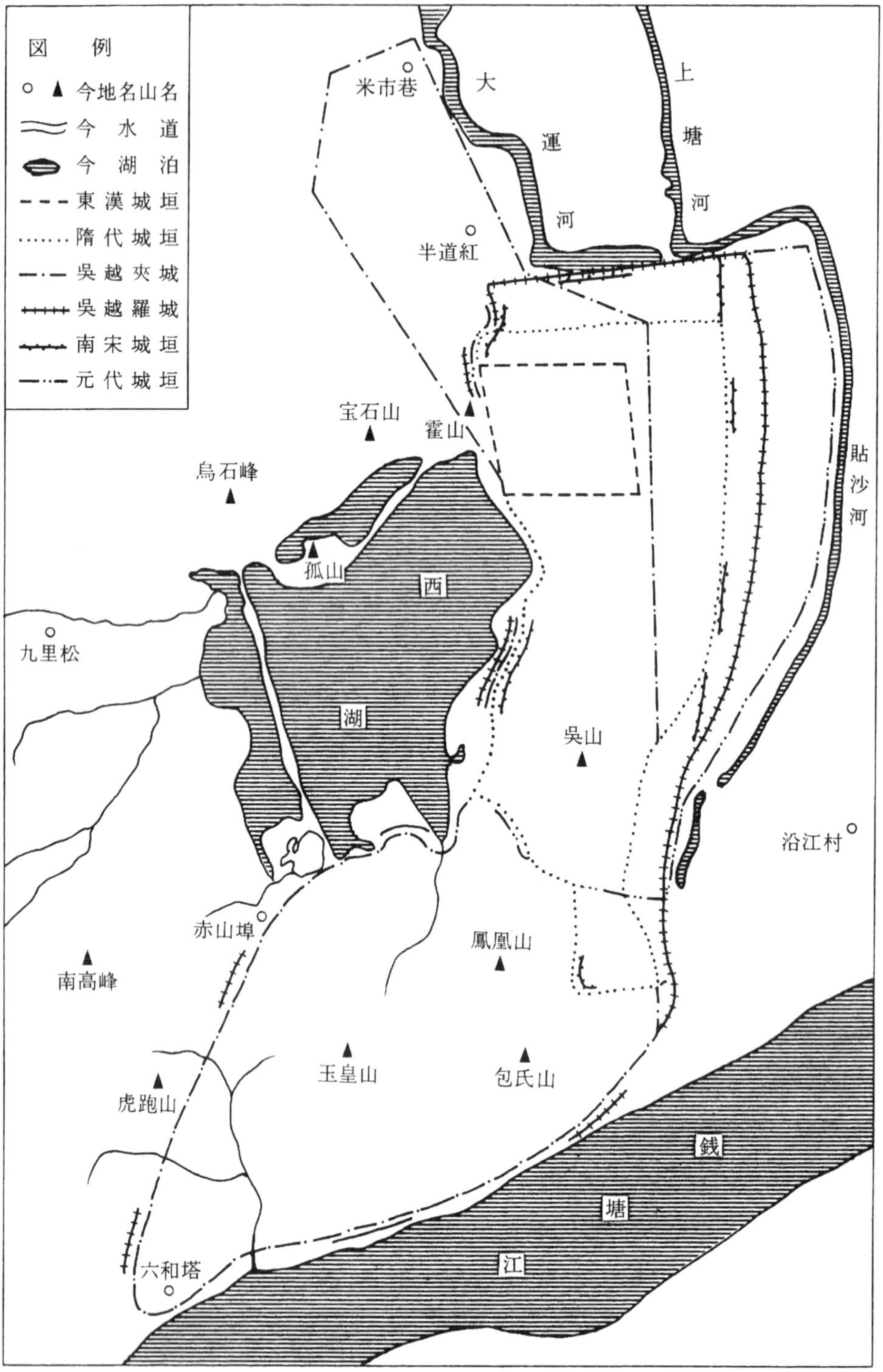

魏嵩山「杭州城市的興起及其城区的発展」歴史地理創刊号　1981年11月

という海塘と、慈雲嶺と呼ぶ山路ができ、また北関・湖墅付近の貨物集散地と、鳳凰山近辺の軍事駐留地の原型ができた。なお呉越国当時の子城は、およそ南宋の子城の位置である(図1)。

北宋・南宋の間に、旧呉越国都の城壁規模はやや縮小する。北宋では、南北の夾城は廃され[12]、東の羅城も菜市河の内側、隋・唐の城壁の線に後退した[13]。ただし崇新門から保安門・候潮門のあたりは、呉越国の城壁に沿っていた。城内の生態上に影響を及ぼしたのは、九二二年、仁和県の前身である銭江県が置かれ、銭塘県と共に負郭をなしたこと、一一二九年、府治に昇格して府衙門がその南に成立したこと、及び一一三八年高宗が紹興より遷都し、一一四一年の宋金和議以後、皇城建設が本格化したことであろう。仁和県署は武林門の直南、銭塘県署は銭塘門のすぐ東、臨安府治は豊豫・清波両門のすぐ東の呉山麓、皇城は鳳凰山東麓の旧呉越子城を占めた。

さきに葛嶺と呉山を結ぶ線が、旧西湖湾の海口部であったとのべた。つまりこの旧湾口から、その幅を東北にひろげ艮山門、東青門を抜ける地帯は、旧海口上に自然的・人為的に造成された低湿の陸地で、東壁や菜市河の堤で行手を遮られた溢水は、城内東北隅や、城外北・東部に溜って、居住条件の悪い砂地や水溜りをつくっていたはずである。上記の官署のうち、県治・府治は、交通・居住の両条件で見る限り、この水溜りを避け城内一等地を占有している。皇城は護衛する兵員の配置、水害・火災の安全、風致的景観、居住条件を勘案してか、鳳凰山麓の台地を占めた。

皇城の遷徙に伴い、開封の落城後、高宗に従って南への逃避の旅をつづけてきた西北とくに関中・四川方面の富民、宗室、将軍たちとその家族や部下が、一せいに城内外の一等地を占有し、在来の土着民の貧下層は城内の劣悪地か、城外の新開地に移り住んだ。上述の官庁周辺の間隙、皇城のまわり、西湖の北、西、南辺はこうして一挙に宅地化したようである。かようにして、南宋の杭州に生れた一等地とは、西湖畔を除けば、西北の昭慶寺・景霊宮辺、韓王・漢王・呉王・劉王・沂王・楊王府と宗学が集中した衆安橋の南北一帯、豊豫門—崇新門という卍形にクロスする東西軸に沿う幅広い中央区、そして呉山東麓から御街をこえて新開門・保安門に至る細長い南辺区である。これらの多くが西側に偏している理由は、恐らく西湖で保障された防衛の安全性、また水源への接近、微少ながらも高阜な土地、官庁近接の便とゆとりのある空間のためであろう。同じ西側でも、八字橋・兪家園・花市のあたりは俗に九十九井と呼ばれる湧水池の集まる場所で、元来は農圃が点在し、のちに宅地化が進んだA′地である。徳寿宮・栄王府のあった中央東部も、崇新—新開門の長い城壁背後の空閑地を南宋後半に再開発したという意味でA′地とみてよい。

さてこうした背景の杭州市域に、南宋では、恐らく五〇里前後の外城壁がめぐらされた。隋唐の三六里余をこえる城壁部分は、候潮門から今の南星橋辺をへて左折し、梵天寺を包み、包山・桃花関・冷水谷を外にみて、烏亀山を包み、藉田、先農壇辺で西北に転じ、慈雲嶺から鳳凰山西北背を万松嶺へと、ジグザグに進んでいた南の羅城部分である（図1）[14]。この南辺部は空間の広い割りには人口は少なかったはずである。北宋の開封が五〇余里の外城規模で一〇〇万をこす人口をかかえていたとしても、それは平地である。起伏の多い、居住地の限られた杭州に推定一五〇万の人口が住んだとすれば、その空間占拠の状況はどのようなものであったであろうか。杭州の人口規模につき、五〇〇～六〇〇万説と一五〇万説の二説が存するうち[15]、後者を採る一つの理由は、複合社会の都市化では、二位都市の人口は一位の約半分、以下この順で逓減するトレンドが一方にあり、また清代でも中国の都市化率はせいぜい六～一〇パーセントと経験的・統計的に見積られているからである[16]。南宋の盛期、約六〇〇〇万とみられる総人口のうちで、かりに五〇〇万都市を頂点として、思い浮ぶ大都会の人口を加算してゆくと、主要都市の延べ人口のみで全人口の過大な部分をおおってしまい、多分三〇パーセントをこす都市化率になってしまう。農村と都市の分化状況が、清朝と大差ない状況に近づき、しかも丘陵地より低平地に人口が集まっていた宋代としては、五〇〇～六〇〇万説は穏当を欠く。またいかにしてこの狭い空間を占め得たかも説明できない（因に、一九八一年現在、人口一〇五万、城内八一万）。

一つの確実な根拠に拠ると、南宋の杭州城内で、糧食の日常補給を要する範疇の下層庶民は一六～一七万人であった。これは時の江寧府城内外の同種の人口に等しい[17]。この範疇人口は、職業的に手工業・商業・運輸・雑業の賃労働者・家畜食肉業者・蔬菜専業農家とその家族とみてよい。同様の民は城北・城東・城南にもいたのであるから、江寧との相対比較や、別の資料で知られる杭州の城内外人口比一・五対一の比率からみて、右範疇人口の城内外総数は約三〇万となる。

つぎに城内外の皇族・官戸・吏戸・軍戸が俸給として補給をうける年間糧食量一五〇万石という確たる根拠がある。[18]これを人別にすると一六〜一七万人に相当する。ただし俸米は日常消費総量と等価ではないし、上層の人々は官俸外の補給源をもち、家族数も多いし、備蓄もしているから、資料の質は劣る。さて、北宋の開封には二万四五〇〇人の全国官吏中、約四割がいたのであるから、南宋でも杭州の官戸数は一万人くらいとみられる。軍戸も同様の類推で約一〇余万人、[19]胥吏層は大州の例から推して六〜七万人くらいであろう。平均の家族数を五人と考えれば、この範疇の人口は一〇〇万人くらいになるだろう。残る二〇万人の内容を考えると、応挙・退役の紳衿・僧道そして商舗・旅館・工匠店・運送業・金融業の経営者・経営参加者など、日常の糧食補給を必須としない金銭的・資産的富裕層と穀作農家が思い浮ぶ。かりに城内九〇万人、城外六〇万人という住み分けを考えると、城外の職業人口の主体は一二万程度の工匠・商業・運輸労働者・蔬菜専業農家と、軍戸・穀作農戸・官戸・吏戸・僧道戸（とその家族）の四八万人、城内は商工労働者・雑業一六万人と、皇族・官戸・吏戸・僧道戸・軍戸・紳衿・商工経営層の七四万人となる。一見して、城内は俸給・年金生活者、有資産階層で充ちている印象であり、一方、城外は城内の社会分化した各層の人口やこれに呼応する補給を支える職業で彩られる様子が彷彿される。

ところで杭州城内外の一等地空間が官衙・官宅で占められ、穀物消費の少なからざる部分が官吏・紳衿とその家族の補給にあてられていたことは事実であるが、これをもって直ちにその官吏都市的特色を想定するのは論理の短絡である。一五〇万の人口サイズが日々に消費する穀物は三万石、年間一一〇〇万石であり、官府の供給能力は一四パーセントにすぎない。杭州が穀倉地帯の好立地を抑えていても、大量、恒常の重量穀物輸送を維持できる商業・運輸機構・資本の集中と整備、そして低平価格の穀物の集中を誘うに足る回貨の見返りがなければ、この都市は成り立たない。同様な意味で一五〇万人の人口集中は、資本・商品・労働の然るべき分化状況を想定しなければならない。張仲禮教授の清代紳衿の収入分析によると、[20]官職から派生する収入は全体の四九パーセント、土地保有収入三四パーセント、そしてこの土地保有も商業を媒介にして成り立つ部分が多いとされる。資本供給から考えてみても、杭州の持続的な都市機能が生じた背後には、相応に発達した商業の貢献を理解しなければならない。こうした観点からみたとき、杭州を中枢点とする物資の集散移動は、同心円状に、一次的・二次的・三次的な、つまりミニマムからマクシマムに及ぶ重層の市場圏組織と、これに脈絡をあたえる交通商業組織を背景にするものとして捉えることができる。

(三)　市場圏と商業交通組織

図2は、南宋の領域空間について、杭州の経済的中枢性に基づく支配効果の波及の濃淡を、一次・二次・三次の市場圏構造として示したものである。[21]もちろん、これは行政的な政治首府としての、単一、一枚岩的に観念される行政都市網の構図とは別物である。細い点線で画した小六角形のセルは、それぞれの大都市（Greater City 多くは州）に集中する地方ごとの大都市市場圏を示し、濃い太い線はそれらを結ぶ海路、薄い太い線は水路（矢印はその流下方角）、直線は陸路を示している。明代の例で、河運は陸運の三〜四割安、海運は七〜八割安とみられているから、河運・海運の可用性は、市場統合にとって重大な変数である。宋・元代でも算書や契約書、河防・漕運の記録に、輸送貨物の種類・形状・容量・輸送距離とその難易度を勘案して料金計算がされている事例を多く見出すから、市場近接性による流通費が、市場価格のそして原価の決定要因であったことは確実である。図中の太い六角形は二次市場圏、その外側が三次市場圏である。

(一)　三次市場圏。杭州のマクシマム・ヒンタラント、遠距離商業輸送圏である。D. Perkins 教授の研究では、明・清時代に長江水運の穀物輸送費は、[22]河北・山西に比べ三分の一から四分の一だが、たとえば湖南から江浙へ一〇〇〇マイルを運ぶと、輸送費は原価ほどかかるという。また鉱物は、開掘の原価は穀物育成費と変らないが、輸送費が穀物と同じ位なので流通費が相対的に高くつく。また茶・絹なども穀物の四〜五倍の流通費がかかる。こうした関係が遠距離商業の量・種類・来源地を自ら限定してしまう。

杭州が全国有数の薬材や香辛料の集散市場であり、東南海岸や南海の舶載品はもとより、蜀の川薬をも吸引していたのは、薬材が軽量でかつ上下に広い需要があり、恵州羅浮山薬市・紹興燈市・湖南衡州薬市・四川成都薬市などの仲継地域市場が備わり、道士・助道等の販売網が備わっていたからである。[23] 南海舶載物については、市舶—榷貨務制度の保護という外的要因も大きい。長江奥地についてみると、たしかに水運の便宜が奥深い市場を拡げているが、回路の溯航が不利益と感ぜられて商品を限定している。四川の絹・麻はともかく、紙は重量と嗜好のゆえに江南産の竹紙・楮紙に江浙市場を奪われ、荊湘産・江西奥地産の木材・鉱物・染料・油脂・漆・一部の果実・絹・麻製品などが特定の需要を求めて杭州市場に達していた。康熙銭塘県志巻三四に引く葛澧の銭塘賦には、江帆海舶・蜀商閩賈のもたらす特産として、陝西安康の麩金、白膠、河南汝南の蓍草・亀甲、山西上党の石蜜・貲布、剣南の縞紵・牋・錦、その他球琳（美玉）、琅玕（美玉）、鉛・松・怪石、蠙珠（真珠）、檿糸（山桑の糸）、杶（香椿）、榦（山桑）、栝（檜）、金、錫、竹箭、丹銀、歯草、柏、林漆、糸枲、蒲魚（魚名）、布帛、河北信都の棗、河北固安の栗、浙江曁浦の二如（?）、奉化の海錯を挙げている。[24] 常套句もあるが、およその状況はつかめる。都城紀勝　鋪席に「外郡各々一物を以て最を称するもの、無（撫）紗、洪扇、呉銭（牋）の如きもの」といい、夢粱録巻一九　塌坊に、「客商の聚る所」とする荊南・沙市・太平州・黄池は、かような長江流域の物資の動きの中で位置づけられる。陸游の入蜀記をみると、長江上・中流域の物資の動きを制していたのは蜀商・蜀船であるから、杭州に川飯分茶（夢粱録巻一六　麺食店）、梓潼帝君社会（同巻一九　社会）や四川演劇の芸人など「四川風」の風俗が市内に見られたのもまた当然である。

一方、後でのべるように、閩・広の商人の手で、鮮烈な南方の風土色にみちた熱帯・亜熱帯産の特産がもちこまれてくる東南の海路は、マクシマム・ヒンタラントにおける最も活動的なセクターであった。すでに海上の迅速・安全・定期の大量輸送法が確立していたので、江浙↔閩広は、経済距離的に至近（五〜一〇日の航海）であった。江浙の米・絹・陶磁・工芸品等の回貨を求めて、香料・

図2　南宋杭州の商業後背地

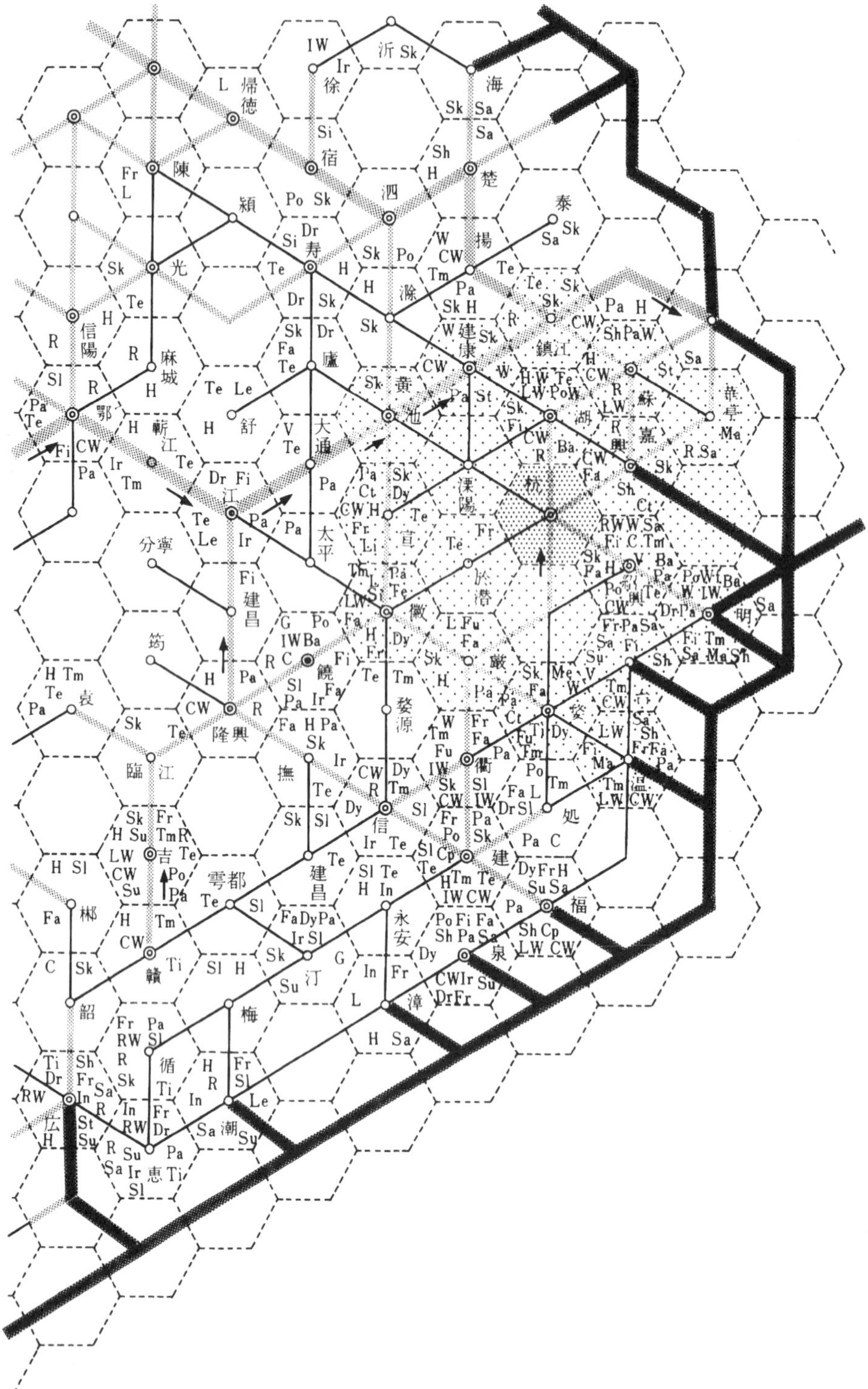

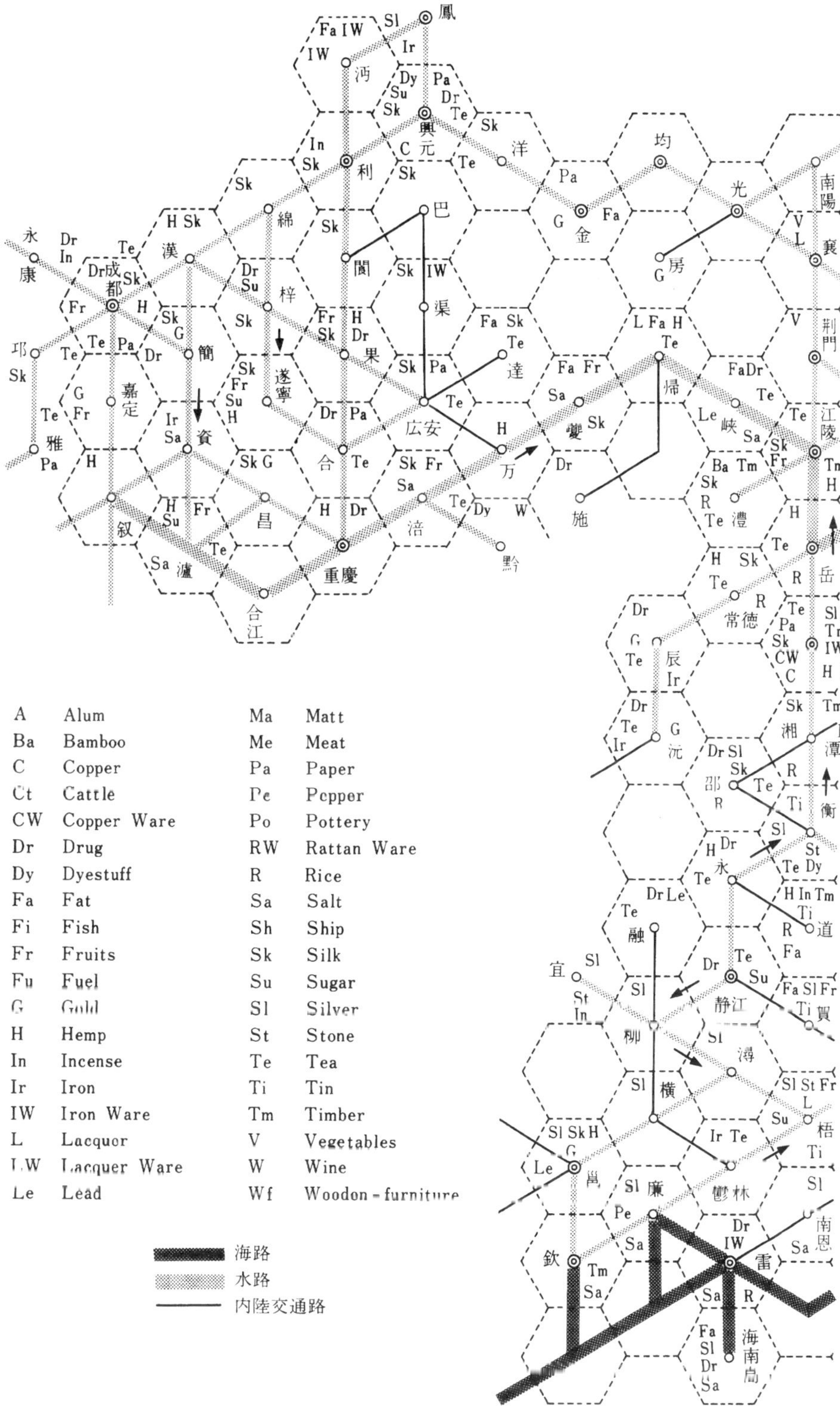
A Alum
Ba Bamboo
C Copper
Ct Cattle
CW Copper Ware
Dr Drug
Dy Dyestuff
Fa Fat
Fi Fish
Fr Fruits
Fu Fuel
G Gold
H Hemp
In Incense
Ir Iron
IW Iron Ware
L Lacquer
LW Lacquer Ware
Le Lead
Ma Matt
Me Meat
Pa Paper
Pe Pepper
Po Pottery
RW Rattan Ware
R Rice
Sa Salt
Sh Ship
Sk Silk
Su Sugar
Sl Silver
St Stone
Te Tea
Ti Tin
Tm Timber
V Vegetables
W Wine
Wf Woodon-furniture
海路
水路
内陸交通路

薬物・染料・鉄・木材・砂糖・油脂・酒・麻布・葛布・藤器・鼈甲・真珠・生果等が流入し、市心の高級品店の鋪頭を埋めた。[25] 呉山辺の梓潼帝君廟に対峙するかの如くに、艮山門と城南蕭公橋、候潮門外市舶司側には閩人の郷土神の聖妃廟が屹立していた。この外にも、徽州人の祭神霊順廟は城内外七所に祭られ、同じく各所にあった徽州の祭神五顕神は四月八日に社会をもち、江西袁州の仰山祠は観橋に祭られ、常州の顕佑廟は仁和県署、百万倉辺にあった。[26] さらに鳳凰山自体が「客山」と呼ばれ、江商・海賈を中心とする留寓の富室が同山や呉山のまわりに邸宅をもっていた。民国一〇年の地図にも、鳳凰山麓には四明・紹興・新安・奉直・江西・両広の会館・公所があり、「客山」の伝統の名残りがみられる。

㈡　二次市場圏。杭州のミニマム・ヒンタラントである。杭州の一五〇万人口が需要する日常性を備える物資の、直接の補給が行われる中距離輸送圏である。米穀・薪炭燃料・油脂・魚肉・生鮮な嗜好品・工業原料・建築材・茶・塩等はこの圏域から集まり、圏内の各特産は相互に地域内の分業関係に立っている。宋・元代に柴・米・油・塩・醤・醋・茶の「七件事」は、[27] 庶民レベルの日用必需品である。夢粱録巻一二の江海船艦には、半ば無意識に中距離河海運に触れつつこの圏域を示している。周必大の二老堂雑志巻四ほかの諸書が引く諺「東門菜・西門水・南門柴・北門米」という物資流入のセクター観念は、こうした資源と産業の後背地関係から理解すべきである。図3に示した杭州を起点とする六本の幹線のうち、交通と資源分布の関連で重要であるのは、北方の二線と南方の二線である。北の二線つまり大運河の上・下塘は蘇州で合流して鎮江に至り、南の二線は、南門外で分岐して一は明州に至り、一は厳・衢州ないしは徽州に至る。穀物は生産量からも、輸送の便からも北方に重要な来源があり、燃料・油脂・家畜・魚介・嗜好品は南方に重点がある。杭州からはるか西方の、独立的な地域圏の中枢を占める徽州は、於潜・餘杭経由の山路と、厳州経由の渓流で杭州と結ばれている。徽州特産の文房・紙・漆・木材・茶・染料、徽州が仲継する鉱物等は、黄山の分水嶺から江浙・長江・江西へと流れた。同様の境域上の仲継点としては、明州・衢州・鎮江・黄池を挙げるべきであろう。

ところで、南宋の紹興元年（一一三一）一〇月、まだ杭州に行在が成立せぬ頃、軍需調達に必要な銅銭の不足に困しんだ宋政府は、浙江の婺州

図３　杭州に集中する交通路

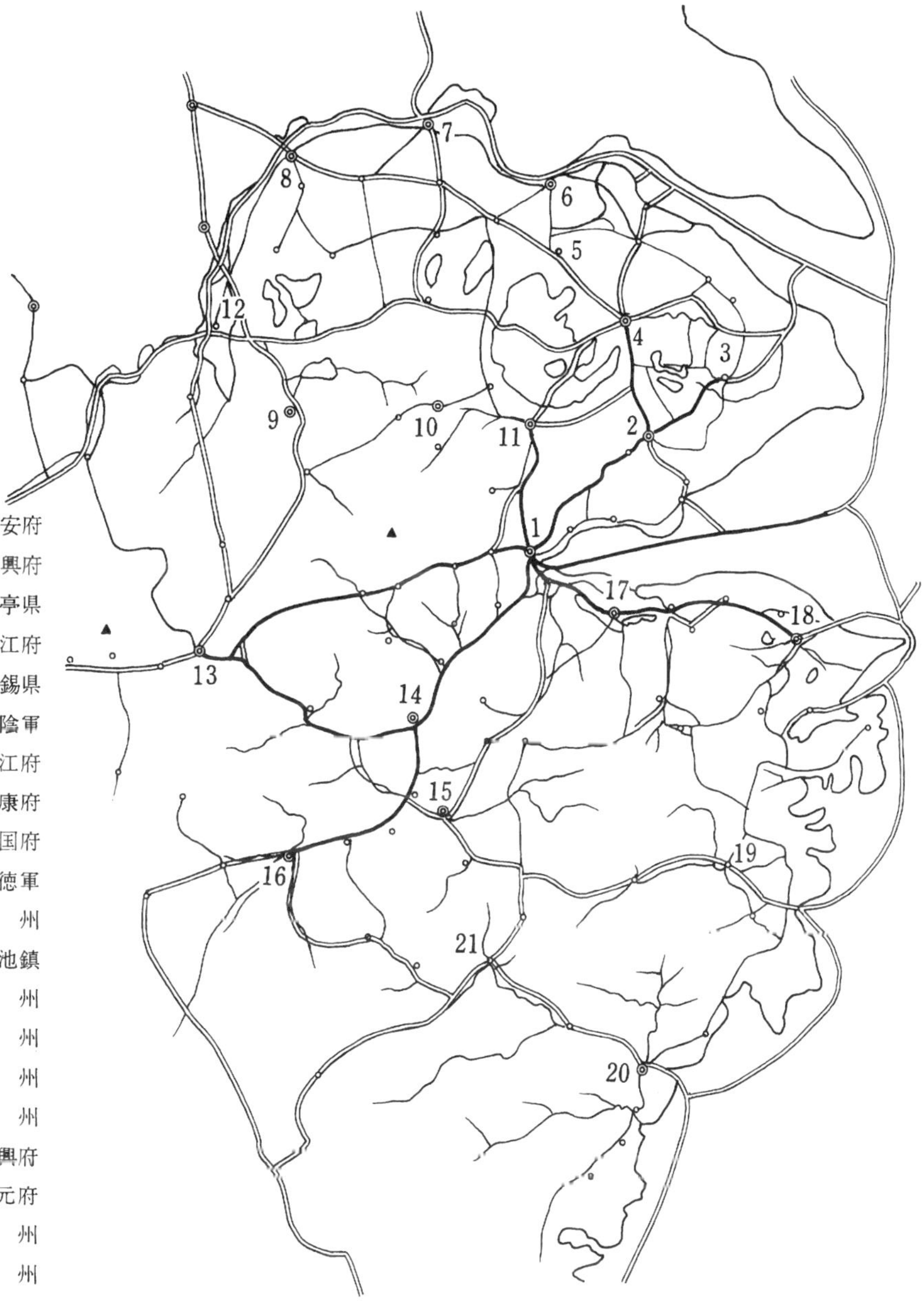

1．臨安府
2．嘉興府
3．華亭県
4．平江府
5．無錫県
6．江陰軍
7．鎮江府
8．建康府
9．寧国府
10．広徳軍
11．湖　州
12．黄池鎮
13．徽　州
14．厳　州
15．婺　州
16．衢　州
17．紹興府
18．慶元府
19．台　州
20．温　州
21．処　州

で戸部見銭関子という手形を発行し、杭・越榷貨務で兌換した。この制度は六年(一一三六)、江淮を対象とした行在関子に広がり盛行したが、これと並んで臨安の金融業者は自営の便銭会子を発行していた。これは紹興五年(一一三五)当時、寄付兌便銭会子と呼ばれていた手形の延長上に位置するものらしく、通用範囲は城内外に及んでいたらしい。三〇年(一一六〇)、この市井の会子に倣った政府紙幣が印造されて通用しはじめ、三一年に会子務がおかれ、両浙に通用したのち、三二年(一一六二)頃から淮浙・湖北・京西に流通する紙幣となり、杭・越・揚・廬・襄・江陵等に拡がった。この行在会子または東南会子[28]と呼ばれる政府紙幣誕生に至る経緯は、民間レベルで、杭州とそのミニマム・ヒンタラントに、一種の金融上の統合が成立していたことを証するものである。

㈢　一次市場圏。杭州とその直接の郊区ウムラントから成る通商圏である。杭州と西方の徽州との中間に介在する東苕渓上の於潜県一帯は、自然的には湖州に統合され、経済的・行政的には杭州に帰属しているので一応除外する。この小圏域内では「東門菜、西門水、南門柴、北門米」のセクター関係は非常に鮮明である。西郊は風致と給水に特化し、東郊は生鮮蔬菜の供給地・穀物・建築材・燃料・食肉獣等の備蓄地に特化し、南郊は燃料・油脂・魚介・若干の米の流入口(米の一部は浙江に流出)であり、北郊は米の集積・備蓄・建築資材・燃料の積卸地・蔬菜供給地で特色づけられる。

物資の動く主要な方向は南北軸に沿い、北は大運河・餘杭塘など重量・大量輸送の交通路に連なり、南は銭塘江・浙東河に面している。本書末の図1は夢粱録、咸淳臨安志等の記録によって、この一次市場圏内の物資集散と交通の相関状況を示したものである。まず南からみると、候潮門外の渾水閘辺は積卸の一大デポーである。江水シルトの沈積、水位・水圧の上昇を兼ねているこの閘口部は、魚介、果実・家畜・家禽・木材・粗陶・麻布などを荷揚げし、団・行等の卸組織で選別し、貯積する場所である。浙江方面へ転送する米の卸市場もここにあった。ここから城壁東辺を北上する裏・外両沙河は、右の物資をさらに崇新・東青・艮山門辺に転送して貯え、右の諸門を通じて城内に小分けして売る目的に役立っており、城東の中部・北部にも嵩(かさ)高の重量物資の集積地がめだつ。一方南辺の今の江干付近には菜園・鳥盆場＝下肥貯積場、また花園などがあり、はるか南の龍山渡の税場辺には竹木の貯積場がある。

渾水閘で浄化され、水位を高めた江水は、保安水門から城内に入り、通江橋から北上して塩橋運河となり、梅家橋をへて白洋池という倉庫・塌坊密集地に達し、天宗水門をへて北郊の大運河に注ぐ。この通路は杭州城の補給の生命線である。薦橋つまり東西基軸との交差部には客商を泊める旅館が並び、このあたりの西辺は後述の商業核にもっとも近く、都税務の存立がそれを象徴している。豊楽橋と塩橋の間は、薪炭・油脂・塩などの日常必需品「七件事」の積卸地と馬市があった。塩橋周辺は榷塩の役所があり、広福廟の由来でもわかるように富民が集まっていた。その以北は、マルコ・ポーロが記述するような堀割りをめぐらし、夜警を配した石造の倉庫が林立する区域で、[29]咸淳倉・豊儲倉という倉庫の集団、そして民間の舟車器物・商品を預る倉屋敷（塌坊）があった。清冷橋から左折してすぐ塩橋運河に並行して北上する市河は、江水が及ばず、西湖水の給水で機能していた小クリークで、交通運輸の目的というよりは、下水排水と小規模な往来のためのものであろう。今は塩橋運河は存するが、この小渠はすでにない。

この両渠にクロスする東西路線として重要であったのは、西の豊豫門（湧金門）と東の崇新門を結ぶ交通線で、その中枢は薦橋辺の壩頭にあり、都税務もここにあった。三橋街・薦橋街で成るこの道は、金融商・高級商品・工芸品の集まる市心部を貫いており、また府署にもっとも近い。道が薦橋辺で卍になっているのは、章生道教授のいう、悪気排除の工夫であろう。次に重要なのは、西は銭塘門から東は東青門へ抜ける東西線である。東青門（菜市門）外には菜園が広がり、細かく分化した菜市・鮮魚行・油脂・家畜の貯積地があり、市民の台所の補給地である。なお、この北東の城内外は軍営のバラックや教練場・騎兵の営舎・前述の倉庫が集まっていたから、低湿な風致と合せて景観は粗大で劣っていたはずである。

北の武林門内は省倉・淳祐倉・仁和県署などがあり、ここも粗放な空間である。武林門外から湖州市に至る大運河支渠沿いの地は、泛洋湖、松毛場（棕毛場）があって郊野の趣きである。しかし北郭税務から半道紅のあたりの陸路畔は、並行する水路に商船・貨客船がしげく往来していたであろうし、その西の下湖の北・西馬塍のあたりは松木、石灰等の荷揚げがなされ、その北の羊角埂辺には、北の烏盆場（下肥溜）があり、羊圏や農産加工品の販売場が存していたようである。半道紅、夾城巷の道を北にたどると、まもなく湖州市（湖墅）に達する。市名の由来は、唐初、杭州に漕米を通ずる目的で開かれた餘杭塘が、はるか湖州につながっていたからであろう。ここには米市がいくつかあり、大運河や餘杭塘から送られてきた江浙の米は、ここで選別され、価格をせり落され、杭州随一の発達した米の卸売機構を介して市内で小売りされ、一部は浙江方面の山郷客に城南の米市をへて転売された。湖州市を過ぎると江漲橋鎮の税務がある。ここは今でも幅広い大運河の末端である。恐らく重貨を積んだ貨物船団はここまでが進入の限度で、一たん荷を卸し、艀に積んで武林門辺のカナルへと向かったのであろう。一方、外地へ向かう舟足の軽い小船や客船は、武林門外の北郭税務から一路江漲橋をへて大運河へ入りこめたに相違ない。

(四)　城内商業システムと商業核

こうしてみると、城北・城東・城南の郊区が、今日の中央卸売市場のごとく、外部から到来するフレイト・グッヅのための、一次的な粗ごなし、選別・値だて・貯積と発送の基地として機能していたことはすでに明らかである。日本僧成尋が渾水閘辺の情景を、宇治橋あたりの如く、津屋立ち並ぶ、と見たのは、該地の米・魚・材木・燃料などの卸問屋の櫛比の様をいっているのであろう。ただし船載品のなかでも、貴重な香薬・真珠・砂糖・珊瑚・象牙などは、夷堅丁志巻六の泉州楊客の説話にみえるように、塩橋運河で城内に運ばれ、南瓦近くの抱剣営辺に集まる荷受問屋の土蔵に入り、小卸しや小売りに供されたし、また貴重さではその次位に当るような物資は、白洋池畔の倉庫群に収納されたであろう。江漲橋辺で艀に移された官米は、おそらく湖州市の米市と似た手続きで、銘柄別・来源別・品質別に選別され、皇室や高給官僚の俸米は、北壁内の省倉上界に、一般官吏や五軍の俸米を容れる省倉中界、諸軍や胥史雑役に給する糙米を容れる下界は、ともに城北の倉庫に収貯された。一般消費の米・油脂・燃料でも状況は同じく、精・粗の別に従った大口卸と小卸の分化がはっきりと整っていた。城内外で計二一ヶ所に公設された柴場は、防火目的の分散ということもあろうが、機能としては小卸しに相当する。

明の田汝成撰の西湖遊覧志巻一三の周寧巷の条に、「固寧巷内の小巷を諸投巷という。相い伝うらく、宋時の行市は各々分地ありて、この巷のみ独り禁厲なし云々」と記し、宋代では、同業商工業とその個別の取引市場（行市）を特定街区に集住させるという「強制」が働いて通則となっていたが、中には例外もあったとのべられている。現代でも香港の魚市では、アバディーン（香港仔）に批発市場があり、欄口（大口卸商）と買手（せり人）がいて値立てと選別をし、さらに市内一一の小卸市場（批発和零売）に魚を送っている。後者の一つ中環街の中央市場内の魚市には、四種別の魚につき成り立つ檔（小卸商）のうち一般魚の魚檔一〇一軒があって、魚屋や一般買出人に売出している。同様の機構は、R. Silin 教授調査の香港の野菜市場にも見られる。[30]「強制」の遺風はありうることであるが、機構的には古くからの卸―小卸関係とその集住は根強く今日に続いているのである。

南宋当時杭州の行・市・団・作など、小卸、あるいは卸・小卸未分化のマーケットの所在を本書末図1につき城内で求めてみると、明らかにこうした活動が、城内塩橋運河と市河に沿う南北に細長い地区、とくに中心付近に集まっていることがわかる。中でも後市街のあたりに一つの集中点があり、芳潤橋・豊楽橋辺にも別の核があり、さらに塩橋辺にも核があることが判明する。団は gathering, assembly またその組織であって、たとえば海浜の漁業採取権にもとづいた、日本中世の散所のような、自成的な生産販売組織、市場、その立地を指したり、塩竈のユニット、塩戸の村、水利の単位にも用いられる。杭州のような大都市の場合は、卸・小卸の市場、その同業組織である。

こうして杭州の商業核のおよその範囲と商業組織の骨組みが浮び上がってくる。かような行・市・団・作から供給をうけて成立する小売商の分布を本書末図2について見てみよう。ここにプロットされている店舗は、黒円が商業・金融、白円が手工業である。ただし有名店のみに限られている。ここではこれらの集中域が一そう縮まり凝集し、文字通りの商業核の所在を示している。中でも核中の核というべきは、金・銀交引鋪、塩鈔鋪が集まり、鋪前に銅銭の貫緡をうず高く積み上げて「看垜銭」といわれる一種の看板にしていた店が並ぶ所である。これは五間楼酒楼から芳潤橋の官巷街に至る御街沿い八〜九〇〇米の場所で、目貫きは市南坊から市西坊、つまり後市街の中瓦辺の「五花児中心」であった。この目貫きの南寄りは真珠・香薬・龍眼・砂糖など、閩・広の土産の香りにみちており、反対に北辺の芳潤橋辺は金・銀箔や金銀加工品、瓷器・漆器などの繊細な工芸品の店が集まり、そのやや北には書籍舗の町があった。「看垜銭」の看板が並ぶ中心部のまわりには、杭州名物の高級絹織物・文房・服飾・薬屋が軒を並べていた。「看垜銭」の銅銭は、塩鈔の手形兌換の業務を榷貨務の下請けとして扱っていたのであるから、現代の市中銀行に当る。一方、政府の榷貨務・都茶場・会子庫・雑売務・雑買場・市舶務は保安水門内外に集まり、榷塩務は塩橋、左蔵庫と編估打套局（香薬の選別・値立て所）は銭塘県署近くに偏していたので、この商業核と直接関っている官署は、薦橋辺の都税務と回易庫、それに中瓦近辺の恵民薬局、商業核内に散布する官営酒楼ぐらいである。もちろん、目貫きの後市街に臨んで皇后の巨宅が並び、塩橋近くに宗室や大官の豪邸があったから、かれらの放出する資本が購買力として作用し、かれらの洗錬された趣味が流行と商品の分化に寄与していたことはまちがいない。こうした持ちつ持たれつの相互作用が、商業核の実質とサイズに深く影響したことは多くの証左がある。しかし核の成長の経済地理的立地条件は、疑いもなく、これまで述べてきた諸組織の中枢頂点という性質から自生したものであった。

つぎに商業核の成立に付随する各種サーヴィス、アミューズメント・センターの成立を図4によって説明しよう。ここに示された瓦子・酒楼・妓館・各種飲食店の所在位置は、おおむね上述の商業核の中や周辺に当っている。ただし商業そのものと異なり、サーヴィス施設は、享受する人々への近接性が問われるので、市心はもとより、城内外各所に散布しても当然である。楊和王＝楊沂中将軍が殿前都持揮使に任じたのは紹興一一年（一一四一）であるが、以後乾道二年（一一六六）の没年まで彼は終身この任に当るという特典をうけた。この間、部下に西北方出身者が多く、異郷の風土になじまず荒れがちな軍士の宥和をねらって、娯楽場の瓦子が、城内の南・中・大・北・浦橋瓦、城外の便・候潮・小堰・新開・崇新・東青・銭湖・嘉会・艮山・餘杭（武林）門外、西湖の後軍寨・行春橋、北郊の羊坊橋・米市橋・石牌頭、南郊の龍山市・朱市、城東の王家橋などに設けられた。右のほとんどが市街の要所や市鎮、門、橋などに拠って立っており、自生的な市（いち）に立地しているとみられる。

瓦子はやがて貴人・富民の子弟らの遊蕩の巷となったといわれるが、文芸の新しいジャンルとしての散曲・小説・講史の類から、各種の多採な民衆演劇・芸能がこの中から育ち、中国史上はじめて市民が創り享受するはっきりした文化が誕生したことは特筆すべきである。西湖老人繁勝録には、清楽社に数社があり、各社一〇〇人余りとのべ、そのあとで、福建の鮑老劇の一社だけで三〇〇余人が属し、四川の鮑老劇一社も一〇〇余人の芸人を抱えていると記している。こうした芸能・歌曲・辻芸で某々社中として編成されている芸人集団は、夢粱録巻一～六の歳時・節期の記述や、巻一九　社会の記述その他からみて、寺廟の各種祭礼、行市の市民の斎醮の都度、招かれてその芸を披露したのであるから、名だたる芸人は杭州はもとより全国各都市に巡回公演をしたとみてもよかろう。杭州市内の芸人の出身別・種目別の徹底した分化度をみると、杭州が俳優・芸人の全国的な中枢市場であったと考えることも不当ではなかろう。

瓦市のうち、規模と内容で最も充実していたのは、衆安橋南、宗学に近かった北瓦（下瓦）で、勾欄十三座を擁していた。このあたりはさして過密な空間でもなく、書籍鋪の集中で示されるように上流の嗜好が示され、皇后・宗室の保護もうけ易かったであろうから、一流の劇場と芸能が揃ったのであろう。他の南瓦・中瓦・大瓦は商店街や酒楼・妓館と混っていたから、大衆的な嗜好に応えていたかもしれない。芸能の中には「路岐」と称し、十字路上を一時借りて催される即興タイプのものもあったから、瓦市の所在そのものが厳密に演劇場を示すというよりは、芸能密集地とその周辺という風に解してよいと思われる。

このほかのサーヴィス施設として、酒楼、分茶酒店（妓楼）、茶肆など、料飲店等の分布、白洋池辺の倉庫業等は図4に示しておいた。大酒楼や特殊料理の集まる核は商業核とほぼ同じ地域であり、百戯巷・五花児中心辺は、この角度からも日貫中の目貫であった。

図４　杭州城内娯楽施設分布全図

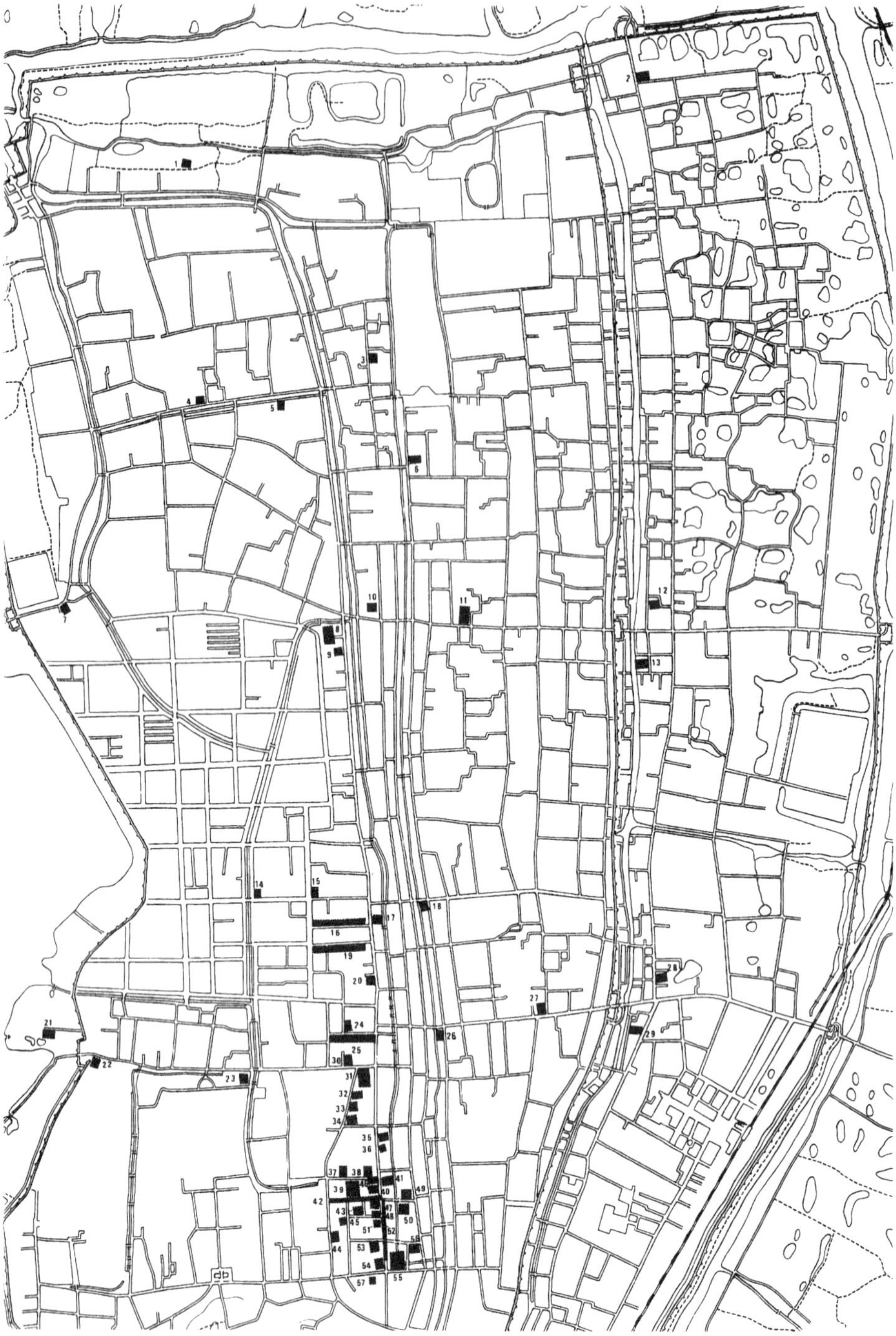

㈤ 小結

最後に、以上の論述に立って、杭州城内外の官紳富民・商工区と商業核・補給選別貯積区と、機能的に分別した各ゾーンを示したのが図5である。この小結では、こうしたパターンの都市生態区分が、どの程度特殊的で、またどの程度平均値に近いのか、冒頭の一般的記述との関連で考えてみよう。

第一項で、中国都市内の町割りに関して、矩形の城壁が比較的に多く、東西の交通軸がその際に重要な機能を果し、北壁は寡門になりがちであり、結局丁字型のグリッドがプランを制し、東西軸北辺に官紳区が位置する傾きがあることに触れた。南宋の杭州の町割りは、こうして見る限りたしかに奇異であるものの、大きく常識を逸脱しているともいえない。とくに首都でなく、一般都市としてみた場合、起伏と河川網に富んだ華中・華南では、個々に調べてみれば、杭州式のノルムからの逸脱は意外に多いと思われる。かりに杭州城を九〇度右に回転させて見れば、北郊は東に、東郊は南に、南郊は西に来て、いわゆる「腰鼓城」の形状が審美的に目障りに細長いとしても、華中・華南の住人にとっては有り得るケースと映ったであろう。

問題はむしろ、帝都・帝国首府としての心理的・象徴的なノルムとの関係、そしてサイズ上の適・不適であろう。復古主義の強かった明では、南京の造営に当り、起伏する地形に即した外城部とは別に、伝統ノルムに忠実な宮城を設営して、妥協のうちに筋道を通し、また朱元璋の郷里、安徽の鳳陽府は円形の都市壁をもって囲まれていたが、即位後、矩形の鳳陽県治を西北に建て、これを府治とした。南宋が皇城を鳳凰山東麓の台地に築いたことは、呉越国の国都子城の制を襲っているのであって、すでに先例があるので危難の時代としては許容されたのかもしれない。ただし正統王朝の帝都としては、形状的・象徴的威容に今一つ物足りないのはやむを得ない。南宋が杭州を「行在」という臨時性を標榜する呼称で呼び通したのは、或はこうした配慮かもしれない。また首府は首府

図5　杭州の都市生態区分図

らしく広くあるべき、という観点からすると、この「腰鼓城」の相対的な狭さも問題となる。それかあらぬか、呉越時代の七〇里という概数が踏襲され、実測は示されていないままである。

一方、自然的・経済的に首府らしいか否かを問えば、これまで述べたように、杭州の至高の都市的中枢性は明白であり、それが商業核の一点集中によく表明されている。もちろん、できうれば四川・広南・荊湖をも、中距離輸送のヒンタラントに包摂する地点の選択が望ましかったであろうが、当時としては地域内諸組織の統合が最も進んでいた両浙の中心に経済首府が来ることは、持久的な補給の安全性・効率性から必須であったろう。淮東・淮南・湖広・四川各総領所の画定は、楕円状の経済域内の東寄りの中心に経済首府をおかざるを得なかった偏りに、バランスを与える策と見ることもできる。それはともかく、五代を境に、広い中国内で大地域単位の地縁統合が進行してきたという状況を背景に、杭州を中心とするいびつな形の市場の同心円構造が成立したのである。

終りに、本節では杭州に求心状に集まる物資の流れ、組織の凝集は語られているが、その逆の流れや機能に触れていない。換言すれば商業エンポリアムであっても生産都市ではないこと、に気付かれる読者も多いと思う。南海市舶貿易の回貨に代表されるように、杭州が補給の見返りとしてサーヴィスした商品は、特産の絹・瓷器・服飾品・漆器・貴金属加工品・書籍と、転送・加工品である薬材・香料等である。また商品ではないが、紳衿・客寓の富民・豪商らの資本供与は重要なサーヴィスである。ただしこれらは貿易＝遠距離商業にかかわり、かつ奢侈的であるため、経済要因としては「外的」であり、杭州について直ちに生産者都市、あるいは原基工業化の諸相を云々するのは当らない。しかし、たとえば蠟燭が地方士人レヴェルの消費でも贅沢品であったこの時代に、全国から油脂を集め、年間ひきつづく節会に昼をあざむく煌々たる夜景を誇っていた情景は、油脂資源の広汎な生産と特化を刺戟したはずである。同様に米市にみられるような徹底した卸―小卸―小売の商業組織の発達は、穀作農業や運輸業に広い市場を与え、社会経済の競合性、開放性を導くといういみで、重要な活力をなしていた。日常品が流入し、反対に奢侈品が流出するという構図をとらえて、杭州の経済活動を単純に消費的であるとか、例外的であるとか断ずることは極端としかいえない。

本節では、提出した問題の未開拓性を考慮して、つとめて特殊性と普遍性を相関させて提示した。今後この種の個別研究が積み重ねられて、実像の客観描写に近づくことを願うものである。

注

（1）G. W. Skinner (ed.), *The City in Late Imperial China*, Stanford, 1977, pp. 527-538, Urban Ecology (by G. W. Skinner).

（2）Skinner, *ibid.*

（3）Sen-dou Chang, "The Morphology of Walled Capitals", *The City in Late Imperial China*, pp. 87-92.

（4）Sen-dou Chang, *ibid.*, pp. 94-100. Skinner, *ibid.*,

（5）Sen-dou Chang, "Some Aspects of the Urban Geography of the Chinese *Hsien* Capital," *Annals of the Association of American Geographers*, 51, 1961.

（6）Skinner, *ibid.*

（7）"The Cities and the Hierarchy of Local Systems", Skinner, *The City in Late Imperial China*, pp. 275-346.

（8）斯波義信「宋代の都市城郭」『中嶋敏先生古稀記念論文集』汲古書院、一九八一。

（9）Skinner (ed.), *The City in Late Imperial China*, p. 340.

（10）竺可楨『竺可楨文集』二〇頁。鄭連第「西湖水利与杭州城的発展」『水利水電科学研究院科学研究論文集』一二集（水利）。魏嵩山「杭州城市的興起及其城区的発展」歴史地理創刊号　一九八一。

（11）魏嵩山、前掲。

（12）宋初、全国の帰順地で城壁撤廃が命ぜられたので、呉越城も毀されたであろう。本書三〇三頁。

（13）魏嵩山、前掲論文。

（14）咸淳臨安志巻頭の京城図、西湖図、浙江図、宋代の同時代資料、明田汝成の西湖遊覧志等と、民国一〇年、浙江陸軍測量局製、杭州城北部、南部の一万分一地図等で復原。

（15）桑原隲蔵「歴史上より観たる支那の南北」『白鳥博士還暦記念東洋史論叢』岩波書店、一九二五、池田静夫『支那水利地理史研究』生活社、一九四〇、等は五〇〇万説、加藤繁「南宋の首府臨安の戸口に就いて」、「臨安戸口追論」『支那経済史考証』巻下東洋文庫、一九五三は一五〇万説。

（16）Skinner, *The City in Late Imperial China*, pp. 236-237,

223-230. 中村治兵衛「清代華北の都市の戸口に関する一考察」『史淵』一〇〇輯　一九六八。

(17) 斯波『宋代商業史研究』風間書房、一九六八、八一、一五四～五七頁。

(18) 同右。

(19) 本書二四七頁。

(20) Chung-li Chang, *The Income of the Chinese Gentry*, Seattle, 1962, pp.196-198.

(21) 斯波『宋代商業史研究』の記述にもとづき作製。

(22) Dwight Perkins, *Agricultural Development in China*: 1368-1968, Edinburgh, 1969, pp. 140-151.

(23) 斯波『宋代商業史研究』三七九～三八四頁。

(24) 同右　二六三～五、二一九～二三二、二九五～二九八、一八四～一九四、二〇七～二一一、二七一～二九三頁。全漢昇「南宋杭州的消費与外地商品之輸入」『中国経済史論叢』一冊　香港　新亜研究所、一九七二。

(25) 夢粱録巻一三　鋪席。

(26) 同書、巻一四　外郡行祠。

(27) 斯波　前掲書　四七六、七頁。

(28) 草野靖「南宋行在会子の発展」東洋学報四九巻一、二号　一九六六。

(29) A. C. Moule, "The Fire-proof Warehouses of Lin-an," *The New China Review*, vol. II, No. 2. See also A. C. Moule, *Quinsai; With Other Notes on Marco Polo*, Cambridge Univ. Press, 1957, pp. 24-29.

(30) 斯波「香港漁業流通機構の調査」『特定研究文化摩擦』現地実態調査報告書』、一九七九。R. Silin, "Marketing and Credit in a Hong Kong Wholesale Market," in W. Willmott (ed.), *Economic Organization in Chinese Society*, Stanford, 1972.

3　宋都杭州の都市生態

㈠　はじめに

都市は歴史的な生成の所産であるから、それぞれの時代の各都市は、当該時代に機能していたさまざまな複合要因が相乗的にクロスする点に生れ出てくると考えるのが自然である。いわゆる中心地階層論の立場からみても[1]、都市ハイアラキーの各位層にランクされる都市は、当該ランク相応の、もろもろの組織の、有機的な結節点としての位置を占めているはずである。そして、こうした組織には、経済的なもの、社会的なもの、行政的なもの、文化的・象徴的・宗教的なもの、などが含まれているとみてよい。

旧中華帝国のように、伝統的な王朝支配が長期に聳立しつづけた複合社会では、都市の生成・発展・形態・町割りにつき、上からの行政的意図や、伝統化した象徴ノルムの働きが色濃く浮き出ていることは事実であり、加えて、残された史料が、多くは官尊民卑の偏見をもって綴られているので、この印象はますます増幅される傾きがある。中国都市史の研究において常識的に、長安・洛陽・北京などのモデルで中国都市を一律に概括し、以て事足れりとする通念が根強く、平均的・本格的な都市論、さらには都市形態論・都市生態論のような、全体性の中で普遍相と特殊相を相対化して弁別し比較する作業が出にくく、伸び悩んでいることは、右のような第一印象の影響と資料存在状況の制約に負うところが大きい。

こうした隘路を打開するには、全体像を洞察できるような個別都市の素材に焦点を当て、今後の比較分析に活用できるような都市構成要素を抽出し、積み上げてゆくほかはない[2]。この項で注目するのは南宋朝（一一二七〜一二七九）の帝都であった杭州臨安府（行在と称す、一一三八～一二七九の間、首都として存続）である。時の九～一三世紀は、中華帝国史上の「都市革命期」であり、[3] この杭州は、北宋の首都開封や他の諸都市とともに、旧来の伝統を越える新時代の様相を表明しており、幸いに記録も豊かである。なかんずく世俗的な社会経済活動の旺盛さ、中国史上初めてと言ってよい都市庶民層の活力の台頭、これらを含む文化の黄金期という時代背景が、旧い都市パターンをどの程度変えたか、そして全体的に、こうした変化に占める普遍性と特殊性の位置づけ、これらが当面の考察の関心点である。

(二) 経済ゾーンと官紳ゾーン

本書の前節「宋都杭州の商業核」では、比較都市社会学や比較都市地理学の分野で問われる、都市の社会生態分化と都市空間の分割の相関性につき、杭州を素材として考察した。一般に、都市空間の分割においては、自ら機能分化を表明して、中枢域と辺域、富民区と貧民区、居住区と商工区といった有機的な機能分化が成り立つはずであるが、中国都市については過大・過小評価があり、たとえば官僚都市・城塞都市・消費者都市ときめつけるか、或は商工都市・経済都市として開放性を強調するなど、えてして意見が両極に分かれがちである。

しかし、右の節で明らかにしたように、杭州の具体例に徴してみると、中国都市では単純な二者択一法で断ずるよりも、「官紳区」と「商工区」という二核併有の楕円構造を想定して柔軟に考えた方が、[4] 実情をより良く捕捉しやすいようである。経済機能に即して杭州城の立地と空間分割をみた場合、大運河の終点・起点という交通上の職能、それに伴う資源の集散エムポリアムという状況が、終始杭州を都市たらしめている基本条件であるといえる。

華北より南下した大運河は、その終点の杭州以南で山岳に阻まれ、杭州湾・明州（寧波）を介して海洋交通と接続し、或は銭塘江

図1　宋杭州経済中枢区

A　餘杭門
（武林門）
B　艮山門
C　東青門
（菜市門）
D　崇新門
（薦橋門）
E　新開門
F　保安水門
G　保潮門
H　銭湖門
（暗　門）
I　清波門
J　豊豫門
（湧金門）
K　銭塘門
L　官　巷
M　塩　橋
N 大河（塩橋運河）
O　市河
P　朝天門
Q　江漲橋市
R　和寧門
R-P-O　御街

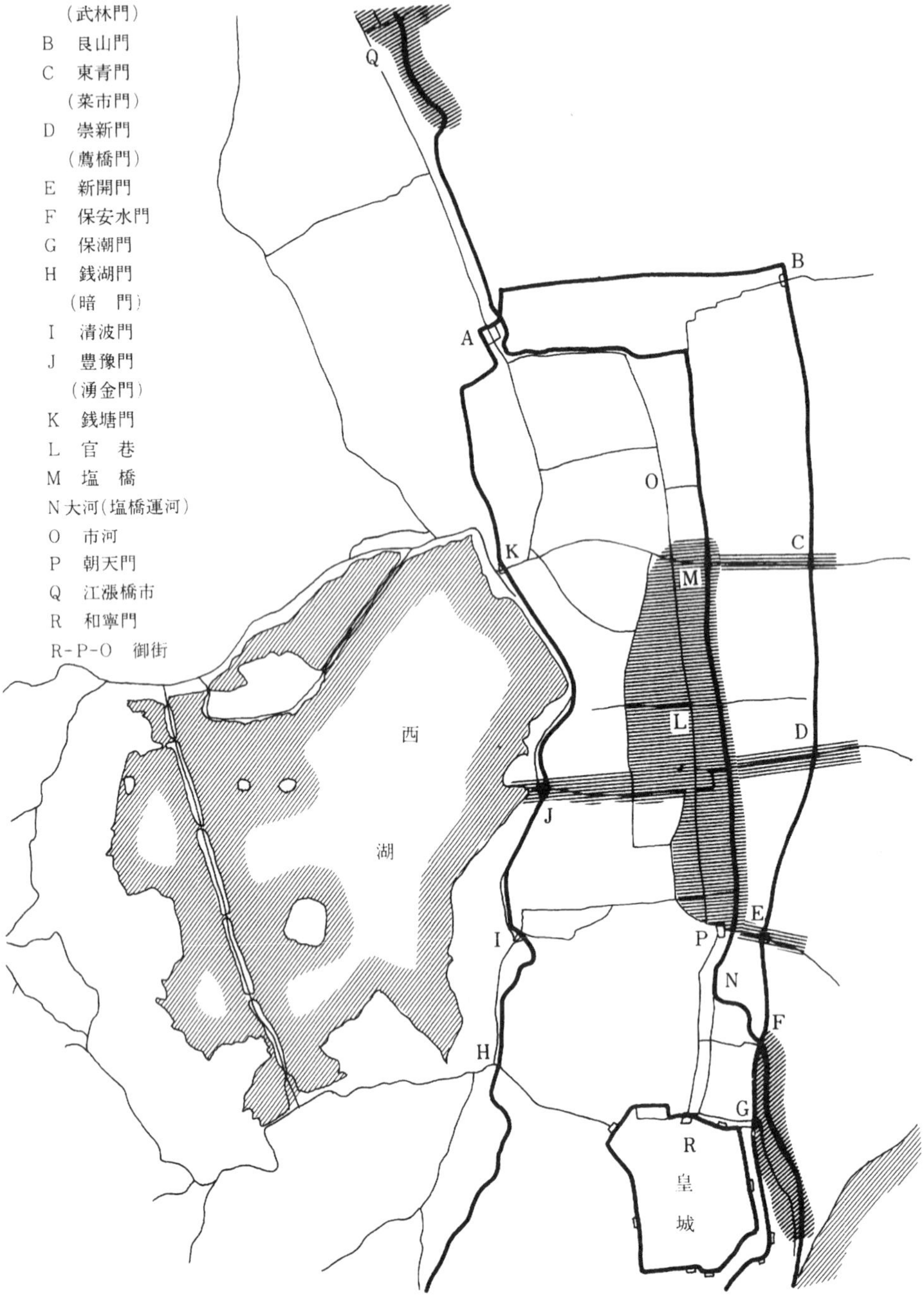

図２　杭州の官紳区、軍営区
（資料・咸淳臨安志・夢粱録など）

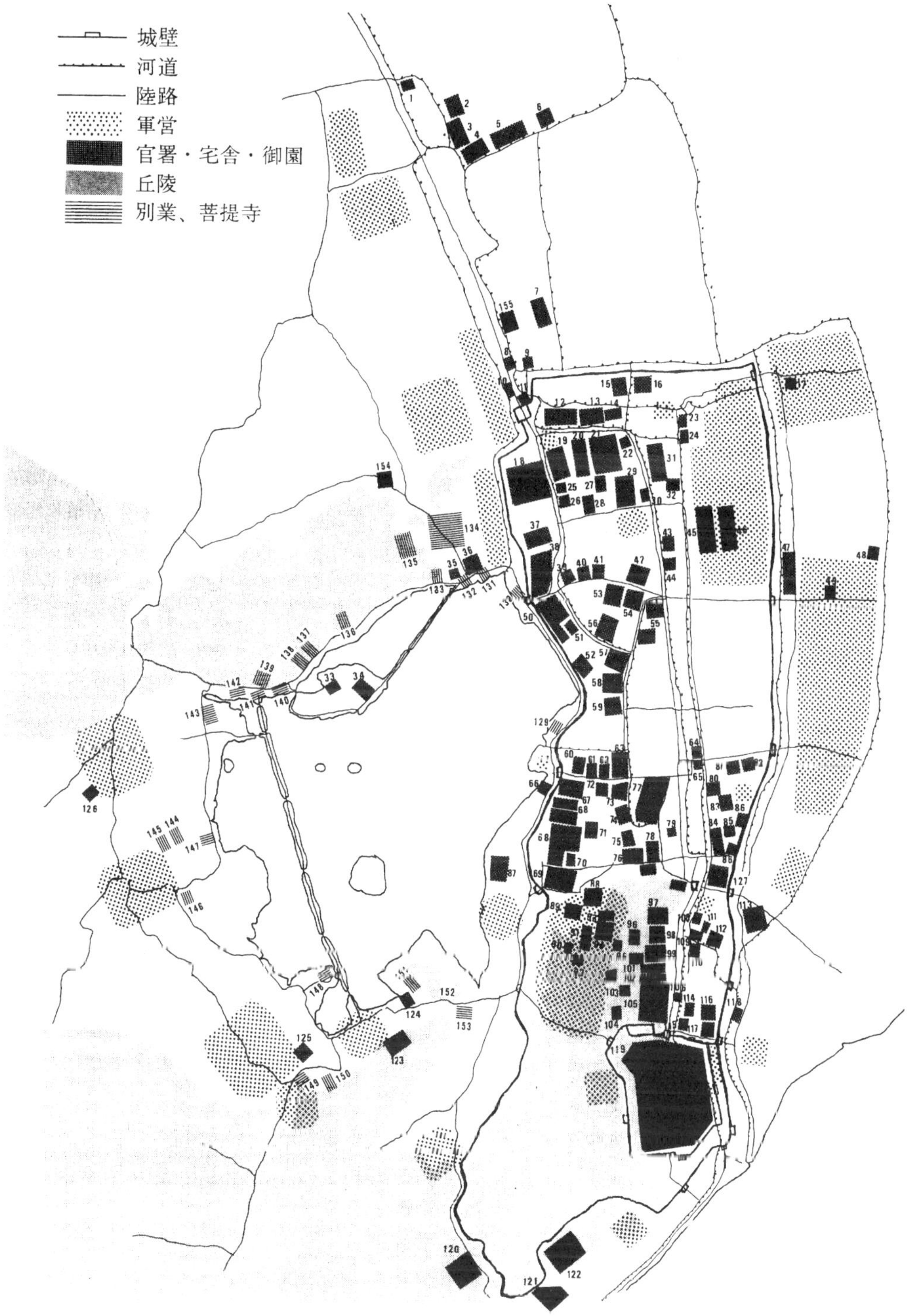

1 江漲橋税務
2 糯米倉
3 豊儲西倉
4 端平倉
5 省倉下界
6 鋳銭所
7 糴場
8 北郭税務
9 天宗桟庫
10 馬駅
11 恵民薬局
12 省倉上界
13 草料場
14 架閣庫
15 天宗塩庫
16 天宗酒庫
17 仁和県尉司
18 万寿宮
19 淳裕倉
20 大理寺
21 仁和県署
22 仁和県学
23 法物庫
24 御前酒庫
25 鎮城倉
26 常平倉
27 元真觀
28 軍器所
29 礼部貢院
30 応奏所
31 豊儲倉
32 社稷壇
33 四聖観
34 西太乙宮
35 銭塘県尉司
37 太乙宮
38 景霊宮
39 国子監
40 太学
41 武学
42 韓蘄王宅
43 軍頭引見司
44 文思院
45 平糴倉
46 咸淳倉
47 省倉中界
48 海神壇
49 九宮壇
50 銭塘県署
51 銭塘県学
52 都作院
53 秀王宅
54 呉王宅
55 宗学
56 左蔵庫
57 十官宅
58 劉光世宅
59 楊折中宅
60 荘文太子宅
61 五房院
61 卿監郎官宅
62 九官宅
63 韓后宅
64 回易庫
65 都税務
66 豊楽楼
67 転運司
68-1 公使庫
68-2 臨安府
69 通判庁
70 判官庁
71 台官宅
73 六房院
73 太常寺
74 勅令所
75 開元宮
76 秘書省
77 { 謝太后宅 / 龍翔宮 / 孟太后宅 / 李后宅 }
78 張循王宅
79 恵民薬局
80 邢后宅
81 全后宅
82 謝后宅
83 韋太后宅
84 宗陽宮
85 佑聖観
86-1 郭后宅
86-2 恭王宅
87 聚景園
88 五官宅
89 楊太后宅
90 左右騏驥院
91 糧料院
92 内蔵庫
93 太史局
94 七官宅
95 城隍廟
96 天慶観
97-1 都進奏院
97-2 将作監・太府寺
98 丞相府・執政府
99 太廟
100 諫院
101 三省
102 枢密院
103 中書門下後省
104 修内司
105 六部
106 恵民薬局
107 御史台
108 太医局
109 権貨務
110 合同場
111 牛羊司
112 雑買雑売場
113 富景園
114 四方館
115 都亭駅
116 侍従宅
117 呉太后宅
118 市舶務
119 宮城
120 郊壇
121 藉田
122 玉津園
123 翠芳園
124 斎宮
125 赤山造会子局
126 麴院
127 徳寿宮（旧秦檜宅）
128 韓侂冑宅
129 劉氏園
130 来鶴楼（張氏別業）
131 菩提院（銭惟演別業）
132 賈府上船亭
133 総宜園（張貴妃別業）
134 趙郭園・水丘園・聚秀園・銭氏園・張氏園・王氏園・万花園・梅岡園（韓蘄王別業）雲洞園（楊和王別業）瓊池園（呂貴妃外宅）
135 水月園（楊和王別業）
136 集芳園（張婉儀別業）
137 秀野園（劉鄜王別業）
138 挹秀園（楊駙馬別業）
139 平章府
140 斐園（斐禧）
141 喬園（喬幼聞）
142 史園（史屏右）
143 楊園（楊和王）
144 梅坡園
145 楊郡王園
147 崇真道院（賈府）
148 盧園
149 宝林院（荘文太子）
150 法因院（景献太子）
151 南園
152 真珠園（張循王府）
153 宝徳寺（楊和王）
154 臨安府試院
155 転運司試院

を介して内陸河川舟運と接続する。従って杭州城外西北郊の江漲橋・湖州市（湖墅）周辺の低湿の広い郊野と、城の東南郊、候潮門外・渾水閘辺の湾岸の沙地が、南北よりする貨物の二大集積地（depot）として先ず位置づけられる。いうまでもなく杭州城はこの二大集積地の中間にタテ長の矩形状に形成されるのであるが、経済機能上の幹線は当然南北軸たらざるを得ない。この南北軸は、具体的には大河（塩橋運河図1 N）であって、これを直接補助する市河（図1 O）とこれに並行する御街（陸道）、間接補助する城東の菜市河・外沙河を合せて一つの水系セットをなしている。[5] ただし含泥率が五〇パーセントという銭塘江水（江潮）を水源とする大河はもとより、それから岐派する市河も、日常の浚泄を怠れば城内北半ではシルトで塞がれる。このため清波門外（図1 I）で西湖より取水する清湖河などの給水カナルが東西に走り、全水系を補助的に機能させている。

さて、この南北幹線軸に沿って経済活動が集中して機能する際、中枢域が自ら出現してくる。前節で示したように、[6] それはまさに矩形の都市の中央部の、幹線の西側にある娯楽場の一つ、大瓦子のあたりで（図3A 24）、中枢の目安は交引鋪・金銀鋪など、資本的・金融的店鋪の集中点である。この地点は東してD崇新門、西してJ湧金門（豊豫門）に貫通し、中央の大河上の薦橋辺で卍型に陸道が交わる好立地を占める。これに次ぐ経済中枢点としては、やや北のL官巷（芳潤橋・豊楽橋）辺、やや南の中瓦子・南瓦子辺、官巷よりやや北の塩橋・下瓦子辺（図3A 16）であり、どれも東西方向の陸道とクロスする地点である。こうして、南北軸上、北は塩橋から南は清冷橋に至る、タテに細長い経済中枢域が判然と浮び上ってくる。前節で見たように、杭州の経済後背地をなす、一次・二次・三次商業圏からもたらされる資源は、杭州城の北郊・東郊・南郊の積卸地で貯積・選別され、卸・小卸組織を経て右の経済中枢域に流入したのである。（図6参照）

それでは、杭州城の官紳ゾーンはどのように選択され、立地し、機能していたであろうか。また上述の経済ゾーンとの機能上の関連はいかがであろうか。この問題を解くとき、二つの重要な要素に着目できる。一つは定住立地の優劣という要因であり、他の一つは行政・軍事上の都市化要因である。

図2は、夢粱録・咸淳臨安志・武林旧事・西湖游覧志などの諸記録から宋の杭州城内外の官署・官宅舎・御園・軍営・教練場に関するデータを集め、それぞれ然るべき地点に比定したものである。注意すべきは、こうしたレイ・アウトの原形ができたのは五代の呉越国の頃であって、(7) それ以前、唐の官僚李泌や白居易が西湖を上水の供給源に利用すべく、湖中の土木工事や湖岸の六井（図2 52あたり）を整えていたころ、当時の杭州治そして銭塘県治は図2 38から北にあったらしい。さらに時代を溯ると、秦漢当時の銭唐県は西湖の西北の山中、霊隠寺辺にあった。これは、もとの西湖が図2の135と88を結ぶ線をそのまま東北へ延長した形で海へ向けて開口した鹹湖であったためで、塩橋運河のラインに海堤ができ、陸地化と湾口の遮断が進んだのは、後漢～六朝の時期である。五代の呉越国が杭州を国都に定めたときも、まだ町造りは粗放であった。図2の119に子城をおき、鳳凰山の外周に夾城を設け、北郊でも、4 5 6の線を北限とし、西は塩橋運河に沿う北の夾城と、南は鳳凰山・玉皇山を包む夾城をつくった。当時の都市輪郭は宋のサイズと大差ないが、官庁街の中心は、23 24辺の銭江県（宋の仁和県）と、18辺の銭塘県にあった。(8) 銭塘県の南、西湖岸の「六井」の地から東、すなわち旧時の西湖湾口の低地は、未だ塩水が湧き出す居住不適地であったようで、この一帯と、107抱剣営一帯は呉越王の騎軍の屯地であった。宋初にも59辺の僉家園一帯は、「六井」を除けば水田・水塘・花卉・果樹・桑畑が広がり、西北角の艮山門内、東壁外の菜市門（東青門）の郊外地は、疏菜畑と水塘が連なっていた。しかし北宋の中期以降では、少なくとも城内西半部では人家が稠密化し、俗に九十九井といわれた甘泉・甘井も無数に堀られ、清湖河などの西湖水を導く渠が整えられて、上水や交通に便宜を与えた。

南宋になり、国都が一一三八年に杭州に移ると、状況はさらに急変した。高宗に従って、開封周辺、関中、四川等から、皇族・官人・富民・軍隊が一斉に移住して一等地を占拠し、サーヴィスを供給する商工業者・伎芸人・労務者等が次等地・下等地に割り込んだ。当時の杭州城の居住上の一等地といえば、呉山麓・六井周辺・銭塘門一帯、さらに、足の便は悪いが、西湖畔の沿岸地である。これらは、安全性、上水及び交通の便、風致ですぐれているが、中でも呉山麓と「六井」一帯は、市街地にも近接する利点を併せていた特一等地であった。

まず、宮城（子城）は、呉越の伝統に則り、防衛と風致で最適の鳳凰山（子城西辺）麓に設けられた。同山は「客山」とも呼ばれ、天下の富民が山麓に居を構えたという。(9) 地形の制約のため、三省・六部はじめ、枢要な官庁は呉山麓から68-2府治の周辺にかけて居を占めた。ただし、呉山の奥深くを占めた内蔵庫（内帑庫）は別格として、官・軍の補給・給養・財務管理に資する官署が、南北軸の経済・交通幹線に即して、それぞれ然るべき地点を占めているのは、当時の実用主義的な政策を代弁している。12 13 15 16 19 23 26 31 44 45 46 47 56 64 65 97-2 109 110 112 118の官署はその例である。しかもこれは必ずしも宋の杭州だけの特例ではなさそうである。

つぎに、皇室・将軍・大臣・高官の宅舎の位置は、市中の一等地を強制収用して設けたと見るのが自然である。38（旧岳飛宅）42 53 54 68 59 60 62 63 71 75 77 78 80 81 82 83 84 85 86-1 86-2 88 89 94 98 116 117 126 127（旧秦檜宅）128（旧韓侂冑宅）は、これを示している。この種の一等地群には、およそ三つの集住区がある。その一つは55の宗学（皇族の学校）を中心とする区域である。ここは二重の意味で中枢性が高い。一つは文化・礼教センターである。29 39 40 41 55という教学施設、18 32 37 38という儀礼の施設が文化中枢の色調を与えており、55は書籍の市や市内最大の娯楽場北瓦子に近い。五代の銭江・銭塘県署以来、官庁街の近傍の地である。さらに市内の経済中枢域の北端にも臨んでいる。

第二の集住区は、同上の経済中枢域の南半のすぐ西側にある。ことに77の諸皇后、皇太子宅は後市街に臨み、西北は卍形の文字通りの市心、北は金融商などの集まる経済機能の中枢部、東と東南は香薬舗・珠子舗・酒楼・妓館の並ぶ盛り場である（図3B）。御街に近いという立地の利はあったにせよ、上流階層の選択した立地が、殷盛をきわめる市心目貫き部分と奇しくも相い隣している点は、宋の杭州ならではの特色かもしれない。同様のことは第三の集住区81〜86 127についてもいえる。この地区も卍形の市心やその南の盛り場に近いことでは77並みである。ただし崇新門（図1 D）から新開門（図1 E）に至る長い城壁を背にしているので、交通・経済上は不便、しかし逆にいえば安全性は高い。恐らく微高の粗放空間が一次的に収用開発されて上流居住区となったのであろう。ちなみに元朝はこの区画を韃靼城（モンゴル・クオーター）に転用した。

それでは、富民から貧民に至る一般民衆はどの辺りに集住したであろうか。呉自牧の夢粱録によると、杭州の富民には外地から寄寓した者が多い。なかんずく鳳凰山は別名「客山」ともいい、江商、海賈が山側に寄寓の地をトし、住みついて富民となっていると誌している。[10] この「客山」を、鳳凰山を含む城南の丘陵一帯を指すと考えれば、概略としては当っているようにみえるが、この点は後で再述する。鳳凰山やその北丘の呉山を民間の特一等定住地とすれば、これに次ぐ一等地は図1に示す城内の経済中枢域である。この北の端、塩橋（図1 M）辺のすぐ北には、杭州土着の富民蔣氏宅があり、彼は慈善行為によって広福廟に祀られた。[11] 上述の皇族や将軍に収用された地域も、もとは富民宅や寺院址であろう。また洪邁の夷堅丁志巻六 泉州楊客の説話では、泉州の海商楊客は、卍形市心部すぐ南の柴垜橋の西の旅館に泊り、貴重な商貨をそのやや南、抱剣営の荷受問屋、唐翁香薬店の土庫内外に預けた。ところが翌日火災が起り、彼は商貨の焼けるのを呉山上より望見し、焼跡で自殺したとある。この話に出る一角は、上記の二つの皇后集住区に挟まれた南瓦子・中瓦子（図3A 28）のあたりである。竜眼や香楽・真珠・砂糖など、福建・広東の産物が集まっていたから、旅館・商店・貿易商を含め、一種の閩（福建人）・広（広東人）クォーターとみてよかろう。さらに五間楼酒楼から北、卍部をこえて日新楼酒坊辺までは（附図3B 17）金融業者の店が並び、温州産の漆器鋪が散在するという風情である。当時の金融特化業者といえば、山西、旧開封、四川、徽州、蘇州人等が想像される。この日新楼や官巷のあたりは、金銀細工、刺繡、高級絹製品の名店が多く、当然富民区である。その北から北瓦子、宗学の辺までは、薬屋、書籍の印刷販売店、芸人の町である。そして衆安橋をこえると、前記の土民蔣氏宅があった。このような観察からみて、この経済中枢域は一見して民間の一等地である（図3AB 参照）。[12]

ところで、図1の東青門C崇新門Dの城壁と今述べた中枢域の東辺、塩橋運河とで挟まれた広い東北角に、どのような人口が居住したかは、一つの謎である。筆者の推測では、低湿で上水も、交通の便も悪いこの大きなブロック内には、恐らく商工業使用人、軍人の家族、下役人の居宅と零細な人々の家などがあり、過密な居住条件であったと考えられる。ただし火災警備の坊隅は、中隅（兵一〇二人と望楼）一ヶ所しかなく坊巷名（町名）は数個しか記録されず、[13] 文献から受ける印象では散漫粗放の区画とも受けとれる。[14] し

図３Ａ　杭州城内外の瓦子と酒庫

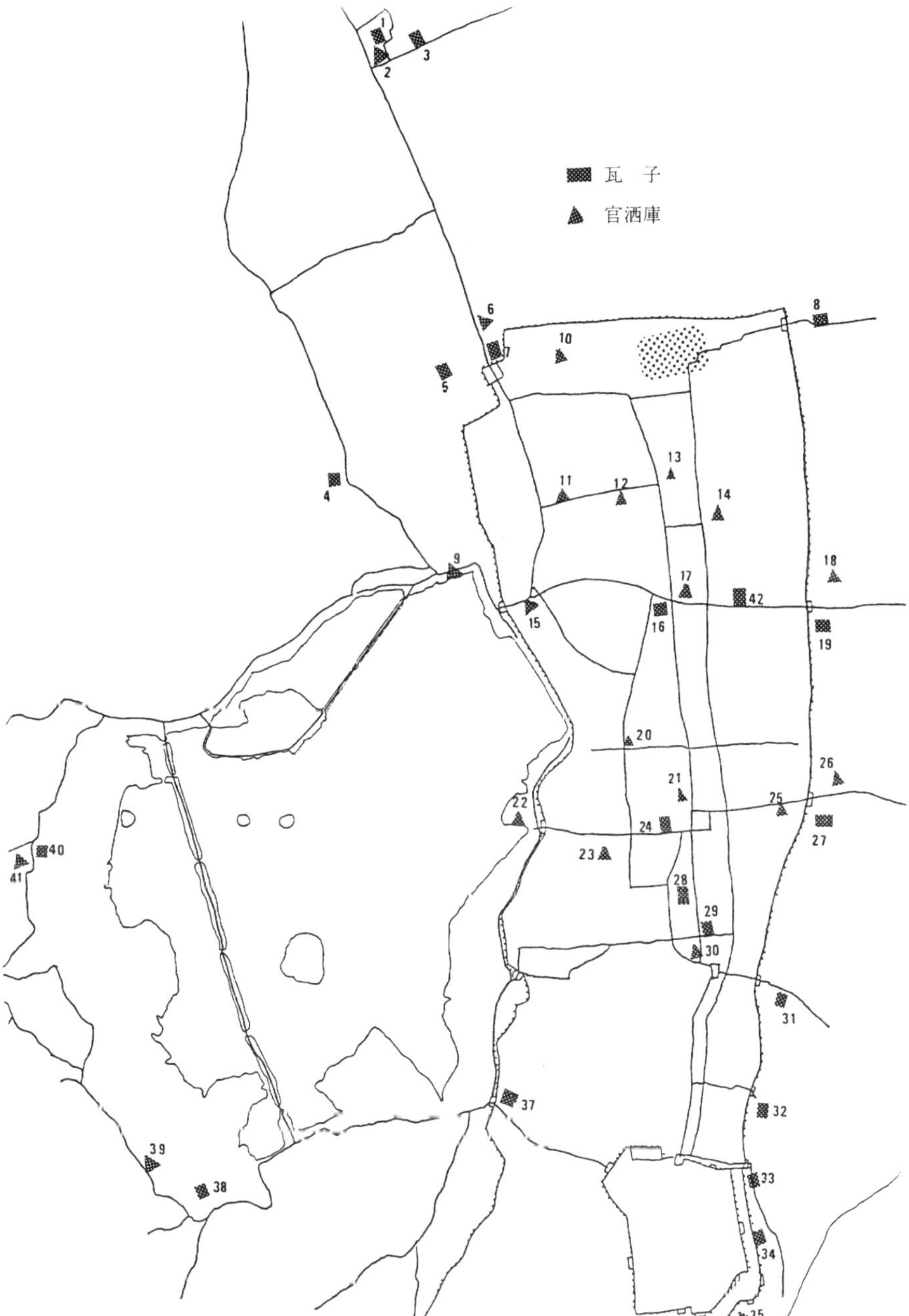

1　米市橋瓦子
2　北外酒庫
3　旧瓦子
4　王家橋瓦子
5　羊坊橋瓦子
6　天宗酒庫
7　北関門瓦子(新瓦)
8　艮山門瓦子
9　碧香正酒庫(先得楼)
10　天宗酒庫
11　北酒庫
12　潘葑酒庫
13　南酒庫
14　碧香酒庫
15　銭塘桟庫
16　下瓦子(北瓦)
17　北新酒庫(春風楼)
18　南上酒庫
19　菜市門瓦子
20　中酒庫
21　中酒庫(中和楼)
22　西酒庫(豊楽楼)
23　西酒庫(金文正庫)
24　大瓦子
25　東酒庫(太和楼)
26　崇新酒庫
27　薦橋門瓦子
28　中瓦子
29　南瓦子
30　南酒庫(和楽楼)
31　新門瓦子
32　小堰門瓦子
33　候潮門瓦子
34　便門瓦子
35　南外酒庫
36　嘉会門瓦子
37　銭湖門瓦子
38　赤山瓦子
39　赤山庫
40　行春橋瓦子
41　西溪酒庫
42　蒲橋瓦子(東瓦)

図３Ｂ　杭州城内娯楽施設詳図（334頁に全図）

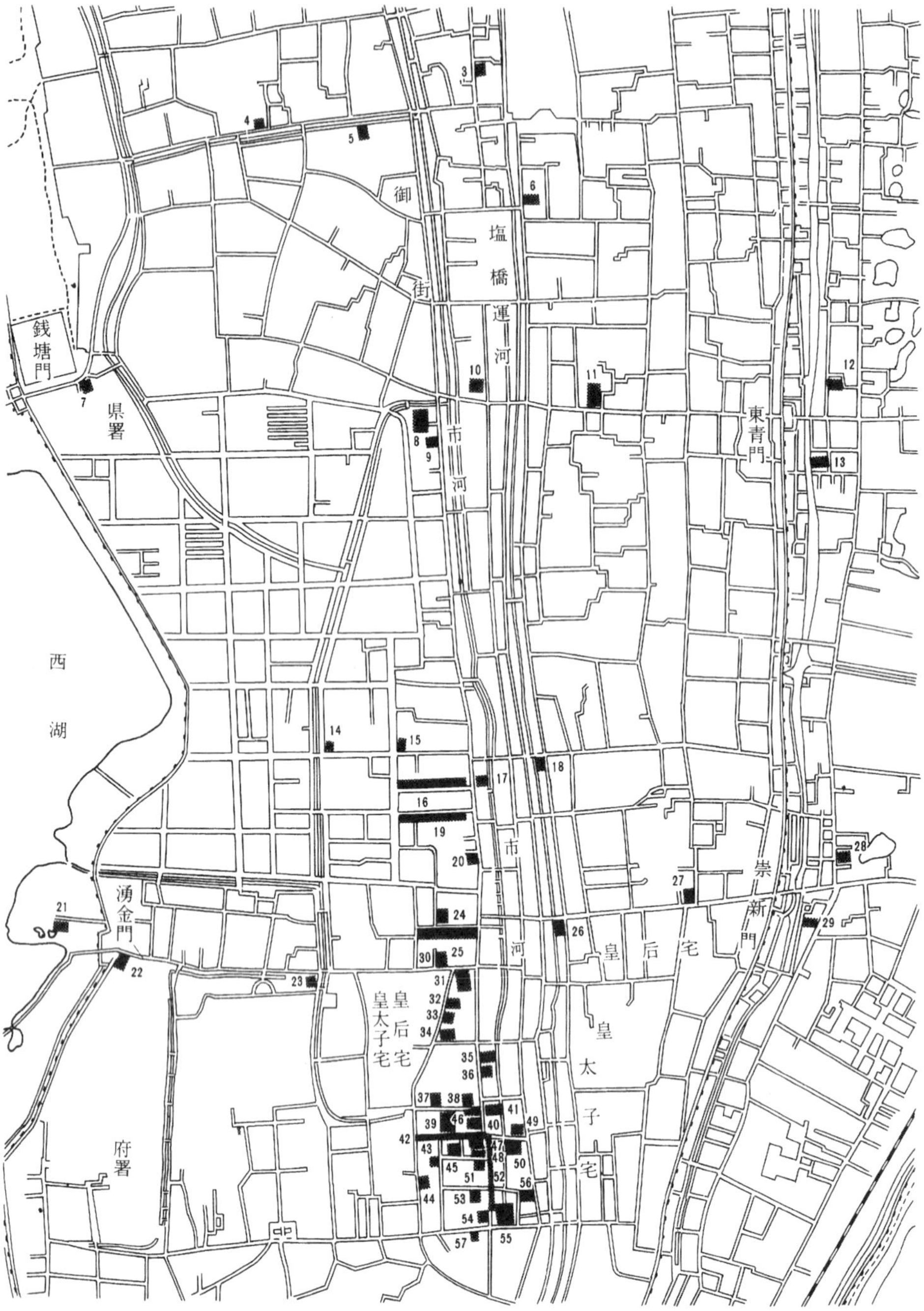

1	天宗酒庫	p. 334
2	良山門瓦子	
3	南酒庫	
4	北酒庫	
5	藩葯桟庫	
6	碧香酒庫	
7	銭塘桟庫	
8	下瓦子（北瓦）	
9	南上酒庫（和豊楼）	
10	北新酒庫（春風楼）	
11	蒲橋瓦子（東瓦）	
12	南上酒庫	
13	菜市門瓦子	
14	中酒庫	
15	八仙茶坊	
16	下百戯巷	
17	日新楼	
18	豊楽楼酒肆	
19	上百戯巷	
20	中酒庫（中和楼）	
21	西酒庫（豊楽楼）	
22	帰家羊酒店	
23	西酒庫（金文正庫）	
24	賞新楼	
25	肉市	
26	王家酒店	
27	東酒庫（太和楼）	
28	崇新酒庫	
29	薦橋門瓦子	
30	連二茶坊	
31	大瓦子（上瓦）	
32	双鳳楼	
33	潘節幹茶坊	
34	兪七郎茶坊	
35	看街楼	
36	朱骷髏茶坊	
37	王媽媽茶肆	
38	蔣検閲茶肆	
39	中瓦子	
40	武林園（三元楼）	
41	五間楼	
42	五花児中心	
43	郭四郎茶坊	
44	施家羊酒店	
45	張七相幹茶坊	
46	康家・沈家酒肆	
47	張売麺店	
48	黄尖嘴蹴毬茶坊	
49	花月楼	
50	風月楼	
51	蝦蟆眼酒店	
52	珠子市頭	
53	聚景楼	
54	嘉慶楼	
55	南瓦子	
56	熙春楼	
57	南酒庫（和楽楼）	

かし、官憲の眼で見た治安と福祉とは、所詮は上流人士の威信と富を対象にするものであったと解すれば、この一見した矛盾は解けるのである。純木造でない中国都市家屋の火事では、救護の対象は火盗の防止、そして延焼の阻止であるが、この区画では軍営や官倉の軍人が多いので、かれらがその役を負ったのではなかろうか。

最後に、以上の観察で残された城南東北角、城外の東・南郊、北郊、西郊に触れよう。これらは、機能上は軍営地、補給地、別荘で占められている。防衛から見ると、杭州城の西郊には西湖とこれに連なる丘陵があり、南・東郊は海洋・河口の険があり、結局、最大の弱いセクターは北郊である。北宋初に呉越時代の北の夾城は撤去されたが、城北の泛洋湖、その北の臨平湖の辺を粗大な沼沢地として残し、北壁に門を開けず、北よりの攻めに備えた。餘杭門から江漲橋鎮に至る水路は補給の生命線であるので、半道紅（南北方向の陸路）西の東・西馬塍の低地には、馬・歩軍の大軍が屯していた。同様に、東北角の艮山門内外の低湿地にも、馬・歩の大軍・教練場が広く分布した。東青門から南、崇新門辺には、水軍寨のほか、禁軍のバラックが建ち並んでいた。高宗に扈従してきた歴戦の功将やその兵士は、立営の適地として、居住条件は悪いが、密集した屯営には使える北郊・東郊を選んだようである。残りの兵士は鳳凰山・呉山一帯、および西郊に布陣して後門の備えを固めた（図2）。東郊・北郊・南郊には、疏菜農家、卸売商、労務者、廂軍も居住した。

西郊、つまり西湖岸一帯は周知の景勝区で上水の利用も、日常の補給も一応は充たされたであろう。しかし経済・交通上は二等地であり、従って上流階層の別業、花園、菩提寺、墓地、大寺院が点綴する風致地区に留まっていたのは当然ともいえる（図4参照）。

以上の観察をまとめてみると、杭州城内外の居住空間利用について、大雑把な生態区分が浮び上ってくる。それは交通の南北軸に沿って、西から東へと縞目状に、タテ長に並んでいる。西の城壁外からいえば、西湖岸の別荘地、風致区と、その北に連なる軍営地がある。ついで、西壁内にタテ長の官紳区がある。さらに、塩橋運河（南北軸）西側の中央部に、この官紳区に食い込む形で、経済中枢区が判然と存在する。さらに塩橋運河東側の城壁内は、北は倉庫と軍営、中央は中産以下の民の区域で、南は官紳区という複雑な構成である。そして東壁外の東郊は、軍営・積卸区と、城内から溢れた人口の居住区で成り、南端のみが殷盛な商工区であった（附図6）。

㈢　文化・宗教ゾーン

杭州城を文化機能に即して観察した場合[15]、その中枢性は、都市空間内のどこに表明されているであろうか。もちろん、ここでの文化とは great tradition（高度文化） と little tradition（民衆文化） とを共に指している。高度文化の中には、官僚の組織やその施設も入る訳であるから、そして、杭州は全土の首都であるから、宮城・諸官衙・儀礼設備・城壁・城門・大道・御街の威容と壮麗さは、それ自体が中華的「文化」の中枢性を象徴すべく施設されていたことは、つけ加えるまでもない。しかしこうした総合的・全体的な文化性の標榜のほかにも、これこそは首都杭州の文化センターであると具体的に映ずる地点がいくつかある。

その一つは、前文でも触れたように、城内の北半、礼部貢院（図2の29）を中心とする学術機関の集まる区域である。国子監（図2の39）、太学（40）、武学（41）、宗学（55）の占める一角は、当時の全土の官僚、その豫備軍が憧憬する文教センターである。また宗学の南には著名な書籍店や上流の衣冠、服飾を商う店が並んでいた。

つぎに、儀礼象徴から眺めると、図4の太廟74、景霊宮39、万寿宮7など宋朝の皇帝・皇后の祭壇、郊壇90、社稷壇104・45、五方位を祭る九宮壇48、藉田先農壇83、先賢祠に当る旌徳観100、道教儀礼の太乙宮38、西太乙宮24、四聖観23、天慶観73、などは枢要な施設である。これらの空間上の配置は、地形の異例さと狭さを反映して、伝統ノルムからみればかなり逸脱していることが認められるものの、常識から断然離れた配置ではない(16)。

さて、こうした国家祭祀とは別に、上下の市民の信仰対象となった宗教施設には、移住に伴って将来されたものや、土着在来の信仰に則ったものがある。例えば、図4の54 66 69 70は、東京開封府に在った宗教施設が、遷都とともに杭州に移ってきたものである(17)。これらが主として鳳凰山・呉山の辺に集まっているのは、ここに新来の官署・官人の定住の中心があったためであろう。同様に、72の梓潼聖君廟は、四川より渡来の官・民の定住中心であろうし、12 77 79-2の天妃廟所在地は福建・広東人や、東南海岸の海商の定住地を暗示している。6の霍山行祠（広徳軍）、41の顕佑廟（常州）、44の仰山祠（袁州）、68の東岳行祠（山東泰山）などの「外郡行祠」(18)も、それぞれの地方からの移住者の受容と関連がありそうである。ことに14 15 37 78 79-1 94の五顕祠（五聖廟）(19)は、徽州婺源を中心とする商民の活動と関連があるように見える。五顕神、五通神、五聖が同一内容であるか否かは問題があるが、この信仰は木材などの山地の産物を商う、安徽南部や江西方面の商人の間に広がり、徽州婺源県では、毎年の四月八日に仏会を催し、天下の商人を集めて墟市が

図４　杭州主要宮観寺院　補１

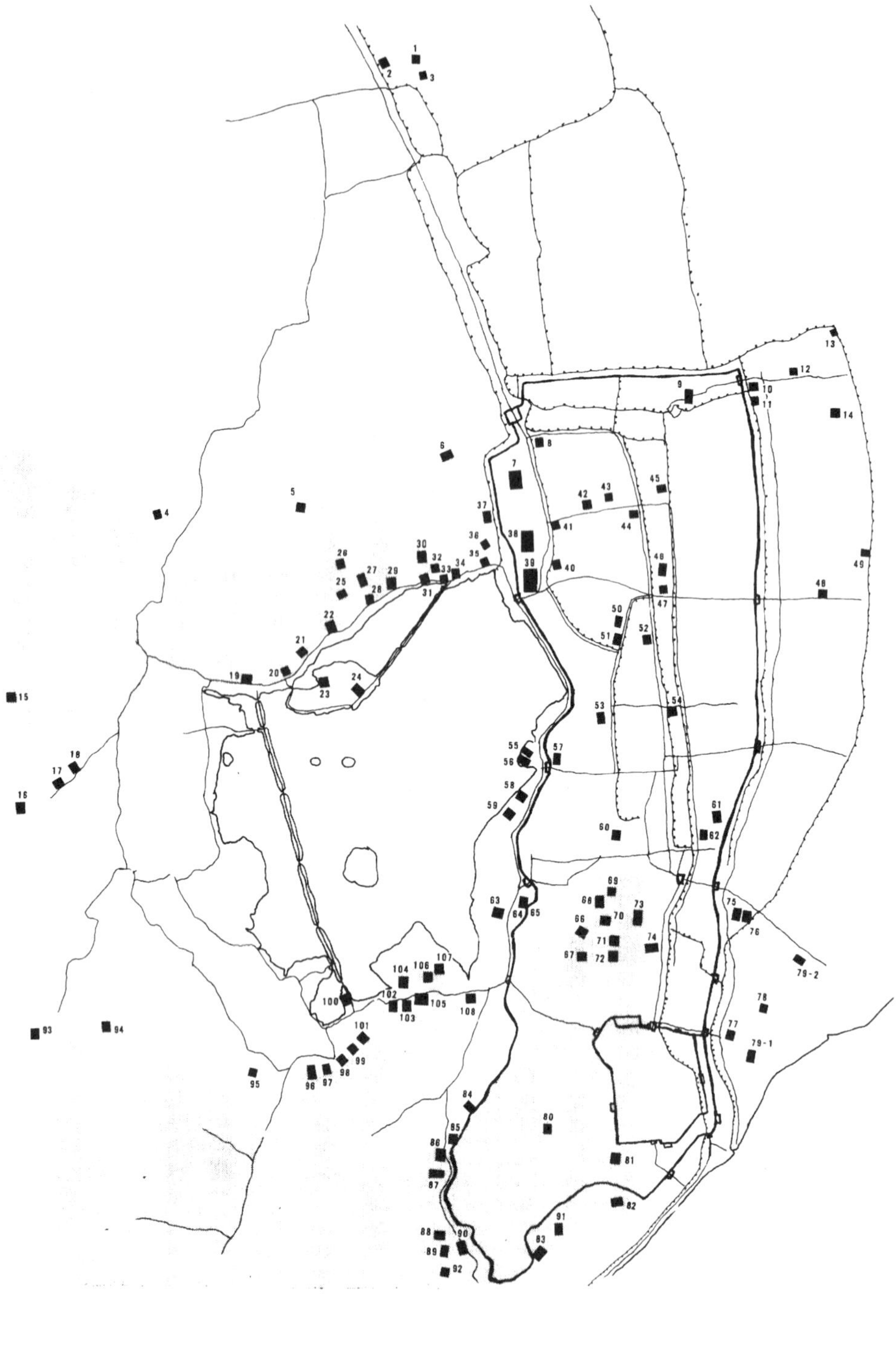

1　化度寺
2　香積寺
3　真如寺
4　玉泉寺
5　護国寺
6　霍山行祠（広恵廟）
7　万寿宮
8　顕佑廟
9　広寿寺（張鎡）
10　定香寺
11　法明寺
12　聖妃廟（天后）
13　月塘寺
14　五聖廟
15　五顕祠
16　霊隠寺
17　顕慈寺（閻貴妃）
18　資福院（張淑妃）
19　岳飛墓
20　竹　閣
21　宝厳院
22　喜鵲寺
23　四聖観
24　四太乙宮
25　玉清宮
26　葛仙翁墓
27　治平寺
28　瑪瑙寺
29　智果寺
30　保淑塔
31　放生地
32　兜率寺
33　大仏院
34　相厳院
35　大昭慶寺
36　銭王廟
37　五顕祠
38　太乙宮
39　景霊宮
40　青蓮寺
41　顕佑廟（常州神）
42　祥符寺
43　元真観
44　仰山祠（袁州神）
45　社　壇
46　仙林寺
47　広福廟（杭人蔣氏）
48　九宮壇
49　海神壇
50　千頃院
51　明慶院
52　蕭何祠
53　李泌廟
54　二郎祠（東京神）
55　龍王廟
56　柳洲寺
57　金華将軍廟
58　霊芝寺
59　顕応観
60　開元宮
61　佑聖観
62　旌忠観（三聖廟）
63　慧光尼庵（張循王）
64　永隆院
65　天后宮
66　開宝寺（東京神）
67　寧寿観
68　東岳行祠
69　皮場廟（東京神）
70　三茅観（東京神）
71　城隍廟
72　梓潼聖君廟（四川神）
73　天慶観
74　太　廟
75　水陸寺
76　祇園寺
77　延聖寺（天后）
78　五顕祠
79-1　五顕祠
79-2　聖妃廟（天后）
80　勝果寺
81　梵天寺
82　包家山寺
83　籍　田
84　劉娘子寺（劉貴妃）
85　広福院（陳淑妃）
86　宝蔵院（旌忠観、銭氏五王廟）
87　水月寺
88　天龍寺
89　浄明院
90　郊　壇
91　龍華寺
92　天華寺
93　龍井寺
94　五顕祠
95　恵因寺（高麗寺）
96　赤山欑宮（四后）
97　宝林院（荘文太子）
98　法因院（景献太子）
99　広法院（斉王）
100　旌徳観（先賢祠）
101　興教寺
102　恵照寺（斎宮）
103　小昭慶寺（同上）
104　社　壇
105　浄慈寺
106　雷峰塔（雷氏、銭王妃）
107　上清宮
108　宝徳寺（楊和王）

立った。[20] 杭州でも四月八日に大祭があり、九月二九日には、「五王誕辰」の祭りがあった。[21] 蘇州呉県にも婺源祭神の五通廟があるから、[22] 新安系の商民の長江デルタへの移住や進出につれて、彼らの祭祀拠点も広がったものと見られる。この外、北極佑聖真君を祀る61の佑聖観も、広く士庶に信仰された宮観であった。[23]

一方、仏教系の寺院は城内外に分布しているが、すでに触れたように、城内の寺院は遷都に際して接収・統合・転用されたものも数多くあり、主要な分布地は西湖畔に集まっている。西湖の北岸・南岸には、呉越王や南宋の皇室、功将、功臣の菩提寺や墓所が多く、西湖西岸の霊隠寺や上・中・下三天竺のあたりは、由緒の古く、壮大な寺院が分布している。こうして、西湖周辺はすぐれた風致に加え、寺院、庭園、別荘、墓所が点綴し、精神生活上の休養地として独自の別天地をなしていた。

ところで生活する市民の、日常の消費・娯楽との関連で文化ゾーンを求めると、消費や嗜好の質を考えなければならない。図3ＡＢは、[24] 杭州城内外の娯楽施設の分布を示している。図1・2の、商工ゾーン、官紳ゾーンの位置関係を念頭において図3ＡＢの瓦子（娯楽場）や官酒庫の配置を見ると、ふつう瓦子と呼ばれている盛り場には、消費・嗜好の質またその成長程度に応じて、およそ二種類があったことがわかる。すなわち、城内の、経済中枢域に位置する大規模で内容の分化し進化したそれと、城外の軍営や鎮市に位置する小規模の粗放なそれである。

城外の瓦子は、江漲橋市図3Ａ13や新開門外31、候潮門外33をやや別格としても、おそらく軍営附設の酒保の域を出なかったであろう。これに反して、城内の16 24 28 29はサーヴィスをうける人口の密度、購買力、消費や嗜好の分化度において、サイズも質も異なっていたはずである。ことに16北瓦子には、勾欄十三座があり、間近かに上・下百戯巷という芸人町、官巷街一帯の高級店舗や酒楼・書舗・薬舗があり、杭州最大の洗練された娯楽場であった。一方、24大瓦子、28中瓦子、29南瓦子と、三瓦子が密集する地区は、酒楼、茶肆、分茶酒店、有名厨坊、各種飲食店、金融・商業店舗が櫛比し、官私の妓館が並び、「縉紳同年会」や「士大夫期朋約友会聚之処」[25] も集中する場所であった。ゆえに、これらの城内四瓦子は、文字通り日常的娯楽の中心であった。

図５　杭州の廂界区分

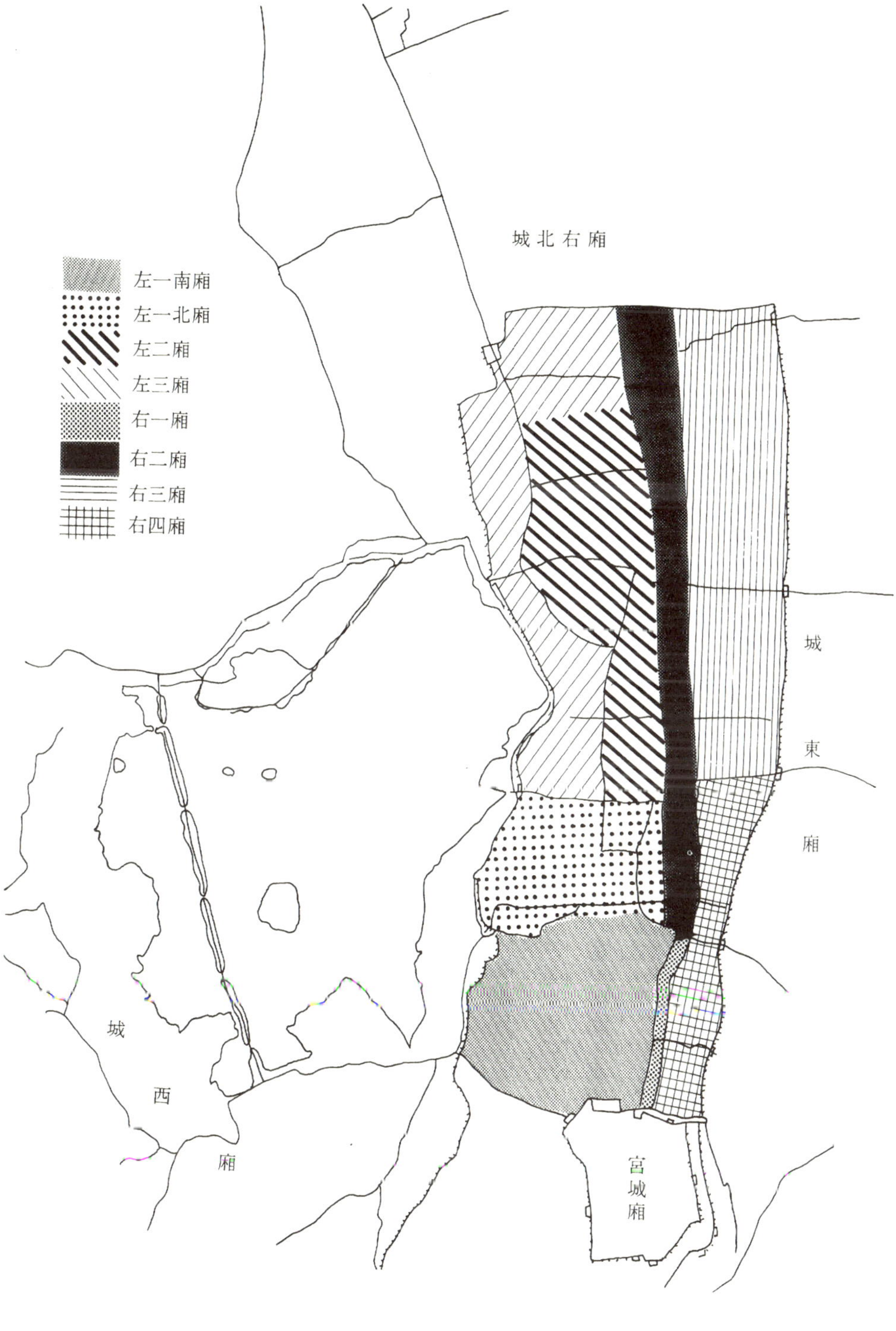
左一南廂
左一北廂
左二廂
左三廂
右一廂
右二廂
右三廂
右四廂
城北右廂
城東廂
城西廂
宮城廂

四 小結

最後に、以上に述べた杭州の経済ゾーン、官紳ゾーン、宗教文化ゾーンという、機能的な生態地域の区分を念頭に置きつつ、これらを、上から人為的に区画された廂界、つまり治安行政上の区分と比べてみよう。図5は、咸淳臨安志巻一九　廂界、坊巻の記述で作成したものである。城内は左一南廂、左一北廂、左二廂、左三廂、右一廂、右二廂、右三廂、右四廂の計八廂と宮城廂に細かく区分され、城外は城北右廂、城東廂、城南左廂、城西廂の四廂に粗放に区分されている。

城内の区分の基準となっているものは、市河に沿う御街の南北軸であり、これに崇新・豊豫門を結ぶ東西軸が加わって、町割りの基本線が出来ている。右廂の番号が時計廻り、左廂の番号が時計の逆廻りであることも、この御街の枢軸との関係で見れば、理解しやすい。要するに、天子・皇后らが、宮城の北の和寧門（図1　R）を出て、朝天門鼓楼（図1　P）をくぐり、御街を北上して景霊宮（図4 39）に至る路線が「上からの眼」で見たとき、基本線をなすのである。つまり左一南廂は三省六部街、左一北廂は臨安府署街、左三廂は仁和・銭塘両県署街、左二廂は礼部貢院、諸学校、皇族・皇后宅、右一廂は三省六部の門前街、右二廂は「中之島」の繁華街、右三廂は軍営・倉庫と民居、右四廂は皇后・皇族宅を主な構成要素としている。左一南廂・北廂、左二、左三廂が粗放空間であるのは、官署を多く含むために、人口が相対的に過疎であるためであろう。タテ長の右一、二廂は、地形条件に加えて、左右対称に四区画ずつに数を合せる配慮が及んでいると思われる。しかしこの二廂は人口過密地であったに相違ない。一つの謎は右三廂の広大さである。恐らく北半の相対過疎と南半の相対過密が相殺し合っていることもあろうし、また北半は軍営であるから、治安上、強いて細分するに及ばなかったとも考えられる。いずれにしても、この区分の構想には、住民の質、密度、内容について、余り深く顧慮していない、機械的な空間分割法が示されている。

図６　杭州城内外生態区分略全図

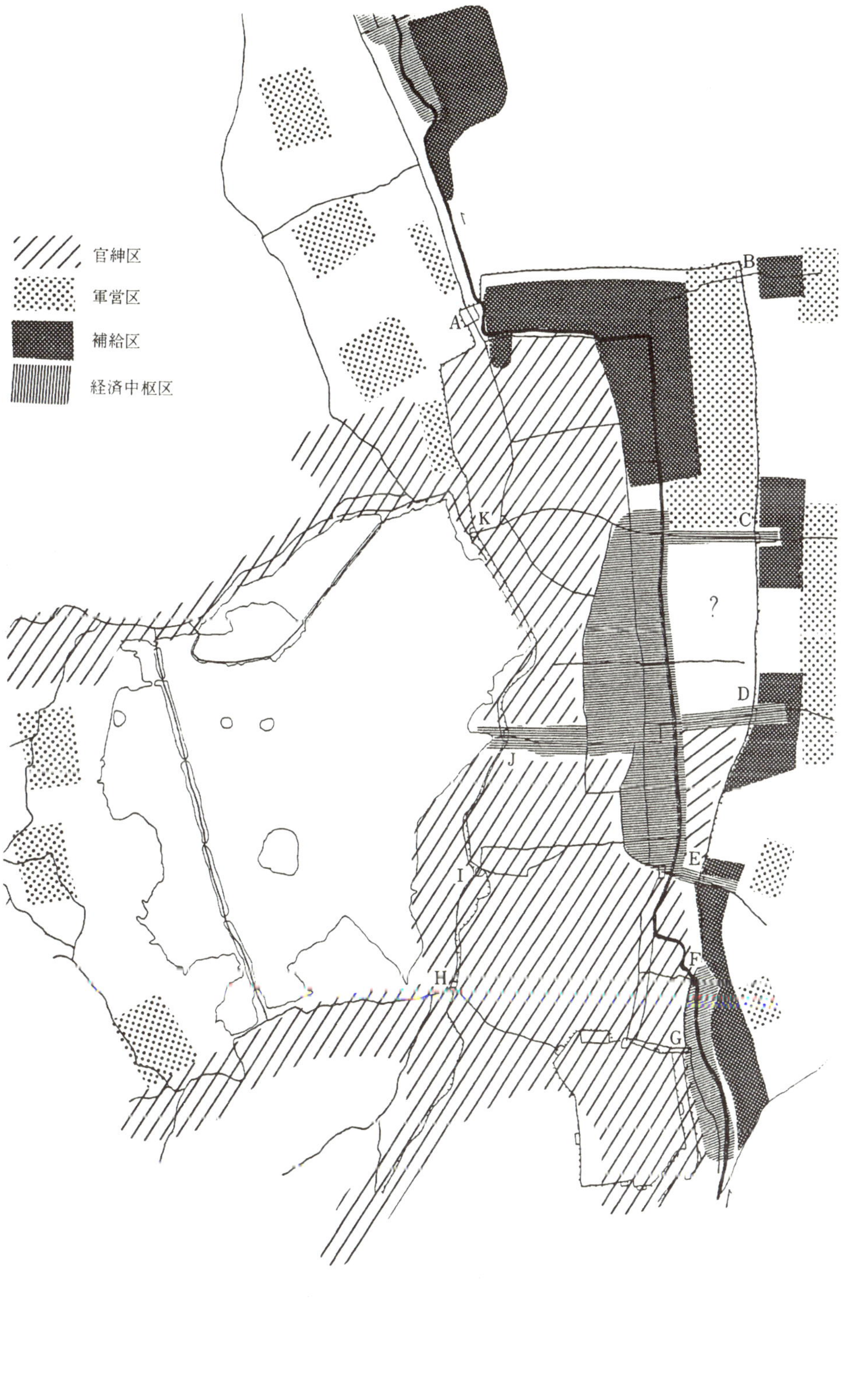

図6は、これまでの考察を綜合して作製した杭州城内外の機能的な生態区分図である。区分は官紳区、軍営区、補給区、経済中枢区の分化をそれぞれ示している。官紳・軍営区は、民事・軍事・内務・財務行政の官署と官紳・皇族の居宅、彼らの別荘・庭園・宗教施設が主として占有する区域である。一般庶民の主たる活動区は経済中枢区と補給区、これらに連接する区域である。一見して明らかなように、南北軸以西は主に官紳の活躍の場であるが、これらの間にも、外来・土着の富民の居宅や信仰対象が間在していたことは前文で見た通りである。南北軸から東の部分の空白地には、庶民それも零細な職業従事者が住み、ことに城外では、軍営や補給区の周縁に定住していたであろう。南北軸以東は概して池塘の点在する低湿地で、上水・交通・消費・防衛・衛生の上で恵まれていないので、こうした推測を導き出すことができる。

それでは、こうした都市生態区分は、中国の旧都市のそれの常態であろうか、或は又、異例とすべきであろうか。前節でも述べたように、仮りに図6を90度右回転させて見ると、杭州の都市計画と生態区分のあり方は、やや横長な長方形が奇異ではあるが、一般中国都市のプランや区分と余り隔たるものではない。すなわち、東西そして南に補給・交通幹線が位置し、都市中央には経済中枢区が位置を占め、かつ礼教・文化センターも中枢に近く配置している。そして北方城内は官紳区、北方城外は墓所・別荘と軍営の立地である。

通念に反する存在といえば、宮城が極端に城の一隅（この場合は西隅）に位すること、および、皇族・皇后宅が市心の盛り場を囲んで立地していることである。ひるがえって江南の中小規模の都市を考えてみると、この杭州に類する地形上、都市空間分割上の異例さは、常態といわぬまでも、奇異とするには当らない。たとえば明州、[26]蘇州、揚州、袁州、[27]湖州など、形態が不整形であるか、中枢地区が交通幹線や地形に制約されて、位置上の偏りを示すものは意外に多いのである。このように、河川交通が発達している上に、地形の起伏が複雑な華中・華南では、都市計画や空間分割には現実への妥協によって伝統ノルムを修正することは、むしろ通常であった。問題となるのは、首都の象徴性からみて、杭州城に示される現実主義的都市計画が、当時の人士の心性において納得されたものであったか否かである。宋代という中世革命期、ことに都市革命の時期にあって、すでに北宋の首都開封自体が、伝統観念からすれば「新奇」な、現実主義を許容した都市であった。機能本位の考え方からすれば、杭州における官紳・商工区の構成状況も、格段に「異様」とはいえない。しかし南宋期の一四二年を通じて首都であった杭州の公けの呼称は「行在」であり続けた。すなわち仮りの都である。興味深いことに、明・清の首都であった南京・北京は、形態上も、都市計画上も、伝統観念への立ち戻りが極めていちじるしく、清の北京ではこの傾向が増幅されて、商工区を前門外に排出させ、儀礼・象徴のノルムが極めて強く復活している。北宋・南宋といえば、大伝統・小伝統ともに、文化の黄金期をつくり上げた時代であり、逆に明清期は世俗化が進み、宋代に達成された文化の、なし崩しの拡大が生じた時期である。こうしてみると、中華帝国の文化黄金期は必ずしも都市計画上の伝統観念の発揚を伴っているとはいえないのである。中国都市史について、単に形式や、高度文化や、それを記録した文献のみで接近することは、このような観点からみても問題を残しているといえそうである。冒頭にも述べたように、都市論を当該時代の全体性の中で論じ、普遍相と特殊相を相対化しつつ摘出する作業が進まぬ限り、実像の把握は容易に生れてこないのではないだろうか。

注

（1） August Lösch, *The Economics of Location*, 1954, Yale Univ. Press. Brian J. L. Berry, *Geography of market centers and retail distribution*, 1967, Prentice-Hall, Inc., Englewood Cliffs, N. J., ヴァルター・クリスタラー著、江沢譲爾訳『都市の立地と発展』大明堂、一九六九。

（2） 本書後篇の一、二、三章参照。斯波 "Ningpo and Its Hinterland", in G. W. Skinner (ed.), *The City in Late Imperial China*, Stanford University Press 1977, pp. 391–439. 本書前節参照。

（3） 斯波「中国中世の商業」『中世史講座3中世の都市』学生社、一九八二、二〇一～二一六頁。D. Twitchett, "The T'ang Market System," *Asia Major, XII*, 2, 1968. 斯波『宋代商業史研究』風間書房、一九七九年再版、三〇六～三一六頁。

（4） G. William Skinner, "Introduction: Urban Social Structure in Ch'ing China", in G. W. Skinner(ed.), *The*

City in Late Imperial China, 1977, Stanford, pp. 521–553, esp. pp. 527–538, urban ecology.

（5）本書三二八、三二九頁。図1参照。

（6）本書三三一頁～三三三頁。中枢域の生成について Chauncy D. Harris and Edward J. Ullman, "The Nature of Cities, *Annals of the American Academy of Political and Social Science, 242:15, 1945.* 参照。

（7）魏嵩山「杭州城市的興起及其城区的発展」歴史地理創刊号　一九八一。

（8）同上。

（9）夢粱録巻一八　恤貧済老、巻一一　諸山巌。

（10）同上。

（11）嘉靖仁和県志巻七所引、元胡長孺「広福廟伝」。

（12）図2と同様の手順で作製。

（13）咸淳臨安志巻五七　防虞。

（14）同上巻一九　坊巷。

（15）臨安の社会文化生活につき、Jacques Gernet, *Daily Life in China on the Eve of the Mongol Invasion: 1250–1276*, tr. by H. M. Wright, 1962, George Allen & Unwin Ltd., London. A. C. Moule, *Quinsai; With Other Notes on Marco Polo*, 1957, Cambridge, Cambridge University Press. の両研究がすぐれた展望を供しているので参照されたい。

（16）清朝では全国の行政都市における儀礼対象の配置、儀礼行為につき厳格な秩序が立てられていた。これについて Stephan Feuchtwang, "School-Temple and City God", in G. W. Skinner (ed.), *The City in Late Imperial China*, 1977, Stanford, pp. 581–608 が有益な啓示を与えている。

（17）咸淳臨安志巻七三　東京旧祠、夢粱録巻一四　東都随朝祠。

（18）咸淳臨安志巻七三、外郡行祠、夢粱録巻一四、外郡行祠。

（19）本書三二六頁、四〇二頁、および咸淳臨安志　浙江図、西湖図。

（20）斯波『宋代商業史研究』三八〇頁、本書四〇二頁注(16)。

（21）夢粱録巻一九　社会。

（22）本書四〇二頁。

（23）夢粱録巻一九　社会。

（24）都城紀勝、西湖老人繁勝録、武林旧事巻六　瓦子勾欄、夢粱録巻一九　瓦子、咸淳臨安志巻一九　瓦子、巻五五　庫を参照して作製。なお加藤繁「宋代に於ける都市の発達に就いて」『支那経済史考証』巻上　東洋文庫、一九五七、三三三～三四〇頁、岸辺成雄「宋代の妓館」東京大学教養学部人文科学紀要一一　歴史と文化二　一九五六、Jacques Gernet, *Daily Life in China*

On the Eve of the Mongol Invasion, 1250–1276, 1965, George Allen and Unwin, pp. 222–227. 参照。

（25） 夢粱録巻二〇 妓楽、巻一六 茶肆。

（26） 本書四六三頁、"Ningpo and Its Hinterland", in G. W. Skinner (ed.), *The City in Late Imperial China*, 1977, Stanford University Press, pp. 406–407.

（27） 本書四〇五～四〇八頁。

（補1） 咸淳臨安志巻三 郊廟、巻七一～七三 祠祀、巻七五～八二 寺観、西湖遊覧志、武林旧事等から作成。

五　局地的事例

1　宋代の湖州

(一)　はじめに

本章では、長江下流域の湖州と徽州、および江西の袁州、湖北の漢陽軍についての、地域発展の局地的事例を述べ、比較のための参照に供したい。すなわち、現時点では長江下流域の全地方についての網羅的な考察は到底困難であるので、若干の地方についてやや詳密な観察を試み、特色的と思われる主要な動向をつかもうとするものである。

本節では浙江定住史の沿革を湖州を例にとって考察する。定住史の意味するところは、人口の動態史であり、また行政・文化の浸透史ないし漢化 sinicization の歴史であり、聚落史であり、都市化の歴史であり、産業分化、社会勢力台頭の歴史である。中国での定住形態の基本は都市であったことは Glenn T. Trewartha, 宮崎市定教授の指摘するところであり(1)、村落定住は農地の活用が辺地に及びはじめた六朝、唐、五代にかけて普遍化して来たと思われる。いわば点から面への拡散であり、このような意味で江南のフロンティアの利用が一段落をとげ、後世の省域区分に相当する地域的文化的統合単位が成立する五代、宋の時期は中国定住史の重要な画期である。(2) なかんずく劇的な変革の生起した地域は浙江省および江蘇南部の宋の両浙地域であり、本節は焦点をここにしぼり、第一着手として湖州の定住史の沿革を観察してみたいと思う。

(二) 初期の定住史（五代以前）

江蘇省の長江以南および浙江省北部を一つのまとまりある地域としてみると、蘇州を中心とする低湿地の水郷と、それをとりまく南京台地、天目山山地および会稽山地の山郷とが地文的に対立している。なかでも湖州は天目山より流下する東苕水、西苕水の二水系が合流して形成する一箇の河川水域であり、二水は太湖の水源であり、湖州は元来水源の河谷域としての特色を備えている。江蘇、浙江における定住の端緒が、南京台地東部、蘇州の微高地、湖州、会稽に起っていることは、初期の土木、生産技術の下では、河口の低湿地は広域の定住に不適であり、むしろ高阜な、水利供給の安定した地方が選択されたことを物語っている。

先秦時代の苕水水域では、のちの武康県とくに風渚湖周辺　図1-1に居住した防風氏の伝説がある。(3) 禹に誅されたというこの氏族の影響は後世まで残り、武康県東二里の清穆、東南一七里の風渚湖および湖州域内には趙宋時代でも防風氏廟が祀られていた（嘉泰呉興志＝以下呉興志と略す、巻一三）。ついで春秋の呉国が進出した。軽揚躁勁、勇武を好み、舟戦に長じた呉国の文化は、(4) 必ずしも農業を背景としたものとは考えられないが、蘇州に大城を築き交通を整え、都市文化を備えた呉国の勢力は苕水水域にも波及した。のちの帰安県西南一五〇里の莫干山　図1-2は呉王鋳剣の伝説で聞こえ、その西方武康県西北一五里の銅官山　図1-3銅峴山は、呉王の鑿山採銅の地といわれ（呉興志巻四）、呉国の金属文化の一拠点となった。またのちの長興県東南一里に後世設立された呉王夫槩廟　図1-4は蘇州に治した闔閭が弟夫槩を遣わして築城した城址であるという（呉興志巻一三）。闔閭は築城と共に西湖　図1-5（周七〇里、呉越湖）を開かせ、夫槩が重修して灌漑に供したともいう（呉興志巻五）。呉王はさらに太湖岸の三城　図1-6（三圻城）にも屯戍したといわれ（呉

図1　初期の湖州定住地

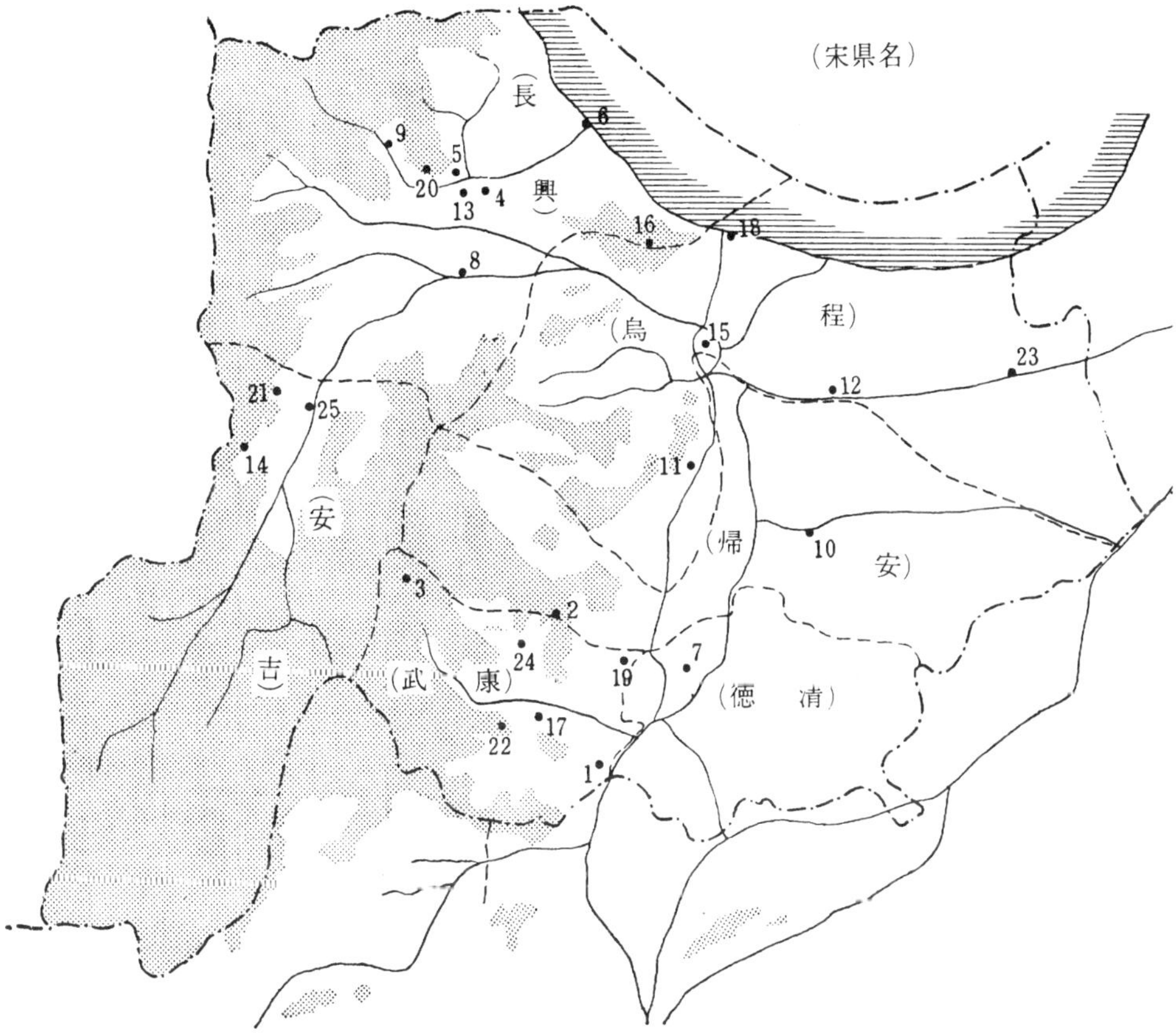

興掌故集巻九)、のちの徳清県城南の呉羌山　図1-7も呉王夫差の築城地といわれ(呉興志巻四)、さらに長興県南四五里の胥塘　図1-8は越相范蠡の築造と称し(呉興志巻一九)、長興県合渓鎮　図1-9に祀る五酉王廟は呉王季札を奉じている(呉興志巻一二)。後世の江蘇平野に固有の灌漑施設である塍、圩、塘ないし周礼のいわゆる瀦法は呉越の旧制と後世に信じられてはいるものの、(5) 果して春秋戦国時代にどの程度の土着の農業水利技術が存在したかは不明である。しかし少なくとも以上の伝説の示す所は、蘇州を中心とした呉の都邑文化圏内に苕水水域が組み込まれ、定住、築陂、採鉱の端緒が始まり、しかもいずれも山郷の基部周辺に営まれたこ

とが知られるのである。さらに楚の春申君は呉征討の拠点として烏程県西南衡山の南　図1-11に下菰城を築き（呉興掌故集巻九、呉興志巻一八）、黄浦を開いたといわれ、黄浦はやがて漢代に重要な灌漑池として整備される（呉興志巻五）。楚の文化の波及は山地文化の吸収を意味し、呉の民は車戦にも長ずる好戦的な気風を育て、山郷の利用に乗り出したと思われる。なお秦が進出したとき、東西苕水の合流点には会稽から遷されたと称する烏巾氏、程林氏が居り、美酒の醸造で知られていたと称され（呉興志巻一八）、烏程東の昇山　図1-12は烏山と呼ばれており（呉興掌故集巻一〇）、長興南の程氏橋　図1-13は程林氏の居地といい（呉興志巻一九）、のちの長興南、烏程東の地域に富を蓄えた土着豪族が存在したらしいことがわかる。

秦は呉（蘇州）に会稽郡治を設け、江蘇、浙江、福建に及ぶ地域の統合と漢化をはかった。東西苕水の合流点にはじめて烏程県が置かれ、この水域下流の掌握が始まった。しかし西苕水の中流、のちの安吉県西北方には故鄣県　図1-14が置かれ、会稽郡に西隣する故鄣郡治となったところからみると、この水域の西方山地はなお独立性を保ち良く政治的に統合されるに至らなかったことがわかる。この状況は漢代にもひきつがれた。秦漢の鼎革の際に湖州は項羽が占拠し、のちの州子城内にはじめて築城した　図1-15。項羽の影響が六朝隋唐の江南に永く残ったことは宮川尚志教授の指摘するところであるが(6)、事実、烏程県には後漢以後、子城内に西楚覇王廟が置かれ、また県西北の卞山にも別廟　図1-16が祀られて慰撫工作がつづけられた（呉興志巻一三）。これは漢化の一定の限界を示すものと解せられる。しかし漢代には一方で北来の漢人による定住、開発が徐々に進められた。項羽の乱のとき、費氏は武康に来住した（呉興志巻一六）。後世費氏の聚住地となった県南の費渚　図1-17はこの時に起源するものであろう（呉興志巻五）。後漢の費汎は孝廉に挙げられ、子の鳳は堂邑令、政は九江太守となった（隷釈巻九）。漢代には烏程南の三碑郷に三費碑があった（呉興掌故集九）。前漢平帝の時には、扶風丘氏の裔孫、持節丘俊が乱を江左に避け、烏程に定住した（呉興志巻一六）。これは呉興四大姓（姚沈丘鈕）の一、丘氏の始祖である(7)。後漢になると丘騰が烏程県北一八里の太湖岸に丘城　図1-18を建てた（呉興志巻一六、一八）。恐らく苕水河口であろう。また汝南の大姓沈氏の裔、海昏侯沈戎は烏程の餘不郷（宋徳清県）に来住、子孫は武康の金鵝山、鳳凰山　図1-19に定住、呉興四大姓の沈氏の祖となる（呉興志巻一六）。さらに彭氏の裔、諫議大夫銭林は晋代の長城県の梓山　図1-20東の造封村に来住した（呉興志巻一六）。長興の大姓銭氏の祖である。彼は同地の開発に尽力し「穿港開陌、俾水陸交通」の如き水利の改良を施し、「層屋背山、高門面水」の大邸宅を営み、子孫永住の基礎を築いた（呉興志巻一六）。この地の古郷里名が平望郷陂門里であることは、おそらく陂の技術の導入地であった事を示すと思われる。この外、漢の高士呉羌は徳清県東南の呉羌山に隠居し（呉興志巻四）、楼船将軍曼倩之は長興県四一〇里に定住、金潭、金塘、金渠等を開き（呉興志巻五）、荆王劉賈は長興西九〇里の荆塘を築いたといわれる（同巻一九）。当時蘇州地方はすでに運河組織が整備されつつあったが、江蘇の辺地苕水水域にも漢人の定住と初歩的な農業水利の改修が開始されたようである。

後漢末になると、呉郡富春の豪族孫氏が呉郡四姓の顧陸朱張、会稽四姓の孔魏虞謝、銭唐の全、義興の周および呉興の丘沈、広陵の載氏らの支持を得て呉国を建て、建業に都した。(8) 呉の建業奠都によって従来漢人の住地として無名であった南京台地が一躍史上に登場するに至る経緯は岡崎文夫教授らの説くところである。(9) この結果、蘇州を中心に東南方浙北に及ぶ運河網は、破崗瀆（中江）を介して建業に結ばれ、(補1) 一方湖州安吉の梅渓鎮のあたりに邸閣　図1-21が置かれて陸上からの建業の補給に備えた（呉興志巻一八）。物資の供給分配を円滑にする交通網の整備により、地域内の斉一性は高められたに相違ない。呉の建国と共に烏程県に呉興郡がおかれ、烏程、故鄣、安吉、原郷（孝豊）、永安（武康）、臨水（臨安）、於潜、餘杭の八県が属して都市化が進んだ。この呉興郡の領域の成立によって、東西苕水水域がはじめて一個の地域単位として独立した。三国、晋の時代は呉、会稽、呉興及び南京台地において漢人の定住が進んだが、後漢末、田豊は王莽の乱を避けて呉郡に移住、改姓して嬀を称し、五世孫嬀敷は再び改姓して姚姓を称し、武康に来住、子孫は呉に仕えた（呉興志巻一六）。呉興四姓の姚氏の祖である。また呉の闞沢（三国志巻五三）は呉興に来住して敢村　図1-22を起し（呉興志巻四）、呉の高士皋伯通は長興県西四〇里に皋塘を開き（呉興志巻一九）、五官郎中沈衍は武康北一〇里に定住して五官瀆の名を残した（呉興志巻五）。また呉景帝皇后鈕氏は卞山に葬られ、この地に因って烏程県西に青塘が開かれた（呉興志巻五）。一方呉興郡からは軍職、武功で知られた功臣が輩出した。孫権の参軍校尉、烏程の吾粲（呉志巻一二）、亭侯であった烏程の徐詳（呉興志巻一六）、故鄣令として

図2　湖州の捨宅建寺址

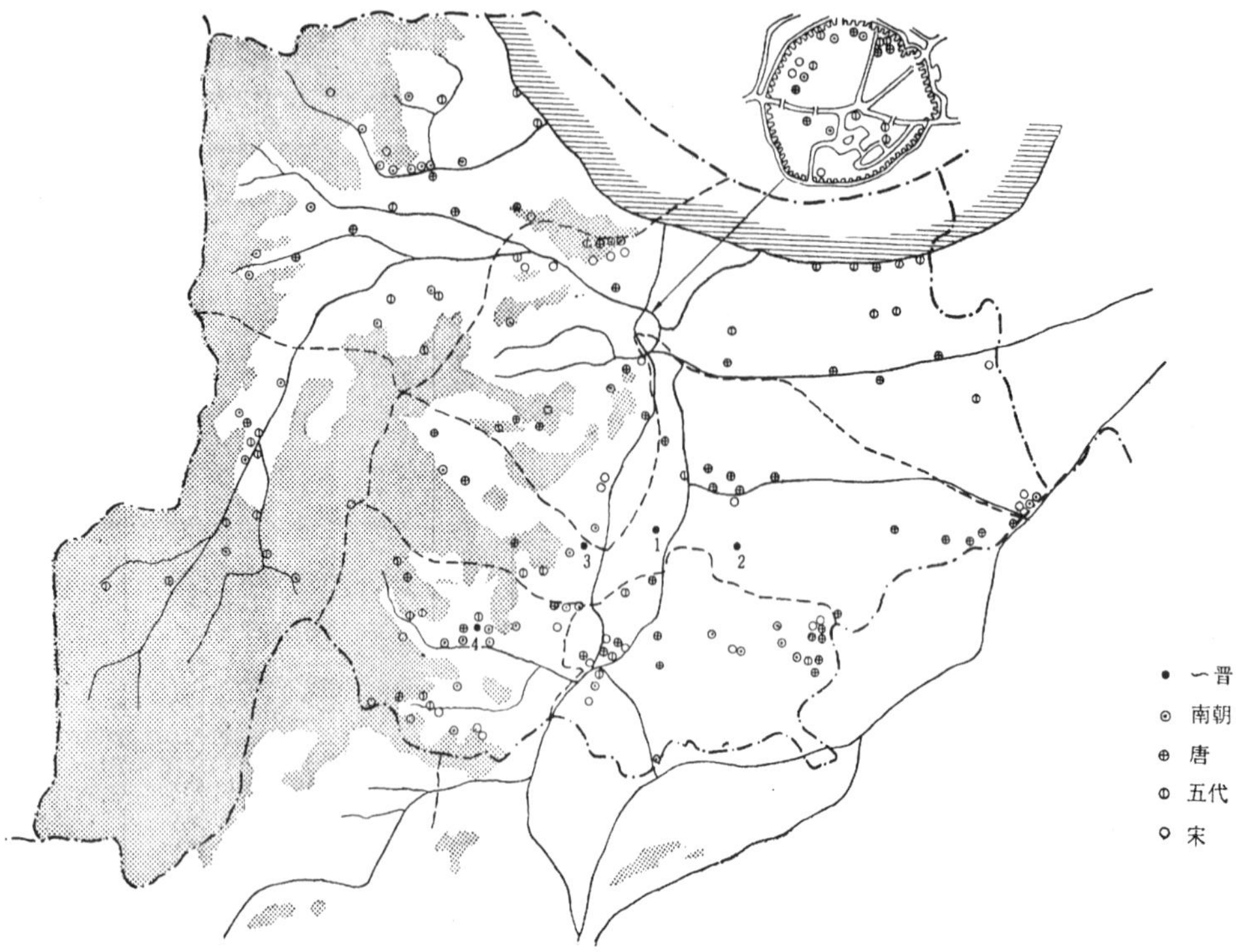

山越討伐に功のあった朱治（呉志巻一六）、および一族朱才、朱然、朱績（呉志巻一二）があり、文官では尚書令鈕淑（呉興志巻一六）が挙げられる。

晋代になると行政、文化の浸透が漸く明確に現れてくる。太湖岸の東郷に東遷県 図1-23、西郷に長城県（長興県）が置かれ、烏程県領は三分された。烏程の西一〇里には太守謝安が謝塘を開き、また長城県南七〇里に官塘（謝公塘）が築かれた（呉興志巻一九）。因に湖州における「塘」は両側に陸路を通じ、堤防を備えて外水を防ぎ、灌漑にも用いる運河である（同上）。太守殷康は烏程県南一里に荻塘を開き一〇〇〇余頃を溉した。後世の下塘河である（同上）。唐初に羅城が築かれたとき城内に含まれた下水を横塘といい、城外は官塘と称した。また都督郗鑒（晋書巻六七）は県南五〇歩に漕瀆、二七里に官瀆を開いた（同巻五）。これらは呉興郡治烏程県の都市化、人口増に対応するものである。また農業振興は広域的な行政管理を必要とし、治安、水利、運輸の確保が促進されたであろう。この間、孔愉は徳清県西南二〇〇歩の孔愉沢（呉興志巻五、一四）に来住、授封されて餘不亭侯となり（晋書巻九一）、のち城山に孔愉廟が祀られた（呉興志巻一三、一九）。車騎将軍沈戎は武康県前の前谿に定住（同巻一九）、河内軹県の郭文は永嘉の乱を避けて歩担して武康県北一五里の郭林村（図1-24）に来住、のち郭先生祠堂が建てられた（呉興志巻一三）。尚書左丞征西大将軍の施彬は功によって中涓侯、父は安吉侯に授封され、共に安吉梅谿鎮（図1-25）に食邑を得、この地に施明侯廟が建てられた（同巻一三）。また烏程西南の黄浦、旧名康浦に上康村、下康村という村落があり、康氏の定住と分村化を物語っている（同巻五）。さらに潁川太守沈延は烏程博陸里餘烏邨に定住（同巻一六）、武康県西南七里の石嶠山には石嶠村があった（同巻四）。一方仏寺の分布も定住の状況を知る資料である。仏教の浸透に伴い多くの豪族は土地、邸宅を喜捨して寺院を建立した。帰安県崇礼郷射村（図2-1）の獅子吼寺は、呉の太元中（二五一）、居人の劉鉞が建立（同巻一三）、同県福増郷千金里（図2-2）の無為寺は東晋の王衍が建立（同上）、同県孝仁郷施渚鎮（図2-3）の崇勝院は永嘉元年（三〇七）孫徳宗が捨宅建立（同上）、武康県北一里の建霊寺（図2-4）は東晋義熙二年（四〇六）、沈戎が捨宅したものである（同上）。かくて「好剣軽死易発」といわれた土着文化は、漸く漢化及び仏教の浸透を受けるようになった。故鄣県の呉商は五経百氏に通じ東宮校書郎となり、四方の学者は笈を負って集まった（呉興志巻一六）。武康の沈警は蓄財によって東南の豪士と称され、子の穆夫は左氏春秋に通じた（宋書巻一〇〇）。諸子のうち、田子の養子亮は水利を興し農業開発に尽力した（同上）。南朝四代における呉興定住史ではひきつづいて農業開発が促進され、漸くのちの徳清県の低地への定住が進んだ。官僚、学者、武将として貴顕に台頭する地方勢力が増え、陳の高祖陳霸先は長城県下箬里から出身、尚書僕射沈約ほか沈氏が南朝、唐にかけて三皇后、五尚主を輩出した。すでに呉の孫権が八牛偶耕の法を親試して以来、呉人は定着的な農業を重視するようになったといわれるが[10]、呉都建業の都市文化の拡散によって養蚕、絹織物業が呉地に普及しはじ

[11]め、劉宋文帝の種麦、蚕桑、麻紵の勧奨、[12]梁の沈瑀の種桑勧奨、[13]梁の太守周敏による桑麦の勧種[14]によって土地利用の効率が高められた。自然条件に恵まれれば、「自淮以北、以万匹為市、従江以南、千斛為貨」[15]と豊収の米穀の余剰が大量に販売され、また流通を促進することで「呉興無秋、会稽豊登、商旅往来、倍多常歳」[16]の如く地域内での食糧危機を回避できるようになった。この間、宋の沈雍は武康県北一五里に鄱陽汀を開き（呉興志巻五）、沈慶之は武康の婁湖に定住、田園を広開して蓄財（宋書巻七七、南史巻三七）、梁尚書令盛聴は長興県東一里の盛湾に定住（呉興志巻五）、田曹参軍駱祕道も同県南六里の駱湾に定住（同上）、梁元帝の生母石氏一族も餘姚から来住して阮姓に改姓し武康県西阮公渓に居を定めた（同巻一六）。この頃、沈氏一族の発展は著しく、漢の沈戎の子孫で史伝に載る者一五〇人、内三八人は正伝があり、約一二〇人は付伝に載せられた（呉興志巻一六）。宋の尚書左丞沈曇慶（宋書巻五四、南史巻四三）、兄弟三人司直に進んだ沈淡、深、沖（南斉書巻三四、南史巻三四）、五経に精通した沈驎士（南斉書巻五四、南史巻七〇）、孫恩、竟陵蛮を討伐した沈慶之（宋書巻七七、南史巻三七）、斉の尚書右丞沈瑀（梁書巻五三、南史巻七〇）、梁の御史中丞沈浚（梁書巻四三、南史巻三八）、五経博士沈峻（梁書巻四八、南史巻七一）、国子博士沈文阿（陳書巻三三、南史巻七一）、御史中丞沈炯（陳書巻一九、南史巻六九）、梁の尚書僕射で「呉興地主」と称された沈約（宋書巻一〇〇、南史巻五七）、五経博士沈重（周書巻四五）などである。この外、斉の給事中丘冠先（南史巻七三）、通直常侍丘靈鞠（南斉書巻五二、南史巻七二）と中書侍郎遅（梁書巻四九、南史巻七二）、梁の秘書丞姚察（陳書巻二七）、左衛将軍銭道戢（陳書巻二二、南史巻六七）、司空章昭達（陳書巻一一、南史巻六六）らが官界に進出した。梁の侯景の乱のとき建業の司徒沈子春は、宗族に命じて武康北の鳳凰山に築城させ（呉興志巻一八）、さらに隋末に武康の沈法興は宗族数千を率いて挙兵、江南一〇余郡を占拠したが（旧唐書巻五六、新唐書巻八七）、これらも呉興の土着勢力の社会的組織力の強さを証明している。

隋唐の南北統一、大運河の建設そして長安遷都は、建業を中心とする地域・社会組織に大きな変革を迫った。大運河の終点であり、東南の交通、物資集散の中心点としての杭州の都市的地位が急激に上昇し、五代呉越の割拠を経て宋の両浙路の形成へと、地域の統合、再編成の動きは急速であった。大運河の建設によって華北の消費市場と近接するに至った江蘇浙江の東南地域は、当時の生産水準の下ではなお未利用の資源に富むフロンティアであった。すでに飽和点に達していた華北の人口は江蘇、浙江北部、ついで浙江中南部へと移住した。隋大業二年（六〇六）、唐天宝元年（七四二）の全国調査に基づく人口統計によれば、浙江中南部は隋唐の間に全国一の一三・九倍という人口増加率を記録し、これを追って睦州七・四、福建七・三、蘇湖杭州七・二、明越州六・五倍とつづいている。(17) 蘇湖杭州は増加数、増加率共に高く、既存の開発に加えて新たに大量の人口を吸収したことを物語っている。もちろん人口増は単純な移住のみでなく自然増も考慮さるべきであるが、いずれにしても人口の爆発的増加を許容する変革を想定しなければならない。諸々の要因のうち最もこの変革に与ったものは、農業土木、育種史上の技術革新、および交通の発達であろう。既述の如く、秦漢六朝を通じてこの地域の農業の基本様式は、山麓河谷への定住に見合う、扇状地周辺の陂塘を利用した小規模灌漑であり、水稲農業は天恵に頼る粗放な様式であり、交通網の整備が豊凶の変動を調節していた。南朝における麦作、育桑の奨励は土地利用を弾力的ならしめる効果を伴ったに相違ないが、池塘様式の農業の規模を変える程ではなかったに相違ない。たしかに唐、五代、宋においていわゆる「新田」の造成を可能にした囲、垻、堰、塘の技術は、伝説的に呉越の旧制といわれる程に起源の古い伝統技術の延長であったかも知れない。しかし新田造成が低湿地干拓、低湿地への大量移住、聚落定住、集約的土地利用と結びついている事を総合的に勘案すれば、これは画期的な農業変革であった。広徳年間（七六三〜四）には嘉興で大規模な囲田の造成が行われたが、(18) 実に中唐時代はこの変革の端緒期であった。元和五年（八一〇）、刺史范傳正は州城から太湖に沿って東郷を貫流する官塘河（旧荻塘＝下塘河）を開鑿し、これを上塘河つまり江南運河に接続させた（呉興志巻五、一八）。これはのちの帰安県内の溢水の排除と州内運輸の効率化に大きく貢献した。大暦一〇年（七七五）には州城東の白瀕州が刺史顔真卿の手で剪榛導流され（同上巻五）、開成二年（八三七）、刺史楊漢公が四渠二池を疏濬し（同上）、大暦中烏程県令李清は県南西亭周辺を修治し、流庸の復する者六〇〇余戸、廃田の墾田と化するもの二〇〇頃、浮客二〇〇〇人が集まり種桑数万に盈ちた。(19) 帰安東南の菱湖、和塘も刺史崔元亮が開治し（呉興志巻五、一九）、長興西南五里の西湖は貞元中（七八五〜八〇四）刺史于頔が改修、元和中（八〇六〜二〇）、范傳正が塘内の私田を除き私堰を決して古迹を復し、さらに咸通中（八六〇〜七三）、刺史源重が重修した（同上巻五）。安吉県北一五里の石鼓堰は聖暦中（六九八〜九）、県令鉗

表1　湖州古亭郷里村名

	漢〜晋	南朝	唐	年代不詳
烏程	烏亭＝烏禾郷 餘不郷 博陸里余烏村	計村 錦墟村 純孝郷 孝仁郷俟村	茂徳郷	千金墟 孔姥墟
武康	敢村	石嶠村	敬譲郷、負郭郷 安楽郷、武都郷 武義郷、太原郷 桃原郷、永安郷 信義郷、旗亭郷 至孝郷、城山郷 前溪郷、風渚郷 封禺郷、風山郷 永平郷、武昌郷 崇仁郷、太平郷	廃頭里
長城	平望郷陂門里	上箬村 下箬村		永昌郷
故鄣・安吉		永昌郷 孝行里		晏子郷
属県不詳		徐村		

耳知が開き一〇〇頃を漑し（同上巻一九）、烏程県北二里の蒲帆塘も開平二年（九〇八）、刺史楊漢公が重開した（同上）。

唐は武徳四年（六二一）、旧呉興郡を湖州に改編した。杭州の都市化に伴い、東苕水上流域の餘杭、臨安、於潜県は杭州領となったので、湖州の領域は烏程、長城、安吉、武康の四県となったが、天授二年（六九一）、武康県の東郷低地一七郷を独立させて徳清県が置かれ五県を領した。徳清析置の理由は「枕臨渓沢、有舟楫之利」（呉興志巻二）、すなわち明らかに杭州、湖州間を結ぶ下塘河（大運河支脉）と餘不渓の交通機能の上昇を重視したためである。唐中期の湖州の戸口は、諸資料によってほぼ六万戸余と推定でき、趙宋初期の約半数である。唐の郷里制は中唐時代は率ね厳密具体的に実施されたといわれるが[20]、湖州では烏程県が四〇郷二〇〇里、武康県二〇郷（徳清一七郷）であったことが知られる（呉興志巻三）。宋代の烏程・帰安県は全人口の約三分の一を占めていたから、唐の烏程の四〇郷の戸口が、一郷五〇〇戸として約二万戸であったろうことはほぼ推測でき、また武康・徳清で約一万戸、うち徳清は多分八〇〇〇戸程度であろう。長興県は恐らく二万戸、安吉県は一万戸前後と想像できる。この想定に従えば、烏程、徳清の東郷に全人口の半数三万戸に近い戸口が居住し、しかも五七の郷、二八五の行政村名が整備されていたことになり、かなり村落定住が普遍化してきたことが想定される。これを寺院の分布からみても、唐代に烏程、帰安、徳清の低地に聚落が形成されてきたことは明らかである　図2。さてかかる下部構造上の変化とうらはらに、エリート・モビリティは不振であったが、これは建業から長安への遷都と共に湖州の文化、経済、社会的再編が迫られたことを考えれば、むしろ当然の成り行きであった。呉の太常卿姚時の後裔姚思廉（旧唐書巻七三、新唐書巻一〇二）は湖州を見限って京兆万年県に移住した。地方勢力の中からは修文館学士沈伯儀（新唐書一九九、呉興志巻一六）、集賢院学士徐堅、徐嶠父子（旧唐書巻一〇二、新唐書巻一九九、呉興志巻一六）、中書舎人包融（旧唐書巻一九〇中　賀知章伝）、起居舎人包何（尚友録巻六）、刑部侍郎包佶（新唐書巻一四九）、給事中沈務本、詩人の沈亜之（唐才子伝巻六、新唐書巻二〇一）、監察御史沈庠（呉興志巻一六）、弘文館学士沈待聘（同上）、監察御史沈房（旧唐書巻一九六下、新唐書巻二一六下）、国子博士沈孝澄（呉興志巻一六）ほか、進士銭起（新唐書巻二〇三）、孟郊（旧唐書巻一六〇、新唐書巻一七六）、沈傳師（旧唐書巻一四九、新唐書巻一三二）、沈希義、沈利濆、沈利賓、沈志、沈逵（呉興志巻一六）らが出、また太宗賢妃徐氏、妹高宗婕妤徐氏（呉興志巻一六）らの出身が知られるのみである。

以上要するに、苕水流域はまず蘇州を中心とする呉の領域の辺地（山郷）として自覚され、やがて築城、築陂、採鉱に伴う定住がはじまり、秦、漢初には旧呉、楚文化に対する漢化の拠点として烏程、故鄣県が置かれ、前漢・後漢の大乱期に北来漢人の城寨を伴う初期の定住をみた。しかし粗放な農業技術（陂塘農業）に制約されて、定住地は武康、長興、烏程西南の山麓台地に制限され、この傾向は呉、六朝、隋に至るまで変らなかった。しかし呉の建業奠都に伴う輔郡呉興郡の設置は、この水域の政治統合を強め、沈丘銭鈕の呉興四大姓を始めとする社会勢力が漸く台頭した。また呉朝の農業奨励にはじまり、晋、南朝における交通、灌漑施設の振興、種麦、種桑の勧奨など、農業的、定着的行政への関心の高まりによって、領域的支配の組織が次第に整えられていったに相違ない。これと共に、儒教、仏教文化が一応の浸透をとげて文化的統合を促し、「好剣軽死易発」の土俗の変容を迫り、沈氏の宗族を中心として若干の文臣を輩出するに至った。隋唐の変革は、社会的、政治的、経済的に新たな地域統合の機会を与えた。大運河の終点杭州を中心とする所謂両浙地域が王朝のフロンティアとして自覚され、苕水水域は再組織されて湖州の領域が確立し、唐朝地方官の水利振興に応じて人口の大量な流入が生じ、東郷低湿地への本格的な集住がはじまり、定住史の上で画期的な変化が生じてきた。

㈢　宋代湖州の農村と都市

五代および宋代の湖州における定住史の特徴は、沿湖および東郷の低湿地において、漊港、塘河による大規模な排水施設が完成し、水害に耐える新田が一挙に造成され、低地での人口増殖、聚落の普及、産業の分化、市鎮の叢成が実現し、かつ社会移動の機会を高めたことである。この間の事情は嘉泰呉興志、成化湖州府志、永楽大典巻〇二二七五―八三湖字韻収湖州府志などの詳細な資料が残されているので、数量的、空間的な考察が可能である。なお行政区分について、宋の太平興国七年（九八二）、烏程県南部一五郷を割いて帰安県（負郭）を析置し、また明の弘治二年（一四八九）、安吉南部に孝豊県を独立させ、長興、安吉の領域に若干の異同を生じたが、後者は本節の考察に影響なく、唐以来の行政領域の基本部分は不変であった。

まず考察の基準として永楽大典明洪武一〇年（一三七七）の成熟官民田土山蕩計四九四万九二六七畝余の数字をとり上げよう。この統計は洪武（一三九一）二四年の統計とも接近し、元至正六年（一三四六）の六三八万八四五五畝よりは減少しているものの、南宋末、元、明初の状況を考える目安となる。さて地目別に土地利用状況をみると、「田」では烏程、帰安、徳清の東郷で六八％、長興を含めると九一％に達し、烏程、帰安のみで五二％を占める。「地」つまり桑地、果樹・菜園では、東郷五〇％、長興二六％、安吉一七％、武康七％であり、「山」は安吉のみで五一％、長興二五％である。武康が僅か二％であるのは意外に思われるが、境域自体が徳清県の分割で縮小したこと、古来の定住地で「地」の利用度が高いことを考えるべきであろう。さらに排水不良の「蕩」は帰安が三六％[21]を占め、排水技術の発達前にこの地は定住不適であったろうことを予想せしめる。以上の百分比は、東郷を水郷、安吉を山郷、長興、武康を両者の混合と理解する

表２　明湖州府洪武十年成熟官民田土総計内容（※　原文）

地目		面積	百分比			
		畝				
田	(a)	2, 524, 263. 57511	a / e	51%		
地	(b)	523, 133. 38776	b / e	11%		
山	(c)	1, 681, 183. 39900	c / e	34%		
蕩	(d)	220, 686. 99450	d / e	4%		
計	(e)	4, 949, 267. 35637		100%		

烏程県

田	(f)	681, 649. 2642	f / j	69%	f / a	27%
地	(g)	78, 968. 6029	g / j	8%	g / b	15%
山	(h)	184, 274. 7320	h / j	19%	h / c	11%
蕩	(i)	42, 675. 9160	i / j	4%	i / d	19%
計	(j)	987, 568. 5153(1)		100%		

帰安県

田	(k)	629, 409. 9010	k / o	66%	k / a	25%
地	(l)	96, 252. 8640	l / o	10%	l / b	18%
山	(m)	155, 232. 8900	m / o	16%	m / c	9%
蕩	(n)	78, 144. 9250	n / o	8%	n / d	36%
計	(o)	956, 040. 5800※		100%		

長興県

田	(p)	576, 496. 9175	p / t	50%	p / a	23%
地	(q)	137, 191. 8888	q / t	12%	q / b	26%
山	(r)	423, 302. 7900	r / t	36%	r / c	25%
蕩	(s)	26, 543. 8270	s / t	2%	s / d	12%
計	(t)	1, 163, 535. 22258※		100%		

武康県

田	(u)	84, 017. 25221	u / y	46%	u / a	3%
地	(v)	36, 510. 52778	v / y	20%	v / b	7%
山	(w)	38, 405. 21800	w / y	21%	w / c	2%
蕩	(x)	25, 051. 11850	x / y	13%	x / d	11%
計	(y)	183, 984. 02649※		100%		

徳清県

田	(z)	395, 174. 3400	z / D	71%	z / a	16%
地	(A)	86, 929. 5350	A / D	15%	A / b	17%
山	(B)	32, 552. 0700	D / D	6%	B / c	2%
蕩	(C)	45, 017. 4340	C / D	8%	C / d	20%
計	(D)	559, 673. 6790		100%		

安吉県

田	(E)	160, 516. 1000	E/I	15%	E/a	6%
地	(F)	87, 279. 9700	F/I	8%	F/b	17%
山	(G)	847, 415. 4890	G/I	77%	G/c	51%
蕩	(H)	3, 252. 7740	H/I	0%	H/d	2%
計	(I)	1, 098, 465. 3330※		100%		

表3　明湖州府洪武十年増修囲田統計

烏　程	帰　安	徳　清	武　康	長　興	安　吉	計
3, 114囲	1, 715囲	980囲	201囲	867囲	18㪷	6, 895囲㪷
45%	25%	14%	3%	13%	0%	100%

図3　明初湖州府各都別囲田分布

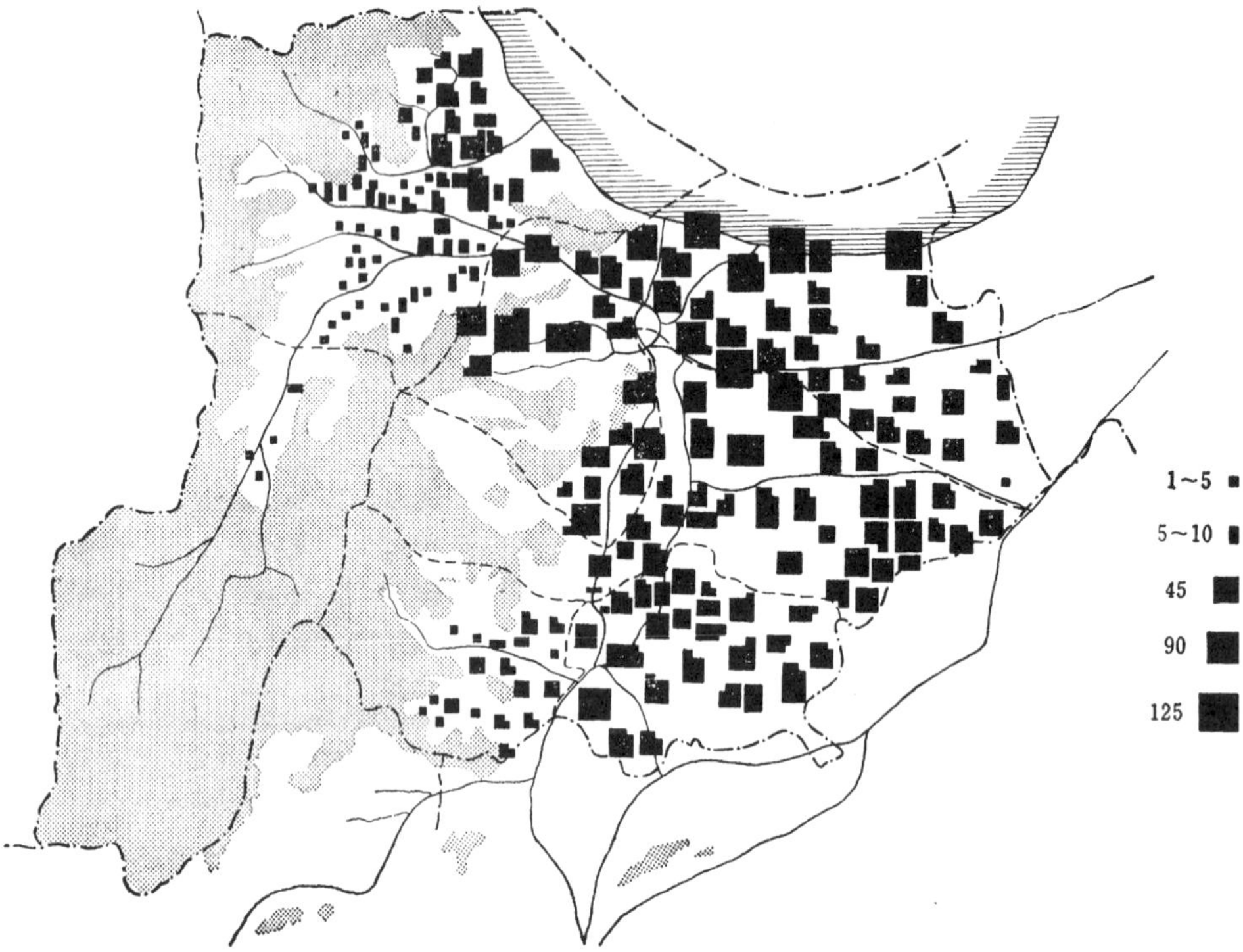

根拠を提供する。次に、水田が東郷に集中していることは当然としても、それが新田造成の結果であることが、同じ永楽大典の洪武（一三七七）一〇年の増修囲田統計の分布で知られる。計六、八九五囲圩のうち、水郷八四%、長興一三%、武康三%、安吉は一八圩で〇%であった。宋の郟亶や元の周文英は、蘇秀常湖地方で低田の得糧七分と見積っており(22)、宋の嘉定中（一二〇八～二四）の知湖州王炎も「本州境内、修築堤岸、変草蕩為新田者凡十万畝、畝収三石、則一歳増米三十万石」(23)と述べているように、築囲、築塍による低田の開発こそが農地拡大の焦点であった。翻って嘉泰呉興志巻二〇　物産の条を見ると、「呉興統記（一〇〇四左文質撰）には爾雅を援いて曰う、呉越の間には具区がある。区はつまり防水の堤であり、囲を円合に築き、その中の地勢の高下を具さにして、塍域を列べてこれを区別し、澇には車で排水し、旱には別に水を入れる。田に堤塘が有るのは古来のことである。今の湖州の東南郷分は百里に拡がり、山は旧より囲塍を備え、塍岸は歳に修して崇固にするから、悉く上腴となって畝直千金に当る。西北諸郷は山谿に接近し、春夏には水が暴長し易く、先年には悉く湖泊となり、畎畝荒蕪し十歳に九たびも潦した。今は漸く塍囲を復起し、歳に亦た収有るようになった。旧と諺に諸郡旱するとき我に岸あり、諸郡熟するとき我に穀無しと云ったが、今は異なる。しかし西北の田は終に地勢の高下不斉のため、水驟に長じて退き易く、多く乾溢に病み、東南郷の比ではない。帯山の田地は則ち陸種す」と述べている。ここには西北の扇状地に開け、囲塍を設け旱害には比較的耐えるが収穫の不安定な古来の水田と、囲塍の整備で水旱に耐え得る東南水郷の広人な水田と、山間に造成し、粟、麦、蕎麦等を種える僻地の陸田とが見事に対照されている。さて仮に囲塍の技術自体の伝統は古いにせよ、沿湖や東郷に八四%もの水田を開かせた土木技術の契機は、遅くとも北宋元豊年間（一〇七八～八五）に起源する太湖岸の漊牐、漊港、漊浦およびこれに連絡する無数の塘河に求めねばならない。漊港は蘇州呉江県より烏程にかけ三六、長興に二四設けられた水門であり(24)、溢水の排泄と、東北風による湖水の逆流から沿湖の水田を防衛する機能を果した。牐は斗門＝水門であり、旧と巨木で固め牐板を開閉して水位を調整した。紹熙（一一九〇）一二年、知州王回が改修した時、橋牐、覆柱を石造とし、牐鑰は近隣の多田の家に管理させた。水門は港、碇泊地としても機能し官府の統制が及んだ。嘉泰呉興志巻五　河瀆と永楽大典巻二二七五、八〇からわかる南北宋、明初の漊港名は左の如くである。

烏程県　諸漊、比漊、上水漊、羅漊、張港漊、新涇漊、幻湖（宦湖）漊、金漊、趙漊、潘漊、許漊、王漊、謝漊、義高漊、陳漊、薄漊、五浦漊、蔣漊、銭漊、新浦漊、石橋漊、湯漊、成漊、宋漊、喬漊、胡漊（二六漊）（紹煕中修胡漊記、紀家港を加え二七、上水漊なく、陽家漊あり。嘉泰呉興志巻五）

因に五浦漊は五浦市にあった。南宋紹煕二年（一一九一）、常豊、常登、常稔……と常字に吉祥一字を配し紀家港以下二七漊を改名した。また永楽大典府志図では西より、小梅港、西金港、顧家港、官瀆港、張婆港、宣家港、楊瀆港、泥橋港、寺橋港、大銭港、計家港、湯漊、諸漊、沈漊、和尚漊、羅漊、大漊、新涇漊、潘漊、幻湖漊、西金漊、東金漊、許漊、楊漊、謝漊、義高漊、陳漊、薄漊、五浦漊、蔣漊、銭漊、新浦漊、石橋漊、湯漊、盛漊、宋漊、喬漊、胡漊計二七漊九港を記録しており、宋の漊港名も多く残っている。

長興県　餘魚浦、柳浦、前周浦、前荻浦、後荻浦、魚餘浦、雞籠浦、陳瀆浦、石祁前浦、石祁後浦、彭城前浦、彭城後浦、新墉浦、陰寒浦、金浦、石瀆浦、道界浦、白茆浦、呉瀆浦、広浦、張漊浦、松公浦計二二浦（県図経原二四）、永楽大典図では北より、上周港、金村港、烏橋港、夾湾港、謝庄港、駱家港、雞籠港、大陳瀆港、杭瀆港、前後港、蘆瀆港、彭城港、新塘港、百歩港、殷南港、陰寒港、釜浦港、高家港、石瀆港、新開港、宣家港、白茆港、竇浦港、小陳瀆、蔡浦港、計二五浦漊が知られる。

漊港、塍囲の造成は当然多額の資本投下を伴うから、東郷一帯の美田は「縉紳多居」(25)と称せられる郷紳、富戸、市戸の投資に依るものであろう。南潯鎮の元延祐二年（一三一五）長生講院碑には、状元、朝奉、宣義、将仕、節幹、制幹、提轄、監局、承事等の肩書をもつ檀越五九名の姓名が挙げられており、(26)郷紳の城鎮への聚居を裏付けている。また烏墩鎮内で市戸の手で四つの橋梁が架けられたのをはじめ、烏程、帰安の橋梁は村墅や市戸や地方勢力の架設したものが多かった。(27)すでに唐の大暦中（七六六〜七九）、県令李清が烏程県西南で田二〇〇頃を墾し、浮客二〇〇〇余を集め、桑数万余を植え、刺史范傳正が下塘河を重修した如く、地方官の指導力は大きな推進力であったに相違ないが、宋代には官戸、富戸、郷紳の資力による低地の水田化が発展したと思われる。南宋初、張俊一族の烏鎮荘は総額一万二〇〇〇石の租を徴し、(28)南潯一帯は耕桑の富、浙右に甲といわれた。(29)唐五代の諺に「放你生、放你命、放你湖州做百姓」(補2)といい、湖州での農業の有利さを示している。東郷では晩稲、糯稲が水田で作られ、田間に桑樹が植えられ、また麻紵、柑橘、黄草が栽培さ

表４　宋烏程県郷里村鎮市坊名

郷里（宋景徳中：呉興志巻三）

永新郷	義安里　至建里　城山里　永定里　石頭里　午山里　游仙里　永新里　上栄里　吉昌里　建安里　金山里　上千里　温泉里
三碑郷	太原里　車蓋里　城山里　飲徳里　富洋里　梅城里　崇仁里
澄静郷	光化里　徭林里　襲仁里　孝偕里　敏徳里　元石里
九原郷	金斗里　長源里　太極里　石渚里　望谿里　官塘里　白鶴里
霅水郷	敦箕里　楚亭里　招宝里
霊寿郷	開化里　元沢里　洞庭里
徳政郷	新興里　仁義里　烏山里
常楽郷	孺山里　後林里　至徳里
震沢郷	新城里　西余里　呉南里　孺山里
移風郷	崇化里　旗亭里　崇仁里　北場里　新仁里　北仁里
崇孝郷	新興里　南旗亭里　南仁里　崇仁里
白鶴郷	昇山里
楽俗郷	醴泉里　山陽里　紫澗里　宣化里　黄興里　黄城里
13郷	67里

自然村（宋烏程県：呉興志巻三）

官沢，許墓鋪，侯村鋪，羅漢鋪，塘頭鋪，分水鋪，外姐村，太湖村，上庚村，下庚村，趙村，厳村，下菰，軋村，麻谷村，外荘村，姜村，棲賢村，義高村，馬要村，謝村，後董村，伍林村，大陽塢，銭村，馬賦村，旧館，既村，范村，祐村，魯墟，桑墟，東遷，朱墟，栗墟，潯溪，南林（南潯），柳墟，温山村，下徐村，梅墟，梅亭，梅林，入水村，荻塘，千金墟，金斗村，胡墟，何山，上林，道場山，仁王山，上陂，五浦，橋漊，新浦，章宅，大正塢，郎村，鄭村，平山村，西余，烏墩，青墩，横山鋪，下黄鋪，昇山，横館，九里鋪，裏山鋪，石頭鋪，章浦　　72村

鎮市坊場（宋烏程県）

烏墩鎮（坊），南林鎮（市），大銭鎮（市，村），東遷鎮（市，村），
石渚坊，妙喜坊，謝村坊，前廬坊，潯溪坊，旧館坊，盧渙坊，五浦坊，裏山坊，
丁遙坊，於塔坊，軋村坊，石橋坊

れ、帰安思谿の生紵、烏程道場山の編布、帰安謝村の柑橘、菱湖の菱、市亭山の大甕、州城周辺の黄草布、沿湖低地の湖蕫、葱が特産化し、多くの市鎮で醸造業が興った。(30)一方山郷の安吉では旧来の七二の陂堰が二四に減じ、山腹を階段状に耕した「承天田」、「仏座田」が特色をなし、(補3)耐旱種の金成、箭子（占城稲）を採用したが、(補4)収穫は不安定、寡少であった。このため西郷では山村的産業に専業化し、武康、安吉で種桑、養蚕が普及し、富戸は桑数十畝を栽培、蚕数百箔を飼い（毎箔繭一二斤＝小絹一二匹余）（陳旉農書巻下）、機織をも兼工した。安吉

表５　明烏程県崇禎間自然村（崇禎烏程県志巻二　村）

。官沢，上吉，上銭，下黄，菁山，茅山，平山，李村，上沃，俞阜，丁埠，。横山，許墓，。下菰，包坑，銭山，前軻，。庚村，潘塘，。道場，胡村，黄墅，。妙喜，稍坑，柵嶺，王村，上竈，上基，。姜村，万跳，避村，。趙村，楊家庄，八字橋，桑瀆，龍湾，楊家埠，姚湾，。仁王山，趙湾，青塘，得本，濠上，朱洪，太師湾，蘆村，小梅，蛮密，大苞，小苞，。大銭，仁塘湾，蔡塔，毘山，滙沮，三墩，邵墓，楊湾，抄溪，東塘，八里店，。銭村，昇山，㽏山，晟舎，栖梧，。旧館，。上陂，驥村，織里，小湖，後林，談港，秧沢，。太湖，上元，通橋，。上林，。軋村，沈家湾，謝村，五方，。東遷，祜村，栗塘，六里橋，楊漊，五普，福圓，北庄，。南潯，俞塔，。馬要，新城，神墩，宝雲，息塘，芮涇，横塘，後潘，適界，西陽，丁涇，前潘，小洪，呉揚，。烏鎮，安固，古山　109村（。宋にもあり）

表６　湖州戸口統計

年　代	戸		口		備　考
呉　宝　鼎	49,609		316,272		呉志
晋	24,000				晋書　10県
唐　武　徳	14,135		76,430		成化志
開　元	61,133	(59,000寰宇記)			元和志25
天　宝	73,306		177,698	(477,698新)	旧唐書
天　宝	68,581		461,479		通典
上　元	61,880		354,800		成化志
大　暦	12,785		118,877		成化志
元　和	43,467				元和志
宋　興　国	38,748	主客			寰宇記94
祥　符	129,540	主　118,700 客　10,840	436,372	主　397,307 客　39,065	成化志
熙　寧	145,121	主　134,612 客　10,509			〃
紹　興	159,885	主　150,742 客　9,143			〃
淳　熙9	204,594	主　200,606 客　3,988	571,812	主　559,752 客　12,060	〃
元　至　元27	236,577				〃
〃	255,838	南　254,345 北　1,493			大典
明　洪武9.10	220,048	民戸　207,055 軍戸　13,201	929,253	民戸　881,426 軍戸　47,827	〃
洪武24	200,048		810,244		成化志

烏程県

宋	祥符	主客 26,357		90,373		成化志
元	至元27	68,437		68,437	南人 68,341 北人 96	〃
明	洪武9.10	57,211	民戸 54,924 軍戸 2,286	243,308	民戸 236,437 軍戸 6,877	大典
	洪武24	58,617		226,008		成化志

帰安県

宋	祥符	主客 26,913		121,119		成化志
	紹興	50,506	主戸 48,734 客戸 1,772			成化志,大典
元	至元27	49,894	南人 49,866 北人 28			成化志,大典
明	洪武9.10	58,377	民戸 56,537 軍戸 1,840			大典
	洪武24	61,950		240,541		成化志

長興県

宋	淳熙	49,811		54,838		成化志
元	至元27	54,151	南人 54,048 北人 103			成化志,大典
明	洪武9.10	41,187	民戸 35,890 軍戸 5,297	156,608	民戸 134,786 軍戸 21,822	大典
	洪武24	40,124		167,707		成化志

安吉県

宋	祥符	主客 22,185		71,062		成化志
元	至元27	25,298	南人 25,246 北人 52			成化志,大典
明	洪武9.10	17,696	民戸 16,392 軍戸 1,304	74,368	民戸 70,805 軍戸 3,563	大典
	洪武24	18,044		77,216		成化志

徳清県

宋	祥符	10,434	主戸 10,259 客戸 175	33,002	主口 32,741 客口 261	成化志
元	至元27	31,465	南人 31,389 北人 76			大典
明	洪武9.10	34,880	民戸 33,089 軍戸 1,791	154,237	民戸 147,041 軍戸 7,196	〃
	洪武24	11,057		53,781		成化志

武康県

宋	景徳4	主客 4,619	主戸 4,500 客戸 119			成化志
元	至元27	17,261	南人 17,220 北人 41			成化志,大典
明	洪武9.10	10,887	民戸 10,223 軍戸 664	45,026	民戸 42,533 軍戸 2,493	大典
明	洪武24	10,256		44,991		成化志

図4　宋代湖州の市鎮場務

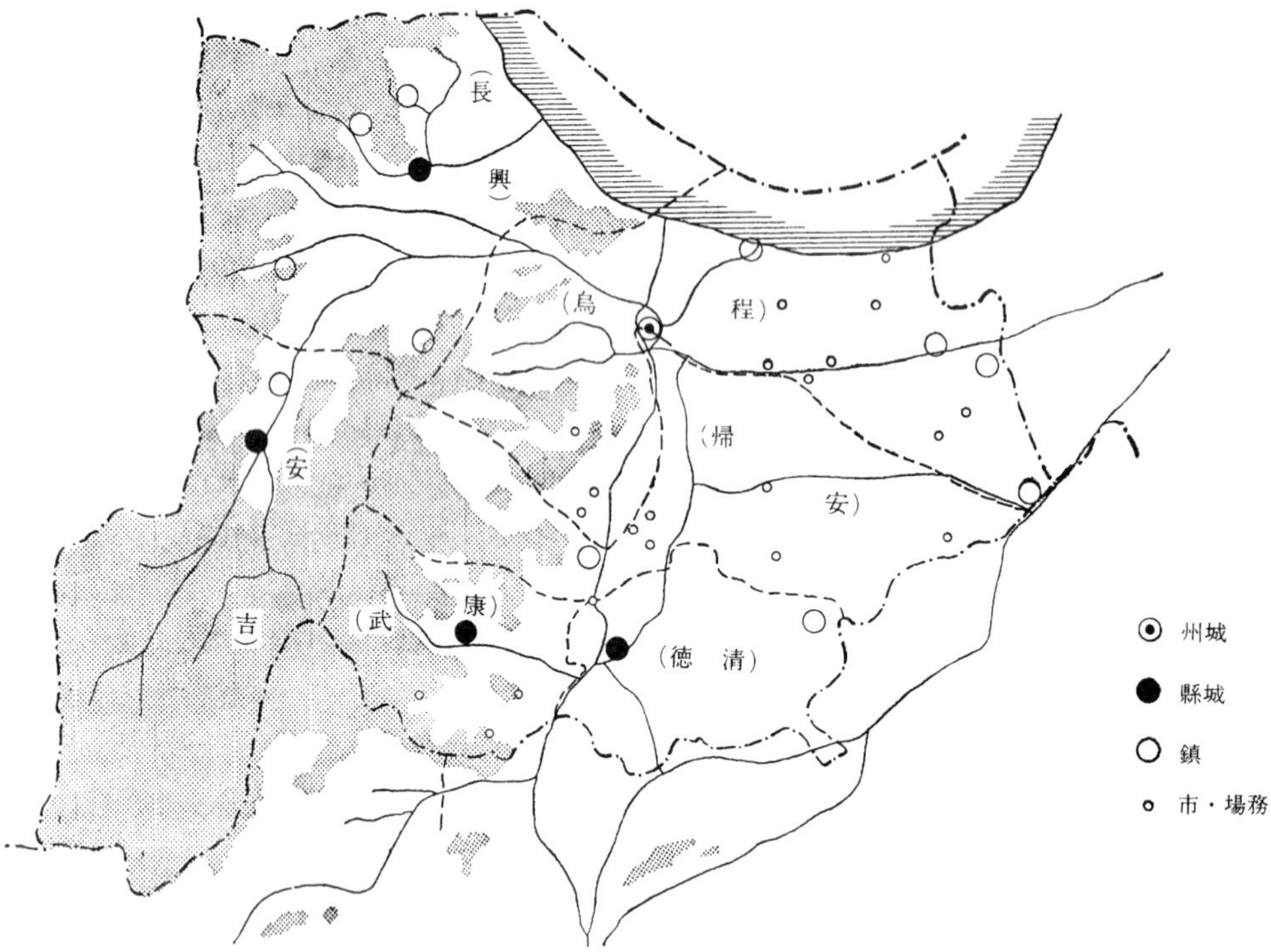

表７　宋代湖州出身進士の県別分布

	北宋	南宋	計
烏程県	7	4	11
帰安県	160	133	293
安吉県	10	5	15
武康県	4	3	7
長興県	58	99	157
徳清県	17	22	39
計	256	266	522

表８　進士合格10名以上16姓の県別分布：宋代湖州

	沈	劉	周	陳	趙	朱	呉	張	丁	莫	李	王	姚	施	章	兪
烏程県	1															1
帰安県	24	14	3	8	11	14	20	17	16	13	12	8	7	5	4	8
安吉県						8	1						2	1		
武康県		2									1			1		
長興県	3	20	30	21	12	3	1	2		2	1	6		2	6	1
徳清県	17				4	1	1		1		1	1	2	1		
計	45	36	33	29	27	26	23	19	17	15	15	15	11	10	10	10

紗、安吉糸、梅谿紗、武康鵝脂綿はかかる山郷の特産である。また長興北部の県脚嶺の漆、竹箭、箬渓の醸酒、顧渚流域や合谿の紫筍茶、合谿鎮の水菜（蘿菔）、内湖の蓴、武康風渚湖畔の陶器は、広い市場をもつ特産品であった[31]。

これらの産業による富の獲得が定住の普及を促したことは明らかである。五代には安吉県内に多くの仏寺の建立を見たが[32]、宋代には東郷低地への定住が進んだ。唐の烏程県は郷里制に忠実に四〇郷二〇〇里の行政村を置いたが、宋初には三〇（一）郷に減じ、一五郷を帰安に割いてのち景徳中（一〇〇四～七）一三郷六七里、嘉泰中（一二〇一～四）一二郷五六都となり、帰安県は興国中（九七六～八三）一五郷、祥符中（一〇〇八～一六）一一郷四八里、嘉泰中一〇郷七四里となり（呉興志巻三）、さらに明の成化中（一四六五～八七）烏程は二三区五三都八界二八二里、帰安は二一区四四都三〇九里となった（成化湖州府志巻八）。郷の減少はそれが行政的人為的区分から地域的自然的領域区分へと変って行ったことを示し、都、里の細分化は小村の発生に対応していると見ることができる。さらに宋、元の雑多な資料から烏程県内の自然村の村名を復原すると七二村が得られる[33]（表４）。これを明の嘉靖湖州府志巻七に載す自然村一〇四、崇禎烏程県志巻二の自然村一〇九　表５と較べると大きな隔たりはない。村は恐らく我か大字に当るもので、明の自然村は里数の三分の一強に相当している。恐らく主要な大村は宋明の間に出揃ってきたものであろう。徳清は六郷七〇里(明一二区二六都二二一里一四五自然村)、長興は一五郷七四里(明一五区一〇五都二五九里)、武康四郷七〇里(明五区一八都六二里)、安吉一六郷八〇里(明六区一六都九〇里＝除孝豊県)となり(呉興志二、成化志八)、武康、安吉はほぼ宋の時点で定住が固定化したことがわかる。

不完全ながら存する戸口統計(表6)から右の推論を傍証してゆくと、宋初の湖州の戸数約一三万戸、南宋初約二〇万戸で、明初の約二二万戸の水準は南宋以降に達成されたと見られる。一方、宋代では東郷、西郷で全戸口の約半数ずつを領していたが、明代には東郷のみで約七〇%を領して居るから、明代安吉、武康の行政村分化の停滞、東郷での里の二〜三倍増が、ほぼ人口の分布に対応していることは明らかである。

さて東郷における人口の集中、村落の簇生に対応して、東部低湿地には多数の市鎮が発生した(34)。唐末五代の中央の権威失墜の時代には、実に二八の鎮市が湖州に現れ、世俗的富や権威の成長を物語っている。宋朝の統一と共に、景徳年間(一〇〇四〜七)に一六鎮、元豊年間(一〇七八〜八五)に六鎮に淘汰され、南宋末に南潯鎮が誕生して計七鎮となった。鎮の大幅な淘汰は中央行政力の復原力の強さを示して居り、その限りで宋朝は世俗的な都市化に一定の譲歩を許したに留まったといえる。しかしすでに発生した自然的、社会経済的組織が行政の圧力下に簡単に消滅するはずはない。すでに別稿で論じたように(注30)、南宋において税率の低下にも拘らず、湖州管下とくに東郷の市鎮の商税収入は却って一〇倍余に増加し、民富、流通の発展を裏付けており、とくに烏墩鎮、新市鎮、南潯鎮は平均的な県城の規模をはるかに超える都会に成長した。この外、州内に五二の酒坊が分布し、かつこれら農村の規模を超えた都会が成層状に組織されたことを示唆する資料も見出される。

さて自然的・社会経済的、および人為的・行政的二系統の組織の中枢点には湖州城が位置している。州城は東郷、西郷を貫流する二苕水の合流点に立地して交通、経済の中枢機能を果した。慶元年間(一一九五〜一二〇〇)に計一八五隻の航船が登籍されて(35)水運の集中を裏付けているが、州城には、都税務、都酒務、醋庫、造船場、鉄作院、合同茶場、織綾務、義倉が置かれ[36]、樗蒲綾[37]、魚脯、漆器、呉草、打銀、油車、石灰、提子等[38]の産業を集めていた。元の長興県の東岳行宮の施主題名には五熟行、香燭行、銀行等二二のギルド名が列記されているが、州城での職業の分化、組織を類推する資料でもある[39]。一方管下六県五二郷四二四里（都）に対する行政中枢としての湖州城には、文武官三二（州二四、県八）、胥吏約二〇〇（州一一二）、弓手二七〇[40]、禁軍四衛、廂軍七衛[41]が駐在し、徴税、治安、教化、人事等の行政の主要なる機能を掌握し、南宋隆興年間（一一六三〜六四）には全国四〇大県の中にランクされた[42]。とくに三年を周期に催される郷試は、地方社会勢力の権力を吸収し、かつ管内の文化主義的な統合をはかる上で重要な教化機能であった。いま宋一代を通じて進士科に合格した者計五二二名の県別分布を表7で見ると[43]、東郷で六四％、とくに帰安県が南北宋を通じて断然他県を制圧し五六％、長興の三〇％がこれに次いでいた事がわかる。烏程の不振二％はこの地方の農村域が縉紳の投資を集めながらも定住地でなかったと解する外はない。又定住の古い武康は宋代には最下位であった。さらに進士合格者一〇名以上の姓氏の分布（表8）を辿ると、沈姓が帰安で最高位であり、また朱、呉、丁、王、章等の定住の古い姓氏も一応の登科者を出しているが、全般的には科挙によって齎された社会移動率の激しさは、湖州においても表明されているようである。とくに州城後背地の帰安に登科者が集中した事と併せて考えれば、社会移動の高い地方は社会経済的変化の進行している地方と符合する事が理解できるのである。

㈣ 小結

以上、時間と空間の二要素を意識しつつ浙江湖州への定住史の沿革を宋代まで辿ってきた。好戦易発の呉越の文化から農本・文化主義的な漢族の文化への移行、城寨から山間扇状地さらに低湿地への定住の拡大、人口の爆発的急増を可能にした新田の造成、農業的定住の拡散と空間的行政支配網の整備、行政的地域支配と世俗的社会経済的地域組織との乖離の傾向（とくに宋以後）、社会移動率と社会経済的先進性との相関などの諸点は、右の叙述の過程で探知できたものの、なお今後に様々の検討の余地を残している。本節は浙江地域全体の地域史的展開を眺望するための一箇のボーリング調査である。

注

（1）Glenn T. Trewartha, "Chinese Cities: Origins & Functions" *AAAG*, 42, 1952、宮崎市定「中国上代は封建国家か都市国家か」史林三三—二、『アジア史研究』第三、『中国古代史概説』ハーバード燕京、同志社東方文化講座八　一九五五、「中国における聚落形態の変遷について」大谷史学六　一九五八、「六朝時代華北の都市」『東洋史研究』二〇—二　一九六一、「漢代の里制と唐代の坊制」『東洋史研究』二一—三　一九六二。

（2）Ch'ao-ting Chi, *Key Economic Areas in Chinese History*, London, Allen and Unwin, p. 132. 宮崎市定『五代宋初の通貨問題』一九四三、一～七頁。

（3）史記巻二　夏紀、国語魯語下。

（4）漢書巻二八　地理志。呉興志巻二〇台風俗所引続図経（晋書地理志による）。

（5）岡崎文夫・池田静雄『江南文化開発史』一九四〇、一三～一八頁。

（6）宮川尚志『六朝史研究・宗教篇』平楽寺書店、一九六四、三九一～四〇四頁。

（7）徐献忠『呉興掌故集』巻一五　雑考では、四大姓に代えて、呉、陳、徐、沈、丘、銭を古来の呉興の大姓に数えている。

（8）王仲犖『魏晋南北朝隋初唐史』上冊　一九六一、二〇九頁。

（9）岡崎文夫『魏晋南北朝通史』一九三二、五五三～五六三頁。

（10）晋書巻二六　食貨志。

（11）呉書巻二〇　革覈伝。

（12）宋書巻一　文帝　元嘉二一年七月乙巳。

（13）梁書巻五三、南史巻七〇　沈瑀伝。

（14）嘉泰呉興志巻二〇　物産。

（15）宋書巻八二　周朗伝。

（16）岡崎、前掲書　五七四頁。

（17）青山定雄「隋唐宋三代に於ける戸数の地域的考察」歴史学研究（旧）六—四　四四一～六頁。

（18）全唐文巻四三〇　李翰「蘇州嘉興屯田紀績頌并序」。

（19）顔真卿　顔魯公文集巻一三　梁呉興太守柳惲西亭記。

（20）中村治兵衛「唐代の郷」『鈴木俊教授還暦記念東洋史論叢』一九六四。

(21) 嘉泰呉興志巻一九　井では、安吉、武康を山邑と考え、安吉はその最たりとしている。

(22) 呉郡志巻一九　水利上。帰有光　三呉水利録巻三（呉興掌故集巻一一　水利同）。

(23) 宋会要輯稿　食貨六一—三一　墾田雑録　嘉定二年正月十五日。

(24) 嘉泰呉興志巻五　河瀆、洲浦。

(25) 同上巻二〇　物産。

(26) 両浙金石志巻一五。

(27) 嘉泰呉興志巻一九　橋梁。

(28) 三朝北盟会編巻二三七　紹興三一年二月二九日。

(29) 両浙金石志巻一一　李心伝　宋南林報国寺碑。なお前掲岡崎、池田氏『江南文化開発史』三四一～五頁「南潯鎮志を読む」の理解は右の資料からみて成立しない。林和生「中国近世における地方都市の発達—太湖平原烏青鎮の場合—」梅原郁編『中国近世の都市と文化』京都大学人文科学研究所、一九八四、四一九～四五四頁。

(30) 斯波「宋代の湖州における鎮市の発展」『榎博士還暦記念東洋史論叢』一九七五。

(31) 嘉泰呉興志巻一八　食用故事、巻一九　物産、巻五　湖谿渚。

(32) 嘉泰呉興志巻一三　寺院。

(33) 資料は主として嘉泰呉興志、永楽大典湖州府志および宋代の筆記小説に依拠した。

(34) 注(31)参照。

(35) 嘉泰呉興志巻一八　事物雑志。

(36) 同上巻七　官制、宋会要輯稿　食貨六四　匹帛　太平興国六年。

(37) 嘉泰会稽志巻一七。

(38) 嘉泰呉興志巻二　坊巷。

(39) 両浙金石志巻一五　重修建東岳行宮施主題名。

(40) 嘉泰呉興志巻七　官制。

(41) 同上巻一五　軍営。

(42) 同上巻七　官制。

(43) 成化湖州府志巻九。

(補1) 岡崎文夫・池田静雄『江南文化開発史』二一一頁。

(補2) 呉興掌故集巻一四。

(補3) 嘉泰呉興志巻一九　渡堰。

(補4) 同上巻二〇　物産。

2　宋代の徽州

(一)　江南開発における山村型

唐宋時代における政治・制度・思想・文物の変革の底流に江南の植民開発があることは周知の事実である。実に唐末五代は南嶺以北の江南の地域的特殊性が明確に自覚された時期であり、宋代はこの特殊性の全国的規模での統合、経済史的には社会的分業の発達に伴う全国的市場の形成過程であったと解することができる(1)。

ところで江南開発における社会的分化の進展は決して斉一ではなかった。一方の記録では江蘇平野の豊穣性・技術的文化的先進性が強調されるが、反面、対照的に、浙江・江西・閩・蜀について、開発の進め方における江蘇の平野型に対する山村型ともいうべき類型的な偏差が意識されており、しかも福建と四川、福建と江西、福唐と新安についてしばしばこの山村型の類型が相似的に現れることが暗に指摘されている。宋の王得臣が「世言閩蜀同風……今読書応挙、為浮屠氏、並多於他所、一路雖不同、相逢則曰郷人、情好倍密、至於親在堂、兄弟異爨、民間好蠱毒者、此其所同者」(麈史巻下　風俗)といい、幸元龍が「嘗観、江浙与閩、戸口煩夥、無地可種、無田可耕、散為游手、健者犯盗、強者犯法、亡命劇処」(松垣文集巻二　上同知枢密院丘公書)といい、陳普が饒州と福州の女性の風俗の相似を論じて労働や商販に進出する進取性を指摘し(石堂先生遺集巻一六　古田女)、下って明の謝肇淛が「呉之新安、閩之福唐、地狭而人衆、四民之業、無遠不届、即遐陬窮髪、人跡不到之処往々有之、誠有不可解者、蓋此地狭則無田以自食、而人衆則射利之途愈廣故也」(五雑組巻四)と論断するごとく、一見後進的停滞的に見える山村社会内部においても、生産力の発展を契機に、自然的障害を経済的社会的関係の範囲の拡大（非農業的就職、出稼、殖産、商販）を通じて克服し、そこに同郷意識を胚胎せしめていることは注目すべきである。[補1] 当時の江南に特徴的であった生分（父母在世中の財産分割）、溺子（幼児殺害）[補2]、その他義役・社倉・祭田・功利的な学風は、いずれも山村型の開発と無関係ではあるまい。

唐宋以後の全国的市場の形成過程を分析するに当って、江南の植民開発の実証が重要であることは言を俟たないが、その際労働集約の度合という一指標をとってみても、[補3] 地方的な社会的分業の発達程度によって状況が相違することを知らなければならない。筆者はかねてより、平野型・山村型と称すべき類型的偏差の存在に注目して、福建[2]・明州[3]の地域的開発の直接資料を蒐集検討して来たが、本節ではさらに明代以降新安商人[4]の発生地盤となった徽州について、唐宋時代における地域開発の実体を考察しようとするものである。但しここでは問題の外廓を叙するに止め、他日の綜合に備えたいと思う。

(二) 歴史地理的考察

徽州は湖南より東北走する江湖山地の東端が福建西部を北上する閩浙山地と合流する地点に位置し、標高一八七三メートルの黄山（黟山）山麓、銭塘江（漸江、浙江）の水源である新安江（歙浦）流域に小規模に開けた盆地に立地して形成された行政領域である。徽州が今日の浙江、安徽、江西三省界に位置することからも分かるように、地理的にはそれ自体自然境界・分水界である点に地勢的特徴があり、必ずしも纒りある地域とは言えない。したがって漢～唐までは自然的障壁を利とする寇乱の避難地として史上に現れるが、唐～宋にかけ浙江、江蘇平野西部（特に江寧、宣城）および江西方面からの開発が進み、上記三省の後世の省域の原型が形成されると共に、その接合点としてその重要性がクローズアップされて来たものである。

徽州の行政領域（東西四一九里、南北二八二里）が最終的に確定したのは、唐の開元（七一三～四一）・永泰（七六五～八）の間である。この時、歙・黟・休寧・祁門・婺源・績渓六県の区分が成立し宋元明清に及んだ。三国呉から唐初に及ぶ時期にはこの領域外に新安江中下流域つまり睦州（厳州）の淳安・寿昌・遂安各県を包含する新安郡の地であり、隋初に東郷（睦州）を切離して徽州と改称した。さらに遡って呉以前では宣州、広徳を包含する粗放な領域で、その以前の秦では鄣郡（湖州治）五県中の歙黟二県、漢では丹陽郡（宣城治）一七県中の歙黟二県に過ぎなかった。後漢末の動乱に土人毛甘が割拠して呉の武将賀斉がこれを平定し、丹陽郡から新都郡（晋新安郡）を析出し、歙県を細分して始新（淳安）・新定（遂安）・黎陽（休寧）・海寧（休寧）・歙・黟六県を析置した事で始めて独立の領域が設定された。呉、晋、南朝の間、移住入植した世族の開発も未だ進まず、赴任した太守による行政力の浸透も限られたものであったが、ようやく梁、陳の間、休寧の開発地主程靈洗父子や向文政の如き土豪が興起し、隋末の大乱には歙の大姓汪華が呉王と号して一〇万の武力を擁して杭、睦、婺、宣、饒に及ぶ支配権を樹立した。これは徽州の地域的統合の進展を物語るものである。汪華は武徳七年〔六二四〕唐朝に帰順して歙州刺史に任命され、貞観二二年〔六四八〕歿、翌年父老の請で祠廟（汪台符廟）が建てられ、唐宋の間徽州及びその周縁諸県で最も尊崇された守護神となり、宋政和四年〔一一一四〕忠顕の廟額が贈られた。開元二八年〔七四〇〕、休寧西南の婺水の水源が婺源県となり、さらに県内に弦高・五福二鎮が置かれ（咸通六年〔八六五〕）、弦高鎮将汪武が私財をもって溧灘に創立（中和二年〔八八二〕）した婺源都鎮が、結局天佑三年〔九〇六〕に新県治となり、南唐昇元中〔九三七～四二〕に拡充されて東市南市が置かれ、一方旧県治は清化鎮となった。また永泰元年〔七六五〕の方清の乱に対処して黟県に設けられた閶門県が、翌二年〔七六六〕祁門県に発展し、同年歙県の華陽鎮が績渓県に昇格し六県の領域画定がここに落着した。同時に徽州は開元中〔七一三～四一〕七二郷（一郷平均四四四戸）、元和中五〇郷（一郷三三五戸）に組織された。この唐の郷里編成（数）がその後の戸口増に関係なく、宋代を通じてほぼ原型通りに踏襲されたことは、徽州の行政的領域区分が唐中期を以て一応完了したことを示している。しかし文化的にはなお地方に孤絶した後進地であったことは、唐一代を通じて登科者わずかに五人という数字から証明できる。(5)

徽州の開発が本格化するのは黄巣の乱以降のことである。那波利貞教授の指摘するように、(6)大挙して歙州に避難した中原の世族が先進的な文化・技術（詞・文・書・画・製紙・製墨・印刷・蔵書）を伝え、南唐君主の保護を得て唐文化を宋に継承する役割を果した事は記憶さるべきである。また景福三年（八九四）八月、揚州の楊行密が唐の歙州刺史裴枢を逐って、池州団練使陶雅を刺史に任命し、二〇数年間揚州の軍を補給せしめ、続く南唐八〇数年の支配下にも、江寧に拠る南唐政権の補給源として、民田物産の検校はじめ塩米（塩博紬絹・塩博斛斗・塩博綿・戸口塩銭、淮南塩の代償としての科徴）、醞酒麹銭、商税（住税）を賦課した結果、沈括[7]や程泌[8]も指摘するように、宋代の徽州・福州に江南随一の高率課税を残存せしめた。反面、この地の江蘇平原および贛水平原との結びつきは強まり、経済関係の範囲を山村的産業の開発、その商業化を通じて拡大する傾向が判然として来た（後述）。

呉・南唐以来の苛税にも拘らず、宋代には後述の如く戸口が急増した。しかるに州―県―郷を以てする行政組織はほぼ唐中期の一郷五里制を墨守していたため、次表のごとき変則な編成となった。一郷五里五〇〇戸の原則に近い唐開元[9]を起点に郷平均戸口を比較すれば、南宋初で約五倍の増加であるが、就中江西に近い祁門・婺源県で戸口増が著しいことがわかる。一方で高率な課税と耕地の欠乏が存しながら、他方でこのような行政組織と乖離した人口の変動が進行していたことは、間接にではあるが徽州における非農業

表１　徽州の郷里戸口

<table>
<tr><th rowspan="2"></th><th>唐開元</th><th>唐元和</th><th>宋太平興国</th><th>宋元豊</th><th colspan="4">宋乾道・淳熙</th></tr>
<tr><th>郷</th><th>郷</th><th>郷</th><th>郷</th><th>郷</th><th>里</th><th>一郷平均</th><th>一里平均</th></tr>
<tr><td>歙</td><td rowspan="6">七二</td><td rowspan="6">五〇</td><td rowspan="6">五六</td><td rowspan="6">五三</td><td>一六</td><td>八〇</td><td>一六二一・四戸</td><td>三二四・二戸</td></tr>
<tr><td>休寧</td><td>一一</td><td>六〇</td><td>一七七九・九戸</td><td>三二六・三戸</td></tr>
<tr><td>祁門</td><td>七</td><td>二二(都)</td><td>二三一九・四戸</td><td>六七五・五戸</td></tr>
<tr><td>婺源</td><td>六</td><td>三〇</td><td>七一四四・〇戸</td><td>一四二八・八戸</td></tr>
<tr><td>績渓</td><td>一〇</td><td>二六</td><td>八三九・一戸</td><td>三二二・七戸</td></tr>
<tr><td>黟</td><td>四</td><td>二〇</td><td>一九四〇・二戸</td><td>三八八・〇戸</td></tr>
<tr><td>計</td><td>七二</td><td>五〇</td><td>五六</td><td>五三</td><td>五四</td><td>二三九</td><td></td><td></td></tr>
<tr><td>一郷平均戸</td><td>四四四四戸</td><td>三三五五戸</td><td>二一一〇戸</td><td>二〇一一戸</td><td colspan="4">二二五九・五戸（一一七二年）</td></tr>
</table>

的就業の多様性、労働集約の高度さを推測せしめるものがある。嘉祐（一〇五九）四年九月の詔において、徽州が斉密登華邠耀鄜絳潤婺海宿饒吉建汀潮州と共に「民事繁劇」の故をもって中書選人を知州に差遣すべく規定され、熙寧（一〇七〇）三年一一月一九日にも、陝府江寧府鄆青斉杭越蘇婺宿寿宣虔洪吉潭広福建州と共に「繁難去処」に指定されたことは、やはりこのような社会経済的背景と関係があろう。次項以下では此の点を掘り下げてみよう。

㈢　植民と開発

徽州の戸口は次表のように変化している。

表2　徽州の戸口

晋	新安郡（六県）	五〇〇〇戸		晋書一五
宋	新安郡（五県）	一万二〇五八戸	三万六六五一口	宋書三五
隋	歙州（三県）	六一六四戸		隋書三一
唐　旧	歙州（三県）	六〇二一戸	二万六六一七口	旧唐書四〇
唐開元	歙州	二万八三二〇戸		太平寰宇記一〇四
唐開元	歙州	三万一九六一戸		元和郡県志二八
唐天宝	歙州（五県）	三万八三二〇戸	二六万九一〇九口	新安志一
唐元和	歙州（六県）	一万六七五四戸		元和郡県志二八
宋興国太平	歙州（六県）	一万一七六三戸（主八五六〇 客三二〇三戸）		太平寰宇記一〇四
宋天禧	歙州（六県）	一二万七二〇三戸（主一二万一一〇五 客六〇九八戸）	一九万二二九二口（主一八万三五二八 客八七六四口）	新安志一
宋元豊	歙州（六県）	一〇万六五八四戸（主一〇万三七一六 客二八六八戸）		元豊九域志六
宋　紹興経界前	徽州（六県）	一六万一一四七戸		新安志一

宋　紹興経界後	徽州(六県)	九万七二四八戸	新安志一
宋　乾道八年	徽州(六県)	一二万二〇一四戸(主一一万二五九五戸客七四八八戸、城内外戸一九三一)	新安志一
明　洪武二四年	徽州府(六県)	一三万一六六二戸 五八万一〇八二口	嘉靖徽州府志

これによると戸口は隋～唐の間約六倍、唐～宋の間約三倍と急増し、宋中期以降明にかけて停滞している。各県別の戸数は、左表の如くであり、宋では江西に近い祁門・婺源が急増し、宋～明では、歙・休寧が急増している。

表3　徽州各県の戸口

	宋天禧	宋乾道八	明洪武二四
歙	(主一万六四二八戸 客四六戸)	(主二万五五三四戸 客四〇九戸)	四万〇〇六四戸
休寧	(主一万三八二五戸 客四六戸)	(主一万九五七九戸)	三万六八六三戸
祁門	(主五六一七戸 客三〇四戸)	(主一万一五七五戸 客三九六一戸)乾道	六九四三戸
婺源	(主一万三五二三戸 客一〇九一戸)	(主四万一九五五戸 客九〇九戸) 〃	二万八〇二七戸
績渓	(主七七八七戸 客四四八戸)	(主八〇五〇戸 客三四一戸) 〃	一万三三八五戸
黟	(主六二一六戸 客四三三戸)	(主五九〇一戸 客一八六八戸) 〃	六三八〇戸

戸口増の要因の第一は移住植民であろう。徽州の大姓は殆ど皆、かつての移住の伝説をもっている。移住の時代は漢末建安の乱・晋末永嘉の乱・唐末黄巣の乱が主であり、大抵は一たん江左浙江下流ないし宣・饒等に移住したのち、地方官として来任定住するというケースが多い。黄巣の乱には中原から直接避難移住した大姓が多いが、逆にこの頃から宣・饒・衢・婺・睦・海陵・荆南等へ再移住する姓氏もあり、とくに宋代には過剰人口は舒・池・無為方面へ進出した。

以下時代順に例示しよう。

漢～陳　(1)方氏の先祖紘は王莽の乱に河南より歙の東郷(睦)に移住して徽厳二州方氏の共祖となり、孫の黟県侯方儲が新安方氏の祖となった(新安名族志　方回桐江集先祖行状)。(2)宋代、「今黟歙之人、十姓九汪」(新安志巻一　姓氏)と蕃衍した汪氏の先祖は、二一世汪文和が魯の平陽から建安二年（一九七）会稽に南遷し、孫策から会稽令を表授され、遂に歙に定住した。四四世汪華が隋末唐初に土豪として崛起し、唐朝から歙州刺史を表授され汪氏の勢力を確立したことは前叙のごとくである（新安汪公八公譜、新安志巻一　祠廟）。(3)程氏の先祖は元譚が晋の新安太守として来住、のち歙の黄墩に土着、一三世靈洗は梁末侯景の乱に郷土を保障し且つ率先農事を指導した（新安志巻六　叙先達、巻九叙牧守、新安名族志）。(4)鮑氏の先祖は永嘉の乱に青州より江南に移住し、東晋咸和末(三二六～三三四)に新安太守鮑弘が郡城西門に占籍し、郡西一五里に別墅を営み水利を興し、四世孫安国は兄弟一〇人三〇〇口共爨し、鮑南堨を築いた（新安名族志）。(5)江夏の世望黄氏は、晋代黄積が元帝にしたがって渡江、新安太守となって定住し、のち黄墩に拠った（新安名族志）。(6)胡氏の先祖は青州漢陽県の人。東晋元帝大興元年(二八〇)、新安太守胡青の時定住、梁天監中(五〇二～五一九)胡明星は郭外の荒田を闢き、一渠を穿ち一〇〇〇余頃の田を灌漑した（新安名族志）。

隋～唐　(1)謝氏は会稽人、晋太傅謝安の後裔といわれ、隋代一三世謝傑が歙州教授となり、歙の中鵠郷謝村に定住した（新安名族志）、(2)凌氏は餘杭の世族、唐の顕慶間(六五六～六〇)、歙の沙渓に移住した（新安名族志）。(3)姚氏は新建の人、唐初姚源清が職業をもって新安に来り績渓に定住した（新安名族志）。(4)査氏は河内県人、唐代九江薬炉源から宣城、歙の黄墩を経て休寧に来住（新安名族志）。(5)戴氏の祖は亳州から東晋の時金陵に遷り、黄巣の乱に歙の黄墩に移住した（同上）。(6)康氏は京兆の人、一たん会稽に遷り、唐代、乱を避けて歙の黄墩に移住、さらに祁門県武山郷尤昌里康村に定住した（同上）。(7)朱氏の祖は黄巣の乱に姑蘇から歙の黄墩に移住、宋元祐中(一〇八六～九三)朱瓌が婺源に定住した（同上）。(8)呉氏の先祖は遠く秦の鄱陽令芮の三子浅が新安に析居したのに始まるといわれるが、唐の呉少微が休寧より登第して監察御史となって以後致富した（同上）。

　このように、移住は時代と共に、寇乱の度毎に繰返し波状的に行われた。族的勢力の布植において移住の時代の古い大族ほど有利であったことは当然であるが、しかし方儲の子孫が中間振わず、程氏・汪氏に征圧されたように、たえまなく小宗分裂が繰返される結果、鮑氏・程氏のごとく率先刻苦して開墾に従事し、富を蓄積した豪族や汪氏のごとき武力を備えた実力者を出した姓氏が優勢であった。しかも唐～宋の間では、開発型の豪族に加えて呉少微のごとく登第を契機に富饒を致す姓氏が現れて来た。呉儆の呉文粛公

表4　徽州各県の及第進士数

占籍	婺源	休寧	歙	黟	祁門	績渓	不明
北宋	61	15	34	37	16	18	16
南宋	124	138	65	38	38	13	11
計	185	153	99	75	54	31	27

集巻一一　隠微斎記に「呉氏在休寧、族最蕃、然大宗之法久廃、其散而居境内者、為十余族、族之小者、猶数十家、大者至数百家、其能殖生業、敦高貲、為進士擢第、有聞於時者、㫁他姓亦独多、隠約不仕、若仕不逹、而清風厚徳、奥学懿范、足以師表於其郷、而垂裕於其後者、亦往往有、然不能多也」と述べているごとき郷紳階層の出現である。いま嘉靖徽州府志巻一三　選挙志科第によって宋一代の登科者数を示せば、上表となり、婺源・休寧に登科者が圧倒的に多いこと、南宋では休寧が特に増加したことがわかる。さらにこれを姓氏別に整理し出すと、左表のようになる。

これによれば、宋代の徽州で良く科挙制に適応して勢力を伸張した姓氏は、各県共に汪氏・胡氏・程氏のごとき南朝隋唐以来の大姓である。しかし植民の草分けの地で

表5　徽州各県の進士輩出姓

婺源	休寧	歙	黟	祁門	績渓	不明
汪43(21) 胡27(15) 趙24(24) 王16(9) 張9(5) 李8(8) 江7(4) 程6(5) 兪6(4) 余6(5) 滕5(4) 朱4(3) 方3 孫3(3) 呉3(3) 馬(2) 項1(1) 黄(2) 祝(2) 周1(1)	呉30(28) 汪20(20) 程14(12) 朱14(14) 夏10(10) 金10(8) 陳9(9) 趙7(7) 曹6(5) 黄4(4) 洪3(1) 畢(2) 孫(2) 蘇(2) 宋1(1) 査2	兪11(1) 汪9(6) 程6(6) 方6(6) 胡5(5) 聶5 鄭4(4) 趙(4) 呂4(1) 羅3(2) 閔3(1) 許(2) 項(2)	汪18(17) 孫11 奚8(3) 舒7(2) 黄5(3) 程4(3) 胡4(3) 曹4 李3(1) 江3(2) 許2(1)	胡12(10) 汪7(4) 方4(4) 程3(1) 黄3(2) 李3(3) 王3(2) 陳3(3) 康3(3)	汪15(5) 胡5(3)	胡8(5) 趙7(7) 程5(1) 方3 洪2 陳2(1)

( )は南宋のみ、一姓一人は切捨てた。

あった歙県ではこの三姓の支配力は左程ではない。寧ろ唐末以後開発の進んだ婺源・祁門・績渓でこの三姓の進出が著しい。また唐の進士呉少徴（歙人）の後裔が休寧で登科者中の第一姓となっていることも注目すべき新傾向である。婺源に登科者が多く、汪姓・胡姓が優勢であるのは、唐末汪武が婺源都鎮を私財で築き、良く楊行密―陶雅に抗して苛税重賦が郷士に及ぶのを禦ぎ、子孫も高貲をもって江左の著姓となる者が出たこと、胡氏も唐の胡学が旧婺源県清華街（宋清化鎮）に居り登第して以来蕃衍したことによるものである。このように宋代の徽州では、時代と共に小宗分立の傾向にありながらも、なお族的結合は一般に鞏固であった。同姓村や聚族同居の記録が相当残存すること、また客戸数の比率の低少なることもその反映であろう。しかし宋一代を通じて六二三名もの登科者を出した背景は、窮極のところ、此の山村に富の蓄積をもたらした経済的開発の在り方に求められねばならない。

㈣　経済的開発

漢唐の徽州では、農事開発の推進者は豪族であった。古くは既述のごとく、東晋咸和末（三二六～三四）に郡城西門に占籍した鮑氏一族の別墅経営、鮑南堨開築の例がある。また梁天監末（五〇二～一九）、胡明星は歙郡郭外の荒田を開き、一渠を築いて田一〇〇〇余頃に漑いだ。一方、山村に適した農事改良が行われていた事は、梁太守任昉の善政に付説される「桃花米」（早稲）、梁末の程霊洗の「性好播植、躬耕稼、別水陸所宜、刈穫早晩、雖老農不及、伎妾無游手、並督以紡績、至於散用貲財、亦無所吝」（新安志巻六）のごとき記述によってその一端がうかがわれる。

つづく唐宋時代にも、土豪・地主による開墾・開発が継続して行われていた。例えば宋代、祁門の葉氏は県東の荒地を闢いて市を成し石を伐って埠を作り葉家埠と称した（新安名族志）。歙の鄭徳成は三塘各数十畝を開いて三塘居士と号した（同上）。歙の呉大用は田を割き貲を捐して昌堨を築いた（同上）。休寧の汪仲芳は県東一二〇里北程村に陳公堨を設立、田三万畝を漑した（休寧名族志）。休寧の黄何は郷里の清陂（溉田一〇〇〇余畝）を復興した（洺水集巻一五）。休寧和鎮の戴彦明は和鎮の街衢を開砌し、婺源に通ずる道路（戴公嶺）を開いた（新安名族志）。績渓の胡氏は財一〇万を献金して契丹防備の軍賞に給した（同上）。婺源の汪廷美は聚族四〇〇口、恩赦に田租を減じ、秋冬に賑糶して蓄蔵待価せず、麦種の典質には期限を寛くし、香を遠賈より買い、縑帛を南昌進賢に売っては正直を旨とし「汪長者」と称された（新安志巻八）。

しかし、このような土豪の分散的、小規模な開発に比し、唐代以来の地方官、地方政権による組織的な開発は、徽州の封鎖性を破り、広域な経済空間の中に統合せられる上でより重要な機能を果したようである。すでに隋末唐初、土豪汪華は黄山の東峰箬嶺を越えて寧国府、太平県に通ずる官路を開き（新安志巻一）、代宗の頃、刺史呂季重は俸をもって工を募り、歙県南一二里、揚之水中の車輪灘（呂公灘）を鑿平して舟行の便に供した（新唐書巻四一　地理志）。また祁門県では、唐代に既に水田造成の限界が見極められ、茶樹の栽培が急速に普及した。全唐文巻八〇二　祁門県新修閶門渓記には「邑之編籍、民五千四百余戸、其疆境亦不為小、山多而田少、水清而地沃、山且植茗、高下無遺土、千里之内、業於茶者七八矣、由是給衣食、供賦役、悉恃此、祁之茗、色黄而香、賈客咸議、愈於諸方(10)、毎歳二三月、齎銀緡繒素求市、将貨他郡者、摩肩接迹而至」とあり、住民の七八割は製茶を業としかつ祁門茶の市場での声価は高く、毎歳春初、土民や江西の茶商が茶貨を多量に水路（祁門水）によって販出しようとしたが、閶門の険に遮られて商民の患となっていた。咸通元年（八六〇）、県令陳甘節は刺史崔公と共に俸銭・茶利を基金に、土客、商人、船戸の援助を求めて渓流の改修に着工し、柱礎を建て横梁を渡して堰を造り、別に深渠を穿って溢流を疎導し、同三年（八六二）に工事を畢った。この結果、賈客巨艘、居民業舟は往復に阻滞なく、県民は製茶に専業して生計を盛んならしめた（同上）。このように唐宋時代には交通網が整備され、歙県の東門より績渓―寧国―黄池鎮―和州を経て開封に至る二〇六五里の官路、その裏街道で商旅が多く利用した黄山箬嶺―池州大通鎮―無為軍廬江県―廬州―寿州より開封に至る捷路、また西門より二〇〇石舟で新安江を厳州に下り（厳州図経巻三には四〇〇石舟とあり）、浙江下流杭州に通ずる水路、婺源より二〇〇石舟で鄱陽江に通ずる婺水、及び上記の祁門水等の路線が開けた（新安志巻一、巻五）。水利開発においても、嘉靖徽州府志巻一〇　水利に、「績渓県、宋初塘共九十五所、堨一百一十七所、新安広録載、邑令王柟木叔、嘗開陂塘三十六所、其大者古塘、在楊山郷、広三十余畝、又有古塘盤石塘、共在良安郷、各広四十余畝、王令興修諸塘、灌田甚博、県人徳之、陰堨在県灌田可千畝、羊頭坑在修文郷、去県四十里、坑有両石相接、名曰石堨、不仮修築、大旱不渇一百六処」とあり、績渓県の塘堨は県令王柟の興修に係るものが多かった。

しかしこのような組織化された開発にもかかわらず、急増する人口の補給は困難であった。唐の宣歙観察使盧坦は「宣歙土狭穀少、所仰四方之来者、若價賤、則商船不復来」(通鑑二三七　元和三年七月)といい、主穀の非自給、商船への依存を指摘している。窮状を打開する途は先ず農事の技術改良と、勤勉節倹を含めた労働集約に求められる。里諺に「三日天晴来旱報、一声雷発便撑船」(蒙斎集巻二　知徽州奏便民五事状)、或は「新安易水旱、地陿而収薄」(洺水集巻七　徽州平糶倉記)といわれる自然条件に対し、上田畝収二石(新安志巻二　税則)ないし畝収一鍾(呉文粛公集巻一六　良干堨賦)という収量を挙げたのは耐旱多収しかも「冷水白」の如き冷水に育つ改良された秈稲品種の栽培(11)(新安志巻二)、「徽民鑿山而田、高耕入雲者十半」(秋崖先生小稿巻三八　徽州平糶倉記)のごとき徹底した土地利用、普及した水利灌漑(12)、及び勤勉な労働の成果である。それにもかかわらず徽州は宣州と並んで東南数州随一の薅子(幼児殺害)の普及した地方であった(宋会要刑法二　禁約　政和二年七月三日)。過剰人口の一部は「一遇水旱、強者起為盗賊、弱者散而之四方」(呉文粛公集巻一一　送曹守序)と移民の途を選び、舒・池・無為方面に定住した(新安志巻一　風俗)が、徽州では寧ろ主穀以外の山村的産業を育成し、その主産地となることで積極的に致富する方向を辿った。かかる特産品として「産木の郷」(蒙斎集巻二　知徽州奏便民五事状)といわれる自然条件を逆に活用して、杉松等の良材が植林栽培され(13)、漆(14)・蠟・茶・紙(15)等の物資と共に江蘇・浙江・江西の水郷を市場として販出され(補4)、浙江・江西の米、浙江の魚鯗、鄱陽湖の魚苗(稚魚)、江西の牛、宣城の豚等を販入した。これらの交換を通じて徽州の黄山松墨、婺源硯、楮紙、蠟(医家用)、歙梨のごとき全国的市場に流通する特産品が生れた(新安志巻二　叙物産)。

所謂新安商人という同郷商人集団の実体が宋代に存したか否かは判然としない。しかし婺源の如く「三呉百粤商旅之所必経」(剡

源戴先生文集六　婺源羊闘嶺施水庵記)で、毎歳四月八日の五通神(五顕神)(16)の仏会に、天下の商賈が雲集したという事実は、すでに宋代の徽商の商業界での地位を想定せしめるものがある。五代南唐の時、閩に商販した査文徽(十国春秋巻二六)、江湖に商販した餘翟(休寧名族志)、北宋末の茶商朱元(夷堅甲志九　鄒益夢)、婺源の塩商方客(夷堅甲志四　方客遇盗)、元代京師に客游した婺源の富人于文傳(金華黄先生文集二七　于公神道碑)、元末蜀地に商游した休寧の戴亨(新安名族志)等はいずれも徽商の活動の一端を伝えるものである。しかし此等の事例を引くまでもなく、すでに前引の全唐文巻八〇二　祁門県新修閶門渓記の記事が語るごとく、唐末以来の徽州の山村開発は実に労働集約と商業化による自然的劣勢の克服を常にその課題としていたのである。(補5)

注

(1) このような見解として、宮崎市定『五代宋初の通貨問題』星野書店、一九四三参照。また拙著『宋代商業史研究』風間書房、一九六八、一九七九、一三三～一四〇頁も参照。

(2) 同上拙著『宋代商業史研究』四二一～四三五頁。本書二六、二七頁。

(3) 本書四五六～四八一頁。

(4) 藤井宏「新安商人の研究」㈠～㈣　東洋学報三六―一～四、一九五三、五四。傅衣凌『明清時代商人及商業資本』人民出版社、一九五六、四九～九一頁。重田徳「清代徽州商人の一面」『人文研究』一九～八。

(5) 徽州の沿革については新旧唐書地理志、元和郡県図志、太平寰宇記、元豊九域志、淳熙新安志、嘉靖徽州府志等に拠った。

(6) 那波利貞「看過せられたる南唐文化の価値」歴史と地理　四―二・三　一九一九。

(7) 沈括　夢渓筆談巻一　官政一。

(8) 程泌　洺水集巻一〇　休寧県減折帛軍布銭記。

(9) 開元の頃、一郷五里制が現実の戸數にほぼ対応していたことについては、中村治兵衛「唐代の郷」『鈴木俊教授還暦記念東洋史論叢』一九六四参照。

(10) 唐陸羽の茶経には、「浙西以湖州上、常州次、宣州饒州睦州歙州下」とあり註に「歙州生婺源山谷」とある。祁門の優良な産茶は唐末から興ったものであろう。

(11) 周藤吉之『宋代経済史研究』一五七～一六三頁、一九一～一九五頁参照。

(12) 周藤吉之『唐宋社会経済史研究』七四四頁、七七〇～七七二頁参照。

(13)　拙著『宋代商業史研究』二二八～二三〇頁参照。

(14)　同上　二九六頁。なお歙県西二五里の巖寺鎮は漆器を産出した（輿地紀勝巻二〇）。

(15)　同上二四一～二七一頁参照。

(16)　江南の五通神は巌石樹木に依って叢祠をなすもので、二浙・江東では五通といい、江西福建では木下三郎又は木客という。また盛夏には木客は材木を江湖に販易するという。婺源の五通廟の年市は山村を地盤とする商人の祭市であったと思われる（夷堅志巻一九　江南木客参照）。拙著『宋代商業史研究』三八〇頁参照。蘇州呉県には宋以来徽州商人の祭神五通廟があった（洪武蘇州府志巻一六　祠祀「五通廟、祥符経云、在呉県東南三里五十歩、婺源土神、………」）。

（補1）　G. William skinner, "Mobility Strategies in Late Imperial China : A Regional Systems Analysis", in Carol A. Smith (ed.) Regional Systems, Vol. I, Economic Systems, Academic Press, N. Y., 1976, pp. 327–364. 古島敏雄『山村の構造』御茶の水書房、一九五二、『江戸時代の商品流通と交通』御茶の水書房、一九五一。

（補2）　曾我部静雄「溺女考」『東北帝国大学法文学部十周年記念史学論集（支那政治習俗論攷）』一九三五。

（補3）　エスター・ボズラップ、安沢秀一、安沢みね訳『農業成長の諸条件―人口圧による農業変化の経済学―』ミネルヴァ書房、一九七五。李伯重「唐代長江下游地区農業生産集約程度的提高」中国農史　一九八六年第三期。

（補4）　單鍔　呉中水利書「由宜興而西、溧陽県之上、有五堰者、古所以節宣歙金陵九陽江之水、由分水銀林二堰、直趨太平州蕪湖、後之商人、由宣歙販運簰木、東入二浙、以五堰為艱阻、……」

（補5）　Harriet Zurndorfer, "The *Hsin-An Ta-Tsu Chih* and the Development of Chinese Gentry Society 800–1600", *T'oung Pao,* Vol. LXVII, 3–5, 1981, pp. 154–214.

3　江西袁州の水利開発

㈠　はじめに

中国史において唐宋時代に水利に関する農業土木開発がその規模、総件数、拡がり、技術水準等について画期的に発達したことは、異論のないところであろう。さてかかる水利開発が将来する社会的、経済的影響は、本来、実に多岐広範であったはずである。水利の果す機能自体が多様かつ複合的であるばかりでなく、異なる立地（山地・台地・デルタ等）はそれぞれ固有の地文・水文条件と、適合的な居住空間、社会経済を備えているに相違ない。かりに旧開地においてより安定した水利を求める願望が発生し、画期的な改良が実現したとすると、それはまずこのような生態環境ないしその重点のおき方の変化として理解されねばならないだろう。同時にそこに新開地が付加されるにせよ、或は土地・資源の利用効率とくに人口扶養力、土地評価の絶対増が生ずるにせよ、或はまた水の用益に派生する利害や、資本労働の動員に関る社会経済組織の一層適合的な再編が迫られるにせよ、いずれにしても地域社会レヴェルでの諸組織は改変され、旧組織との矛盾は調整されてゆかねばならない。水利改良の効果の範囲をこのように展望した場合、有意義な概括を下すためには、制度史、政治史、一般経済史に固有の問題設定とは別に、地域社会経済レヴェルでの客観状況の掌握、それらの相互比較、そして総合という分析手続きが必須である。現在の研究水準では、(1)この研究視角にとって余りにも未開拓な部分が残されているように思われるので、本節では袁州という一つの地域社会の具体的状況に即した分析を手がかりとして、図式的な展望を立ててみたいと思う。

(二) 李渠の沿革、規模および組織

(1) 「李　渠　志」

ここに分析を試みようとする具体例は、江西省袁州府治宜春県において、唐の憲宗元和四年(八〇九)以来、宋、元、明をへて、清の同治一〇年(一八七一)までは確実に存在していた李渠と呼ばれる多目的な都市・農業用水路の歴史である。基本的な資料となるものは、明万暦重修袁州府志巻四に幸い収録されて残った宋宝慶三年(一二二七)頃撰述の「李渠志」四〇六八字であり、このほか同治一〇年(一八七一)刊宜春県志巻一収録の道光四年(一八二四)の程国観新修「李渠分段丈尺図記」(図佚)をはじめとする直接関連資料や唐宋明清の水利資料、それに大阪大学蔵五万分の一、十万分の一の現代地図を援用して状況復原をはかった。なお「李渠志」の存在、および本節にて校合用に使用した台湾国立中央図書館蔵万暦袁州府志[補1]のテキスト入手について、シカゴ大学故 Edward Kracke 教授の高弟 Michael Finegan 博士に多大の恩恵を受けた。特に記して同氏および同図書館に厚く謝意を表する次第である。

さて、「李渠志」には次の如く多くの小見出しが建てられ、整然詳細な記述がなされている。(a)〔序文〕 (b)水源 (c)事始 (d)継修守倅姓氏 (e)宝慶丁亥(一二二七)修復始末 (f)陂頭至西城下 (g)西城渠口至貢院入江処 (h)減水溝 (i)接水溝 (j)斗総数 大小共三七 (k)橋総数 大小計二七西城外者不与 (l)役夫条目 (m)渠長十員 渠長之称見唐志及旧図経所載 (n)陂戸 (o)甲戸 (p)准諸司行下 (q)准省劄行下 (r)委李貢士掌管分水湖地。

なお李渠志が唐宋にわたる関係資料を詳細に伝えているのは、袁州および宜春県において唐宋の間に頻繁に地方志が刊行された事情と関係があるようであり[2]、また万暦志が全文を収録したのは、宋志(嘉熙宜春続修志四巻集六巻)[3]が万暦初年に残存しており、万暦三(一五七五)

年、知府鄭惇が同志所収の李渠志を典範として渠道の濬修を果したため、重要性が認識されて編入されたことが跋文として注記されていることで判る。

ところで、万暦志収載の李渠志本文は信憑すべきもので、全文の首尾すべてを収め、大きな脱落や誤刻はないように思われる。唐書巻四一　地理志等の引用は正確に比定できるし、(p)准諸司行下、(q)准省劄行下の文書形式は宋代のものであり、かつ文中の地名、人名、年代等は、現存地志やそれらに散見する嘉定宜春志[4](原一〇巻)の佚文と対応して矛盾がない。

(2) 李渠の歴史

李渠の位置する袁州治宜春県は、秀江（袁江）によって東進すれば贛水に合流して江西鄱陽湖のデルタに達し、西進して陸路萍郷をへ、醴陵をへて湘江中枢の長沙に達し、要するに江西湖南を東西に結ぶ間道上の要衝である[5]。この間道が顕在化するのは唐いらいであるが[6]、交通上の利便は古くから知られていたに相違ない。すでに西漢時代、豫章郡一八県の一つとして宜春県が置かれ城が築かれた。三国時代に西方に萍郷県を分立させたのち、三国末、六朝では萍郷、新喩と共に三県を管する安成郡治となり、隋、唐では袁州三県の治所となり、南唐のとき筠州から万載県を併合し、宋雍熙初（九八四〜七）、宜春県の東半に分宜県を分立させると共に、数年をへてその東方の新喩県は淳化三年（九九二）、臨江軍に割愛した[7]。これ以後、明清にかけて一州（府）四県の行政区分は固定している。図3（四一八頁）を参照。

漢から唐初にかけての宜春城は、図2に示す後世の城の東半分に位置し、のちに東城といわれた部分に該当する。遺址から察すると、城内南半は小丘陵を含む風致区で名宦の記功碑があるが、官庁や民居、寺観などの居住区は北半江岸の低地にあり、棋盤街と呼ぶ棋盤目状の整然たる街路区画をもっていた[8]。城壁は武徳四年（六二一）の重修で面目を一新したらしいが[9]、要するにこの東半の故城は、他の旧中国都市に共通する原則的傾向（後述）に合致して[10]、水路志向、低地志向つまり地域の交通、商業中枢の掌握を立地選択の目途と

図1　袁州府宜春県周辺図

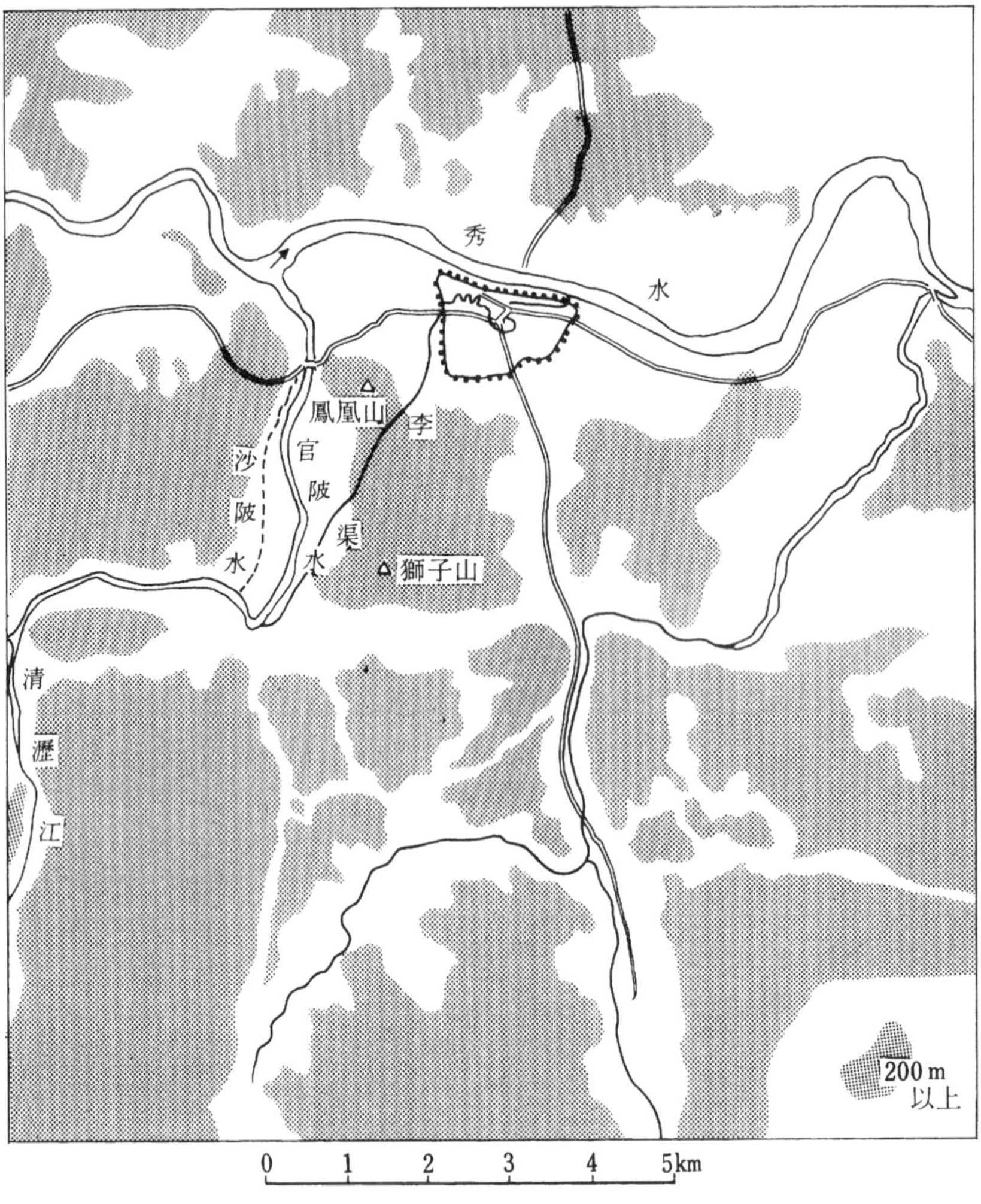

し、かつ防禦を重んじ、その反面、頻発する水災、火災という弱点をもっていた。開元八年（七二〇）になるとついに城地の低湿に伴う不便が痛感されて、西方への展築が行われ、通称西城と呼ばれる西方の台地を城壁で囲み、その北半に囲牆で子城を築いて州庁、判官庁、県庁、州学等の重要官舎は結局ここへ移り、民居や市場もこれに伴って台地部分へ移っていった。この開元にはじまる展築、居住重心の西城台地への移動、それに宋初における管内東方に分宜県を分立した事情は、ともに人口の稠密化に伴う地域の新しい都市化過程を表明している。

宜春城内外に当時どの程度の人口が分布したかは判らない、しかし旧唐書巻四〇　地理志に引く天宝元年（七四二）の袁州全域（新喩県を含む）の戸二万七〇九三、口一四万四〇九六は、一応の見当を与えてくれる。これを、隋書巻三一　地理志に引く大業（六〇六）二年の宜春郡戸一万一一六と比べれば、戸数のみでは二・六倍増（但し土戸のみ）という一般的増加傾向が得られる。(11) 一方、唐と宋とでは領域の変化があり比較が困難である。かりに天宝元年（七四二）の袁州、吉州の戸数と宋元豊九域志巻六の吉州、臨江軍、袁州の戸数とを比べれば、七・三倍という増加率が得られ、(12) 一般傾向は判るものの曖昧さを免れない。ただし宋の大中祥符四年（一〇一一）の記録では、宜春、分宜、萍郷、万載の四県全部で、戸八万五〇〇三であり、(13) 宋代の一般州治レヴェル都市への人口集中率を仮りに一〇パーセント内外とすると、(14) 宜春城下の戸数は約一万戸弱、唐の場合はその三分一前後、三〇〇〇戸程度と見込まれるが、あくまでも推量にすぎない。

さて西城地区の展築は、居住環境の改良をもたらしたものの、他方に新たな問題が発生した。すなわち西城台地は秀江に臨みながらも、江面より数丈高い地勢のため、江中に井堰を敷設して揚水し給水することが当時の技術では不可能であった。このような場合、例えば杭州城や婺州城に見られるように、大抵の都市は補助給水源として城内外に清泉や井戸を敷設しており、取水人口が少数であればこれでも足りた。宜春城にも晋代から唐代まで旧城西四里の宜春泉（のちの県衙門西の霊泉）という醸造用の井戸のほか、唐乾元中（七五八〜九）刺史鄭審が掘った西池や、南門外の湧坑泉（珠泉）、義井があり、李渠の敷設後も、補助給水源として用いられた。(15)

さて元和四年（八〇九）に刺史李将順が着任したとき、城内の用水は井泉か、秀江の江水を汲み上げて負販する者から買う以外になく、ために頻発する火災、上下水の不備による非衛生、水患への対策が懸案の課題であった。李将順は州の西南境の仰山に発源する清瀝江（南山水又古江）の下流に当る官陂、その支流沙陂水が城の西北郊の麟橋で秀江に合流することに着目し、宜春城の占める盆地＝扇状地の扇頭部に当る陂頭（陂口）に堰を設けて取水口とし、江水を渠に導いて西郊二〇〇頃の田に灌漑すると共に、城内に疏導して上下水の水源とし、最後は城東門外の赤板橋から秀江に放水し、一挙にして地域の水利問題を改良した。創建当初の李渠はほぼ宋代のそれと異ならない規模であり、後述のごとくすでに渠長一員を配して管理に充て、また水位調節の堰閘、斗門を城内外に備えていた。宋代のそれと異なる点の一つは、城内の渠道にも舟運を通じていた事で、宋末の城内渠の深さ六、七尺、幅三尺よりははるかに大きく、交通、輸租の便に供していたようである。また放水口が城東北の郊外であったことも別の相違点で、恐らく唐代には東城部分の内外に相当の居住区があったに相違ない。西城の西北郊に益州塘という貯水池を造り、渠水を一たんここへ蓄え、増水時には秀江に放水し、渇水時には城内渠水の水勢を助けるという施設は、李渠の創建と同時に築かれ、一たん廃絶したのち、宋代では分水湖という別の貯水ダムとして復活し、かつこの渠道の要として重視された。

唐末・五代南唐の間に李渠は一たん廃絶し、益州塘も僅かに水濼と化し、城内は頻発する火災に苦しんだ。宋の統一後まもなく至道三年（九九七）、知袁州王懿のイニシアティヴで旧渠を民に分治させ、さらに天禧三年（一〇一九）、通判袁延度が防火のため旧渠を浚泄し、始末を石碑に刻んだ。宣和六年（一一二四）にも防火のため、通判孫琪が知州林徽之を賛けて西陂を治め、旧渠を濬修し、琪自ら記を草した。ついで淳熙四年（一一七七）、知州張杓の唱導で民をして渠道一五〇〇余丈を修復させ、市街に在った防火用の義井を豪民が占拠湮塞していたものを浚治し、郡人孟浩が始末を記した。淳熙一〇年（一一八三）には、知州曹訓が再び淤塞した李渠を浚泄開通し、徐傅が、「図経李渠記」二六九字を刊し唐いらいの浚治の沿革を公示した。[16] しかし上記五回の浚泄工事は、いずれも短期に竣工を急ぎ、おざなりで不徹底であったため、結局城外の渠道は一線の小溝と化し、城内のそれは居民の侵占、糞尿塵芥の遺棄によって塞がり、緊急の用に立たず、春夏には往々疫癘を招く事態となり、地域人士の不満の種であった。宝慶三年（一二二七）に着任した知州曹叔遠は、輿論を代表する州学貢士李発の計画を全面採用し、かつ李渠の維持は一州の利害の最大なるものであると判断し、自らも地文条件を視察して工程を立案し、官吏を指揮して一月余りで抜本的な修理工事を完成した。この工事内容、管理組織および関連官文書を記録したものが「李渠志」であり、後世の工事に際して常にモデルとされた。

明代では知府徐璉の「浚渠亭記」によれば、[17] 王朝初の洪武初年（一三六八〜）、知府劉伯起が修復し、弘治中（一四八八〜一五〇五）知府朱華が疏濬し、正徳八年（一五一三）知府徐璉が大修理を施し、郊外の原隰圩畦、城内の井塘池圃は霑足し、居民の飲食滌濯の用も足りた。ついで万暦三年（一五七五）、知府鄭惇が重修しかつ宋の「李渠志」を再刊し、同四七年（一六一九）、知府黄鳴喬、清康熙八年（一六六九）、知府李芳春、雍正六年（一七二八）、知府薄履青、知県王淑京の唱導で重修が行われた。雍正の浚泄は衆捐を募り、民に冬間、旬に三日の割で無償労役を提供させた。道光四年(一八二四)には邑侯程国観が邑貢生蕭元善、劉樹藝に役の指揮を命じて開濬し、工事の次第を「新修李渠分段丈尺図記」に記録し、図は佚したが記は伝わっている。のち同治五(一八六六)年には邑中の劉作賓、胡開元が率先して民・商の捐資を勧めて大修理をして流通滞りなき状態を得た。[18] このように、開設いらい屢々淤塞によって機能の喪失したものの、前後一六回の記録に残る修復工事によって渠道が甦り、李渠はほぼ一一世紀間にわたり、袁州府治内外の重要給水源として存続することができたのである。

(3) 李渠の構造・規模

程国観の「新修李渠分段丈尺図記」(以下「図記」と省略)によれば、道光四年(一八二四)次の全長は一九六五丈(六二八八米)で、取水口より西城壁下の水門までの郊外部分が一二四九丈、城内七一六丈である。城外では渠道の変化は少ないが、城内では康熙・雍正・道光の間に、中心部の渠道が消滅したために短縮化されたようであるから、唐宋時代の規模は一五〇〇丈(四六五〇米)ないしそれ以上であったに相違ない。以下に諸資料によって旧渠道を復原図示してみよう。図1・2参照。

(イ) **城外の渠道**　取水口は清瀝江下流官陂水の、州西南一〇里(五・五キロ)、福昌里新田橋下十数歩の陂口である。「図記」では奢家橋下で水源を引き、新堰で分水して陂口に入れるとあるが、「李渠志」では、官陂口から三〇余丈東流した箇所で、郷民が堤を毀して北流の分水口をつくり、水磑を設けたため水量が減少したので、補修して堤防の毀撤を厳禁したと記す。唐いらい堰を設けて取水したことは知られているが、その位置は必ずしも明らかでない。いずれにせよ陂口は扇状地の扇頭にあるため、都市上水としての李渠を優先させて郷民の用水権を抑えたのである。さて陂口から北上する約一粁は東に迫る獅子山と、渠に並行する官陂水の間の狭い地を貫流する難路である。山下には巨石が多く渠道を狭くし、一堤を隔てて並流する江水は堤岸を侵蝕する。そこで巨石は火力で破砕して渠幅を広め、一方木柵を作り土石を埋めて堤を高め、江内に乾陂四を架設して衝撃を緩めた。陂口よりこの鑿石処まで二六

図2　李渠復原図

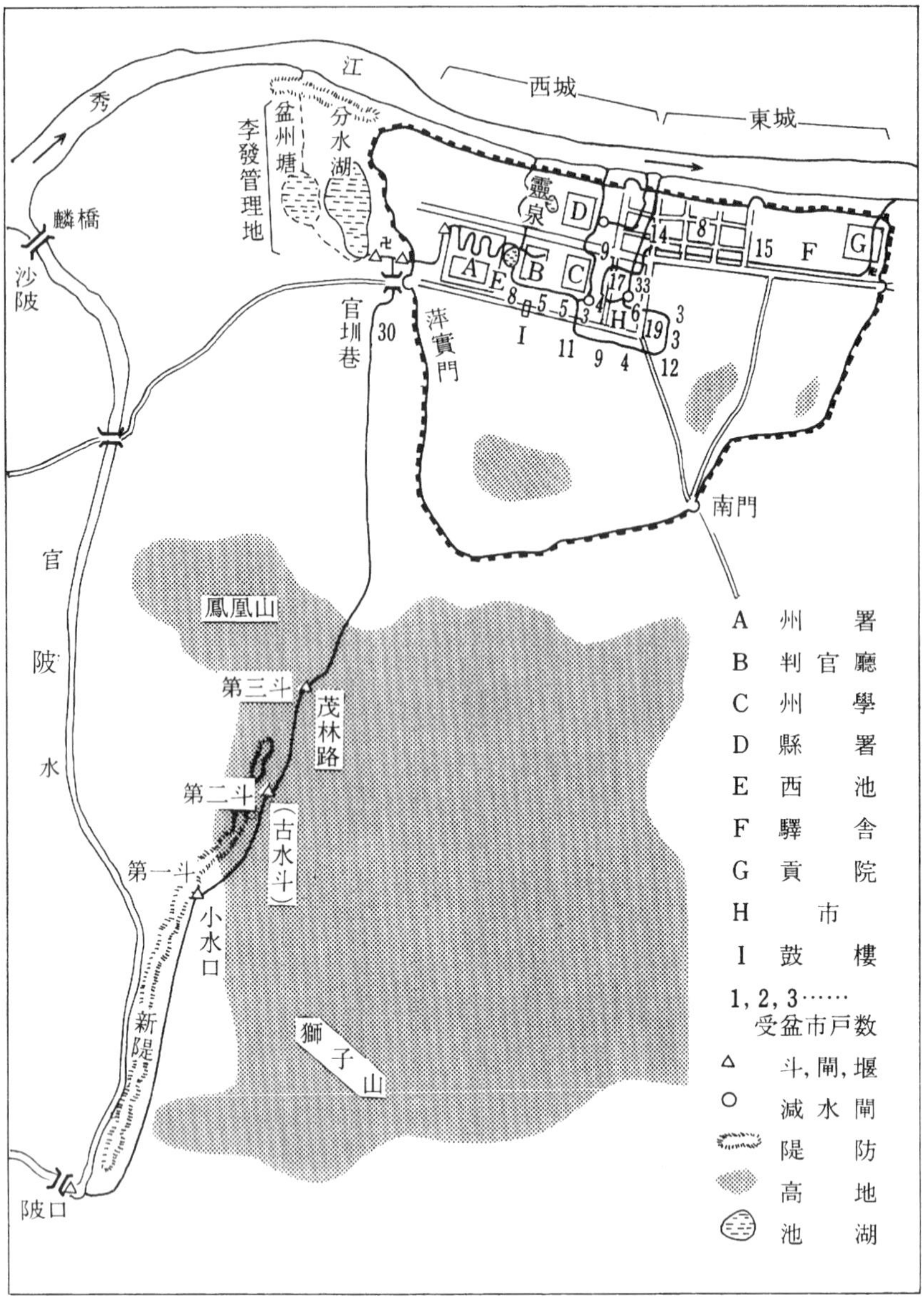
秀
江
西城
東城
李發管理地
盆州塘
分水湖
麟橋
沙陂
靈泉
官圳巷
萍實門
南門
官
陂
水
鳳凰山
第三斗
茂林路
第二斗
(古水斗)
第一斗
小水口
新隄
獅
子
山
陂口
A　州　署
B　判官廳
C　州　學
D　縣　署
E　西　池
F　驛　舍
G　貢　院
H　市
I　鼓　樓
1, 2, 3……
受盆市戸数
斗, 閘, 堰
減水閘
隄　防
高　地
池　湖

五丈である。後世では此の盤石処に橋閘を設け旺水を江に放流した。さて此処から渠水は官陂と離れ、獅子山麓の田に灌ぎながら鳳凰山との谷間に達する。この間計二八〇丈。谷間を通るに当って三段の斗門で水位を調節する。第一斗は小水口にあり、深さ五尺、長さ九尺、闊さ二丈七尺。ついで二五〇余丈をへて第二斗に至る。この地にはもと水斗があったが、居民に侵占されていたため、修復して周り三七丈、深さ一尋（八尺）とした。恐らくこの古水斗は唐の施設であろう。第二斗から陂口まで、宝慶（一二二五〜七）の時に七〇〇余丈の新隄を作った。旧隄は一武（三尺）を容れなかったものを車が通過できる幅に改善したというから、恐らく三斗門の設置で舟運に併用することを断念し、代りに沿渠の陸道を通したものであろう。さて第二斗以後は両山の間を抜け、地勢の高い難所である。八〇余丈で茂林路を抜け東折する辺に第三斗があり、闊さ二丈、深さ丈余。以後の渠道は深さ二丈を要し、工費も倍である。鳳凰山を抜けて崇勝院、西墅橋、社壇をへて官圳巷に達する間一〇〇余丈、このあたりは人家の密集地で三〇余戸の居民が渠を板で覆って住居を建てているので、官府は補助金を出して開浚させている。渠が西門外の萍實橋を抜けた所に「唐李公渠」の扁額がある。これから城壁を潜って城内に入る前に、渠水は分水湖と呼ばれる水位調節と城濠を兼ねたプールに導かれる。この地点に水閘（旧関水閘）があり、啓閉を司る護渠者は湖辺に屋三間を与えられて監視に当った。分水湖の闊さは二〇〇丈、荷を植え柳や花卉を配し、亭館を設けたほか、後述の如く湖水の調節機能を重視して、特別の地域に措定し李貢士に管理を命じた。同湖はのちに甃石された池となった。

(ロ)**城内の渠道**　城壁を潜る地点の渠口には、もと斗門があったが、付近の住民が糞尿塵芥を集積して淤塞したため、新たに深さ丈余、闊さ一丈二尺の斗門を設け、その上に水源神の仰山祠を構えて清浄化をはかった。さて渠ははじめに州衙門の後圃に灌ぐが、その囲牆に入る直前に斗門があり、看守者が居住する屋があった。州圃を出た渠道は判官庁の西池をへて倅圃（通判庁の苑圃）の石澗に注ぐ。これが古渠の正派であり、ここから圃を抜けて判官庁を北流して結局城外の秀江に放水する小派がある。さて正派は古渠から東進して州学前で南折し、以後人口稠密で低窪な市街地を屈曲迂廻して一たん市場に入り、さらに城東北区に入り、東進して貢院の北隅から城壁を潜って秀江に放水した。以上が城内の渠道の大要である。古渠の流路つまり西城渠口から判官庁西池辺までは、主として官衙とその園圃に灌水している。一方、古渠から分流する正水は主として居民や市場にサーヴィスしている。「李渠志」では正水に沿う受水民家の数を個別に挙げ、計一八八戸に達する(城外市戸三〇余)。図2参照。西城外と併せて約二〇〇戸が当時の受水市戸の数であるから、主要な市民の居住区が、ほぼ城内中央の市場周辺に分布していたこと、それらは商業交通には便利ながら、居住条件からみればいわばダウンタウンに相当していたことがわかる。(山の手の給水上での好立地に官衙がある)

さらに李渠志には城内李渠に付随する水利交通組織として減水溝三、接水溝三、大小斗門三七(城外を含む)、大小橋二七(城内のみ)を列挙している。減水溝は放水チャネルであり、一つは州学前の奨廉坊(鉄炉巷)の東方にあり、民居を貫いて北方通泉坊(鮮魚巷)から秀江に入り、一つは市心に在り、大街を越えて阜通坊、善利坊をへて秀江に注ぎ、一は県治東の育材坊から大街を越えて北転し、育林坊から秀江に注いだ。これら減水溝の李渠と接する溝口には、もと閘が設けられて随時水門を啓閉したらしいが、民居が増えて大閘が設置不能となって、三尺の石砌(きりいし)を置いて溢水のみを自然排水し、別に溝道に浚斗(砂防用堰か)、橋梁を架設した。接水溝は渠の支脈に当るもので、一は州学西の桂遷坊、一は積慶坊、一は熙春坊に在った。もと溝の深さ幅とも狭く、街路に水が溢れたので、深さは正渠に等しく、幅は渠以上と定めて改修した。これらの溝にも浚斗、橋梁が設けられている。

ところで唐の旧渠は舟運を通ずるに足る深さと幅を備えていた。しかし兵火の災害復旧時に市民が勝手に侵占してしまい、これに対して毀撤を断行することは困難なので、宝慶(一二二五〜七)のときには大渠の維持を断念し、受益する民戸に各自浚泄を義務づけ、貧者には官府が補助金を給し、それ以外つまり官地の渠は官自ら浚泄する原則とし、幅は皆三尺(約九二糎)と定めた。この際城内外を通ずる交通は陸運に切り替えられたのであろう。また旧渠では市街の交差点は皆暗渠とし磚土で覆っていたが、疏通を見究め易くし、かつ汲漑に便利にするために、すべて明溝に代え、この部分の深さ幅共に丈余(約三米)と定めた。そこで当然橋梁の架設が必要となるが、里巷の好事者は争って出力を願い、丹堊、煥然たる橋を架設し、清流が滞りなく城市をめぐり、耆老は前代未聞の事だと歎じたという。城内水道つまり市河の運営に市民が参加していたことは宋代でもそれ程珍しい話ではないが、袁州の例でも受益者負担の原則を一歩進めて、積極的な市民の協力が実在しており、記憶に留められて然るべきである。

なお右の城内の渠道は、清初までは維持されていたが、康熙〜道光（一六六二〜一八五〇）の間にかなり変化した。「図記」によると、西城の渠口から民圃に漑ぎ、府署後園を出るまでは変らないが、判官巷の西池周辺で故道が消失し、府学前からその左牆を北進して、旧東城の中十字街から東折して、府城隍廟後園から北壁を潜って秀江に出ており、城内七一六丈（二二九一米）の渠道の多くは暗渠に変っている。減水溝、接水溝はなお旧図のままに在ったというが、機能は低下していたのではなかろうか。

(4) 李渠の維持組織

唐宋の李渠の規模を、一応全長一五〇〇丈前後（約四六五〇米）、受益市民二〇〇〇戸、農民六〇戸と想定すると、官有地以外の此の渠のサーヴィスする部分の経常の管理維持について、民間の参加を建前とするように組織がつくられていたことは、敢て異とするに足らない。宋の「李渠志」には、すでに唐いらい渠長が管理責任者として選任されていたことを唐志および旧図経を引いて注記しているが、宋の楽史の太平寰宇記にも、巻一〇九に「李渠、刺史李将順、於県西南十里修堰、引仰山水入城、通船開溝、引水入市、周流通達、置渠長一丈〔人〕」と見え、一丈を一人の誤りとすれば、唐につづいて渠長がおかれていた。さて宋の「李渠志」には、李渠が唐以来正史に登載されたという既成事実と、通常の溝洫を超える規模の故に、朝廷の水利振興の対象に値し、維持に関する責任は本州主管司が負い、公費の支出、修復の状況報告について、転運、提刑、安撫の監督官の裁可を経、最終的に尚書省の批准の下に命令権が発動することを、諸司、省劄の公文書を引いて明示している。また、同志は経常の組織として、渠長、陂戸、甲戸それぞれの責任と義務、役夫の徴募、就労、報酬にわたって詳細に記録している。これによると、浚泄、修復に要する労役は、原則的に周辺の農民の農閑期労働を徴し賃金を給する建前で、甲戸、陂戸等（後述）の受益する所謂食利人戸は一応直接労役にたずさわらない。「役夫条目」には、役夫は毎旦、公庭に集合させ、一五夫を一甲に編し、甲ごとに色旗を与え、一甲の持ち場を二丈とし、難工事では二甲で二丈を受けもつ。甲同志の間に二丈を残し、交互に浚わせる。これによって持ち場と労働量が判然とする。各甲には一卒が監督に当り、二甲毎に一胥が監視し、官は臨機に現場を視察する。賃金は市価に準じ、毎晩県丞、県尉、貢士が親しく手渡し吏の介入を許さない。この方式の下、遠近毎日数千の農夫が鍤（鍬）を荷いで集まり、冬期の失業救済に効果が挙った。月余の工事とすれば延べ一五万夫位か。ただし陂の修理や新堤七〇〇丈の建設は、専門家である陂戸（受益農家、後述）に依頼したが、賃金支給法は右の役夫と同様であった。この際、郊外の渠の幅一丈、深さ三尺とし、茂林路のみ深堀を命じた。城内の渠は、深さ六、七尺、幅三尺以上であった。

沙陂より上流、官陂に至る間で李渠を引いて漑田する佃戸（農戸）を陂戸といい、計六〇余戸六〇余人いた。この中から毎年輪番で六人を甲首に充てる（均等負担、一〇年一周）。小規模の損壊個所は、当該の本保（行政村）が渠長集団に知らせ、さらに甲首に陂戸を召集させ、自力で修理させる。費用が多ければ、一〇渠長の合議の末、官に申告して補助金を乞う。

甲戸つまり城内外市民の受益戸は、城西から東城まで約二〇〇戸である。五家ごとに一甲に編成し、相互に監視せしめて、侵壊や淤塞を許さない。糞尿・塵芥の遺棄、厨房や便所を渠上に架設する違反行為はすべて禁止されている。三甲一五戸ごとに甲首を選任して、常に上記の監視事項や渠岸の頽圮を発見次第渠長に知らせ、渠長は人を派遣して監視修浚に当り、申告された違反者は官に命じ、又は厢巡に令して督治させる。甲首で隠して申告せぬ者、他人に出し抜かれて報告されたものは罰せられる。

渠長は州士一〇人を以て構成される。渠水は一たん疏通しても、将来何時、侵占、淤塞や陂頭（陂口）、長堤の決壊など不測の事態が生ずるかわからない。州庁の役人はこれらの情報を迅速に把握できないし、任期もあるので、「公心好義之士」を渠長集団に選んで常に覚察を加え、州庁に申告させて、段取りを立てて執行すれば、水路の長期の安定が得られる。渠長一〇人の合議集団に、州城の紳士クラスの者一〇人を充てたのは、一種の都市参事会の萌芽といえそうである。彼等が城内外の水利の長期的利害を公平な立場から判断し執行する責を負うたことはとくに注目に値する。何故なら、通常の官憲による収税およびその再配分、治安・秩序の確保、文化の拡散といったサーヴィス以外に、城内外の官吏、市民、農民の共通利害に関る実質的な組織がここに生れ、その長期の安定化には、紳士階層に一定の重要な役割を期待する発想がここに生じていることである。さらに「李渠志」によれば、宝慶（一二二六～七）の知府曹叔遠のイニシアティヴによる李渠の抜本的な開修は、実は本州学直学貢士の李発なる一紳士が、平生、信義・幹略共に一州に尊信せられ、しかも李渠の陂口の分流工事、新堤の工事ほか、順序を立てて淤塞を開鑿する具体計画を立て、このすぐれた計画によって城内外の渠水が通流し、疾病火燭の憂が解決されたのであり、知州を動かした真の貢献者は李発に外ならなかったのである。李発はこのため、渠長を代表して賃金の支給に立会ったほか、李渠運営の要というべき分水湖を含む地帯（南は泮実橋下、東は渠上官亭、西は益州塘路西下平地、北は新立堤岸）の監督を専任された。この地一帯は城下の壕塘賃租人が随時盗掘放水し、或は不法に住居を建て、また厠圃を建てて城内渠水の水源を盗用していたので、一州に影響力のある李発を起用し、特別に画定された水位調節区の運営を一任したものである。のちに清代になると、雍正（一七二三～三五）・道光（一八二一～五〇）・同治（一八六二～七四）の修復は、みな工事のイニシアティヴは紳士に移り、基金すらも商民から募られるようになった。万暦（一五七三～一六二〇）の知府鄭惇が「李渠志」のモデルによって開濬し、同志を全文、委細に再刊した背景には、府内の組織者としての紳士階層の実力に対する顧慮が働いていたことは疑いない。（以上、李渠の規模、構造・組織の記述は殆ど「李渠志」各項の記述による）

㈡　李渠建設の社会経済的背景

⑴　水利の安定化と居住環境の改良

李渠のケースは江西宜春の具体例であるが、地域のスケール、固有の地文・水文等の生態環境、および社会経済を考慮すれば、この事例からいきなり一般的な映像や結論を引き出すのは無理である。むしろ問題別、地域別に整理した大量観察の成果と照合しつつ、相互比較を通じて徐々に総合してゆかねばならない。

ここでは前項で確認した諸事実が、どのような問題を提起するかを簡単に指摘したい。李渠は防火、上下水、水田灌漑、交通という多目的な機能を兼ねた用水路である。着工の発想は、該地域での自然増、移住による人口稠密化に伴う、より高次の水利の安定化にあった。しかも達成された安定は、とくに地域コアにおける諸組織の機能統合を一層強化した。そこでまず改良のベースとなる地域内での住環境の変化を見よう。

袁州の作物環境は L. Buck の「水稲茶区」に該当し、この地域での生活空間の拡大、改善は、保水性に富む水利田の造成に根本的に依拠したはずである。いま高谷好一教授が東南アジアの稲作圏の拡大過程について、帰納的に構成した水系モデルでの農地利用パタンを借りて説明すると、[19] まず (一)山地部 (二)扇状地部 (三)デルタ部という基本環境区分が考えられる。ついで水利の安定志向に伴う地文、水分条件の土木改良および人の組織の変化という観点から土地利用の類型区分を立てると、(イ)村落レヴェルで制御可能な流水源のある地域＝扇状地、(ロ)村落レヴェルでは制御不能な大洪水地＝デルタがあり、デルタは更に (ロ)a自然堤防が居住空間を提供する上部デルタと、(ロ)b常習水没地の下部デルタが考えられる。このほか、(ハ)水源が乏しく井泉に頼る地域＝台地があるが、ここでは除外する。歴史的推移からいえば、例えば、タイではチェンマイを地域中心とする扇状地利用時代から、アユタヤを中心とする上部デルタ利用時代、そしてバンコクを中心とする下部デルタ利用時代という時系列的発展が辿れる。

さて当面の袁州の例は、明らかに扇状地空間における一変化である。この地方の山地には焼畑農業に依存し、地力の減退や人口増を機に移動する山地民が居り、六朝の山越をはじめ、宋代でも同種の山地民が山谷の随所に居住し、[20] 明清時代でも、閩、贛から来住して麻などを作る客籍棚民がいた。[補2] 一方、漢人の空間占拠の順序は、前節で浙江湖州について論証した例を引くと、[21] 古くは水利の安定した丘陵周辺の扇状地に入植し、ついで交通治安に便利な中枢地に行政府が進出すると、一方では周辺の大小扇状地への陂塘の建設を伴った定住が波及し、一方では中枢都市周辺の水利網が徐々に整備され、ついに唐宋の間に中枢低湿地の干拓が成功すると、人口の扇状地より低地へのシフトが起り、陂塘で拓けた旧開地はむしろ過疎の後進地として特徴づけられるようになる。袁州治は秀江の中流盆地＝大扇状地に位置し、デルタ干拓は当然に起りえなかったが、およその定住推移は湖州とほぼ似たものであった。陂塘による住環境の改善の歴史は古く、分宜県西二〇里、袁江畔の昌山峡で、晋永嘉四年（三一〇）羅子魯が堰断して羅村陂をつくり田四〇〇頃に灌いだ。(22) 唐の憲宗中（八〇六～八二〇）、江西観察使韋丹が饒州餘干県で陂塘五九八を治め、田一万二〇〇〇頃に灌いだのを始め、(23) 唐宋の間に江西地方で陂塘による改良が普及したことは、後述の如く枚挙にいとまがない。宋大中祥符四年（一〇一一）の統計と思われる万暦袁州府志巻四所引の古図経では、

	陂	塘	漑田面積
宜春	九〇五	二七三	二四六七頃
分宜	七八六	一九八	五三八頃六二畝
萍郷	七二二	一一四七	一七四二頃二一畝
万載	三四六	七六	六九五頃有奇
計	二七五九	一六九四	五四四二頃八三畝有奇

とある。陂塘合計四四五三という数は、集計の基準に問題はあるにせよ、同時代の江西、安徽、浙江、福建と比べても特に分布密度の高いケースである。永楽大典巻二七五四、五五 陂に記録された宋の佚志に徴すれば、臨江軍清江県の陂八三、新喩県三六五、新淦県二六〇、撫州臨川県一〇二、贛州贛県二七七、江東路の池州青陽県三八七、寧国府涇県二三二、旌陽県一四四、福建路の興化軍莆陽県五二、興化県二〇、仙游県四〇九である。(24) 淳熙新安志巻三～五の徽州六県の統計は陂一五七、堨（陂の一種）一七三五、塘二〇四九で、うち歙県堨二二六、塘一二〇七、休寧県堨二一〇、塘五一〇、祁門県堨九七五、塘二三七、婺源県陂一五七、堨一七、績渓県堨一一七、塘九五、黟県堨一九〇という数は、袁州と並ぶ扇状地型山地開発の徹底した例である。乾道九年（一一七三）宜春県の南境の仰山

図３　江西の都市化と漢～宋の主要水利施設

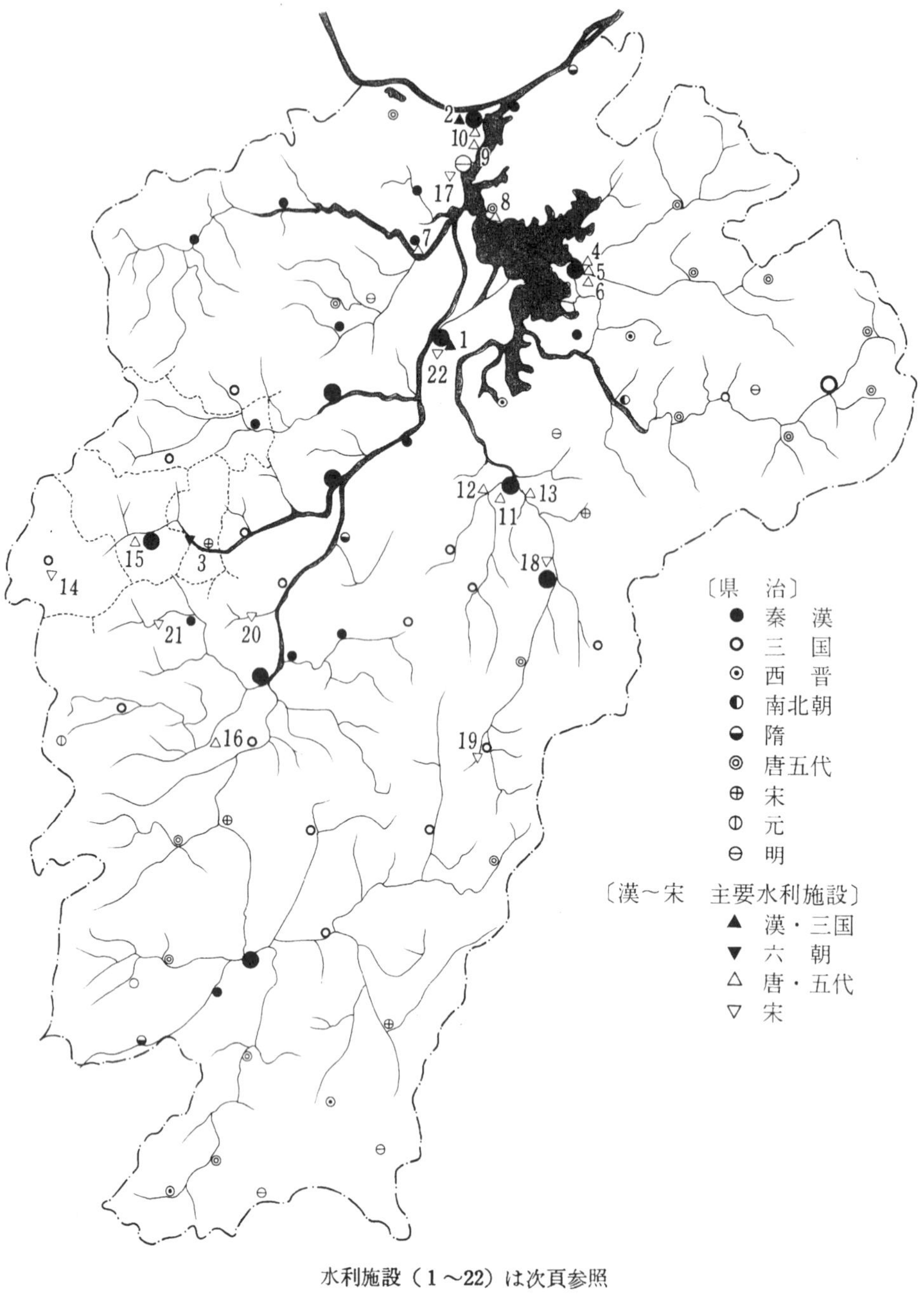

水利施設（１～22）は次頁参照

「図3所収主要水利施設」

▲ 漢・三国　　△ 唐・五代
▼ 六朝　　▽ 宋

1	洪州	治	東湖	▲
2	九江府	治	浪井	▲
3	袁州	分宜	羅村陂	▼
4	饒州	鄱陽	邵公隄	△
5	同		馬塘	△
6	同		祝君圩	△
7	南康軍	建昌	孫公隄	△
8	同	都昌	陳公塘	△
9	江州	徳化	甘棠湖隄	△
10	同		秋水隄	△
11	撫州	臨川	南湖	△
12	同		述陂	△
13	同		千金陂	△
14	袁州	萍郷	泉江水	△
15	同	宜春	李渠	△
16	吉州	太和	槎灘陂	△
17	南康軍	星子	石隄	▽
18	建昌軍	南城	高梘湖	▽
19	同	広昌	平西垻	▽
20	吉州	吉水	柿陂	▽
21	同	安福	寅陂	▽
22	洪州	新建	章公隄	▽

廟に詣でた范成大は「嶺阪上皆禾田、層層而上至頂、名梯田」と実証する記述をしているが、[25] この梯田は湖州安吉で仏座田、承天田と呼ばれ、小陂で灌漑する山腹の水田であり、もと七二陂あったものが、南宋で四、明初には一八に減じた。[26] ところで紹興一六年（一一四六）、前知袁州の張成己が、「江西良田、多占山岡上、資水利以為灌漑、而罕作池塘以備旱暵、望令江西守令、俾務隙時勧督父老、相地之宜、講究池塘灌漑之利、以為耕種無窮之資」と述べ、[27] 江西一帯では共に安定した水利が得られ、土地評価の高いのは水源に近い扇頂

部の田地であるが、（袁州の実績に徴して）保守性を棄て、父老の手で池塘工事を全域に普及すべきことを提案している。

このように袁州では陂塘灌漑が普及し、当時恐らくピークに達していた。しかし宜春県の陂塘一一七八所を以て、その漑田面積二四六七頃を除すると、一所当り二〇九畝（二頃余）にすぎない。コアに敷設された李渠から用水する農圃は約二〇〇頃、つまり全県比で八パーセント余りの田を漑し、計六〇余戸の受益戸が維持組織を作っていた。コア地域では官陂が約二〇〇頃、州南の州陂が約三〇〇頃を漑していたらしいが、[28]かりに地域の生産性を均等とすれば、コア地域に集中する水利の効用は、周辺の群小陂塘の規模をはるかに超えていた。しかも李渠が提供する交通の便によって、地力回復に必要な都市肥料源（李渠志上述）の入手効率は大きい。一方、水利が安定し、土地評価の高い山崗の扇頂部も、長期には侵蝕による地力逓減で質の低下は免れない。乾隆府志に付載する明代の袁州管内の陂堰泥塘は、宜春共存四二三、分宜共存四八七、萍郷共存六三八、万載共存二一〇、計共存一七五八と宋の約四〇％に激減しており、[29]すでに宋の湖州でみた状況が、タイムラグをおいて現れてきたことを示している。かくて地域内の水利投資の対象は漸次コアに収斂されていったと思われるが、これに対応する組織の再統合はいかに行われたであろうか。

⑵　移住、都市化と地域コアの組織

Sen-dou Chang 教授によると、[30]中国の都市定住は古来一貫して低地志向、水路志向をとりつづけ、立地の選択には一義的に交通機能の中枢の地点が選ばれた。また都市のサーヴィスをめぐる後背地との関係では、コアと辺地では果す機能の差があった。この観点は近時、G. W. Skinner 教授の中国の都市化をめぐるコア、ペリフェリの機能論として整理された。[31]このようにして都市と後背地の関係は中国でも必ずしも行政要因のみでは説明されず、基底となる自然的、経済的背景が正しく把えられなければならない。また農事開発の推移を作付頻度の増加という観点から整理した E. Boserup 教授の仮説では、[32]一定の人口増は既存農業システムの集約化と総産出高の増加を招くが、やがて一人当りの産出高は却って減少し、一層の集約化と高人口密度、分業の促進をもたらす。この移行の中間段階に非農業的職業の選択や都市移住が起れば、新しい地域発展が生ずる。とくに農地が平地に進出する段階でこの傾向が顕著となるという(五六頁注92)。

さて袁州を含む漢代の豫章郡一八県の立地は、みな贛江の本支流の要衝にあった。しかし当初の、都市と後背地との結びつきはルースであったはずで、都市の機能は治安維持と都市間の交易にあったとさえ思われる。[33] 江西全域の地域統合が進んだのは、郡・州単位の領域細分がはじまった六朝以降であり、唐の藩鎮跋扈から宋にかけ、人口の自然増、移住・都市化が加速され、贛江流域のコアに当る鄱陽周辺の地域では、唐いらい見るべき水利改良がなされた。南昌府城東南の東湖、[34] 撫州臨川県の千金陂、[35] 述陂、[36] 饒州鄱陽県の邵父堤、[37] 馬塘、[38] 餘干県下の陂塘、[39] 九江府徳化県の甘棠湖[40] などがそれである。やがて周辺においても、袁州の李渠、吉州太和県の槎灘陂、[41] 安福県の寅陂、[42] 徽州祁門県の昌門灘、[43] 宣州宣城県の徳政陂、[44] 南陵県の永豊陂、[45] 大農陂[46] などの工事が相継いだ。[47]

袁州宜春県に即して、都市化とこれに伴う都市およびコアへの人口移住を立証するのは容易ではないが、七二〇年の西城展築、市心の移動、火災疫癘の頻発、水源の希求、そして渠水による通船、入市、漑田(二〇〇頃)の事実[48]が創建当初から存在したことは、右の推定を支持している。また宋代では、城西郊三〇余戸を含め約二〇〇〇戸の市民が渠水を受益し、渠水は市心部分を屈曲迂回して密集地に漑いだ。郊外には六〇余戸の用水農家があるほか、冬季の修理には近郊数千人の役夫が毎日参加した。要するに地域全体の人口増(前述)のほか、渠を必要としかつ資本、労役の動員を可能にするに足る人口密集は存在していたに相違ない。

いま給水源を含む上下水の配備、住居の高阜への移動を都市化の一様相と考えると、同様の事例は杭州治、[49] 同餘杭県治、[50] それに明州治[51] などに認めることができる。杭州治は大運河の終点となって人口が増加し、銭塘江岸から鳳凰山下に中心を移し、天宝中(七四二～五五)刺史李泌が西湖水を上水源とする改良をし、白居易が長慶中(八二一～四)重修して農田一〇〇〇頃に漑ぎ、かつ漕渠や城内市河などへの給水源とした。一方餘杭県の南上湖、南下湖は後漢の令陳渾が熹平中(一七二～七)に設けて田一〇〇〇余頃を漑し、唐の宝暦中(八二五～六)、令帰珧が石門、石埭を設け、また北湖を築いて一〇〇〇余頃の田に漑いだ。明州治でも開元の築城と共に、小江湖(漑八〇〇頃)、東銭湖(漑八〇〇頃)、広徳湖(漑四〇〇頃）などの水源とそれらを疏導する渠道が宋までに整備され、甬江盆地全体の水位は、城内鼓樓前の市河に建てられた平水碑の目盛り（平字）で調節された。李渠も規模小なりとはいえ、かかる地域コアの水利改良の一事例なのである。

最後に人の組織の変化に言及しよう。扇状地は小規模で散在する限り、村落や戸単位で水利の維持運営が可能であり、水利権上の紛争処理も容易である。しかし人口密集した盆地を控えた扇状地では、水利の規模も大きく利害も錯綜するから組織に工夫が必要である。官は治安（防火、衛生、上下水）と近郊用水農戸よりの徴税に格別の関心をもったはずで、交通が絡めば尚更である。民間の利害は、李渠の例からすれば、渠長クラスの都市居住の地方紳士、受益市民や郊外の陂戸クラスの食利人戸、そして役夫クラスの周辺農戸のそれぞれが考えられる。地域の水利のシステムが、一たん上記各層の利害の妥協の結果として成立すると、長期にわたる維持管理について、官僚はあくまで流寓者であるから、徴税治安の悪化が進行しない限りは、概して積極的ではないであろう。一方食利人戸たる市戸、陂戸は、日常の生活上の用益に加えて、渠によってもたらされる土地評価の増加を勘案すれば積極的ならざるを得ない。[補3] 李渠が郊外で陂戸の自己負担、城内でも市戸、官双方が持ち分の長さの用水路を浚う建前にしているのはこのためであろう。事実李渠に架けた城内の橋梁は市戸が自費で整備した。問題は大工事に伴う資金である。唐代に成った撫州の述陂[52]、五代に成った吉州の槎灘陂[53]は陂田を備え、呉越国杭州の西湖は撩湖兵一〇〇〇人を備えていたが[補4]、李渠にはかかる施設がなく、商民の捐資が真に実現するのは清代であった。結局、経常はともかく、淤塞甚だしくなれば官金の交付に頼らざるを得ない。州の貢士一〇人が渠長に選出され、開修案を建案した李発が代表者の地位に任じたのは、官民の利害の調整について、貢士クラスが実力者として登場していた結果である。しかし彼等は未だ財力を以て地方の利害を牛耳る程には至らなかったとみるべきであろうか。

以上、第一項では、李渠の沿革、規模、構造、組織の具体相の復原をはかり、第二項では、若干の仮説やモデルを援用して、この水利工事の意義を社会経済的背景の中で考えてみた。本節では地域レヴェルでの水利の機能の観察から出発して、徐々に観察の範囲を拡げて一般的共通点や特殊点を判別することにつとめたが、この論証を充分深めることが出来なかった。将来に改めて詳考したいと思う。

注

(1) 吉岡義信・長瀬守「中国水利史文献目録稿（宋・元）」、森田明「同上（明・清）」（いずれも中国水利史研究第四号 一九七〇年に収録）。

(2) 張国淦著「中国古方志考」中華書局、一九六二、五七三～五頁参照。

(3) 同上 五七五頁参照。

(4) 同上 五七四・五頁参照。

(5) 青山定雄著『唐宋時代の交通と地誌地図の研究』吉川弘文館、一九六三、八～一〇頁、三六頁。

(6) 嘉慶重修一統志巻三二七 袁州府 泉江水条。

(7) 袁州治の領域について、唐宋の資料のほか、万暦府志巻一 泒郡始末、巻四 城池、永楽大典巻八〇九二、嘉慶一統志 袁州府参照。

(8) 城内のレイ・アウトについて、万暦・乾隆・同治府志、同治宜春県志を参照。

(9) 万暦袁州府志巻四 城池、永楽大典巻八〇九二 袁州府城参照。

(10) 注(30)参照。

(11) 青山定雄「隋唐宋三代に於ける戸数の地域的考察」歴史学研究(旧)六巻四・五 一九三六、とくに四号、六九頁。

(12) 同上 歴史学研究(旧)五号 六一頁。

(13) 万暦府志巻五 戸口に掲げる宋大中祥符間、明洪武二四年の、各県および州府全体の戸口は左の如くである。

	大中祥符中		洪武二四年	
袁州(府)	戸八五、〇一一	口一五八、六三三	戸六三、九九八	口三七九、一三六
宜春	戸三二、七五六	口五七、五九四	戸二八、一三六	口一一四、三七六
分宜	戸一六、七九一	口二八、四九二	戸一三、三三〇	口七三、二八七
萍郷	戸二二、六九一	口三九、一三四	戸一五、七二八	口一〇〇、九〇五
万載	戸一二、七五四	口三三、四一三	戸一五、九九八	口九六、七八一

(14) 拙著『宋代商業史研究』風間書房、一九六八、三三一、二頁、中村治兵衛「清代華化の都市の戸口に関する一考察」史淵一〇〇号 一九六八、百瀬弘「津門戸口図冊について」小野武夫博士還暦記念『東洋農業経済史研究』日本評論社、一九四八。

(15) 井泉について、万暦府志巻四、嘉慶一統志 袁州府参照。

(16)「図経李渠記」は万暦府志巻一六に収録。

(17)「浚渠亭記」は同治宜春県志巻一　水利に収録。
(18) 同上書巻一　水利。
(19) 高谷好一「稲作圏の歴史」市村真一編『稲と農民―日本、タイ、インドネシアにおける比較研究』京都大学東南アジア研究センター　一九七五。本書一六九～一七四頁も参照。
(20) 王仲犖著『魏晋南北朝隋初唐史』上　上海　一九六一、四四、四五頁。
(21) 本書三六六～三八七頁。
(22) 乾隆府志巻四、嘉慶一統志　袁州府。
(23) 新唐書巻一九七　韋丹伝。
(24) 周藤吉之「宋代の陂塘の管理機構と水利規約」『唐宋社会経済史研究』東京大学出版会、一九六五年も併看。
(25) 驂攬録。
(26) 本書三七六、三七九、三八〇頁。
(27) 宋会要輯稿　食貨巻七～四六・四七。
(28) 乾隆府志巻四。
(29) 万暦江西大志巻四　漑書では、宜春隄一、陂塘四三九、分宜陂堰塘五二〇、萍郷県陂塘六六一、万載県陂塘堰圳泉二三七を記録している。
(30) Sen-dou Chang, "The Historical Trend of Chinese Urbanization," *Annals of the Association of American Geographers*, vol. 53. June, 1963. "Some Aspects of Urban Geography of the Chinese *Hsien* Capital," AAAG, vol. 51, 1961.
(31) G. W. Skinner(ed.), *The City in Late Imperial China*, 1977, Stanford, pp. 211–220.
(32) エスター・ボズラップ著、安沢秀一、安沢みね共訳『農業成長の諸条件』ミネルヴァ書房、一九七五。
(33) 岡崎文夫『魏晋南北朝通史』一九三二、五七三、四頁。
(34) 唐書巻四一　地理志。
(35) 同治臨川県志巻五　水利。
(36) 嘉慶一統志巻三二三　撫州府。
(37) 唐書巻四一　地理志。
(38) 同上。
(39) 注(23)参照。
(40) 嘉慶一統志巻三一九　九江府。
(41) 同上巻三二八　吉安府。
(42) 王庭珪　盧渓先生集巻二一　寅陂行。
(43) 唐書四一　地理志。また全唐文巻八〇二　祁門県新修閶門渓記。また本書前節三九九頁参照。

(44) 唐書巻四一　地理志。
(45) 同上。
(46) 全唐文巻六九五　韋瓘　宣州南陵県大農陂記。
(47) 唐代の地方水利の発達について、青山定雄「唐代の水利工事について」上下　東方学報（東京）十五巻一、二　一九四四参照。
また、Denis Twitchett, "Some Remarks on Irrigation under the T'ang", *T'oung Pao* (1960) vol. 48; 1-3. pp. 175-184は、すでに唐の水利施設が地方官の手で、地方的に推進されていたことを指摘している。
(48) 太平寰宇記巻一〇九および李渠志。
(49) 咸淳臨安志巻三二、輿地紀勝巻二　杭州、夢粱録巻一二　西湖。
(50) 宋会要輯稿　食貨巻六一－一三七　水利、唐書巻四一　地理志。
(51) 本書四六六～四七一頁。
(52) 同治臨川県志巻五によれば、唐咸通五年、刺史周法猛が沭陂を築き、陂上山田百余畝を永久修陂の費に充てた。
(53) 嘉慶一統志巻三二八　吉安府によれば、泰和県禾渓にあり、後唐天成進士、西台監察御史周矩が築き、息周羡が宋に仕え、山田魚塘を増置して修陂の費に充てた。
(補1) 万暦袁州府志は、わが国会図書館および米国議会図書館にも各一本が蔵されており、相互に比較したが、ほぼ異同はない。

(補2) 同治宜春県志巻一。

(補3) 上海県周辺の水利工事が明末いらい商民の手で商業目的に即して運営され、これを市河と称した。委細については Mark Elvin, "Market Towns and Waterways," in G. W. Skinner (ed.), *The City in Late Imperial China*, Stanford, 1977, pp. 441-473 参照。

(補4) 咸淳臨安志巻三二。

4　漢陽軍——一二一三〜四年の事例——

(一)　はじめに

ここでは湖北の漢陽軍の状況を、荒政の史料を手がかりとして考察する。荒政つまり饑饉をめぐる国の社会施策は、一面で異常突発の事態であると同時に、一面では日常化しルーティン化した性質を備えるという複合した問題をはらんでいる。過去一八〇〇年に一八〇〇回余の大饑饉が記録されているといわれるように、そしてこれは当面の宋代でもほぼ該当するが、広大な面積の中国社会は慢性的に何らかの災害の襲来を予想せざるを得ない状況に置かれていた。恒常的な災害経験とそれへの関心は、早くから有効な対策に向けての整えられた社会制度を生み出し、時代の経過と共に洗練と改善を重ねてきているので、荒政の制度枠組は一見して様式化され因襲化されている印象を呈するのである。旧来の研究蓄積の乏しさの一因は、恐らくこうした制度枠組、ことに国レヴェルのそれの平板さが、対象の捕捉を散漫にしていることにかかわっているように思われる。

しかし、個々の事例を具体的に追ってゆくと、饑饉・内乱・疫病といった不測の災害が全国一円を蔽ったというケースは稀少であったという重要なしかも看過された事実に逢着するのである。(1) 端的にいえば、荒政は国の機能にかかわる一大側面である反面、実情の掌握とその解決は、社会の、ことに地域レヴェル社会の脈絡の中でこそ解釈されるべき性質を備えているといえるのである。さらに、人為災害と自然災害は、究竟、複合因として具体化する。(2) 事件をめぐる時間、空間の状況、イニシァティヴの所在とその内容といった基幹変数が、それぞれ然るべくスペシファイされ、組合されたところに問題の核心が浮び上ってくるはずである。本節では荒政を地域史研究の一視角としてとり上げ、たまたま具体史料の残された漢陽軍の一二一三年の飢饉対策記録によって、事例的に考察を加えるものである。

(二) 地文・人文背景

漢陽といえば、湖北省のみならず、「湖広地域」、さらには「長江中流大地域」(湖北・湖南・江西)の心臓部をなす集合都市(コナーベーション)＝武漢三鎮の一角を占め、この集合都市の人口は一九世紀で百万前後、[3] 一九五四年次で二四〇万におよんでいた。こうした中枢都市の生成、その近現代での繁栄を導き出した潜在因として、直接周辺の湖広平原、東方の贛水流域を含む浩大な後背地の資源、そして物流に統合を与える長江、漢水、湘水三水系組織による交通の輻輳、という地文上のすぐれた立地をあげることができる。ちなみに「長江中流大地域」のサイズは六二万二二二九平方キロ、うち湖北とその若干の地文的周辺二六万六二八五平方キロ、湖南一九万一七一二、江西一六万四二三一平方キロという傑出した規模であり、[4] 上記四水の交通サーヴィス域は実に中国本土の四分の三を蔽っている。しかも武漢一帯は、長江舟運の上で、いわゆる平河と山河が交会する極要地点を扼していた。

しかし、武漢一帯がコアにふさわしい定住と都市化をとげ、後背地全域の社会経済を統合する機能を帯びはじめたのは、早くて一六世紀以後であり、「長江下流大地域」の状況に比べれば数世紀のタイムラグがあった。谷口規矩雄教授が綿密に考証するように、[5] 明中期に漢陽府城東南辺の長江岸が商船停泊地、市場地として発達し、旧来武昌の南市埠頭が独占していた商港機能を分かち合う間に、漢水の長江流入点のデルタ部で本流(襄河)が河道を南寄りに変え、この新襄河を挟んで漢陽府城の対岸に漢口鎮が出現し、時と共に主要な商港機能が同地に収斂されていったのである。要するにコアの究極の定着が生じたのは明末、清初以降の事態である。

さて、当面の宋代における武漢一帯の状況は、基本的には明清に接続する交通・流通事情の原形がほぼ出現している反面、宋代特有の政治・社会情勢の下で、地域発展史における「フロンティア開発期」に位置づけられて然るべき様相を帯びるという、二価性を認めることができる。Pierre-Étienne Will 教授が指摘しているが、湖北中南部を占める広大で低湿な凹地に対し、国と社会の本格的な水利土木改良が生じてきたのは、五代と南宋という共通した軍事緊張時代である。荊南政権の高保融、南宋の李師夔、呉猟、劉甲、孟珙らの手で、荊門、江陵、潜江の辺で江河・湖泊を東西に連ねる北騎防禦線を施設し、また漢水、長江に長堤を施して河道を固定しながら、民屯を導入する事業があい継いだ。(6) 築堤は土着の豪族による堤防に沿う垸（圩田）の造成を誘い、洪水禍を招くという悪循環を伴ったものの、秋冬の旱期と春夏の雨期に応じて懸絶する長江、漢水の水位変化に阻まれて後進状態に停迷していた湖北凹地の農田水利事情は、防禦と植民を主眼とする国の介入に牽引されて、様相を一変し始めたのである。青山定雄教授による唐天宝（七四二～五五）～宋元豊（一〇八〇～五）間の三〇〇余年の人口推移の考察において、(7) 江陵六・三、鄂州・安州四・五、黄州四・六、郢・復州二・六倍と、局所的な人口増殖傾向を知りうるが、これは農業改良と相関するものと認めてよいであろう。

さて、五代の呉および南唐政権と、荊南政権とは、漢陽・鄂州（武昌）の西方で境を接していた。両都市が互市場、防禦前線として脚光を浴びていたであろうことは想像に難くない。九五八年、後周に大敗した南唐が江北を割譲した時、後周は鄂州の漢陽県を漢陽軍に昇格させ、これを承けた宋の下で九六四年、権茶場が置かれた。南唐滅亡の翌々九七七年、宋は安州に属していた義川県を漢川県と改名し、漢陽軍に編入した。一〇七一年、恐らく募役法に伴う州県整理策との関連により、漢陽軍を漢陽県、漢川県を漢川鎮に降格して鄂州に帰属させるが、一〇八六年には旧態に復した。靖康の変につづく金軍の侵略に際して、金軍や反乱者と宋の軍閥との戦場と化した漢陽は一時復州に属するが、平和の回復と共に、一一三五年、戸口減少による行政費負担の過重を理由に、再び漢陽軍を県に、漢川県を鎮に格下げして鄂州に帰した。しかし一一三七年、安撫使岳飛の申請で再度軍治に復し、南宋末まで漢陽・漢川二県を領する状況がつづいた。(8) こうして長期に漢陽軍二県一軍治という特殊行政域に留まった最大の理由は、黄榦が鎮江に対する瓜洲鎮の例で形容しているように、(9) 武昌軍節度・湖北安撫司駐在の鄂州に対する北からの軍事脅威の前線守備、迎撃、兵站補給において、漢陽が控扼の要所を抑えており、江北府州の民政指揮に隷するよりも、直接に鄂州安撫司に隷した方が、緊急事態に対処しやすいからであった。

とはいうものの、漢陽の軍事価値の高さという判断は、北敵に備える第二防衛線の重鎮に当る鄂州の安寧を目的として構想されたもので、漢陽軍は軍事前線の後背の「近裏」に算入される故に、不完全な土城以外に見るべき城塞施設をもたなかった。一二〇六年、越境した金軍が徳安府を囲み、復州を襲った危機に、漢陽の民の半ばは江南に逃奔し、対岸の武昌の民は漢陽の烽火を望んで安否を確かめたのである。漢川県では土民から義士軍を結集し、敢然金軍と血戦して固守に成功した[10]。同様の民兵による自主防衛の事例は、南宋期の淮・襄・荆・鄂の戦場でしばしば記録されるもので、公共治安のかなりの部分が土民、豪民のイニシアティヴに依存していた状況をうかがうことができる。漢陽軍の堅固な城塞化計画（周七里半、四・二粁米）は、黄榦が知軍着任とともに力説したもの[11]で、後述の災害のため、企画半ばで放棄された。黄榦のねらいは、平時は水災防止に、戦時は持久戦に資する和戦両用の都市づくりを意図していたのである。襄陽、荆、徳安、江陵、武昌、黄州、池州、蘄州、のちに安慶などの要害は、立派な城壁で武装している一方、棗陽、信陽、荆門、随、復州は無城であったのであるから、荆湖、淮南一帯の軍事、治安面から進められる都市化のプロセスは、まだ事業半ばの感であった。こうして定住の本格化を牽引すべき公共治安の組織の整合状況からみても、「フロンティア開発期」という一般情勢は明白であった。

(三) 人口、資源、流通事情

人口の分布、密度は資源のそれの代理指数として用いることができる。前述のように、七四一年～一〇八〇年の三三八年間に、（漢陽を含む）鄂州の戸数は、一万九一九〇戸～一二万五二五七戸（六・五倍）、県の併省があるので安州二万二一二一戸～六万〇七四四戸（二・七倍）を算入して平均をとると、四・四九倍に増えた。年率一・三三%であるから、この間の全土の戸数増加一・九倍、年率

○・五七％の中でも増加のいちじるしい部類に入るし、まして宋代一代の年平均人口成長率○・二〜○・四％からみれば異例の傾向である。[12] しかし湖南北全体では、岳・潭・衡州合せての同期間の八・二倍、朗州の四・四倍、江陵の六・三倍、黄州の四・六倍、峡州の五・六倍など、若干のスポットに増加が集中していること、すなわち分布の不均等が認められ、湖南北の大ていの府州では二倍以下であった。戸口密度からいえば、漢陽を含めた鄂州の面積は一万五五九〇平方キロであるから七四二〜一〇八〇年の密度変化は一・二三戸／平方キロ〜八・〇三戸／平方キロである。この数値は湖南北のコア域の同期の一・三〇〜七・三三という平均値に合う反面、同辺域の平均値一・五七〜三・七六と比べると、唐宋の間に、湖南北の辺域は自然増に若干植民をプラスする状況であったのに対し、コア域では拓殖、都市化に原因する人口流入が増殖に関係しているらしい様相を見ることができる。それにしても、「長江下流大地域」の、同時期の人口密度変化が、コア域で六・六三〜一四・八二、辺域で六・一六〜一一・八七という、全体的増加の明白な景況を示す状況と対比すれば、[13] 全国の中での後進性を知ることは容易である。

さて、鄂州との対比で漢陽軍の戸数を見ると、太平寰宇記巻一一七では鄂州　主戸一万四一一九、客戸一万四八一七、計二万八九三六戸、巻一三一漢陽軍　主戸二四三九、客戸二二八〇、計四七一九戸で、一六％に相当する。元豊九域志巻六では、鄂州は主戸五万三一五〇、客戸七万二一〇七戸、計一二万五二五七戸、ただし漢陽を編入しているので比率は得られない。宋史地理志巻八八での崇寧年（一一〇二〜六）間の状況は、鄂州九万六七六九であり、漢陽は記していない。一〇七一〜八六間の漢陽の併省は戸口の停滞を示すようであり、戦火に見舞われた直後の一一三五〜三七年の併省は明らかに戸口減少、行政費負担力の後退の結果である。要するに北宋盛期の人口状況は、鄂州全域で約五〜六〇万人、漢陽は鄂州に比例する増加を想定しても八〜九万人、恐らくそれ以下であったろう。ちなみに一〇七七年の商税額は、鄂州一万四四六二貫一一二文、漢陽県一万一一四七貫五六九文、漢川県一一七三貫六一八文であった（宋会要輯高　食貨　商税一六―一四）。南宋での変化については、公式統計を欠く代りに、寧宗の嘉定五〜七年（一二一二〜四）(頃)[14]、漢陽知軍となった黄榦が、断片的ながら具体的な記録を残し、彼の勉斎集の各処に収められている。[15] これによると漢陽・漢川二県の郷村人戸約二万戸（一〇万人)、負郭漢陽県城には、城内一〇〇〇戸(五〇〇〇人)、城外近郭二〇〇〇戸(一万人)、船居四〇〇隻(二〇〇〇人余)、城の近郊に屯駐した廂軍禁軍は原額五〇〇人未満であったが[16]、総領所と漕司に徴用されて半減し、禁軍一五〇人、廂軍八~九〇人であった[17]。漢陽には鉄銭を鋳造する原額一〇万貫の鋳銭監があり、三〇〇人の鼓鋳卒が常駐したほか、鋳造を請負う炉戸がいた[18]。また岳飛が南宋初に大軍を鄂州に屯したとき牧馬監が創置され、蜀で購入した軍馬の襄・淮への転送に際し、漢陽で五日の休養をとらせ、さらに孳生監を付設して繁殖も行っていた。両馬監はしかしその後廃れていたらしい[19]。城内一〇〇〇戸のうち、富民・市民は官僚とともに低湿の東隅・南隅よりも、府治周辺、市西廂あたりに居住し、近郊の二〇〇〇戸は城東北の漢口埠頭の人口を含むほか、城西、西南の低地、水軍寨の辺に居住し、城南から城北に季節移動をする貧民もいたようである。こうして、城内と近郊、船居を合せて二~三万人、郷村の約一〇万人を合算して一二~三万人という規模である。もちろん流寓者は含まれない。

黄榦は、鄂州の戸口は漢陽の三〇余倍とみているがこれは過大であり、軍隊を合せても一〇〇万前後であろう。この約一〇〇万人と見積られる鄂州の人口には、総領所、都統司に属する大軍の軍兵、諸司官吏、船居、管下六県の戸口も含まれているであろう[20]。一一七七年、この地を通過した范成大は、鄂州城外の西辺、長江岸の鸚鵡洲埠頭に在る南市で、数万家が沿江に建ち、列肆は櫛の如く、壮麗な酒楼が並び、川・広・荊・襄・淮・浙の商品が集まり、大小の取引を問わず、一日のうちに集散が常まれ、畿外随一の都会であると記している[21]。一一七〇年に通過した陸游も、数里にわたる鄂州南市には四方の貿易商人、なかんずく蜀人が集まり住み、郊外の殷盛は杭州、建康のそれを圧し、城内のにぎわいも、繋岸する商船の数も、鎮江以西で比べるもののない大都会であると見ている[22]。

こうして人口からみる限り、湖南北全域の開発の立ちおくれの中で、鄂州はかえって異例ともいうべき商業的成長をとげ、すでに実質的な地域組織の中枢の位置を占めており、これに応じて漢陽軍にも相応の戸口増と、沌口鎮や通済鎮そして漢口などの町の誕生が生じていたこと、そしてこれはなかんずく、軍事と商業という機能の掌握にかかっていたことが知られるのである[23]。

さて少なくとも鄂州の大軍を中心に、この一帯に百万人前後になる人口が集まるという早熟な都市化事情の下にあって、大人口の消費に対する補給機構は、必ずしも直接後背地の穀物生産の安定とは直結しておらず、むしろ鄂州に輻輳する交通・流通機能に補給の主力を依存していた。ここにこの時期の特殊性が露呈している。仮りに公用米の集散を民間の余剰穀物の流通状況を臆測する手がかりに用いうると考えて論を進めると、北宋一〇〇七年に江淮発運司が所管の六二〇万石の北送米原額のうち、湖南北に期待した上供米の課額は、湖北三五万石、湖南六五万石、計一〇〇万石であり、この原額は南北宋を通じて変更がなかったものの、南宋では湖北一〇万、湖南五五万、計六五万石に実徴額を減じている(24)。遠路の輸送経費を勘案して割出された右の一〇〇万ないし六五万石の公的な公用米額の設定、その据置き、さらに減額は、湖南北の耕地の広大さを考えると、豊作状態では厖大な民間の市販流通米の可能性を該地域に許したことになる。建炎（一一二七〜）・紹興（一一三一〜）の初め、紹興末（〜一一六二）、開禧年間（一二〇五〜七）の用兵は、淮南、荊湖で広域にわたる農民の離散を招き、生産事情は不安定であったものの、鄂州に置かれた湖広総領所の歳用米は、乾道初（一一六五〜）で九〇万石、淳祐（一二四一〜）、宝祐初（一二五三〜）、総所・制司合せて一四〇万石に上った。南宋当初は江西の上供米から一〇万石を鄂州に、六万石を荊南（江陵）に引渡す定めであり、また紹興三〇年（一一六〇）には、上供で賄われる鄂州大軍の歳用米の四五万石は永・全・郴・邵・道・衡・潭・鄂・鼎州から、荊南府大軍の同上の歳用米の九万六〇〇〇石は徳安・荊南府・澧・純・復・潭州・荊門・漢陽軍から補給すべく定められていた。しかし南宋の中期・末期には、湖南北・江西の上供米原額の恒常の実徴は不可能となり、上記の一四〇万石の歳用米は全額を和糴つまり民間米の買上げで賄うという商業依存に転じ、鄂州総領所が七〇万石、江西と湖南の転運司が計七〇万石を購入して充当していた(25)。

蔡戡の定斎集巻三、乞免増糴二十万石椿管劄子に「其れ常徳府・潭・衡・澧州の客旅、米斛を興販して鄂州糴場に前来して中糶するもの、在岸、常に万石有り」と記しているのは、これを裏書きしているし、宋会要輯稿食貨四〇　市糴糧草　乾道九年（一一七三）閏正月七日条にも、湖広総領所の鄂州糴場で上市される米の価格・来源につき、淮南・復州産の下等秔米一石当り二貫七〇〇文省、鼎・澧州産の中等占米一石二貫六〇〇文省、淮南産の下等占米一石二貫三〇〇文省と記録しているのは、商米の来源が湖南北・淮南産米に係り、かつ卸売機構で銘柄・品種に応じて細かく撰別されていた事情を伝えている。王炎も、双渓文集巻一六　又画一劄子において「湘・

図１　漢陽軍周辺の略図

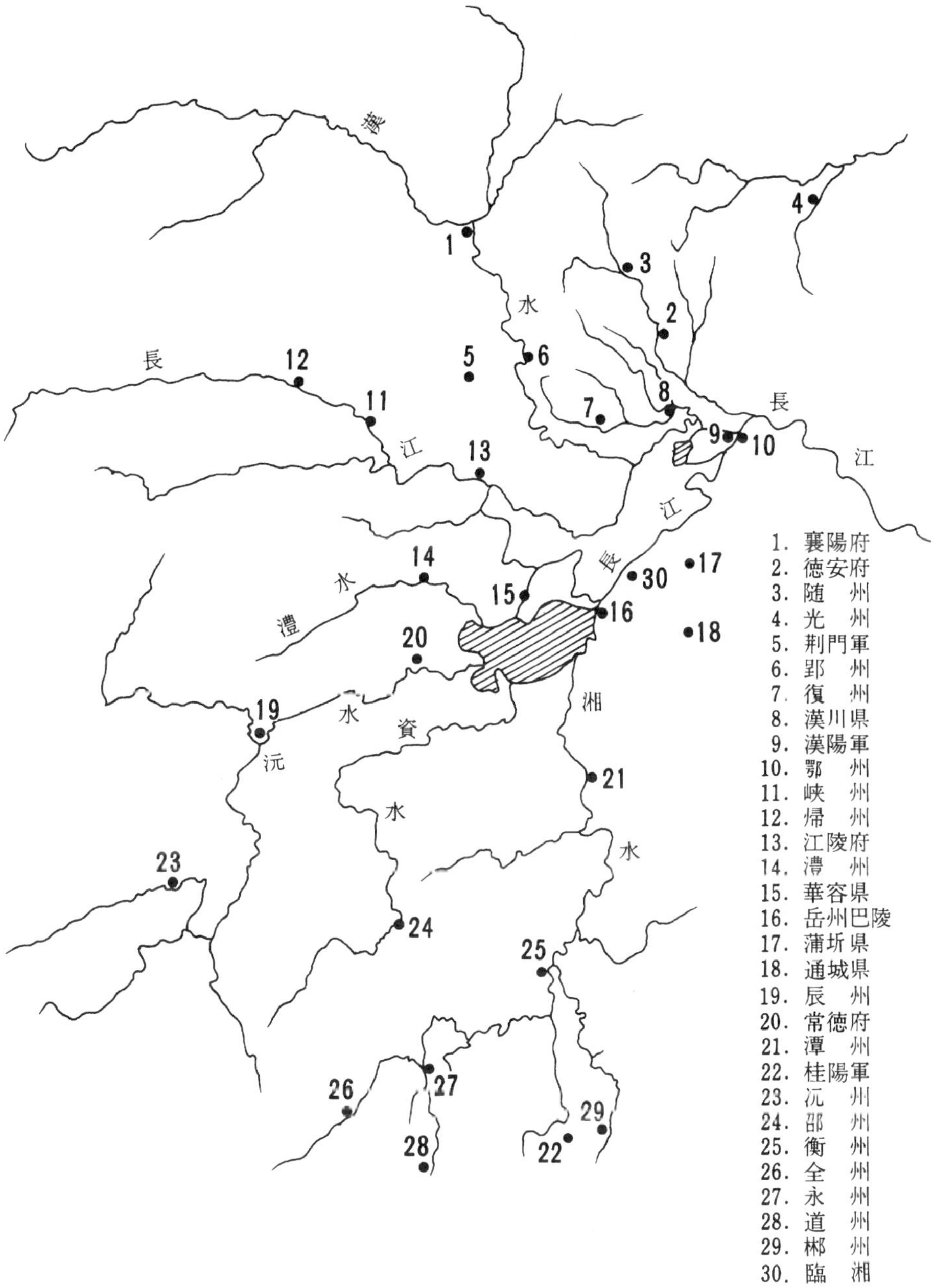
漢
水
長
江
長
江
長
江
澧
水
水
資
水
沅
湘
水
1．襄陽府
2．徳安府
3．随　州
4．光　州
5．荊門軍
6．郢　州
7．復　州
8．漢川県
9．漢陽軍
10．鄂　州
11．峡　州
12．帰　州
13．江陵府
14．澧　州
15．華容県
16．岳州巴陵
17．蒲圻県
18．通城県
19．辰　州
20．常徳府
21．潭　州
22．桂陽軍
23．沅　州
24．邵　州
25．衡　州
26．全　州
27．永　州
28．道　州
29．郴　州
30．臨　湘

湖では鄂渚のみが最大の要地であり、南方からは潭・衡・永・邵州の客商、西方からは鼎・澧・江陵・安・復・襄陽の客商が、数路にまたがって、すべて鄂州に輻湊してくる」と述べると共に、巻一一 上章岳州書で「長江を（江西より）遡江してくる米船はまず鄂州に集まり、上流より下江してくる米船はまず岳州の華容・巴陵県を経由し、この間、岳州臨湘県の買う米は鄂州通城県の歩担米のみである。……湖南から湖北の鼎・澧州にかけて、凶作でもなければ米船の興販に来るもの雲の如く、増水期には華容を必ず経由し、減水期には巴陵を必ず経由する」と記している。さらに李曾伯は、長江ルートで四川産米の一部が湖南北に流通していたことも指摘している。さきに、明清時代に武漢を中心に集散する物資の流通状況の原形が、南宋時代にすでに出現していたとのべたが、それは右の証言を総合して判断したものである。

その反面、にわかに成長した流通事情は、すでに産地の生産水準をこえる過剰な発達を示しつつあった。葉適（一一五〇～一二二三）は、江西・湖南の米船の集荷機能を観察して、「二〇年来、該地方では小規模の凶作においても自己保全力がない。米産を主産業としながら、中農すら備蓄を欠いている。その理由を見るに、江・湖は水運で緻密に結ばれ、一たび港を出た米船は万里も意のままに活動する。農民の種籾・消費米以外はすべて貿易に供され、大船・小船、大米商・小米商という資本の統属を通じて米の集荷がなされるのが常俗であり、小さい凶作にも備蓄を欠く不安定性は、まさに当然の結果である」とのべている。楼鑰（一一三七～一二一三）も当時の復州につき、「該地は襄・沔に隣し、置廃常なく、低湿で排水が悪く、三～四年ごとに豊年を得るにすぎない。富商は年初に塩・茶をもたらして農民に掛け売りし、秋季に米を徴して集荷し、大船に積んで去る」と記している。要するに四通八達した水運事情に乗じて産米を集荷する米商の活動は、多分に略奪的であり、自給を上廻る余剰米は大部分流通に投ぜられて、災害備蓄の柔軟性を失わせる程度にまで達していたのである。

さて黄榦らの証言によって漢陽・漢川両県の資源分布と需給状況を見ると、一面における絶対的な非自給、低生産性を知るとともに、流通機構に頼るかぎり最低生活水準は維持できるという、特異な明暗両面が混在する事情をつかむことができる。おおむね平坦な管内の土地の低地部の大半は湖池と荻林が点綴し、[26] 范成大や陸游も長江岸沿いに拡がる湖泊・荻林の多さ、これにまつわる治安の悪さを目撃している。大半の民の生業は、春夏は農業に、秋冬は漁業に重点をおき、後者の比重が比較的多い。[27] 漁池は後世までこの方面の景観の特色をなしていたが、宋代の漢陽はじめ湖北の漁池は、四種の経営方式で営まれていた。[28] すなわち、すでに民が祖業つまり私的所有権を設立し自営するもの、官有の湖泊地を永年請佃して経営するもの、富民が物権としての採魚権を占有して「湖主」となり自営するもの、この物権を一定年限第三者に賃貸契約して与え、賃借者が湖主となるもの、である。毎年、冬間の採魚期になると、荊・襄・淮西・江東・湖南から、魚網を船に積んだ他郷の漁民が魚池を訪れ、「湖主」と契約を結んで漁獲の利を均分する慣例である。各湖主の収益は数百貫から数千貫に上るが、その中で資産階層に属する湖主は湖傍在郷の地主ではなく、恐らく在城地主か他郷の資産家である。こうした不在性のためか、湖池に輻湊しそして無頼の徒を混える外来漁民は往々にして均分契約を無視して漁利を得ようとする。湖傍には「地客」数十百人を抱える土着の豪民がいて、或は外来漁民と結托し、或は徒党に分裂しつつ、漁利に均霑していた。

湖池・荻林という粗放利用の空白地に富む理由は、堅固な防水・排水設備が未発達のため、圩田による陸地化が遅れていたという一般事情に加えて、この地域特有の旱・雨期間に生ずる絶大な水位差に制約されて、天然の遊水池や排水域を多く残さざるを得ないという自然の宿命に対応していたためであろう。漁池の漁業や荻林の燃料採取自体は、相対的な低生産性を示すものの、収益率、土地利用効果は必ずしも低く評価できない。

漢陽軍の主要資源は、水田・陸種地である。黄榦は三～五月まで食糧不足に対処できれば、五～六月にかけて漢陽軍城内外では早禾米、四～五月にかけて農村部では大小二麦が入手できるとして、冬・春の救済を力説するが、[29] 仮りに移入を度外視すると、右は該地の主穀の分布状況の概略を示している。万暦漢陽府志巻五 土産が挙げる主穀品種は、洗耙早、拖犁回、一坵水、七十早、江西早、待時早、麻占児、白芒児、王瓜早、秋風早、青占火、早糯、晩糯、鬚糯、鬚晩、小麦、大麦、甜蕎麦、苦蕎麦である。黄榦の救済策の下で、漢陽県で一万五〇〇〇石の米を勧分により買上げ(30)、漢川県は独自に一万石の米を管下で買上げたのであるから、そしてまた二麦は一様に四~五月に収穫される如く記しているから、水利の良い地方では早稲と二麦の二毛作、陸種地では蕎麦・粟と二麦の輪作が常態であったとみられる。ただし、漢陽軍の水田には、外地の大家、富室が不在地主として所有し、幹人に経営させる「客庄」が混在しており(31)、産米は土着の消費のみを充していたのではない。そして、これと並んで、湖傍に居を占め、時に自殺を犯してまで抵抗を試みる地客・佃戸、奴僕をきびしく統制しながら租課を徴し(32)、時に前述の如く数十百人の輩下の地客を率いて湖池の漁利を外来漁民や仲間同志で争うというアウト・ロウと目される豪民もいたことも忘れてはならない。

黄榦は嘉定六年（一二一三）の旱害対策において、管下二県の秋苗額を二〇〇〇石という概数で捉え、宋代の通念であり実情でもあった十分の一税率をこれに乗じて、年収の主穀総量を二万石と計算した(33)。災害緊急時に知軍ですら秋苗の概数のみ掌握していたことは、両税の実施がすでに名目化していたこと、土地利用関係も財産制の事情も複雑化して、実徴能力が不安定であったことを暗示している。それにしても、両浙随一の貧困州と称される山間の厳州五県の秋苗二万二八五八石(34)と比べても、漢陽一軍二県二〇〇〇石の額は、相対的な低生産・低収量が常態と判定されていた証左である。しかもこの二〇〇〇石は、全額、鄂州への転送を義務づけられていた(35)。漢陽軍の全人口を仮りに一二万人と見積り、一人一日の消費米量を低く一升と見積っても、年間の消費は四六万二〇〇〇石となる。多めに二升とし内に種籾、備蓄、商販を含めれば八六万四〇〇〇石は必要である。恒常的な消費補給の絶対不足は明白である。黄榦は、豊年でさえ生ずる漢陽軍の不足食糧は、北隣の徳安府（安州）、復州産の米・麦・豆の購入に大きく頼っていると言及しているが(36)、移入米・穀は主として城内外の人口の補給に費されたであろう。しかしこの補給源も実情は不安定であり、前述の如く、三、四年に一度、豊作が望まれる有様であった。中・小規模の旱害が襲うと、安・復・光という漢水流域の米産地の饑民が、数千人も大挙して漢陽軍下の湖地・荻林の空白地に入り込み、小屋を設営し、九月、一〇月から春初にかけて魚蝦、貝類、藤根を採取して生命を繫ぎ、三、四月の農事の回復とともに故郷に帰るという短期移住をくり返していた(37)。災害が悪化すれば、軍城壁の外周に集まり、土着の貧困流寓者に合流して乞食の状態になった。前述の湖傍の地客とは、恐らくこうした短期かつ定期の移民の一部が定着化したものに相違ない。安、復州のごとき米産地自体が短期移住者を発生せしめているということは、産地穀物の移出が、地元の消費需要の一部を素通りして商販ルートに流れ出ていることを示している。

このようにして、明暗同居する生存状況の中にありながら、漢陽軍一二～三万人の人口が存在できた窮極の理由は、一に交通・流通上の好立地の占拠にかかっていた。たとえば、湖北方面から漢江経由で漢陽に至る民船は、郭師口関で商税の歴(証書)を発給され、軍城に至って納税し、穀物の上市はその中間にあった漢口埠頭で行われたらしい。嘉定六年(一二一三)の旱害のさ中でも、黄州の客船が糯米を運び来り、漢陽軍酒務と鄂州の総領所・転運司の酒務が、購入の先後を争って紛争を起した事件がある。(38)また同年、黄榦は漢陽において三万余石の商米を購入して救済に備えた。(39)こうして、一面で絶対的な自給不能状況に止まりながら、こと流通に関しては鄂州に先んじて商販米を買い付けうる地の利の優越が、然るべき政治的イニシアティヴと資金上の裏付けで支えられれば、極度の窮迫を回避することを可能にしていた。

(四) 一二一三～四年の旱害と対策

宋史巻六一～七の五行志の記録を中心に用いて、南宋一代の公記録に残る規模の災害の分布を、一〇年周期の時間単位と各路域ごとの空間単位の尺度で頻度表示したものが次の表である。南宋初期・末期ともデータに乏しいのは、情報収集が散漫であったという政治理由によると思われる。これによって幾つかの傾向を知ることができる。第一に、水旱害、饑饉とも、時・空間にわたって頻発している。第二に、しかし全域を万遍なく蔽う規模の災害、饑饉は稀である。第三に、どの災害も発生地域に若干の偏りがある。広南が少数であるのは人口過疎、政治関心の薄さ、情報不足のためであろうが、水旱害が浙東・江東に多いのは、地文条件、定住分布状況に共通点をもつためであろう。第四に水害は一一五七～九六の間に比較的多く、旱害は一一六七～一二一六の間に比較的多く、発生周期の若干のずれが示されている。恐らく不安定な気候変動に加えて、農田の水利開発による陸地化の進展が影響しているように思われる。第五に、当面の湖北の災害発生度は、全土で比べれば中程度以下である。水・旱害の頻度はほぼ同数であるが、湖南に比べれば頻度は高い。

漢陽軍・鄂州・安・復州を直接襲った災害としては、一一五七年の鄂州・漢陽の大水、一一六三年の鄂州の大水、一一六五年の安州の大旱、一一六七年の湖南北の蝗害、一一七四年の安州の大饑饉、一一七六年の安・復州の大旱、一一八一、二年の安・復、鄂、漢陽の旱害、一一八四年の鄂州の水災、一一八八年の鄂州・漢陽・安・復の水災、一一九二年の復州の水害、一二〇七年の鄂州・漢陽の水害、一二〇九年の湖北の旱害、一二一二年の鄂州の大旱、一二一三年の安州・漢陽の大旱、一二二三年の鄂州の水災、が主たるものである(40)。

嘉定六年(一二一三)二月頃から雨が降らず、漢陽軍では五、六月頃から歴然たる旱害状態に入り、結局、同年で年間の降雨日は十数日であったという。知軍の黄榦はその前年一二一二年に着任したようである。

彼の閲歴をみるに、黄榦（一一五三～一二二一）、字は直卿、号は勉斎、いうまでもなく朱熹高弟中の筆頭である。世々福建福州城（閩県）東門外に居し、父の黄瑀は監察御史に栄進した人である。黄榦は青年時代は朱子に師事して学問に専念し、朱子は彼を信任して後継者と目し、娘を娶らせて女婿とした。四四歳頃、朱子の薦と父の蔭で入仕し、台州酒務、嘉興府石門酒庫をへて湖北制置使呉猟の幕下に仕え、ついで江西臨川県令・知新淦県に任じ、両県の荒政で治績を挙げた。やがて通判安豊軍のとき、治獄で名を知られ、まもなく知漢陽軍に抜擢された。三年の任期満了のころ、病を得て武夷沖祐観の祠禄を許されて故郷に寄居し、のち知安慶府となり築城、治民の功を残し、晩年は昇進の招きを断って学究の道を選んだ(41)。朱子の学風を承けて地域の民政・荒政の実践には見識と具体施策の成案があり、敢然と上司に直言する積極性を備えていたし、荊湖の幕府の体験を生かして防衛問題にも深い造詣をもっていた。

表 1　南宋の大旱害頻度分布

	1127～36	1137～46	1147～56	1157～66	1167～76	1177～86	1187～96	1197 1206	1207～16	1217～26	1227～36	1237～46	1247～56	1257～66	1267～76	1277～
浙　西	2		3	3	2	4	4	5	2	1						
浙　東	1		2	4	5	4	2	2	1							
（両　浙）										1		1				
淮　西					1	1	1		1						1	
淮　東		1			1	2	3	1	1							
（両　淮）					1	3			1	1						
京　西		1		1	2	3	1	1		1						
江　東	1			3	4	3	2	2	2			2				
江　西				3	4	3	2	2	1	1						
（江　南）						2									1	
湖　北					3	3		2	2	1		1				
湖　南	2				3	4		3								
四　川	2			1	4	4	3	3	1							
広　東							1									
広　西							1									
（両　広）										1			1			
福　建				1	2		1		1	2		1	1			
陝　西		1													1	
（大　旱）	2			1	1	2	1	1	2	1		1	1			

表２　南宋の大水害頻度分布

	1127～36	1137～46	1147～56	1157～66	1167～76	1177～86	1187～96	1197 1206	1207～16	1217～26	1227～36	1237～46	1247～56	1257～66	1267～77	1277～
浙　西				5	3	1	4									
浙　東	1	1	1	6	6	7	6	5	4	4	1	2	4	1	2	
（両　浙）									1	1			1			
淮　西				1	1		1			1	1				1	
淮　東				2		1	1	1								
（両　淮）				2			1		1	1						
京　西						1	1	1			1					
江　東	2		1	2	5	4	6		2	2		1	2			
江　西				1	4	2	3	1		1						
（江　南）								1	1	1			1			
湖　北				1	1	1	3	1	1	1	1		1			
湖　南							3			1						
四　川	1		1	2	1	1	4		1	2				1		
広　東											1					
広　西						1										
福　建	1		1	1	1	4	4	2	1	2			3			
（東　南）	1															
（大　水）														1		

表3　南宋の凶年饑饉頻度分布

	1127～36	1137～46	1147～56	1157～66	1167～76	1177～86	1187～96	1197 1206	1207～16	1217～26	1227～36	1237～46	1247～56	1257～66	1267～76	1277～
浙　西				4	1	1	3	3	1	1						
浙　東	3	2	3	4	6	2	3	4	4	3		1				
(両　浙)	2					1	1		1	2						
淮　西						1	3			1						1
淮　東					2	2	2	1		1						
(両　淮)	1	1	1	1	2	1	1	1	3	2						
京　西	1	1		1	1	1		2	1						1	
江　東		1		2	6	3	1	2	2	2						
江　西	2	1			4	1		1		1						
(江　南)	1		1			1			1						1	
湖　北					1	3		1	1	1						
湖　南	3				2	1		2	1	1						
四　川	2		1		4	4	5	4	1	2						
広　東						1										
広　西		1			1	2										
(両　広)																
福　建	2					2				2						

一二一二年に生涯で初めて、しかも四年の銓考期間をへて知郡の職を漢陽軍に得たとき[42]、彼は平素の信念と力量を発揮する好機の到来と自覚して任地に赴いたようである。

着任当初の事業は、前任者以来懸案であった漢陽軍城の築城の実現であり、総領所、制置使、転運使を説得して周七里半にわたる堅固な小城を築き、防備と水害防止に向けての長期対策の端緒をつくろうとした。彼の朝廷への申請はしかし容易に採択されず、枢密使の書翰で漢陽の如き近裏州郡での大土木工事の興起を困難とする判断が示され[43]、総領所から僅か一〇万貫の磚石、竹木材購入費が融通されるという冷淡な反応に焦燥するうちに[44]、翌一二一三年の二月に始まる旱災が訪れた。幸いに二～三月の間、漢陽方面の米価はまだ騰貴を始めておらず（一石二〇〇〇文～一七〇〇文）、購米して非常に備える絶好の時であった[45]。当時、通常の守令の採る救済のための購米は、地元富農の余剰を採買する「勧糴」と、米商を誘致して採買する「通商」の二方策を主としていたらしいが[46]、両策の難点は米価を抑制すれば地主・米鋪は売り惜しみ、放任すれば高価の米を売り出し、一方で非農業的営利である「伎芸」、「芸業」は景気の緊縮で収入が減っており、結局、民の購入が望めないことであった。黄榦はむしろ「広儲蓄」つまり、備蓄力を高めて景気の急変を制圧することに、対策の主眼を置いていた。

時に黄榦は管内の資源産出状況、人口の職業・資産・自給能力別構成、権限内の財政余剰・備蓄量を敏速に分析し、㈠「通商」による商米の採買、㈡「勧糴」による余剰米の採買、㈢この両項に加うる備蓄米の加算、によって救済に充当できる穀物の総量を考え、その放出対象を官兵のほかは自給限界を割る貧戸に限定し、㈣非自給かつ有銭者には市価の半額に値引きした官米の売出し「賑糶」を、㈤独身・疾病・障害の者には無償の官米放出「賑済」を、㈥極貧者と他郷出身流寓饑民には「乞丐米」を、㈦他郷出身流寓者のうち帰郷希望者には旅費「裹費」を給付するという緻密な案を立てていった。その概要を示せば、

○資源

管内産穀量は二万石、全額を郷下の二万戸の食用に充てても年間各人二斗[47]、饑歳に官府が命ずる米船の出港禁止を思えば、不足は

絶対的（一人一日一升の米を消費すれば年に三石六斗を要す）。あまたの漁池は旱害で涸れ、漁利収入ゼロ。水陸田の収穫も（一二 三年秋に）蝗虫、黒虫に襲われて全滅。(48) 他の「芸業」収益も激減。(49)

〇人口構成と救済需要

城内一〇〇〇戸（五〇〇〇人）、城近郊（漢口を含む）二〇〇〇戸（一万人）、計三〇〇〇戸（一万五〇〇〇人）、うち一〇〇〇戸は自給可能、二〇〇〇戸は貧乏糴食の人。一日一人一升の米を消費し、一戸五人として毎日一〇〇石をこの二〇〇〇戸に賑糶する必要がある。(50) 月当り三〇〇〇石。

官兵廂禁軍二四〇名、鼓鋳卒三〇〇名。官兵の糧食毎月計六〇〇石前後。年七〜八〇〇〇石。(51)

管下二県人戸約二万戸（一〇万人）、甲戸は自給可能、勧糴にも応ずる余粟有り、主に有産の税戸、乙戸は自給可能なるも勧糴不能、主に営運（商業）の収益で生活、以上は官米給付不要、丙戸は自給不能、市価の半額で出糶を要す、丁戸は鰥寡残疾、自給不能、日に一戸一升の賑済を要す、五五〇〇戸(52)（一五〇〇〇人位か）。

城外の乞丐人、数不詳、安・復・光・黄の流寓饑民、常災に約一〇〇〇人、時に二七〇〇余人。乞丐人・外州饑民には常平米で対応する。(53) なお船居四〇〇隻（二〇〇〇人）に対して黄榦は措置を示していない。

こうした計算と並行して、米価の急騰を予測した黄榦は、早速五月までに漢陽軍の蓄積財源と総領所より借りた湖北会子で、到来する米船から官兵の請領する穀物分として一万石、実際は六〇〇〇石を買い、漢川県の王知軍もこれに応じて一万石を買った。(54) 当時の米価は一升一七〜八文であった。六月には米船・米鋪が米価を釣上げ、四〇文に達したが、(55) 黄榦は公使庫・軍資庫の費用を即約蓄積した「出剰」の在庫鉄銭一〇万貫弱（湖北会子に換算して六万貫）を使って、何とか二万五〇〇〇石を米船から買っている。(56) 出産地は長江上流であり、漢口の採買つまり漢江上流米は僅かであった。この迅速かつ大量の購米が鄂州に誤報されて、漢陽一帯の府州には米船の出界禁止令が出され、「通商」による救済法は急に困難となり、(57) 米価は同年秋には一石八貫以上と、五〜六倍の騰貴を示した(58)。六月以降、旱害は数千里に拡がり漢陽が最も甚だしく、饑民は嗷嗷とし、妻子を売る者、流離する者、餓死者も生じかねない状況となった(59)。

しかし黄榦の「勧糴」、「賑済」を組合せた対策は、着実に実施されて効果を挙げたらしい(60)。彼が直接に指揮したのは漢陽県のみであるが、管下の全二〇村（郷）に計六名の属官を割当て、西倪・鳳棲二村は陳知県に、長楽・北豊楽・鋸壠三村は司理に、漢陽・玉山・西張・平麦山四村は司法に、沌口・山陽二村は沌口鎮の李監鎮に、南豊楽・沙港上・沙港下三村は通済鎮の李監鎮に、嵩仁・陳符・山口上・山口下・梅城・相陰六村は県尉に、救済業務の監督を分担させ、各村の保正・副を指揮させた。さらに全二〇村を隅官法に従い、五村単位の四「隅」に編成し直し、各隅に見任官、又は寄居官を配した。またこれに合せて、各村を保伍法の要領で再編し、村毎に一「郷官」を立て総括業務を命じ、毎村を一〇〇戸単位の「都」の数区に分けて各一都正を置き、「都」は二五戸単位の「大甲」、五戸単位の「小甲」と、近隣の人為集団に細分し、大甲首、小甲首をそれぞれの代表に任じた。郷官と都正はともに税戸有物力者に限定する。各村は地形道路略図をつくらせ、自給の有無のランク規準によって全戸を甲・乙・丙・丁戸に分類集計し、姓名・職業の一覧表を用意させるほか、図中の路傍に甲は黄、乙は紅、丙は黒、丁は白圏を用いて該当人戸数を注記させた。

実行計画は、甲戸には「勧糴」を求め、乙戸は放任、丙戸は上記勧糴米や椿積米を歴を給して「賑糶」、丁戸は歴を給して「賑済」するものである。甲戸よりの採米は、郷里価例に準じて官銭を支払い、穀物をその家あるいは都正の家に預けて移動を禁じ、本村人の丙戸に買わせ、過不足分は村界をこえて官の手で融通する。丙戸への「賑糶」は、毎戸一〇日毎に二斗、月六斗の率で市価の半額で売出し、桝目・品種を監督する。やもめ、疾病者ら丁戸へは「常平米」を都正の家に発給し、毎戸に一〇日に一斗、月三斗の率で「賑済」する。

黄榦にとって幸いなことに、前任者の孫（承議郎）知軍、前任者の王（朝奉郎）知軍、ともに任期内（短期らしい）に各一万石を採買し、孫は城下の小坻倉、王は広備倉にこれを蔵し、黄榦も「出剰」の会計残高を用いて八〇〇〇石を備築し、計二万八〇〇〇石の

「椿積米」を準備していた。[61] 甲戸勧糴米による収米は結局計一万五〇〇〇石に上った。つまり孫知軍の一万石、王知事の一万石、黄榦の才覚で客船から旱初に採買した二万五〇〇〇石（上記八〇〇〇石はこの中に入る）、甲戸勧糴米一万五〇〇〇石、漢川県の客船よりの採買一万石、総計七万石が大旱の最中に黄榦の権限内の融通可能な穀物であり、[62] さらに「常平米」の項目で、常例として「乞丐米」などに流用できる四七五八石五斗三升八合九勺一の米があり、[63] 大旱後期には、総領所の斡旋で江陵府に赴いて採買を許された賑糴米五〇〇〇石、賑済米二〇〇〇石のうち、高価の故に両項各一〇〇〇石、計二〇〇〇石のみを買付けた額が手許にあった。[64]

在城と近郊の市民救済の賑糴は、右の二万五〇〇〇石の、米船より買った市販の新米を給していたらしい。[65] 一方、郷下の賑糴では、甲戸勧糴米一万五〇〇〇石のほか孫知軍の椿積米一万石が旱禾のため三年の蓄積で腐りかけていたので、官米賑糴の規定に従い、一石当り八貫の市価の半額四貫から、さらに三・五貫に値引いて、他米に先んじて売出した。[66] これらの措置が本格的に働き始めたのは一二一三年の九月よりの丁戸への常平米の賑済、一〇月よりの丙戸への賑糴（勧糴米と椿積米）、同じく一〇月よりの極貧民への乞丐米（常平米）支給、外州饑民の流寓者への一一月よりの常平米支給と旅費の支給（翌正月より）によってである。[67] 黄榦は控え日に救荒の効力で「流離」者を出さず民情が安定していったと告げているが、[68] 事実に相違ない。加えて翌一二一四年春には旱害も終りに近づいていた。同年正月現在で、黄榦の手中の七万石のうち、四万八〇〇〇石を賑糴して、二万一〇〇〇石が残り、うち孫知軍の椿積米のうち四〇〇〇石と、王知軍の同上全額一万石は残り、常平米四七五八余石も、乞丐米一四六石、丁戸賑済米一一五七石、外州饑民米一〇一五石計二三一八石を放出して、なお二四四〇石を残していた。[69] ついでながら、城内外への毎月の賑糴米は一四〇〇石であるが、[70] 一戸当り月六斗とすれば、二三三三戸、約一〇万人となり、当該貧困人戸を二〇〇〇戸、ないし全三〇〇〇戸中の三分の二とする黄榦の計算に合致する。

以上に考察した救荒の事例は、たしかに特殊であるものの、数量記録の比較的豊富かつ正確さによって、具体状況の断面をかなり深く、在るがままに示しているといえそうである。飢饉は時空スケールの中で限定的に発生しているから、いつ、どこで、いかにして起ったかという状況の具体相を知悉しないで、いきなり国と社会の関与を考えることはできない。地文・生態状況、人口圧の程度についての情報はきわめて重要な意味をもっており、極端にいえばこうしたデータが入手できれば、およその結末も想像できる。しかし災害の因果関係の中で、人災と自然災害は結局は区別不可能であると指摘されるように、財産制、収益分布、土地保有、交通組織、近・中・遠距離流通組織、産業・職業の分化、中央・地方の官僚制の組織と制度枠組、国ないし社会のイニシアティヴの在り方、などの広汎多岐な変数の相関が、特定災害事件に独自の相貌を与えており、資料が豊かであれば、災害史は時にこうした相関の個別具体相を知る重要な手がかりを提供するのである。

漢陽の災害は朱子の具体施策モデルとその思想を体し、実践力をも備えた黄榦の手腕によってはじめて克服できた側面を多く示している。早初に江東路では京畿に近いためか、朝廷→監司レヴェルでの対策が迅速適切であったが[(71)]、湖南北、江西界の中枢を占める鄂州での高官の意志統一は容易に進まず、一介の知軍黄榦の奮起が一軍の命脈を救ったともいえるのである。しかし孫・王・黄三知軍が残した樁積米の存在、常平米の厳格な管理、湖北会子・鉄銭の信用機能の維持、官吏に誘導された管下甲戸の余米放出、早初漢陽での商米三万石の常価による採買、などを見ると、国も社会も南宋中期には、短期ながらも頻発した災害危機に相応の機能を果していたと考えてよいであろう。もとより、この種の観察は、さらに適切な事例を集め、比較考量を通じて導き出されねばならない。さらにこの考察で、南宋の両税制度、郷村組織法、人民の収益・職業分布、人口分布、都市化程度、官糴への早米の利用、湖主・地客の関り、客庄の存在、短期移住者の存在など、筆者の予想をこえた新鮮な幾つかの事実がつかめた。これらの解明も今後の課題である。

注

（1） G. W. Skinner (ed.), *The City in Late Imperial China*, 1977, Stanford, p. 219.

（2） Pierre Étienne Will, *Bureaucratie et famine en Chine au 18ᵉ siecre*, Paris, Mouton, 1980. R. Bin Wong & Peter C. Perdue, "Famine's Foes in Ch'ing China", *HJAS* vol. 43, No. 1, 1983.

（3） W. Rowe, *Hankow, Commerce and Society in a Chinese City, 1796-1889*, 1984, Stanford, pp. 38-43.

（4） R. F. Dernberger & R. M. Hartwell, *The Coterminal Characteristics of Political Units and Economic Regions in China*, 1983, Center for Chinese Studies, Univ. of Michigan.

（5） 谷口規矩雄「漢口鎮の成立について」布目潮渢編『唐宋時代の行政・経済地図の作製―研究成果報告書』一九八一、一一一～八頁。

（6） Pierre- Étienne Will, "Un cycle hydraulique en Chine: la province du Hubei du XVIᵉ au XIXᵉ siecles", *Bulletin de l'Ecole Francaise d' Extreme Orient*, 68, 1980, p. 269, 270.
資料は乾隆江陵県志巻三、光緒江陵県志巻五〇、宋史四一一等。

（7） 青山定雄「隋唐宋三代に於ける戸数の地域的考察」歴史学研究（旧）六―五 一九三六。

（8） 宋会要輯稿 方域六 州県陞降廃置 三六・三七 漢陽県。

（9） 黄榦 勉斎集巻三八 漢陽申朝省築城事。

（10） 同上。

（11） 本書三〇四～六頁。

（12） J. Durand, "The Population Statistics of China, A. D. 2-1953", *Population Studies*, vol. 13, part 3, 1960, p. 249. R. Hartwell, "Demographic, Political and Social Transformation of China, 750-1550", *HJAS*, Vol. 42. No. 2, 1982, p. 369.

（13） R. Hartwell, . *ibid* p. 384.

（14） 黄榦の生卒年は一一五二～一二二一と一般にされているが、早害の一二一三年と当時の年令六〇歳とからみて、生年は一一五三年となるはずである。

（15） 例えば勉斎集巻三〇 申京湖制置司弁漢陽軍糴米事。

（16） 同上巻三〇 申転運司乞候歳豊別議築城事。

（17） 同上巻二四 漢陽軍奏便民五事、巻三 修軍政に、兵の質が悪く、独身者が多いと記す。

（18） 同上巻二八 与漕使趙監丞論銭監利害。

(19) 同上巻二四　漢陽軍奏便民五事　五復馬監。
(20) 同上巻三〇　申京湖制置司弁漢陽軍糴米事。
(21) 范成大　呉船録巻下　淳熙四年八月辛巳。
(22) 陸游　入蜀記巻四　乾道六年八月二十三日、二十八日。
(23) 漢口について勉斎集巻三〇　申京湖制置司弁漢陽軍糴米事など、沌口鎮、通済鎮について同書巻三一　漢陽軍管下賑荒条件。
(24) 本書一五七頁　表9参照。
(25) 本書二四七頁参照。
(26) 勉斎集巻三四　放免漁人網釣魚利銭榜文。
(27) 同上巻三〇　申帥漕両司為旱荒乞別相度築城事。
(28) 同上巻二八　与漕司論放魚利事。
(29) 同上巻三一　申省椿米八千碩。申省賑糶日月及米価。
(30) 同上　申省賑糶日月及米価。
(31) 同上巻三〇　申転運司乞止約客庄搬載租課米事。
(32) 同上巻三四　禁約頑民誣頼榜文。
(33) 同上巻三〇　申転運司乞止約客庄搬載租課米事。王炎の双渓集巻一一　上林鄂州書にも、鄂州の苗米税率は毎畝一斗、良田は畝収穀三石、下田畝収穀二石、つまり籾に換算して良田収穀毎畝一石五斗、下田一石と記している。
(34) 淳熙厳州図経巻一　秋苗。
(35) 勉斎集巻二四　漢陽条奏便民五事　二広儲蓄。
(36) 同上巻三〇　申転運司乞止約客庄搬載租課米事。
(37) 同上巻三一　申省豁常平米。
(38) 同上巻三〇　申転運司為客船匿税及米価不同事。
(39) 同上巻三〇　申京湖制置司弁漢陽軍糴米事。　巻三一　申省椿米八千碩。
(40) 宋史　五行志、及び民国十年湖北通志巻七五　災異。
(41) 宋史巻四三〇　列伝。
(42) 勉斎集巻二八　与京湖制使請興築漢陽城壁。
(43) 同上巻三〇　申総領所為己乞祠禄申審築城事。
(44) 同上巻二八　復湖北転運使請興築漢陽城壁。　巻三〇　漢陽申朝省為旱荒乞更詳審築城事。
(45) 同上巻三〇　申制置司為賑米価太高事。
(46) 同上巻二四　漢陽運奏便民五事　二　広儲蓄。
(47) 同上巻三〇　申転運司乞止約客庄搬載租課米事。
(48) 同上巻三〇　申朝省罷築城事。
(49) 同上巻三〇　申制置司為賑米価太高事。
(50) 同上巻三〇　申京湖制置司弁漢陽軍糴米事。
(51) 同上巻三〇　申朝省罷築城事、申京湖制置司弁漢陽軍糴米事。
(52) 同上巻三一　漢陽軍管下賑荒条件、申省豁常平米。

(53) 同前。
(54) 同上巻三〇 申省椿米八千碩。
(55) 同上巻三〇 申制置司為賑米価太高事。
(56) 同上巻三〇 申京湖制置司弁漢陽軍糴米事。
(57) 同前。
(58) 同上巻三〇 申転運司乞候歳豊別議築城事、申制置司為賑米価太高事。
(59) 同上巻二八 申制置司乞援鄂州給米。
(60) 同上巻三一 漢陽軍管下賑荒条件、申省豁常平米。
(61) 同上巻三一 申省糴椿積米、申省椿米八千碩。
(62) 同上巻三一 申省賑糶日月及米価。
(63) 同上巻三一 申省豁常平米。
(64) 同上巻三〇 申制置司為賑米価太高事。
(65) 同上巻三〇 申京湖制置司弁漢陽軍糴米事。
(66) 同上巻三〇 申制置司為賑米価太高事。
(67) 同上巻三一 漢陽軍管下賑荒条件、又賑済条目、申省豁常平米。
(68) 同上巻三一 申省豁常平米。
(69) 同上巻三一 申省賑糶日月及米価、申省豁常平米。
(70) 同上巻三一 申省賑糶日月及米価。
(71) 同上巻二八 申制置司乞援鄂州給米。

後篇　寧紹亜地域の経済景況

一 概観

この後篇も、前篇同様に、社会経済景況についてのマクロ観察を試みるものである。ただし、前篇においては、長江下流地域の全域をできるだけ視野に収めることを意図してはいても、依拠したデータの本来の分布はかなり散漫かつ部分的に偏り、したがってそこにまとめられた映像もなお粗放で、精確さと周悉を欠いており、問題提起の域を出ていない。

後篇では観察の範囲と焦点を特定のサブ・リジョンに集めることで、若干のデータ・ベースをより確度の高いものとし、そこに抽出されてくる主要な指標相互の関連性を、より内部的に一貫させるようつとめた。もしこうした限定的観察が然るべき周到さを伴って今後につづけておこなえば、亜地域について得られた経験を、地域全体の映像に照らしてその特殊性、共通性を見分けられるであろうし、またより均衡ある全体像に一歩を進めることもできるであろう。

寧紹亜地域とは、宋代の明州（慶元府）と越州（紹興府）を合体したもので、本書で採る仮説上の亜地域区分からすれば、この域のうちの「南部杭州湾沿岸」サブ・リジョン、しかも杭州を除いたその大半部に当る。さて、「寧紹亜地域」をことさら画出したのは、若干の理由がある。まずその歴史背景における内部的な関連性である。周知のごとく、この両州は秦漢以来、ながく会稽郡の行政域に属し、隋の大業初（六〇五～一六）に会稽郡が越州に改名されてから唐武徳四年（六二一）に至って鄞州を分離する試みが生じ、唐の開元二六年（七三八）にこの分離が確定して明、越両州に分かれ、以後ごく最近までこの行政区分が踏襲されてきた。越州は紹興元年（一一三一）に紹興府となり(1)、明州は紹熙五年（一一九五）に慶元府となるが(2)、洪武一四年（一三八一）に寧波府に改められ(3)、両名称は清末まで変らないので、両者を仮りに寧紹という集合名で呼んでもよさそうである。

杭州はこれに反し、もと呉興郡に属し、その治所は長く烏程県にあった。杭州の呉興郡からの分離は、陳の禎明初（五八七〜）、銭塘郡を設けたことに始まり、隋が、初め餘杭県に置いた杭州治を大業三年（六〇七）に銭塘県（但し現地点より少し北）に移して以後、確定したのである。[4]それは明らかに大運河の南の終点としての港市がこの地に成長したことと関っている。[5]しかも南下して杭州に至った大運河は、紹興・明州の北部平野を杭州湾に沿って東西に走る、浙東河という旧来の運河に繋がり、餘姚江、甬江を利して明州治から宋の定海県（のちの鎮海県）の海口に達し、唐半ば以来勃興した海洋航路に接続した。加えて杭州が紹興八年（一一三八）から南宋の帝都として機能し、[6]以後の時代にも少なくとも省都級の地位を保ち、またそれに見合う交通、商工、社会機能の輻輳地でありつづけた事情は、近代水陸交通、産業の登場までは保たれていたので、寧紹と杭州とのリンクは緊密であり、ことに紹興についてそれは妥当する。このように杭、明、紹興より成る「南部杭州湾沿岸」というサブ・リジョンの近一千年期にわたる歴史、文化的連帯性は蓋然性の高いものであるが、ここでは、すぐ以下にのべる他の要素も勘案して、むしろ寧紹地域をもって一つの観察単位とする。

まず地文的にみて、寧紹地域は、南部にさして高くない山地の後背地をもち、そこから流下して杭州湾に注ぐいくつかの中小河川水系があり、湾岸沿いに海潮が沙堆を押し上げてつくった砂質の微高地をもつことで共通している。古来の定住、生産の適地は、後背山地と平原の接点に沿う扇状地の扇頭を占めた。後漢の馬臻が帯状の大人造湖「鑑湖」（月湖）を造ったのち、その北堤に沿って晋代までに浙東河がつくられた。このため、耕地と定住地は、既往の扇頭部から湾岸に向けて北進して鑑湖畔に広がった。[7]この技術モデルは、小スケールで応用すれば耕地拡充に資するものであったらしく、会稽から上虞、餘姚、のちの明州方面への移住と拓殖は、唐代まではこの鑑湖方式を伴っていたようである。

唐の半ば以後になると、寧紹地域での大規模な定住地と耕地の開発は、二つのプロジェクトで特色づけられるようになる。その一つは、明州の甬江盆地とその周辺の干拓であり、以前から海潮で押し上げられた塩水が湾岸の微高地によって排出を妨げられ、盆地中央の低地を行きつ戻りつしていた状況は、甬江幹線水系、盆地東西の清水給水源（東銭湖と它山堰）の堤防、堰閘施設、そして清水源の水を小運河・灌漑水路網で導いて盆地内の水田に供給しつつ、結局は明州城に上水を給し、或は直接に護岸された甬江基幹水路に流し込む、灌漑兼上水分配の水利システムの登場で、文字通り一変した。以上の土木改良の基本部分の完成年次は南宋の半ばである。

他のプロジェクトは、杭州湾岸の海塘施設と、海塘の直南また浙東河の直北の、帯状の低湿地の干拓である。海塘は唐半ばから五代、宋にかけて連続的に造られた。当初は塩田造成に資したらしいが、(8)明州の定海、慈渓県では比較的小規模の堰堤、閘斗を利用して若干の農地が開けた。また上虞県では湖田方式が採られた。一方、紹興府管内では、浙東河以北、海塘以南の低地を堰・閘の造成で干拓する事業は唐末に始まった。もともとこの帯状の低湿地への淡水の給水は、鑑湖水に仰ぐのが自然であったが、人造湖として出発した鑑湖は、宋までに湖床が浅くなり、侵耕を招いて幾つかの小湖にその名残りを見出すにすぎないほど陸地化してしまった。

こうして、紹興の浙東河以北の低地の農田化は、十分な淡水の給源を得なければ達成できなかった。諸曁県から山陰、蕭山県境に流下し、以後流路が不定で北は杭州湾の曹娥江口、西は銭塘江へと注入していた浦陽江が、清水源として注目されてきたのは南宋以後らしく、結局明代に入って、本流を磧堰で導いて銭塘江に流し、同時に西小江という分流水を北に導いて上述の浙東運河直北の帯状低地を貫流させ、三江閘で蓄水、排水を調整する工事が完成した。完成年代は明の嘉靖期（一五二二～六六）であり、清末までこの三江閘の利水組織は維持された。

以上のほか、マージナルな土地の利用として、蕭山県の湘湖などの湖田、餘姚、慈渓、定海（鎮海）、鄞、奉化、象山諸県の海辺砂地における塩、麻、棉花栽培が挙げられる。しかし広域の水田の造成という点からみると、寧紹地域での湾岸部でのそれの骨格は、南宋末までには一次的に仕上り、ついで明半ばにほぼ完成に近づくとみてよいであろう。

ところで、地域の農業基盤の整備が、またその後の発展が、純粋に自然発展的に生じたとは到底考えられない。たとえ土木改良の初発の動機や指導性（イニシアティヴ）が民意の反映であり、また改良後の維持管理の実質が、その多くを民力に依存していたとしても、広域的土木工事の計画、施行、労力と資金の注入、基幹部分の維持管理については、国家ないし地方政府の介入が大きな影を落している。運河の建設や水利・交通網の整備にしても、収入経済の安定と存続を願う国家の財政関心を先行条件として生じてくるものであるし、当該地への人口の集住化に伴って、必要な生産投資、資源や富の分配を修正する試み、緊急時対策や治安への関心、市場・流通条件の調整に向けて、国や地方政府が一定程度の努力を費すことも、財政関心の文脈でとらえることができる。この意味で行政上の都市化プロセスは、財政を含めた地方事情への政府の関心を占う一つの目安である。

さらに明道元年（一〇三二）、全国で約三〇〇の府州のうち、計二八の知府州ポストが、転運使、副、三司判官と同格の良闕と規定され、この中に長江下流域では江寧、杭、越、蘇、揚の府州が入っていたが、元祐元年（一〇八六）に改訂された大藩府州リストの計五七には、江寧、杭、蘇、越、明、湖、揚、宣の府州を含んでいた[9]。越州が紹興元年（一一三一）、明州が慶元元年（一一九五）に府に昇格された事情を合せ考えると、この互いに隣接する二州が全国でも判然と際立つ集約的な行政の対象であったことが分かる。もちろん、南宋期における杭州への首都選定という要素も見逃すことはできない。

しかし一方で、明、越両州は南宋以来、進士合格率が際立って高く[10]、元以降に杭州が首都の地位を失った中でも、進士合格率という政治文化的社会移動の上で、順天府下を除く明清の高位府州の中で、紹興は明代に二位、清代に六位、明州は明代に八位という特異の成功率を挙げている[11]。また人口過密という点でも、寧紹はすでに明初からその兆しがみえ、嘉慶二五年（一八二〇）の全国過密人口府州上位三〇のうち、紹興は第四位を占めていた[12]。こうした社会文化的、経済的特異性は単純に行政の機能に関っているとはいえず、文化的伝統に加えて過密人口を養い得る環境が問われるべきである。前述した農業基盤の整備は、高密度人口の条件をつくり出したに相違ない。しかし仮りに集約農業が高密度人口を吸収しても、労働ピーク期は年間を通じては続かないので、必ず農閑期に余剰労力をつくり出す。この余剰人口が域内あるいは域外の都市ないし都市的集落に吸収されるか、移住を選ぶか、農村または都市の様々な職業に就業するかの道がなければ、統計上の過密人口の出現は理解し難い。この推定を裏づける一つの手がかりは、長期にわたる都市と市場地の一貫した観察であり、この後篇では明州（寧波）のそれを宋から清代にかけて行っている。

さて、以上とは別に、寧紹地域を一つのまとまりある社会史的、経済史的観察単位として採り上げる筆者の関心は、中国固有のパロキアルな旧式商人集団、社会集団としては、前近代で恐らく最後に登場してくる寧紹幇、またはこれを核とした三江幇の展開への興味である。このうち紹興集団は明末、清初から順天府の胥吏、各地の幕友、そして商業への加入で知られ、一方、寧波集団は銭荘、操船業、漁業、海産商、薬業、金属加工、裁縫業への就業を特色とする。国内、海外での会館・公所を通じての活動においては屢々寧紹の強い絆を示した。彼らの団結と外地進出が目立つのは、決して宋・元・明の一般現象ではなく、明の半ばから隣接地方へ徐々に進出し、清代に上海、漢口等の大商埠が栄え始めるころ、大挙して移住をはじめ、結局、寧波のかつてのエンポリアム機能を奪った上海が成長するに合せて、太平洋岸港市と長江流域に勢力圏を築いた。この寧紹幇の台頭以後の歴史は、直接にこの後篇の意図するところではなく、他日を期しているが、ここではあくまでも一つの歴史展望を素描して、将来の研究への布石の一端としたい。

なお、後篇のうち、寧波（唐宋の明州、南宋半ば以後の慶元府、元の慶元路、明清以降の寧波）の地域発達と都市・市場組織についての分析は、筆者が一九六八年にスタンフォード大学人類学部、一九七五、六年に同スタンフォード大学歴史学部に留学した折、六八年では人類学部研究室、七五、七六年では、同大学付置のフーヴァー・インスティテューション東アジア図書館内の研究室を与えられて研究した労作の一部に当る。この間、一九六八年に、ニューハンプシアー州ポーツマスのウェントワース・バイ・ザ・シーで開催された「旧中国の都市社会」をテーマとする国際シンポジウムで「市場と都市経済組織—寧波の事例—」という報告に一たんまとめ、会議組織者であったG. William Skinner教授はじめ、A. Wright, F. Mote, L. S. Yang, J. Hall, M. Elvin, T. Grimm, I. Taeuber, L. W. Crissnan, G. Rozman, E. F. Vogel教授その他参会学者の貴重な示唆を配慮しつつ研究を進めた。この前後から今日まで、G. W. Skinner教授からいただいた直接の指導、激励には深甚の感謝を捧げる次第である。また、その頃からSusan Mann教授、Ramon H. Myers博士からも、数え切れないほどの教示と学恩に与っている。筆者の寧紹研究は今日のところまだ未完で、手許の資料による成果も公表段階に達しておらず、Skinner 教授らの積年の激励に報いられぬことを恥ずるのであるが、本篇では、G. William Skinner, ed., *The City in Late Imperial China*, (1977, Stanford, Stanford University Press) というシンポジウム、ヴォリュームに載った拙稿 "Ningpo and Its Hinterland" を骨子として、それに近年、紹興の水利を論じた研究を加え、序説的な展望を行うものである。

注

（1）宋史巻八八　地理四。
（2）宋史巻八八　地理四。
（3）明志巻四四　地理五。
（4）隋書巻三一　地理下、旧唐書巻四〇　地理三、嘉慶重修一統志巻二八三。
（5）Owen Lattimore, "The Mainsprings of Asiatic Migration", in Isaiah Bowman, ed., *Limit of Land Settlement*, New York, Council of Foreign Relations, 1937, pp. 119-135.
（6）宋史巻二九　本紀。
（7）陳橋驛「古代鑒湖興廃与山会平原農田水利」地理学報二八—三、一九六二。
（8）妹尾達彦「唐代江淮デルタにおける塩税機関について」史学雑誌九一—二、一九八二、本田治「唐宋時代両浙淮南の海岸線について」布目潮渢編『唐宋時代の行政経済地図の作製、研究成果報告』一九八一、九九～一〇九頁。
（9）梅原郁『宋代官僚制度研究』同朋舎、一九八五、二一五～二一一頁。
（10）John W. Chaffee, *The Thorny Gates of Learning in Sung China*, 1985, Cambridge, Cambridge University Press, pp. 129-156.
（11）Ping-ti Ho, *The Ladder of Success in Imperial China, Aspects of Social Mobility, 1368-1911*, 1962, Columbia University Press, pp. 245-254.
（12）Gilbert Rozman, *Population and Marketing Settlements in Ch'ing China*, 1982, Cambridge, Cambridge University Press, p. 14.

二　寧波の景況

1　宋代の寧波

管見の限りでは、後世に寧波の名で知られる都市とその直接後背地が、記録にはじめて現れるのは前漢時代である。(1) この頃の該地方は会稽郡の東隅の辺地であり、鄮、句章、鄞の三県があり、これらの都市のいずれもが現在の寧波市の位置する甬江と餘姚江、奉化江の三江合流点、つまり盆地中心ではなく、盆地と山地ないし微高地の境界部にあった。港市の機能を果していたのは鄮県であり、その位置は現寧波市の東、育王山、天童寺への門前町ともいうべき宝幢市ないし五㮣郷市の辺で、海へ出るのも、小浹江を下って甬江海口に出たようである。(2)

これがのちに現地点に港市を移すのは八世紀のことで、以後、長江下流域の外港として近千年間にわたって発展を重ね、中国東海岸の沿岸貿易の中心になるとともに、中国と朝鮮半島、日本、南海との遠距離貿易の中心でもあった。(3) 一八四三年に条約港として欧米人に開かれたとき、寧波を通じての国際貿易の飛躍発展の期待がこめられていたが、清末でも旧式の戎克貿易は一向に変らなかった。こうした伝統的商業が根強く寧波に生きつづいていたことによって、後述するようにこの都市の後背地域の発達は特定の志向性をもつようになる。

図1 寧波地区の行政区分変化

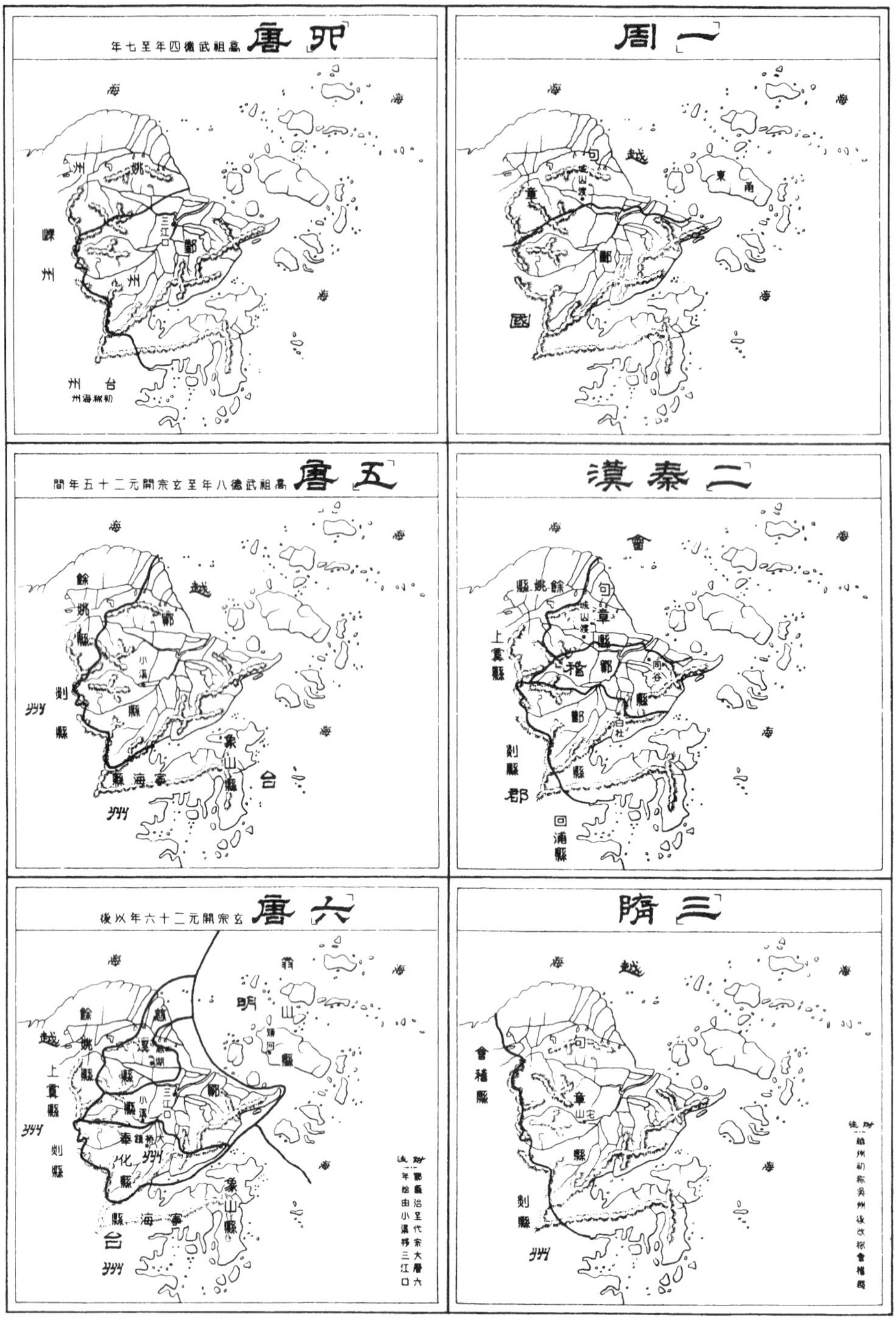

民国鄞県通志付図16

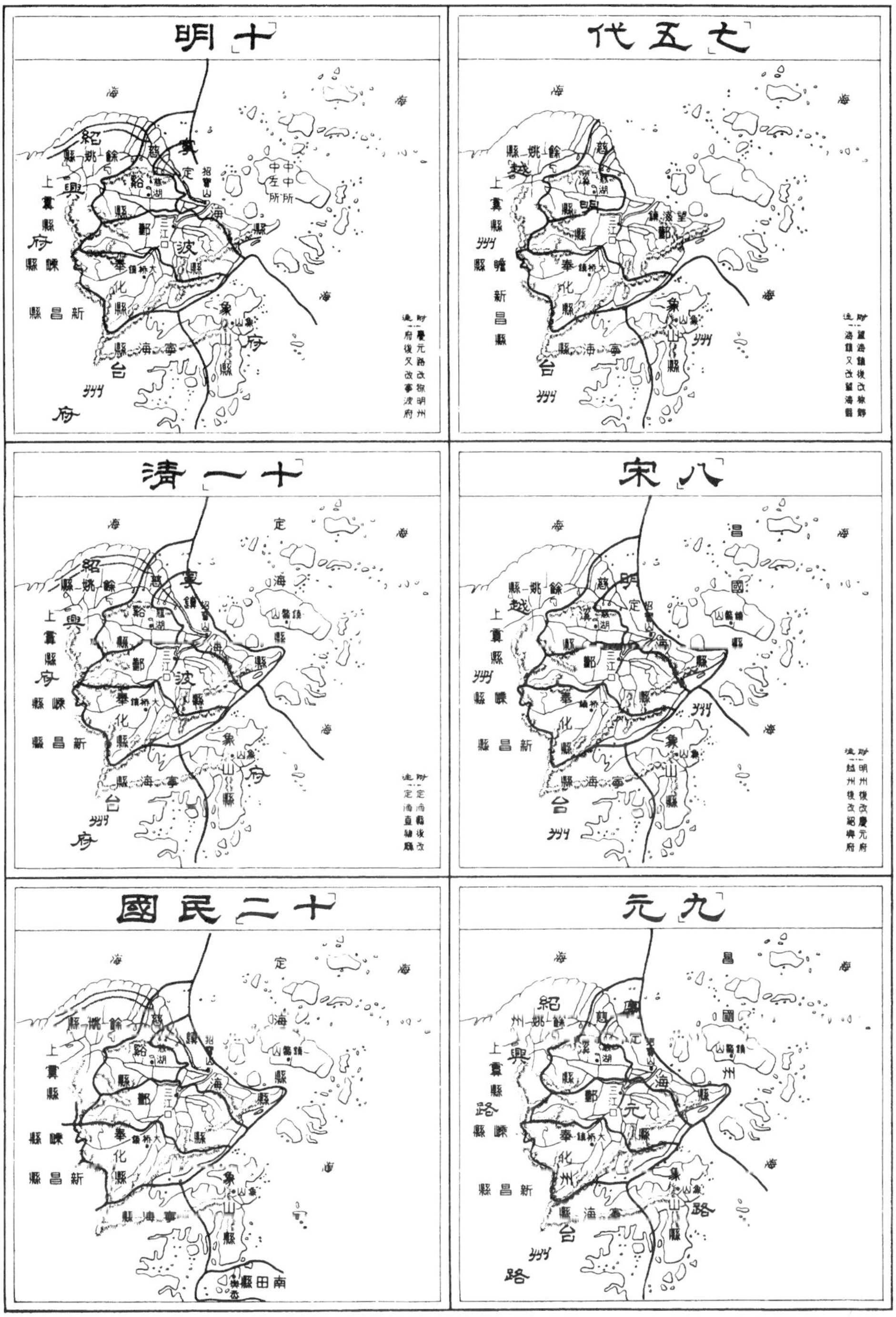
「七」五代
「八」宋
「九」元
「十」明
「十一」清
「十二」民國

㈠　地理的歴史的背景

浙江省は大別して、全省の十分の三を占める杭州湾沿いの肥沃な沖積平原と、その南の十分の七に当る山岳・丘陵地に分けられ、寧波はこの北部平地の東北角を占める。(4) この寧波（宋の明州）の中心部は甬江流域の盆地であり、西は一〇〇〇米前後の四明山によって、その西方の曹娥江流域（上虞、嵊、新昌県）と境し、南は浙江省南部から天台山（一一三八米）を経て東方海上の舟山列島に達する平均五～六〇〇米の山塊によって霊江流域（台州平野）と境し、さらに北西では甬江支流の餘姚江域に餘姚県、東方海上には舟山列島を配し、こうして一つのまとまりある領域を成している。(5) 寧波の海洋志向性は、一つには東方海上の舟山列島が中国沿岸でも屈指の漁場かつ碇泊地であることにもよるが、甬江を海口から一三浬溯ったところにある三江口（すなわち明州治）までの甬江下流部は、水深も深く、河幅が広く流速緩慢で、もし高潮の助けを借りると、巨大な海洋戎克（海舶）が進入できた。しかも長江下流や杭州湾内の諸港のように沈積土と高潮の相乗作用で、砂漲・砂堆が甚だしく、絶えざる浚渫ではじめて機能するという欠点もなく、天然の良港であった。(6) さらに、甬江沿いに南北約五〇粁、東西約三〇粁にわたる平坦な後背平地を控え、そして水路によって銭塘江流域、大運河経由で長江中下流域の奥深い市場に連接していた。

清末の D.J.MacGowan 氏の証言によると、太平洋岸の海洋戎克業は、寧波を境に、江蘇海岸、山東岸、渤海湾方面の浅海に就航する北幇（北号）と、広東・福建・浙江岸の深海に就航する南幇（南号）という就業区分があった。(7) 寧波は南北幇の接合する積替地であり、同港から浅い杭州湾に適した船を用いるか、或は甬江―餘姚江―浙東河と運河船を用いるかして、ともかく船を替えつつ南方河川水運に接続できたのであるから、(8) 蒸汽船登場以前の舟運の上では、文字通り華中随一の海港・エンポリアムであった。(9)

このような地理的特異性は当然古くから著れ、すでに秦漢いらいこの地域は沿岸漁業、沿岸航海の中心地として屢々文献に記録されているのである。(10) しかしそれにもかかわらず、明州の実質的開発は秦漢いらい唐中期に至るまで殆ど為されていない。行政的に見ても、この地は秦漢〜六朝の間は会稽郡の属県（句章県→城山渡治、鄮県→同谷治、鄞県→白杜治）、隋代は越州の属県（句章県→它山＝小渓治）、唐前期も武徳四〜八年〔六二一〜五〕、一時鄞州となり、州治を三江口においた（新唐書巻四一）以外は、越州の属県（鄮県→小渓治）であり（宝慶四明志巻一）、各都市はすべて中央の平野を避け、水源に近い山麓に築かれており、海船も甬江に並行する小浹江を溯り、同谷（のちの下荘＝宝幢市付近）に来て貿易していたのである。これらの事実は秦漢〜六朝時代、長江下流域の開発が未だ本格化せず、また江蘇平野と浙江、福建、江西の山地との交通、交換が、主として銭塘江沿いの内陸路によって行われ、沿岸航海がなお未発達であったこと、(11) および寧波平野の生産性が開発されていなかった事情を反映しているといえよう。（図1参照）

さて、明州の実質的な開発は唐の中期に始まった。玄宗の開元二六年〔七三八〕、甬江流域と舟山列島は越州鄮県から行政的に分離独立し、始めて明州の名称とその行政領域が成立し、旧鄮県の領域は鄮（附郭）、慈渓、奉化、翁山（舟山列島）の四県に分割され、代宗広徳二年〔七六四〕、台州から象山県が明州に分隷された（旧唐書巻四〇、唐会要巻七一）（図1参照）。州治は初めは依然鄮江上流の小渓（旧鄮県治）に置かれたが、代宗の大暦六年〔七七一〕、州治の子城（内城）が三江口に建設され、県治は小渓に留まった（雍正寧波府志巻一）。その後も州治、県治の治所が入替って暫く安定しなかったが（唐会要巻七一）、唐末、明州刺史黄晟が三江口の子城の周囲に羅城（外城）を築いたことによって始めて州城として安定し、威容も整った（宝慶四明志巻一）。このように唐末、地方分権化とともに開発も本格化してきた。五代の呉越国銭氏の時代には、明州は望海軍節度に陞され（輿地広記巻二三）、州城の都市化が進む一方、附郭の鄞県（梁開平三年〔九〇九〕鄮を改名）の北方、甬江河口の静海鎮が望海県（宋元明の定海県、清の鎮海県）に陞格し、行政領域の区分がほぼ確定してきた（乾道四明図経巻一）。同時に慈渓県治が慈湖の南に、奉化県治が大橋の西に、象山県治が象山山麓に、望海県治が甬江海口に定着し、都市のネットワークの大要が成立してきた。宋は五代の制を継承すると共に、神宗の熙寧六年〔一〇七三〕唐末に廃止された翁山県（舟山列島）の島嶼を昌国県（清の定海県）とした（元豊九域志巻五）。ここに、唐の開元二六年〔七三八〕の明州創設以来、約三五〇年にして、鄞、慈渓、奉化、象山、定海（望海より改名)、昌国、計六県の行政区分とその中心地、それらを統轄する中枢都市明州およびその全行政領域が確立し、清末に至るまで―州県名の呼称の変化を除けば―この区分がそのまま維持された。(図1参照)

明州の行政的独立と行政領域の編成とは、甬江流域における法と秩序の確立を意味した。州城・県城には行政、財政、司法、監察、警察の諸官庁が配備されたが、とくに州城には州倉、常平倉、都商税院、都酒務が置かれ(乾道四明図経巻一、『民国鄞県通志』輿地志巳編　古蹟)、そのほか、宋太宗淳化三年(九九二)、定海県に市舶司が創置され、一時廃止されたが咸平二年(九九九)に復活して州城に移置され以後永く存置され、貿易を監督した(宋会要　職官四四―三)。また南宋では明州水軍二〇〇〇人が配備され、紹興三年(一一三三)、沿海制置司が設置された(宋史　兵志巻一八九、宋会要　職官四〇―五)。

諸官庁の配備に対応して、農村(および都市も後述)は治安維持と徴税とくに職役徴発の必要上、行政村によって細分し再編成された。乾道四明図経巻二、宝慶四明志(巻一三、一五、一七、一九)によって鄞県、慈渓県、奉化県、定海県の郷村の編成を挙げると、

鄞県	郷一三	里一三	村二〇
奉化県	郷八	里一四	村二五
慈渓県	郷五	里一二	村一〇
定海県	郷七	里七	村三一

となっている。全体に郷里制と郷村制を併用しているように見えるが、鄞県、定海県では郷数と里数が一致しており、里が有名無実で、実質的には「郷・村制」をとっていたことがわかる。鄞県と定海県が共に「郷・村制」であるのは、定海県が鄞県から分かれたことに由来し、従って二県の「郷・村制」は二県が分割された五代初開平三年(九〇九)の少し以前からのことであろう。しかし一方慈渓、奉化県が唐の一郷五里制の名残りをやや示していることは、寧波平野の周辺に位置するこれらの県の方がより早く開発されて唐の「郷・里制」に合せて郷村が編成され、他方、平野中心部の鄞県・定海県は開発が新しく、より新しい「郷・村制」を以て郷村を編

図２　宋代鄞県の郷・都区分

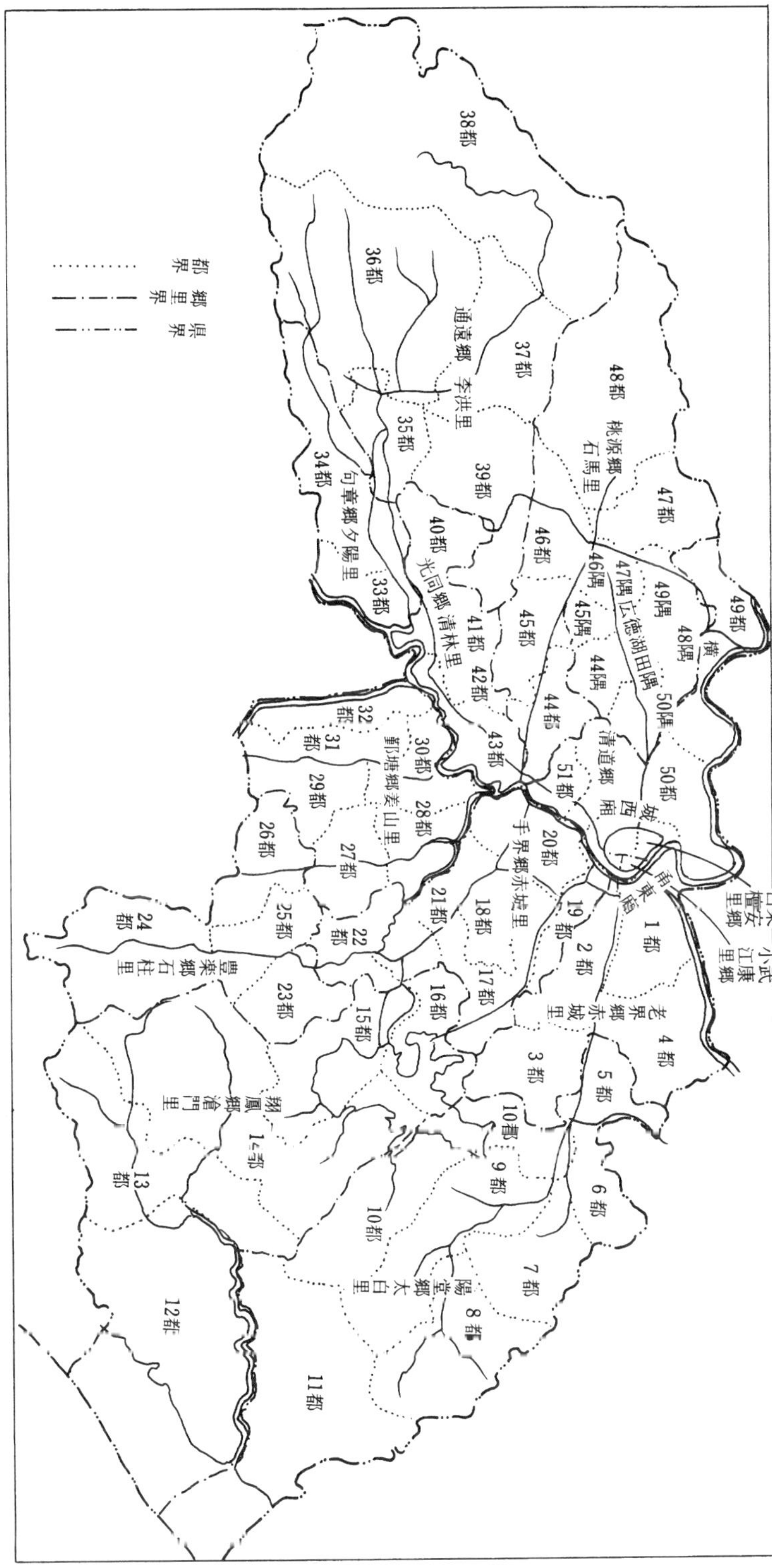

成したことを意味するであろう。さて、王安石が保甲法を施行し、五家を一小保、五小保を一大保、一〇大保を一都保とし、それぞれ小保長、大保長、都副保正を置く保安制度が生れたが、北宋末より南宋にかけてこれが郷村の職役となり、里が数「都」に分割され、「郷・都制」が生じてきた。[12] 鄞県では宝慶四明志の鄞県境図に老界郷一甲より清道郷五〇甲に至る「甲」の所在が示されており、また開慶四明続志巻三水利　諸県浚河の条に、丞相呉潜の浚河の記録として慈渓、定海県下の「郷」・「都」名が散見している。さらに延祐四明志巻八郷都の条には、鄞県の郷・里・村の旧制と並んで、老界郷一都から清道郷五三都までの各郷ごとの「都」と広徳湖の七隅を挙げている。郷に対する都の配分は先の「鄞県境図」の「甲」とほぼ一致し、また民国鄞県通志附録の「清初分郷及分都図」とほぼ完全に一致する。すなわち行政村の編成は、―鄞県に限ってみても―ほぼ宋の神宗年代に郷都制が成立し、その制度が清初まで永続しているのである。「甲」ないし「都」が土地関係の登記、課税、或は水利労働力の徴発の単位として重要な意味をもったことはいうまでもない。前頁の図2(上掲諸地志に基づいて作成)参照。

(二)　明州の地域開発

明州の地域開発を最初に刺戟したものは、恐らく交通の発達であろう。華北への補給という財政目的のために建設された隋の大運河が、結果として輸送効率の増大、経済距離の縮小をもたらし、華中華南の経済開発、植民定住、人口増殖をもたらしたことはすでに周知の事実である。[13] 隋大業二年(六〇六)の戸数と唐天宝元年(七四二)の戸数を比較すれば増加率最大の地方は浙江中南部(一三・九倍)であり、ついで浙江北、江蘇南部、福建の順であった。[14] 水路の開発によって大量かつ迅速な物資の移動が可能になったこと、および華北平原、長江流域という広大な市場＝販路が与えられたことによって、浙江、江西、福建奥地の交通路沿いの資源は特産化し、本格的な植民開発が着手されたのである。開発のルートは二つあり、一つは大運河南端の杭州を起点に、銭塘江沿いに浙江、江西に入り大庾嶺経

図３　寧波平野（甬江流域）の水利図

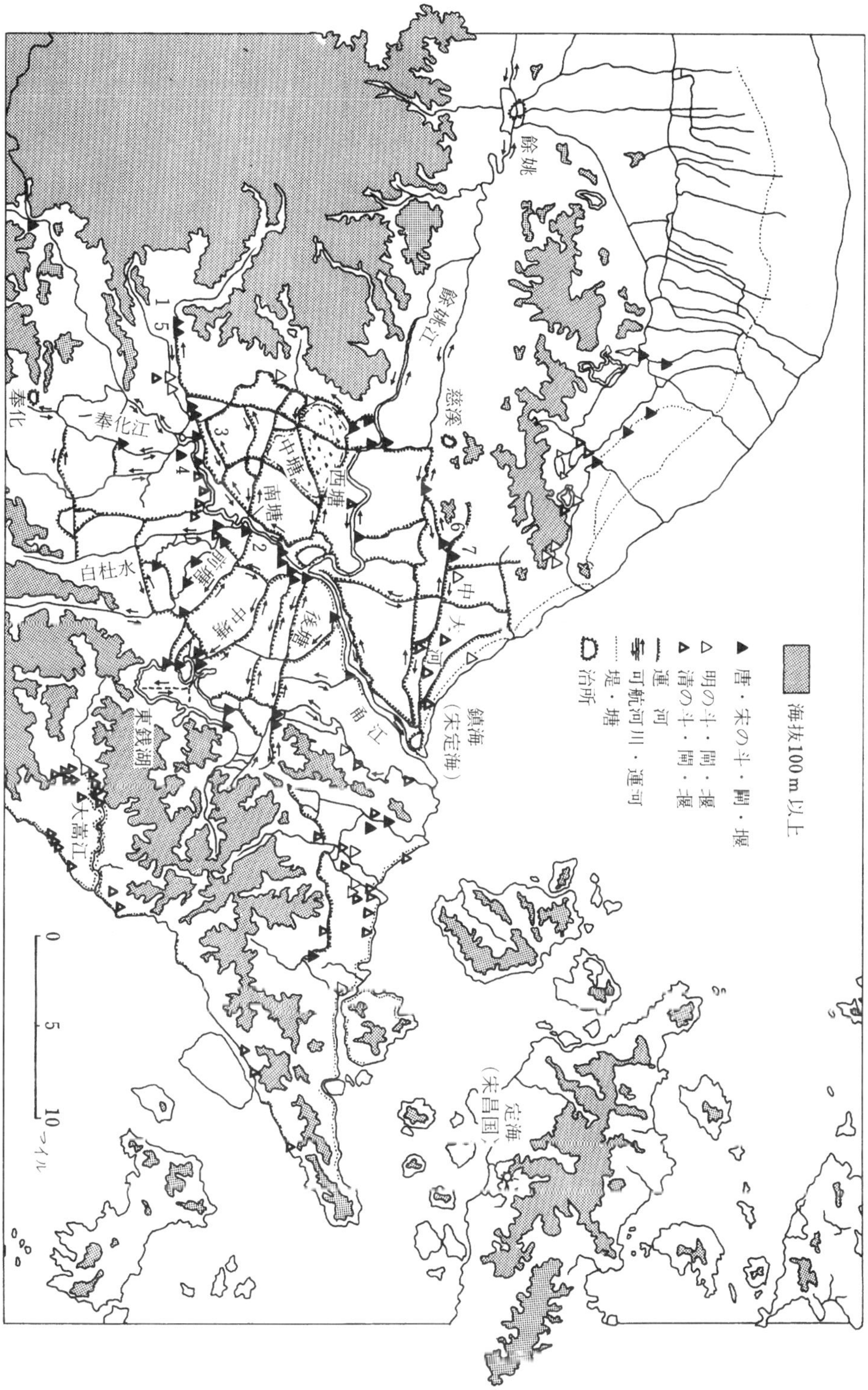

由で広東に達する道、他の一つは杭州を起点に、浙東河経由で明州に出、海路浙江、福建、広南の沿岸に達する道である。[15]明州の開発はこの浙東河による大運河線の延長によって決定的な影響をうけ、杭州の外港として、杭州が果していた海産物、農産物、山村生産物の集散という機能を分担することになったのである。これと共に当時のサラセン、アラビア、インドの海上商業との接触により、海上交通技術が発達し、重量物資の海上輸送が可能であったという事情も見落してはならない。[16]

浙東河の原型は六朝時代にも存したようであるが、これが整備されたのは唐宋時代である。唐末にすでに堰、埭が造られ、その傍に草市が発達していた。[17]前述の如く、杭州湾は海潮の流速が速く、砂堆の危険もあり、当時の帆船の技術では往来が困難であるので[18]杭州と甬江口との交通は内濠式の運河を必要とした。そこで杭州城南の渡場であった浙江市、龍山市から渡船が対岸の蕭山県の西興鎮、漁浦鎮に渡り、西興では渾水閘が防潮の役を果し、運河に入った船は銭清南北堰で銭清江に入り、紹興府城（越州）を経過し、さらに曹娥江に達し、曹娥堰で再び運河に入った。ここで南北二路に分かれ、南路は上虞県、査湖を経て北路と合し餘姚江本流に入り餘姚県城を通過し、鄞・慈渓県界を東進して明州治三江口で甬江本流に入り、定海県城下で海に入った。[19]逆に広南、福建、高麗、日本からの海船は明州城下で運河船に移乗し、浙東河経由で杭州に達するもので、成尋の入宋はまさにこの経路によっている。別に、明州で漕力を主とした湖船という荷役船に積替えて、杭州湾を溯り、杭州に達する方法もあった。

浙東河の整備と共に、明州を中心に東西南北に走る幹線路が設立され、要所に駅、郵鋪が設けられ、商税徴収所も付設された（宝慶四明志巻三、巻五）。明州には高麗使節のための来遠局が置かれ（甬上水利志巻五）、明州、慈渓、奉化、定海県にはそれぞれ迎恩駅が置かれた（宝慶志巻三）。

明州の交通上の地位が高まるにつれて、この地域の水利開発も緒につき、内陸平野部の耕地化も進み始めたのである。前述の如く、海水の逆潮と水利土木工事の未発達のため、六朝以来の寧波平野は河川流域は塩害に、平野は旱害と洪水に悩まされ、農業生産は周囲の山麓の陂塘、湖水、河川水源の水利に頼り、小規模かつ分散的に行われていたにすぎない。六朝以来の大寺院が主として四周の山麓に分布しているのも（宝慶志　鄞県境図）このような生産条件と無関係ではなかろう。平野の開発が進行しはじめたのは七七一年、三江口に築城（子城）が行われてからである。まず都市の上下水を確保する日的で、西方四明、大雷山下の水系が整備された。太和六（八三二）（又は元年（八二七））年、刺史于季友が四明山下、鄞江上流に仲夏堰（図3No.1）を（乾道図経巻一、宝慶志巻一二）、ついで太和中（八二七〜八三五）、県令王元暉が小渓（当時の明州治）付近に它山堰の石堰（No.5）を築き、鄞江水を本流と運河（南塘）に分かち、南塘沿いに行春碶（No.2）、烏金碶（No.3）、積瀆碶（No.4）を築いた。こうして塩害を防ぐと共に、旱澇に応じて清水の流量を調節し、南塘で導いて城南門より城内の日湖、月二湖の貯水池に貯えて上水とし、城内の大小の運河に給水したのち、東門側の食喉、気喉という排水溝から甬江に放流した（宝慶志巻一二）。この工事は明州の都市化、この地帯の水利工事にとって決定的に重要な役割を果し、王元暉の名はその祠廟と共にこの地方一帯に永く記憶された。西方平野の他の水源は大雷山に発源し、林村を経由して広徳湖に注いでいた。唐大暦八年（七七三）、県令儲仙舟がこれを開広したのを始めに、貞元元年（七八五）、刺史任侗が増修して耕地四〇〇頃を灌漑した。大中年間（八四七〜五九）には耕地八〇〇頃を灌漑し、宋熙寧中（一〇六八〜七七）でも西郷中央の有力な水源であった。しかしこの大中以後、私かに干拓する者が続出し、法禁も実効を得ず、遂に徽宗政和七年（一一一七）、郡人楼异の請で湖を全廃し、干拓して官田約八〇〇頃（一に五七五頃）とし、その租を高麗使節の接待費に充てることになった（宝慶志巻一二）。[20] 廃湖のあと、湖の北に西塘、南に中塘の運河を作り、平野を灌漑したのち城西門を経て城内の日湖、月湖に疏導したが、水量が不安定で、以後西郷は旱害に悩まされた。

東部平野では育王山、天童山、小白山等に発源する諸水が、約八〇〇〜一〇〇〇頃の広さの東銭湖（旧鄮県の西湖、萬金湖）に一たん貯えられたのち放流されていた。この湖は唐代でも耕地八〇〇頃を灌漑していたが、一方、豪族の私的な干拓も絶えなかった。天宝三年（七四四）、県令陸南金は盗田を開掘し、二一二頃の耕地を灌漑したという（甬上水利志）。開掘の方針は宋でも踏襲し、仁宗嘉祐中（一〇五六〜六三）、土堰に代って湖の周囲に始めて碶閘を設け、湖水は前塘、中塘、後塘の三運河を築いて疏導、途中の碶閘で更に水位を調節して灌漑排水する一方、塩水の逆流による水田の塩害を防ぎ、東部平野を灌漑して奉化江、甬江、或は小浹江経由で海に放流した（『民国鄞県通志』・

図4　宋代寧波平野の産業分布

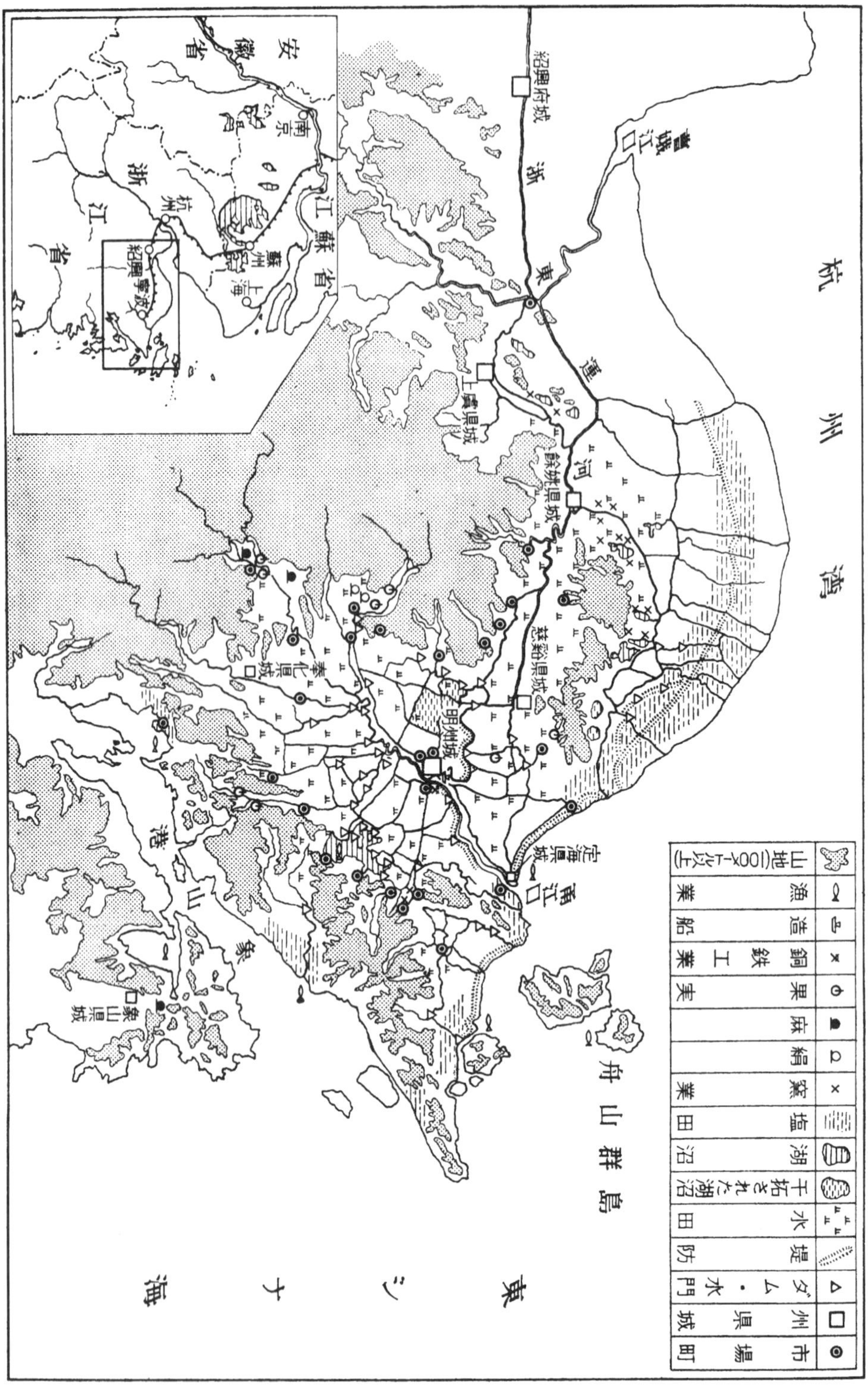

輿地志巳編「歴代濬治東銭湖概況」、王栄商撰東銭湖志巻一　水利)。

南部では奉化江、白杜水、横渓水が水源であったが、水量が乏しくかつ地勢が高いため、それら河川の随処に堰閘を設け、東西に走る小運河を掘って高地を灌漑した。しかし農業生産はこの地域が最も不安定であり、後世（清代）この地方では農家副業（漁業・綿織業・レース編業・製帽業を含む)が最も発達した。

北方慈渓県、餘姚県の山北の沿海、および定海県の沿海は高潮の塩害に苦しんでいたが北宋中期に至って、急速に開発が行われた。すなわち餘姚県沿岸には宋慶暦七年(一〇四七)海塘（防潮堤）が造られ（王安石撰臨川先生文集巻八二　餘姚県海塘記)、同じく慶暦中、定海県城東方の海岸に、鄞県令王安石創建の王公塘および穿山碶が築かれ（民国鎮海県志巻五)、また県城から西北の海岸には、淳熙一六年(一一八九)、県令唐叔翰、水軍統制王彦挙らによって定海石塘が築かれた（宝慶志巻一二)。これらの海塘の建設によりその内側に塩田や耕地が造成されたことは申すまでもない。さらに定海県東方では宝祐五年(一二五七)、丞相呉潜の命で、小河川およびそれらを東西に連絡する運河が浚渫された。一方、慈渓県南半の小平野と、これに東方に連なる定海県城西の小平野とは、餘姚江の分流（後江）の淡水で灌漑されていた。しかし両県の境は地勢が高いために逆潮と旱害に苦しみ、また餘姚江本流の流域は塩害に悩まされていた。宋の宝祐年間(一二五三～五六)、呉潜は後江の疏導を妨げている民田を買収し、後江を東へ導き、茅鍼(洲)閘（No.6)、化紙閘（No.7)を設けて高地を灌漑し、更に定海県に入って中大河によって県城西門下に導き、また青林河の水を黄家堰を経て顔公渠に注ぎ、定海県城まで疏導した(開慶志巻一四)。

これによって、この方面平地の塩分の強い川水が海に排泄されただけでなく、海潮に乗せられた淡水が茅鍼閘、化紙閘の辺を灌漑するようになった。このほか餘姚江、甬江の流域両岸にも築堤や碶閘の建設が行われた。このように明州の水利開発は、初めは交通路、都市上水の確保を主目的として行われたが、漸次国家的目的から地方の生産性を高めるための公共事業に移っていった。また時代的には唐末の割拠時代、宋の仁宗・神宗年代、南宋の寧宗・理宗年代に集中的に工事が行われた。工事を指導したものは主として地方官であり、富民は資金、資材を、貧民は労働力を提供する事例が屢々見受けられる。

㈢　産業の分化と都市化

陂塘、湖水の水利に頼る六朝以来の農業が、碶閘を付設した人工的運河の水利に頼る広域な農業に移行し、耕地が山麓から中央平野に拡大したことは、農業の生産性を高めるものであり、また農業拓殖の増大をもたらすものであった。七四二年に四万二一二七戸であった明州全域（象山を除く）の戸数（但し客戸を除く）は、一〇八〇年頃には、一一万五二〇八戸（内、主戸五万七八七四、客戸五万七三三四）（元豊九城志巻五）、政和六年（一一一六）、一二万三六九二戸（主戸九万四五七四、客戸二万九一一八）、乾道四年（一一六八）、一三万六〇七二戸（主戸一〇万四七二五、客戸三万一三四七）（宝慶志巻五）と、唐に比べて少なくとも倍以上に増加し、民生安定化の傾向が現れていた。人口の増加は当然大量の需要となって生産に対する市場を拡大し、分業の利を刺戟するものである。のみならず明州が交通・商業の中心地であり、或は商品中継地であるという事情も、産業の商品経済化を方向づけるものであった。かかる事情を背景として、明州における産業は、この地域における一定程度の生産力の発達を基礎としつつも、むしろ積極的に商業流通に関与することにおいて、その後進性を脱却しようとする傾向を示しているのである。

主産業である米作についていえば、寧波平野の沖積土壌は米作に適する上に、[21]水利の整備、中稲を主に、早稲、占稲、晩稲計一四品種に分化した品種改良、などの技術的進歩によって、[22]ほぼ地域の消費を充足する収量を挙げ、とくに鄞県の東銭湖周辺、光同郷、桃源郷、慈渓県の山南が主産地であった。しかし宝慶四明志巻四　叙産に「一歳之入、非不足贍一邦之民也、而大家多閉糴、小民率仰米浙東浙西、歉則上下皇皇、勧分之令不行、州郡至取米于広以救荒」とあるように、貧富の階層分化が進み、富家の独占買占や投機販売によって小農や細民の日常消費は常に不足しており、浙西や浙東、また遠く広南から船載した米で補給を続ける必要があった。米作に関連して醸酒も盛んであったが、州治では官醸民売（又は官売）制の下で「金波酒」（曲洧旧聞巻七）、「雙魚酒」（宝慶志巻四）の如き隔地流通の銘酒を産し、城下二〇里内を禁地（独占地域）として販売していたが、その原料の糯米は商品作物として作られ、林村市、下荘市の糴買場を介して買付けられた。城下二〇里外では民醸民売の間接専売が行われたが、醸造所に当る酒坊は民間の請負経営に委ね、その数は鄞県のみでも二九処もあった（開慶志巻四）。また東部、西部の寧波平野では席草、燈心草（藺草）を多産し、塩、草鞋と並ぶ明州の特産の「明席」が作られ（袖中錦巻一）、全国的に流通し（宝慶志巻四）、「民以為業、計所贏優於農畝」（至正志巻五）と記されるように有利な農村手工業であった。養蚕製糸は元来この地は不適であったが、四明山麓、奉化の山村では産し、唐代呉綾、交梭綾を貢し（新唐書巻四一）、宋でも平羅、婺羅、花羅（揮麈録餘話巻一）、或は奉化絁が特産化し（宝慶志巻四）、また麻苧は奉化、象山が産地で、象山より「女児布」（宝慶志巻四）という細布を産した。また明州は青磁の産地であり、最近の発掘で鄞県小白市、郭家峙に五代・宋の青磁古窯址が、また餘姚県北、慈渓県界の上林湖、白洋湖畔の山地でも多数の「越窯」址が発見されている（『中国二千年の美』）。南海、高麗、日本との重要貿易品「越窯」の一部は、かかる窯からも製されたのであろう。また鄞、慈渓、奉化県下で産する竹材は薫篝、焙籠に加工されて流通した（至正志巻五）。舟山列島や沿岸産出の海産物は全国的な市場を有する特産物であった。この中、魚類は鮮魚として地域内外で消費されるほか、鮝、腊、鰾等に加工されたものは、州城はもちろん、杭州はじめ、江、浙、淮の市場に売られ（夢粱録巻一二、一六、宋会要輯稿　職官四四　提挙市舶司　至道元年九月）、更に遠く荊襄地方にまで鰾膠を売る客商もあった（廖行之撰省斎集巻五　論軍須禁物商販透漏乞責場務照験税物申明法禁劄子）。一方、明州をはじめ江蘇デルタ地域での非自給的な必需品である鉄鉱、銅鉱、木材、薬材、香料等は、主として福建、広南から舶載され、明州を通過して内地に流通する重要通過商品であったが、明州城内外はこれらの物資の通過を利用した加工業が興った。「生鉄出閩広、船販常至、冶而器用」（至正志巻五）、とあるように、福建、広南舶載の鉄鉱は城下で鉄器に加工され、銅器も同様に鍋釜等の日常品に加工され（同上）、或は銅銭を改鋳して「古器」、「匕筯器皿」等の美術品を製作した（李彌遜撰筠渓集巻三　戸部乞禁銅銭劄子、宋会要輯稿　刑法二禁約　慶元二年八月二七日）。また明州には日本からは当時多量の杉材、硫黄、螺頭が舶載され、銅銭が回貨として密輸されたが（包恢撰敝帚稿略巻一　禁銅銭申省状）、明州城内に棺材を加工製作する「棺材巷」があった（開慶志巻七）。造船業も明州の地理的特異性と資材入手の便に立脚した有力な産業であった。城東北、三江口辺の桃花渡には官営の造船場が置かれ（宝慶志巻三　造船官）、真宗天禧末（一〇一七〜二一）にはすでに一七七隻の漕船を造っていた（宋会要輯稿　食貨四六　水運）。開慶四明続志巻六　郡隘船の条には、明州六県の官府に登録された民船の統計を掲げているが、それは、

	船幅一丈以上	一丈以下	計		船幅一丈以上	一丈以下	計
鄞　県	一四〇隻	四八四隻	六二四隻	奉化県	四一一隻	一二八八隻	一六九九隻
定海県	三八七隻	八〇四隻	一一九一隻	慈渓県	六五隻	二一七隻	二八二隻
象山県	一二八隻	六六八隻	七七六隻	昌国県	五九七隻	二七二七隻	三三二四隻

であり、昌国つまり舟山籍の船が最も多く、奉化県、定海県がこれに次いでいる。この統計は沿海警備に徴用される民船数であるから、沿岸漁船をはじめ、「湖船」と称する多槳（オール）の荷役船を対象とし、内河の漕船は除外されていると見るべきである。いずれにせよ大多数は州城付近の民船造船場で建造されたに相違ない。

以上の如き産業分化は当然、狭義には地域内の、また広義には国内全体の広域的な社会的分業の進展に対応するものである。また穀物の生産分配がすでに富者の独占的な投機販売によって非自給の小民を産出していたように、加工冶金業、造船・舟運業の集中も、当然業主階層と非自給的な階層との分化を意味するものであり、かかる階層の分化によって市場は更に拡大されたであろう。南宋の戴栩は定海県の農村につき「郷里既皆貧乏矣、雖為工、為匠、為刀鑷、為負販、誰其用之、且既有数畝之田、則不得不謂之田産、既為工、為匠、為刀鑷、為負販、則不得不謂之藝業」（浣川集巻四　論抄劄人字地字格式劄子）と耕地の零細化に伴う副業的小商工業者の輩出を指摘している。明州における市場組織はかかる社会的分業の展開を背景とし、需要、供給の平衡を調節する機能として現れてくるが、具体的には㈠農山村漁民の剰余と不足を補完的に交換する組織として、また㈡都市とくに中心市場たる明州の補給をめぐっ

て成立する物資の集配組織として、さらに㈢地域的消費を上廻り、かつ広い市場のために特産化した物資と外来船載品との交換の組織として構成され、究極的に中心市場明州の都市的発達を支えていた。いうまでもなく、㈠㈡は明州における地方商業の、㈢は遠隔地商業の存立基盤である（以上四七〇頁図4参照）。

地方商業についていえば、元豊九域志巻五　明州、宝慶四明志（巻一三、一五、一七、一九）、鎮市に挙げられた市場町「市」、「鎮」の分布（図5　四七七頁）からその市場組織を読み取ることができる。すなわち、鄞県の下荘市、東呉市、小白市、韓嶺市、下水市、小渓鎮、奉化県の白杜市、泉口市、公塘市、慈渓県の門渓市、大隠市、黄墓市、藍渓市、車厩市、漁渓市、定海県の石湫市は、いずれも寧波平野を取囲む山地と平野との境界線上に分布し、定海県の澥浦鎮、定海県市、江南市、奉化県の袁村市（＝鮚埼鎮）は、いずれも海岸線上に分布している。明代天順初（一四五七～六四）の記録と見られる寧波府簡要志巻一　山市の条に就いて見ても、これらの「市」・「鎮」は、竹、木、柴、炭、蔬、果、筍のごとき山地の産物と平野の産物ないし海産物とが交換される定期市であり、いわばこの地域における農水産物の余剰の一次的な交換の市場である。もっとも、これらの「市」「鎮」の下層には、更に小範囲の販路（市場）に拠って成立する民醸民売の醸造所（酒坊）が多数分布しており（開慶志巻四）、原始的な小交換点は「市」・「鎮」以外にも多数存在したのである。しかし一方、小渓鎮、白杜市、下荘市がかつての県治であり、小渓鎮、宝幢市（＝下荘市）、澥浦鎮、横渓市、白杜市、公塘市には商税場が、また林村市、下荘市、小渓鎮、横渓市、下水市、韓嶺市、東呉市、澥浦鎮、南渡市には酒坊、酒務が置かれている事からも判明するように、上掲の「市」「鎮」は、原始市場の規模を超え、県治と農村の中間に介在する市場町であり、農山村漁民の交換の地方的中心地として位置づけらるべきである。なお興味あることに、これらの市場町の分布は、一、二の増減を除けば、明末嘉靖年代（一五二二～六六）まで基本的に変化なく持続していた（寧波府簡要志巻一、嘉靖寧波府志巻九）（四八三、四八五、四八八頁の各図参照）。

次に中心都市明州の補給をめぐる市場組織についていえば、上記の「市」・「鎮」に集荷された物資の一部は、県治を介して、或は直接に明州に運ばれた。下荘市、小渓市が城中の酒務のための糴買場であったことは、市場町と中心都市との間の物資の集荷流通の組織を示すものといえる。輸送距離が遠い交通路上には南渡市、黄墓市、車廐市の如く、客商の宿泊休憩施設を備えた市が中間に介在していた（寧波府簡要志巻一　山市）。四周の後背地から明州への交通は、放射状に発達した河川や運河が利用されたに相違ないが、それらの終点すなわち城東の甬東市はじめ東西南北の城門の草市（乾道志巻八）、および西門と東門を結ぶ大路に接した大市、後市（寧波府簡要志巻一）では全領域から集まった物資と城内外の生産品との交換の市が催された。宝慶四明志巻五　商税、嘉定六年（一二一三）六月六日条の尚書省劄子には「竊見慶元府乃瀕海之地、田業既少、往往以興販鮮魚為生、城市小民、以挑売生果度日、理宜優恤、已出榜市曹関津暁示、除淹塩魚蝦等及外処所販柑橘橄欖之属収税外、所有鮮魚蚶蛤蝦等及本府所産生果（右商税条本文　本府所産生果蘿蔔芋子税銭）、悉免本府在城収税」とあり、城内にもたらされる物資のうち淹塩魚蝦や他州産の果実は通過商品と見なされたが、明州産の鮮魚、蚶蛤蝦、果実、蘿蔔、芋子等の必需品は城内消費の目的で販売されたのである。このほか、城東の売席橋、城内の蕎団、竹行、花行、塩蛤橋、棺材巷、石版巷、油車巷、飯行等の地名（開慶志巻七）は、それぞれの物資が明州に集荷取引され、撰別加工されていたことを証明している。

次に明州を拠点として行われる都市間遠隔地商業がある。明州の地域的消費を超える特産品、例えば越窯、鄞窯、明席、草鞋、海産物、奉化絁、女児布、金波酒、雙魚酒、鉄器、銅器（古器）、銅食器、竹器等は通商路上の好立地を利用して積極的に外地に販売された。明州を経過する物資も、一部は積替に際して城下で販売され、地域内に流通した。浙東西、広南の米、福建、広南の薬材、鉱石、木材、染料、日本の木材等(23)はその代表的なものであろう。また市舶司の抽解を経た南海、日本、高麗等の高価な舶載品とくに香薬も城下で販売されたようである(24)。当時明州に隣接した紹興城内の開元寺では、毎年正月一四日に近傍十数州及び海外の商人を集めて燈市が催され、玉帛、真珠、犀角、名香、珍薬、組繡、漆器、籐器、書画、鐘鼎、彝器の如き高価な貿易品専門の交換が行われ、その盛大さは成都の薬市に匹敵した（嘉泰会稽志巻七　宮観寺院）。明州を拠点とする貿易商は、特に市場性の高い商品の売買をかかる大市によって行ったと見られる。

さて、かかる市場組織の発達によって明州の都市化は進んだ。宝慶四明志巻一三　鄞県志叙賦戸口条によれば、鄞県の総戸数四万

図５　寧波地区の市場町分布（1227頃）

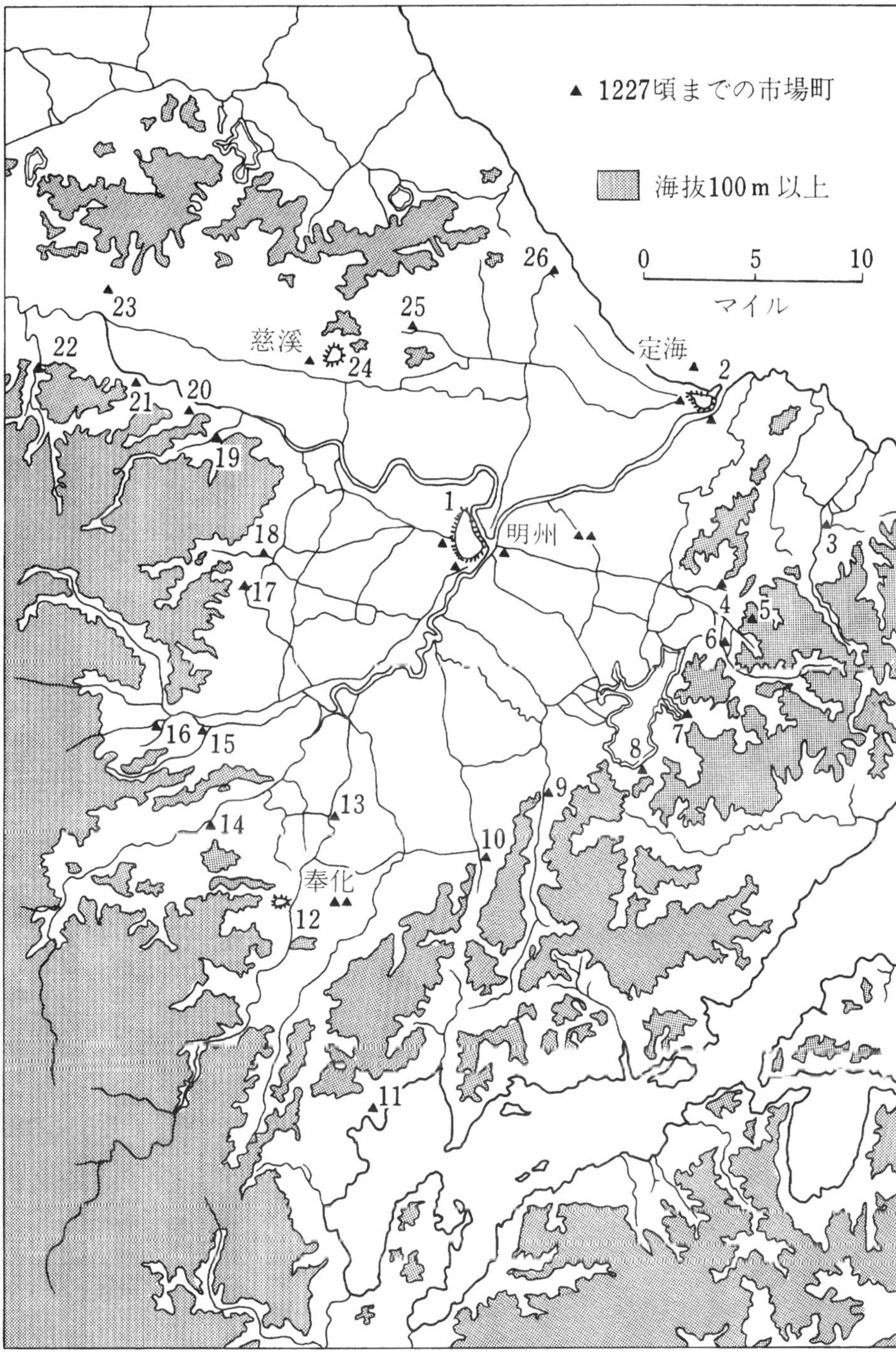

1　慶元府（明州）	2　定海呆	3　江南市	4　下荘市	5　小白市	6　東呉市
7　下水市	8　韓嶺市	9　横渓市	10　白杜市	11　袁村市(結埼鎮)	12　奉化県
13　南渡市	14　阜口市	15　小泙市	16　小溪鎮	17　鳳凰市	18　林村市
19　大隠市	20　黄墓市	21　車廐市	22　藍渓市	23　漁渓市	24　慈渓県
25　門渓市	26　解浦鎮				

一六一七、その中、都市人口に当る坊郭両郷(東安郷、武康郷)の戸は五三二一、城外一一郷の農村戸数三万六二九六であり、全戸数のうち、約一三%が城中に集中している。宝慶四明志巻三　坊巷の条には、州城内に人家が密集して、水路、街衢の如き官有地を侵して家屋が建てられ、防火上危険であると記してある。明州では密集した城内の治安を維持するため、城内を東南廂、東北廂、西南廂、西北廂の四廂の行政領域に分けていたが（宝慶志巻三　坊巷）、溢れた人口が城の東北方、西方に郊外地を形成するに及び、甬東廂、府西廂の二廂を増置してこれに対処した(開慶志巻七)。「市」は県署西、城内ほぼ中央の能仁寺前に大市、東北角に後市があり、大市には「市廊」があった(開慶志巻七)。因に、光緒慈渓県志巻三に引く明の王淮の旧景記に、「中街俗呼大街、以其闊也、自唐開元二十六年(七三八)斉澣画制、闊七丈余、両傍開市河、闊八尺深八尺、東西河傍作廊房、前植槐柳、其下設肆、宋元来皆然」とあり、慈渓県では唐開元二六年(七三八)、県治直前に南に走る七丈の大街を築き、両傍に市河を開き、河畔に槐柳を植え、その下に肆を設け、河の東西傍に房廊を施設し、宋元に及んだことが知られる。鄞県はじめ諸県の「市」も恐らくこのように、「市廊」の付設された大街ないし適当な空地で催されたのであろう(三三一頁の杭州の行市参照)。なお明州には南海商人の寄留地と推定される「波斯団」、娯楽場に当る「瓦子」、その他食店、客店等の存在したこと(開慶志巻七)を付言しておきたい。

㈣　小　結

以上の分析ですでに明らかなように、唐宋時代における明州の発達とその都市化を刺戟した直接の要因は、結局交通と遠隔地商業の発達に帰することができる。すなわち、隋の大運河は本来、華北の政治、軍事的消費地帯を補給するという財政需要に基づいて建設されたが、結果として自覚された輸送効率の増大、市場の拡大は、江蘇、浙江地方の生産性の増大に寄与することとなった。江蘇平原の農業生産性の増大は、浙江山地の産業の特産化を促し、両地域を結ぶ水路交通の要衝、外港としての明州の位置が重視された。

かくて杭州から浙東河が開掘されて明州に至り、七七一年、三江口に築城が行われ、行政府が進出すると共に、甬江流域の経済開発および行政的掌握が本格化するのである。明州の初期の開発を推進したものはむしろ地方官たる刺吏や県令であり、豪族勢力を抑制すると共に、先進的な土木技術を導入し、先ず都市の上下水を確保し、また都市から放射状に四周に伸びる運河を開掘し、同時に水源を確保し、下流の水系を整備して耕地を拡大した。明州地方の開発の第二期は宋の仁宗、神宗年代より南宋寧宗にかけての年代であり、土木投資は更に大規模化し、海岸には防潮堤が築かれ、運河は開浚され、碶閘も整備された。生産件の増大は当然定住、植民の進捗を示すものであるが、明州の行政的領域区分はほぼ神宗年代に完成し、農村の行政的な組織もこの間に整備された。南宋に入り杭州が首都となったことは、その補給線上の外港としての明州の地位を高めるものであった。都市化は進み隔地間商業に依存した諸産業が城内外に興り、人口は膨脹して市街は狭隘となり、一部は城外の近郊に拡大した。しかしこのような都市的繁栄にもかかわらず、地域全体の人口の増殖率は北宋末から南宋にかけてむしろ停滞気味に変化し始めるのであり、恐らく後背地農村においては当時の技術的制約の下に生産力的限界に達しつつあったものと推定される。農民的交換の場であり、地方商業の中心地であった市場町の分布の網の目は、新生市若干を除けばそのまま明末に及ぶのである。このような明州の都市的発達と農村的停滞との不均衡が、果してこの地域の特殊性に由来するものであるのか、或はまた中国農業社会における商業化の一般的様相であるかに就いては、引き続いて他の同様な都市に関する地域研究を試みつつ、解答を引き出して行く予定である。

注

（1）漢書巻二八上　会稽郡　句章、鄞、鄮県条。民国鄞県通志　輿地志甲編、建置沿革。嘉慶重修一統志巻二九一　寧波府　建置沿革。次頁、民国鄞県通志付図一六参照。董沛撰　明州繫年録。

（2）民国鄞県通志　輿地志己編　東郷河渠表　小浹江。

（3）藤田豊八『東西交渉史の研究　南海篇』岡書院、一九三二、六二九～六四三、二八一～三九八頁。

（4）東亜同文会編『支那省別全誌』巻一三　浙江省　一九一九、『浙江省分県簡志』浙江人民出版社、一九八四、浙江概況。

（5）『浙江省分簡志』、郁東明・鄭学溥編『浙江第一個商埠寧波』浙江人民出版社、一九五八、『支那省別全誌』巻一三　浙江省。

(6) 同上『浙江第一個商埠寧波』、姫田光義「中国近代漁業史の一齣—咸豊八年鄞県の漁民闘争をめぐって—」東京教育大学東洋史研究室アジア史研究会・中国近代史研究会編『近代中国農村社会史研究』大安、一九六七、六三～一〇八頁、西里喜行「清末の寧波商人について」上・下　東洋史研究二六—一・二　一九六七、『支那省別全誌』巻一三　浙江省　浙江沿岸の漁業　五四四～五六三頁、東亜同文会編『支那経済全書』巻九　海産物　一九〇八、三八九～四〇〇頁。

(7) 根岸佶『上海のギルド』日本評論社、一九五一、三一～二頁。D. J. MacGowan, Chinese guilds or chambers of commerce and trades unions, *Journal of the North China Branch of the Royal Asiatic Society*, No. 21, 1886.

(8) 東亜同文会編『支那省別全誌』巻一三　浙江省　一九一九。

(9) 東亜同文会編『支那開港場誌』一九二二。

(10) 藤田豊八「支那港湾小史」『東西交渉史の研究南海篇』一九三二。

(11) 市村瓚次郎「唐以前の福建及び台湾に就いて」東洋学報八—一　一九一八。和田清「秦の閩中郡について」東洋史研究一—五　一九三六。北山康夫「唐宋時代に於ける福建省の開発に関する一考察」史林二四—三　一九三九、日比野丈夫「唐宋時代に於ける福建の開発」東洋史研究四—三　一九三九。

(12) 周藤吉之「南宋郷都の税制と土地所有」『宋代経済史研究』東京大学出版会、一九六二、四三五～五五六頁。佐竹靖彦「宋代郷村制度之形成過程」東洋史研究二五—三　一九六六。

(13) 桑原隲蔵「歴史上より観たる南北支那」『白鳥博士還暦記念東洋史論叢』一九二五。

(14) 青山定雄「隋唐宋三代に於ける戸数の地域的考察」(一)　歴史学研究(旧)六—四。

(15) 青山定雄『唐宋時代の交通と地誌地図の研究』吉川弘文館、一九六三。

(16) 桑原隲蔵『唐宋時代に於けるアラブ人の支那通商の概況殊に宋末の提挙市舶西域人蒲寿庚の事蹟』岩波書店、一九三五、八二～九六頁。

(17) 日野開三郎「唐代堰埭草市の発達」東方学三二。

(18) 斯波『宋代商業史研究』六一～二頁。

(19) 池田静夫『支那水利地理史研究』生活社、一九四〇、一七七～八六頁。

(20) 玉井是博「宋代水利田の一特異相」『支那社会経済史研究』岩波書店、一九四二。

(21) 中国銀行経済研究室編『商品研究叢書一　米』民国二六、一三七～八頁。『民国鄞県通志』食貨志甲編　農業　六～七頁。
(22) 周藤吉之『宋代経済史研究』一四九頁。
(23) 斯波『宋代商業史研究』二二六～七頁。
(24) 藤田豊八「宋代の市舶司及び市舶条例」(『東西交渉史の研究　南海篇』)。

2　宋以後の寧波

以下は、宋以後における寧波とその経済的後背地に生じた、都市発展および都市化の景況の概述である。

(一)　経済の概況

元から明への移行期になると、寧波の発達は台州の塩商方国珍の乱、蘇州に拠った張士誠の乱、これを掃討した朱元璋の征戦によって、大運河とそれに依存する地域の経済が麻痺したために、大打撃をこうむった。加えて明に入って重い税役が農民に課され、また明朝は宋・元の強大な海軍力を継承して、鄭和の遠征にいたる海外征覇を試みながらも、その外交・海外貿易政策は一転して閉鎖・消極を旨とするようになった。きびしい海禁の下で沿岸の公的な海上商業は後退し、密輸と海寇が醸成された。寧波は周知のごとく倭寇の標的地、そして不法な沿岸貿易の中心地となった。

一三九一年（洪武二四年）の戸口統計では、鄞県の戸口は南宋期に比べてほぼ倍増しており[(1)]、同県下の農民数がすでにかなり拡がった寧波市を補給するに足る規模に達していたことが推定できるのであるが、明初の一〇〇年の間、戸口編審上の明らかな漏口の傾向があるという指摘[(2)]を承知した上でもなお、寧波市の都市発達に停滞が存したことは否定できない。図1をみると[(3)]、宝慶三年（一二二七）と成化中（一四六五～八七）の間に、ただ、二つの新しい村市のみが後背地に生れ、一方、同じ二五〇余年の間に、一二二七年前には存した二つの市が閉されている。

図１　寧波地区の市場町の成長（1227頃〜1560頃）

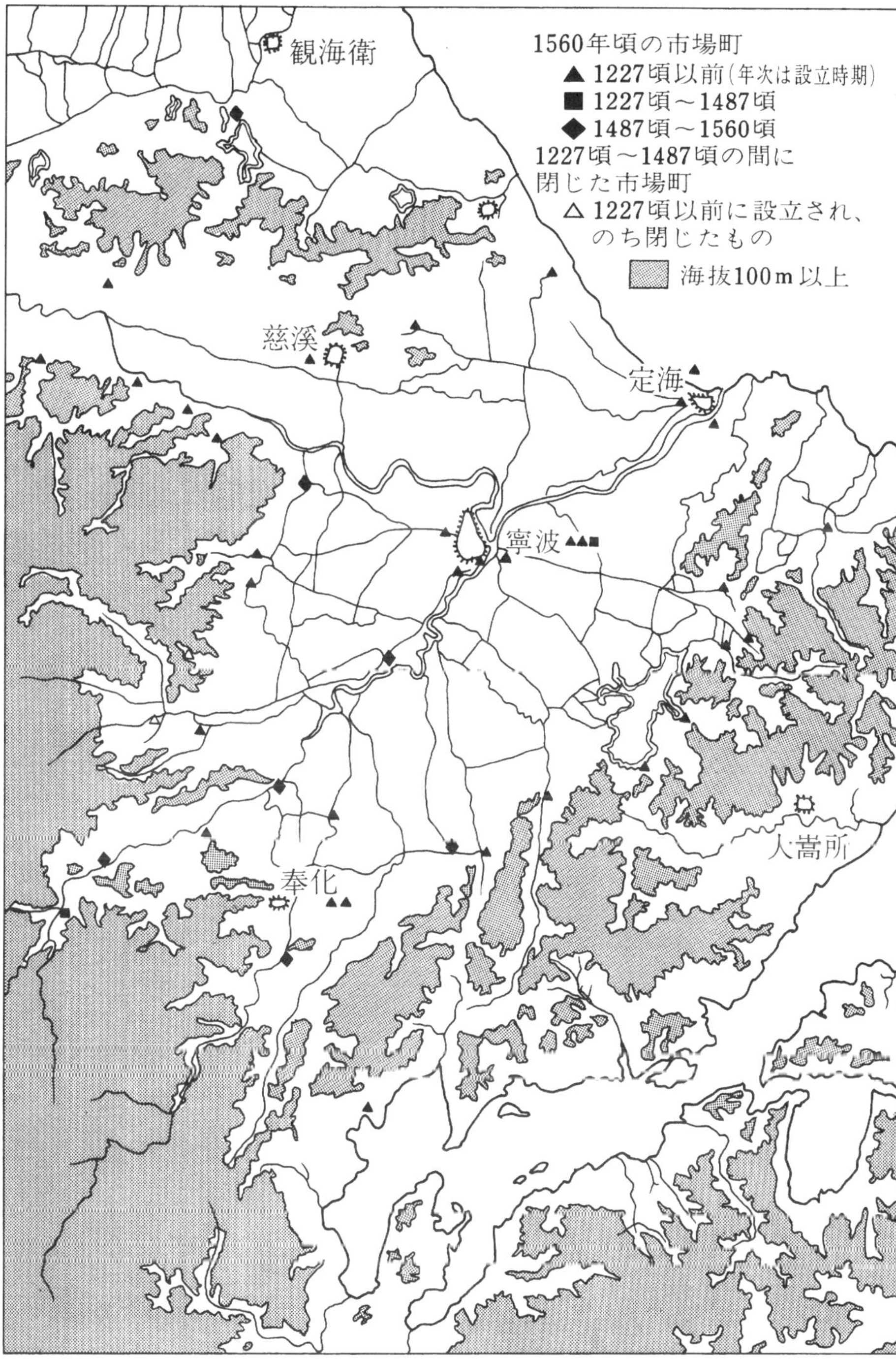

しかし、明の中期になると、商業化のペースは加速されてきた。すなわち、農業の回復・手工業の分化が、沿岸貿易の再起と連動して生じてきた。元代以来、長江下流諸港における海運業は、東南海岸ないし嶺南地方の諸港との海上商業に携わるか、或は北方沿岸の諸港との海上商業に携わるかで分化を生じていた。[4] 寧波で南幇または南号と呼ばれる南方舟運専従の業者は、木材、貴木、鉄、銅、麻布、染料、薬物、胡椒、砂糖、乾菓、香料、雑貨を輸入し、南方諸港に絹、棉布、陶磁、海産物など、長江中、下流域の産物を輸出した。北方舟運に携わる水運業者は、北幇または北号と呼ばれ、大豆、豆餅（棉花栽培のため需要の急増した）、牛骨、獣油、薬物、染料、乾魚、乾菓を輸入し、米、砂糖、海産物、薬品、棉布、紙、竹材、木材、雑貨（いずれも長江中・下流域、閩、粤、南海の産品）を輸出した。[5] 寧波土着の舟運業者はこの南北幇いずれにも加わったものの、その双方において勢力は微弱であった。彼らの主たる競争者は、南号では粤商、閩商であり、北号では江南商、山東商であった。一六世紀になると、寧波が演ずる北貨と南貨の地域的集散中心という役割はますます重要になってきた。銀が農村地域に通貨として流布するにつれ、土着の商業が再生し、隆慶元年（一五六七）に海禁が解かれるころ、日本、スペイン、ポルトガル将来の銀が、中国南岸諸港ならびに寧波を介して中国奥地へと流入した。[6] 明代中期における経済回復の一つの断面は、寧波とその後背地における市場取引の構造に反映している。図１に示したように、ほぼ成化二三年（一四八七）から嘉靖三九年（一五六〇）の期間に、七つの新しい定期市が興り、この間に閉鎖したものは皆無である。

ところで、万暦、康煕、乾隆、咸豊の各期について、寧波平野の水利改修、浚渫、再編を語る興味あるデータが若干ある。[7] これらの土木工事は有力な紳士や富商の指導力の下で営まれたように思われる。例えば、康煕年間（一六六二〜一七二二）、慈渓県の知県の林夢麒は上奏して、餘姚江流域の同県内の全水路網の浚渫計画を提示した。[8] 林は必要資金は、五〇畝以上数百畝に及ぶ土地を所有する大地主から典商、大鋪に至るまで、上・中・下の三則で按分して銀を醵出させて賄い、数の上では多数に属する零細な土地所有者に課するべきではないと主張した。また労役の徴発についても、無告、残疾、六〇才以上、一五才以下の老稚を除いて、全県下の沿河居民より「郡城＝寧波府の例」に照らして徴すべきであると述べた。保長に工事の監督を委ねようとする一部の意見に対して、林は保長が率ね無頼の細

図６　寧波地区の市場町の成長（1560頃～1730頃）

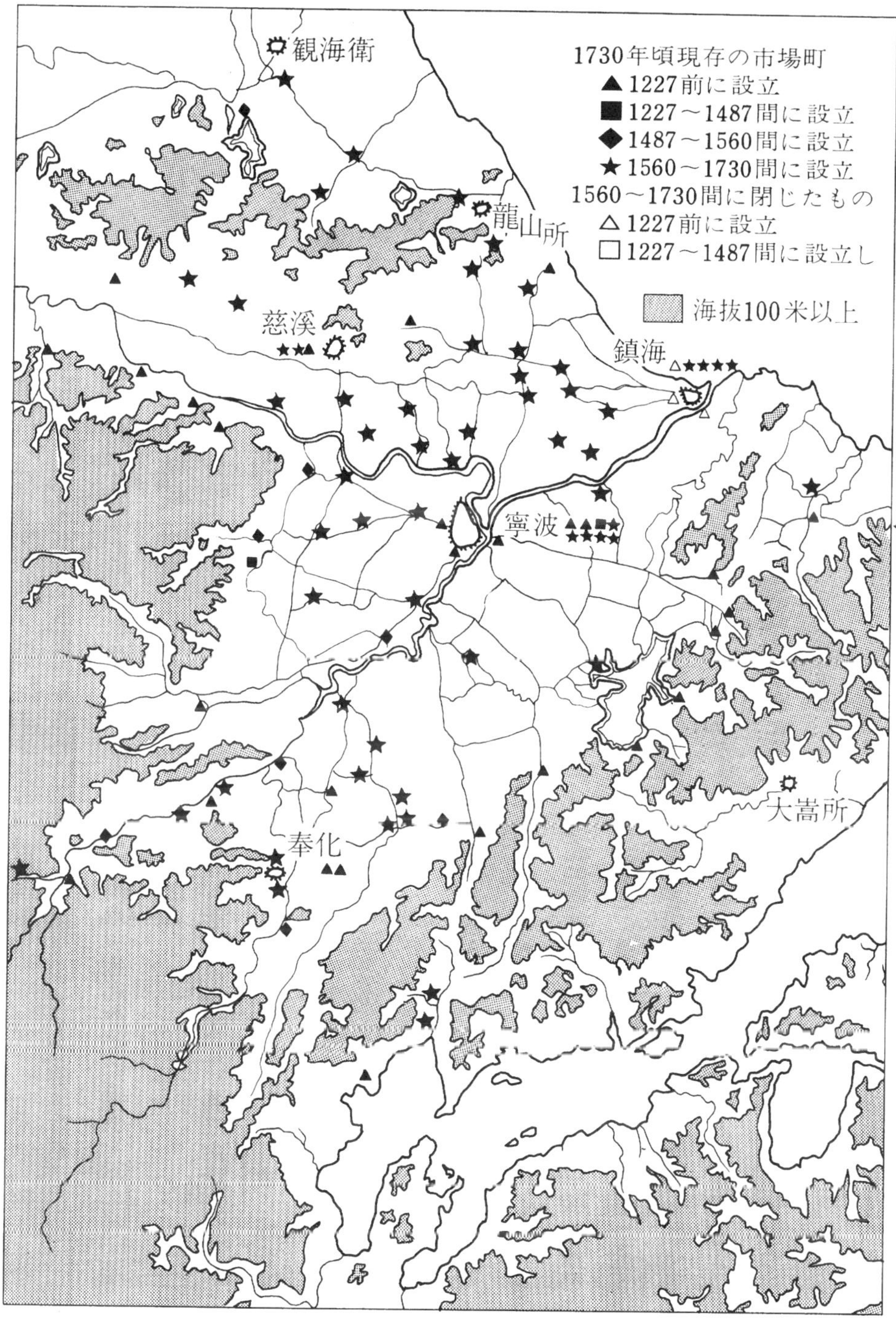

民であり、酒食を嗜み、錐刀の利を競うことを挙げて反対し、公廉殷実にして才芸ある者を紳衿、士庶の別なく択び、各都に正副二名を充てることを提案し、こうして前江と呼ばれる慈渓県南の河川沿いの農地の水利は著しく改善された。

図6は、嘉靖年代末（一五六〇頃）から雍正年間（一七二三〜三五）にいたる、一五〇余年間に、寧波地区の市場取引網に生じた発展を示している。寧波平野の中で、餘姚江と甬江以北の平野にある農民経済は、同地方の農村市場網がくまなく全体に拡っていることからみて、この期に古典的な完成状態に達したといえるであろう。そのほか、寧波市のすぐ西方と、奉化県の北東の平野部とに農村市場のいちじるしい成長が見られる。また堰堤と排水路の建設という、水利土木のかなりの改良がこの期にはあり、ために寧波市の東と南の平野部、そして象山湾に面する北東部で漸進的な入植が進むようになった。なかでも、象山湾岸の大嵩河が清初に堰堤で護岸されたことは、注目すべき新しい成果である。ただし、これらの後発の開拓地での生産性は、この段階では二三の村落市場をやっと支える程度にとどまっていた。(10)

こうして、寧波平野での入植者は若干の困難な問題に直面していた。水位が場所から場所へと様々に異なるところでは、農民は水利灌漑のために甚大な労力を費さねばならなかった。また土地保有はますます零細規模になる傾向を示し、ことに鎮海県内と東銭湖の周辺で甚だしかった。(11)米作からの収入の不足を補うべく、多くの農民は副業的職業の分化を発達させた。寧波市の西方平野での織蓆と咳薬である貝母作りは、清代までにその特産となった。(12)棉田に転じうる土壌は、餘姚県、慈渓県、鎮海県の北部の砂質地、そして大嵩河の下流域に限られていた。餘姚県では、棉作は元代に導入されてからひきつづいて拡がり、清末には約七割の農民が棉作に従事していた。鎮海の棉田比率は約一七%であった。(13)なかんずく寧波地区の住民が専業化し、また独占した職種は漁業と漕船業である。一九世紀には、恐らく就業人口の五分の一は、これらの職種に携わっていた。鎮海市周辺の村民や象山湾岸の村民は、ことに漁業を専業としていた。(14)

一八世紀初めまでに、中国本土内陸の若干の空白の部分を除き、国内商業の主導権は、安徽の徽州商人、山陝両省境の山陝商人、閩南漳泉の漳泉商人の三大集団の手に帰していた。[15] 徽州商人は全土の大半で塩専売の利を中心に勢力を伸し、山陝商人は政府の財政運用に密着した滙票そして貿易を通じて商圏を広げ、閩南漳泉商人は海上の隔地貿易を制圧した。山東諸港出身の商人、福州商人、広東商人も沿岸貿易で重きをなした。すでに明代以来、山陝商人も徽州商人も、寧波に進出していたが、[16] 徽州商人は一九世紀前半には寧波での塩取引を制圧し、さらに活発に輸出入貿易に従った。寧波土着の商人集団が漸く台頭するのはこうした状況の下においてである。寧波集団はその競争者たちを排除して進出すべき事情にあったとはいいながらも、彼らの身につけたすぐれた商業技術や金融の才は、むしろ競争者たち、ことに徽州商人や漳泉商人から学びとったものに相違ない。一八世紀における商業的発展は、[17] 寧波における手の込んだ銀行制度を発展させるに与ったようである。寧波市内の有力な銭荘の大半は一七五〇年後の一世紀に創設されているのである。紙幣を発行し、手形交換所を備えるこの種の旧式銀行は、ほぼ確実に寧波市で発生し、寧波幇の上海移住に付随して上海に導入されるという経過を辿った。[18]

ここで逆説的と思われることは、長江下流域に寧波商人が拡散した事情は、まさしく寧波が商業上で下降し、かえって上海がそれに取って替る逆転によって促されたということである。中国奥地との商業にとっての中心地としては、寧波は上海に抗することができない。すなわち寧波から浙東河を経て杭州、そして大運河に接続する水路に依る限り、途中で堰閘ごとに積卸し、荷役を重ねるため、交通経費が大いに嵩んで利益を大幅に損なうからである。まさしく蒸気船の出現が、寧波からその商品転送の機能を奪い、しかも寧波の地域後背地は浅いために、舶載製品に対し、広い市場を提供できなかったのである。こうした事情のゆえに、寧波は一八四三年に条約港に指定されたのちも、広く海外商業を伸ばすことが一度もできなかった。またその仲継ぎ港としての威信も、一八九六年に杭州が条約港に加わるとともに、一そうますます下降してしまった。その一方で、この状況変化以後、寧波商人は一貫して地域内の商業変化に対して呼応しつづけ、彼らが急速に台頭してきた上海港に向けて移住する道を採ったのは、すでに一八世紀このかたの現象であったのである。

図7　1900年頃の寧波地区の市場町

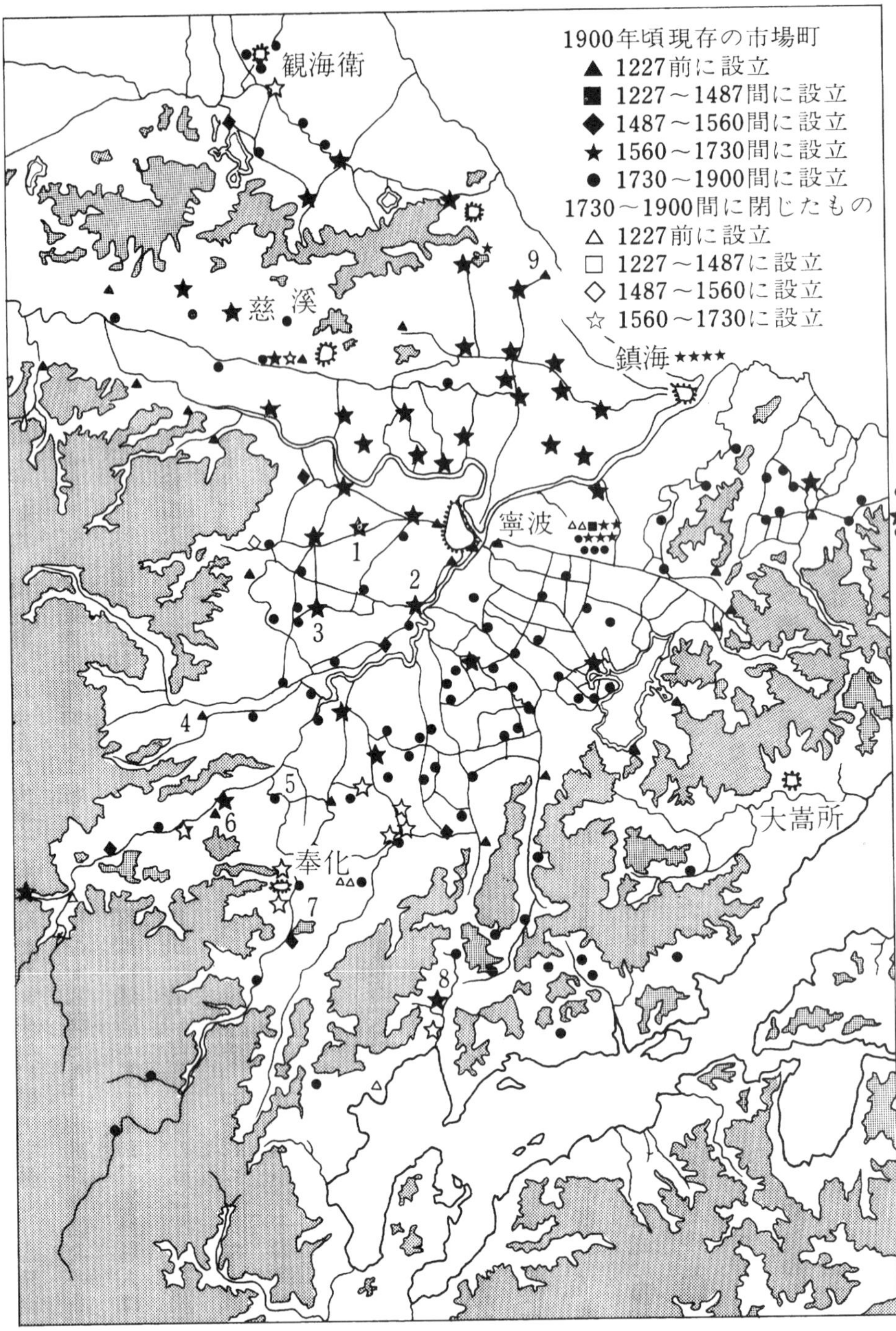

本文中に言及している市場町：(1)売麺橋市，(2)石碶市，(3)黄姑林市，(4)小渓市，(5)江口市，(6)泉口市，(7)大橋市，(8)蕈湖市，(9)解浦市

ところで、寧波の隔地貿易の中心地としての重要さは減っていったものの、同市は地域の中心地としては普通りに繁栄していた。寧波の旧式の戎克（ジャンク）商業は、咸豊期（一八五一〜七四）・同治期に盛期を迎え[(19)]、寧波が経済的には上海に従属する一つの地域の中心としての新しい機能上の地位に座したので、むしろ活発な地域発展を支えるに足る取引に恵まれたのである。一九世紀の後半には、草帽製造、レース編み、棉織布、漁網製造、裁縫業といった農村副業が発展した（後述）。上海—寧波市間に定期の蒸汽船の就航が生じ、また地方の交通効率にも若干の改良が施されてくると、寧波の後背地内にもたらされる商品の範囲が増し、農業の商業化を育てた。多くの定期市場が、都市後背地の至る所に新しく設けられるようになった。第7図[(20)]から明瞭に分かるように、奉化江と甬江の東南部の平野での農村経済は、ようやく清朝中期になってはじめて成熟した発展状況に達した。今や寧波平野中くまなく、稠密な市場町の網の目が広がり、農村市場は慈渓県北部の杭州湾岸の平野や、鎮海県の東南方や、象山湾沿いの北部といった辺縁部でも十分に発達してきた。

(二) 都市組織としてみた寧波市

寧波市の立地の地形的な特色を再説すると、都市の東側には餘姚江と奉化江が合流して流れ、西側には運河兼城濠が走っている。地図8[(21)]によって市内を見ると、運河の網の目がほぼ全ての部分に四通八達している。市内でもっとも幅広い幹線大街が西門と東渡門を結んでいる。この大街は二本の大事な南北の街路と交わっている。一つは、もう一本の主要な運河と並行しながら、南端の商業区から、城壁の東北部にある和義門へと走っている。前述の東西大街がこの運河を跨ぐところに架設された観橋は、この都市の方角上の中心点とみなされている。すなわち、北大路、東大路、南大路、西大路という観橋から放射する大路は、みな四方位の名を冠していることから、それがわかる。もう一つの主要な南北方向の街路は、都市北部の分巡寧紹台道公署から市の南端の大廟に至り、そこで南門に通ずる街路に合流する。この第二の南北路が西大路と交わる所は鼓楼の立地する点であり、この南北路が鼓楼大街と呼ばれ

図８　清末の寧波市

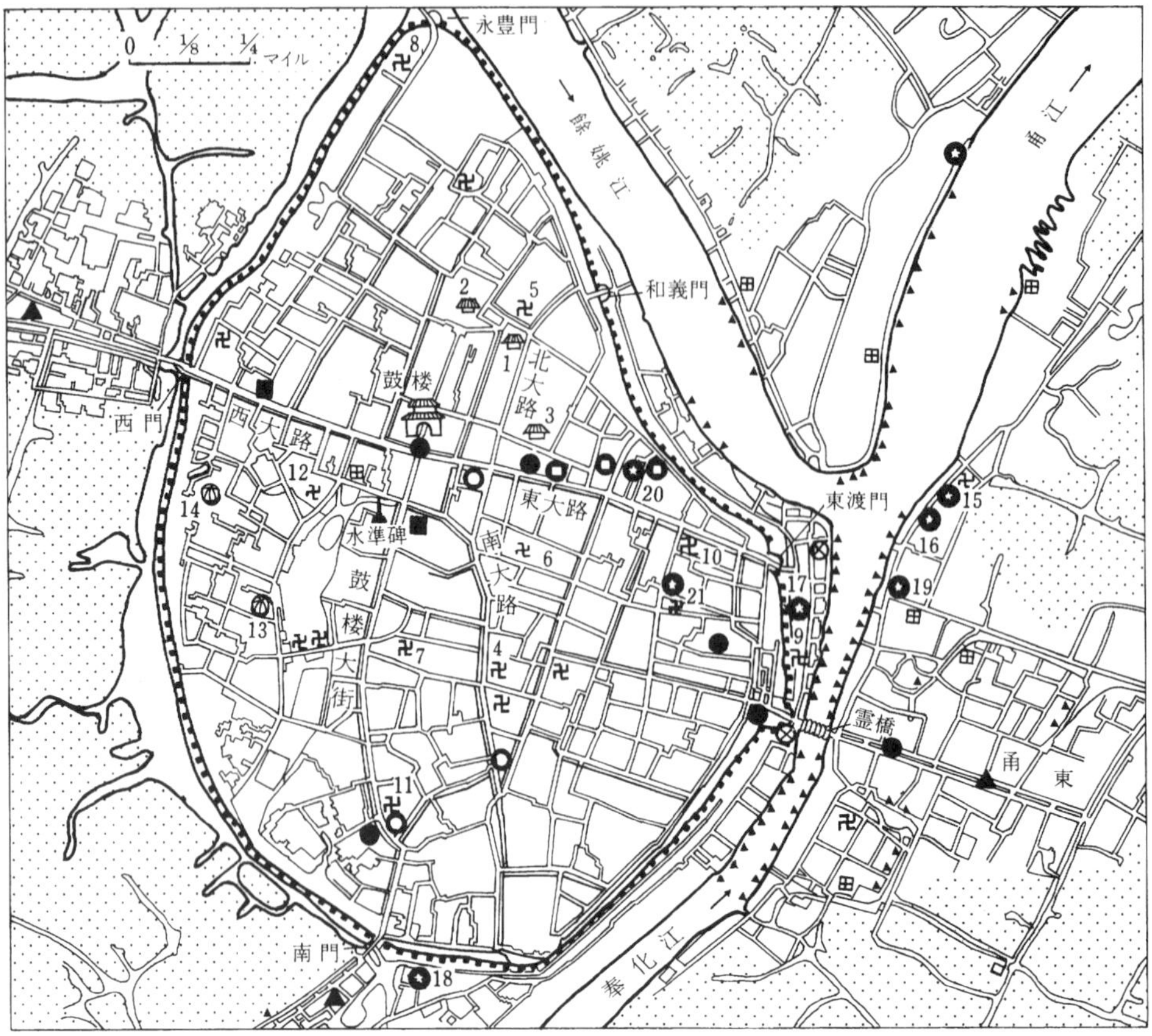

官庁 🏛
1 寧波府署
2 寧紹台道署
3 鄞県署

宗教施設 卍
4 府城隍廟
5 府学
6 県城隍廟
7 県学
8 文昌閣
9 天后宮
10 薬皇殿
11 大廟
12 新水仙廟

学術施設
13 月湖書院
14 天一閣

ギルド・同郷会館 ★
15 南号会館（南幇）
16 北号会館（北幇）
17 銭業公所
18 嶺南会館（広東）
19 閩山会館（福建）
20 新安会館（徽州）
21 連山会館（山東）

一八七七現存の市場
▲一四八六年前設立
■一四八七～一七八八年設立
●一七八八～一八七七年設立

一八七七年現在消滅せる市場
⊗一四六五～八七の間存在、一七八八までに消滅
◘一四六五～八七の間存在、一七八八にも存続、一八七七年までに消滅
○一七八八までに設立、一八七七までに消滅

その他
田倉庫　▲船埠

Y. SHIBA, Ningpo and Its Hinterland; in G. W. Skinner(ed.), *The City in Late Imperial China*, Stanford, 1977.

るのはこの故である。その外の街路、小路、路地はほとんど狭く湾曲している。概していえば、文・武の官衙は都市の北部に在り、公設の大廟や府・県城隍廟などは市の南部に在り、この点では多くの他の行政都市と大同小異である。

一五世紀の寧波市内には城内に三市を有するだけであり、すべて東大路の北側にあった。大市は県衙と東大路の間の辻にあった。中市は東大路より少し奥に、大市の二街東で催された。後市はもっと東に、東北の城壁に近い所で催された。この三市のほかに、都市の四門の外に市が立っていた。これらの市は一旬一回の頻度で開かれた(すなわち毎月三回)。西門外市は八―一八―二八の日取り、南門外市は七―一七―二七の日取り、霊橋門外市は四―一四―二四の日取り、東渡門外市は九―一九―二九の日取りであった。第五の郊外の市として、甬東市が不定期に開かれていた。その位置は東郊の甬東にあり、また霊橋門前の浮橋である霊橋から東五里にあった。以上の郊外の市は、いずれも周辺の村々から都市のほとりに通ってくる小舟のための埠頭や繋船地が連なっている水路やその近傍に位置していた(22)。

嘉靖四五年(一五六六)後の不詳の年になると、東門外の東渡門外市と霊橋門市は廃止され、二市の機能と日取りは、霊橋市の東約二里にできた新しい東津市にひきつがれた。こののち、二〇世紀はじめに至るまで、寧波市の郊外市には事実上何ら変化はなかった。しかし城内での市場施設はかなり変動した。明初の三市は一七八〇年代まではまだ存続していたものの、この一七八〇年代までに、市内に五つの市が新しく加わった。しかし光緒三年(一八七七)までに、この八市のうち六市(旧来の大市・中市・後市を含め)は廃絶し、代って新しい五つの市が新設された。ところで光緒三年(一八七七)当時、寧波市には城内に七市があり、うち一市は西門のすぐ内、一市は霊橋門のすぐ内にあった。地図8で分かるように、市場地の立地は幾つかの城門と主要大街で構成される交通システムに呼応する傾きがあった(23)。

以上の日常必需品を扱う定期市場とは全く別に、都市の各部分や郊外(城門外)には常設の商店区が見出される。東大路とその西の方につながる西大路は、商業上の主軸であった。東、西大路の各場所、そしてそこに連なる小路には、布帛、食料、鞄、帽子、家具、木材、竹材、絹糸、薬の店が櫛比し、質屋や飯店も点在していた。多くの場合に、このような店は商売ごとに群居し、ために街巷の名も竹行巷、薬局衕、餅店衕、南飯巷などと表示されている。東渡門のすぐ内側には別の大きな商店街があり、その主要なものは木製什器店、竹器店、印刷・書籍商である。一方、霊橋門のすぐ内側にも別の大商店街があり、薬商と木製什器、竹器、漆器を売る店がことに多かった。この近くにあった薬行街はいうまでもなく薬商の集住地である。東渡門と門前近くを流れる奉化江の間の狭い帯状の地区は江厦と呼ばれ、城外のもっとも殷盛な商業区である。奉化江岸沿いには戎克、小帆船、サンパンの繋留施設があった。銭荘がこの江厦に集中していたほか、海産商、砂糖商、木材商、麻布商、穀物商も集まっていた。北号や南号など、南北方面の沿岸貿易の基幹商品業者は、ここに店をもった。船廠、福建会館、天后宮、慶安会館（漕船業会館）はすべてここに在った。魚桟衕、糖行街、銭行街などの江厦の地名は、専業店の集まった場所を示している。甬東は奉化江対岸の、もう一つの殷盛な商業区である。ここにも北号、南号、海産商店、木材商、穀物店が見出される。さらに甬東独自と思われる商売としては、石版商、鉄材商、柴燭業、紙商、染料商、雑貨商、牲畜商、蔬菜商、果実商、その他食料店である。甬東地区は倉庫や精米廠でも知られていた。船廠はこの地区の下流沿いに、サンパンの埠頭は逆に上流沿いに位置していた。特定取引の場所ごとの集中については、米行街、木行街、売蓆橋、羊店街、売飯橋、冶鉄街、冶鉄巷、鍋廠巷、錨作巷、打航巷等の名が手がかりを与える。一方、餘姚江の対岸にあった江北は、寧波が条約港になってのち、租界がおかれ、やがて同市東北郊の商業区になってゆく。(24)

㈢　職業上の分化

次に、都市内の諸企業と、その職業上の分化した組織に言及しよう。寧波の労働人口についての頼るべきデータが得られないので、むしろ一歩退いて職業別の分化の様相を示す概略の推計について検討したい。一八五七年に George Smith が行った調査では、ある土着の聡明な学者の推定として、寧波城内に住む有給被傭の者のうち五分の四は労工か商人であり、残余は知識階層である。また郊外では六〇%は農民、三〇%は工匠、一〇%は漁民ないし船夫である、という。(25) この最後の推定を一部補うものとして光緒の寧波府志があり、そこでは郷村の六〇〜七〇%の民は農民で、二〇〜三〇%は漁民か船夫であると誌す。(26) しかし、城内の上記の数値は、Nyok-ching Tsur 博士の分析に従う限り、明らかに疑わしい。すなわち、Tsur 博士は、一九〇〇年代初期の水道会社の編纂した数字に依って、城内人口は三〇万人、うち一二万は有給被傭者、その内訳は六〇%が商業、三〇%が農業、一〇%が雑業（学者、僧侶、占卜師、医師、使用人、料理人）、さらに営業部門人口の内訳は、四〇%が商舗、三五%が独立の職人か工匠舗の被傭職人、二五%が各種の奉公人であると説明している。(27)

寧波の営業的企業を述べるに際して、生産者を商人から区別することも、あるいは手工業を商業から区別することも、往々にして困難である。しかし手工業製品をつくる企業は、果してその製品を市販しているか否かを問わず、一義的には手工業的企業と見なしてよい。漆器製造、木雕什器製造、そして貴金属、卑金属加工は、寧波がそれらの名声を揚げ、広い市場を誇っていた営業である。優秀品の多くは注文生産でつくられた。たとえば金属加工は大変に有名であり、中国全土はもとより、シンガポールからウラディオストックにまで至る幅広い顧客層が、寧波産のすぐれた雕金を求めていた。これと並ぶ著名な寧波特産品には、家具什器、漆器、仏壇があった。(28) Nyok-ching Tsur 博士によると、寧波の職人は特別の注文に応じて、装身具、奢侈品、そして農民が自らつくり出せない物品を生産した。(29) 概して輸出は数量が限られ、注文も季節ごとに変化するので、職人の数も限られざるを得ない。顧客層が官僚や富民である職人は、城内の官紳区の近くの胡同に居住したが、顧客層が農民や普通市民である職人の生活はもっと不安定なものであった。職人は需要が不定なことで苦しみ、ギルドを組織、形成することに熱心であった。通例、学徒は一三歳か一四歳の親方の血縁者の中から求められた。三年間、無給で訓練をうけたのち、彼は平職人になる。そしてさらに三年間、親方の仕事場で手伝ったのち、彼は将来もそこに留まるか、自分の店を持つかのいずれかを選ぶ。こうした習慣はこの地域を通じて大同小異であるという。(30)

工匠の店には二つの種類があった。一つは単独の親方の店であり、もう一つは二人以上の親方達の合股（企業連合）である。概していえば、日常品を供する小手工業は前者である。例えば、布製の靴、玩具、提燈、竹細工、襤褸や不用品よりの再生などの職人は資金も仲間も限られており、標準的な店では一親方、一徒弟である。同様に、日用品や地場消費の商品としての家具、靴、草席製品、行李、俎板、木杓などの職人も、資本は少額でよく、組織も簡単である。すなわち一人の親方と、一人ないし四人の平職人、そして二人の徒弟という規模である。もちろん、こうした場合には仕事の分化も少なく、単純で、全作業工程は親方の指図に従ってなされる。たとえば、ある家具店の親方は、市で木材を買ってきて、息子たちが製品を客の家々に届けるといった具合である。(31)

その一方、高額の奢侈品をつくる店は、総収入に季節変動があるので、これを乗り切るだけの十分な資金を要する。旧暦の正月には債務が支払われるし、人々は贈物を求めて買い物をするので、需要はふえる。しかし夏と旧暦の歳暮には、信用貸借が大いに窮屈になるので、時には取引が中止される。ために大部分の奢侈品製造業者は合股の形で一種の合名企業をつくり、彼らの資金、材料、工具、仕事場、労力をプールする。さらに、象眼家具や木雕、漆器、金銀銅細工などの業者は、製造工程でも販売部門でも大いに分化しているので、親方達は合名企業をつくった方がより利益になると考えている。この種の二つの合股の成員をみると、共に一二人の親方、二〇人の平職人、四人の徒弟、そして若干の様々な使用人から成っていた。それぞれ、作業は二〇から二五の別々の工程を含み、その一つ一つが親方の一人によって監督されていた。完成品は在庫目録に記入して、のちの販売に備えた。金銀細工店では、生産部門はたいてい一〇人の親方をかかえ、各親方が助手、平職人、徒弟から成る専門化したグループを指揮した。販売部門はたいてい八人から一〇人より成り、その際、一人は現金出納の支配人、二人は会計掛、そして五人以上が店員という構成であった。(32)

寧波で多い別の企業形態は問屋制である。いま述べた手工業企業のように、それはもともと商業的企業というよりは、手工業的企業とみなし得る。この制度には、桟、荘、行と呼ばれる問屋があり、農村家内手工業で生産される商品の集散を組織したり、資金供与をした。問屋は倉庫、代理店又は卸―小売り店を他の都市にもつ大規模な企業主であった。問屋は客商、集買人、仲買人を介して融資したり活動をする。後者は(一)農村家内手工業者に原材料を供したり、製品を彼らに注文して取寄せ、(二)完成品を集荷し、品評し、梱包したのち、問屋へ送る。需要は地方ごとに異なるから、大規模な企業主のみが、個別の需要に先んじて好機を摑むに必要な都市間の市場条件についての情報をもっていた。(33)

この種の問屋業は、大別して、その製品が完成品の部分品であるものと、完成品そのものであるものに分けられる。格子製造業、寝台製造業、竹傘製造業は前者に当る。数多くの家具製造業は問屋の手で組織され、問屋は作業を専門職人に下請けさせた。こうした職人の仕事場は、市内の街路を一マイル余も占めたという。雨傘製造の場合、傘の骨づくりは、自分の竹山をもつ山村の民の専職であった。男が竹の骨を削り、婦女がそれを滑いた。市の立つ日ごとに、彼らはそれを雨傘業者(問屋)に売った。業者は骨を撰別して上、下二等に分けた。紙に使う油は杭州の業者から買うか、或は寧波市の仲買から三ヶ月の掛け買いで求めた。(34)

第二の問屋制のタイプに当るものは、草蓆、草帽、刺繡模様の絹、綿布の製造である。草蓆についてみると、問屋は草蓆を近郊農民に下請けさせてつくらせ、その際特別の幅やサイズを注文する。草蓆の製造工程といえば、旧暦五月に農民が藺草を刈り取り、藺草を集め、泥水に漬け、乾燥させ、蓆に編む。完成品は百個ごとに梱包して問屋に売り、問屋は別の都市に店を構える委託代理店を通じて商品を捌く。草帽製造についてみると、問屋はあらかじめ、大量の草稈を個人個人の土地所有者ないしは団体の土地所有者(都市の宗族や子房で族田を委託耕作させているものを含む)から買い取り、見本の草帽を添えてそれを自分の代理人を通じて小規模な家内副業農家に配らせた。たいていの企業主は莫大な資金を要した。というのは、あらかじめ草稈の代金を支払い、代理人に対して現金で取引し、完成品を数旬にわたり保管しなければならないからである。(35)

光緒寧波府志巻二 風俗に述べられている「百貨咸備」という表言を裏づけるかのように、一九三五年の鄞県通志には約八〇の商業上の職種が記録されている。(36) なかでも、薬業の分化は商業上の分化一般の代表格である、四つの別々の役割がはっきりと定っていいた。山貨行は地方廻りの仲買業であり、彼らは浙江省内部の薬種のみを集荷した。裏号（客幇）は同じ旅廻りの薬の仲買商であっても、四川、雲南、山西、福建、広東に及ぶ広大な集荷圏を備えていた。山貨行も裏号もその薬種を長路行という卸商に売り、長路行はこれを転じて薬舗すなわち小売業者に売った。(37)

次に姫田光義教授の研究に依って清代における寧波の海上漁業について、地域内の分化の様相を見よう。まず漁東という企業主があり、漁船を操業させ、漁夥と呼ばれる船夫を傭い監督し、重要な生産上の決定を下した。通常は漁東は漁船と操舵具を、取引のある卸商から賃借するか掛け払いで買った。時には独立の船主から同上の賃貸や掛け買いをすることもあった。漁東は漁獲物を鮮客という仲買人に売るが、鮮客は沖合いの漁場近くに出向いて買付ける。この際、金銭の授受よりはむしろ買鮮摺という押印した受領証が漁東に渡される。鮮客はついで数隻分の漁獲物を、自分が委託を受けている寧波市の卸商（鮮魚行と鹹魚行に分かれる）に向けて発送する。卸商は魚を集め、加工し、等級を付したのち、他の都市にある輸入業者に送るか、或は地場ないし近辺の小売業者（鮮魚鋪ないし鹹魚鋪）に二〇日間の信用期限をつけて引き渡した。行販という振り売りの小売業者は、ふつうは商品を鮮貨鋪または鹹貨鋪から供されるが、時には卸商から直接に得ることもある。さて、漁東は定期的に買鮮摺を携えて寧波市の卸商に立ち寄り、現金で支払いを受けるか、鮮単という交換手形を受けとる。この鮮単を受けた漁東は、卸商に金融取引をしている銭荘で現金に換えたのである。この二種の支払い法からみて、鮮客という仲買人が漁東と卸商(鮮魚行、鹹魚行)双方から委託を受けていることになる。卸商が値建て、生産要素の賃貸、手形発行を通じて漁東に対し決定的な支配を及ぼしたことは申すまでもない。卸商はまた、過賬制度(下述）にもとずく信用のゆえに銭荘に従属していた。(38)

一九世紀には、この種の卸商又は問屋と同系列の小売商との間の機能分化の実例は無数にある。米商でいえば行桟（または米行）ないしは廠店（または米店）、酒商でいえば酒坊（醸造業と卸商）、酒行（卸商）、酒店（小売店）、紙商でいえば紙行、紙店、金銀箔業では箔荘、箔鋪、木綿商では花行、花荘、花店の類いである。卸商は屢〻商う商品の性質に従って分化していた。例えば、木材商は輸入良材を扱うもの、地域の木材を扱うものの別があるが、後者の中には松とか樅のみを扱うものがあった。小売業も同じく取り扱う商品で分化していた。小売商はまた店鋪所有のものと屋台をもつものとに大別できる。後者は更に細かく、屋台が日覆いのある蔬菜市場にある攤販と、露天にある肩負とに分けられる。(39)

しかし卸売と小売は、必ずしもはっきりと分かれているとは限らない。一九四二年の報告に、ともに清末に創業した永康棉布行と隆昌帽扇百貨店という寧波の二商鋪について述べ、卸売りと小売りを兼営し、前者は繊維商であり、後者は衣服と綿製品の店であるという。ただし他の店は、はっきりと小売店である。報告が述べるこれらのうち二つは阿片戦争前に創業した。雲章綢布荘は綿布、絹、毛織物店であり、大有豊百貨店は綿布、絹や毛織物の染料、湯沸し、盥の店であった。(40)

寧波人にとって金融はよく発達した特技であった。金融の制度は大別して二種があり、一つは銭荘で、もう一つは当鋪、提荘、そして折衣荘を一括したものである。(41) 銭荘は過帳と呼ばれる信用制度を用いる土着の銀行である。(42) 銭荘をさらに分類すると、定量の流動資本額以上(一八五八年次で三万両以上の資本力の大同行)を備えたものと、それ以下(三万両以下の小同行)に分けられる。後者は大同行から独立に信用を広げたり融資することは許されなかった。銭荘の内部組織は高度の分化を示していた。股東はめったに直接に経営に手を下すことはなく、経手という経営者(支配人)を傭った。経手はもっぱら股東に対し責任を負い、スタッフと股東達との間の連絡の役を勤めた。経手は店の対外代表者、そして外交主任として働き、輩下に二人の副手がいた。副支配人格の副手は股夥(株主)又はその親族が実務を伴わずに就任した。総支配人の下にあるスタッフの組織は、銭荘内の会計や総務に当る内務と、銭荘外の外交と対外会計を扱う外務に分かれていた。内務部には放賬(会計主任)、銀房(貨幣鑑定人で地金を鑑定する)、信房(記賬、通信、為替業務に当る書記)が配属した。外交部には放帳跑街という主任がいた。彼は貸付け掛兼外交員であり、身分上は副支配人の副手と同格であった。すなわち預金を勧誘し、貸付の相談をし、上得意客の信用度を確かめ、客による銭荘の貸付金の用途を調べる責を負っていた。この外にも、外交部には長頭という取引市場に加わる代表がおり、利率や交換率を定めるギルドの会議に加わった。三年期限で働く学徒つまり徒弟は、外交にも内務にも任命された。彼らは簡単な労役からはじめて使い走りを経て、通帳の送達、記帳と出世するのが常であった。銭荘の職員の末端には桟司すなわち倉庫掛があり、銭荘の積立金を看守したり、地金や現金の輸送に当った[43]。

一方、当鋪、提荘、折衣荘は、質屋ないし小規模金融業であった。この営業における職員は、次のように職掌が分かれていた。㈠総上（総支配人）、㈡正看、副看、並看（質の抵当物を値踏みする副支配人）、㈢帳房（会計掛）、㈣取房（質受け前に物品を検査する掛）、㈤票房（質札の保管掛）、㈥牌房（質物の分類掛）、㈦衣房（入質衣服の掛）、㈧楼頭、楼二、楼三（倉庫掛、皮毛衣服の乾燥などをする）、㈨銀房（貨幣鑑定人、金銭出納掛）[44]。

㈣　職業組織

つぎに寧波の職業組織に眼を転じよう。寧波のプロトギルドの存在は宋代まで溯れる。もちろん、この種の組織を述べるべく用いられた行とか団という用語はかなり曖昧なものであり、時には店鋪の範疇について述べ、また時には協同関係が全く非公式な時でさえ、同業の集まる街路や店鋪の列を指し、また時にはギルド本体を指すという工合である[45]。同じ経済活動に従う商工業者は、共同の利害を促進するために、通例は互いに隣合って店を構えた。たとえば清の半ばに、寧波市の輸入藍を扱う靛青行の一〇戸は、霊橋の近く奉化江東岸に一列に並んで店を建てた[46]。同様に薬商も東門付近に一列に並び、糖業、乾魚業、銭荘は江厦地区に集居していた[47]。さらに前述したように、工匠店の大半は専業ごとに集まっていた。全てのこうした集住や組織は、宋代では商店であれば行（こう）、手工業店であれば作（さく）と呼ばれた。

加藤繁教授によると、中国の諸都市で同郷組合が興ったのは、たいてい遠隔地商業と関っているとされ、商人主導の会館は、それが一類型として登場するのは一六世紀であったという[48]。何炳棣教授はこれを批判して、一四二一年に明が北京に遷都した時から、まず科挙に応ずる士人の同郷組織として会館が北京に発生し、一方、湖南方面への農業移住に伴って同地域に農民の同郷会館も生じ、一六世紀前後の社会の商業化によって、初発の同郷会館が商人主導の会館に転生したと見ている。(49) 恐らくこの何教授の解釈の方がより説得的であり、複合的要素を背景に想定すべきであろう。

さて寧波では、明瞭なプロトタイプ・ギルドの記録は一一九一年に始まる。この年、寧波の福建籍の海運業に属していた沈発旬という舵工（船頭）が、閩商の加護神である天后のために廟を寧波市に建てた。(50) 信者は察するに漕船業ギルドの成員であろう。同様に、もう一つの天后廟が甬江海口の鎮海県城内に一二七九年に建てられ、一七三四年に南門外に再建された。(51) 寄進者は福建籍の商人に限られず、浙江南部諸港の商人も加わっていた。共通の経済利害が、この際の統合要因の中心であったと思われる。しかし寧波人がますます沿岸貿易に加わるようになると、信仰兼経済目的のギルドは細分されてくる。嘉慶中（一七九六～一八二〇）になると、寧波の北号漕船業は浙寧会館を上海に建て、この会館内に天后を祀った。(52)

寧波自体でも、一八五〇年に建てられた天后宮は、慶安会館と共に本社ないし母廟とみなされるようになった。(53) これを、D. J. MacGowan 氏は山東ギルドと誤認しているが、実は、九つの、慈渓、鎮海、鄞県籍の有力な北号漕船業者が建てたものである。(54) この外にも、一つの天后廟が福建漕船業によって、また別の一つの天后廟が他の南号漕船業によって建てられていた。その後、さらに二つの天后支廟が興るが、その一つは象山湾の北に在った大嵩衛所に、もう一つは寧波市の南郊の三江口に、南北海商公所という、南号、北号双方の漕船に携わる業者のギルド・ホールに隣接して建てられた。この間、福建商人は新しいギルド・ホールを江厦地区に建てた。(55) 一八五四年には、数千人の福建籍の移民が寧波にいて、大半は漕船業に従っていた。福建商人は閩幇とか建幇の名で知られる幅広い同郷組織でまとまっていたが、その一方で郷里の県や府州別につくられる小幇に分かれてもいた。すなわち全体で九つの部門別の幇があり、そのうちの一つは取引する産物ではっきりと定義されていた。阿片である。その外には泉幇、厦幇が共に砂糖、穀物、木材、籐材、雑貨、乾菓を扱い、興化幇が生鮮、乾燥した龍眼を商った。(56) 一九世紀の末には、寧波在住の同郷組合としては、福建の閩商会館、広東の嶺南会館、山東の連山会館、徽州府の新安会館が存在した。[57]

寧波における各種ギルドの会員資格は、商工ギルドについては同一職業の者に全て開かれ、同郷組合については同郷者に全て開かれていた。ある平職人が個人的にギルド会員の下で三年間徒弟であり、三年間平職人であったことがわかれば職人ギルドに加入できた。[58]概して、商店は加入を強制はされない。通例、ギルドの章程には以下の営業規則を盛り込んでいた。第一に、信用取引。例えば連山会館の章程序文には、すべての売買はドル建てでなされる。穀物の支払いは購入後五〇日を満期とする。油脂と豆餅は購入後五〇日を満期とする。梱包で売った商品は売渡し証書の日付から六〇日とする。この規則を犯せば、売買双方に罰戯と酒会を課す。第二に、倉貯。同上の章程序文に、七〇日が過ぎれば、倉敷料を課す。戎克積載の貨物の移転は一〇日を満期とする。販売後五日までは、買手は倉庫内での貨物の火災による損失に責を負わない。爾後については売り手はもはや責任がない。第三に、度量衡。これについては各ギルドが独自の標準を建てている。例えば、山東ギルドでは通常の十六両目棹秤を、ギルドに関係ある全店に標準として用いさせていた。秤量は当事者全員の立ち合いの下でなさるべきであり、事後の紛議は許されない。第四に、犯罪。たとえば、ギルド会員は虚構の売買をしてはならない。違反者は知府に申告して処罰してもらう。第五に、例外的な取引。商売は旧正月はじめの一五日間は休むので、緊急の営業はギルドの公議の下にこの期間内に行い、不規律についての疑念を避けるものとする。[59]最後に、多くのギルドは義塚（墓地）や寺廟を営み、社会的安全と慈善奉仕の様々な形態を供与した。

ギルドの収益には五つのタイプがあった。㈠共有地や共有家屋からの寄付。㈡租賃収益。㈢銀行預金利子。㈣罰金。㈤会費と賦課金。この最後の項では、各会員ないし店鋪は、純益に対し千分の一又はそれ以上の比率で課される会費を納めなければならなかった。温州府の寧波薬業ギルドでは、比率は千分の八、同じく寧波豆餅業ギルドでは千分の二であった。[60]筆者が直接に調査した日本函館の寧波海産商ギルド（三江公所）の一九世紀、二〇世紀はじめの帳簿記録では、釐捐、釐金の名で各加盟商店から徴される会費は、昆布毎包一分、刻昆布毎箱五厘、雑貨毎件四分という定率で、各自の毎月の売上げ総額につき、右の件別の率で「公所月捐報単」に金額を記入して司月に送り、司年がまとめて総清簿（元帳）に記帳した。後年になると海産物輸出が相対的に減って雑貨が増し、帯絲（刻昆布）毎俵一銭、木皮毎件二銭、塩魚毎箱一銭、同毎俵五厘となり、大正（一九二五）四年以後の「報単」では、海帯（コンブ）毎個二分、魷魚（フカ）毎個一角、海参（ナマコ）毎個二角、甘貝毎個一角五分、鮑魚毎個二角、帯絲毎個包四分、帯絲毎個函一分、淡菜毎個一角、魚干毎個六分、花色雑貨毎個二角、魚翅（フカヒレ）毎個二角、散鰣魚毎百尾一分五厘、鰣魚毎個函五分、鰣魚毎個包二分、澱粉小毎個二分、澱粉大毎個四分、黄栢毎個二角、朴皮毎個二角、鮑殻毎個五分、紫菜毎個一角となっている。[61] なお、上海の寧波ギルドでは、寧波から来る各船から二両を徴していた。

(五) 都市不動産

中国の不動産慣行では、敷地は、農地である「田」に対する語である「地」の範疇内に含めて捉えられてきた。商業の発達とともに、商店その他の営業施設が建てられた地面は、特殊な「地」として区別され、地基、蓋地基、そして都市では在城蓋地と名づけられた。やがて、都市の営業資産の所有権は鋪底（建物を含む地表の物権）と基地（地下権、つまり地片そのものの基本所有権）に分化した。これは農地における田面対田底という地上権、地下権の分化に並ぶものである。都市の資産の賃貸、貸借、移転は、この区分に従ってなされた。[62] いうまでもなく寧波市では在城蓋地は、田、園、街巷、道路、河川、碼頭などの他の地目よりも、はるかに多くの市域を占めていた。

家屋の所有者である房主は、屋の建つ用地を所有もするが、また地基主という所有者から借地することもありうる。どちらにしても、彼は自分の家を房客という店子に定期または不定期限で賃貸するか、又貸しすることができた。当初に扉士と店子は成文の契約書をとり交わし、店子は押租とか小租という預託金を与えるか、暉租なる家賃の前払いをすることを地主に求められる。時にはまた地主に小費、挖費という保証金を払わねばならない。店子が移るとき、屋主は預託金か前払家賃を、占有期間を按じて若干それを差し引いた上で返却する。家賃は月払いまたは節季払いであった。しばしば店子は部屋や家屋を屋主の同意を得て又貸しした。これは分租、転佃、兌佃とよばれ、こうした状況では、鋪底権は元の店子に生ずる。ゆえに家屋と物権との双方の移転も起り得た。唐、宋時代には有利で重要な都市不動産は政府が所有し、楼店務という政府の不動産管理の役所を通じて民に借し出された。しかし後世では、官有地は市民の間に配分される傾きにあり、また官有地や屋宇の店子は第三者に又貸しすることも屢〻見られる。清代に寧波府で楼店務がまだ機能していたのは象山県のみであった。

㈥　課税と管理

太平天国以前では、清政府の収入の中心は土地税（地丁税と穀税）であり、ついで塩税、常関税、雑税であった。土地税は総収入の七割強（一七五三）と推定されている。[63] しかし清末までに、土地税とその他間接税、雑税の比重はほぼ逆転した。[64]

都市からの収益の点では、都市の在城蓋地が課税の主たる標的であり、家屋そのものはこれを免れた（咸豊鄞県志巻六、光緒鄞県志巻八）。この外に幾つかの商業課税があった。㈠重要商品の課税（牛・馬、木材、筏、鉄、礬、水銀、酒、茶、煙草、染料、繭、棉布、絹布等）。㈡過税。海関税と常関税に分かれ、常関税は戸部の管轄に属するものは布帛、食料、雑貨に課税し、工部に属するものは竹木と舟船に課税した。㈢落地税。城市や鎮市に到る商品に入市税として課された。㈣牙税。牙人に課された課税と牙帖給付料。㈤当税。質鋪の課税。㈥契税。証書、契約書の税で、重要動産不動産取引は要契とされた。㈦行税。商工組合への課税。その上臨時の勧捐が富商やギルドに課された。[65] しかし概して都市の土地利用について頼るべき資料が不足していたので、都市課税や都市の商業課税は、農村の諸負担ほどの比重を占めていたとはいい難い。ただし一八六二年以後、釐金税が浙江でも施行されると状況は一変してくる。[66]

課税は別として、若干の都市部に対する行政上の取締りが顧みられる必要がある。すなわち市場の統制、牙人の取締り、そして治安上の規制である。唐初に特色的であった都市商業の厳格な統制、すなわち夜間の消灯、市場内への官憲の常駐、公的に区画された市場域の外での市場開催の禁止、そして政府の課する市估制、は漸次緩和され、北宋の末までに以上の厳しい統制はほぼ解消した。(67) Nyok-ching Tsur 博士によると、寧波市での市場は万人に開放されていた。「寧波でも、そして私の知る限り中国全土でも……市場に加わり、商品を売ろうと望む者は誰でも、官憲に許可を乞わずにそうすることができる」(68)と。にもかかわらず、政府は塩、茶、礬、銭荘、質鋪などの重要な企業には、直接に統制する権限を留保していた。

牙人も同じく政府の統制下にあった。法律の規定では、重要な交易（不動産と若干の主要な動産物件のそれ）は免許を得た牙人を介してのみ営まれ得た。(69) 一八六三年に、浙江での官許牙人数は九九六二名を定額とした。(70) 牙人志願者は、府州に申請するに先立ち、他の牙人および本人の隣保の責任保証を得なければならなかった。一たん牙帖を授けられても、牙人が不正な評価や、着服、不法な委託行為、金銭の濫用などの罪を見出されたときは、取消された。(71)

治安対策は、実効はともかく清朝を通じて厳しく規定されていた。旅館の主人や牙人は、外来の客商の姓名、売買双方の人数、出立の日時を記帳するよう求められ、月末になるとその提出が義務づけられていた。加えて商業区に永久の施設をもつ客商は、保甲に類する特別の登記簿に登籍され、客長の監督に服することになっていた。(72)

寧波は一般の府治より行政上の格の高い中心地であった。清代では鄞県署という県署所在地、そして寧波府の衙門に加えて、浙江諸府州を四区分した中の一つであった寧紹台道という監督区の役所が駐在していた。(73) この点で、寧波の行政上の中枢位置は、隣接の紹興府と台州を下属させるものであり、行政都市としての格は、紹興府、台州のいずれよりも高く置かれていた。寧波が長期に外国貿易で重要な役を果し、一定数の朝貢国が送る貢使の入国港として公的な役を果していたために、寧波には一般の府治にはみられない特別の役所が駐在したのである。すでに、九九二年に創設された市舶司については言及したが、一九世紀には寧波には海関の筆帖式署と浙海常関の衙門が置かれた。(74) さらに、北東浙江海岸線が広く露出しているなかで戦略的な要地を押えているために、寧波はまた軍事力の中心地としても重要であった。宋代以後、大海軍が寧波に駐留し不測の攻撃と沿岸の治安に備えていた。明代には、杭州湾と象山湾の海岸付近に数ヶ所の衛所が築かれ、なかんずく略奪を重ねる倭寇からこの地域を守る任に就き、こうした守備兵団は寧波に駐する指揮司（明）に指揮された。清初には浙江提督が寧波に置かれ、全省の水師、陸師の司令部となった。(75)

こうした文・武官署が寧波に格別に集中したため、都市に重要な影響を及ぼした。各衙門に赴任した官僚やその厖大な下僚によって、奢侈品に対する大きな需要が生じた。市内に住んだ多数の海陸の兵士は人口をふくらませ、しばしば水利や干拓にも動員されて都市に便益を供した。

消防と警察の目的のために、府治は宋代に六郷に細分され、それぞれ東北、東南、西北、西南の城内の四方と、城西郊（城西廂）、城東郊（甬東廂）に分かれた。(76)元代までに廂は隅と改称されたが、基本になる六区の分割は清末まで変らなかった。各廂（隅）はさらに小区域に区分され、明・清では啚と呼んだ。たとえば、東南隅は明代には一〇啚、清代には八啚で成っていた。啚はさらに近隣区である街で構成され、街は治安上では最小の地域単位であった。(77)

南宋では、消防は官府の責任であった。(78)条例によって、一般都市には貯水槽、望楼、その他の消火具を各廂に、または主な官衙の近くに備えることを命じていた。消火と警察はもともと司令官の指揮する軍隊で為されることになっていた。しかし、一三世紀までにこうした責任は軍隊の手から都市の自警団の手に移るようになってきた。後者は保甲によって動員され、都市の有力な戸から選ばれた者に指揮されるようになった。(79)時代が下って清代になると、寧波市の消防団は民営となり、これについて徽州商人が大きな役を果した。各団は望楼と警鐘を設け、それぞれが市内の各地区に持ち場をもっていた。費用は、家屋や部屋を貸している者達から、家賃収入の三％という率で徴して賄い、団の運営は受け持ち地区に住む屋主（家主）層の掌中にあった。(80)

右の如き、長期に政府から民間へと責任の主体が移る勢いは、この外の公共事業や公共治安についても生じていた。一般に、都市の上水の維持、堤防や閘斗など都市郊外を守る施設の補修、船の水路や内部運河の浚渫は、文武を問わず政府の責任であった。(81)水兵や陸兵は労力の最大の供給源であった。官僚はまた常平倉、善堂、養老院を建てることを主導した。しかし、明末になると、都市の公共事業の責任は、次第にますます紳衿や富商の手で肩代りされるようになってきた。たとえば、一六三九年に四つの義倉が建てられたとき、商鋪、当鋪、紳縉の家、文官がこれに寄付をした。[82] 各倉の運営は紳士一名、これを補佐する市戸二名でなされた。一九世紀までに、富商と紳士の家は、市河の浚渫や夜警について常に寄付を出し、それらの実務労役は軍隊や徭役によるよりは、むしろ雇役によってなされるようになった。教育の分野になると、民間主導の傾向はもっとはっきりしていた。たとえば一八三一年に建てられた黄岳義学は塩行独力で成ったものであるし、[83] 都市部や農村部に広がった各宗族や子房は、たいていは独自の義学や救火会を備えていた[84]（五三四〜五五〇頁の表参照）。

中国の通常規模の都市一般と同じく、寧波でも下水や廃棄物の処理は、廃物利用が巧みに行われていたので余り問題化しなかった。糞尿は民間の業者が市内で集めて、肥料として都市周辺の蔬菜農家や、或は市門から放射する運河沿いの農家に売った。他の浮游ごみは下水から外河へ流し出し、固形ごみは焼却した。河泥自体も肥料源であった。

(七) 宗教と都市生活

旧中国社会では、集団利害はほぼ常に宗教的に表現された。このため、市内の多種多様の寺廟を見ると、そこには社会構造が根づく組織の諸原理が見出される。寧波では寄寓する官僚は、国の祭祀に関る公的な寺廟、ことに儒教の学宮（府学と県学）に深く結ばれ、府学は寧波府署に、県学は鄞県署に属していた。また紳士たちは著名な地方先賢の廟や、文昌閣や関帝廟のように紳士が支援する廟を祀った。[85] 一方、移住してきた集団は、郷土に関りある神々の廟を建て、職業集団はそれぞれの職種別の守護神の廟を祀った。福建を郷土とし、超自然力の閲歴を福建籍航海者の守護女神として築いてきた天后が、福建商人の手でこの地に最初に江厦に一一九一年廟宇を建てられて尊崇されたのは至極当然であった。[86] しかし、やがて天后の機能はより普遍の守護神となり、天后廟は、出身の籍貫を問わず、長江下流域至るところで漕船業者の信仰対象となった。薬商たちによって一七〇八年、その集住区の街の近くに建てられた薬皇殿は、一九世紀でもこの業種の中心の廟であった。[87] 薬商仲間で人気のある特別の信仰のための廟である皀莢廟は、薬種を貯える倉庫の役も果した。[88] 寧波で工匠のための廟の一例を挙げると、公輸先師廟がある。ここに祀られた十位の神々の中には大工、石工、左官、船大工の守護神があった。[89]

寧波の寺廟はなかんずく特定の階級、郷幇、業幇の手で祀られるものが多かったが、大部分は本質的には地域性を帯び、その直接の近隣や、神の支配域で定められた特定の地域に奉仕するものであった。この類いの重要な寺廟は市内くまなく、かなり均等に分布していた。ある一つの廟を支えている家々は、社夥と呼ばれる宗教的組織に組み立てられていた。地域神の最大のものの一つであった新水仙廟（もと航海神）は、一、四〇〇戸もの社夥を誇っていた。華楼廟のような小さなものになると、そのやっと十分の一くらいの社夥である。[90] それぞれの地域神は、少なくとも一回の大祭を催し、その費用も組織も社夥の手でなされ、祭の特色として、神輿行列の行進や演劇の奉献があった。大きい社夥になると五つの境や保に細分される。境、保は街・巷によって地域を定め、この中を神輿が練り歩くのである。[91] 都市の保安組織の基本単位として先述した街が、便宜的な近隣組織であり、それぞれの街が特定の土地公ごとにまとまり、あるいは凝集結節化していたかもしれない。[92] こうした近隣レベルでの信仰が、寧波市のより大きい地域神にどのように関係づけられていたか、そして大地域神の神域が全市の六廂（隅）を細分した啚と一致するものかどうかは、今後の研究に俟たねばならない。

最後に城隍神をみると、[93] 府治のそれと県治のそれの二つがある。年例の行列と演劇よりみて、両城隍廟は地域神であり、その地域とは全市域を指していることが分かる。この点で両城隍廟は都市内の階層状にまとめ上げられた宗教地図の頂点に立つと見てもよい。同時にこの廟は都市市民の民間信仰と公的な国の祭祀とを儀礼的に結ぶ役を果している。城隍廟は知府知県の霊界での対蹠物とみなされており、国の儀礼を取りしきる知府知県は然るべき城隍廟に詣でることをその職務としていたのである。

(八) 寧波に輻輳する商業組織

都市間で催される沿岸貿易とは別に、寧波は地域商業組織のなかの中心都市として機能していた。この組織内では労働の分業、地方物産の特産化、需要と消費との分化が、集散の網の目によって統合にもたらされたのである。寧波の商業後背地には甬江流域の全てのほか、東と南の辺縁地、ことに舟山列島、象山湾に排水する地域、石浦と南田という鎮市をもつ南端の半島部、がみな含まれる。まず地方組織の分化をみよう。府の負郭自体は以下の特産を生じていた。鉄器、銅器、漆器、金属加工、木雕、象眼什器、油脂、書籍、土布、木製・籐製家具用品、竹傘[94]（図10参照）。造船業は寧波市の北郊と市の南西の段塘市にあった。鮮魚、乾魚、鹹魚、魚膠、塩にいたる海産物は舟山列島、杭州湾南岸部、象山湾岸の特産であった。象山湾産の海産物は、寧波市に直送されるか、奉化県治すぐ東の大橋市に一たん集められ、地元に配られるか寧波市へ向けて送られた[95]。海産物の中でも塩は政府の専売品である。塩は政府の監督下に杭州湾南岸、象山湾岸、象山県の東海岸沿いと舟山の塩田でつくられた。塩は各都市へは官許の塩商の手で、農村部へは肩販という零細な旅商人の手で分配された。後者は大半は漁民であった[96]。

平野を囲む山地からは、石版、木材、柴炭、竹材、竹筍、果実（桃、楊梅、茘枝、柿）、茶、桕油、鶏鴨、家畜、陶磁、紙、麻布、絹、煙草、薬がもたらされた。木材は主として嵊県、新昌県の山林地帯から販出した。ともに紹興府属の県である。木材は奉化江上流の泉口市と小渓市という市場を経て、奉化江下流、寧波市近くの石碶という集散市場まで運ばれ、ついで寧波に向かった。薪炭、竹筍、果実、石版、陶磁は、平野部を囲む山麓部で生産された。竹器、茶、紙、桕油、麻布は主として奉化県の山北の産である。しかし寧波地方での最良の麻布は、象山の産物で、宋代からのこの地の特産である[97]。

棉花は杭州湾南岸そして大嵩河の砂地が主産地であった。杭州湾南岸では毎年、原棉約五〇万担（浙江全省の原棉生産の約五分の三）を産し、うち約三分の二が地元で紡織された(98)。残る三分の一は生産地の市場に運ばれ、仲買や都市の問屋の代理店によって梱包されて寧波にもたらされた(99)。こうして地元での消費に求められない地方の産物は農村市場に集荷され、その大部分は直ちに寧波に運ばれて輸出に供された。たとえば、一八八六年には、寧波市とその周辺の人々が日常に用いる土布の種類は一四種もあった。その中で、餘姚産の p'eng-ch'iao、寧波西門外産の wang-ch'un-ch'iao（望春橋）、とひろく鄞県産の t'u-pu（土布?）は寧波市南門外で一〇日毎に催される市で布商によって商われた。これらの主な輸出市場は台湾であった(100)。寧波の後背地の西部でつくられる草蓆は黄姑林市で集荷され、のち寧波市に送られた。鄞県の西南部で産する米、絹、竹、木材、貝母は、小渓市を経て寧波市に運ばれた。奉化県では、新昌県、嵊県から来る林産物は泉口市で売られ、一方、草蓆、藁靴、茶、麻布は江口市で売られ、海産物（象山湾の）は蓴湖市で売られた。甬江盆地の中央にあった奉化県治近くの大橋市は、蓴湖から来る海産物、西方、南方から来る林産物、そして鉄農具の集散地であり、これらの商品の大半は寧波市から来る商人に売られた(101)。

次に交通と物流を見ると、寧波市は全体の中心に位し、各方面からの交通に開けていた。いうまでもなく、水運がこの地域ではもっとも大事な役を果していた（図3参照）。甬江は水深が深いので、巨大な海洋戎克でも江厦（図8）沿いの埠頭まで帆走して溯れた。餘姚江では、江厦から曹娥江の間を小型の荷船が頻繁に往復していた。西方の平野からは西塘と中塘によって小舟が西門近くの埠頭に通ってきた。小舟は西門側の水門を通って市内に自由に出入できた。同様に西南平野の小舟は南塘を利して南門に至った。南門側の水門を潜れば市内にも入れた。はるか南の奉化県からの小舟や筏は奉化江とその枝流によって東の二門外の埠頭に来た。しかし以上の奉化江水は浅く涸れ勝ちであったので、小舟は途中で奉化江に並んで走る南塘に移る途を選んだ。東部の平野からの小舟は、前塘、中塘、後塘という三運河を利して東の二門付近の埠頭に達した(102)。

こうして、水路は車輪の輻のように寧波市から放射していた。水路沿いに、轂に向かって、地域の主たる商業上の特産や仲継ぎ商品が送られて輸出に供された。はるか北西方向からは棉花、紹興の平水茶、紹興酒、薬用貝母、煙草、牲畜、繭が運ばれた。西方からは草蓆、柴炭、竹、米、蔬菜が運ばれた。南西、南、南東からは繭、絹、薬用貝母、木材、茶、果実、油、竹製品、海産品、紙、牲畜が運ばれた。東北からは舟山や象山の海産物、象山以南台州府の牲畜、鎮海の棉花、そして沿岸諸省や海外からの各種舶来品が運ばれた。(103) 寧波からその商圏の辺縁部に流出する商品は、同様の幅に類する水路に沿って流れた。大部分の商品は、地域の方角上の各セクターを特色づける農業ないし手工業特産(例えば西南の林産物、東北の海産物、西方の酒、草蓆、茶)であり、商業組織の他の部門に再分配されるか、或は寧波市とその近郊で加工又は製造されるべき商品であった。米を除けば、寧波の後背地の外から小売に適した形で寧波市へ輸入される外地の商品は、寧波市からその商圏内へと運ばれる商品に比べれば比重が小さかった。

(九) 統合の時間的推移

経済上の機能からみて、一九世紀の寧波は、Skinner 教授がその著述で略述した都市階層モデル(104)の中では、地域都市に数えられている。この寧波市という地域都市はその外周に二〇〜二五粁の間隔で六〜七個の地方都市の輪をもち、そのうちの三つ(鎮海、慈渓、そして奉化とその城外の商業中心地の大橋)は行政都市であり、残りは大規模な鎮である。これらの地方都市のほとんどは日市をもっており、寧波市の直北にある解浦鎮でもそうであった。

これらの地方都市、或は寧波市に、経済的に志向性をもつすべての中心地は、Skinner 教授の定義を用いれば、中心市場町、中間市場町、および原基市場町のいずれかに算入できる。一八七五年次での全ての上記三級の市場町では、市は陰暦の月を一〇日ずつ区分した旬の何れかの日に固定した日取りに従い、数日ごとにのみ催された。これらの農村市場でもっともありふれた定期のサイクルは一旬二回、たとえば一―六の周期とすると一陰月ごとに六回(一日、六日、一一日、一六日、二一日、二六日)である。(105) しかし寧波の後背地では一旬一回から一旬五回に至る（つまり隔日）、あらゆる頻度周期が採られていた。

Skinner 教授が中国全般について示したように、これらの日取りが実施されるとき、各市場間で一つ一つの日取りは単純に隣接の日取りとの重複をできるだけ少なくするように配分されるのではない。むしろ、下位の市場の日取りは、経済的取引のある上位の市場との衝突を最小限に止めるように立てられている。この日取りの摺り合せの一例として、光緒三年（一八七七）の、寧波市西方の平野の事例を示そう(106)。この時、この方面の商品の集散を整合するため、三つの中心市場町があった。その一つであり、中塘河畔にあった売麪橋市は、寧波市の西門に直通するルートを抑えていた。もう一つの南塘河にある石碶市は寧波市の南門に対峙して右に相応する位置を占めていた。第三の黄姑林市は、中塘と南塘から等距離の所に位し、二つを結びつける役を果していた。寧波市と西方の平野の中間にある他の全ての市場町は、商業的にこれら三つの中心市場のうち一つかそれ以上に属する原基市場か中間市場を催していた。注目すべきことは、これら三つの中心市場組織の各々のなかの下級の市場の一つ一つがすべて、当該中心市場の日取りと緊密に結ばれた日取りをもっていた。こうして、日取りが旬を単位に三―七―一〇である黄姑林市に対し、完全に或は部分的に属する一〇個の下位の市場の日取りは、大体黄姑林市を中心に時計廻りの順で示すと、二―八、二―八、四―八、一―五、四―八、四―八、五―九、二―五―八、一―六、四―九なのである。黄姑林市と同じく売麪橋市も三―七―一〇の日取りであり、一方、石碶市は三―五―九である。予測されるように、石碶市のちかくで七ないし一〇を日取りに択んでいる下位の市場はもっぱら石碶市に帰属しているのであって、他の二つの中心市場町に属しているのではない。さらに、三つの中心市場町はすべて三の日に市集を催すので、西方の平野部でこの三の日に市を開く下位の市場は皆無である（巻末付図参照）。

　中心市場町が一旬の可能な日取りのうち三つを独占してしまうこの種の日取りの調整は、商人層に対して階層状に秩序づけられた取引を望み通りに遂行させ、滞りも、またある特定日に一ヶ所以上滞留する必要も生ぜしめなかった。買付業者も、客商も、また中心市場町の卸商から在庫品を注文する店主も、こうした組織内部での日取りの調整で便宜を得た。牙人や秤量係りや租賃取り立て人もこの点では同様であった。さて上述したような中心地市場組織は、実際は互いに重なり合っており、その重なり方はといえば、大半の中間市場は一個以上の中心市場に帰属し、大半の原基市場も、二つないし三つの中間市場から商品を給されたり、逆に同一に商品を送るという形であった。寧波に間接的にのみ結ばれている中心市場ですら、取引は選択的になされた。たとえば、黄姑林市の商人は、寧波からの供給を南門と石碶市を経由して得てもよいし、西門と売麺橋市を経由して得てもよかった。このように空間の上でも、時間周期の上でも市場組織が蟻継ぎ状に緊密に組み立てられているので、競合性が強められ、寧波の商圏を一貫する価格の統合が促されているのである。

農民にとっての基本的な生活のリズムも、おのずから購入と生産物の販売をする市場町の日取り、なかんずく五日ごとの周期、で決まってくる。商人などの経済的により専業化した人々のより複雑な活動は、ふつうは陰暦の旬に当る一〇日の周期のうちで形づくられる。農業生産の毎年の周期は必然的に商人、職人、農民たちにはね返ってくる。年市とは全く別に、特定目的の市は節季ごとに催される。たとえば、それぞれの収穫期の初めには、割稲夫の市が寧波市東郊の甬東にある東津市で催された。南門外の南郭市は、収穫期にのみ臨時に市日が一つ加えられる点では同類の市のなかで唯一の例である。また五月には、特別の草席市が一旬二日の日取りで黄姑林市で催された。（比較の参照のために、石原潤教授の寧波はじめ江蘇・浙江省の市の分析数値と図を次頁に掲げる）

信用の期限も陰暦の月によって決められた。短期の信用は通常は一〇日ないし一月という単位を重ねる方法で算えられた。業種ごとに特別の期日を定めることもよく見られた。たとえば、薬種の集荷業が卸商ととり結ぶ清算期日は陰暦の一四日であった。浙江省内のみを商圏とする山貨行という薬業は、三ヶ月ごとに清算した。[107] 長期信用はたいていは、金融上の一年を三分した周期に準じた。すなわち旧暦五月五日の端午節、八月一五日の中秋節、一月一日の元旦節である。[108] 概して顧客が小売店にもつ債務の支払いを求められるのは、これら各節季祝祭日の直前であり、ほとんどの小売店も卸商との間の清算をこれらの陰月に合せて行った。たとえば薬業はその通りであり、寧波での温州薬業ギルドの規則に明記されていた。[109] こうした習慣のため貨幣市場は特長あるリズムを追い、三節

図9　民国時代江南の市鎮・人口密度分布

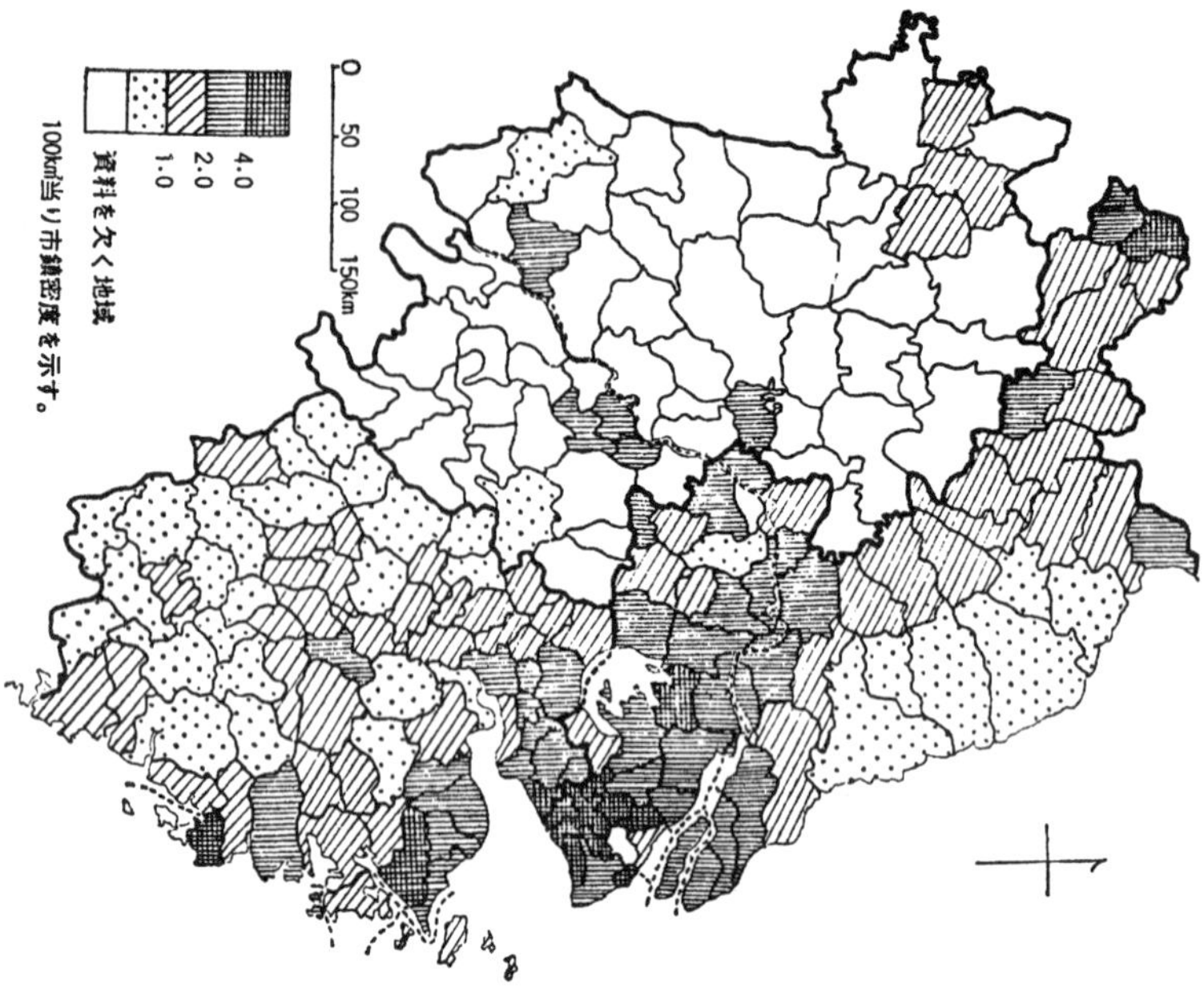

第3図　市鎮密度の分布＜民国時代＞

（注）市鎮数は，江蘇省については『江蘇六十一県志』民国25年（1936），浙江省については『浙江新志』民国25年（1936），安徽省については民国時代の州県志による。
面積は Buck, J.L.(ed), *Land Utilization in China*, 1937. による（一部修正）。

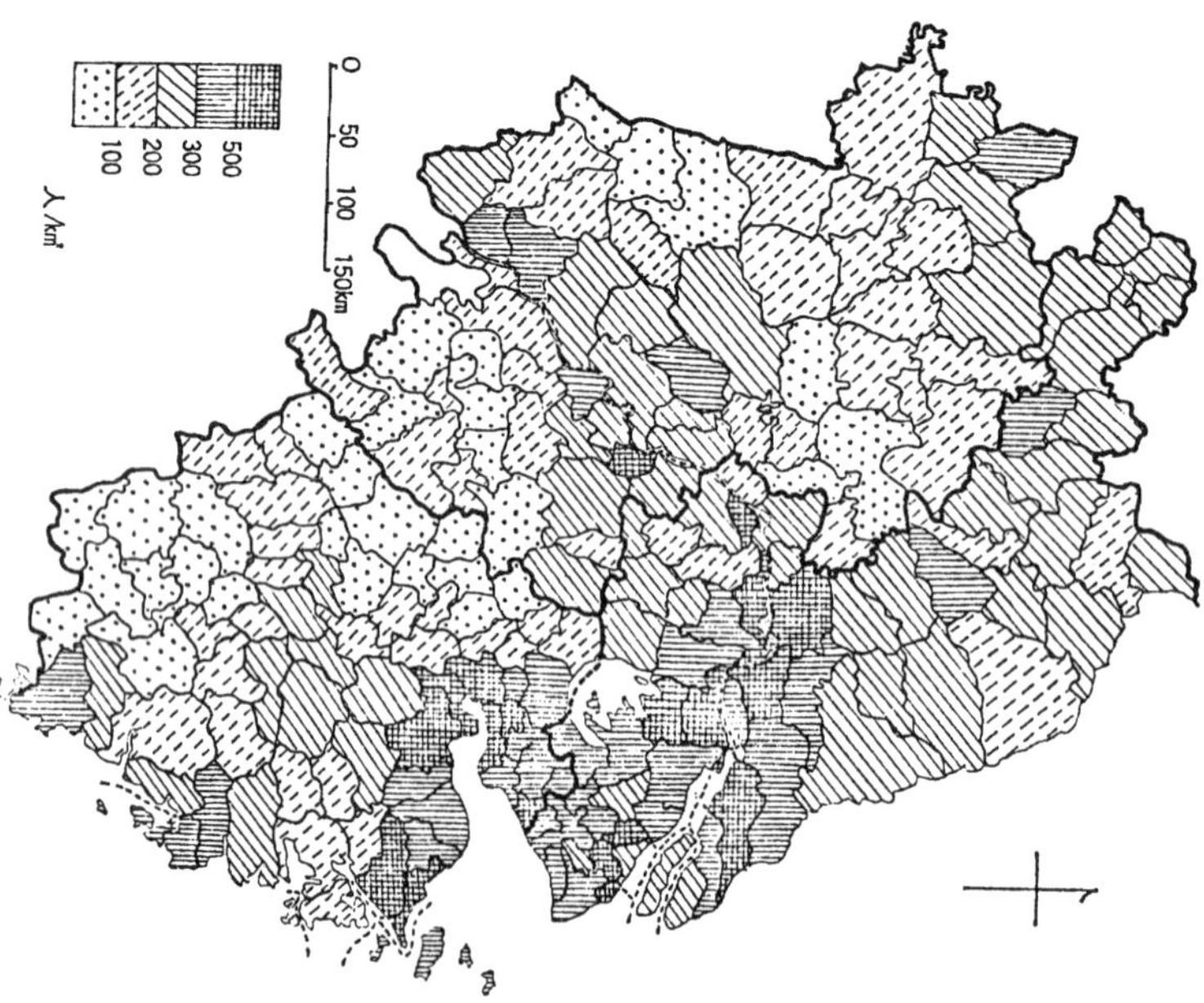

第4図　人口密度の分布＜民国時代＞

（注）人口は，江蘇省については『分省地誌・江蘇』民国21年（1932），浙江省については『分省地誌・浙江』民国22年（1933）による。安徽省については，民国21年（1932）全省人口を民国20年（1931）の県別戸数比に応じて県別に按分—県別戸数は Buck, J.L.(ed.), *Land Utilization in China*, 1937. による。
面積は Buck, J.L.(ed.), *op. cit.* による（一部修正）。

石原潤「華中東部における明・清・民国時代の伝統的市（market）について」人文地理32巻3号，1980，p. 7～8．

前頁図の参照表　第３表　市鎮関連諸指標の県別平均値

江　蘇　省	明　代	清代前半	清代後半	民国時代
C　市鎮数	15.86 (44)	18.85 (59)	25.02 (54)	34.74 (61)
C／S×100市鎮密度 (100km²当り)	0.54 (40)	1.51 (40)	2.49 (42)	2.75 (61)
S／C　1市鎮当り面積 (km²)	185.2	66.2	40.2	36.4
R　市場圏の半径 (km)	8.44	5.05	3.93	3.74
P　人口	16,682 (35)	276,141 (20)	489,557 (47)	527,082 (61)
P／S　人口密度 (人／km²)	82.7 (32)	318.6 (13)	385.9 (39)	327.4 (61)
P／C　1市鎮当り人口	12,769 (34)	22,384 (20)	25,787 (37)	15,812 (61)

安徽省	明　代	清代前半	清代後半	民国時代
C	12.78 (23)	22.84 (31)	29.17 (23)	33.22 (9)
C／S ×100	0.76 (22)	0.92 (30)	1.46 (22)	2.07 (9)
S／C	131.6	108.7	68.5	48.3
R	7.12	6.47	5.13	4.31
P	63,498 (32)	36,368 (5)	620,619 (21)	455,705 (9)
P／S	35.7 (31)	24.6 (4)	258.8 (21)	244.1 (9)
P／C	13,816 (25)	3,695 (4)	23,683 (23)	18,651 (7)

浙江省	明　代	清代前半	清代後半	民国時代
C	6.81 (54)	9.17 (66)	16.31 (45)	18.33 (75)
C／S	0.70 (50)	0.91 (62)	1.61 (42)	1.57 (75)
S／C	142.9	109.9	62.1	63.7
R	7.42	6.50	4.89	4.95
P	68,562 (58)	134,950 (62)	207,495 (49)	276,326 (75)
P／S	70.3 (54)	97.0 (63)	197.0 (44)	223.5 (75)
P／C	11,785 (51)	15,380 (58)	22,883 (36)	14,345 (75)

（注）　1　各県別に計算した値の平均値を示す。ただしS／C及びRはC／S×100の平均値より算出。
3　（　）内の数字は値の得られた県の数を示す。
3　県別の市鎮数・人口は通志(省志)・府州県志による。ただし民国時代の江蘇省・浙江省の市鎮数は第３図と同じ。また民国時代の３省の人口は第４図と同じ出所による。
4　県別の面積は、Buck, J. L. (ed.), ***Land Utitlization in China***, 1937. による（一部修正）

第４表　市鎮密度と人口密度の相関

	江　蘇　省	浙　江　省
明　代	0.2676	0.5984*
清代前半	0.8278*	0.00[illegible]4
清代後半	0.6796*	0.24[illegible]1
民国時代	0.6150*	0.57[illegible]6*

（注）＊は１％レベルで有意

季それぞれの前になると緊縮した。三節季のうちの一つは、常に信用にとって重要とみなされていた。この地域のほとんどでそれは陰暦の正月であったが、餘姚の商業周期では中秋であった(110)。債務者の需要に応えるため、銭荘は進籠雞という特別の種類の短期融資を行った。それは債務が支払われる二〜三日前に当る一二月二〇日にのみ振出された(111)。

寧波の商業組織内の金融構造の頂点に、寧波市の銭業会館が位していた。毎日そこで二回の会合があった。一つは午前にその日の交換率と利率を定めるもので、他の一つは午後四時に勘定を清算し、現金の差を決済するものであった(112)。市内でのこの毎日の周期は、他の都市の銭荘や商舗が寧波市内の銭荘に振出す送金手形を利子を付して支払う月毎の周期と釣合っていた。

さて地域商業に眼を転ずると寧波とその地域レヴェルの後背地は決して自給していた訳ではない。寧波平野の半ば以上が時折りの水不足に見舞われていたが、その水田は平年作で百万担（一五担＝一頓）の産量があった(113)。しかしこの額では、人口過剰の都市とその最大限の後背地の人口に給するにははるかに不足していた。事実、地場で生産された米の大半は寧波市の米荘（卸商）の手で、定海、奉化、鎮海、新昌、嵊県という外周の非自給地に分配され、また地元民は長江中流域をはじめとする遠地からの輸入米のほか、南方沿岸域や交趾シナ、シャムからの輸入米にも給を仰いでいた(114)。また木材、鉄、銅、染料、牲畜のような商品も大量に地域外から輸入した。実に、寧波の著名な輸出品であった薬種、舟船、象眼家具、木雕、漆器、紙、金華ハム、紹興酒、平水茶は、輸入原材料の加工もしくは取り次ぎ商品であった。大きな例外といえば、舟山列島海域の海産品である。すでに宋代ですら、寧波産の魚膠は遠く湖北方面に流通していたし、杭州城には舟山辺からの乾魚や塩魚を商う魚屋が二百余戸もいた(115)。清末には、舟山や日本函館からもたらされる海産物は長江中・下流域から遠く広東方面の市場まで流通した(116)。

前に特定の手工業内の分化を論じた折に、沿岸漁業の複雑な組織や金融のあり方、魚獲の加工、市販の様相に言及した。ここでは木棉を例にとって、寧波の後背地の一角において集中していた手工業の経済的機構を一瞥したい(117)。二〇世紀の初め、全土で約四二〇万ないし四三〇万担の原棉が毎年市販に供されていたが、そのうち約二九〇万担は長江下流域に集まっていた。地域内の主要な集荷地は上海であり、細かくみると浦東へは約一三〇万担、通州へは約一〇〇万担、寧波へは約六〇万担が集まった。寧波に集荷された年約六〇万担のうち、一七～一八万担が上海に輸出された。前述したように、この木棉は主として杭州湾の南岸で生産された。陰暦の八月は農民にとっての農繁期であり、木棉の収穫期であった。農民は少量の棉花を携えて早朝に近くの市を訪れ、小花行とか花販と呼ばれる小規模の地方の仲買に売った。収穫期は短く農民は現金の入手に切実なため、買手市場であった。小花行は時には農畝に赴いて棉花を買付けた。いずれにせよ、棉花は秤量され、商人の評価をうけ、梱包された。ついで小花行の一部は商品を上海に向けて取り次ぎ発送した。しかし、その他の小花行、なかんずく中秋節までに融資の償還を求められている者は、寧波市の花行という取次ぎ業者に、小額の手数料を課し、輸送費を自弁して売った。時には寧波市の花行は代理人を棉産地に送って農民から直接に買付けた。青田買いをする業者もあったが、必ずしも多くはなかった。棉花が寧波市に着くと、花行はすぐに市場に出す。しかし市況が悪ければ、むしろ倉庫に貯えてのちの値上がりを待った。花行は彼らの交易所をもち、倉庫を運営していた。この交易所と南方沿岸部にあったその支所は、寧波市に集まる原棉取引の委託業者の役を果した。加えて多くの花行は上海に自家の支店をもち、相場取引のために集めた市況情報を十分に利用した。

土布の市販についても状況は似ている。Nyok-ching Tsur 博士によると、市日になると農民は自ら織った土布を郊外の市場町にある仲買のところに持っていった。仲買は集荷した商品を寧波市の布荘に売り、後者はそれを蘇州や上海の織維商に売ったのである。[118]

こうして寧波市の卸商と委託商は棉化・棉布の価格を思うままに操ったと思われる。しかし結局は、彼らも信用については銭荘の融資に頼っていたのであるから、銭荘が全ての寧波における市場組織を左右していたに相違ない。[119] それは前述の海産物商の事例から推定できよう。

(十)　小結――寧波の事例からみた経済統合――

すでに述べたように、一八世紀初めでは、中国の大地域間の都市間商業取引は、ほんの少数の地域組織出身の商人集団によって支配されていた。山陝、福建・広東の数府州、徽州、上海などのそれである。福建商人、徽州商人、山西票号それぞれの内部での商業取引は、中国の半ば閉された地域経済をまとめ上げる本質要素であった。寧波商人および金融業者は、この限られた仲間に清末になって加わるようになり、これは興味深い伝統的な現象のなかの史的に最後の事例である。この小結では、かかる地域外での企業的成功の原因の若干を考え、前述したような寧波の集散港（アントレポー）として、また地域都市としての発展と関連づけてみたい。ではなぜ寧波にそれが生じ、なぜ寧波商人の躍進がほぼ一八七〇年以後の一世紀になって起ったのであろうか。

すでに述べたように、寧波の後背地が発展して、緊密に結び合され商業化した地域経済に成長したのは、長期の漸進的な経過なのであった。最初の大規模な水利工事は唐代に生じ、寧波市南部の低湿原を水田に変成させた最後の排水溝渠は一九世紀につくられた。この地域内の全ての行政都市は宋代までにほぼ存在していたものの、成熟した中心地の階層が発達したのはようやく清代においてである。一九世紀の終末時点でさえ、新しい市場地が簇生しつつあった。明らかに決定的ともいえることは、この一千年を通じ寧波が重要な商港であったことである。すなわち地域の発展を終始左右したものは、この地域都市が同時に集散港であったことに依る。これがために成長した経済制度も、そこに発達した躍動も、こうした機能を欠く地域のそれとは異なっていた。それではかかる機能の中で何が目立ち、またいかに寧波商人の域外拡大を促したのであろうか。

まず寧波が域外の市場と長期にわたり結ばれていたことで、地域経済の成長に合せてこの地方の分化発達を助けたことが挙げられる。早くから寧波市を中心に可航水路が発達し、それが広く延びた遠洋、沿岸商業路を備えていたために、本来ならば前近代の農業社会での商業的分化を抑止するはずの取引費用（トランスアクション・コスト）を最小限に縮めた。このため、比較的に良好な気候、土壌、土地景観、自然産物、そして都市に向けて集中する交通の網の目の立地そのものが、中心部の都市の需要に適合した地方の分化発達を生み出すことを、いちじるしく容易にさせた。地域の経済が成熟するにつれて、この経済は格別に商業化した性質を帯び、内部的にも複雑ながら統合ある分化をとげ、そして例外的に集中度が高かった。こうした特長の下に、採取産業以外の経済専業者の比重が高く、しかもその仲間での分業が発達し、企業家資質が醸成されたと思われる。

寧波の集散港としての役割は、その形成過程の幾世紀間は外来の専門家の掌中にあったが、その地域経済の発展は地元民の手でなされた。成長期の経済は企業家の育成の場であり、制度改善の培養の場であった。すなわち寧波という地域都市の集散港機能が、成長する経済を規定していたからである。具体的にいえば、寧波市の商業組織内の成長は、血縁による特殊企業家的連合活動や、他の都市・鎮市に支店をもつ商舗の出現や、合股を広範に活用することや、股東と経理の制度的分化や、商舗内部の組織分化や、信局という私的通信組織や、洗練された信用と銀行の制度を生み出したことで立証できる。これら全ての特長が、寧波の企業家がその活動を域外に広げるに際して大いに役に立ったのである。

この寧波地域は、郷村に有力な宗族が勢力を布植している点では、中国でも数少ない有数な地方である。単姓村から成る村々はかなり存した。[120] 市場取引を共に分かつ圏域も、村々を結ぶ組織も、有力な一、二の宗族が支配していた。宗族の勢力と、集散港としての寧波の傘下に地域が発展したこととの間のはっきりした相関の性質はよく分からない。しかし商業機会から利を得た宗族は、灌漑工事や干拓田を築くに必要な資金、労力の動員ができたであろうことは推察できる。とにかく、財産ゆたかな宗族は、資産を費して優れた子弟を教育して科挙を受験させた。[121] しかしその競合は厳しかったので、成功した族といえども多くの挫折を甘受しなければならなかった。寧波市の直接の後背地のような成長途上の経済地区では、多くの挫折した学者が商売に転じた。寧波の外地で初めて成功した商人は明末の孫春陽であり、彼は一六〇〇年頃、挙人の試験に失敗したのち寧波から蘇州に出て商売で成功し、結局、船載品

図10　19世紀末寧波地区の産業分化

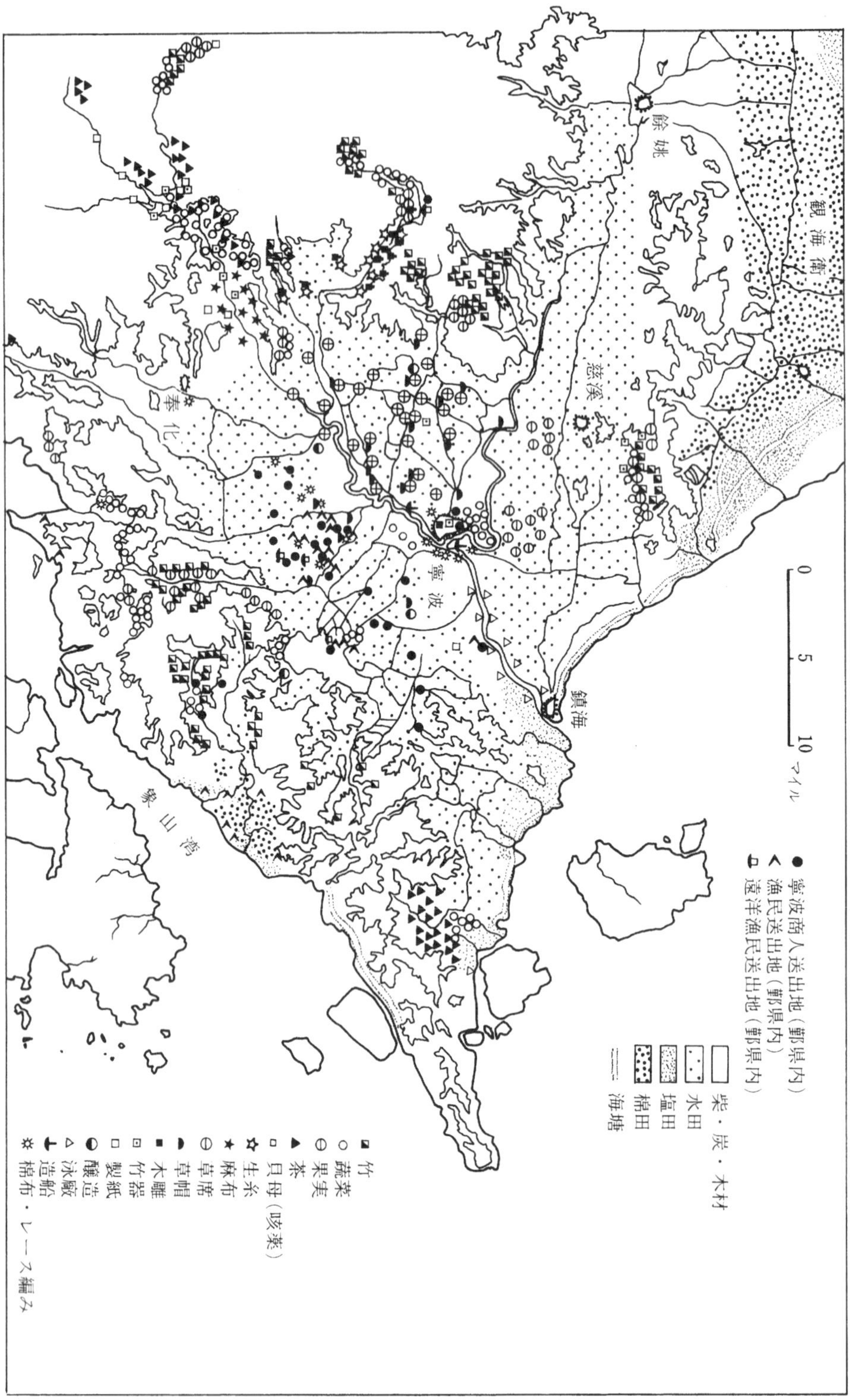

を取引する六房を所有した[122]。一八世紀までに、多くの宗族は才能ある子弟を近隣の市鎮、県城、あるいは寧波市における商業に従事させる方法をとるようになった（後の付表参照）。土地が開墾し尽されるや、宗族はますます族産や同族の者達を商業に注ぎこむようになった。Susan Mann 教授の研究では、上海における寧波人の成功を分析して、こうした宗族の戦略が後年に重要性を帯びてくることを指摘している[123]。すなわち、上海における大寧波集団内部の有力な経済力は、鎮海県籍の方氏の二つの支派の族員の手中にあった。本貫地の族の財政援助を得ることは、上海での彼らの名声と成功に不可欠であった。上海はじめ諸都市に伸びた方氏の商圏においては、すでに寧波の諸都市や鎮市での方氏の企業で試され鍛えられた同族の仲間から社員を呼び寄せることができた[124]。

鎮海の方氏がその族産の多くを、商業、金融ともに都市での商業に注ぎこんだこと、および方氏の個々の家々が地域内の寧波、鎮海はじめ様々な小都会で別の商売をしていたことは、注目に値する。これとは別の際立った事例としては、慈渓県の富家の戸長であった馮孝廉の投資方法がある[125]。彼は寧波市の東郊で幾つかの河岸の商店街における公司や商店の大半を所有していた。こうした有利な資産の監督は経理に委ねられ、それはこの種の高度に分化した経済組織ではよく見かけられるものである[126]。すなわち銭荘業内部について見たように、股東は実務を執らず、経理たちの誠実さと才能に頼る傾きがある。経理は同系の商売のより低い地位にいたときに気概を示した者たちの中から然るべき功績に照らして選抜され、しかも信頼性という視点から股東の同郷人の間から通常は選ばれた。

およそこの種の商業組織の特質は多くの企業の巨大な規模を立証している。多くの種類の営業の最上の規模のものにおいては、普通の富戸が集められるよりも大きな資本を要したので、合股は寧波商人でも銭荘でも一般に採用されていた。成功した商社が支店網をもつことは、一八、一九世紀に中心地階層が肉付けされて完熟してきたことと関りがある。数多くの新しい原基市場が設けられるにつれて、これまで存在していた町にあったサーヴィスやより上位の機能を広げることが求められるようになり、この需要は少なくとも部分的にせよ、寧波市および地方都市の幾つかにある卸商、当鋪、銭店によって支店が建てられることで充たされた。資本力のゆたかな商社の多くは、在庫の供給を確保したり、製品を規則的に捌くことを確保するため、様々な試みをした。一九世紀末に銭荘業の網の目が広がると、多くの商店は自らの銭荘を建てるようになった。

一八世紀末から一九世紀初には、寧波の企業家が港市の海外貿易に直接に関る商社を建てはじめたので、大規模の企業も増えてきた。たとえば長距離の舟運業では、寧波人は身を起すに当ってまず福建籍や蘇州籍の商人が所有する船舶の水夫となった。一八世紀末頃には、熟練した寧波人は投資家の融通した資本で自らの支店を構えるようになる。しかしその後、寧波商人は成長する舟運業に賭けるようになった。寧波籍の船は寧波の同郷人のみが乗組むようになった。賃金は低かったものの、乗組みの船員は船倉に私貨を積むこと、および意のままにそれを処分することを許された[127]。

また、最初の私信発送取扱い業＝信局も、寧波から興ったといわれている[128]。たぶん商社が自分の手紙と共に顧客の手紙を届ける事業をはじめ、やがてこのサーヴィスが副業に変ったものであろう。通信路も寧波を地方都市に結ぶ水路沿いに始まったであろうが、都市間の郵便サーヴィスは、寧波企業家が寧波の沿岸貿易の大半を制するようになるにつれ、上海その他の地域外の都市に及んだ。

疑いもなく、地域の外で成功した寧波人企業家の重要な利点は銭荘形式の銀行であり、これは発達した過帳制度と手形交換所を備えていた。この制度の明確な先例については議論の余地があり、ここでは立ち入らないが、過帳の制は寧波において、寧波人の手で、一七六〇年代から一八二〇年代に発生したことは確かと思われる。この時、地域経済には機能的によく分化した経済的中心地の完璧な階層ができており、寧波の企業家は、漕船業、船業代理店、輸入業、輸出業として同市の集散商業に進出していた。この地域の経済的開発を完了していた寧波企業者層は、余力、余剰資本、余剰労力を携えて同市の域外商業に転じたのである[129]。それでは、銭荘制度の洗練、拡大、連合を促したのは、寧波が集散港と地域中心地という二重の役における新しい局面でのこの階層の新しい需要のためであったのであろうか。

原因は何にせよ、寧波籍の企業家の成功図式の最終場面は、まさしく寧波生れの子弟が外地の商業に手を染めるべく乗り出すやり方が、近傍の都市に時折り出かける程度から、長江下流の諸都市へ、それらの都市の経済潜在力に直接に合せて組織的に移住をめざすように変った時点に当っていた。一八四二年に先立つ五〇年間に沿岸貿易が広がるにつれ、上海は寧波を含めた長江下流諸都市の衰退の犠牲の上に、ますます大きな貿易量を占めるようになった。そして、最大でしかももっとも組織的に統制された寧波からの移住者が流れ込んだのも上海であった。

一八世紀の末までには、数千人の寧波人が上海に住みついたといわれる。[130] そして一七九七年、四明公所という寧波ギルドが寧波の商業後背地から到来するあらゆる移民のための同郷会館として設立された。[131] およそ一〇年ののち、浙寧会館が上海に建てられ、寧波の北号舟運業者のギルドとなった。[132] この少しのち上海は条約港として開港され、寧波出身者は上海銭業公所を支配下においた。条約港上海における寧波幇の成功譚については Susan Mann 教授の詳論がある。[133] ゆえに、ここでは上海が全長江下流域の中心首府になり、全土の筆頭の集散港となり、寧波商人が上海経済の支配を固めたことを述べるに止めよう。

上海において寧波出身者の手でなされた金融覇権と商業支配は、単に一九世紀末に、長江下流の他の諸都市、たとえば寧波人の出先きの会館・公所のあった紹興、杭州、湖州、蘇州、鎮江、南京への拡大を促しただけでなく、上海の成長する商業的影響が認められる都市いたるところに拡大するのを促した。すなわち中国内では、漢口、沙市、宜昌、重慶などの長江中、上流域の主な商業都市、広東、汕頭、厦門、台北、淡水、福州、温州、台州などの南方の海港、膠州、芝罘、天津、瀋陽などの北方都市に寧波人は進出した。[134] 海外でも彼らは、日本の長崎、神戸、函館、[135] フィリピン、コーチシナ、シンガポール、スマトラ、セイロンに足跡を延ばした。[136]

一九世紀になると、海外の寧波商人は団結心が強く、出身地域に対し熾烈な忠誠心を示すことで有名であった。俚語の特長的な語句によれば「阿拉同郷者」（我ら同郷の仲間）という呼び方がある。[137] 寧波の有力者は、買弁であれ、銭荘の経理であれ、漕船の巨商であれ、或は商店主、船の船長であれ、必ず同郷者を傭ったという。事実、選択に当って中国社会によく見られる依怙贔屓の忠誠関係の同心円状の輪が用いられた。外地で寧波企業に雇傭が生ずるとき、第一に子息と甥、ついで他の血縁仲間を選ぶのであり、その次に狭く定義された同郷者が選ばれ、さらに同県者が選ばれ、最後に寧波地域各方面出身の人物を選んだ。Susan Mann 教授によると、店員を雇傭する地盤は一九世紀になれば広がる方向にあったが、初期の甚だしく成功した企業家たちについていえば、近親者をことさらに選んでいたと指摘している。こうした同郷組合の機能の一つは、寧波から出てくる移民に対して職業紹介をしてやることである。Susan Mann 教授は、寧波籍の有力な企業家は、時折り何らかの商業で傭われることを求めて寧波から来る徒弟を引き受ける身元保証人としての地位を固め、またその人物のために、金銭上の損失の際の連帯保証人となった。もしこの種の「保」任が不要であれば、簡単な紹介に当る「薦」をすぐさま与えた。[138] ある都市で、個別の組織を作るに足るほど寧波商人の数が多くないときは、同郷の絆の広狭の秩序のうち、より広い絆が用いられたことも注目に値する。厳密な寧波ギルドはたしかに北京、漢口、広東のような遠い処にもつくられたものの、重慶や福州をはじめとする多くの都市では、寧波商人は浙江の他の部分出身の人々と連合して浙寧会館や浙江会館をつくった。さらに、直隷、満州、日本などの若干の都市では、寧波商人が組み込まれるレヴェルはより広がり、三江会館、三江公所、三江幇にまで広がった。三江の定義は曖昧で、もともと「多くの河川流域」程度の意味らしいが、安徽と江西を江南にまとめて数え、これに浙江と江蘇を加えたものを指すのが通例である。

一たん成功した移民は、故郷の家族資産を拡大してくれるものと期待される。また郷里の地縁、血縁社会に投資することも期待された。日本神戸に来住して巨富を築いた呉錦堂は、郷里の慈渓県北部の東山頭の農田開拓に巨資を投じ、農林学校を建て、今日の師範学校の前身をなしている。[138] かなり高い比率の成功者がこうした貢献をした。また成功者の多くは引退して郷里に帰り、近親者や同郷者に経営の技術を訓練しつつ、海外での営業をつづけたのである。かかる規範的なとりきめがあるために、移住者の血縁や郷里にいる他の青年たちの野望は高まり、また事実、地方組織と外地での商業をともに強化したのである。郷里の家産も族産も、商業界での危機に際して支払い能力をもちつづけるための鍵であることが多かった。[139] 初期のもっとも成功した移民はたしかに鎮海（方氏、李氏、葉氏がことに著名）と慈渓、これにつづいて奉化、餘姚の出身者であったが、[140] しかし一九世紀に寧波人の集団移住が洪水になるにつれ、地方組織が商業・金融上の才能を育成して輸出する点では、鄞県（府治負郭）がとくに傑出していた。その出身の場所は図10に示しているが、[141] 図7と比べてみると、移住者を多く出す村は大てい南方、東方の平野に集まっている。この地方は干拓と農田化が最後に成しとげられた処であり、従って最後に地域経済の中に組み込まれた処である。市場網が最後になって成熟してきたことがそれを裏づけている。最後の最後になって、地方組織の特化が、内的外的な発展の相関する継起のうちに生ずる機会のタイミングに合せて発達をとげたのである。

一九世紀に郷里から外地へと拡大をとげるに当り、寧波の企業家は、先立つ一八世紀に、地域内の経済支配を固める上で有利であることが分かっていたあらゆる制度や商業習慣を大いに利用した。銭荘は寧波商人が行く先々に広がり、過帳制度は途方もなく広がった都市組織の需要に応えるべく採用された。雇傭や、社会的訓練や、使用人の選抜はすでに在寧波の商社で発達をとげていたのであるが、上海在住の寧波商社の手で即刻により高いレヴェルで用いられた。支店網を配置することも、商店の拡大の手段として好まれた。たとえば、一八〇〇年ごろ慈渓から上海に移住した董棣林の孫董仰甫は、上海と寧波の姉妹店のほか、杭州と漢口とに有力な銭荘支店を設立した。[142] 職業の分化もまた成功した寧波の企業家たちによってほぼあまねく行われた。舟運業では名高い先駆者として知られる鎮海の李也亭は、上海を根拠として沿岸貿易で財産を築き、北方諸港から豆や油を輸入し、それを南方諸港からの木材と交換した。ついで彼は資産の一部を銭荘に投資した。[143] 寧波に起源したと思われる信局も、寧波商業の拡大に重要な役を果した。[144] 新しい支店や新しい商社が長江下流域やさらに遠くの至る所の商業都市に設けられるにつれ、寧波人はこの種の代理店にさかんに投資した。一八七〇年代までに、信局代理店のネットワークは、それぞれの地域都市組織内のすべての都市を連絡するようになり、こうした長距離のサーヴィスは隔地商業の幹線に沿っていた。

以後の寧波企業家の歴史としては、彼らの蒸汽船、近代銀行、電信、国宮郵便組織への就業などが含められるが、長江下流域の諸都市間の強い連携をつくり出す上でも、また該地域の経済とその近隣地域の経済の強い連携をつくり出す上でも、寧波人のこうした役割は近代の幕明けに先立って古典的に伝統的な形で遂行されていたことは明らかである。以上の論述は、この拡大発展が寧波に固有の諸制度や発展パターンに根ざしており、またそれが生じたのはこうした寧波の組織の内部的な経済フロンティアが使い果され、長江下流域の都市組織が深刻な再編の下に立たされている、まさしくその時点であったこと、を示そうとしたものである。

注

（1）浙江通志巻七二によれば、一三九一年、二〇万九五二八戸。元豊九域志巻五では、一〇八〇年、一一万五二〇八戸、宋史巻八八地理志では、一一〇二年、一一万六一四〇戸、宝慶四明志巻五では、一一六八年、一三万七〇七二戸である。

（2）Ping-ti Ho, *Studies on the Population of China, 1368-1953*, 1959, Harvard Univ. Press, p. 18.

（3）宋元四明六志、成化寧波府簡要志、嘉靖寧波府志、崇禎敬止録等により作製。

（4）D. J. MacGowan, "Chinese Guilds or Chambers of Commerce and Trades Unions," *Journal of the North China Branch of the Royal Asiatic Society*, 21, 1886, p. 149. 段光清『鏡湖自撰年譜』中華書局、一九六〇、九一～二頁。根岸佶『上海のギルド』日本評論新社、一九五一、三一～二頁。

（5）注（3）に挙げた地方志、および松浦章「十八～十九世紀における南西諸島漂着中国帆船より見た清代航運業の一側面」関西大学東西学術研究所紀要一六　一九八三、「寧波商人姚鵬飛と長崎貿易」史泉五八　一九八三、「長崎貿易における江、浙商と閩商」史泉四二　一九七一、加藤繁「康熙乾隆時代に於ける満洲と支那本土との通商について」『支那経済史考証』巻下　東洋文庫、一九五三、「満洲に於ける大豆豆餅生産の由来について」同上。

（6）全漢昇「美洲白銀与十八世紀中国物価革命的関係」中国経済史論叢　第二冊　香港、新亜研究所、一九七二、「明中葉後太倉歳入銀両的研究」（李龍華氏と共著）香港中文大学中国文化研究所学報五巻一期　一九七二、小葉田淳『金銀貿易史の研究』法政大学出版局、一九七六。百瀬弘『明清社会経済史研究』研文出版、一九八〇。

（7）乾隆鄞県志巻四　水利、咸豊鄞県志巻三、四　水利、『民国鎮海県志』巻五　水利。

（8）慈渓林氏宗譜巻一、光緒慈渓県志巻五　水利。

(9) 嘉靖寧波府志、崇禎敬止録、雍正寧波府志、乾隆寧波府志、乾隆鄞県志、雍正慈渓県志、康熙奉化県志、乾隆奉化県志、乾隆鎮海県志、康熙象山県志、乾隆象山県志、万暦紹興府志、康熙十一年紹興府志、康熙五八年紹興府志、乾隆紹興府志、万暦餘姚県志、乾隆餘姚志等を参照して作製。

(10) 嘉靖期の鄞県の全村数は一六九である。清末までにそれは七二六に増加した。嘉靖寧波府志巻九、『民国鄞県通志』輿地志辛編、二三四〜九二頁。

(11) 『民国鄞県通志』輿地志辛編　村落　経済状況、食貨志甲編　農田農戸及糧食。John Lossing Buck, *Chinese Farm Economy*, Chicago, Univ. of Chicago Press, 1930, pp. 15, 40.

(12) 『民国鄞県通志』輿地志辛編　村落　四三五〜五八四頁、氏族表　六三八〜一〇六〇頁。

(13) 西嶋定生『中国経済史研究』東京大学出版会、一九六六、七八三〜八四頁。『民国餘姚六倉志』巻一七。L. Buck *ibid.* p. 184.

(14) 佐々木正哉「咸豊八年鄞県漁民の反乱」駿台史学一六　一九五三、姫田光義「中国近代漁業史の一齣—咸豊八年鄞県の漁民闘争をめぐって—」『近代中国農村社会史研究』大安、一九六七、光緒鄞県志巻二　風俗、『民国岱山県志』巻三によると、岱山島沖合の漁船は、東湖幇（鄞県の東銭湖付近の漁民集団）、桐照幇（奉化県の象山湾岸の町付近の集団）、蕭山幇（紹興府の蕭山県籍）、鎮海幇（寧波鎮海県籍）、台幇（台州府）、温幇（温州府籍）から成っていた。

(15) 傅衣凌『明清時代商人及商業資本』北京　人民出版社、一九五六。新安商人については、藤井宏「新安商人の研究」東洋学報巻三六、一〜四号、一九五三〜五四。葉顕恩『明清徽州農村社会与佃僕制』安徽人民出版社、一九八三、江淮論壇編集部編『徽商研究論文集』（藤井宏教授の論文の中訳を載せる）安徽人民出版社、一九八五、Harriet Zurndorfer, "The *Hsin-an Ta-tsu chih* and the Development of Chinese gentry Society: 800-1600" *T'oung Pao*. 97:3-5, 1981, pp. 154-215 ほか、松浦章「清代徽州商人と海上貿易」史泉六〇、一九八四、注一参照。山西商人については寺田隆信『山西商人の研究』東洋史研究会、一九七二、佐伯富「清朝の興起と山西商人」『中国史研究』第二　東洋史研究会、一九七一、二六三〜三二二頁。寧波に集まる福建商人等については、山脇悌二郎『近世日中貿易史の研究』吉川弘文館、一九六〇、松浦章「清代における沿岸貿易について—帆船と商品流通—」小野和子編『明清時代の政治と社会』京都大学人文科学研究所、一九八三、佐久間重男「明代海外私貿易の歴史的背景—福建省を中心として—」史学雑誌六二—一　一九五三、藤田豊八

『東西交渉の研究　南海篇』岡書院、一九三二、四四二～四五〇、四八九、四九〇頁。

（16）松浦章「山西商人范毓馪一族の系譜と事蹟」史泉五二　一九七八、「清代徽州商人と海上貿易」史泉六〇　一九八四、李顕璋「嘉靖年間における浙海の私商及び舶主王直行蹟考」史学三四巻一、二　一九六一。

（17）一八世紀の前半に生じた海外貿易の発達は寧波の集散港機能に刺激を与えたと思われる。一七一五年、日本で正徳新令が公布されて、中国商船総額中の寧波船は元禄二年（一六八九）令の一七%から三七%に枠を広げられた。乾隆八年（一七四三）、清朝は寧波を日本棹銅輸入の主要港と定め、船隻数を限定して江浙商人に特許を与えて銅の輸入をはじめるが、これらの商人の拠点は乍浦であった。山脇悌二郎『近世日中貿易史の研究』吉川弘文館、一九六〇、二三～三七頁、大庭脩「平戸松浦史料博物館蔵「唐船之図」について―江戸時代に来航した中国商船の資料―」関西大学東西学術研究所紀要五　一九七二。

（18）Susan Mann, "Finance in Ningpo: The Chien Chuang, 1750-1880", in W. Willmott, ed., *Economic Organization in Chinese Society*, Stanford, Stanford Univ. Press, 1972, pp. 47-77.

（19）郁東明・鄭学溥編著『浙江第一個商埠　寧波』四　風俗与職業　浙江人民出版社、一九五八、一二～一九頁。

（20）『民国鄞県通志』をもとに、宋～清代の寧波の各府志、各県志、紹興の各府志、各県志を参照して作製。

（21）『民国鄞県通志』をもとに、宋～清代の寧波の各府志、各鄞県志を参照して作製。

（22）成化寧波府簡要志巻五、嘉靖寧波府志、咸豊鄞県志巻一、光緒鄞県志巻二。

（23）同上。

（24）光緒鄞県志巻二、Nyok-ching Tsur (Chou I-ch'ing), *Die Gewerblichan Betriebsformen der Stadt Ningpo*, Tübingen, Verlag der H. Laupp'schen Buchhandlungen, 1909. 原載 *Zeitschrift für die gesamte Staatswissenschaft.* vol. xxx, 1909. 文末の自撰閲歴によると、Tsur博士は一八八三年一二月一四日、退居官人で上海に住む We-Kiao Tsur の子として寧波に生れ、一八九九～一九〇三年に上海の米系ミッション・スクール St. John's College 付設中学に学び、一九〇四年に英国の二つの大学で学んだのち、一九〇六年秋にライプチヒ大学に赴き、ドイツ歴史学派の Karl Bücher 教授の指導下に法律と政治経済を学んだ。そして経済人類学手法で郷里寧波の商業慣習を調査（一九〇七）してまとめ、博士論文として提出した。この成果は Max Weber の『儒教と道教』にも広く参照されている。イリノイ大学の Peter Schran 教授の英訳（一九八〇）がある。

(25) G. Smith, A Narrative of an Exploratory Visit to Each of the Consular Cities of China and to the Islands of Hong Kong and Chusan, New York, Harper, 1847, pp. 196-97.『民国鄞県通志』輿地志辛編 二一八～三四頁も参照。

(26) 光緒鄞県志巻二 風俗。

(27) Tsur, 1909, p.17. 1980, p.20.

(28) *ibid.* p.71. 1980, pp. 83–84.『民国鄞県通志』博物志八四～八五頁。

(29) Tsur, 1909, pp. 47–48. 1980, pp. 53–55.

(30) *ibid.*, 1980, pp. 61–65.

(31) *ibid.*, 1980, pp. 72–80.

(32) *ibid.*, 1980, pp. 80–93.

(33) *ibid.*, 1980, pp. 93–97.

(34) *ibid.*, 1980, pp. 97–100.

(35) *ibid.*, 1980, pp. 103–110.

(36) 光緒寧波府志巻二 風俗。『民国鄞県通志』食貨志 一〇七～一一一頁。

(37)『民国鄞県通志』食貨志 八四～八五頁。

(38) 姫田光義 一九六七 前注(14)、七九～九六頁。

(39) 咸豊鄞県志巻一、光緒鄞県志巻二、『民国鄞県通志』食貨志 七〇～七一、八五、八八～一〇六頁。

(40) 満鉄上海事務所編『寧波ニオケル商業帳簿調査』一九四二。

(41)『民国鄞県通志』食貨志 七一～八四頁。

(42) 過帳について、注(40)(41)ほか、注(18)の Susan Mann, 1972, p. 60. 参照。要するに貿易業者、商人、官紳で、銭荘に取引口座のある者は、通帳の発行を受け、取引の度に期日、金額、取引相手を記入し、現金の手渡しは行われない。通帳は毎日夕刻に清算のため提出され、その時各銭荘の代表が集まって、現金支払が必要な勘定を清算する。勘定は寧波に固有の想定上の計算単位である江平銀両で清算される。西里喜行「清末の寧波商人について」東洋史研究二六巻一、二号 一九六七。

(43)『民国鄞県通志』食貨志 七一～七二頁。

(44) 同上、八三～八四頁。

(45) 加藤繁『支那経済史考証』巻上 一九五二、四二二～六〇頁。根岸佶『支那ギルドの研究』斯文書院、一九三二、一九七～二〇九頁。

(46) Great Britain Public Record Office, F. O. 228/913.

(47)『民国鄞県通志』輿地志辛編　村落　二一八～二三三頁。同書、輿地志卯編　廟社　七二五～七四五頁。

(48) 加藤繁『支那経済史考証』巻上　一九五二、四五三～五四頁。

(49) 何炳棣『中国会館史論』台北、一九六六、"The Geographic Distripution of *Hui-kuan* (Landsmanschaften) in Central and Upper Yangtze Provinces", *Tsinghua Journal of Chinese Studies*, ns. 5, no. 2. 1966, pp.120-52.

(50) 光緒鄞県志巻一二　祠廟。

(51) 乾隆鎮海県志巻四。

(52) 根岸佶『中国のギルド』日本評論新社、一九五三、一〇九～一一頁。

(53)『民国鄞県通志』輿地志　廟社。

(54) MacGowan, 1886, p.149,『民国鄞県通志』食貨志　二一七～一八頁。同書輿地志　七二七、七三七頁。東亜同文会『支那省別全誌』巻一三　浙江省　一九一九、四一頁。

(55)『民国鄞県通志』輿地志　廟社。

(56) MacGowan, 1886, pp. 145-149.『鏡湖自撰年譜』九七～九八頁。『民国鄞県通志』食貨志　九二頁。

(57)『支那省別全誌』巻一三　四一頁と図。何炳棣『中国会館史論』四四頁。

(58) Tsur, 1980. p. 66.

(59)『支那省別全誌』巻一三　浙江省。

(60) MacGowan, 1886, pp.138-51.

(61) 斯波『函館華僑関係資料集』大阪大学文学部紀要二二　一九八二、一三、一四頁。

(62) 都市不動産所有、これにかかわる権益については、台湾総督府、臨時台湾旧慣調査会編『台湾私法』第一巻、一九一〇年、斯波『宋代商業史研究』風間書房、一九六八年、一九七九年、三二一～二七頁。『咸豊鄞県志』巻一。仁井田陞『中国法制史研究　土地法・取引法』東京大学出版会、一九六四、一六四～二〇三頁。満鉄上海事務所調査室編『寧波ニオケル商業帳簿調査』上海事務所調査室、一九四二、五〇、七〇、一一一頁。『民国定海県志』風俗志　巻二風俗、満鉄調査部編『中支都市不動産慣行資料』二輯（上海）一九四一、一〇～一八輯（抗州）一九四二、一九～二五輯（南京）、二六～三二輯（蘇州）、三三～三九（無錫）、四二～四四、四七輯（漢口）が参考になる。なお加藤繁『支那経済史考証』巻上　一九五二、二六一～八七頁。巻下、一九五三、二四五頁。周東白『中国商業習慣大全』第六部　商店租屋　一九二三、『民国鄞県通志』食貨志　三五六～八頁、租屋事項も参照。

(63) Yeh-chien Wang, *Land Taxation in Imperial China,*

1750-1911, 1973, Harvard Univ. Press, pp. 67-83.

(64) *ibid.*

(65) 『台湾私法』巻三　一三八—一三九頁、『咸豊鄞県志』巻六、『光緒鄞県志』巻八、臨時台湾旧慣調査会編『清国行政法』第六巻　財政収入。佐々木正哉「寧波商人の釐金軽減請願五種」東洋学報五〇—一　一九六七、Susan Mann, *Local Merchants and the Chinese Bureaucracy, 1750-1950*, 1987, Stanford, Stanford Univ. Press.

(66) 佐々木、Susan Mann 前引。

(67) 加藤繁『支那経済史考証』巻上　二九九〜四二一頁。Denis Twitchett, "The T'ang Market System," *Asia Major*, 12. no. 2, 1966, "Merchant, Trade and Government in Late T'ang", *Asia Major*, 14. 1, 1968.

(68) Tsur, 1909, p.41. 1980, p.48.

(69) 山根幸夫「明清時代華北市集の牙行」『星博士退官記念中国史論集』同編輯委員会、一九七八、二二七〜二四九頁。天野元之助『中国農業の諸問題』技報堂、一九五三。『清国行政法』巻二　四八九〜四九四頁。

(70) 『清国行政法』巻二　四九二頁。

(71) 同上書、巻二　四九一〜四頁。

(72) 『清国行政法』巻二　一八一頁。

(73) 『民国鄞県通志』輿地志甲編　九頁、八一〇頁。『保甲書輯要』巻二。

(74) 同上、八一三、四頁。

(75) 同上、八一〇頁。

(76) 乾道四明志巻二、宝慶四明志巻一三、一五、一七、一九。

(77) 『民国鄞県通志』輿地志庚編　郷区　一三六〜一六一頁。

(78) 曾我部静雄『中国及び古代日本における郷村形態の変遷』吉川弘文館、一九六三。

(79) 同上。なお民国時代北京の消防組織については、今堀誠二『北平市民の自治考察』文求堂、一九四七が参考になる。

(80) 康熙鄞県志巻二。

(81) 一例を挙げると、江厦と江北両区を結ぶ新江橋という浮橋の架設がある。江北が租界地であったため、一八六三年に同橋は英国商人の手で架けられたが、基金は受益する卸商や一般商店から集められた。一八七七年、有力な紳商の主導の下に、一万六千元を醵出して維持費に当てるが、これを負担したのは寧波の諸種輸入業者と福建の海商ギルドであった。『民国鄞県通志』輿地志　六二七〜六二九頁参照。また光緒慈渓県志巻五　水利には、城内および直接近郊の市河の浚渫は富民の出資、民戸の労力提供による規定が、府城を範として慈渓県にも及んでいたことを詳説している。

(82)『民国鄞県通志』輿地志　八二六頁。

(83)光緒鄞県志巻二。

(84)『民国鄞県通志』輿地志　氏族表　三一九～五三〇頁。

(85)府県学、先賢祠、文昌閣、関帝殿については、『民国鄞県通志』輿地志　八一五～八二四、七二九、七三六、七三七、七三八、七三九、七四一、七四三頁参照。

(86)『民国鄞県通志』輿地志　七二七頁。

(87)同上、七二五頁。

(88)同上、七二六頁。

(89)同上、七二九頁。

(90)嘉靖寧波府志巻四、『民国鄞県通志』輿地志　七二五、七二九、七三二、七三五頁。

(91)境については、清代の台南府に詳しい事例がある。林衡道及台湾省文献委員会編『台南市市区史蹟調査報告書』一九七九、三〇、三一、六八、六九頁参照。

(92)台南市の土地公会を基底とする宗教的近隣組織については、Kristopher M. Schipper, "Neighborhood Cult Association in Traditional Tainan," in G. W. Skinner, ed. *The City in Late Imperial China*, 1977, Stanford, Stanford Univ. Press, pp. 651-676. が参考になる。また今堀誠二『北平市民の自治考察』文求堂、一九四五、『中国封建社会の機構』日本学術振興会、一九五五、『中国封建社会の構造』日本学術振興会、一九七八、に説く街巷団体、闔街の記述を参照。

(93)『民国鄞県通志』輿地志　八三九頁

(94)宋元明清の地方志の風俗、物産、市集の関連記事のほか、『民国鄞県通志』輿地志　村落表　二一八～二九二頁、同、氏族表、三一九～五三〇頁の記述等を集約して作製。『民国鄞県通志』食貨志漁業　三三～四四頁、塩業　四四～五一頁、工業　五二～五六頁、家庭工業（草帽業、席業、結網業）五六～六七頁の記述はTsur, 1909, pp. 47-94. の調査と併せて直接後背地の産業分布を示しており、より詳しい状況は『民国鄞県通志』輿地志　村落表　二一八～二九二頁、氏族表　三一九～五三〇頁に明示されている。中国銀行経済研究室編『商品研究叢書』一巻　米　一三七、一三八頁は米の集散を示している。東亜同文会編『支那省別全誌』巻一三、『浙江経済紀略』も概要を知るに足る。この外、慈渓県については雍正慈渓県志、民国慈渓県志、奉化県については康熙奉化県志、象山県については乾隆象山県志、道光象山県志、民国象山県志、鎮海県については乾隆鎮海県志、光緒鎮海県志、民国鎮海県志、餘姚県については乾隆餘姚志、光緒餘姚県志、『民国餘姚六倉志』を主として参看した。この外、Great Britain Parliament, House of Commons, Sessional Papers, vol. 92. 東亜同文会編『支那開港場誌』東亜同文会、一九二二に物流の概況が記されている。

(95) 光緒奉化県志巻一 市、民国象山県志巻一三、『浙江省経済紀略』奉化県、象山県の条。

(96) 姫田、一九六七、九八～一〇〇頁。

(97) 『民国鄞県通志』輿地志 一二一七～九二二頁、光緒奉化県志巻一、巻三六、光緒剡原郷志、『浙江省経済紀略』鄞県、奉化県、餘姚県、嵊県、新昌県、寧海県の部、『支那省別全誌』一三巻 三二七頁、周藤吉之『宋代経済史研究』東京大学出版会、一九六二、三三九頁。

(98) 東亜同文会編『支那経済全書』八巻 東亜同文会、一九〇七～八、六〇七～一一頁。『支那省別全誌』巻一三 四三九～五〇頁。

(99) 同上。

(100) Gt. Brit. Parliament, House of Commons, Sessional Papers, vol. 82, Misc. Series of trade reports, no. 22, 1886. なお、『台湾私法』第四編商事及債権 第一五節 第三項行の商品をみると、台湾南部での寧波からの輸入品（軽船）は、綢緞、薬材、紫布、棉花、色布、茶油、桐油（桕油？）牛油、落花生油、石羔、桧柴、豆塩、彩蛋、均耳、火腿、紹興酒、瓜子、麥仔、黄豆、白蠟、海産物、一方、北部では軽船で鎮海から輸入される品目に、白朮米、白布、棉花、生油、烏棗、紅棗、瓜子、石羔、粉蕪、綢緞、塩白魚、粉石、金針菜、木耳、草蓆、牛骨を挙げており、一九一一年の記録ではあるが、裏付けとなる。

(101) 『民国鄞県通志』食貨志 六〇頁、輿地志二四二、二四六、七九五頁、康熙奉化県志巻三 二葉、巻三六、『寧波地区実態調査書』興亜院政務部、一九四一、二三二頁参照。

(102) 『鏡湖自撰年譜』九七頁。『支那経済全誌』一三巻 四一～四四、二四二～四五、三二一～二六頁。『民国鄞県通志』輿地志六九六～七〇三、七一四頁。康熙奉化県志巻三 二～三葉。Gt. Brit. Parliament, House of Commons, Sessional Papers, vol. 89. Misc. Series of trade reports, no. 330, 1894、『支那開港場誌』一九二二を参照。

(103) 『浙江省経済紀略』、『支那省別全誌』巻一三による。

(104) G. W. Skinner, "Marketing and Social Structure in Rural China" part I, II, and III. *Journal of Asian Studies*, vol. 24, nos. 1, 2 and 3, Nov. 1964, May, 1965. また G. W. Skinner, "Regional Urbanization in Nineteenth-Century China", in G. W. Skinner, ed., *The City in*

Late Imperial China, 1977, pp. 211-249. "Cities and Hierarchy of Local Systems," in *The City in Late Imperial China*, pp. 275-351.

(105) G. W. Skinner, "Marketing and Social Structure in Rural China", 1964, *Journal of Asian Studies*, vol. 24, no. 1, pp. 10〜16.

(106) 光緒鄞県志を中心に、『民国鄞県通志』輿地志　七九四〜九九、光緒慈渓県志、光緒奉化県志、『民国剡源郷志』、光緒鎮海県志、『民国象山県志』、光緒餘姚県志等により作製した図による。

(107)『民国鄞県通志』食貨志　八四〜五頁。

(108) MacGowan, 1886, p. 145.『浙江省経済紀略』二二六、二七六頁。

(109) MacGowan, ibid.

(110)『民国餘姚六倉志』巻一八　風俗。

(111)『民国鄞県通志』食貨志　七二頁。

(112) 同上、食貨志　八〇〜八三頁。

(113)『商品研究叢書　米』一三七頁。（一担一五〇斤換算）。

(114) 同上、一三七〜八頁。

(115) 斯波『宋代商業史研究』二三九、四一六頁。

(116) 斯波「明治期日本来住華僑について」社会経済史学四七ー四、一九八二、「在日華僑と文化摩擦ー函館の事例を中心にー」山田信夫編『日本華橋と文化摩擦』巌南堂、一九八三、三七〜一一七頁。

(117) 東亜同文会『支那経済全書』八巻　五五八〜五九、六〇八〜九頁。『支那省別全誌』一三巻　四三九〜四九頁。『民国餘姚六倉志』巻一七、一八、『民国県鄞通志』食貨志　八九、一〇〇頁。

(118) Tsur, 1909. 委託生産3完成品生産 pp. 85-86.

(119) 姫田、一九六七、九二〜九七頁。

(120)『民国鄞県通志』輿地志　氏族表　三一九〜五三〇頁。

(121) 伊原弘「宋代明州における官戸の婚姻関係」中央大学大学院研究年報一　一九七二、『民国鄞県通志』輿地志　氏族表、兪氏、孫氏の例。牧野巽『近世中国宗族研究』日光書院、一九四九年、一八〇〜三二九頁、上田信「地域の履歴ー浙江省奉化県忠義郷ー」社会経済史学四九ー二、一九八三、「村に作用する磁力についてー浙江省鄞県鄞勇村（鳳漢村）の履歴ー」中国研究月報　四五五、四五六、一九八六。

(122) 清稗類鈔巻四四、西里喜行「清末の寧波商人について」(上)　東洋史研究二六ー一　一九六七、三頁。

(123) Susan Mann, 1972, pp. 84-85.

(124) 中国人民銀行上海市分行編『上海銭荘史料』一九六〇、七三〇

~四頁。

(125)『鏡湖自撰年譜』一七三、一八二頁。

(126) 根岸佶『上海のギルド』五九頁。

(127) 例えば『上海銭荘史料』七三四頁。

(128)『支那経済全書』六巻 一〇〇、一〇一、一七五~六頁。

(129) 光緒定海県志巻一五 方俗二、風俗、光緒鄞県志巻二 風俗、『民国鄞県通志』食貨志 七二頁。

(130) 根岸佶『支那ギルドの研究』一三三頁、『支那経済全書』二巻 七五頁。

(131) 根岸『支那ギルドの研究』一三五~七頁。

(132) 根岸『中国のギルド』一〇九~一一頁。

(133) Susan Mann, 1972, "The Ningpo Pang and Financial Power at Shanghai," in Mark Elvin and G. William Skinner, eds., *The Chinese City Between Two Worlds*, Stanford, Stanford Univ. Press, 1974, pp. 73-96.

(134) 西里喜行「清末の寧波商人について」(上) 東洋史研究二六—一 一九六七、九頁、また『支那省別全誌』による。

(135) 斯波「在日華僑と文化摩擦——函館の事例を中心に」山田信夫編『日本華僑と文化摩擦』巌南堂、一九八三。内田直作『日本華僑社会の研究』同文館、一九四九。

(136) 西里、注(134)。

(137) 根岸『上海のギルド』五一~二頁。Susan Mann, 1974, p. 82.

(138) 山口政子(豊川政子)「在神華僑呉錦堂(一八五四~一九二六)について」山田信夫編『在日華僑と文化摩擦』巌南堂、一九八三、二五七~二八六頁。

(139) Susan Mann, 1974, p. 82.

(140)『上海銭荘史料』七三〇~三七、七四二~四三、七四四頁、西里「清末の寧波商人について」(上) 東洋史研究二六—一 六~七頁。

(141)『民国鄞県通志』輿地志 氏族表 二一九~五三〇頁を中心に『上海銭荘史料』、西山同上論文、山口同上論文等によって作製。

(142)『上海銭荘史料』七四二頁。

(143)『上海銭荘史料』七三三~八頁。

(144)『支那経済全書』六巻 一〇〇、一〇一、一七五、一七六頁。

付表　寧波鄞県主要姓氏の来歴・移住・就業資料（民国鄞県通志采訪冊）

一九三五年刊の民国鄞県通志　輿地志癸編　氏族には、一九三三〜五年に鄞県内の譜牒を有する族をほぼ網羅的に調査し、この調査にかかる鄞県の七一六の姓氏につき、始遷時代、始祖、地址、祠堂、譜牒、分派、丁口、職業、組織、風俗習慣、経済概況、族望、備考、調査年月を示して一覧表にした記述がある。この付表は右を参照して、その中で純農業、山村産業に従う族、記録の零細な族を除外し、相対的により多く商工業、貿易業（経商）そして実業に携わっている族二二〇を抽出して、各姓の族につき遷住来源地、族住址、戸口、職業、経済評価を摘録し、備考に内地・外地移住の状況、職業の特色、学校や救火会その他社会組織、族産等の資料を採録した。Aの記号を付す姓氏は上海や海外の都会に商工・学業等に進出したもの、Bは一般に内地移住者を擁するもの、Cは抽出事例のうち学校、救火会、（水龍会）、祀田等の組織の有無を示すものである。鄞県内のどの地方の、またいかなる職業、族の背景にあるものが外地移住者を輩出したかが判明する。鄞県だけの、また商業に大かれ少なかれ従った族に偏した資料であるが、右の叙述の参考資料として掲げた。

	記載順	姓	来源地・年代（外府州）	住址	方角	戸口	職業	経済評価	備考
CA	002	洪	明初　慈渓県	八区茅塘郷	南郷	二〇戸　八二人	農、工、商（有経商）		経商上海紙煙業　無異姓　有小学
	003	洪	清初（歙県）	二区甘渓鎮	城内	八〇余人	学、商、工		祠産甚薄
	004	洪		一区蔣家塘	城内	百数十人	学、商、工	平常	
B	005	童	唐末（嘉興府）	九区弦渓新白郷	東南郷	一七七九人	農六〇%商工四〇%		有徙蘇州呉県、温州、河北北平、奉化、象山、撲実耐労
	007	童	明　慈渓	一区水則鎮	城内	丁一〇〇余人口稍小	学、商、政	産薄丁繁未能坐食	
B	012	翁	明（湖州）	六区月塘郷	西郷	六〇余戸二〇〇余人	農、工、商（次政）	今稍替	旧閥家巨族　裔孫有徙福建
C	015	馮	明　慈渓	六区渓渡郷	西郷	男四〇〇余女五七〇余人	商最多（次政学農工）		六世分一二支　今族居者五支　有義荘、義塾、消防局、保衛団
C	020	鍾	宋慈渓—定海—鄞小渓	一〇区王鍾郷	東郷	二支丁口一二七〇人	農七〇%工商二〇〜三〇%学	不甚裕	有小学

	番号	姓	来源	居住地	人口	職業	生計	備考
B	026	江	清　徽州―鎮海	二区和義鎮　内城	丁九三人口一一〇人			経商、求学
	027	江	清（徽州歙県）	一区天一鎮　内城	一四〇余人	商、政、学、工	自食	
B	028	施	宋　慈渓	六区古林鎮　郷西	六〇〇余人	農>商>士	不至窘迫	有徙紹興、杭州、寧海、新昌、諸曁、崇徳、定海、石門、蕭山、温州、奉化
B	029	施	元（徽州）	四区櫟木鎮　郊東	城中四〇〇余丁	学、政、商、農、工	自給	有徙嘉興　外散居四方者多
	030	施	明	一区竹洲鎮　内城	約三〇〇人	商、学、工、政		
	033	舒	明　奉化	八区陵江郷　郷南	三〇〇余人	農、工、商、学	自給	旧家世族
B	034	余	宋　定海	在城廂陶公山	本支一〇〇〇余人　五六〇余戸	商多（経商多）	寛裕	鎮海房　多仕於鎮海
A	037	徐	宋（天台）―鄞東明楼村	四区清潔鎮　郊東				有徙台州、舟山、餘杭、富陽、上海、紹興
	041	徐	明万暦　九区前徐鎮	一〇区益新郷　郷東	五〇〇余人	農、商	枯瘠	
CB	044	徐	明正徳　九区鸎脰湖	六区象南郷　郷西	約三〇〇人	農多　在外経商数家	自給	有小学
CB	047	徐	元末（餘姚）	六区殷浦郷　郷西	約四〇〇戸一五〇〇人～一六〇〇人	商多>農>工>学	自給	溧陽派、乍浦派、二派密切、有小学、救火会、祀田三〇～四〇畝
	050	徐	明成化　慈渓	六区豊恵郷　郷西	二三〇余人	商多>政、学、農	倹樸	
A	051	徐	明	九区金芝郷　郷南東	寧郡派五七八人	農多		上海派、大嵩派、寧郡派
CA	058	兪	宋興国（呉興）	六区桂林郷　郷西	一七〇〇余人	農>商工学	竭蹶	経商上海者富裕　有小学

C	059	兪	宋　六区桂林郷	一〇区塩城郷 郷東	一八九二人	農商多	旧寛裕、今支絀	有小学、水龍会、長生施材会
B	060	兪	明宣徳一〇区新塩場	一〇区東呉鎮 郷東	四〇〇余戸	農、工、商		有徙杭州
	061	兪	宋（新昌）	八区兪家埭郷 郷東	一二〇〇余人	農六〇%商三〇%工学一〇%	多貧、有小康者	明末清初文風極盛
C	065	兪	明弘治　台州	八区雅道郷 郷東	三〇〇余戸	農工商多士少	昔富戸旧家、今衰、有擁巨資者	有小学、義塾、保安水龍会、種雨庵義塚
	069	呉	宋	六区段塘鎮 郷西	約五～六〇〇人	造船業多	貧多、有小康者	
	070	呉	宋（建州浦城）→（蘇州）八区	八区楡橋郷 郷東	四〇〇余人	商四〇%農工他六〇%	貧　有小康者	
	074	呉	宋　鄞県雷公橋	六区両湖郷 郷西	五九人	農五〇%商五〇%	無甚貧甚富	
	078	呉	明（蘭渓）	二区甘渓鎮 内城		学、商、工		昔旧家今衰
B	085	朱	元　慈渓	六区豊恵郷 郷西	四〇〇余人	農多商少	自給	有徙餘杭
BA	086	朱	明　鄞万嶺	一〇区平隘郷 郷東	一〇〇余人			経商日本者多、自九一八後華僑被擯衰落　有徙鎮海
	090	朱	明　一〇区梅墟	一〇区河南郷 郷東	八～九〇人	農商多	拮据	
B	091	胡	宋　奉化	六区鶴山郷 郷西	東房一九〇余人	東房商多士農工参半	自食	男子経商、徙餘姚、杭州（医）
	093	胡	明成化（安徽）	一区聚奎鎮 内城	丁一四〇人	商最多＞学＞工	自食	民国衆議員議員
	099	烏	清　鎮海	一区白檀里 内城	二〇余戸	商、学	無甚貧甚富	

B	101	屠	宋（開封）	五区桃渡鎮、二区甘渓鎮	北郊 城内	計八〇〇丁	商六〇％工二〇％士農一〇％	自給	有徙舟山、杭州、定海、北京、平湖、南京、奉化、桂林
	103	屠	清　鄞江北岸	六区保佑郷	郷西	二四〇余人	農六〇％商三〇％工一〇％	貧多、小康十之一～二	
	105	盧	宋紹定（蘇州）	五区槐樹鎮	郊北	一〇〇数人	商＞工＞学	艱難	咸豊、同治、読書多
	106	盧	明嘉靖　定海	一区霊橋鎮	内城	四〇〇余人	商、学		旧聞家巨族　今非昔比
	109	柴	宋（開封）→（杭州）	二区通利鎮	内城	一〇〇数戸	商多	不甚裕	
	110	柴	明	一〇区高平郷	郷東	一四〇〇余人	農、商多、学少		
	114	陳	晋（蘇州）	八区姜山鎮	郷南	八〇〇〇余人	商多、農少	寛裕多有高資者	出洋捕墨魚　女織白網巾、金絲帽
	121	陳	唐（湖州）	八区道陳郷	郷南	一〇〇〇余人	農商多、学少	自食	
CB	122	陳	宋（蘇州）	八区走馬塘鎮	郷南	三〇〇〇余人	農工商多、士少	窘艱	徙瓊州、貴州、南康、有小学、水龍会、保衛団、以学為急務
CB	128	陳	明　八区走馬塘	一区延慶鎮	内城	八百数十人	学、商（習商者多）	寛裕	徙金陵、旧家、有小学
C	133	陳	明（莆田）六区十字港	六区恵済鎮	郷西	三〇〇余人	商（銭業、鮮貨）＞農工＞学	寛裕	有小学、救火会
	134	陳	宋（嘉興）	一〇区横涇鎮	郷東		農商多　士少		
	138	陳	明　七区章村	六区清湖郷	郷西	五〇余人	男商、農、女席草帽	無甚貧甚富	
BA	143	陳	明洪武鄞県西洋港	六区豊恵郷	郷西	三〇〇余丁	商多＞農＞学	枯瘠	故旧家、経商上海者稍充裕、近年棄農而傭於上海者尤多、有徙杭州、直隷順天府、河間府、河南省

B	148	陳	元　定海	三区望京鎮	郊西	三〇〇余丁	商多>学		有徙慈渓、寧海、福建
	150	陳	明永楽（上虞）	三区望京鎮	郊西	百数人	商、学	自給	
	158	陳	明末	六区高橋郷	郷西	八～九〇人	農六〇%商三〇%工一〇%	貧	
A	167	陳	清順治　鄞四古荘	一〇区九涵郷	郷東	一九八人	農多、工商一〇%	枯瘠	経商上海者頗称殷実　合姓村（張姓一五戸王、丁、傅、銭、楊、余八―九戸）
	168	陳	清康熙鄞姜山―慈渓	一区迎鳳鎮	内城	男丁二五〇余人	商、学	寛裕尚多	旧聞家巨族
	172	秦	明　郡城西郊	一区孔廟鎮	内城	四～五〇〇人	商多		
	173	秦	清	一区鄮山鎮	内城	四〇人	商	富裕	
A	176	忻	宋江西南安、明定海	九区陶公山郷	郷南東	一〇〇〇〇人	商>漁>農>学>士	不至竭蹶	上海経商有頗崛起者
	182	聞	明初　七区石塘	一区天一鎮	内城	六八人	商多	平常	
CB	183	袁	宋　慈渓	一区長春鎮	内城	約三〇〇戸	商、学	殷実	有小学　有徙慈渓、鎮海、江南
B	186	袁	宋　臨安府	三区柳荘鎮	郊西				有徙衢州、慈渓、鎮海、杭州、貴州、嘉興乍浦、定海、鎮海、安南、餘姚、呉淞、江蘇、宝山
CBA	190	孫	明永楽（六区）　鄞西碧渓	三区望京鎮	郊西	二二〇余人	商一〇〇余人士一〇余人農二〇余人工八〇余人	自給	商人設肆本埠、又有経商上海、漢口、天津祀田四〇余畝、続助一〇畝
CA	192	孫	宋徳祐　奉化	六区北渡郷	郷西	一六〇人	農多>工商	寛裕	経商上海者大半寛裕　有小学、水龍局
	198	孫	明弘治（寧海）	八区中和郷	郷南	五四一人	商四〇%農工学六〇%	寛裕自給	

	199	孫	明万暦　慈渓	一区唐塔鎮		八七人	商、学	貧富参半	学者兼好古書
	200	孫	明万暦　慈渓	二区帰仁鎮	内城	八～九〇人	商、工、学		
B	209	干	明半（餘姚）	一区博愛郷	内城	一二〇～一三〇人	工、商多　農士少		男喜出外営業、女織草帽
B	212	連	清康熙　慈渓	四区新河鎮	郊東	八〇余人	経商多		十世同族聚居一処　経商
B	215	銭	宋（宣城）	四区櫟木鎮	郊東	百数十人	商多		有徙定海、象山、舟山、北京、杭州、嘉定、瑞安、硤石、江西、雲南、台州、餘姚、蕭山、紹興、河南
	216	銭	宋（銭塘）	一〇区高銭鎮	郷東	一二〇〇余人	農商多、学少	窘迫	
B	219	銭	明成化　九区銭家山	九区東山郷	郷南東	一三〇〇余人	農七〇%商二五%士工五%	自給	出外者二〇〇余人　有徙奉化、杭州
	223	銭	明	一〇区新安郷	郷東	五六〇余人	農、商		
B	227	姚	明洪武	九区姚家浦郷	郷南東	丁口約八二〇余人	商六〇%農三〇%他一〇%	自給	徙慈渓、嵊、定海、奉化、嘉興、紹興、餘姚、有捨材会、路灯管理会
(B)	230	姚	明（徽州）	一区延慶鎮	内城				自徽州服賈来鄞、家焉
	235	毛	明　洪武　六区鳥巌	三区慶豊鎮	郊西		商、学		
B	236	毛	明成化	七区錫麓郷	郷西	二五〇余人	農、樵	窘迫	有徙餘杭
	237	毛	元至正（永嘉）	四区櫟木鎮	郊東	七五人	政学商（商多）	自食	
	240	曹	元　九区永安郷	九区永安郷	郷南東	約一〇〇〇余戸	旧漁、今商	温飽多	

	No.	姓	原籍	所在		人数	職業	貧富	移住
	242	曹	清　鄞西成郷（六区）	六区保佑郷	西郷	五〇余人	商最多、学次、農無	小康多	
C	246	羅	唐（餘姚）	七区仁里郷	西郷	一一〇余人	窯業多、工商次	自給	有小学（与許氏合弁、由廟会産撥助）
B	251	何	明初（先処州）	八区上張郷	南郷	約八〇〇余人	農漁六〇%商工三〇%学少	温飽商人皆開通	有徙杭州、奉化、岱山
A	258	何	清　紹興—鎮海	一〇区宝幢鎮	東郷	二八人	商		旅滬（上海）経商者近年頗発達
	259	何	清（福建）	二区県東鎮	城内	五～六〇人	商、学	自給　有殷実	
	262	華	（先無錫）	六区櫟社鎮	西郷		農、商	自給	
	269	余	清乾隆（福建莆田）	一区天一鎮	城内	四五人	商、学		
	271	梁	清（紹興）	四区錦繡鎮	東郊	三六人	商、学		
	274	汪	明嘉靖（歙県）	一区迎鳳鎮	城内	八～九〇人	商、学		
	275	汪	明嘉靖	一〇区河南郷	東郷	一一〇人	商五〇余戸、農一〇余戸	貧多、富者幾戸	
	279	楊	明万暦　八区櫟社	三区西衢鎮	西郊		商多、士少	自給	
B	282	楊	宋紹定　蘇州—鄞青山	七区大皎郷	西郷	一三〇〇～一四〇〇人	農、船業	無甚貧甚富	徙湖州、杭州、餘姚
	284	楊	明正徳　六区鏡水郷	一区天一鎮	城内	一〇〇余人	商		
B	287	黄	唐（明州刺史）	八区清河郷	南郷	一〇〇〇余人	農、工、商、学、漁		徙餘姚、奉化、象山、慈渓、江西、河南、江蘇塩場、常熟、定海、舟山、揚州、杭州、宜興、鎮海、湖州、北京城、福建

	288	黄	宋（右孫）	八区銭碶郷	南郷	二四〇余人	農七～八〇%商二～三〇%有樵	貧	
B	290	黄	明正徳　八区塘界郷	一区毛衙鎮	城内	四〇〇余人	商九〇%工学他一〇%	清寒不甚豊	有小学　有徙餘姚
CB	292	桑	宋（河南密県）	一〇区兪虞郷	東郷	五〇〇余人	農多>工商>学	倹樸耐労	有徙諸暨、金華東陽、秀水西門、苗巌　有祀田三〇余畝
B	297	張	宋（蘇州）一〇区石橋	八区桃江郷	南郷	一八〇〇余人	農多、漁船五〇余隻	温飽	航海及経商者亦多　女子織布、草帽、白網巾
A	298	張	元至正	城内鹹塘街	城内				元季、罷科挙、乃泛海遊高麗　故里人至今称高麗張氏
A	299	張	明永楽　九区雲龍碶	一区菱池鎮	城内				一八九四張美翊、出使英法義比国随員
	300	張	明　九区雲龍碶	四区華厳鎮	東郊	丁口三五〇余人	商、学（商多）		有徙嵊、蘇、定海
C	302	張	明末　鄞桃江	八区陳婆渡郷	東郷	三四九人	商五〇%学五%工一五%農一〇%他二〇%	尚可維持	有小学、水龍会、農工保安社
CB	303	張	宋淳熙（臨安）	六区布政郷	西郷	六〇〇人	農商参半間有工学少	在族内不寛裕、富者多居異地	有祀田六〇余畝
	305	張	明半　六区布政郷	六区碧水郷	西郷	三二〇余人	農三〇%商五〇%工一〇%学政一〇%	富少貧多	有徙慈渓
B	315	張	宋紹興（江蘇）	八区清河郷	南郷	三〇〇〇余人	漁工多>農商	支絀多	漁採墨魚、工出外作鉄工、農、経商次之
CB	316	張	宋宝慶（洛陽）	六区龍化郷	西郷	九八人	農商参半、学少	薄弱	以子姓式微、異姓僑居者日益繁殖、徙杭州、定海、餘姚　有救火会、祠内有餅田数畝
CB	321	張	宋（福建南汀）	六区九龍郷	西郷	四五九人	農五〇%商四〇%工一〇%	平常温飽	徙餘姚、慈北　有小学
	322	張	明万暦　慈渓	三区望京鎮	西郊		商、学		

	324	張	明	一〇区梅墟鎮　郷東		商、漁	自給	
A	330	張	明万暦（洛陽—鄞—蘇）	八区三達鎮　郷南	二〇〇余人	農＞商	温飽	商業呢絨及洋貨多　在日本者亦有
A	336	張	清康煕	一〇区下応鎮　郷東	約三〇〇人	商多＞農、工＞学	頗寛裕（経商）	経商上海者甚多　経済寛裕
	337	張	清康煕　鄞石灰埠	八区芳東郷　郷南	三六人	農五、漆工二、成衣六、木匠三、篾匠一船匠一	旧温飽今田盧衰	与銭陳二族合族、読書僅識便字
B	338	王	五代顕徳（睦州桐盧）	六区秀水郷　郷西	約四〇〇戸	商、儒（宋王説建桃源書院）		徙定海、慈渓、杭州、松江青村港、宿遷、武康、蘇州常熟西田荘鎮
CA	339	王	明　一区前後王	五区泗洲郷　郊北	九〇余人	士、農、工、商、軍、政		多知書識字、並有入中学、大学及出洋留学者　祀田旧二畝、今二〇余畝
B	341	王	南宋初	八区守望郷　郷南		農五〇％工三〇％商一五％学五％	支絀不寛裕	経商寛裕
CA	342	王	宋　先太原虞城—燕山—鄞東南甲村	八区甲村鎮及城内　郷南	二一〇〇人	農四四％商三五％工二〇％士一％	自食	旅滬（上海）営商者段富　路政会、路灯会、祀田三〇余畝
CB	343	王	元　八区甲村	八区楡橋郷　郷南	約二〇〇〇人	農三〇％商三〇％工他四〇％	無甚貧甚富　間有温飽	有徙杭州　有義塾、義塚、義塔、公坑
	349	王	元（臨川）	一〇区天童鎮　郷東	約一五〇戸	農商樵	枯瘠　間有小康	
B	350	王	明　鄞新橋東	一〇区湖江郷　郷東				有徙鎮海、石門県、京都、定海、杭州
	353	王	明　鄞桑園	一〇区河南郷　郷東		農、商		
	356	王	明（臨川）	四区櫟木鎮　郊東	約九〇人	商大半、他農工	支絀	
	365	王	明	一〇区新安郷　郷東	五一〇余人	商多農次	頗能自給	

	366	王	明	一〇区梅墟鎮 郷東	三〇〇余人	商、漁多、農次	自給	
	369	王	宋	八区横渓鎮 郷南	二〇〇余人	農、商、学		旧家故族 今仍保守
BA	377	王	明嘉靖	一〇区姜隴郷 郷東	本族一〇〇余人福明橋派一〇〇人	農二〇%商七〇%学一〇%	貧多	有徙杭州、上海、鎮海
B	378	王	明中葉	九区咸祥鎮 郷南東	一二〇余人	農、間有工商		有徙嘉興府秀水県
C	384	王	清乾隆 鎮海	一区家風鎮 内城	二一一人	銭業金業洋布業多	小康者有、艱苦多	有祀産保管委員会
CA	387	章	明（先福建浦城）―象山―鄞西高橋	六区高橋街 郷西	章氏宗譜 戸口統計表 七四四人	農、工、商>学、軍		有小学、祀田二〇〇余畝 在上海旅滬同宗会（弁理教育慈善）出洋留学者多
	395	康	宋南宋初（河南扶溝県―官明州）	八区茅東郷 郷南		農工四〇%商六〇%学少	未十分寛裕	有小学（朱周陳銭張五姓児童均肄業於此）
A	397	方	宋（中州）	七区鯨山郷 郷西	三四〇人	農多>工商	支絀	工多在滬（上海）為石匠木匠
BA	398	方	明洪武（杭州）	七区青陽郷 郷西	八〇余人			有徙餘姚、杭州、紹興、揚州、江西、桐郷、鎮海、宜興、上海
	399	方	明万暦末 慈渓	六区月塘郷 郷西	約四〇〇人	農商多	貧多	
CBA	403	姜	明 姚江	一〇区姜隴郷 郷東	二四〇余戸（住木族一四〇余戸）	農四〇%商六〇%	貧多（務農大半）	経商上海者不乏温飽、且有擁巨貲者 有徙乍浦、蘇、杭、鎮海、餘姚、南洋檳榔嶼、慈渓、呉 有義荘、小学
	405	姜	清康熙	一〇区潘葉郷 郷東	三二人	農五〇%商五〇%		
	407	湯	元至順（福建）	一区菱池鎮 内城	四二〇人	商多、士次		有墓荘
B	412	平	清 奉化	六区保佑郷 郷西	一〇〇余人	男農、女織席、草帽	自食多	有徙福建、厦門

CA	413	丁	明（上虞）	六区段塘鎮 西郷	五〇〇余人	商多、菜館、肩販亦有（旧多製窶子）	貧多	経商上海者転為寛裕　有小学、体恤会
	420	応	唐（官明州）	一〇区下応鎮 東郷	約一〇〇〇戸	商最多＞農、工＞学	富裕多	
	423	応	清嘉慶　鄞一〇区下応	八区定橋郷 南郷	二八人	商		
	428	応	清康熙　鄞一〇区天童	一〇区東呉鎮 東郷	約二〇余戸	農、商		
	431	仇（裘）	明　慈渓	一〇区嘉応郷 東郷	三〇〇余人	農、商	支絀	
	433	楼	明　奉化	四区華厳鎮 東郊		商多	寛裕多	昔巨族
	434	楼	明（永康）―奉化―八区	八区忠嘉鎮 南郷	七百数十人	農五〇％商五〇％	平常	
B	435	周	唐（官明州）	七区小皎郷 西郷				有徙奉化、蕭山、寧海、舟山、諸曁、慈渓、長安
	441	周	明嘉靖　城内	八区甘君郷 南郷	六三〇余人	商多＞農＞士	寛裕	
	445	周	元至正（成都）	八区望治郷 南郷	約一七〇戸	農商多、窯業次、学、医	支絀	
CB	450	周	明洪武鄞大嵩（八区）	六区清道郷 西郷	一三五〇人	経商多＞農＞工＞学	不寛裕	有徙江蘇上元県（江寧）、有水龍会、小学、祀田八〇畝
	455	周	明　定海	九区埼西郷 東南郷	約四〇〇戸	農＞商、学＞工	不甚裕	少数商家裕充
B	457	周	明	七区芝象郷 西郷	約一〇〇〇余人	農		有徙嵊
C	458	周	明正徳　鄞芽山	八区三達鎮 南郷	一千数十人	工五〇％農一〇％商学他三〇％	温飽三之一	商以呢絨為業　有小学

B	460	周	清　八区三達鎮	一〇区寧裕郷	東郷	丁ロ一〇〇余人	商多農少学一人	自給	有徙象山
	462	周	明	八区鄘民郷	南郷	三〇〇余人	商五〇%工三〇%農他二〇%	穏定	
	466	周	清初　慈渓	一区煙嶼鎮	城内	約二〇〇人	商	平常	
	467	周	清嘉慶中	六区渓渡鎮	西郷	三〇〇余人	農、商	自給	
(B)	468	周	清（徽州歙県）	二区海曙鎮	城内	一〇〇余人	商、学	温飽且有高資者	以来自安徽、故多習漆業、風気習俗寧皖参半
B	471	丘	宋咸平　江左	一〇区丘隘鎮	東郷				有徙慈渓、鎮海、奉化、象山、蘇州
C	475	劉	宋	二区海曙鎮	城内	一一〇余丁	商多士次		祀田二〇〇余畝
CB	476	劉	宋	七区懸慈郷	西郷	一六〇〇余人	農工＞商	自給不甚寛裕今服務学界多	有徙定海、長興、杭州　有小学、水能会
C	477	劉	明（先福建）鎮海	二区永豊鎮	城内	二五〇余人	商、農、工多、学少		楽行公益公安事、有祀田（海田八〇畝、大田二五畝）
B	480	林	五代（青州）	七区大衆郷	西郷	三四〇余人	農		有徙杭州
B	481	林	元初　一〇区万齢張村	一〇区都橋鎮	東郷				有徙閩、慈渓、台州、紹興、象山、嵊、上虞、杭州富陽、（有往台貨殖）
C	485	林	明（先青州）鄞林村	一区湖浜鎮	城内	百数人	商大半、学少	貧	毎歳各房下所入、按季分給
AB	486	林	明初（先閩莆田人）鄞清道郷	二区通利鎮	城内	約二〇〇人	商、学	自給未富饒	有徙、南京、平湖、杭州　出洋留学者頗不乏人
	489	林（旧許）	清　鄞東西許（六区）	六区集士鎮	西郷	八〇余人＞農、学	商多＞農、学	自給	許漢三、執業於十字港、林雲盛棉花行、遂改姓林而家焉

B	490	任	唐　鄞甬東（四区）	八区大畚　郷南	約五五〇余戸	農多商工三〇%学少		産竹木柴炭、窰三座焼磚瓦、族人殷実者三之一、労力自給者三之二、有小学　有徙象山
BA	492	任	明洪武　八区大畚	九区臨塘郷　郷南東	五二人		艱苦、未寛裕	有徙象山、上海
	493	任	明　鄞塘郷	八区民権郷　郷南	八四〇人	農四〇%商三〇%航海業一〇%	温飽多	
CB	506	董	宋嘉熙　慈渓	六区鶴山郷　郷西	約五三〇人	農多＞商＞工学少	農衰　竭蹶	有徙杭州北関門、象山、舟山、杭州海寧県　有鷺湖書院　小学　祀田一二〇畝
B	508	董	明洪武　慈渓	二区聚徳鎮　内城	四〇〇余人	学、商、工		有徙順天（大興利）、湖広、黄巌、杭州、湖北、硤石、鎮江、桐郷、寧海、奉化、乍浦、南京、済寧州、北京、福建、蘇州、広州
	512	董	清　鄞董家跳	八区董王郷　郷南	二〇〇余人	工多＞商＞農	自食	
B	519	史	宋（呉）―慈渓	四区江東状元房　郊東		学、工、商（商最多）	自給　有殷実	有徙慈渓、宜興、鎮海、揚州、広東新寧県、杭州、蘇州、餘姚、松江
A	520	史	宋　鄞城	一〇区虹史郷　郷東	二〇〇〇〜三〇〇〇人	農工五〇%学少、経商外埠及甬、滬者二〜三〇%	生計不至竭蹶	在上海創弁実業工廠者、有機器鉄廠、鐘廠、糖果廠、煤油廠、互相汲引
B	525	史	元　鄞城―史家湾（一〇区）	九区史張薛郷　郷南東	七〇〇人	漁＞農工＞商学少	無甚貧甚富	有徙杭州、鎮海
CA	526	史	明嘉靖　鄞青石橋	九区横裔郷　郷南東	五七人	農樵多、工商較少	農樵歳入毎人不逾百金	光緒中史久恒創弁上海紡織局　有祀田無逾五〇畝
B	529	李	宋紹興　鄞西門外	六区明農郷　郷西	五〇〇余人	農、工、商、学少	温飽	有徙象山、嘉興、杭州
C	539	李	宋	八区共和郷　郷南	一〇〇〇余人	農五〇%商五〇%	小康多	有小学
B	542	李	明洪武　鄞青山	一〇区新建郷　郷東	一〇〇余人	農多、工商次	貧	有徙餘姚、諸暨、鎮海、定海、杭州
	551	李	明半	六区櫟社鎮　郷西	一二〇人	商多＞農＞士、工		

C	554	李	明	九区永福郷	東南郷	三〇〇余人	経商多＞農工	寛裕	有小学
	555	李	清康熙（福建海澄）	一区家風鎮	城内	約一〇〇余丁	儒、商、医		有義山、祀産　二世李梅村以商業起家、貲雄於郷里
	567	許	元	六区豊恵郷	西郷	五〇余人	農商参半	自給	
B	571	呂	明洪武　自奉化贅	一区太和鎮	城内		商、工、学（商最多）		有徙西北、湖広
BA	576	趙	宋乾道	一区孔廟鎮	城内	七〇〇余人	商多、儒次	尚裕	有徙慈渓、餘姚、北京、蘇州、上海、天津、定海、温州、杭州
	579	趙	清咸豊　六区新河塘	七区龍谷郷	西郷	八〇余人	農商＞学＞工	不至支絀	有祀田約三〇〇畝
CB	583	鮑	宋（徽州）	七区蕙峯郷	西郷	三〇一人	農、工、商（農多）	支絀	有祀田　有徙江蘇宜興県
B	585	鮑	明成化　自一〇区鄞三橋	八区陳婆渡郷	南郷		農、工、商、学（商多業書業）		有徙杭州、蕭山安昌鎮、象山
B	586	夏	宋（餘姚）	六区塘南郷	西郷	約二五〇余人	農多、商次	自給	有徙慈渓、奉化、杭州、寧海、諸曁、臨平
	587	夏	宋（江西）―鄞西郊	一区菱池鎮	城内	一〇〇余人	政学商工、商工多	自給	
	592	馬	清　鄞洗馬湖	八区鎮安郷	南郷	三〇余戸	商、農（陶埕業）	不支絀	
B	611	范	宋（蘇州）	一区城南、後散居城中		約二〇〇余人	商八〇%政学工二〇%	貧富不等	有徙奉化、定海、鎮海、紹興、上虞、金華、分水、寧海、杭州、建康、平江、宜興、山西祁県、金陵、山東歴城、広東儋州、北平
	615	范	宋（蘇州）	一区大沙鎮	城内	六〇余人	商半、余農、工		
C	620	傅	南宋（餘姚）	八区桃江西郷	南郷	一四三六人	商多＞工＞農＞学		有小学、子弟入学者、由祀内公款津貼水龍会、公墓山、祀田　商人鮮有創弁大事業者

B	623	傅	清　鄞鑒橋里	一〇区兪慮郷	東郷				有徙諸曁、順天府宛平県
C	625	顧	明（崑山）	一区寿昌鎮	城内	六〇余人	商多		有小学　遷徙靡常
B	626	顧	明（紹興）	一〇区六河郷	東郷	百数十戸	農多	自食	在城者経商多
B	634	蔡	宋　八区蔡家衕	一〇区潘葉郷	東郷	本族二〇〇〇余人	商多＞農＞士＞工	寛裕	離城不遠較為奢侈、経商者多、居外者不計、小工業者甚不発達
	638	蔡	明世為鄞人、明季寄餘姚	二区甘渓鎮	城内	一八人	儒、商		
C	643	戴	元至正　七区桃源	九区永治郷	東南郷	一六一四人	商最多＞漁農工航＞学	支絀　生産薄弱	有義塾二　小学一
	645	戴	清康熙　鄞城	一〇区王鍾郷	東郷	六六人	商多＞農＞工＞学	平常	
B	647	萬	明洪武（滁州）—（雲南定遠）	二区帰仁鎮	城内				有徙杭州
(B)	648	練	明（福建武平県）服賈来	七区環渓郷	西郷	二〇余戸	樵		先自福建武平県服賈来
	664	盛	清（鎮海）	一区柳汀鎮	城内		学、商		
C	667	鄭	明（先杭）—明	九区永満郷	東南郷	三〇〇〇余丁	農、商＞漁＞士	不甚豊裕	有祀田、不甚豊裕
(B)	677	廖	清（福建）商靛青	一区書院鎮	城内	一四丁	商、学		先廖奇白、自福建業靛青於寧、遂家焉
CB	680	祝	明半（蘭渓）	六区秀水郷	西郷	二〇五人	商多＞農工＞学（一、二人）		有小学、遷他村他県者占全族百分之四五
C	682	郁	南宋初　二一都（八区）	八区長橋郷	南郷	二〇九戸	農商多＞漁、学	枯瘠	有小学

	685	陸	南宋初（越州）	八区鎮安郷	南郷	約一二〇余戸	農商参半	自食、有小康者	
	689	陸	明中葉	二区甘渓鎮	城内		商、学	支絀多	
C	690	陸	清（先山陰）―在城	六区月塘郷	西郷	一二〇戸三六〇余人	農四〇%商三〇%学三〇%	自給	有双井書院、有小学、有徙鎮海
	692	陸	清　慈渓	一〇区高平郷	東郷	五六人	商多＞士農	枯瘠	
B	694	卓	明正統　鄞包家塾	一〇区四八郷	東郷	二〇〇余人　鎮海一〇余戸　城内一〇余戸	農＞商＞工＞士	居郷者力田自給、居城区者経商、充裕居多	有徙鎮海、鄞城
CA	695	楽	清乾隆　鎮海	一〇区宝幢鎮	東郷	四〇余人	商、学	始遷時式微、今有余蓄	四世経商上海、始発達、豪俠好義、有小学、医院
B	699	葛	唐（青州）	七区蕙峯郷	西郷	九二人	農、商、学（農主）	近年穀賤支絀	有徙江蘇宜興
CB	703	薛	宋（福建）	六区孚恵郷	西郷	四二八人	農商参半		有徙鎮海　祀田　六畝
	704	郭	宋　鄞　東郷	六区象南郷	西郷	一〇〇余人	商多＞農＞工＞士	充裕多	善醸酒　男農、商、女織席、草帽
	706	郭	明洪武（河南汝寧府、光州息県）	一区鄮山鎮	城内	約三〇〇人	政、学、商		
	707	戚	宋	一〇区梅墟鎮	東郷	三一〇余人	商多	自給	
B	708	石	明初	八区石家郷	南郷	三支共丁口二〇〇余人	経商少		
C	711	葉	宋	九区永平郷	東南郷	一三九丁	農、商多、漁次	不甚豊	祀産薄
BA	712	葉	元末居奉化白杜―九区湖塘郷	九区東山郷	東南郷	一四〇余人	農七〇%商二五%他五%	不至短絀	在外経商二〇〇余人不計、上海営柴炭業者多、肄業中学者四人、有徙奉化、象山

B	713	葉	明末（先定海）	八区芽東郷 郷南	三五七人	農工多∨商∨学	農業不足自給	藉工商出外営業補助　有徙定海、杭州、慈渓
C	715	葉	清康熙　慈渓	二区敦安鎮 内城	三〜四〇人	商、学（男大半業学）		房産薄
補								
C	055	虞	宋　鄮城西園	七区前虞埼 郷西	一五〇〇余人	農多∨工、商∨学	自給	東房祀田二〇〇畝西房祀田一五〇畝　小学　水龍会
	067	兪	清初　鄞大嵩	一〇区少白郷 郷東	一〇余戸	商		
C	068	呉	宋	六区高橋郷 郷西		農、工、商、学		小学　有義学会　祀田二〇〇余畝
C	080	朱	宋　蘇州	六区孚恵橋 郷西	前漕約七〇〇余人 後漕約三〇〇余人	前漕商 後漕農		前漕有小学　水龍会　義塚 後漕有小学
	241	曹	清（河南）	一区竹洲鎮 内城	丁七六人口四〇余人	学、商多∨工	温飽	

三　紹興の地域開発

1　概　観

前章でも述べたように、寧紹亜地域の二千年来の地域組織の発達史のなかでみると、紹興の計画的な定住・墾殖の歴史は、唐宋を先立つ数百年も以前から始まっていた。水利開発史の上でも、紹興の人造湖＝鑑湖の造成は、呉興郡の餘杭の南湖とともに、長江下流域では、記録のもっとも古い大規模水利施設であり、さらにいえば、紹興の山会平原丘陵、呉興の天目山北方東方の丘陵、呉（蘇州）の微高地は、ともに定住記録の古さからして、長江下流域の広域の中で、生産と定住の両目的にもっとも適合した特別の地方をなしていたと考えられる。

さて、紹興の定住・開墾の前史を一瞥すると、すでに前漢の武帝の紀元前一一九年（元狩四年）に、関東の貧民を会稽（江蘇省呉県）に移したのち[1]、紀元前一一五年（元鼎二年）、黄河の水災により生じた飢民を江淮の間に食に就かせたとあるから[2]、まず江淮の間に中原から山東、河南の過剰人口が強制移住の形で移りはじめたらしい。前漢末の動乱期には、江南に避難する者が多くなるが、社会の安定後も中土に帰らず定住する者が増え、ために会稽（浙江省紹興府）には頗る名士が多いと称された[3]。また山東臨淄の大族鄭氏も山陰に移った[4]。やがて、一四〇年（永和五年）、会稽郡太守馬臻が、東は今の曹娥江辺から、西は今の銭清鎮辺に至る横長の、全長一二七里、周囲三五八里、面積二〇六平方粁の人造の灌排水湖、鑑湖を造り、事態は一変する。

陳橋驛教授の考証によると、(5)紹興の山会平原は、山会山地から流下する三十六源ともいわれる渓水が北下して杭州湾か曹娥江口に排水しており、古くは銭塘江が江口で杭州湾南岸に沿って湾口に注いでいたためと、浦陽江が銭塘江の逆潮を受けて下流で蛇行し、蕭山から銭清鎮方面に抜け、洪水をもたらしていたこと、曹娥江も下流で同様な逆潮水を湛えていたため、この鑑湖造成地から北の平野は、鹹水の瀦む湿原にすぎず、農業には利用されていなかった。ゆえに、この地の農業は堤塘(堤防)を築いて淡水を蓄えて灌漑するとともに、堤塘に施設した水門、暗渠で剰水を排泄し、また堤塘で塩水を防ぐことを主眼としていた。越王勾践のとき、富中大塘、煉塘を築き、呉を滅して得た俘虜で呉塘を築いたといわれるが、いずれも零細分散的であり、ために原初の集落は山会山地の丘陵部、扇頭辺にあった。(6)

鑑湖には、永和五年(一四〇)の創建以来、一丈の高さの堤塘のほか、塩水侵入防禦と、逆潮防禦用の斗門(大水門)、近傍の小渓水と接続しつつ淡水で水田を灌漑するための閘と堰(小水門)、南北方向の小渓水を堤防を潜らせて通じさせる陰溝が設けられ、斗門八、閘七、堰二八、陰溝三三に及び、鑑湖の中央に位置した会稽城の東門・西南門外に則水碑を置き全体の水位を調節した。この湖の灌漑域は結局鑑湖周辺の、旧浦陽江以南、曹娥江以西の帯状地にあり、全体で九〇〇〇頃に達した。さらに湖堤とくに一直線の北堤を利用して西は西陵(西興)から会稽城を経て、曹娥江に達する漕渠が間もなく成った。ただし、漕渠(浙東河)の完工は、むしろ全域の排水を妨げ、灌漑と航運は矛盾する関係に立った。一方、杭州湾岸に海塘を設け、塘内に塩田を造る工事も永和以前から少しずつ始まっていたらしい。馬臻は広陵斗門と朱儲(玉山)斗門を海岸に設けたといわれるから、鑑湖の諸水門と呼応して海塘部で低地の逆潮を渙泄する工事の基礎は着手されていたようである。しかし沿岸の海塘も斗門も、本格的に着工されるのは唐の貞元中(七八五〜八〇四)以降のことである。

いずれにせよ、鑑湖は人工の自然改良工事としては、長江下流地域で最古かつ最大規模の施設と技術であったことはまぎれもない。

譚其驤教授によると、晋の永嘉の乱から劉宋の末まで、江南に南下した北人の数は計約九〇万、そのうち江蘇が約二六万であったと推定している。(7) また唐長孺教授によると、呉郡の顧陸朱張四姓、銭塘の全、義興の周、呉興の丘、沈、広陵の載氏と並んで、会稽に孔、魏、虞、謝の四姓が大族として知られていた。(8) 王仲犖教授の見解では、会稽の四姓の勢力は呉、呉興の大姓の力に及ばず、北来の王、謝氏らは宗族、郷党、賓客、部曲を率いて、会稽、温、台方面に流寓した、とみている。(9) ともかく、劉宋の世族陳郡の謝靈運は会稽の回踵湖、さらに始寧（上虞県西南）の休崲湖の辺で湖田を営み、会稽太守孔靈符も、山陰県の貧民を餘姚、鄮、鄞の三県に徙して湖田を営んだとされるから、(10) 湖田の技術による比較的小規模な干拓が豪族、大姓の手で進められたとみてよい。

さて、南宋末までに、すでに鑑湖の陸地化が進んで、旧鑑湖の地は大小の湖泊の点綴する平原と化し、(11) 明代の土地丈量上の地目で「湖田」といわれる、生産性の高い安定した水田地帯と化した。一方、海塘の建設も唐の貞元以後にわかに進み、海塘に沿って塩田が開けた。南宋の杭州遷都、宋以後の寧波における市舶貿易の発達という状況下で人口も集住した紹興では、残された未干拓地の利用が大いに注目されていた。結局、拡大の余地のある平地といえば、浙東河と海塘の間に横わる低湿地と、上虞県、餘姚県の沿海部、そして蕭山県の中央平原である。周藤教授によると、餘姚県では一〇四九年次に三一の陂湖があり、そのうち二一所は祥符図経（一〇一〇年成）に登録されたものであった。(12) 上虞県では、宋元の間に、浙東河以北についても夏蓋湖等の大小湖田を造成する方向で農田が広がった。(13) 蕭山県については、県治東南の湘湖、(14) 落星湖等の干拓や蓄水が、北宋末から南宋にかけて進められ、基本工事が成った（後述）。

なかんずく大工事を必要としたのは、浦陽江の下流域の水路工事と、これに関連した、明代地目上の「中郷田」つまり鑑湖以北の低湿地の陸地化であった。まず海塘が成ったあと、鑑湖からの給水が同湖の陸地化で不安定となったため、浦陽江を導いて（西小江）三江口で曹娥江口に流し出すことが南宋以来試みられ、興廃を重ねて明の天順年間（一四五七〜六四）に、蕭山県内の臨浦鎮西北にある七賢山を鑿通し、磧堰を設けて浦陽江を銭塘江に導き出した。(15) さらに臨浦鎮の近くで麻渓堰を設け、太古から宋、明初までの浦陽江旧道を絶ち、麻渓埧以北に多くの堰・埧（＝壩）、これから取水する細かい溝渠網を設け、三江口に置いた三江閘(16)という大灌排水ダムによって全体を調整した。この三江閘が成るのは明の嘉靖期（一五二二〜六六）である。これと共に、紹興平野の基本水利組織は歴史的に完成に達し、これ以後は、それを

図１　六朝時代浦陽江下流略図

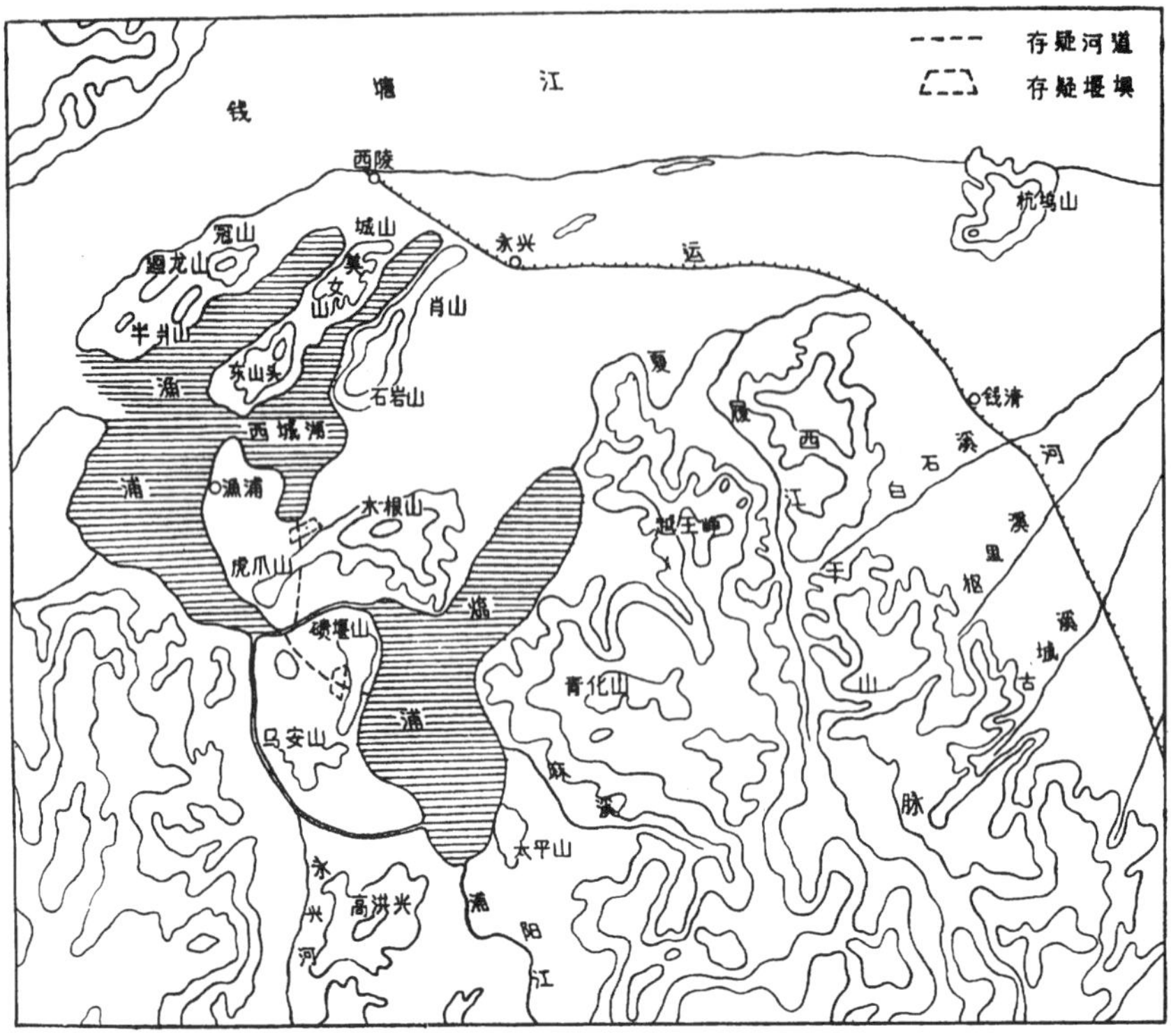

図２　北宋後期浦陽江下流略図

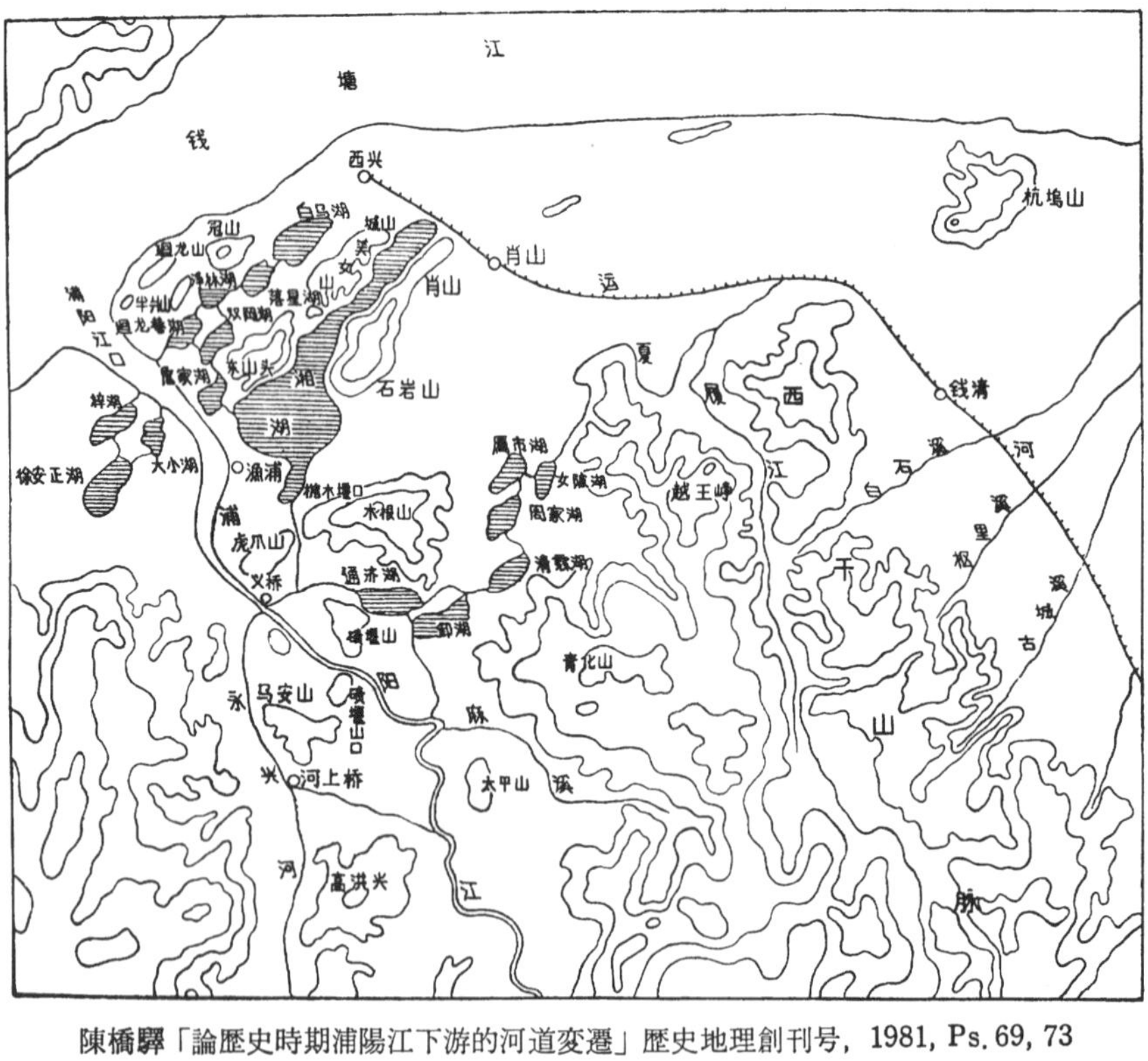

陳橋驛「論歴史時期浦陽江下游的河道変遷」歴史地理創刊号，1981, Ps. 69, 73

図3　南宋嘉定頃の磧堰による浦陽江分断当時の略図

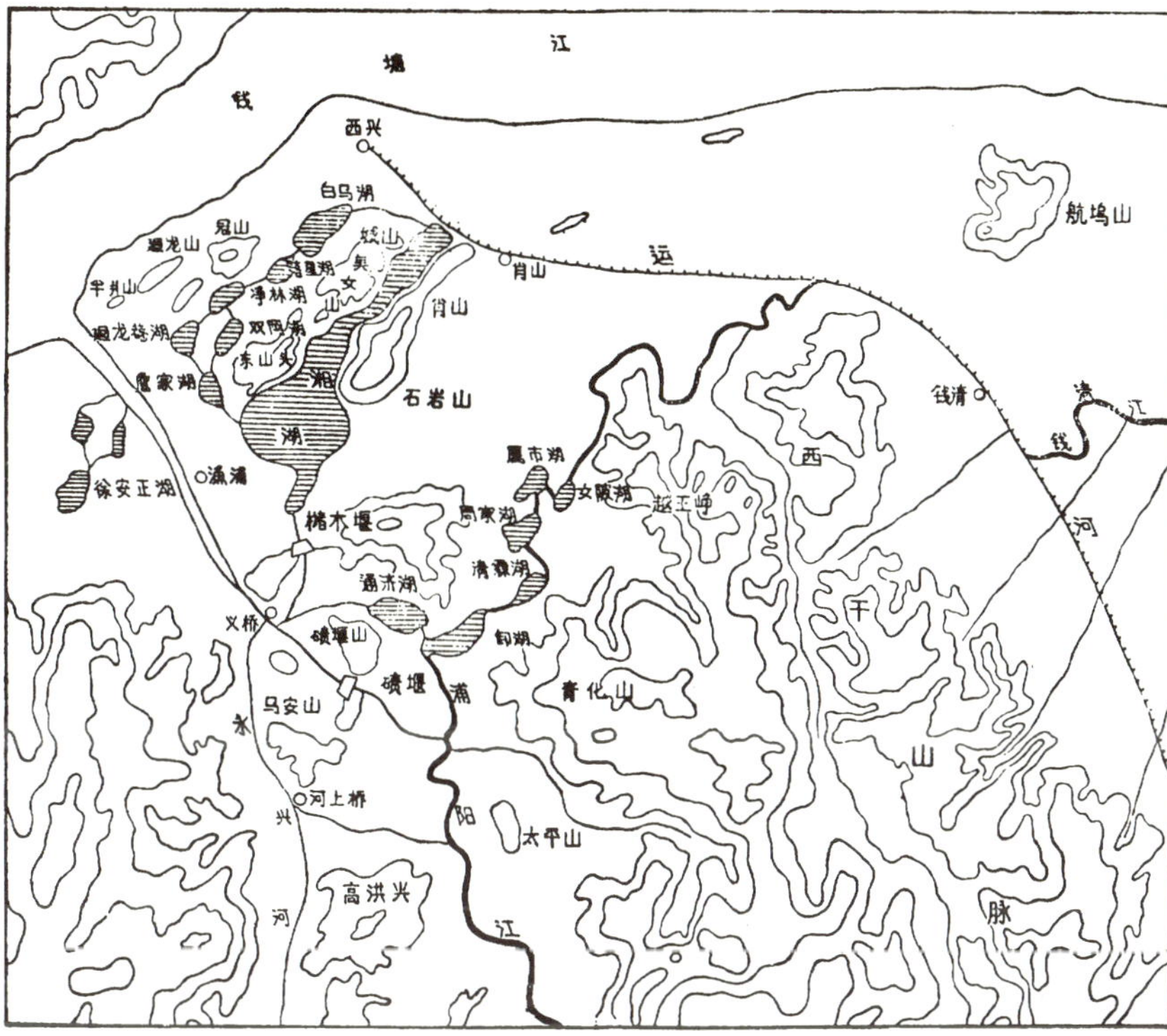

図4　嘉靖十六年以後の浦陽江下流略図

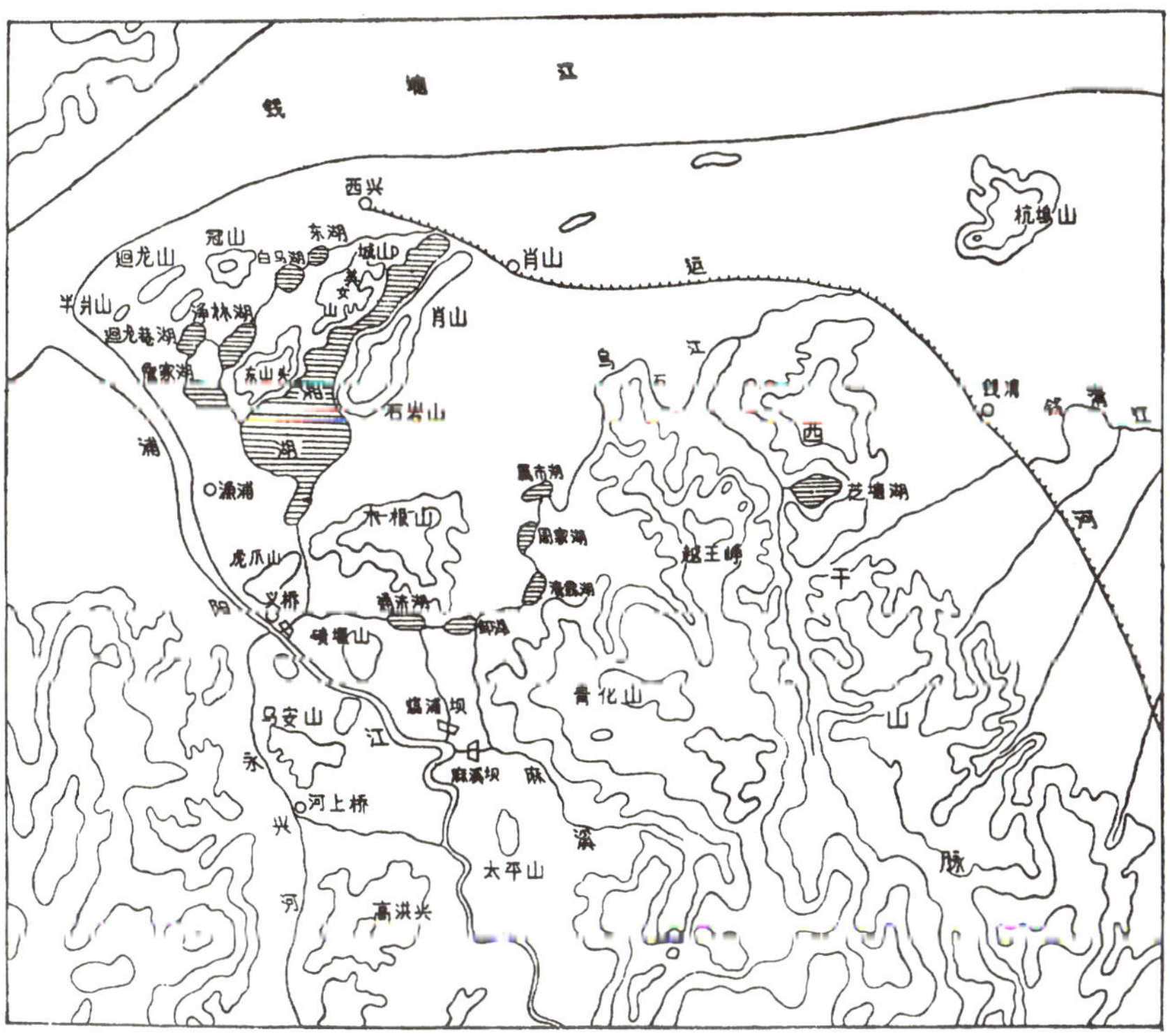

陳橋驛「論歴史時期浦陽江下游的河道変遷」Ps. 74, 76

保守するのみであった。この保守体制の中で、地域全体の水利安定の犠牲となった人々がいる。それは麻渓埧周辺の農民たちであり、復社の思想家劉宗周の救援努力の甲斐もなく、彼らは一たん成立した大規模施設によって、郷里の村を分断され、低い生産性と不安定な水利状況の中に孤立させられ、ついに民国に至って実力の行使で問題解決の緒口をつかむのである。

近年に刊行された『浙江分県簡志』（一九八四）、および『浙江省紹興県地名誌』（一九八〇）に収録された資料を参照して、現今の紹興県の人口密度、畝当米産額、市鎮の分布を示すべく、筆者が作った図（一九四・五頁）を見ると、こうした指標は相互に有為の相関を示すとともに、上述の歴史推移との関りも見出すことができる。すなわち、この地方は農地利用上、A、山会山地とその扇頭部、B、旧鑑湖湖田、C、三江閘水利組織下の「中郷田」（明の呼称）、D—1、砂堆地、D—2、海塗田、より成っているのであるが、現在、人口密度、生産性ともに高いところは、主として宋～明に開発されたC域である。しかし、格別生産性の高い地方はB域にも飛び地状に存在する。D—2の海塗は近年の河口砂洲を造成したものであるため、生産性、人口密度も低い。D—1は麻、棉等の作物の導入でかなりの生産性を保っている。また生産性水準の分布の濃淡が案外に均らされているのは、高技術が長期に域内に拡散したこと、山地や水田農業不適地に新大陸作物や商業作物、手工業作物が興った結果であろう。さらに、高い人口密度は、都市、鎮市の網の目の発達、交通施設の便宜供与と密接に関係していることも、推察することができる。

注

（1）漢書巻六　武帝紀。
（2）史記巻三〇　平準書。
（3）後漢書巻一〇六　循吏伝　任延列伝。
（4）後漢書巻六三所引謝承の「後漢書」。
（5）陳橋驛「古代監湖興廃与山会平原農田水利」地理学報二八—三、一九六二。
（6）陳橋驛「歴史時期紹興地区聚落的形成与発展」地理学報三五—一　一九八〇。
（7）譚其驤「晋永嘉乱後之民族遷徒」燕京学報一五期　一九三四。
（8）唐長孺「孫呉建国及漢末江南的宗族与山越」『魏晋南北朝史論叢』一九五五、二二三～二二五頁。

(9) 王仲犖『魏晋南北朝隋初唐史』上冊　一九六一、二〇九頁。
(10) 乾隆江南通志巻六三～六六　河渠志　水利治績。
(11) 陳橋驛「古代監湖興廃与山会平原農田水利」地理学報二八―三、一九六二。西岡弘晃「宋代鑑湖の水利問題」史学研究一〇七。
(12) 周藤吉之『唐宋社会経済史研究』一九六五、七四〇頁。
(13) 本田治「宋元時代の夏蓋湖水利について」『佐藤博士還暦記念中国水利史論集』国書刊行会、一九八一、一五五～一七八頁。
(14) 佐藤武敏「宋代における湖水の分配―浙江省蕭山県湘湖を中心に」人文研究七―八　一九五六。
(15) 陳橋驛「論歴史時期浦陽江下游的河道変遷」歴史地理創刊号　一九八一、六五～七九頁。
(16) 佐藤武敏「明清時代浙東の水利事業」東洋学集刊二〇　一九六八。

2　紹興府蕭山県湘湖の水利

(一)　はじめに

中国の各地域の中でも、淮南、江蘇デルタと杭州湾岸の浙北寧紹地区を合せた「長江下流大地域」(1)が、少なくみても一千年来、農業史的には高収量の水稲生産区域、人口史的には過密の人口定住区であったことはいうまでもない。ところで、こうした生産、定住双方に好適な集約人文域(エキューメニカル・エリア)、コア域が形成されるに当っては、当然、然るべき物理的環境の基盤整備、農学的、土木的技術改良の投入、資源利用や消費に関る社会経済的環境や組織の整備、などの要素が相乗的かつ統合的に働いていると考えるのが道理である。

今日我々が一望千里の水田連続地帯として眺めるこの「長江下流大地域」が、水稲卓越区域としての文化生態的潜在条件を当初より一応備えていたと考えるのは許されるにしても、結局は自然は人間が造り出すものである。稲の適性地としての立地と、居住の適性地としての立地とは、必ず両立するとは限らない。しかし人間の自然改造史の過程で、この両者に一定の調和と併存の条件が与えられれば、巨大な水田空間が実現し、これに扶養される密集人口の居住空間が形成される。(2)

こうした眼でこの大地域の自然改造史を展望すると、現在の生産・定住条件の造成が、長期の段階的な人為改良の成果として達成され、ことに近一千年来の農業土木的改良の貢献に多くを負っていることが判明するのである。本来、中国在来種の稲の生長にとって、気象や土壌の与件を別にすれば、百数十日の生育期間を通じての恒常的湛水と、安定した水の給排による水深の調節は必須条件である。古来、長江や銭塘江などの大河川本流は、交通への貢献を除けば、生産・定住環境の造成には却って逆行条件を与えてきた。秦漢から唐に及ぶ約一千年間、この比較的平坦低湿な大地域内での水田適地は、天目山や会稽山地から流下する小河川下辺の大扇状

地や上部デルタ辺に限られていた。地名でいえば呉興（湖州）丘陵の河谷や、越州会稽山麓である。(3)

会稽を例にとれば、後漢の永和五年（一四〇）太守馬臻が山会平原の上・下デルタ境界に灌漑用の淡水を蓄える鑑湖（鏡湖・月湖）と呼ぶ横長・半月状の大人造湖を造成した。湖堤はやがて浙東河が成るとその運河堤に連接し、唐に至るまでに堤防に斗門・閘・堰・陰溝計七六が施設され、かくて水位を高めた水は、周辺九〇〇〇頃の水田に幹渠・支渠を介して給排水された。(4)天目山水系下の呉興郡にある餘杭県下の南上下湖（一七三年造）も小型の鑑湖と考えてよい。(補1)この基本土木技術、およびその零細縮小版である陂湖（サラ池）水利法は、漢〜唐にかけて人口定住が山麓扇状地から低湿平原上部に広がる際に、もっとも普遍的に利用し拡散された。(5)

いうまでもなく、この種の人造貯水池は、底の平坦で浅いもの程、貯水量も多いが、周辺地の開墾により土壌侵蝕が進めば、周辺と湖本体を含めて自然の陸地化を促し、湖自体もやがてはシルトで機能を失ってゆく。こうした状況に加えて、隋、唐が大運河を建設し、商業、交通刺戟をこの大地域に与え、これに付随する新たな潜在資源開発が大量の華北人口の江南移住を誘ったことで、「長江下流大地域」の自然改造史は画期的な新局面を迎えた。

この新局面当初の変化の中で特筆すべきは、江蘇・東南海岸・杭州湾岸における沿海堤防、つまり海塘の造成である。(6)それは直接に水田を造成するというよりは、寧ろ日本在来の入浜塩田に類して、(7)海塘内に縞目状の塩田地帯を干拓することから始まったと思われる。資本力と労力結集を要する海塘建設は、大運河同様、官憲や土豪のイニシアティヴで進められ、海水の流入、溢水の排出を促す斗門・閘・堰がやがて整備され、海塘沿いに陸地化が進んだ。海潮水の内陸への侵入がこうして制御されると、海塘沿いの沙地の奥に澱む鹹淡半ばするバックウォーターを処理して陸地化する土木改良が促される。

唐半ばから五代、北宋にかけて、嘉興府の微高地、湖州東半の低地、越州東辺の甬江盆地、そして常熟・崑山の低湿地はこうした自然改良の集中した区域である。江蘇デルタでは、太湖の南岸部の築堤（漊港）に加えて、大運河とその堤防が上下デルタ部を横断することによって、天目山水と太湖水を利用する農田水利は従来よりはるかに効率的となったのである。一方、寧紹地域東辺の甬江盆地では、四明山水を制御する它山堰、これをプールする人造の広徳湖、そして東方の水源地である東銭湖、これらから淡水を農田に給する幹渠、支渠が施設され、海潮が常時溯流する甬江・餘姚江には堤防と水門が設けられた。七三八年、旧越州東半部を行政的に独立させて明州を新設したのは、こうした自然改良の帰結である。(8)

以上の新干拓事業は、おおむね上部デルタ底部や下部デルタの土地資源の開発に関っており、応用技術の基本線は鑑湖方式に求められるとしても、工事は綿密な調査・計画、莫大な資本・労力の結集と組織が求められ、当然に強力な行政指導と、粗放空間地の開発農地化を希求する民間の切実な需要を背後に想定せざるを得ない。資料に徴する限り、「長江下流大地域」における、この種の行政イニシアティヴによる下部デルタ開発の基本的な大プロジェクトは、宋・元・明中期にかけて一応完成している。例えば明州では南宋中期に、紹興(越州)では明の嘉靖期(一五二二～六六)に基本工事は完了した。(9) そして大工事の終焉に踵を接して登場してきた現象は、工事末端の未利用地の新開発を含めて、水利土木機構の全体的維持管理、受益者の利害調整、資源利用対策につき、責任とイニシアティヴを、民間の主体で推進し解決する傾向性である、換言すれば、水利行政の世俗化であり、或はまた「水利」という近隣原理の絆で結ばれる社会組織の成長であり、新しい「地域組織」の実体の形成である。本節では、こうした新しい生産・定住環境に生れてくる地域組織の生成の経緯を、紹興府蕭山県の湘湖に関する清初刊の水利書二冊を素材として考察してみよう。

(二)　『湘湖水利志』と『湘湖考略』

湘湖を中心とする蕭山県の水利史の記録は、宋以後歴代の県志、府志、省志、一統志に付載されていて大要を窺うことができるが、在地の原資料を詳細かつ系統的に今日に伝えている点では、清の毛奇齢撰『湘湖水利志』と、清の於士達撰『湘湖考略』の二書は甚

だ傑出している。(10)

『湘湖水利志』三巻は、明末清初期の蕭山の学者、毛奇齢(一六二三〜一七一六)が晩年に著したものである。彼の文集『西河合集』の第七六・七七冊に収めてあり、三巻、計二万一〇〇〇余字に及ぶ。内容は**巻一**、宋熙寧年県民殷慶等請開湖之始、政和年開湖、宣和年議罷湖不許、南宋紹興年定均水則例、乾道年清佔湖者、淳熙年清佔立均水約束記、約束記文、清水穴、嘉定年清濬定例、湖沿以金線為界、元至正年修湖、明洪武年頒水利図記刻石県庭、図記図跋、景泰年清佔有英宗皇帝勅禁諭文、欽奉勅諭、**巻二**、弘治年何御史清佔始末、蕭山水利志、正徳年清佔勒榜、禁革侵佔湘湖榜例、本朝康熙年清佔勒石始末、水利啇県府藩臬申文発票節略、郷官掲議節略、永禁私築勒石記、**巻三**、附議、附白馬湖、附詹家湖、附瓜瀝湖、附落星湖梓湖、附二堰、附蕭山水利事述、条例、湘湖歴代禁罰旧例、計三三項から成る。

毛は博学を以て知られ、翰林院検討に任じ、明史の纂修官に当った人物であるから、本書も湘湖水利の成規・前例、軼事を集めて年次順に編述し、治湖の沿革と係争の要点を摘出するにおいて周到である。すなわち、北宋後半期の造湖の由来から説き起し、宋代に成立した湖水の界至、受益配水範囲、蓄水・護岸・放水の施設、放水方法、維持管理の成規と運営を逐一記録し、併せて南宋から清初の間、私占・投献・水旱害を機に訪れた重要な廃湖事件の顛末、その処理法を叙し、一貫して旧規・前例の重みに訴えて、湖水の保守と私占の予防、鎮圧を主張している。

『湘湖考略』は、毛の死後一〇〇年弱の時期に著された湘湖の水利書である。(11) 撰者は蕭山県南湖在住の郷紳士、於士通(汝夔)であり、清の嘉慶元年(一七九六)、湘湖全図一葉、考略二二則から成る原稿ができた。時の蕭山の進士、十万巻楼書斎の主、王宗炎(号穀塍)が覆校して序を誌し、同じく蕭山の進士で高名な史家、汪輝祖(一七三〇〜一八〇七)が嘉慶六年(一八〇一)一〇月跋文を書き、貴顕や胥吏の反対を慮って刊行を渋る於士達に代って、学忍堂からこの書を上梓した。刊年は付録末尾にある会稽の陶廷琡の「湘湖建改石塘記」の撰述年次が嘉慶八年(一八〇三)一〇月中旬であるから同八・九年の間であろう。なお紹興府属上虞県の挙人で、古典や小学に精しい王煦が参訂者となっている。

本書は全一冊、毎半葉九行、各行二二字、全て約四一葉、一万六〇〇〇余字である。構成は、扉、王宗炎序（嘉慶四年〔一七九九〕）二葉、目録二葉、湘湖全図（扉・図・嘉慶三年〔一七九八〕中秋、於士達訂記）二葉、湘湖考略（全湖形勢、石巌穴、柳塘、划船港・金二穴弁疑、周婆湫、鳳林穴、歴山南・歴山北、許賢霪、亭子頭、黄家湫、全隄私霪、沙闌嘴、黄家霪・童家湫減水之弊、霪穴並建、廃穴弁誤、放湖築垻、湖水至秋必放、革弊、湖塘堆積湖草、険要処、修築之法、湖山、計二二項）二九葉、汪輝祖跋（嘉慶六年〔一八〇一〕）一葉、（付録）湖賢事略三葉、蕭山呉斐撰「湖賢会序」（嘉慶二年〔一七九七〕）二葉、会稽陶廷琡撰「湘湖改建石塘記」（嘉慶八年）二葉の順から成る。

右の構成内容から見ても、また王宗炎の序、汪輝祖の跋文からしても分かるのであるが、この書は毛の『湘湖水利志』に比べてむしろ技術主義的であり、湖周の堤防の保守管理こそが、不測の侵占、盗湖を予防するための一義的な先決事であるとする立場から、沿湖の各水門施設を逐一「実事求是」して、各々の機能の全開を主張している。毛の書が、一代の碩学としての自信と、舌禍筆禍を厭わぬ筆鋒で、侵占者に直截な批判の眼を向けているのに対し、この書は郷紳士の実際知識に立つ意見を、鴻儒碩学が後方支援する形をとり、しかも明白な利害摩擦をつとめて回避しながら、問題を技術処理の局面に限定しようとする意向がみられるのである。毛奇齢と於士達両者の、二様の治湖議が出る背景に、世相はどう動き変化していたのであろうか、こうした問題を念頭におきつつ、まず宋から清初に至る蕭山水利の転変の概略を考察しよう。

(三)　宋以降の紹興の水利

甬江盆地の干拓に立脚する明州行政域の越州よりの独立（七三八年）とほぼ時を同じくして、後漢以来、鑑湖の水利に依存して同湖の周辺に農田を広げてきた山会平原でも、下部デルタを積極的に干拓する新しい農田開発が始まった。この下部デルタとは、鑑湖の北堤をなす浙東運河と杭州湾岸の間に介在する低湿地帯である。唐宋時代に、杭州湾岸には捍海塘・北海塘・後海塘・防海塘などの海塘が設けられ、海塘沿いに、玉山斗門・朱儲斗門・三江斗門などの水門が造られ、淡水の貯蓄と海潮逆流水の排泄が行われた(12)。鑑湖はすでに陸地化が著しく、宋末までに旧湖底は数個の小湖を残して水田に造成され、明代にはこれらの若干の湖沼もほぼ姿を消した(13)。ところで、鑑湖の水源は山会山地から流下する数条の小渓にすぎないので、湾岸の下部デルタに開けてきた広大な新田への給水は、別の水源に頼らざるを得ない。ここで新たに注目されたのは、諸曁県から北下する浦陽江本流の利用である。陳橋驛教授が考証するように、銭塘江の一支流である浦陽江は、宋末のころ衢州・婺州の水を集めて諸曁県を通過し、山陰・蕭山県界の紀家滙という湾曲部に溢水地帯をつくり、西して銭塘江本流に流入するほか、増水期には蕭山県内に臨浦湖、漁浦などの自然の大湖沼をつくっていた(14)。蕭山県自体が浦陽江のデルタ部なのである。

唐宋の間に、臨浦湖の西岸には幾つかの堰・閘が造られて周辺平原の農田化が進み、臨浦湖自体も縮小して、数個の連接する小湖沼群に変った。加えて臨浦と漁浦の中間の小丘、磧堰山を開鑿して磧堰が設けられた。磧堰は銭塘江水の内地への逆潮を防ぐと共に、浦陽江水を、旧臨浦湖が縮小変成した上記の湖沼群を抜けて北上させる効果も果した。この分岐北上する浦陽江は西小江と呼ばれ、北して一たん浙東運河に入り、やや東して銭清堰の近くから銭清江へと流入し、山会平原下部デルタを東方に横断して、三江口で曹娥江口に出て杭州湾に注入した。さて、この北上する西小江は、蕭山・山陰県界低湿地の農田水利、および山会平原下段の下部デルタ(「中郷田」と呼ぶ)の基本給排水機構となり、宋以後の山会平原は、旧鑑湖底を干拓した「湖田」、その上辺の「山田」、新たに干拓された「中郷田」、そして海塘内側に沿う「海田」という、四種の農田の合成地帯となった。ちなみに言えば、当初は地目上「湖田」は一等地、「山田」・「海田」は二等地、「中郷田」は三等地であり、税の査定もこの順に従った(15)。

明の嘉靖一五年(一五三六)、知紹興府湯紹恩の指導する三江閘プロジェクトが完成し、三江口に二八の洞門を備えた壮大な三江應宿閘が建設され、西小江、銭清江沿いにも重要な堰・閘が整備され、山会平原主要コア部の農田水利の基本施設はここに完工を見た。これより

図1　紹興付近水利図

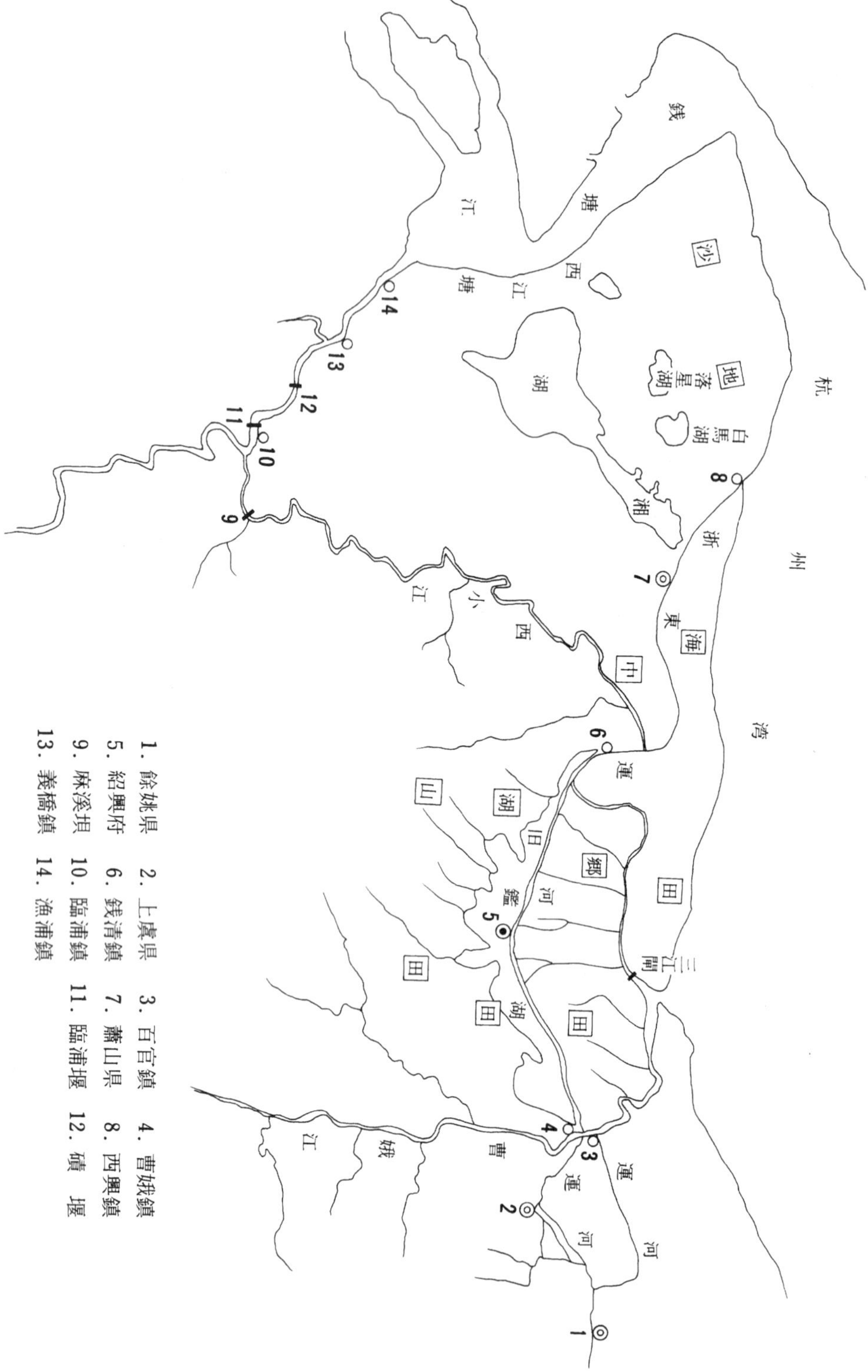

1. 餘姚県
2. 上虞県
3. 百官鎮
4. 曹娥鎮
5. 紹興府
6. 銭清鎮
7. 蕭山県
8. 西興鎮
9. 麻溪垻
10. 臨浦鎮
11. 臨浦堰
12. 磧　堰
13. 義橋鎮
14. 漁浦鎮
銭塘江
西江塘
沙地
落星湖
白馬湖
湘湖
杭州湾
浙東海
小西江
巾
運河
山
湖
旧鑑河
郷
田
三江閘
湖田
田
曹娥江
運河

先、南宋以来、蕭山県の銭塘江岸沿いに西江塘が設けられ、西小江に塘堤が築かれ、磧堰が開閉を繰り返したのち明の宣徳中（一四二六〜三五）に、開口して銭塘江に浦陽江の溢水を放流することが本決まりとなり、天順中（一四五七〜六四）に磧堰、臨浦垻、麻渓垻が固築されたことは、すべてこの三江閘計画の実現に向けてのプロセスであった。こうして、唐半ば以来、局部工事を積み重ねて進められてきた山会下部デルタの自然改造事業は、ようやく明半ばに至って最終の局面に近づくのである。この三江閘計画の経緯については、万暦紹興府志や程鳴九の三江閘務全書などに基づいて分析された佐藤武敏教授の論述を参照されたい。(16)

さて、三江閘組織の完成後も、山会平原ことにその西部の農田造成には、若干の未調整、未着手部分が残っていた。その一つは、諸曁・山陰・蕭山三県の交界点、つまり前述の浦陽江が紀家滙から西と北に分岐する、水文上、また行政上複雑な角隅地の用水利害である。本来、磧堰口を開いて堰を設け、浦陽江水を北に導くとともに、余分の洪水の排泄そして銭塘江水の逆流阻止という一石三鳥を狙ったこの工事は、主として「中郷田」に定住する圧倒的多数の人口の利害を守る意図に出たものである。明の天順中（一四五七〜六四）に知府彭誼が、磧堰・臨浦垻・麻渓垻（壩）を補築したことは、この西小江分岐地点の補完を意味していたし、成化九年（一四七三）、知府戴琥が麻渓垻を重修し、そのすぐ南に茅山閘を設けたのも同様の意図である。この頃「麻渓永不可塞、磧堰永不可開」という暗黙の厲禁が成った。

「中郷田」への給水からみると、この麻渓垻はその最南端の保障機構である。麻渓垻一帯は大巌山から流下する計一五里の麻渓水の周辺にできた上・下盪湖という沼沢地であり、雨期に山渓水を湛水し、直南の紀家滙と共に自然の洪水調節弁の役を果していた。麻渓水が西小江に合流する地点に麻渓垻が造られたため、麻渓沿いの天楽上・中両郷の洪水禍は改善されるどころか、麻渓水に加うるに浦陽江の溢水を合せて、極めて水利不安定な地帯として孤立してしまった。麻渓垻以北は西小江沿いに灌漑用の幹渠・支渠の動静脈が施されたので保水の安定が達成され、貧富隔差は歴然としてきた。磧堰に次いで茅山閘が造られると、両閘は銭塘江潮に対する二重の防潮ダムとして機能するため、麻渓垻の役目は相対的に低下したのであるが、麻渓水を時に利用し時に遮断したいと願う垻北の郷民の利己心の犠牲の下、三県交界の角隅にある天楽上郷・中郷は三江大閘の全体計画から疎外されたのである。

明末、紹興府城在住の学者劉宗周は、崇禎一六年（一六四三）、天楽郷民のために改垻議を起し、結局、茅山閘を堅牢化すると共に旧麻渓垻を拡充して山水の排泄機能を高めるという折衷的な改良工事を起し、水災禍を若干緩和した。その後清朝を通じて天楽郷民の不利は抜本的に改善されなかったが、民国三年（一九一四）、天楽郷民は麻渓垻を壊して橋梁とし、永年の洪水禍から脱出することが出来た。この改垻為橋の実現に当っての天楽郷民の結束は、劉宗周以来、同郷民が水利という共通の利害を絆として固めて来た連帯意識に基づくものである。この沿革については、民国五年、山陰県人王念祖纂集の麻渓改垻為橋記に詳細が伝えられており、その詳細は五八四頁以後に論述する。(17)

さて、山会平原干拓におけるもう一つの重要な開発の遅れた地域は、蕭山県中部・西部の低湿地である。この方面での自然改造がかくも遅れた最大の理由は、恐らく浦陽江末端のデルタ部に属するという立地の悪条件の故であろう。陳橋驛教授も指摘するように、衢州・婺州・諸暨県の山水を集めた浦陽江は、山陰・蕭山・諸暨三県の交界点に達したのちは、蕭山県内を西南から東北へ走る三条の山塊に行く手を阻まれ、加うるに杭州湾口、銭塘江口沿いの沙地の隆起に排出口を遮られ、臨浦湖・漁浦湖をはじめとする大小無数の湖沼群を形成し、農田開発を著しく困難なものにしていた。こうした事情から、蕭山県の水利土木が本格化するのは、ようやく宋代以降からであった。以下に蕭山県の湘湖の生成沿革と、その水利組織を明らかにしよう。

(四)　湘湖の生成と水利システム

湘湖の生成とその水利組織の沿革については、毛奇齢の『湘湖水利志』（以下『毛志』と略称）が最も詳しい。(18) これによれば、宋代までの蕭山県は、地形・水文上の悪条件のために、常習的な洪水、旱魃に侵され易い不安定な地域であった。北宋熙寧（一〇六八～七七）の間、神宗が全土の農田水利の振興を企てていた頃、郷民の殷慶（一作殷度）らが、県治の西二里にある微高地に築堤して人造湖を造る計画を政府

図２　湘湖水利図

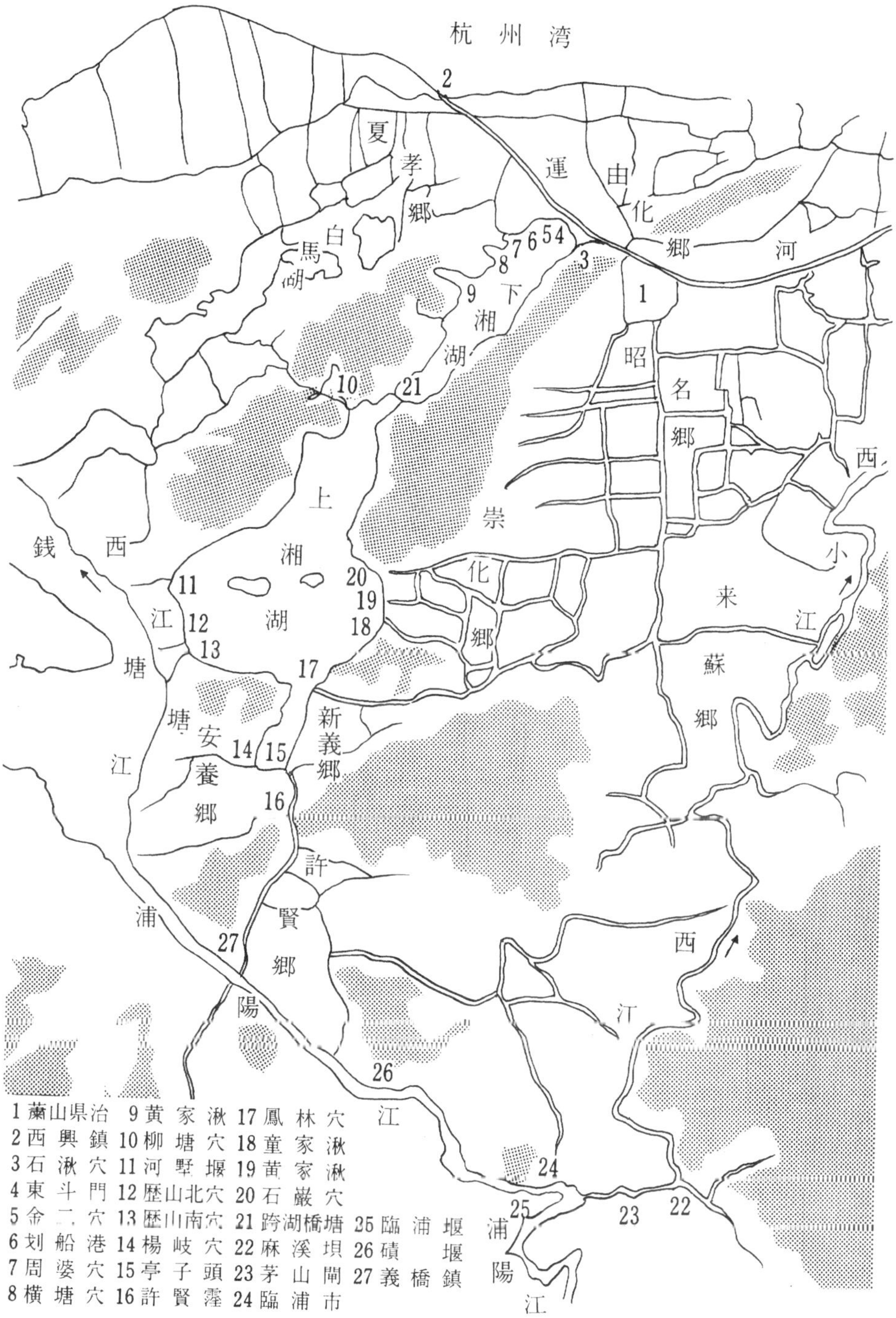
杭州湾
夏
孝
郷
白
馬
湖
運
由
化
郷
河
下
湘
湖
昭
名
郷
上
湘
湖
崇
化
郷
来
蘇
郷
西
小
江
銭
西
江
塘
塘
江
安
養
郷
新
義
郷
許
賢
郷
浦
陽
江
西
江
浦
陽
江
1 蕭山県治
2 西興鎮
3 石湫穴
4 東斗門
5 金二穴
6 划船港
7 周婆穴
8 横塘穴
9 黃家湫
10 柳塘穴
11 河野堰
12 歴山北穴
13 歴山南穴
14 楊岐穴
15 亭子頭
16 許賢霪
17 鳳林穴
18 童家湫
19 黄家湫
20 石巖穴
21 跨湖橋塘
22 麻溪壩
23 茅山閘
24 臨浦市
25 臨浦堰
26 磧堰
27 義橋鎮

に上申したが、同県下の富民らが、この県内の農田水利の悪条件のためか、游移する者多く、ついに利害の一致を見ぬまま、沙汰止みとなった。大観年間（一一〇七〜一〇）にも同様な県民の築湖の議が出て不首尾に終ったのち、政和二年（一一一二）宋理学の大儒楊時が県令に任じ、指導力を発揮して耆老の意見をまとめ湘湖の造成に成功した。(19)

この人造湖は、西南から東北に走る二条の山地を東西辺の自然堤防として使い、南と北にそれぞれ築堤して水を蓄えるものである。東西に屏立する二山地の麓には黄色の土壌が露出しており、これを「金線」と称して湖の界至とした。金線と南北の築堤を合算した長さは計八三里（約三七キロ）、湖底面積は三万七〇〇二畝（二〇九四ヘクタール）、受益する漑田面積は、周囲九郷合算して一四万六八六八畝二角（八三一二・八ヘクタール）であった。(20) 造湖で水没した土地は、もと春夏に山水が集まっては流れ去り、秋の乾期には水不足で草木も枯れる荒蕪田で、かつては占禾（占城稲）の水田や魚池・荷池に利用されていたらしい。

湖の生成と共に、湖南岸に石巌穴、黄家霪、童家湫、鳳林穴、亭子頭、楊岐穴、許賢霪、歴山南穴、歴山北穴、河墅堰、塘子堰の一一穴、湖の北岸に石湫口、盛家港、横塘、金二穴、划船港、周婆湫の七穴、計一八穴の放水水門が設けられた。また湖の南岸、楊岐山から糠金山に至る五里許りの間に堤防八一〇余丈、糠金山から石巌穴に至る二里許りの間に堤防三四〇余丈があり、北岸では石家湫から菊花山に至る二里許りの間に堤防三五〇余丈（一丈約三メートル）があった。この外、湖長・塘長が設けられ、周辺の上戸が湖の管理に発言権を有していたらしいが必ずしも明らかでない。ただし水没した田地の原糧一〇〇〇石七升五合の負担は、水利を受益する由化郷以下九郷の田に、毎田一畝につき七合五勺を均攤することで肩替りさせ、これを「均包湖米」と呼んだ。(21) いうまでもなく水没地は官田、堤防・水門・灌漑の幹渠は官地となり、管理の主たる責任は官府、維持は官民の合作となったのである。

政和から一〇年も経ぬ宣和元年（一一一九）、豪民が廃湖復田の議を起した。実にこれ以後の湘湖の歴史は、廃湖や私占を試みる官僚や、有力な郷紳に対抗して、地方官や公共心に立つ郷紳がいかにこれを防戦するかという利害摩擦の起伏で彩られるのであるが、築湖早々に廃湖復田議が出たところに伏在する利害の錯綜が露見している。宣和初の復田議の折は、廃湖復田を唱える豪紳が少数派であり、これを支持する地方官が、存続を乞う里老一〇人の請願、および県令の助け舟を聴いて決断を遷延する間、夏に大旱が襲い、湘湖の貯水の有用性が見直されて、目的を果さず、湖は存続された。

南宋の紹興二八年(一一五八)、又もや旱害が起り、利水する九郷民の間で、配水の多寡、早晩を争う水争いが生じ、殴撃がもとで刑事訴訟に発展した。この時、県丞趙善済が、「均水約束」という配水方法を案出した。正しくは「蕭山県湘湖均水利約束記」と題するこの案は、もと図経に載せられ、九郷に対して、地勢の高下に準じて配水順位を定め、総配水量を一〇〇(一〇〇〇分)として、毎一畝につき六糸八忽一抄つまり〇・〇〇〇六八一を給するものである。全配水田は九郷計一四万六八六八畝二角であるから、総量の指数は九九・七四七二三四二、つまり全容量を一〇〇と置いているのである。ところで、放水法では沿湖の一八穴の水門を、幅五尺、水面下の深さを三尺、水門の側柱と底部を石造として放水量を固定させた。放水順序は第一放から第六放(後述)の順に従った。(22) 罰則として、先後の放水順序に背いた者は重罰を加え、私かに水門を設けたり、夜中に盗水する者は罰を加倍した。ちなみに水門の不法な先開を「提防」と呼び、罪は「断臂」つまり臂を折傷する。穴を鑿って盗水することを「竇水」と呼び、罪は「断趾」足指の折傷である。のち嘉定六年(一二一三)、例を定めて沿湖東西山地の麓の「金線」湖界を越えて湖を私占する者は民に告発させ、罰として原状回復を命じた上に、軍役に投入した。(23)

この紹興二八年の「均水約束記」は、淳熙九年(一一八二)、銭塘の人顧沖が蕭山県令に着任して後、淳熙七、八年(一一八〇・八一)の大旱害の事後改善の事業を推進したとき、「旧約」として参照した。彼は二、三の修訂を加えて淳熙一一年(一一八四)一〇月一二日、『湘湖均水約束記』を著した。同時に彼は『水利事蹟』・『湘湖勒石図記』を残している。修訂点というのは、九郷のうち許賢郷一郷のみが給水不備であったため、残る八郷の給水を若干削って許賢郷に水を廻したものである。

顧沖の重定になる放水順序・被灌農田・水量指数・放水時間は左の如くである。

〇第一放

柳塘（塘子堰）、夏孝郷茫巷村二二四・一四〇畝、水量〇・〇一三七七、四時一刻。
周婆湫、夏孝郷杜湖村六五〇畝、水量〇・〇〇四四二、一時三刻。
歴山南穴、安養郷孫茂村一四九七・三畝、水量〇・〇一〇一九、三時。
歴山北穴、安養郷孫茂村一四九七・三畝、水量〇・〇一〇一九、三時。

○第二放

黄家湫、夏孝郷斜橋村一七五五畝、杜湖村六五〇畝、計水量〇・〇一六三七、四時九刻。
金二穴、夏孝郷寺庄村一五一六・二四〇畝、水量〇・〇一三〇二、三時一刻。
羊騎（揚岐）山穴、新義郷前・後峡村二三五六・一三〇歩、水量〇・〇一六〇五、四時八刻。
河墅堰、安養郷百戸村二三四二・〇三畝、長興郷河墅村一〇六四・一畝、黄山村五八三七・三畝、山北村九三六・一畝、夏孝郷許村一九五三・三一二畝、計水量〇・〇八二六三、二四時八刻。
東斗門（盛家港）、昭名郷県東村一二八五畝、由化郷滂湖村三四三〇畝、北幹村六四二畝、去虎村一九八三畝、安射村一六三六畝、長豊村一六二六畝、計水量〇・〇七二一一、二一時六刻。
石家湫、由化郷北幹村六四二畝、長豊村一六二六畝、安射村一六三六畝、滂湖村三四三〇畝、去虎村一九八三畝、計水量〇・〇四三四五、一九時。

○第三放

划船港、夏孝郷寺庄村一五一六畝、水量〇・〇一〇三二、三時一刻。
亭子頭、新義郷前峡村二三五六・一三〇畝、水量〇・〇一六〇四、四時九刻。
許賢霪、許賢郷羅村六三三七・三二〇畝、荷村三〇三七・〇〇二畝、朱村三四〇六・一〇八畝、計水量〇・〇八七〇三、二六時一刻。
○第四放
童家湫、崇化郷黄村七〇一〇畝、百歩村二八五四畝、徐潭村八三一畝、来蘇郷孔湖村三八二〇畝、計水量〇・〇九八八四、二九時六刻。
○第五放
鳳林穴、新義郷莫浦村三八〇〇畝、前豪村三八二九畝、何由村七二四一畝、穴村五一七二畝、計水量〇・一三六四九、四〇時九刻。

横塘、夏孝郷斜橋村一七五五畝、杜湖村六五五畝、范巻村二〇二〇・一畝、水量〇・〇四五一三、一三時五刻。

石巌斗門、崇化郷史村三〇三三畝、徐潭村八三一畝、社壇村一三一七・二畝、趙村、二二五三畝、陳村三八〇・二畝、昭名郷龔墅村三四一二・〇五畝、県南村七六・二畝、社頭村一〇五四・〇二畝、南江村三一六四・二一一畝、由化郷五里村七七〇一・一四畝、趙士村一四〇六・二畝、賓浦村二一二九畝、計水量〇・一五三三一、四二時。
○第六放
黄家霪、崇化郷趙村二二五三畝、史村三〇三三畝、徐潭村八三一畝、社壇村一三一七・二畝、陳村三八〇・二畝、昭名郷*龔墅村三四一二・二畝、*社壇村一〇五七・二畝、県南村七六・二畝、由化郷*五里村一九六〇・二四畝、賓浦村二一二九畝、趙士村一四六〇・二一畝、計水量〇・一五三三一、四六時。(24)

右の数字のうち、各村の灌水面積は、それにつづく水量・時刻と対応させているのではなく、一ないし数個の水穴（放水口）から配水される水による灌漑農田の村ごとの総面積を挙げているので、しばしば重複して同一面積が示されている。＊印は誤記（？）による数の不整合である。要するに、先ず被灌水田を各郷の村ごとに算出し、つぎに全湖の放水量を指数一〇〇と仮定した上、これを被灌総面積で割って毎一畝、〇・〇〇〇六八一という単位指数値を得、しかる後、一八穴ごとの実情に応じて水穴ごとの放水指数総計と、これに応ずる放水時間総計を決めているのである。これが出来るために、各水穴の幅と深さは同一であったはずであり、さらに第一放から第六放にいたる放水順序を定めて、配水に不均等が生じない工夫が施されている。恐らく紹興末・乾道初の県丞趙善済の「均水約束」・「則水之法」などの前例を参照したのであろうが、全計画は実に微に入り細を穿った人為のシステムである。時と共に湖のシルト・アップが予想されるのに、この配水システムの基本が一九世紀初の於士達の『湘湖考略』の少し前まで一応連綿と維持されていたことは興味深い。すなわち、湘湖の配水システムが南宋淳熙（一一七四〜八九）の間に一たん成立すると、行政上の郷・村編成とは別個の、「近隣性」と「経済利害」にもとづく「地域」が生れ、かつ固定してくるのである。

ところで、この配水計画を地図上でみると、配水順位の早い湖西、湖東北、湖南は、放水量も漑田面積も小規模であり、逆に順位の遅い湖東・東南部は放水量も漑田面積も大規模であることがわかる。すなわち主たる被恵地は湖の東と東南、蕭山県治周辺の平原にあった。恐らく夏後秋初に行われた放水は、地形上、水利上不利な縁辺部から始め、広大で給水し易いコア農田は最後に配水されたに相違ない。

さて、淳熙中（一一七四〜八九）、蕭山の県令であった顧沖は、湘湖の外にも、周辺の諸湖水の水利開発に力を尽した。湘湖と銭塘江岸の西江塘の間には、北から白馬湖・詹家湖・落星湖、さらに浦陽江口をこえて梓湖・瓜瀝湖等の湖沼が、東北から西南に連なっていた。紹興二〇（一一五〇）年、蕭山県人で売卦を業とする沈琮ら六一人が、白馬湖の荒地三〇〇〇余畝を臨安府寧寿観に投献して長生田とし、これを佃種する申請をしたが、転運司幹弁公事の趙綱立が父老の意見を徴してこれを沙汰止みにした。やがて乾道初年（一一六五〜）、県官の李九殿直、張七提挙が白馬湖を包占し幹人をおいて私業としたが、県令顧沖がこれを阻んで開掘した。[25]

白馬湖と水を通ずる南方の詹家湖は、もと夏孝郷、長興郷一帯に住む詹氏が、所有の田六〇〇畝のうち一〇〇畝を控除して湖に当て用水源としていたという。詹氏が衰える間に、旧佃戸詹百八が承宣趙知宗に投献して私占を謀った。白馬湖をすでに開掘した県令顧沖は、父老、佃戸、保正に尋ねて、詹家湖一五〇畝の湖水が周辺五〇〇〇畝の田に配水すること、及び詹家湖の湖税を西興鎮に碇泊する転運司官船の修船費に充当していることをつきとめ、船を官費で修理させるとともに、戸部の発令を得て湖を復旧した。一方、落星湖はもと五九二五・三畝の大湖であったが、熙寧中（一〇六八～七七）に湖中の高所を包佃させ、官租毎畝三斗七升余を徴した。宣和二年（一一二〇）、次いで天・地・玄・黄字号以下一九囲田、民戸七二四戸、湖田総計三八二一・一畝に上った。乾道二年（一一六六）、これを九〇〇畝と算し（大畝＝税畝の計算法か）、梓湖・瓜瀝湖の約二〇〇畝分を加えた計一一〇〇畝を帰正官大節使（大周仁　嘉泰会稽志巻一〇　落星湖）に賜与した。大節使は占侵を進め、二三〇〇余畝を包占したが、大節使の妻張氏は湖田が収益少ないため、公共性を理由に、落星湖を民に還すべく申し入れた。ときに県令顧沖は、淳熙七、八年（一一八〇、八一）の大水旱が、莫大な救恤の出費を要した件をとり上げ、淳熙一一年（一一八四）一一月に復湖を成しとげた。しかし、その後も廃湖の議は止まず（会稽志巻一〇　同上）、清初までに落星湖は消滅した。(26)

また瓜瀝湖は、もと民田六〇〇〇余畝に配水していたが、孝宗朝に居民呉堅が代表者となって、湖を大節使と張提挙の二家に投献し、農田及び雪窖（漁業用の氷蔵か）としたが、紹興府の杜察推、県令顧沖の申請で湖に復した。同様に、西興市の股堰における居民の魚池造成、漁浦市の臨江堰における居民及び寄居官の房廓八間の造成も、淳熙一〇、一二年（一一八三、八五）に撤去されている。(27) このように、湘湖のみならず、隣接する湖沼や堰坝は、首都臨安に近接する故もあって、寄居官の強占、居民の投献、功臣・寺観への下賜等によって、つねに廃滅の危機に見舞われていた。この中にあって湘湖が良く存続できたのは、同湖が蕭山県コア部の農田の死命を制する、サイズも大きい用水源であり、官民の利害に一定の均衡が生じていたからであろう。

㈤　明・清期の湘湖

前項で述べたように、熙寧の農田水利条例施行期に造成された蕭山の湘湖は、北宋末から南宋前半の時期に、基本的な配水組織や管理維持機構が整ったと見て良い。淳熙の県令顧沖の事蹟に記録の焦点が集まっているのは、彼自らが撰した蕭山水利事述等が後世の史料源となっている事情があるので、若干割り引かなければならないかもしれない。しかし、明州慈渓県の慈湖を造った宋学の巨星楊時の手で湘湖が成り、県丞趙善済が投献や私占による廃湖の議を抑えつつ「洩水規矩」をつくり、淳熙七（一一八〇）、八（八一）年の大水旱直後に県令顧沖が「均水利約束」を完備させて県内水利の大綱を確立した、という歴史事実の軌迹をみると、明らかに淳熙年代（一一七四～八九）がこの湖の興亡サイクルのうち、上昇期の一つのピークであった。蕭山が畿内に隣接する故に、ひんぱんに訪れた貴顕とこれに結託する豪民の包占という危機の中で、一般に無気力を以て評されがちな県令レヴェルの地方官が、「勧農公事」という職能上のイニシアティヴを発揮し、父老の意を代弁しつつ、中央政府を誘導して用水源を守ったことは、宋代という時代の活力を思わせるものがある。官僚サイドの関心が徴税と安寧の志向に帰着していたとしても、少なくとも大規模水利を必須とする社会経済環境が出現し、人為的な地縁組織が成長し、地域利害の公共性という観念が、地方官の適正な判断と行動を求める時期に至っていたことはまぎれもない。

元代、監県亦馬丁の廃湖議、そして湖傍民の侵占は、県尹崔嘉訥が阻んだ。さらに至正八年（一三四八）着任の県尹於善は湖の浚渫・西江塘の補修を行って湖の保守につとめた。[28] そののち明の洪武一〇年（一三七七）、県令張懋は、宋の顧沖の湘山水利事蹟、湘湖均水約束記の旧本を探して重刻すると共に、淳熙以来県庭にあった『湘湖水利図記』の碑がすでに磨滅しかかっていたのでこれを新たに刻み直し、『図記』・『図跋』共に後世に伝わった。[29] こうして明初の重農政策に呼応して湖規・水則も復活し、湘湖水利は守成期に入るが、皮肉にも明一代を通じて新たな侵占は頻発して止まなかった。

洪武末年（一三六八～九八）、蕭山県内の、銭塘江沿いの官田の佃戸蘇原九が、田地が江内に坍入して曖昧になったため、湘湖南半の上湘湖の近江湖田を干拓して所失の官田に充て、秋糧毎畝五斗七升を納めた。またこれに倣って永楽初（一四〇三～二四）、県民の韓望等が若干の湖田を造成して同様の官田となし、こうして以後も湖中の高所に続々湖田が生じて水利が侵された。景泰七年（一四五六）、老人張昇、鄭珪の申請で県丞李孟淳が新干拓地を清出し、罰穀一六〇〇穀を得て荒政に充てた。[30] しかし湘湖の自然の淤浅化に乗ずる高所の私占は止まず、水旱は増し、湘湖の機能障害が目立ってきた。

この私占の動きの中心をなしたのは、元、明初の交に、湘湖の西岸辺に定住し陶瓦窯を有した孫姓という大族、これと対峙して東岸辺に居住し婚姻を結んだ呉姓という大族、この二姓の強大族による湖地の私占であり、成化・弘治・正徳とつづいた訴訟で一つのクライマックスを迎え、嘉靖以後も紛議はつづき、清初には湖を東西に横断する堤路を造成するに至った。事の詳細は『毛志』が記録している。[31]

はじめ湖民孫氏と姻家の呉氏が結んで、湖辺に荷花池・養魚池・筍園をつくり、さらに水田や居屋を築いたとき、蕭山の人で永楽の副榜進士魏驥が阻んで呉氏の私占地を復湖し、正統五年七月一日（一四四〇）、彼の奏状に応えて英宗の勅諭が降されて全国の水利の禁令が発布され（明実録巻六九　正統五年七月辛丑朔）、実録に収められた。この後、郷里に帰った魏驥は麻渓塘、西江塘等を修理し、蕭山全域の水利を調べて『蕭山水利述』を著した。彼の在官中、呉姓の私占は阻めたものの、孫姓は弾劾を免れたので、水利沿革の委細を記して、門人の御史何舜賓に託し、遺志を遂げさせようとしたのである。成化八年（一四八七）、県民一五四〇人の申請で、楊亀山（楊時）と魏を合祀する徳恵祠を県西門外に建てたが、これは魏が県民の利害を代弁した功を称えたものである。

天順中（一四五七〜六三）、魏驥の志を継いだ彼の門人、御史何舜賓は、私占を広げる孫、呉氏の弾劾に着手し、成化中（一四六五〜八六）、赦を得て蕭山に帰省して私占を暴露し、県を経て奏上しようとした。これを知った孫全は御史鄒魯を買収し、鄒魯は計を以て何御史を罪に陥れ、慶遠衛に送る途上で殺害した。害を免れた子息の何競は復讐を誓い、山西按察司僉事に転任する鄒魯が省に赴いて憑を受ける途中を同族と共に襲って殴撃したのち、父の無実の審理を訴えた。結局、報讐例によって鄒魯、何競は両成敗を受けたが、孫全の私占する田一三二一七畝、堰池九六口、地二六片、瓦窰房屋二一〇間を摘発して官に還し、耆民等八名に譏摂を専管させ、「勿侵勿佃、勿蝕水渓、勿依圩倚嵩、縁堤截滙、而以漁以草以栽以蓄、犯則重者死、軽則釘発遼東、永遠充軍」という禁令を石碑に刻むことを県令に命じた。[32] この弘治一（五〇一）

四年の七月、蕭山出身の福建分巡道按察司僉事富玹は、顧冲撰蕭山水利事蹟、湘湖均水約束記、湘湖勒石図記、張懋撰蕭山湘湖志略、湘湖水利図記、水利図跋、魏驥撰蕭山水利事述など、先賢の記録を纂修して蕭山水利志を著した。この一八年後の正徳一四年（一五一九）になると、再び湖民孫肇五が湖田を私占し、蕭山出身の工部尚書張嶺、按察司僉事富玹両名が、御史中丞許庭光、分巡副使丁沂を動かして復湖に成功し、その結果、「禁革侵佔湘湖榜例」という布告が正徳一五年（一五二〇）三月二六日に給付された。

この禁例には、沿湖の九郷より公正で資産のある壮丁二名を郷毎に選出して湖長とし（任期二年）、湖岸の監視と修理に当らせ、県政府がこれを督察することを命じている。こうして、御史の殉死、その復讐という深刻で陰惨な事件でピークに達した守成期は、一応復湖派の勝利による湖の保全に帰着した。しかし、この間に注目すべき事態が成長していた。その一つは孫氏、呉氏ら、湖辺地の枢要部を抑える大姓が成長して姻籍を通じ、重賄で官憲を籠絡して公権力に挑戦する実力をますます揮い始めたことである。一方、これに対抗して湖の公共性を死守する側は、中小規模の農民層と、彼等を領導する蕭山出身の官僚や郷紳、ことに理想家肌の講学の士であった。禁令が厳酷化してきたことも、明一代の特色かも知れぬが、むしろ係争の深刻化の表明であろう。

明の嘉靖期（一五二二～六六）になると、孫姓の中から孫学思が中書舎人に栄達し、嘉靖三三年（一五五四）、湖西の孫氏と湖東の呉氏が結託して、湖を中ほどで東西に横断する跨湖橋を造り、両姓の往来に便する私道に用いた。ここに湘湖が上湖（南）、下湖（北）に分断される端緒が生じた。孫氏、呉氏、ことに孫氏の狙いは上湖の西岸に陶瓦窯の土台と土瓦の水洗場を造り、合せて沿湖に魚池、荷花池、家禽池、水田、仏舎、墓地を造ることにあったようである。何御史父子の殉難の先例を知る郷官は阻止をためらい、すでに威信も財産も人口も大きくなった両姓の権勢を見て、父老もこれを黙許してしまった。こうして堤防の私築を禁ずる法令は形骸化した[33]。

康熙二八年（一六八九）八月、大旱害で湖底が露出したとき、孫凱臣、孫茂洲、孫広、孫俊が率いる族人や党与数千人は湖西の芝湖嶺麓から湖東の柴嶺麓に至る一一〇余丈の塘堤を一挙に造り、上下湖は完全に遮断され、これに乗じて石巌郷でも湖中に私塘が築かれた。この件につき、総甲の王吉の報告を受けた県の水利衙は、官民の公議を求めたが参加者がなく、結局、府が県に調査を命じた。しかしこの度は豪民は孫姓の側につき、父老を制して公議に赴かせず、ために、湖の貯水力の低下で明らかな被害者となった澇湖村の代表者蔣邦瑞、陳大績等が孫姓の盗湖を訴えた。知府は御史に上告して塘の撤去を阻む土豪の議を抑えて、県署で官民を合議させて裁決しようとしたが、郷官も里老も孫姓をはばかって坐視するのみであった。ここに毛奇齢は「請毀私築湖堤掲子」、「湘湖私築跨水横塘補議」を県に上呈し、知府がこれを採択して県に批文を下し、ついに私塘を撤去し、首謀者を罰して落着した。時に毛奇齢は、「湘湖水利永禁私築勒石記」を作り、顛末の大要と法禁の歴史を石碑に刻み、後世の保湖議の拠り所とした(34)。

しかし毛奇齢の折角の熱意にもかかわらず、また湖の中央の塘堤や橋の撤去にもかかわらず、昔日の湘湖の回復はもはや手遅れであった。湘湖の機能障害、老衰化をもたらす幾つかの重要な要因が相乗的に働き始めていたからである。第一は、鑑湖同様の、長期に進行してきた自然的・人為的シルト・アップ現象である。水深の浅い北半の「下湖」部分は水藻が繁茂して淤浅を扶け、やや深い南半の「上湖」部分の西岸と東岸は、沿湖の定住・農田化が進むにつれて沿湖の塘堤沿いに淤浅化した。清代には、かつての「金線＝黄土」境界をこえて、湖中の「青土」に私塘が張り出す現象が生じていた。このシルトを決定的に悪化させたのは、先に孫学思が嘉靖三三年（一五五四）に造った湖の中央の跨湖橋に外ならないが、この橋と康熙二八年（一六八九）造成の横塘（同年撤去）が容易に造られ、郷紳・郷官の多くが坐視していたということは、すでに早期に湖の中央に人道ができるほどの淤浅、水位低下があったと見なければならない。

第二は、三江閘システムの嘉靖一五年（一五三六）における完成の影響である。すでに述べたように、このシステムの下では、浦陽江は磧堰の施設で、西方、銭塘江に流入する江口の放水チャンネルと、北方に流れて、西小江・運河・銭清江と流下して三江閘の調節弁を通って杭州湾に注入する、二つの水流に分岐された。山陰、会稽と蕭山県の低湿田に一定の灌排水を機能させるべく仕組まれた三江閘水利組織の咽喉部に麻渓壩が、また末端部に三江閘があった。磧堰、臨浦堰、茅山閘という、一重の防潮（銭塘江潮）堰で守られた麻渓壩は雨期には浦陽江の溢水を排し、旱期には江潮つまり逆潮の上層に乗った淡水を、壩越しに導き入れた。麻渓壩周辺の農民の逆境をあえて圧殺して、この垻が清末まで存続したのは、蕭山、山陰、会稽県の三江閘システムによる受益民の利害が多数を制したからである。こうして麻渓垻が保守されたことにより、湘湖東南方の、同県では最も低湿でしかも県内農田のコアをなす崇化郷の農田水利は安定した配水が得られ、早期にはカナルから龍骨車で揚水することで足りるようになった。かつて第四、五、六放水に位置づけられていた石巖穴（四二・〇時）、黄家霪（四六・〇時）、童家穴（二九・六時）の相対的重要性も変化し、湖全体の放水計画も旧規を死守するに及ばなくなった。第三に、上・下湖が分かれてくると、全湖の水の循環は停滞し、かつて一〇〇と置いた水量の意味も変化する。湖の東北辺、東斗門と石湫穴から配水される由化郷漖湖村民が、敢然と孫氏の横塘造築に反対したのは、今や用水利害が局限化され、個別化されたことを示し、つまり横塘の造塘が彼等の利害に直接に響いたからである。

第四には、郷紳・郷官の性質や利害の変化がある。宋代の湖の私占は、貴顕と結ぶ土豪の投献が多く、在地の公共の利害を掲げて湖を保守する側の近隣的一体観があり、リーダーシップを握った県令も、外来者でありながら、在地の利害を公共性に即してまとめることができた。しかし、元・明という時間の経過のうちに、孫・呉姓のごとく、地縁・血縁の絆に加うるに、致富と官位栄達によって発言権と実力を揮う土着の紳衿が出現し、かつての一体観には亀裂が生じた。魏驥や何御史父子の事件が象徴するように、保湖議を唱えて孫氏らの新勢力に対抗する側は、学才、吏治の才によって高位を占めた土着の郷紳であり、才能を通じての結党と父老一般の支持を集めていたものの、長年にわたり郷里外に任官した彼らの威信を以てしても、新興勢力の不法の制御は容易ではなかった。しかも明末、清初になって、前記第一、二の状況変化が加わり、さらに孫氏一派が社会上昇をとげて、保湖派は不利となった。

第五は、地方行政の機能変化、つまり成長する地方主義と、行政の地方転嫁である。宋代の造湖期には、全面的な土木改良が各地で進行しており、府州県の官僚にとって、勧農公事という、具体的で明確な努力目標があり、また官民合作の一体観もあった。明代はその守成期に入り、しかも土木技術の抜本改良がないまま、民間の私産、人口、経済活動の洗練拡充がなし崩しにつづいていた。毛奇齢もこの守成の困難を訴えている。弘治の何御史事件や、康熙の横塘撤去事件に徴しても、官僚の統制、規律は良く守られていたが、在地輿論のまとまりを欠いては県府の官も手が下せず、そしてその輿論にはすでに亀裂が生じていた。自治と行政指導の接点に立つ地方官にとって、彼らが行使できる力は拡大する地方社会の前に、むしろ非力化していった。

(六) 小結――『湘湖考略』の登場――

康熙二八年(一六八九)に一たん撤去された孫氏の横塘はやがて復旧し、嘉慶三年(一七九八)中秋に成る於士達の湘湖全図には横塘の位置を明示するほか、『考略』全篇での湖の説明は、上湖・下湖の区分に従っていて既成事実を認めている。さらに『考略』によると、康熙・乾隆の間に、かつては石造の一八水穴も廃れて泥埧となっていた。乾隆三三年(一七六八)、県民趙鳴鸑は、石家湫・東斗門・横塘・柳塘・河墅堰・楊岐穴・鳳林穴・石巌穴という重要な八水穴を選び、私産一〇〇〇金を費して石閘に改建した。しかし、部分補修はかえって漏水を誘い、水位不定の害を残した。湖畔の紳士於士達は、旧石閘を除き、閘座を広げて高さ八尺、底幅二丈・面幅一丈の土塘に改修し、水入の放水を締め切る代りに貯水量を増すという案を提議した。自力では着工できぬ彼は、郷紳鄭飛鳴、呉斐を通じて県の実力者に工作し、御史中丞行司より「五年歳修銀」一〇〇〇両の借用を許され、陳禹疇、来崑彩、王維徳を会計総理者とし、来崑彩、来杏梁を設計企画者とし、来崑彩、来杏梁、陳禹疇を西郷工事幹事、倪耀宸、賈載堂、韓秋佩、韓一峰、韓象揆、韓観文、施朝棟、於士達を南郷工事幹事とし、計一一名の紳士が結束して嘉慶元年(一七九六)四月八日に着工、五月に完工した。これらの幹事は五年間補修に任じたのち、維持の責任を官に帰した(35)。

こうして、於士達ら下級紳士の熱意で、湘湖は土堤の補修によってともかくも蘇った。於士達は『考略』の「革弊」の章で(36)、湖界の清理こそが保湖の大要であると論じ、水利に熱心な県令を動かして私占の禁令を布告させ、塘夫、地総に周知させ、春、秋二回、紳士が彼等を率いて巡察して、私穴や私塘を見付け次第に、補修させて塘夫、地総を処罰し、貧民が肥料用の草蕩の取り合いで争うものも審理して処罰すれば、湖弊は革まると説いている。彼は併せて、郷紳が水利に熱意がなく、地方官も劇務と頻繁な転任が理由で義務を怠ることを指摘し、「革弊の権は県主にあると雖も、以てそれを清し、革めるものは、断じて縉紳に在る」と結んで、中間社会層としての上級紳士に一段の奮起を促しているが、水利に関る指導力の発揮が、転嫁されて下級紳士の肩にかかってきた事情を表明するものといえる。

これより先、康熙五八年（一七一九）、県丞賈克昌が紳士を集めて湘湖の水利施設を調べたとき、官霪一八穴、私霪三三処、沿湖車水基趾四〇余処を報告している(37)。この頃すでに一八水穴の多くは廃滅していたのであるから、この報告は真実ではない。旧一八水穴のうち、歴山南穴、歴山北穴は、陶瓦を製造する民が湖岸を干拓したため滅んでいた(38)。その南の許賢霪は、もと顧冲が亭子頭穴から湖水を導き、湖南の許賢郷に配水する取水口としたものである(39)。しかし磧堰が明代に開通して江潮の導入をはかって以来、許賢郷は湖水の用水を要しなくなり、亭子頭穴と共に滅んだ。湖東の低地に配水する石巌穴、黄家霪、童家湫の三口については、新義郷が東方の麻渓埧から給水され、崇化、昭明郷では、カナルの水深・幅員が大きく、車灌に頼れるので、石巌穴以外は亡んだ(40)。同様に車灌の利用できる金二穴、划船港、周婆穴も消滅し(41)、黄家湫も遺溝のみとなった(42)。これらの廃滅は北半の下湖の淤浅と三江閘配水組織の完備のためであろう。なお鳳林穴の配水する新義郷の一部は地勢が高く、湖水への依存の高い「靠湖田」が多く、「閣田法」という湿土による乾燥防止法を利用する農法を採っていた。この農地は放水に応じて内河に前後二埧を仮築して水を貯える作業を必須とするので、この期間、客商は他路を迂回することで利を失った。この矛盾を解決すべく、乾隆五四年（一七一五）、塩商が出資して石埧を重修したが成効を得ず、結局、秋前に交通の便を求める商旅と、秋後に貯水を求める農民の利害の調整は不首尾に終った(43)。

『考略』の序を書いた王宗炎は、先賢は「侵湖」の阻止に執心しているが、湖堤を修理して貯水量を増やすことが先決であると述べ、放水法も旧来の限時開閉法よりも、湖の現状や水口の存廃に即応させるべきだと論じ、さらに先賢の主張も往々思考に合わぬところがあると指摘している。先賢の事蹟が、本書では僅か三葉のアブストラクトに圧縮されて巻末に附録されているのは、毛奇齢の書の詳悉に比して隔世の感がある。湘湖は一九一四年の地図にはなお残り、中央の堤塘もないが、最近の地図ではすでに陸地と化している。八〇〇年にわたるこの人造湖の歴史はすでに終っているようである。この興廃の曲折に投影された蕭山社会の利害関係は、宋元明清社会史の一断面を今日に伝えているといえよう。

注

(1) 中国本土の人文地域を、河川の集水域を主たる根拠として区分した場合に成り立つ八大地域の一つ。**G. W. Skinner, *The City in Late Imperial China*, Stanford Univ. Press. 1977, pp. 212-220.**

(2) 高谷好一『熱帯デルタの農業発展』創文社、一九八二、「地形と稲作」石井米雄編『タイ国―ひとつの稲作社会―』創文社、一九七五、収。

(3) 本書一七九～八一、三六六～三七〇頁。

(4) 陳橋驛「古代鑑湖興廃与山会平原農田水利」地理学報二八―三、一九六二。

(5) 斯波「宋代江南の水利と定住について」布目潮渢編『唐・宋時代の行政・経済地図の作製　研究成果報告』一九八一。

(6) 本田治「宋元時代の浙東の海塘について」中国水利史研究九、一九七九、「唐宋時代両浙淮南の海岸線について」『唐・宋時代の行政・経済地図の作製　研究成果報告』、妹尾達彦「唐代後半期における江淮塩税機関の立地と機能」史学雑誌九一―二、一九八二。

(7) 広山堯道『日本製塩技術史の研究』雄山閣、一九八三。

(8) 本書四六三頁。

(9) 本書四五九～四七九頁。

(10) 佐藤武敏「宋代における湖水の分配――浙江省蕭山県湘湖を中心に――」人文研究七巻八号　一九五六年九月。佐藤博士は『湘湖水利志』のほか、同系列の民国周易藻撰『蕭山蕭湖志』および彭延慶等撰『蕭山県志稿』巻三　水利門　湘湖などを参照され、主として宋代の状況について述べられているので、参照されたい。

(11) 本書は浙江省図書館の蔵本である。中国科学院民族研究所の牙含章教授の御高配で参看することを得た。深謝を捧げる次第である。

(12) 前注(3)参照。

(13) 前注(4)参照。
(14) 陳橋驛「論歴史時期浦陽江下游的河道変遷」歴史地理創刊号一九八二。
(15) 本書五八四〜六〇二頁。
(16) 佐藤武敏「明清時代浙東における水利事業」集刊東洋学二〇一九六八。
(17) 前注(15)参照。天楽郷は明代主佃相養のモデル地とされたが(古島和雄、森正夫氏ら)、水利の実情からみると、郷民は非常に不幸な地位にあった。
(18) 前注(10)参照。
(19) 毛志巻一　宋熙寧年県民殷慶等請開湖之始、政和年開湖、宣和年議罷湖不許。
(20) 同上巻一　蕭山県湘湖均水利約束記。
(21) 同上巻一　政和年開湖。
(22) 前注(20)参照。
(23) 同上巻三　湘湖歴代禁罰旧例。
(24) 前注(20)参照。
(25) 同上巻三　附白馬湖。
(26) 同上巻三　附落星湖梓湖、附詹家湖。
(27) 同上巻三　附二堰。
(28) 同上巻一　元至正年修湖。
(29) 同上巻一　明洪武年頒水利図記刻石県庭。
(30) 同上巻一　景泰年清佔有英宗皇帝勅禁諭文。
(31) 同上巻二　弘治年何御史清佔始末、蕭湖水利志　正徳年清佔勒榜。
(32) 明実録巻一七一　弘治十四年二月癸巳。
(33) 毛志巻二　本朝康熙年清佔勒石始末。
(34) 同上、及び巻二　水利衛県府藩臬申文発票節略、郷官掲議節略、永禁私築勒石記。
(35) 於士達撰湘湖考略　全湖形勢。
(36) 同上　革弊。
(37) 同上　廃穴弁疑。
(38) 同上　歴山南歴山北。
(39) 同上　許賢霪。
(40) 同上　石巌穴。
(41) 同上　划船港金二穴弁疑、周婆湫。
(42) 同上　黄家湫。
(43) 同上　鳳林穴。

（補１） 本田治「宋代杭州及び後背地の水利と水利組織」梅原郁編『中国近世の都市と文化』京都大学人文科学研究所、一九八四年三月、一二五～五一頁。

3　紹興府下三江閘水利組織と麻渓壩

㈠　はじめに

本節で述べる麻渓壩（壩）については、すでに本書の随処に言及しているが、ここでは原史料に即して明末から民国初にかけて、この水利調節ダムが立地する一角の地の村民の経験した利害関係について細密画を描き、前近代の紹興の水利開発がどのような内部的な問題をかかえ、その処理がどのように推移していたかを、この事例を通して考察するものである。

佐藤武敏教授が[1]、その蔵書紹興山陰県の程鳴九纂輯の三江閘務全書上下同続一～四（康熙二二［一六八三］）に基づいて明らかにされたように、明・清期の紹興の平野部を灌漑する巨大な水利組織としての三江閘システムは、嘉靖一五年［一五三六］、知府湯紹恩の手で完成にもたらされた。この全組織のなかで、曹娥江口辺の三江應宿閘が蓄水、排水の咽喉部という要の位置に当るのに対し、山陰、諸曁、蕭山三県の交界部にあった麻渓壩は、同組織の水源であった浦陽江水の取水口であり、かつ銭塘江本流より浦陽江を伝って遡上する溢水を防ぐ防潮ダムであった。すなわち、この二水門は全体として首・尾の関係に立っており、この組織を動かすための戦略的な要所という使命を帯びていた。

さて、三江閘は地勢的に山会平原の余水を海に排する扇の要として唐末以来、一貫して補強工作がつづけられてきたのに反し、麻渓壩が重んぜられるようになったのは、むしろ宋末以後に人為的な干拓計画が展開した結果なのである。というのは、すでに陳橋驛教授が考究したように[2]、鑑湖が乾涸し湖田化して蓄水源としての機能を失ったために、浦陽江本流水の利用が顧みられ、磧堰の施設で分流された浦陽江（西小江）が山会平原の「中郷田」に導かれるようになったため、外水（浦陽江水）への屏障として、麻渓壩とその周辺の村々が特別の地位を与えられるようになったのである。以下は、こうした変化が村民の利害にどのような圧迫を及ぼし、それがどう処理されたかの顚末である。

㈡ 資料と状況

⑴ 資 料

考察の主たる典拠は、浙江省嘉興市図書館所蔵、民国五年(一九一六)、紹興人の王念祖編纂の麻谿改壩為橋始末記四巻、一五四葉で、この水争いを最終的に改善にもたらした天楽中郷四八村民の結社「蕺社(しゅうしゃ)」が印行した資料集成である。この資料について、中国社会科学院民族研究所長牙含章教授の、格別の御高配に浴したことを特記して深謝申し上げたい。(東大東洋文化研究所も一本を蔵す)

本書は文字通り地域住民の手とその視点で、四世紀半にわたった麻渓壩水利機構の不合理是正を賭けて苦心を貫いた営みの記述的資料であり、努力の歴史的位置付けである。冒頭には発議の先駆者、明末の紳衿劉宗周(山陰人、字起東、一字念台、号蕺山、一五七八～一六四五)の図像、伝略、山陰会稽蕭山三県図、山陰天楽郷水利図、麻渓橋図、茅山閘図、新閘橋図、屠家橋図を掲げ、これらに先立ち民国の郷紳王念祖の序、宣統三年(一九一一)、郷紳湯寿宧が省議会に請願した「沈寃紀畧序」を載せている。巻一 論著には、崇禎中(一六二八～四四)の劉宗周撰「天楽水利図議」以下、民国元年(一九一二)、ダム改廃議に対する所前郷(旧天楽下郷)郷董趙利川の反対説及び図に至る、明・清・民国にわたる重要な論説を挙げ、巻二 記事では、崇禎八年(一六三五)の水利碑記(謝鼎撰)以下、茅山閘、江塘、新閘橋、屠家橋、蕺社、火神塘等の重修記、護塘禁約を掲げる。巻三、巻四 公牘では、宣統三年(一九一一)の天楽郷自治会が省議会諮議局に呈請した改壩議に始まり、道、省、県、国務院、民政司、農林部など各級行政機関を往復した公文、天楽中郷の四八村男女が上記各レヴェルの官憲、紳董に宛てた請願書が収録されている。歴史時代については原文、碑、記のほか府・県志等より採り、宣統、民国初の大改修については活字化された資料を一括転載している。形式からいえば、本書四〇四、四〇五、四〇八、四〇九頁に言及した江西袁州李渠に関する李渠志（宋宝慶三年〔一二二七〕撰述）、李渠分段丈尺図記（清道光四年〔一八二四〕程国観新修）と良く似ているが、関係資料収載の周悉、時間・空間的視野の広さ、郷紳、地域住民全体の利害を豊富に伝えている点では、極めて内容の充実した文献である。本節では右の資料のほか、現存府県志、省志、地図、劉子全書、劉蕺山先生集を参照して、事実関係の復原を試みる次第である。

(2) 紹興地区の水利と地域の自然改造史

寧紹地域の人文空間は、北辺の后海（杭州湾）に向かって北下する四つの河川、東から甬江（枝流に奉化江・鄞江・餘姚江）、曹娥江（東江）、浦陽江（西小江・枝流に東陽江・浦江等）、銭塘江（西江・浙江）の集水域に相当する。銭塘江は地域の西界に当り、灌漑よりも寧ろ排水と交通で寄与しているので除くと、当地域は三つの河川の河谷、扇状地、デルタ氾濫原の三地形区分を併有して成り立っている。

当地域が早く古代の越国として登場し、中枢点の会稽が秦の会稽郡治、唐の越州治（開元後）という地域行政区域の上に聳立する都市になり得たのは、初期の稲米生産をめぐる居住空間として、右の三河川中でも曹娥・浦陽江の河谷、扇状地が好適な立地であったからである。江南沢国といわれる江蘇松江デルタ、そして甬・曹娥・浦陽三江の各河口デルタの氾濫原の本格開発、定住・生産空間への転換は、漸く唐の中期以降に始動したもので、それ以前、初期の定住、生産の場は、灌排水が安定し保安にも適した扇状地の扇頭部であった。会稽が両漢～唐宋にかけて江浙で波状的に生じた内地移住の策源地であったことはこの証左である。

この紹興地区の太古より明・清に至る水利組織の体系と、河谷→扇状地→デルタへ向かう土地利用と移住の経過については、近年、杭州大学地理系の陳橋驛教授により、すぐれた展望が与えられた(3)。とくに注目されるのは、後漢に創築され、明中期にはほぼ消失した会稽の鑑湖の水利改造をめぐる論考である。永和五年〔一四〇〕、太守馬臻が扇状地とデルタ氾濫原を南塘（堤防）を築いて締め切り、晋代までにこの塘を利して東西に浙東運河が通じ、その間に塘南に周囲三一〇里、九〇〇〇余頃の水田に灌ぐ鑑湖を築かれた。塘に沿って五斗門二七堰六閘、湖に二斗門一閘が漸次整備され、山麓から塘以南の扇状地は一挙に安定した水利田地帯となった。唐〜宋の改造は北段の氾濫原の水田化にあり、東の曹娥江、西の浦陽江が会流して海に注ぐ三江口に玉山斗門、朱儲斗門が置かれ、同時に沿海に海塘が築かれ、デルタ部に湖田が盛んに創られた。宋元の間、鑑湖は永年にわたる周辺の農地造成で浸蝕が加速されて淤浅化し、この地域で最も作況の安定した湖田地帯に変身し、定住と生産の開発前線は旧氾濫低地へ北進した。興味深いことに、甬江流域や江蘇松江デルタ、南京・蕪湖周辺低地の開発は、結局はこの紹興のモデルを拡延する方向で進められ、また浙江、江西、福建の農地造成も、この紹興モデルを地形に応じて範としていたと思われるのである。

さて、明代での開発前線はすでに前代より陸地化してきた旧氾濫低地と海浜であった。当時の税則では山郷、中郷、湖郷、海郷の区分があり、湖郷は近城の旧鑑湖の田、中郷、海郷が新造成地帯に相当する。[4] 本田治教授が考証する如く、一方で海塘が完成し、[5] 一方で鑑湖が消滅に瀕して防排水の課題が低下したため、右の海浜デルタの灌排水は独自の広域的組織で調節されねばならない。紹興地区の自然改造史としては最後に登場したこの水利問題の焦点は、(一)浦陽江（西小江）が直接に山会平原に注入するのを堰断して阻み、山陰、諸暨、蕭山県界を西に導いて銭塘江に入れること、及び(二)三江口に壮大な応宿二十八閘の斗門を築いて、山会低地全域の水利を統制することであった。[6] すでに南宋の乾道中（一一六五〜七三）より、諸暨、山陰県界の紀家滙に湛水して洪水禍を招いていた浦陽江に対し、諸暨民は滙を開いて排水をはかったが、[7] 旧西小江に排泄する限り、銭清鎮一帯の冠水の不安は解消しなかった。

明の宣徳中に、先ず臨浦鎮の西方に磧堰口が開かれ、天順中（一四五七〜六四）に知府彭誼の手で磧堰が築かれ、以後、浦陽江は西流して銭塘江に入った。[8] 彭誼は同時に臨浦鎮西五里に臨浦埧をつくり、旧西小江のやや下流、麻渓と合流する地点に麻渓埧を築いた。この両ダムの主目的は、浦陽江の溢水と銭塘江より逆流する江潮水を旧西小江沿いの内河地帯から締め出し、一方、三江口の淤塞や旱害の折には、江潮水に乗ってくる淡水の若干を堰内に導いて灌漑に資し、旁ら銭塘江よりの商船を麻渓辺まで通航せしめるものであった。この時

図１　紹興山陰県水利略図

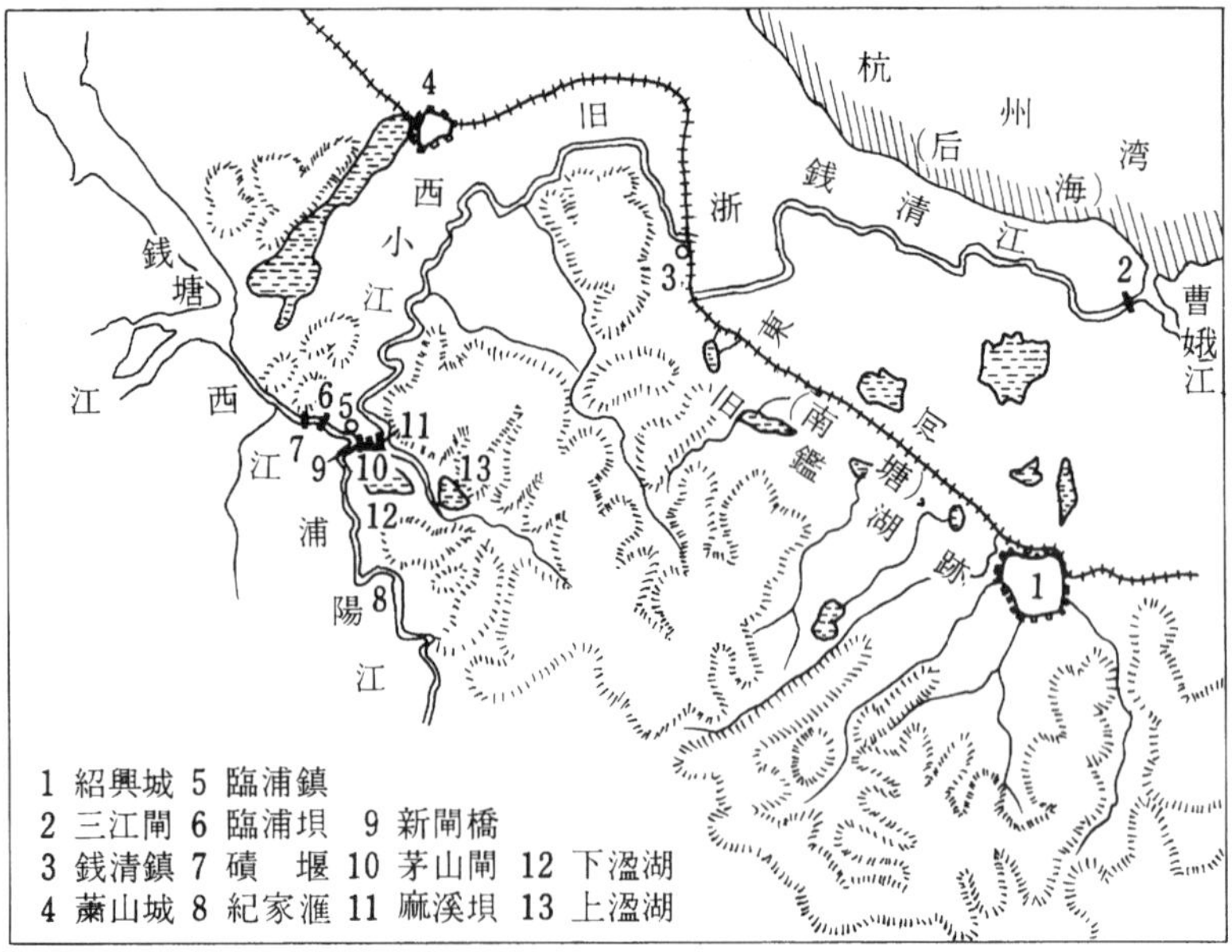

図２　山陰県天楽郷水利図

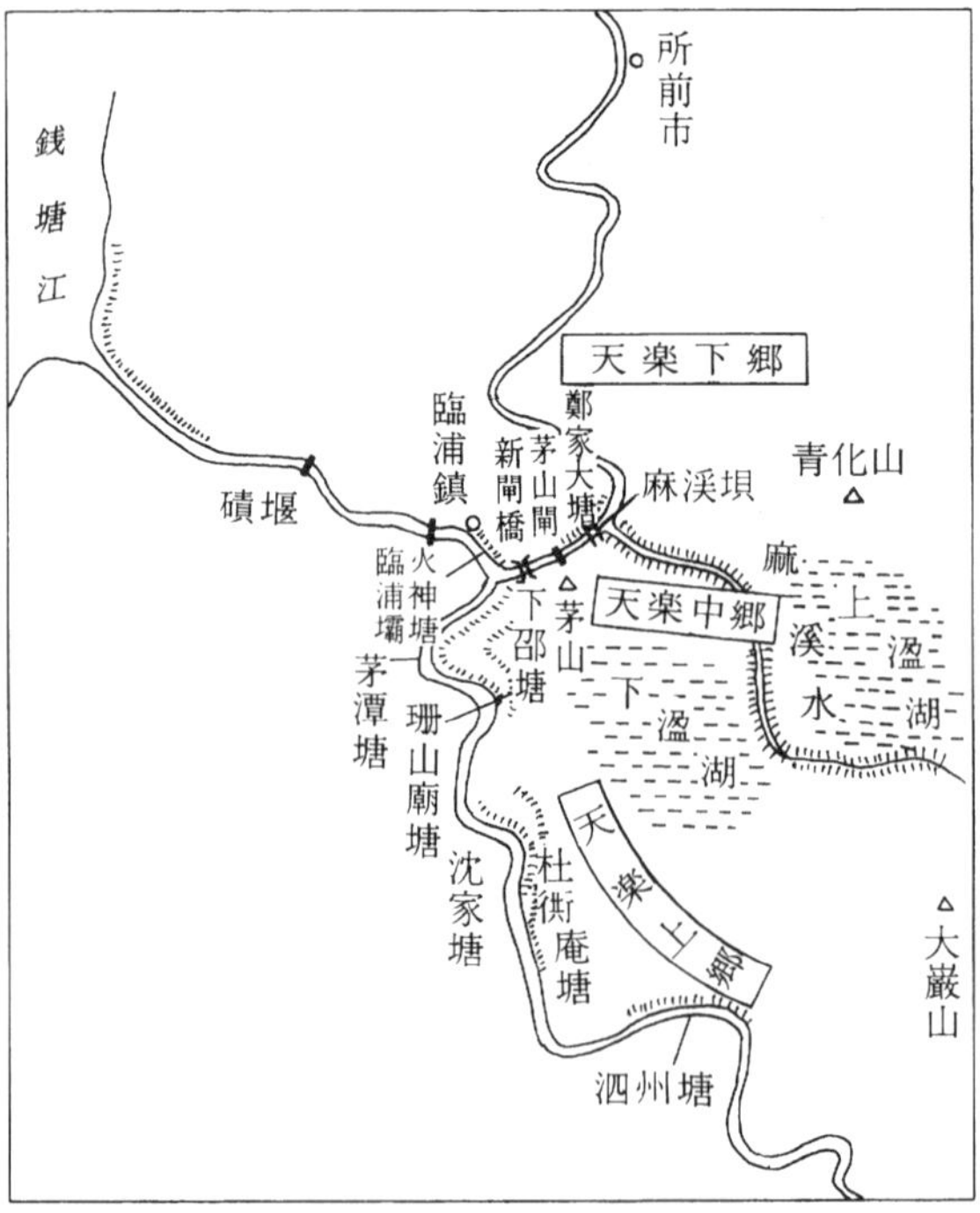

「磧堰永不レ可レ塞、麻渓埧永不レ可レ開」という厲禁が成ったという。(9) 山陰会稽蕭山三県数百里の田は、これを機に洪水禍から救われたが、麻渓水の水利を軸に構成された山陰県天楽上・中・下郷（四〇—四三都）一〇余里の田は、麻渓埧による堰断の直接的被害地となった。(10) 四都で合計三万七〇〇〇余畝の地のうち、中郷・上郷（四一〜三都）の七〇余村、三万一〇〇〇余名（清代）は埧外におかれ、(11) 中郷の八坂（湖田）二万余畝は洪水常習区と化した。天楽下郷は埧内に置かれたため田は「上上」の品級に昇格し、税賦は天楽中・下郷並みの「下下」に措定される不合理も生じた。(12) 中郷には上溜湖・下溜湖があり、塘旁の若干の囲田を除けば水田不適地となり、山麓の諸塢（山村）は竹紙、竹箔で生計を立てるに留まり、富の蓄積も遅れて学者、商人への途も停滞した。(13) やがて嘉靖一五年（一五三六）には、知府湯紹恩の指導で前記三江閘が完成し、紹興地区の水利の大綱は完成するが、(14) この犠牲となった埧外天楽上中郷の不遇は、抜本改善策を見ぬままに四〇〇余年も続くのである。左にこれらの経緯を年表化して掲げよう。

後漢	永和　五	一四〇	太守馬臻、鑑湖・南塘を築く。
晋			会稽内史賀循、運河（西興運河、浙東河）を築き漑田。
唐	貞元　一	七八五	観察使皇甫政、玉山、朱儲二斗門を築く。
宋	乾道　八	一一七二	諸曁県、紀家滙の開浚をはかり、蕭山県これを阻む。
	嘉定　中		知府趙彦倓、西小江に塘を築く。
明	宣徳　中		浦陽江に磧堰口を開き、銭塘江に注ぐ。
	天順　中		知府彭誼、磧堰、臨浦埧、麻渓埧を築く。
	成化　九	一四七三	知府韓琥、麻渓埧を重修、茅山土閘を築く。
	嘉靖一五	一五三六	知府湯紹恩、三江閘を築く。
	万暦一六	一五八八	山陰令毛寿南、茅山閘辺に鄭家大塘を築く。
			蕭山令劉会、麻渓埧を石で重修。
	崇禎　中		劉宗周、麻渓埧改修を議するも、蕭山任三宅これを阻む。
	崇禎　八	一六三五	水利碑記成る。
	崇禎一六	一六四三	郷学士余煌、麻渓埧を改良、鄭家大塘を修す。茅山閘を石閘とし三洞を開く。
唐	康熙二二	一六八三	郷人姚啓聖、麻渓埧の洞を広くす。

民国

五二	一七一三	臨浦埧、麻渓埧壊れ、知府兪卿修す。
乾隆四一	一七七六	臨浦埧、麻渓埧壊れ、山陰人趙思恭修す。
道光　六	一九二六	山陰人石同福、紳耆を集め茅山閘を修す。
同治　初		天楽中郷の江塘決し内塘も潰る。
光緒一七	一八九一	知府龔嘉儁、三江久塞のため麻渓埧の挿板を撤去して城中に運ぶ。
宣統　三	一九一一	埧外天楽郷自治会、省会諮議局に廃埧を請う。
民国　一	一九一二	天楽郷郷董ら、省議会に廃埧を申請。
二	一九一三	天楽中郷四十八村連合会、第三次申請。採択さるも洪水に会い、男女老幼、埧を決す。
三	一九一四	麻渓埧を改め、橋とす。紛議落着。
三	一九一五	浦陽江の下邵塘を修す。
三	一九一三	蔵社成立。
四	一九一五	同じく泗州塘、杜衖庵塘、珊山塘、茅山塘を修す。
五	一九一六	浦陽江の火神塘を修す。

(三)　劉宗周の改埧

宋の地志には、麻渓の下流は「潭」を為すと記録しているから、(15) 天楽中郷の上瀊湖、下瀊湖は一望の沼沢であった。また金華から諸曁盆地を経て、諸曁、山陰、蕭山三県界に流下する浦陽江は、紀家滙・上下瀊湖にプールされたのち、銭清鎮を経て朱儲、玉山斗門（三江斗門）から杭州湾に注いだので、のちの麻渓埧一帯の地は、当初より山陰・蕭山県下の平坦地の水田に対する天然の洪水安全弁の役割を負っていた。さて明代に鑑湖が陸地化して消え、北段の低地も美田化されると、残る開発の前線は浦陽江（西小江）の下流に沿う低平地である。プッシュの要因は人口増であろう。山陰、会稽二県の人口増は陳教授の指摘の如く、北宋大中祥符中（一〇〇八～一六）の五万人、南宋嘉泰元年（一二〇一）の一二万人、明洪武中（一三六八～九八）の三三万人、万暦中（一五七三～一六一九）の六四万人、清嘉慶七年（一八〇二）の一〇〇万八〇〇〇余人と、八〇〇年間に戸籍上で二〇倍の成長を遂げ、「水岸田畔、凡可資耕種者、幾無一隙之存」という状況になった。(16) 後年の開発になる程、定住上の不便を忍んでも生産空間を拓かねばならない。それはすでに地表に余す処無く定住を広げた地域住民全体の願いであった。

彭誼が磧堰の興築によって浦陽江水の流路を変えて外江に排出させた頃には、山、会、蕭三県の旧湿地帯には内河溝渠が縦横に施設され、小規模の西小江の溢水は三江口に排泄し、旱災にも良く保水する、広域の水利組織の大綱が完成に近づいていた。臨浦と麻渓の二大埧が彼の指導で施設されたとき、その使命は専ら外江潮水の防禦にあり、(17) 時には洪水を導きかねない浦陽江水の自然的流下を利用する必要は急減していた。佐藤武敏教授の考証する如く嘉靖一五年(一五三六)の三江閘の完備でこの体制は完成した。

広域水利を優先して臨浦・麻渓の二重ダムが造られると、麻渓埧を境に、内外の明暗の対照は歴然となった。麻渓水の利用で自然的、行政的にまとまっていた旧天楽郷民は、埧内の下郷と埧外の上・中郷に分断された。明代の税則で天楽上・中郷は荒郷の故に折色納糧の区であったが、(18) 美田化した埧内天楽下郷の納糧は埧外並みであった。大巌山から流下する一五里の麻渓水は、二重ダムの中間、低湿の湖沼地に集まって排出口を失い、浦陽江の溢水、江潮の逆流が加わって、洪水禍は深刻になった。(図2)

成化九年(一四七三)、知府韓琥は麻渓埧の南三里に茅山閘(猫山閘)を築き、閘に一洞を開通して天楽郷の湛水を浦陽江下流に排出し、時に江潮・商舟を導き入れるという改善を果した。(19) この工事を一層補完すべく、万暦一六年(一五八八)、山陰令毛寿南が茅山嘴～鄭家山嘴に鄭家大塘を築いた。(20) 実際は士民が協力して築いた民塘であったという。この二工事で、下流の臨浦埧で江潮を防ぎ、茅山閘で水位を調節することが出来、麻渓埧は第二ダム(第二重門戸)(21) と化して重要性が相対的に低下した。とくに茅山閘とその外障の新閘橋(万暦中)の施設で天楽中郷の塘辺の水田も若干安定した生産が可能となり、水稲の植付、成長の状況に応じて新閘橋の閘門の啓閉を節するようになった。(22) この状況改善を背景に、郷紳劉宗周の移埧、改埧の議が登場する。

劉は府治城内昌安坊、蕺(しゅう)山麓の人で、万暦二八年(一六〇〇)の進士、のち工部侍郎、左都御史に進んだ。同郷の先賢王陽明に私淑して証人書院を興し、明末の政変に仕えず、南京陥落を聞いて絶食して死んだ。崇禎中(一六二七～四四)、埧内下郷魯氏宅に寓居したとき、天楽郷氏の不遇を知り、官憲を動かして改善すべく「天楽水利図議」を著して申請したが、蕭山人の任三宅の「麻渓壩議」はじめ豪民の反対で阻まれ、次善の策「茅山閘議」を唱えて妥協折衷的な改良を成功させた。[23] 彼の建議、改良が歴史的に重要であるのは、彼が良く自然、人事の大勢、本質を洞察しており、かつあえて少数派の不利改善のために自らの政治的影響力と資財を投入し、漸進的改良に一歩前進したことにあるといえる。

先ず建議に当って、彼は三江閘、磧堰の設置で大きく変化した状況を、広域的にも局地的にも良く調べており、この正確な知識に立って、茅山閘の補強が実現すれば内地洪水化の実害はないと洞察した。また麻渓壩は本来外江水防禦の第二ダムであり、小渓の麻渓水の溢水をも遮断するのは壩内多数派の利己心である。この溢水は壩内の溝渠を整備すれば吸収できると見た。更に彼は「荒田無出産、野岸不通舟、旱潦年年有、科差畳々愁」と詩に詠まれ、歳入の租「湖郷」の五分の一未満という荒郷の貧窮は、天時地利の為のみでなく、人事の欠陥に由るものとして、三県境界という不利益な立地に及ぶ行政の稀薄、関心の低さが根本因をなしていることも衝いている。[24]

麻渓壩につき、劉は上策＝移壩、中策＝改壩、下策＝塞竇洞の三策を提案した。移壩は麻渓壩を茅山閘に移して同閘を壩に強化し、新壩に竇口を開けて取水して旱災にも備えるという抜本改革。改壩は旧壩の改良策で、壩の旧竇洞（高・幅各四尺）を高八尺、幅七尺に拡げ、茅山閘と呼応して水を調節する案。塞壩はすでに壩内人が旱災の取水のため私開している竇洞を塞ぎ、水災には天楽郷民は冠水を覚悟するも、旱災には江水で養魚をして凌ぐ案である。三策を通じて劉は、壩と言いながらすでに閘（竇洞を開く）に化している現実を訴え、実質改良か、災害の部分抑制かで実利をとろうとした。[25]

右の三策が蕭山県を主勢力とする「中郷」の内地反対派の手で阻まれると、劉は次善策として茅山閘の改良策を提議した。これは前の三策の中策を基調としたものである。旧土閘は通舟の便のため高さ二丈の洞二つを備え、橋梁の如くであった。そこで新たに洞門を三に変え、上半部を石で畳み壩の如くし、高さ一丈余とし閘門は二重にする。旧閘には閘夫に土棍二名が当り、通船時に賄賂を取り、舟行に足る高さの故に外江水が閘を越えた。今回は旧閘夫の工食、零細な公田を収回し地方殷実者に閘を管理させる。結局、洞門の増設で江潮の水勢を殺ぎ、上半部の堅牢化で通舟を阻み、これに随伴する江水の濫入を制御するものである。(26) 劉はこの議を官憲と耆老に諮って賛成を得、崇禎一六年(一六四三)、会稽人の郷学士余煌(天啓五年(一六二五)進士、明史巻二七六)、劉宗周、長吏らが銀を出捐し、日に一〇〇〇人の夫を動員して、三江応宿閘に呼応する新閘が成り、余資で鄭家大塘(高三丈、幅六丈)を補修した。因に余煌は閘門を幅一尋(八尺)、高さを一丈有余とし、内外に窰門を設け、その中間に丈夫な板幹を置いた。(27) この工事は、府レヴェルの水利組織として既に成立していた、三江閘と臨浦垻、茅山閘とをセットに組み込んだ体系、その厲禁(磧堰永不可塞、麻渓垻永不可開)を打破するまでに至らなかった点で折衷妥協策であり、外江水を茅山閘で阻止した点では彌縫改善策であった。しかし明朝覆滅期という行政の機能障害期に、劉・余らの郷紳があえて少数民の利害を代弁して漸進的改善の端緒をつかんだことは、地方社会組織の一つの前進と評して良いであろう。

(四) 清末・民国初の改垻

以上の、唐末から明末にかけての紹興地区の、目覚しい水利改良、自然改造の動きから見ると、清朝三〇〇年のそれは明らかに停滞ないし、緩慢な歩調の前進に転化してしまった。これは何炳棣教授も説くように、社会移動率の局面にも歴然と現れている。(28) 明代浙江省の進士輩出率は明初は江蘇に次いで全国二位であったものが、一六世紀に第一位に上昇、明末の四、五〇年に再び江蘇に逆転されて清代は二位に留まった。明代の紹興は府レヴェルの進士成功率では、江西吉州に次ぎ二位(寧波八位)という卓越した率を示したが、清代では杭、蘇、福、広州に次ぎ五位に落ちた。浙東全域とくに寧紹地域の他省界への移住が盛んになるのは、この明末頃からである。北京へ遷住した紹興師爺(挙人)、商業界に漸く台頭した寧紹集団はその一つの帰結である。プッシュの原因は恐らく人口圧と資源の涸渇であろう。

天楽上・中郷では清末まで埧外の水災はつづき、康熙中の丈量に較べ田額が一—二割減じている(29)。これより前康熙二一、二年(一六八二、八三)、福建総督を勤めた会稽人姚啓聖(清史稿巻二六六)の唱導で、紳耆が三江閘、麻渓埧を重修した(30)。のち道光六年(一八二六)、邑侯石同福の発議で、山陰の武挙人金鰲が総董事となり、族兄、族姪ほか塘長・紳耆ら董事五人を組織して茅山閘の一新を果した。新閘は全長八丈、高さ二丈二尺、幅三丈六尺、基底から面まで畳石一九層、竇洞計三、各洞幅八尺、洞旁の石柱に槽を鑿って閘板を啓閉した。費用は六〇〇両余、金鰲が一〇〇両出捐し、残余は塘長を通じて按畝徴銭したが、受益最大の下溢湖坂(圩田)は毎畝四〇〇文、各坂は二五〇文を醵出、不足は出捐で賄った。完成と共に閘夫の小屋二楹、及び劉公祠を塘旁に建てた(31)。当時劉宗周は府城の文廟に従祀され、官の祀典に登録されていたが、改めて劉の施設した閘の組織を確認すべく祀ったのであろう。

この間に、浦陽江に臨む天楽郷には、土民の手で沿江に茅潭塘、沈家塘、泗州塘が成り、さらに内堤として杜衖庵塘、下邵塘、珊山廟塘、茅山塘が半月弧状に築かれ(32)、臨浦の近くの江畔に火神塘が出来た(33)。これらは若干の沿塘の囲田ないし養魚池の造成を示すものである。また麻渓水の両旁にも土塘(私塘)が施設された(麻渓記巻一　葛陛綸荒郷積困節略)。

道光中(一八二一～五〇)には大水、大旱が生ずるが、大水時に埧内の水位は安定し、埧外のみ冠水し、ついに麻渓埧の一洞を開いて排水した。また旱歳に埧内人は埧夫に賂を与えて二洞から取水したともいう(34)。光緒一七年(一八九一)には、三江閘が久塞したため、知府龔嘉儁が麻渓埧の竇洞の板を撤して府城隍廟に運び、取水を断行した(35)。これらの事実を見ると、清代には第二防潮ダムと化した麻渓埧につき、見るべき改良がないまま時が経ち、専ら埧内人の利害に沿って時に取水の閘門として利用されていたのである。埧外人はやむなく茅山閘重修と外江塘の施設で自衛し、この間に有力者は墳墓を残したまま埧内に遷徙したという(36)。

しかし、水旱の急場を凌ぐためとはいえ、麻渓埧が閘の如く随時開閉されたという既成事実は、改埧議を再燃させる導火線であった。宣統三年(一九一一)八月、埧外天楽郷自治会は浙江省会諮議局に廃埧を提案、実地の査勘を乞うた(37)。これに応じて民国元年(一九一二)一一月、天楽中郷代表湯寿宧、葛陛綸、孔昭晃、魯雒生も省議会に廃埧を陳情した[38]。これが受理されるや所前郷（旧天楽下郷）の郷董趙利川は反対運動を起し、省議会長、京外当局に働きかけた[39]。民国元年（一九一二）一二月、省は委員を派遣して地勢を調べ、天楽郷民の陳情書、同善後策を承認する方向を示し、二年（一九一三）正月、朱都督は屈民政長に実地見聞を命じ、麻渓埧の添洞、広洞の二改良案を農林部に電請した[40]。同部は財政理由から広洞案を採択、同年三月、朱民政長は広洞案を採っても埧内に洪水禍を招かずと判断した[41]。しかし省議会は農林部、農務司を捲き込んで抵抗し、天楽郷自治会董湯、議長孔ともに官民の板挟みとなって辞職、四名の代表は退陣した[42]。

これを機に天楽中郷四十八村連合会が成立し、廃埧議貫徹の決意を固めた。連合会は即時第三次請願を上呈するが[43]、官憲が決意を怠って静観する間、春漲に継ぐ夏水で田宅塘圩が決潰に瀕した。四八村の男女老幼はついに麻渓埧を決廃して四散し、農商部に積年の不合理の是正を請願した[44]。一一月、農林部が派遣した農務司司長陶昌善は実地調査して状況を把握し、抜本改革案として改埧為橋議を部に答申した[45]。その意見は次の如くである。

茅山閘は堅牢で江流の遮断に充分である。麻渓埧は渓水を遮り交通を絶ち、かつ渓畔の溝渠が未整備のために、溢水は上・下溋湖に入りこれを淤塞する。湖畔の圩（坂）田はもとの湖底でありこの溢水を排泄せぬ限り該地の農山の水患は絶えない。また埧の内外の高度差は微少であるから、埧内に放水しても溝渠が疏濬されていれば実害はない。故に㈠上・下溋湖間、及び埧内外の淤積せる溝渠を開濬して溢水の排泄能力を高める。㈡麻渓埧を一洞の弧状橋（アーチ）に改める。洞高九尺、幅一丈五尺四寸五分（旧洞は両洞高六尺、幅計一丈二寸、中墩幅八尺五寸、のち改修して、二洞高九尺、幅共一丈二尺二寸、これを半数一丈五尺四寸五分にして一洞とする）。㈢埧内外の新閘橋、漠汀橋、屠家橋等も修広する。㈣費用は省款より支出する。但し疏濬につき埧外は按畝集款し官督する。

農林部は陶司長の案を認め、洞高を一丈二尺として渓水高潮時の交通・疏濬に便する。費用は埧内外を通じ民捐とし、商人を通じ官の監督で徴す、工程も民間に一任することに決定した。ここに廃埧為橋が確定し、民国二年（一九一三）一二月着工し、三年（一九一四）七月に竣工した[46]。

同年春、天楽中郷四八村民は臨浦鎮の火神廟に集まり、蕺社（仲介社、劉宗周の字号に因る）が結成、旧郷董湯寿宧を社長に公選した。[47]目的は廃埧の付帯善後策として農林部から委託された近傍橋梁の改修を民力で実行するためである。九名の董事が選ばれ、その中から華旭初が総董に選ばれた。湯は出捐し、上中郷各村で経費が集められて、五月に起工し、一〇月に弧状橋（アーチ）に一新された新閘橋、屠家橋が完成した。新閘橋は幅二丈八尺、高三丈三尺、面広一丈六尺、洞板七肩、左右垸頭一二丈、橋外に大搶水二座、橋内に河埠、搶水二座を設けた（旧幅一丈八尺、中墩八尺を除くと高一丈四尺、幅一丈五尺）。屠家橋は幅一丈七尺、高一丈六尺、面広一丈、洞板五肩、左右垸頭四丈八尺（旧幅九尺、高一丈二尺）。役工は万余、費用銀八三五一元八角四分二厘、紹興県が五〇〇元援助した外は募集に頼った。なお余力で茅山閘内外に両石埠を築き、閘上に戯台と屋数楹を建てた。[48]

同様に、民国三年（一九一四）、前郷董湯農先は四八村の父老を杜家衖村の珊山廟に集め、外江塘の改修に着手した。まず下邵内塘から始め、田一畝五〇〇文の率で費用を徴し、一〇月に起工、日に数百人を役して新塘が成った（全長一〇六三呎、高一〇呎、幅一五呎、底幅四六呎）。四年までに泗州塘、杜衖庵塘、珊山廟塘、茅山塘も重修され、これら民塘の規模は銭塘江岸の西江官塘に比肩した。[49]これと前後して、民国二～五年にかけて山陰・蕭山境の火神塘も一新された。これは臨浦から尖山塘圩まで一七里に点在する浦陽沿江の民塘の一つで、数百年の歴史をもつものである。まず紹、蕭二県民が紹興知事に申請するが、四年（一九一五）の水災で決潰する。天楽中郷の湯寿宧・臨浦商務分会総理呂祖楣が董事、都督府顧問官袁鍾瑞が督工に任じ、紹蕭知事が風災工賑款項から支出、その他都督の出捐、地方経費の援助を集め、民国五年（一九一六）、月余で竣工した。[50]いうまでもなくこれらの工事は、麻渓埧開通に伴う水圧、漲溢に備えたものであった。これに関連して、民国四年五月、蕺社事務所は「護塘禁約」を公布している。要旨は㈠泗州塘、杜衖庵塘、珊山廟塘、新閘橋両面～茅山閘北首の推猪鏍塘～下盪湖の塘と周辺を禁地に措定し、塘上の竹木、沿塘の河泥の採取を禁ずる。㈡茅山も墳墓の造営、伐採を禁ずる。㈢重犯人は県に送り、軽犯人は罰戯を劉公祠の演戯台に供える。㈣社に犯罪を通報する者は賞す。[51]すなわち、専ら民力に因って成った沿江、沿渓の堤防と、橋閘の施設につき、公共の禁地を設定して自衛の体制を固め、精神的連帯の支柱として茅山閘上の劉公祠を祀り、行政的運用は蕺社が当る、という地域組織の結成である。因に四月二日が劉公の生誕節であったようで、先に戯台を設けたのはこの演戯奉納を含め、社民の凝集を高めるためであった。

(五) 小結

以上は、紹興地区西南隅、麻渓塘をめぐる水利組織の変遷の大要である。原資料は厖大であって、この小篇に収め切れぬ多くの問題が残されているが他日に譲り、冒頭で述べた地域組織の消長をめぐる二、三の点を指摘しておきたい。それらは(一)一つの人文地域内における自然的組織と人為的組織の相関性、(二)右の相関的組織の変化を導く諸要因、(三)自然改造史における国家と社会の関り方、である。

(一)自然史は結局、人間が造り出してゆくものであるが、地域に諸々の組織が成長して有機的に統合されてゆく上で、あらかじめ自然地形が原初的に構成する状況を周知することは重要である。水稲卓越区の寧紹地域は、曹娥江・浦陽江の二河川が狭いながら[52]水稲に好適な集水域をつくり出し、居住・生産の両空間としては傑出していた。初期の開発の重点は山麓扇状地の利用にあり、鑑湖と海塘の堰閘斗門が国の手で施設されて八〇〇年近い安定が生じ、並行して地域社会民の手で大綱末端の利用が進められた。旧型の自然利用は人口増と侵蝕による給水源の陸地化を導いて、新技術による自然改造と新しい組織を求めることになる。唐宋時代には地方官憲と地域民の手で、旧氾濫原の居住不適地(旧辺地)を溝渠・堰閘・海塘・河塘の施設で生産空間に改変した。新たに拓けた広域の空間が、生産・居住の立地に変身するにつれ、そこに顕在化した問題は、地域内の「核心地(コア)」と「辺地(ペリフェリ)」の間に生ずる自然組織のいわば同心円的な偏差、生産・居住上の利便の濃淡の偏差、そして本来均一に及ぶべき行政サービスの効率上の格差である。行政空間の領域分割がほぼ自然境界に沿って画定され、固まってくると、「辺地」に立地する地域民の声(ヴォイス)は「核心地」の多数派に遮ぎられて、地方レヴェルの行政にも届かぬことになる。明清時代、生産・居住空間の拡大を望む「核心地」住民の願いと、資源掌握に関心をもつ国—地方行政の手で、旧浦陽江下流低地が三江閘・磧堰・麻渓埧でセットされた大水利組織で保全されたとき、「辺地」天楽郷の大半は二重ダムの中間にとり残された。民国の廃埧で証明されたように、臨浦埧、茅山閘の施設が堅固であれば、内地洪水禍の実害はなかったはずであるが、内地民の積年の洪水への恐怖と利己心がこの一角の地を犠牲に供したのである。残された手段は弥縫の工学的改善か政治的解決か、或は実力の行使である。歴史が実証するところでは、王朝時代には土木改良と政治解決が試みられながらも、本質的解決は漸く王朝覆滅期に訪れ、地域民の実力行使が機縁となって土木、政治面でも住民の意志が貫徹した。

結局、唐代までの自然改造史は、自然の組織に人為の組織が適合しうる一定の限界内に留まったのであり、宋～清のそれは人為組織優先の改造史であった。人為組織が優先する故に政治的・社会的組織が上下双方から強化されねばならないが、なおかつ立地の優劣、「核心地」と「辺地」の隔差、空白を有効に埋めるべき組織の次元の成長は、一たん水利の組織大綱が固まると王朝時代を通じてついに生み出し得なかったというべきであろう。

㈡鑑湖→氾濫原→浦陽江下流と、重点を順次移して来た紹興区の自然開発の変化について、一貫していえることは資源利用の徹底化、とくに水田開発のそれである。資源増と人口増は因果的に表裏するが、人口圧こそは該地の変化の根本因の一つである。一方、後漢に浙東河が通じ、隋・唐にそれが大運河に接合して交通の便宜が供されていたことは、地域の資源、社会の分化の促成因であった。地域の生産が一応の限界に達すると、新たな発展は空閑地の利用か、移民を含めて所与の資源・人材の輸出に求められる。このように見ると、明中期以降に三江閘のシステムが作り上げられた頃には、水稲を中心とする空閑地の積極利用は、所与の交通、産業技術の下では極点に近づいていた。学界・官界・商業界それに農業上の内地移住が増加するのはこの頃であり、該地は「移民送出社会」を志向し始めていた。茅山閘を通過して麻渓辺まで商舟が通じ、天楽郷が納租に折色を許されていたことは、非農業的な方向での社会の分化を示唆しているが、なおかつ災害には幼児殺害で人口圧を緩和するほど生産性は低く、学者も商人も他地方に比べて少なかったと資料は記録している。[53] 民国の廃埧や外江塘の重修に際して四八村民が自弁した経費を見ると、富の蓄積に漸次的な前進はあり、人口も寡少ではない。しかし嘉靖から近年に連なる三江閘水利システムの全空間の中に該郷を位置づけてみると、同一システム内の外周辺地に固定化されたという不利は歴然としており、旧技術の下で内部から変革の力を蓄える余地は相対的に低かったと見ることができる。

(三)この三江閘システムの創建、管理、維持につき、国と社会との関与に一線が画されていたことは、地域史の考察にとって興味深い事実である。三江應宿閘と山西小閘、玉山斗門閘、扁拖閘、涇溇閘、撞塘閘、平水閘、茅山閘、麻渓・臨浦垻[54]、蕭山の磧堰、西江官塘、銭清堰、単家堰、邱家堰、湊堰、大堰、徛前堰、沈家堰、曹家堰、楊新堰、孫家堰、章家堰、鳳堰、徐家閘、螺山閘、龕山石閘など[55]は、官が創建し、維持についても官が一定の責任を負っていた。佐藤武敏教授が説くように、清代では改修はほぼ郷紳の発議と指導に多くを負っていたものの[56]、経費の一部と監督については官憲の行政的指導の立場はつづいていた。しかし麻渓垻の例で明らかなように、閘、堰の機能を補助する中小規模の塘、溝渠、橋閘については、施設も維持もほぼ民力で維持されていた。紹興地域で見る限り、明末から清一代を通じて組織末端の運営では、国の介入は最小限度と見る外はなく、それだけに組織の大綱はすでに宋～明初の間に固まってしまったと思われるのである。当然、紳耆、郷紳の組織力、発言力、財力が局地組織の動向を左右するのであるが、明末と清末では様相を異にしている。陽明学徒の劉宗周は垻内人の身でありながら、垻内外の利害を勘案して茅山閘の改良を果し、政治的影響力を行使して官と社会の空白を埋める機能を果した。一方、清末・民国初の廃垻議では、垻内多数派の郷紳は省議会を導いて阻止ないし小改修を策した。前者が部分改良であり、後者が根本改修に直面したという事情の差はあるが、四〇〇余年の時の経過を考えると、有力郷紳層の政治行動力の固定化、社会機能の因襲化を見出さざるを得ない。但し当該水利問題に限っていえば、これはデルタ部開発の通弊にもかかっている。デルタ部は広域の、従って組織性の本来的に緩い空間である。デルタの土産・居住の安定は上流ダムと河口排水口の施設にかかっているが、デルタ住民は遠隔のダムの恩恵を日ならず忘れてしまい、また恩恵の実感もない。民国の廃垻と蕺社の結成が、今日の同上地域にどのような影響を留めているか、実態を知りたいところである。このような利害の錯綜を判断するためには、ひきつづいて該地域を構成する諸組織の脈絡を逐次解きほぐして検討しなければならない。

（なお、麻渓埧を改良した麻渓橋は、同渓がシルト・アップしたので、今日では消失した由である。）

注

（1）佐藤武敏「明清時代浙東における水利事業」集刊東洋学二〇　一九六八。

（2）陳橋驛「古代鑑湖興廃与山会平原農田水利」地理学報二八巻三号　一九六二。

（3）陳橋驛（2）論文、および「歴史時期紹興地区聚落的形成与発展」地理学報三五巻一号　一九八〇、「論歴史時期浦陽江下游的河道変遷」歴史地理創刊号　一九八一。

（4）万暦紹興府志巻一四　田賦。

（5）本田治「宋元時代浙東の海塘について」中国水利史研究九　一九七九。

（6）佐藤武敏「明清時代浙東における水利事業」集刊東洋学二〇　一九六八。

（7）嘉泰会稽志　巻一〇　水　紀家滙。

（8）万暦紹興府志巻一六　水利志湘湖所引蕭山新志。麻渓改埧為橋記（以下「麻渓記」と略す）巻一　劉蕺山先生天楽水利図議。陳橋驛「論歴史時期浦陽江下遊的河道変遷」歴史地理創刊号　一九八一。

（9）劉宗周　劉子全書巻二四　水利図議　天楽水利議。麻渓記巻一　劉蕺山先生天楽水利図議。

（10）同上。埧外天楽郷自治議会駁紹興県所前郷董趙利川麻渓埧説貼之謬。

（11）劉子全書同上。及び麻渓記巻一　葛陛綸荒郷積困節略。

（12）同上。

（13）同上巻一　葛陛綸荒郷積困節略。

（14）佐藤武敏　前出。

（15）嘉泰会稽志巻一〇　水　麻渓。

（16）陳橋驛「歴史時期紹興地区聚落的形成与発展」一九頁。

（17）麻渓記巻一　劉蕺山先生天楽水利図議。劉子全書巻二四　天楽水利図説、猫山閘議。

（18）万暦紹興府志巻一四　田賦。

（19）麻渓記巻一　劉蕺山先生建茅山閘記。浙江通志巻五七　水利六。

（20）同書巻一　摘録紹興府志及山陰県志。

（21）同書巻一　紹興県山陰旧治天楽郷水利条議。

（22）同上。

（23）同書巻首　蕺山先生伝略。明史巻二五五。明史稿巻二四六。明

儒学案巻六二。劉子全集巻二四　天楽水利議、猫山閘議、巻四〇
年譜下。
(24)　麻渓記巻一　劉蕺山先生天楽水利図議。
(25)　同上。
(26)　同書巻一　劉蕺山先生建茅山閘記。劉子全書巻二四　猫山閘議。
(27)　同書巻一　照印趙利川等説帖及図。
(28)　Ho Ping-ti, *The Ladder of Success in Imperial China; Aspects of Social Mobility*, 1368-1911, Columbia Univ. Press, 1967, pp. 231, 236, 251-254.
(29)　麻渓記巻一　葛陛綸荒郷積困節略。
(30)　同書巻一　朱孟暉天楽郷水利形勢図説図缺。摘録紹興府志及山陰県志。照印趙利川等説帖及図。
(31)　同書巻二　重修茅山閘記。金戴山公行述。
(32)　同書巻一　紹興県山陰旧治天楽郷水利条議。巻二　修築天郷中郷江塘記。巻一　葛陛綸荒郷積困節略。
(33)　同書巻二　重修火神塘記。
(34)　同書巻一　葛留春麻渓垻利弊芻言。
(35)　同書巻一　紹興県山陰旧治天楽郷水利条議。
(36)　同書巻一　紹興金湯侯与垻内父老書。
(37)　同書巻四　清宣統三年天楽郷自治会上浙江諮議局請願書。巻一
紹興県山陰旧治天楽郷水利条議。巻首　王念祖序。
(38)　同書巻四　民国元年天楽中郷四十八村代表上浙江省議会請願書。巻首　湯蟄先先生沈宛紀略序。巻一　葛陛綸廃垻芻言。
(39)　同書巻首　王念祖序、巻一　駁紹興県所前郷郷董趙利川麻渓垻説帖之謬。駁趙利川説帖後所附図説之謬。
(40)　同書巻三　浙江朱都督令屈民政司文。浙江屈民政司呈復朱都督文。
(41)　同書巻三　農林部致浙江都督電。浙江都督兼署民政長令楊際春文。浙江行政行署布告文号四号。
(42)　同書巻首　王念祖序。
(43)　同書巻四　天楽中郷四十八村聯合会呈民政長文。
(44)　同書巻四　天楽中郷四十八村男女災民呈浙都督文。同　上何管帯設帖、同　公民呈農商部文。
(45)　同書巻三　農商部張咨浙江民政長文、農商部張咨浙江民政長電。
(46)　同書巻首　王念祖序。
(47)　同書巻二　蕺社成立記。
(48)　同書巻二　改修新閘橋屠家橋記。
(49)　同書巻二　修築天楽中郷江塘記。
(50)　同書巻二　重修火神塘記。
(51)　同書巻二　護塘禁約。

(52) 陳橋驛「歴史時期紹興地区聚落的形成与発展」。
(53) 麻渓記巻一　葛陛綸荒郷積困節略。
(54) 佐藤「明清時代浙東における水利事業」。
(55) 麻渓記巻一　蕭三任三宅麻渓垻原議。
(56) 佐藤　前出。

おわりに

冒頭で述べたように、筆者の考える経済史の目的は、㈠各時代を通じて人間の諸目的の追求のために、乏しくまたは不足する富がいかに利用されてきたか、㈡この問題処理の性格がいかに変化ないし発展したか、㈢これらの状況やそこに起った変化の原因はなにか、㈣それら（状況やその変化）が人間の生活や社会の、経済以外の局面にいかなる反作用を及ぼしたか、を示すことである。

眼を中国経済史分野に移し、また本書の叙述にかかわらせて上記の課題を考えてみよう。㈠について加藤繁教授は、財政史（公共経済史）と一般経済史を一応区別した上で、後者の対象を生産（労働・土地・資本）、交換、分配、消費にかかわる、人間による富の利用過程の究明であるとし、細目としては人口史、土地制度史、産業史（食料・衣料・工業生産史）、商業史（都市史、市場制度・商業組織史）、交通史、貨幣・金融史、物価史の諸分野を構想した。(1) その後今日までの研究では、関心の推移や史料開発上の難易やその一般水準に左右されて、右の参照項に帰せられる事実関係が、全面的にまた均衡的に究められてはおらず、たとえば人口史、工業史、物価史、交通史、商業史、貨幣・金融、企業史などは依然としてフロンティアにとどまっている。

ここに比較のために、包括性と斬新性を求めて近年に成った西欧経済史のベスト・セラー、Carlo M. Cipolla (ed.), *The Fontana Economic History of Europe*, 9 vols. (1972—76, William Collins Sons & Co., Ltd. Glasgow, Engl.) の通巻の編成をみよう。そこでは人口、農業、工業、商業、技術、企業活動などの範疇分けは、便宜的で常識的な区分であり相互に重なり合うものとみなし、さらに **Keynesian** 理論を汲んで需要と供給両サイドの考察を均衡させる配慮を施した上で、人口動態（定住史を含む）、都市統合（後背地考察を含む）、需要構造（消費構造、投資需要を含む）、技術進化、農業、工業、商業、金融、企業、国家と公共財政という選定項目で各巻を通時的に叙述し、中世、初期近世、工業化時期、現代という四つの時期分割を与え、この時期区分に合せて英仏独から伊、西、ハプスブルグ公国、スカンディナヴィア等々の国単位の事例観察を要所に挟んでいる。すなわち人間実在の経済局面を探究するに必要な歴史事実の範囲は、東西いずれの世界を対象に選んでも、当然に近似し共通するものである。

むしろ中国と西欧との両経済史の現況の間で、微妙なへだたりとして印象づけられるものは、前掲の㈡ないし㈢の課題にかかわる、推論とその方法や手続き上の局面に生じているように思われる。中世以後の西欧経済史は、ローマ教会の遺産を継いだ統一体として、また圧倒的多数の人口が当初は農村定住者であったという同質性からみても、一つの明確な統合体の歴史である。しかし同時に物理条件の複合的多様性、種々雑多な地域別、時期別の経済成長の段階（ステージ）や連鎖（シークウェンス）の偏差、そして社会成層・階級別の差異、また地域で異なる残存史料の性質や史料処理法という偏差、さらには民族国家や国民国家への収斂の経過にみられる幅広い多様性を反映して、この文化、社会的統一体は文字通りの多様を前提とした統合の帰結と意識されている。(2) 当然に西欧経済史や西欧政治史では、その推論法のなかに共通属性（コモンプロパティーズ）と偏差（ヴァリエーションズ）に同等の均衡した配慮を及ぼし、社会内比較と社会間比較が同時に可能なような指標の抽出に努力が傾けられている。ために、量化できるデータとその相関の提示が試みられているほか、経済・政治成長の段階（ステージ）や連鎖（シークウェンス）の究明、事象の変数間の変りゆく諸関係、そして社会変化の説明を、各部分社会の断面図的比較（クロスセクショナル）に基づいて複数指標（マルティファクター）を組み合わせて行う（エクスプラネーション）ことが議せられている。(3) もしこうした相関性（リレイションズ）に規則性が見出されれば、それは一般性のある仮説とみなされるのである。

中国経済史を歴史学派流に国民経済史ないし国家経済史と見るか否かは別として、これまでの研究においては国ないし社会総体こそが「適正な経済単位」であると比定され、(4) 分析が進められてきたことは事実である。そしてこの観察法の下で、中央の求心力や制度枠組みに重い比重が与えられ、史料学が築かれ、集合（アグリゲート）データ、集合的構成概念（コレクティヴコンストラクト）、共通属性（コモンプロパティー）、基準的連鎖（スタンダードシークウェンス）の抽出と提示が、どちらかというと重要であるとされてきた。従って中央の制度や意思決定、あるいは先進経済域の経済分化の水準が、直線発展上のラグを伴いつつも、結局はやがて社会の隅々に、ないしは発展途上の辺域経済域に、理想的に波及するはずであるという想定が暗に先取されていたように思える。(5)

この種の国ないし社会全体を観察単位として重んずべきであるという主張は、たしかにそれなりに説得的な観照法や有効な史料学で裏付けられているのである。唐宋の変革を含めて、中国社会の大きな変化は、それに先立って存する政治・社会・文化の制度枠組みのなかで生じ、ことに官僚制機構は世俗的変化や成長に適応し、のりこえる強靭性を発揮してきた。前掲の課題の(四)にもかかわるが、中国経済史では、一般経済史も所詮は歴代諸王朝の政治的、社会文化的制度枠組み内の所産であり、西欧史とは懸絶して国の経済政策や公共経済の占有比重が高いという判断、また文化・価値・動機が秩序や組織の編成に及ぼした強い影響力を到底度外視できないという判断はいうまでもなく重要である。(6)

また、史学から求められる実践法(考証)に即してみても、国ないし社会全体を観察単位とする手法は、自然で親しみやすく幅広い考証に適するものである。たとえば、楊聯陞(7)、何炳棣(8)、加藤繁(9)教授は、史料の質の精選、編述の背景の洞察、記録者の立場への顧慮、諸制度への精通を研究の基礎前提として力説し、結局、質量ともに豊富で相対的に信憑性の高い官僚や士人の記録を経(タテ)に、他の傍証史料を緯(ヨコ)に組み立てることで、一般経済事象の説明を実践してきた。近年になって史料源が方志、小説、家譜、族規、尺牘、百科全書、技術書、契約文書、帳簿、民間団体の章程や徴信録等に広げられ、実態調査の成果が参照され、その地平と内容がいちじるしく改善されつつあるが(10)、史学側から求められている残存史料に即した事実関係の精度への要求は変ることはない。

このように、一方で中国経済史が直面する史料の質量双方の在り方が、適合的な史料学を生み出し、たとえ事実提示の歩調が緩慢であっても、歴史家としての実践はこうした史料学の構想に適応させてなされるべきであるし、その一方で特有な社会文化の強靭な持続性が認められる以上、動機や価値文脈、文化枠組みへの考察、またはそれに資する社会制度の知識は拡大されなければならない。しかしそれは直ちに世界最大の規模を以て知られている中国社会を一枚岩の、直線成長の社会と捉えることにはならないし、また中国経済史に備わる史料学や制度枠重視の必要性が、近年の西欧史が多様のなかの統合を解くべく複合要素関連に目を向けているところの方法や手続きと二者択一の関係に立つものでもないと思われる。

本書でも屢説し、また近年の研究が明示しているように、中国社会は全体として時代を逐って進化する明瞭な内在的成長のパターンがあった。官僚機構やそのイデオロギーに代表される社会文化の枠組みがこの成長に強い影を落し、また戦争、疫病、災害、外国貿易、文化生態の賦与条件が成長にさまざまな条件を課してはいたが、宋、明、清の間には、歩調は異なっても明らかなマクロな前進が認められる。ことに農業の成長はいちじるしいものがあった。同時に、広い中国のなかで各地域は独自の周期循環の動態を示し、各地域の経済は幅広い外因性の刺激に対し独自の文脈で対応していた。

宋以後に、西北地域が下降の循環周期に入るなかで、長江下流地域は逆に上昇期に入っていた。しかし長江下流の上昇に関連した生産、交換、分配、消費、需要の状況、技術条件、政治文化要素、外国貿易など一連の条件は長期に同一の条件を課したのではなく、長江下流域は永久の先進地と化したわけでもない。長江下流の農業経済は、当初の労働集約タイプをやがては脱し、明代半ばからは集約的資本入力に比重を移し、(11)さらに後世には工業生産の有力な立地は、北部、東北で新たな成長をとげ、また海外の直接の貿易刺激は清代には嶺南に移った。(12)社会流動性の一面を示す科挙の成功率でも、長江下流と東南はたしかに全国のなかで終始際立った景況を示していたが、その内容は地域内でも地域際でも変動に富んでいた。(13)両浙でみると、北宋では辺域部にむしろ高く、南宋では辺域の下降に反比例して農業開発、定住、都市化のすすんだ中枢部に高い成功率が移る傾きがあった。(14)一府州単位内たとえば徽州、湖州などでもこうした変化があり、両浙全域を福建、江西と比べれば、また独自の地域的景況の差が認められる。

以上から判明することは、地域によっては紛れのない一時の静止ないし下降が存しながらも、旧中国社会経済の文脈は相応の合理性を備え、ことに生産要素配分や技術水準、そして市場近接において好条件、好立地を占めた地域、地方では順当な成長を経験していることである。かりに文化、価値の文脈が全社会を律し、外生因が広域の影響力をもっても、それらの効果は具体的な地域、地方レヴェルの経済景況の文脈との接合（コンジャンクティヴコンテキスト）において生ずる相互作用から説明されて然るべきである。本書はこの方向に向けての端初的な模索である。

ある特定の社会制度（土地保有制、都市社会など）が時と共に形を変え、あるいは地方ごとにその形や進化の歩調がちがうとすれば、その微妙な変化の規則性を測るには、経済地理的構想が必要であり、集合データはできるだけ時空偏差を捉えられるよう特定されたものに置きかえて提示されねばならず、共通属性の一方で偏差が、集合的コンストラクトの一方で複合要素相関（マルティファクターエクスプラネィション）が、それぞれ注目されなければならない。単位と尺度の選定は必須であり、本書では「機能地域（ファンクショナル＝リジョン）」概念から派生した地文地域を考え、具体的には河川域に着目して長江下流域をサンプルとした。「同質地域」を採ると地域は相対概念になり、比較に適さないからである。この機能「地域」では、資源賦与、交通（技術）条件、経済分化、商業化につき、中枢部から辺域に向けて同心円状に稀釈化する様態を構想した。本来はこれに合せてサブ・リジョンや基底空間単位を画定すべきである。しかし実際には府州レヴェルの集合データを単位に用いざるを得ず、また両浙東・西路のごとき広域行政区分別の史料を多面に利用せざるを得ず、不徹底を免れていない。今後に改善を要する点である。時系列尺度も空間構想に合せて、機能的に短期の尺度内で生ずるクライマックスとその稀釈化から判断すべきであったが、本書では制度史的事件経過に準じて時期を画する暫定的方法を採った。

さて、長江下流域の経済景況については、本書では米穀の畝収率の時空偏差を軸に考察を試みている。この局面では土地保有制のデータを組み入れることが考えられ、柳田節子(15)、佐竹靖彦(16)、宮沢知之(17)、Joseph P. McDermott(18)教授がすでに試みている。先行論文が存するという理由のほかに、それらの分析が採る労働価値、地価、商業的農業、血縁組織、士紳分布の参考指標がまだ量化されるほどに整理されていないので、本書の考察は単純に生産力指標の時空分布に絞った。この観察から推論できることは、少なくとも北宋の末ごろまでの長江下流域の水稲の生産性は、大方が予想するように安定しておらず、それは政府の軽い穀物租税率と税額、その原額 ceiling の設定と相い応じていたということである。中枢の低地部のほか淮南、そして江寧の南には宋代を通じて粗放農地空間が十分に残っているようであるが、南宋の杭州遷都と京畿路の設定、そして北宋以来の穀物の租税原額の保守の下で、低地中枢部に十分な労力と資本が供され、消費需要も伸び、労働集約的農地開発が急に前進したと推測した。

さて財政機構、ことに原額、量入制出主義の下での硬直した租税制が、政府の農業税源掌握の脆弱を導き、生産回復とともに農民一人当りの生産余剰の創出にある程度の力を貸し、その一方、行政費の逓増に対処する財源として間接税に比重が偏ってくることは、明、清の事例について何炳棣[19]、王業鍵教授[20]が考察している。宋初の地方の財政負担が明初と異なり、逆に明初がむしろ異例に見えるのは、宋初の長江下流に極端に軽い秋税負担が課され、辺餉に向けて東南六路の原額が建てられ、市糴による大量の穀物買上げが辺餉に組みこまれていたがゆえである。南宋になってこの傾向はむしろ助長された。政府が籍没田ないし無主の荒田を売って得られた財が市糴の代価となり、靖康の変による戸籍の混乱で収益の減じた秋苗上供の欠損は市糴から補塡された。市糴による収買が低価に抑えられたとしても、秋税の原額設定の効用と、低下した秋税徴収と増える市糴の作用で、水稲農業はむしろ助長されたと推測できるのである。

ところで、長江下流域の定住と農田開発のクライマックスは、南宋から明初にかけての下部デルタの強湿地の干拓であり、この進展と南宋末からの太湖周辺の官田造設（公田法）という特殊制度の相乗作用で、明初以降の該地方農地における高生産性の評価が確立した。逆にいうと、長江下流域の中枢コアの生産性は、宋代の大半はまだ潜在状況にあった。このように当時の地域全般の農地空間の利用と定住は、様々なエコシステムに対応して極限利用する性質のものであったから、この説明を時空偏差に即して行うための手法として高谷好一教授のタイ国チャオプライヤー川流域の考察から抽出された説明モデル[21]を参照した。

もっとも詳細に調べた寧波の甬江盆地の事例は、強湿地干拓に当るもので、長瀬守教授ら[22]が究明したデルタ中枢強湿地の考察にも通ずるものである。寧波の干拓のモデルは恐らく隣接する紹興の鑑湖に範をとっており、鑑湖のそれは後漢以来の長い歴史をもっていた。長江下流域全体の動きを見ると、まず大運河水路の建設が最初の重要な施工であり、交通と商業と都市化が促されて統合力を発揮し、定住と農地造成に目が向けられて給水源の湖沼が整えられ、海岸に沿って海塘が築かれ、内側に塩田が設けられた。同時に海塘と大運河、ないしは在来の放水河川が結ばれ、低地の海水を排除すべく斗門、閘門、堰堤が設けられ、低地の淡水化がはかられた。こうして幹渠についで支渠ができ、カナルの網の目が細かくなると囲田や圩田が生じ、自然堤防や運河堤防に沿って定住が行われた。上部デルタや河谷の扇状地では、小規模な陂塘を自然に造成したり既存農地を割いて造り出す方法が採られるが、巨視的に比較すれば陂塘による水利灌漑能力は僅少であり、山間部の過剰人口は商業作物を選ぶか、低地に定住をシフトせざるを得ない。こうして地形区分に即した農地開発と定住史を通観すると、上部デルタから下部デルタへ生産重点がシフトし、前者の定住の好立地と後者の生産条件の好立地とをトレード・オフして人口が低地に流れる様子が説明できる。

長江下流域の経済成長は生産サイドの農業開発にかかわるだけでなく、需要サイドの労働、穀物、土地それぞれの市場の発達と絡んでおり、これらは都市成長に随伴している。都市化の時空偏差および都市統合の測定については、事例研究として寧波につき通時的に試みている。そのほか、量化に資する資料として城周値を使って、不完全ながらも一四三例の城内面積の数値を、長江下流を中心に地域際に比較した。ここでも行政など外生因の作用は大きいが、得られた相関値によると長江下流のランク・サイズ別の城周値の分布は、均衡した都市化の進展を示すものである。一方、南宋の首都杭州の機能空間について考察した結果は、行在という臨時首都の性格が反映するにせよ、そこには商業空間とその機能分化が、宗教・文化・行政の機能分化と並んで明確に生じていたことが判明した。

湖州・徽州・袁州（江西）、漢陽軍（湖北）について試みた事例研究は、定住史、水利史、経済特化に焦点を当てつつ、個別の府・州単位が、宋代を通じていかなる状況変化を経験したかを、あるがままに叙述したものである。湖州の地文システムは山地と低地の両価性を示しているが、大運河に接続する下塘河が領内を貫通するに合せて、東部の低地の農田化が進み、旧来の定住分布比重が逆転した事例である。徽州は、陂塘農業が極限発達を過ぎ下降してゆく辺域を代表しているが、鄱陽湖低地と杭・蘇州低地双方の商業システムの分界に位する立地に立ち、茶、漆、木材、紙、文房、礦物(中継)の流通に早くから特化して富を蓄積し、官界進出も成功的であった。辺域でも市場アクセスと産業特化の立地が整えば、不利な環境また農業的窮乏を逆転できた例証である。袁州の水利の事例は山間の陂塘による開発の実例であるとともに、都市と近郊の水利のイニシアティヴが、都市部では士紳層、近郊部では陂戸に委され、この形態が宋に成り、明清に継続していることを証している。漢陽軍の事例は飢饉のデータによって湖北の一軍単位の生産、消費状況を復元したもので、後進地であるだけにかえって流通の果す機能への依存が大きいことを裏づけている。

後篇の寧紹亜地域の考察は、かねて地域研究手法でより精密に観察する計画で進めている研究の過程の産物であり、一つの布石である。宋以後、地域主義への傾斜が深まる中で、明代には山陝商人、新安商人、洞庭商人、閩商、粤商などの郷帮組織を固めた商人集団、ないし士紳の集団が生じてくる。清末にこれらの最後に現れ、しかも銀行業、新生工業、海運業等に長じ、上海に拠点をおいた寧紹集団は、明半ばから頭角を現わし、開港期に長江の中・上流域へ、また海岸に沿って南北へと商圏を伸ばした。寧紹集団の歴史を宋、明の潜在期から清末にかけて追求することは、地域史の好事例でもあり、商業史の例証にもなる。本書では一つの展望として寧波というエンポリアムの成長に伴って形成されてくる通商、市場取引の階層組織を素描し、市場分布の時系列発展を跡づけて地域の経済組織が発達し肉付けされてゆく状況の概略を示した。紹興については宋代以降、資料が豊富であるが、本書では重要な水利改修について、鑑湖、湘湖、三江閘(麻渓垻)を調べ、変遷の概略を記したもので、詳細は将来に期している。

以上、本書は到底標題に示すような一地域経済の包括的復元史には到達せず、むしろ過程の産物として甚だ未熟なものである。この種の史料提示と細密描写は、全体像に近づけるためにはなお徹底した考証をくりかえす必要のあることは自覚している。今日までに到達した事実を示し、江湖の叱正を仰ぐ次第である。

注

（1）加藤繁『中国経済史の開拓』桜菊書院、一九四八、九～三四頁。

（2）C. Cipolla (ed.), *The Fontana Economic History of Europe*, pp. 7-9, 107～113, 175-181.

（3）Charles Tilly (ed,), *The Formation of National States in Western Europe*, 1975, Princeton University Press. ch. 1, Reflections on the History of European State-Making, (by Ch. Tilly), pp. 4～21.

（4）注（1）一六、一七頁、一九頁。

（5）G. William Skinner, *Program on East Asian Local Systems*, 1970, Center for East Asian Studies, Stanford University, p. 10. Richard von Glahn, *The Country of Streams and Grottoes; Expansion, Settlement, and the Civilizing of the Sichuan Frontier in Song Times*, 1987, Harvard University Press, p. xix.

（6）Etienne Balazs, (ed. with Introduction by Arthur F. Wright), Chinese Civilization and Bureaucracy, 1964, Yale University Press, pp. 13-27. 山内正博「一九五五年にエチアンヌ・バラージュ（一九〇五—一九六三）が提起した中国学についての五〇の主題」宮崎大学教育学部紀要 社会科学第五〇号、一九八一。

（7）Lien-sheng Yang, *Studies in Chinese Institutional History*, 1963, Harvard University Press.

（8）Ping-ti Ho, *Studies on the Population of China: 1368-1953*, 1959, Harvard University Press.

（9）加藤繁、注（1）二〇～四八頁。

（10）David Johnson, Andrew J. Nathan, and Evelyn S. Rawski, (co-ed), *Popular Culture in Late Imperial China*, 1985, University of California Press. 斯波「中国庶民資料ジャンルについての覚書」『実学史研究Ⅲ』思文閣、一九八六年、二一～三〇頁。

（11）李伯重「唐代長江下游地区農業生産集約提高」中国農史 一九八六年三期。「明清江南水稲生産集約程度的提高—明清江南農業経済発展特点探討之一」中国農史 一九八四年一期、「桑争稲田与明清江南農業生産集約程度的提高—明清江南農業経済発展特点探討之二」中国農史 一九八五年一期。「明清江南農業資源的合理利用—明清江南農業経済発展特点探討之三」農業考古 一九八五年二期。「明清江南種稲農戸生産能力初探—明清江南農業経済発展特点探討之四」中国農史 一九八六年二期。

（12）Mark Elvin, *The Pattern of the Chinese Past*, 1973 "Why

China failed to create an endogenous Industrial Capitalism", *Theory and Society*, 13, 1984, pp. 379-384.

(13) Ping-ti Ho, *The Ladder of Success in Imperial China*, pp. 222-254.

(14) John Chaffee, *The Thorny Gates of Learning in Sung China*, pp. 119-156.

(15) 柳田節子「宋代土地所有制にみられる二つの型」東洋文化研究所紀要二九　一九六三、九五～一三〇頁。

(16) 佐竹靖彦「唐宋変革期における成都府路地域社会の変貌について」東洋史研究三五　一九七六、二七五―三〇八頁。「唐宋変革期における江南東西路の土地所有と土地政策―義門の成長を手がかりに」東洋史研究三一　一九七三、五〇三～五三六頁、「宋代四川夔州路の民族問題と土地所有問題」史林五〇　一九六七、八〇一～八二八頁。「宋代贛州事情素描」『青山博士古稀記念宋代史論叢』省心書房、一九七四、九九～一二二頁。

(17) 宮沢知之「宋代先進地域の階層構成」鷹陵史学一〇　一九八五年九月。

(18) J. McDermott, "Charting Blank Spaces and Disputed Regions : The Problem of Sung Land Tenure," *Journal of Asian Studies*, 44. pp. 13-41. 1984. *Land Tenure and Rural Control in the Lianche Region During the Southern Sung*, (Dissertation for Ph. D.)

(19) Ping-ti Ho. 注(8)参照

(20) Yeh-chien Wang, *Land Taxation in Imperial China : 1750-1911*, 1973, Harvard University Press, pp. 67-72.

(21) 高谷好一「地形と稲作」石井米雄編『タイ国―ひとつの稲作社会』創文社、一九七五、二一五～二三九頁。『熱帯デルタの農業開発』創文社、一九八二。

(22) 長瀬守『宋元水利史研究』国書刊行会、一九八三。

〔後記〕この書はもと一九八八年三月に刊行されたが、今回重版に当り、初刊の際に生じた誤りについて、できる限り訂正を施した。重版について快諾下さり、また誤記の訂正についても格別のご配慮とお手数にあずかった汲古書院坂本健彦前社長に深甚の感謝を捧げる次第である。

二〇〇〇年一二月　　斯波義信

STUDIES IN THE ECONOMY OF THE LOWER YANGTZE IN THE SUNG

Yoshinobu SHIBA

Contents

STUDIES IN THE ECONOMY OF THE LOWER YANGTZE IN THE SUNG

Introduction

It has long been generally assumed that China is an integrated, well ordered, homogenous, and fundamentally harmonious society. This view corresponded on the one hand to the cultural style and the world view of Chinese civilization in the eyes of an earlier generation of sinologists, and on the other hand was reinforced by its superficial resemblance to the testimonies of the kinds of sources with which these sinologists were familiar, and whereby they formed their image of society of China. Recent research in Chinese social history, however, reveals orderly and integrated China to be the scene of quite extraordinary conflict, tension and disorder. How can we mediate these extremes and restore a coherent view of China? Momentarily, it would be safe to side with more balanced notion that both unity and distortion, or both artificial and natural orders, are essential for the total process; the universe is a harmoniously functioning organism consisting of an orderly hierarchy of interrelated parts and forces (Derk Bodd, Joseph Levenson and Ira Lapidas).

The same kind of re-examination of our conventional wisdom is occurring in the field of economic history of China in accordance with recent advances in our knowledge of China's social history. Our scholarship on the Chinese socioeconomy has until very recently been characterized by a tendency to treat the entire empire or nation as an indivisible whole, and by a penchant for the general and for that which is readily generalized. Economists tended to favor heuristic procedures, or to devoted primary attention to the discovery of collective constructs. When they were to handle the problem of variations of phenomena, the problem was treated as a question of degree of lag along a single path of development. Opposed to such stereotyped view is our recent awarenss that over the past millenium, the major changes in economic geography occurred during different periods and progressed at different rates.

Spatial variations in the economy of premodern China were probably at least as significant as were changes over time. Such discovery compels us to direct much more focus on localities and regions. There is a persuasive postulation that the only way to avoid the fallacy of taking the part for the whole or conversely failing to conceive the whole to be the simple sum of parts at any one level is to face up to the complex structure of intermediate systems in Chinese society, to develop a model of the totality which at

once accommodates the hierachical richness of subsystem within subsystem and abstracts from the particular that which is generic for the analytic tasks at hand (G. William Skinner, 1970).

This book is just a preliminary attempt toward this line of inquiry, taking the Sung Lower Yangtze as the unit of space for research. This does not mean that the author regards the Lower Yangtze as typical. On the contrary, the premise adopted is that comprehension of Chinese phenonena is only possible when variations in their manifestation within China are brought into account. Now it is common knowledge that China experienced a series of discrete patterns of economic development over time, and the T'ang/Sung transition was one such revolutionary stage. Why, then, did such development of a revolutionary situation take place in one locality but not in others? The question will be solved ideally by the controlled comparison of localities so as to reveal systematic covariation. Yet the book is nothing but a first step toward such goal.

In the introductory chapters the author starts by giving a brief survey of the preceding efforts by historians which explicitly or implicitly underpinned this observation stance. There follows a short reference to some methodological issues pertinent to such area studies. The strategy of intrasocietal comparison requires a definition of appropriate unit and level for a given comparison. Otherwise, the sampling or selecting of empirical cases of such units and levels aimed at revealing the range of variation will end in chaos. The overall analytical frame of reference is borrowed from the Skinnerian model of regional systems analysis. There are nevertheless some difficulties in carrying it out to the full. While the central-place theory on which the model is based is rather better fitted to the measurement of the extent of organizational integrity of a certain social entity at its mature stage, the situation of the Lower Yangtze in the Sung may be identified as representing an earlier burgeoning stage in its cyclical development. Besides, the data that have relevance to specification of intricacy in timing of changes and of varying zoning of space at this time are generally sparse and inferior in quality. Thus the author's recourse to the model as a guiding theoretical framework has to be reduced to some key strands; the definition of the region as the "drainage basin" of the lower reaches of the Yangtze; the demarcation of maximum boundaries of the regional unit; the discernment of core-periphery structure within the region through given physiographic feataures; the scaling of levels of the hierarchical system of urban centers when it is necessary, and so on. Meanwhile, in order to draw a picture of the changing pattern of settlements and agrarian colonization in connection with preferential selection of ecological settings, occasional references to the geomorphological model derived from the observation of the history of human colonization in the Chao Phraya River basin, Thailand, are attempted as an aid to explanation.

Section I. Economic Trends of the Sung Lower Yangtze

1. Agrarian Productivity

In this chapter the author attempts a survey of changing processes of economic trends in the region by examining correlations between discrete functionally related variables. The key indicator among them is that of per acre yield of rice, for which data are available in different localities and referring different times. Then, its directional trends are collated with sequential trends of other indicators, such as population density per unit of space and the degrees of fiscal burden borne by each prefecture, expressed in terms of Autmn Tax quota. The tentative conclusions derived thus far are as follows. It is unlikely that the Sung Lower Yangtze was a sufficiently fully advanced agricultural area to deserve the epithet "the empire's granary" at least in the first half of the Northern Sung. On the contrary, there exist undeniable traits exemplifying continuation of residues of extensive farming that had prevailed in the late T'ang and Five Dynasties periods. The author's estimation of averaged, region-wide productivity in the early Sung amounts to 1.0 *shih* of unhusked rice, or 0.56 *shih* according to the Ming unit of capacity. Of course this does not exclude the evidence of rice-fields of higher quality lying scattered in some localities. Specifically, lands located at the heads of alluvial fans or in the vicinity of lakeshores were known to be fairly rich and stable. But fields in such locations were limited in their extension and in most cases coincided with preferable locations of rice-culture in preceding eras. The upward trend of both per unit productivity and population density in the heartland of the region may be traced back to the end of the Northern Sung. Supposedly it continued to rise steadily thereafter, and hence it is hardly agreeable to denounce the higher level of agrarian economy attained through the Southern Sung, a notion which is rather common among students of late Ming and Ch'ing. While untapped land resources still remained extensive during the process of progressive land reclamation under the Southern Sung, the techniques of rice culture must have been improved considerably compared with those in the Northern Sung. Another feature of the Southern Sung economy deserving mention is the evidence of over-population occurring simultaneously in the regional peripheries. This trend can be inferred from the frequent migration away from the regional peripheries into other areas where opportunities existed for absorbing such surplus population.

2. Trends of irrigational reclamation of lands in the region

A more detailed observation of processes of agrarian colonization is made in this chapter. An obvious shift of preferred locations for rice-farming as well as settlement from those in the upper-deltaic areas to the lower ones is the main finding of this study. Basing on the empirical findings culled from detailed case studies in later chapters, the author attempts to show how processes of such human adaptation to the ecological settings took place, and

what accounts of it. During the later Han through the Six Dynasties, the preponderant sites of settlement and reclamation were generally limited to up-stream valleys, alluvial fans, and upper-deltatic lands. They were matched with the sparse population distribution, lower level of hydro-technological investment and poor urbanization therein. The Mirror Lake, an artificially made irrigational reservoir in Shao-hsing built in later Han, was the most advanced and largest facility, and its key techniques became the models for miniatures of it through the extension of colonization in the region.

The completion of the Grand Canal system by the Sui and T'ang initiated a great change in the pattern of land utilization. Parallel to it a long complete stretch of embankments was built alongside the coastline by means of joining existing stretches of embankments so as to protect salt-fields within it from the influx of tidal water. It was followed by the construction of a closer mesh of crisscross canals within the vacant space between main canals or rivers and seaside embankments. These canals served the dual functions of supplying fresh water to potential paddies and draining salty surplus backwater into the sea. A simultaneous shift of population from North China to the South provided the region with a major labor force to be mobilized in these work. In response to the revival of commerce and urbanization occurring since the late T'ang, local governments showed their enthusiasm in reinforcing their bases of agrarian revenue and administration that eventually entailed acceleration on the formation of well-planned watersystems radiating from cities to their hinterland.

The state's involvement in such hydrological projects culminated in the mid-and later Northern Sung, but it did not last for long and these projects remained limited in scope. By the mid-Southren Sung, basic shape of major known waterworks in the region had begun to be formed, leaving some islands of still less-utilized terrain from place to place in presentday Sung-chiang, north of Shao-hsing city, south of Nanking and in the Huai region at large. Supposedly the full reclamation of farm lands in the region as a whole was completed by the mid-Ming period.

3. Official consumption of grain and fiscal burden

Here discussion is directed to the impact of official consumption of grain on the region's economy. In this respect the situation in the region during the early Sung was quite different from that during the early Ming. In response to the still fragile agraian base of the region, the early Sung government enforced the application of a very light rate of grain taxation on its whole territory. The Lower Yangtze was a real beneficiary of the light rate of taxation because during the preceding interregnum, the region had suffered from a relatively heavy rate of taxation, while under the Sung it was reduced to roughly a third of its former level. Needless to say, the potential of improving the level of productivity was highest in the Lower Yangtze. Hence it is predictable that if the lower rate of taxation is perpetuated, the growth in the region's agrarian economy will easily be attained. This did in fact occur. While

the minute official survey of landed properties whereon impartial assessment of taxes was to be based was delayed for the region until late Northern Sung, the early Sung government introduced the "quota system" of taxation for the six circuits of Kiangnan in 1007, and kept the fixed quota of grain tax at each circuit, prefecture and county as an almost immovable ceiling of taxation throughout the dynasty.

Evidently, this tax system is closely related to the keen concern of the state with the provisioning of the military stationed in the North as well as of central officials in the metropolitan area of the capital, Kai-feng. The government calculated the sum total of grain consumption required by them, and deducing the amount which might be supplied through tax income from the northern circuits, arrived at the conclusion that around six million *shih* of rice had to be shipped annually from the six Kiangnan circuits to the North or metropolitan area. Once this amount of annual rice transit from the South was built into the entity of the national budget, its punctual delivery was of primary importance. The quota system enforced at circuit, prefecture and county levels thus persisted almost without change down to the end of the Sung, inspite of the catastrophic loss of the northern half of China. In addition, in order to keep the regular transit of a fixed amount of grain, an additional annual purchase of two million *shih* of grain was made within the jurisdiction of the Fiscal Superintendant for the six Kiangnan circuits including the Lower Yangtze. During the Southern Sung when the fiscal control of the central government became weak, the official purchase of grain tended to be an important measure complementing the ever-decreasing amount of grain tax income at the levels of central, provincial and prefectural administration. In principle, the Champa rice which was widely adopted by agriculturists in newly reclaimed lands in the region was excluded from official reception either as taxed or as purchased rice only because of its perishable and unpalatable nature. This meant that quite a considerable amount of the Champa rice produced there might be exchanged at markets for nonglutinous rice for the payment of tax or for sale to officials. Altogether, these institutional frameworks which are peculiar to the Sung period have to be counted as factors pertaining to the upward trend of the regional economy.

4. Some aspects of urbanization

Progress in the commercial integration of society is a crucial phase of the Sung period. This is expressed in phenomena like urban concentration of population in commercially thriving major cities, general growth in market facilities in larger cities, sophistication in financing activities located at urban centers, emergence of some cities whose higher status in the urban hierarchy is supported more by economic factors than by administrative ones, the rise of proto-guilds with a fair degree of autonomy, relaxation of officially administered urban systems, and proliferation of small market towns or market places in the countryside. All these known facts have been studied, however, in rather institutional terms by discovering constituent elements of collective

constructs. What seems to be pertinent to the understanding of the organic structure of the urbanizing process of a given region is to give a multi-factor explanation to the formation and functioning of the urban hierarchy in a given regional system. A case study of the sub-regional unit of Ningpo is attempted in a later chapter. A picture of region-wide stratification of larger cities above the county level is attempted in this chapter relying on the extant data about their intramural areas. Although the available data are but a part of the whole, still they may serve to suggest the existence of more systematic hierarchical differences in the size of intramural areas among tripartite layers of large, middle and small cities in the Lower Yangtze than in the neighboring regions. The extant sources partaining to the elucidation of functional zoning within urban space are sufficient in the case of Hang-chou, the capital of the Southern Sung. The author derived some useful findings from plotting data of several indicators representing such functional variations on maps. The dual spatial specialization into commercial districts and official-gentry districts, and into space for wholesaling businesses and retailing businesses, is quite discrete. As to the core within the commercial zone, it is identifiable by a concentration of financiers, or shops for transactions of precious or luxury items, as the hub of traffic, wholesale and retailing systems. In Hang-chou it is located in the mid-town area, at the intersection of the major streets, facing the mansions of empresses, princes, princesses and notables. There is also some vague differentiation of residential areas according to sub-ethnic differences in the residents' places of origin. This, together with the same comparable area differentiation of various centers of wholesalers by direction of influx of commodities they dealt in, attests to the effects of economic factors in the formation of these zonal specializations. In short, the social integrity of Sung Hang-chou is determined not only by its being the supreme administrative city but also by natural, economic elements. Whether this should be taken as an abnormal case or not, however, can not be hastily concluded.

5. The Cases of Hu-chou (L. Y.), Hui-chou (L. Y.), Yüan-chou (Kiangsi) and Han-yang (Hupei)

These case studies are made in order to derive information from prefectural level entities and to use them as variants of overall trends. Hu-chou is selected because of the ambivalence in its physiographic settings. The dimensional proportions of its hilly western district and of its eastern lowland are roughly equal. This special feature of its ecology, along with its history of dynamic changes in demographic and economic trends which occurred in the T'ang/Sung transition, lead to some hypothetic ideas about how such changes relate to the utilization of ecological settings, in what manner these changes proceed, and how variables that are supposedly linked with the total process of its economy relate to each other. After the sustained process of land reclamation as well as human colonization in Hu-chou over time had been traced, it became clear that the case of Hu-chou was a miniature of what took place on a region-wide scale. The first spur to extensive agrarian growth of the area

was construction of a branch of the Grand Canal, followed by the conversion of marshy low lands to the east into paddy fields by creating there numerous polders whose surplus water was drained by a chain of canals crossing the same lowlands. These development were accompanied by the influx of population into newly opened terrains, influx of farm laborers from outside and movement of people in the hilly district to the lowland. The demographic upsurge in the eastern plain was matched by acceralated urbanism therein, exemplified by the creation of new counties through the division of existing ones and by the mushrooming growth of market towns whose pattern of distribution was apparently denser than in the western part of the prefecture. By contrast, the agrarian development in the western district which was characterized by the creation of terraced fields on the slopes and by irrigation by small-sized pools, was already passed its hayday by the end of the Sung. The vital substitute for diminishing rice-culture in the western district was the progressive diffusion of mulberry-raising and sericulture. Devoting themselves solely to sericulture, sericulturists could earn rice for their subsistence through the sale of their silk yarn or silk cloth. This spatial specialization of rice and silk within Hu-chou was a characteristically Sung phenomenon. In the mid-Ming, new intensification of commercialism and constant influx of rice from other regions compelled the farmers of the eastern lowland to adopt intensive mulberry raising and sericulture that caused substantial loss of aggregate acreage hitherto devoted to prosperous rice-culture in the eastern plain and enhanced the economic decline of the western district.

The-case of Hui-chou is best fitted as the illustration of a variant among localities in the regional periphery. At first its rugged terrain provided settlers who migrated from outside with good shelter in times of social disorder. The rice paddies were created in relatively limited terraced fields on the slope. The per acre yield of rice was rather high, but this could be attained only through the heavier input of labor and capital required for construction of paddy, soil-preparation, planting, additional cultivation and weeding, irrigation, and harvesting, but ultimately the limited grain yield was outstripped by labor force consumption. Or, to put it another way, the commercial orientation in economic specialization in Hui-chou was discrete since the earlier stage of the locality's development. Production of tea, lacquer, timber, paper and stationary, and transit of minerals became local specialties to tide over the difficulty. All such endeavors were more or less commonly shared by other localities in the vicinity but in one point Hui-chou stands out advantageously above all the rest; locational proximity to major markets. Its physiographic location situating on the boundary of two large neighboring macro-regions of Lower- and Middle-Yangtze, gave the local people a good opportunity to improve their livelihood by utilizing these trading systems for the exchange of their staples for what they could not produce.

The case of Yüan-chou, Kiangsi, illustrates how in central area of a given locality the first spur to demographic as well as urban growth was the emergence

of co-operative organization of water-systems organized by members of gentry and representative of commoners; how this worked; and how it was perpetuated over time as a measure of integrative force. The Li canal of Yüan-chou which first appeared as such in 809 continued in use for over a millennium for the purposes both of irrigation to suburban fields and of supplying water to the urban sector. In short, this was a key facility for the coterminous development of the area's urban center and its direct hinterland. What deserves particular mention is that while the state encouraged its construction, occasional large scale repairs, and the formation of the body responsible for its maintainace, the planning, substantial construction and responsibility of routine maintainance were all assumed by a quasi-autonomous body. Ten urban gentry members were selected to compose such body, and under their leadership two hundred households of citizens bore the work of routine dredging of the canal within the city, while the duty of upkeep of its suburban sector was assigned to sixty experts. It is known that such inventive arrangements came to be consolidated by the mid-Southern Sung at the latest.

The case of Han-yang, Hupei, may serve as an auxiliary testimony in inferring the changing situation in a locality in the remote periphery which relies for its subsistence less on its agrarian productivity than on external trade. The sources used refer mainly to relief measures for local emergency caused by extensive crop failure in the mid Southern Sung. As the regional agrarian economy of the Sung Hupei and Hunan remained at the stage of frontier development, the supply of grain for consumption fluctuated in accordance with climatic conditions. Had it not been for thriving commerce along the Yangtze and its tributaries, the adjustment of overall balance between supply and consumption of grain would have been impossible. The Sung stationed a large military force at O-chou (present-day Wuchang), and the upkeep of population at Han-yang, sited opposite Wuchang across the Yangtze river, was supported largely by the commercial flow of grain that passed through Han-yang on its way to Wuchang. Strangely, Han-yang could tide over the crisis when severe drought engulfed entire region in years of 1213 and 1214. In addition to the prompt and timely countermeasure of relief enforced by a certain official there, the reason for that success may be ascribed to the function of commerce that counter-balanced the areal gap of available grain between surplus and deficit districts. This inference would be helpful in explaining the economy of the Huai region where a comparable situation existed, but the dearth of extant documents prohibits us from drawing a detailed picture of the actual situation.

Section II. Economic Trends of the Ning-Shao Subregion.

1. Trends in Ningpo

In order to develop theoretical as well as empirical models for the analysis of regional systems, city trading systems would be most appropriate units for both cross-societal and intrasocietal comparisons. The unit in this sense

comprises the city's maximal commercial hinterland. If such unit from each of the societies is selected and analyzed, and the results are compared with other functionally equivalent units at comparable levels in the respective hierarchies of economic central places, it would be possible to describe the covariation of different regional systems in a comparative context. The Ning-Shao subregion was selected as a sample. The prefectural unit of Ningpo first appeared in the mid-T'ang as an outcome of combined effects of the extension of the Grand Canal to the South, emergence of coastal trade, and progressive colonization of the Lower Yangtze. It then developed into an outport of the Lower Yangtze region, and flourished for the next thousand years as a center both of coastal trade and of the longer-range trade with other regions of China, with Japan and with Korea. In late 1843 the city was opened to Westerners as a treaty port with great anticipation of international trade, but even at the end of the Ch'ing period its traditional junk trade remained little changed. The persistence of this traditional trade and its influences upon the development of the regional economy dominated by the city themselves deserve attention. Meanwhile, it is known that this subregion produced a very active group of indigenous enterpreneurs who, taking advantage of their control of both seaborne and inland trade, came to surpass their predecessors, and after their re-settlement in Shanghai, gradually succeeded in adapting themselves to steamships, modern banks, the telegraph, the national postal system and certain modern industries. Nevertheless it is also clear that their role in forging stronger economic links among the cities of the Lower Yangtze region and between that regional economy and its neighbors was being carried out in classic traditional form prior to the onset of the modern era. These facts suggest that its expansion rested on institutions and dynamics peculiar to the regional trading system and that it occurred just as that system's internal economic frontier reached its limit and just as the system of cities in the Lower Yangtze region was undergoing a profound realignment. In sum, a diachronic history of this subregion would provide a rich factual basis for the analytical pursuit of dynamic cyclical trends of particular regional systems. For more detailed discussion, please refer to the chapters of "Ningpo and Its Hinterland" in *The City in Late Imperial China* (1977, Stanford), as substantially the same arguments are found in them.

2. Trends in Shao-hsing

Regarding the changes in economic trends in Shao-hsing, discussion is limited to case studies of some water-conservancy projects there. First, through the observation of total processes of changes in water-conservancy systems of Hsiang Lake in Hsiao-shan county, Shao-hsing, from the Sung through late Ch'ing, the conflicting relations between the interests of villagers who commonly shared the supply of water from the lake and those of powerful families whose status was elevated to official-gentry are described. Originally this man-made irrigation lake was built by the official initiative to develop the utilization of resources to the west of Shao-hsing at the end of the Northern Sung. From

its inception, the maintainance of the lake was frequently threatened by the desire of powerful members of elite or Imperial protégés to establish their landed estates therein. Thanks to the intervention of some foresighted local officials, rigid rules for the common and impartial use of water by villagers who dwelt in the vicinity of that lake were firmly established by the middle of the Southern Sung. The rules were inscribed in stone and gained official support for their maintainance. In time, after the mid-Ming, a couple of families of such villagers succeded in elevating their status to gain official titles of higher ranks, and began to use a portion of the lake-lands for their own profit. This eventually caused a substantial disfunction of the reservoir in the early Ch'ing. Some influential members of the scholar-gentry attempted to restore the lake to its original function on behalf of the ordinary users of water for irrigation, but their protest based on the traditional rules of water usage finally proved ineffectual in face of an alliance of high officials and native nouveaux riches. The case study of the Ma River Dam, a part of an extensive water-conservancy facility covering the central plain of Shao-hsing, conveys a similar story. As mentioned above, with the decline of the irrigational function of the Mirror Lake in central Shao-hsing, and in accordance with the progress in human colonization in the lower deltaic area to the south of Hang-chou Bay, a new big project of waterworks called Three Rivers Dam project was initiated to encourage both settlement and land reclamation in that lower delta. This became possible by guiding a branch of P'u-yang River into the lower deltaic area, and by creating a chain of dams and sluices along this new river system. The project came to its completion in the mid-Ming, but it brought about serious disadvantage to the villagers just outside of this system. Standing in sharp contrast to the farmers within the system who came to enjoy more stable supply and drain of water than ever, the economic conditions of people who lived just outside of the system began to decline suddenly. As with the case with Hsiang Lake, some members of the scholar-gentry strove to work out compromises on behalf of these impoverished villagers, but their inventions could not alter the situation fundamentally. Throughout the Ch'ing, the efforts of the state as well as the local officials remained ineffective in the solution of this difficulty. It was at the very end of the Ch'ing that these villagers took advantage of weakened administration at local level, came to destroy the Ma River Dam which served for long to their fatal disadvantage. Responding to this action, the officials of the new regime set about building a chain of new waterworks so as to make the livelihood of those villagers as stable as that of the people within the system.

Epilogue

This is but a first, preliminary step toward the better understanding of Sung economic development of the Lower Yangtze by way of area studies. It also aims at the interpretation of the economic situation and its change over time through the context of interlocking relations of spatial trends and temporal

cycles. Referring to some empirical models or middle level theories that have relevance to such an observation stance, the author tries to give order to extant sources, and to show how the situations and their changes vary rather systematically from area to area, or from time to time.

As is obvious, however, the treatment of the subjects included is far from being exhaustive, nor reasonably systematic, nor sufficiently deep. Most of the findings are based upon some limited case studies made with regard to particular localities like Hu-chou, Hui-chou, Ningpo, Shao-hsing, and so on, and hence the picture presented might be flawed in many respects. There are numerous unanswered questions.

Nevertheless, the following points may be rather safely assumed. First, the economy of the Lower Yangtze in the early Sung still remained at the stage of frontier development. This is supported by considering the facts that the utilization of swampy lowlands in lower deltaic core was still sparse and extensive; that the lowered rate of governmental grain taxation matched with qualitative evidence testifying to the fragile productivity of these areas; that there is little evidence of over-population in such areas in the early Sung. Second, although the real reasons for economic upsurge are still not clear, the upward swing of the region's economy was set in motion from the later Northern Sung. Most of the major projects of water-conservancy in the region appeared on a wide scale in this period, and the trend coincided with the unprecedented enthusiasm of the state as well as of local officials regarding these works. Many rules for the upkeep of such projects date back to this era. Third, the decided shift of population as well as of preferred location for settlement from hilly or elevated areas to lowlands may have taken place by the end of the Northern Sung. This is rather hard to document, but the partition of several major counties in lowlands into two in accordance with population growth that mostly ended up by late Northern Sung, provides a partial indication.

Fourth, exogenous elements that unfavorably or favorably affected the upward and downward economic trends of the region have to be taken into account. Among others, the relocation of capital from Kaifeng to Hangchow profoundly influenced the steady rise of the regional economy in the Southern Sung. The general improvement of transaction costs (D. North) brought about by the move of the capital and conversion of Liang-che circuit into a metropolitan circuit, must be of great importance. Although the author's interpretation of the degree of fiscal burden borne by ordinary people is left for further discussion, it is almost certain that the extent of Sung fiscal control was weaker than that of early T'ang or early Ming, and may correspond to the still progressing phases of land reclamation in the region under the Sung.

Fifth, the major known waterworks projects that the author dealt with were initially completed around the mid-Southern Sung. Coincidentally, there exists evidence of migration of surplus population away from the peripheral areas to areas providing more abundant opportunities for sustainance; namely

influx of people into lowlands, urbanized areas and still untapped frontiers. Coterminously, the proliferation of market towns in the countryside began to characterize the changing milieu of rural society. Finally, the key aspects of *Kung-t'ien-fa* or the state demesne system which was enforced in the heartland of the Lower Yangtze, and which inherited many aspects of the state's endeavor to attain rigid control over landed estates from the late Northern Sung through the Southern Sung made it easier for the early Ming government to create an extensive stretch of official lands in the core of the region. Moreover with the emergence of this *Kung-t'ien-fa* system the lands in the same regional core bore a heavier fiscal burden in terms of an inflated rate of taxation (in the form of rent of official lands). All these findings lead the author to assume that successive improvement of the agrarian bases in the core region during the Sung brought about a substantial increment of per acre yield of farm lands by the end of the dynasty.

索　　引

図表一覧

序章

一　考察の端緒

二　宋代社会と長江下流域

前篇

一　宋代長江下流域の生産性

二　長江下流域の水利組織

後　篇

二　寧波の景況

三　紹興の地域開発

巻末折込地図

斯波義信（しばよしのぶ）

著者略歴

1953年　東京大学文学部東洋史学科卒業
1960年　東京大学大学院人文科学研究科博士課程修了
1962年　文学博士（東京大学）
1961年～1969年　熊本大学法文学部助教授
1969年～1986年　大阪大学文学部助教授、教授
1986年～1991年　東京大学東洋文化研究所教授
1991年～2001年　国際基督教大学教授
2001年6月より財団法人東洋文庫理事長

主要著作　宋代商業史研究　1968年
（同上抄訳）Commerce and Society in Sung China, tr. Mark Elvin, 1970年
（同上完訳）宋代商業史研究, 莊景輝譯, 1997年
Crisis and Prosperity in Sung China (共著) 1975年
The City in Late Imperial China (共著) 1977年
函館華僑関係資料集　1982年
China Among Equals（共著）1983年
Max Weber, Der Historiker（共著）1986年
The Sediments of Time（共著）1989年

宋代江南経済史の研究

1988年3月31日初版発行
2001年8月　訂正版発行

著　者　斯　波　義　信
発行者　石　坂　叡　志
印　刷　富　士　リ　プ　ロ

発行所　汲　古　書　院
102-0072 東京都千代田区飯田橋2-5-4
電話03(3265)9764　FAX03(3222)1845